JN219591

九州縄文時代における資源利用技術の研究

板倉 有大 著

雄山閣

◎ 目　次 ◎

序章　縄文時代における資源利用技術研究の射程 ································· *1*

　○ 縄文時代の「資源」：遺跡に残る証拠1　*1*
　○「資源」と「利用行動」をつなぐ論理　*1*
　○ 縄文時代の「資源利用技術」：遺跡に残る証拠2　*4*
　○ 本書の対象地域と時期　*5*
　○ 本書の構成　*6*

第1章　問題の所在：縄文時代の資源利用と社会

　第1節　植物利用論 ··· *9*
　　1　栽培をめぐる諸条件　*9*
　　2　野生食料の評価　*10*
　　3　堅果類・地下茎類・マメ類利用の程度　*13*
　　4　植物—文化共進化の場　*17*
　　　(1) 半栽培　(2) 焼畑　(3) 湿地農耕
　　5　イネ科植物とイモ類の利用可能性　*21*
　　6　縄文農耕社会論：経済・社会の類型　*23*

　第2節　居住様式論 ·· *26*
　　1　考古学における居住様式復元：移動性と定住性　*27*
　　2　定住化の影響：定住化モデル　*32*
　　　(1) 人口増加　(2) 植物・動物利用　(3) 社会複雑化

　第3節　本書における問題の所在 ·· *36*

第2章　方法論の検討：縄文時代石器の研究

　第1節　縄文時代石器研究方法論の現在 ································· *39*
　　1　民族誌類推法の萌芽　*39*
　　2　石器型式論：文化類型論および伝播モデル　*41*
　　3　縄文文化論における石器　*46*
　　　(1) 唯物史観モデルにおける石器　(2) 生態モデル（マクロ・ミクロ）における石器
　　4　縄文時代石器研究方法論の現在　*54*
　　　(1) 石器組成論　(2) 実験使用痕分析　(3) 石器製作技術論　(4) スタイル論

第2節　本書における石器研究法 ……………………………………………………………… 68

　1　これまでの石器研究法と本書の目的　*68*

　2　技術と人間行動：最適採食理論にもとづく石器分析　*69*

　3　石器の機能・用途と性能：石器性能分析　*72*

第3章　九州縄文時代磨製石斧の動態

第1節　九州縄文時代の磨製石斧 ……………………………………………………………… 77

第2節　分析の方法：磨製石斧の性能分析 …………………………………………………… 80

　1　磨製石斧性能モデルの構築　*80*

　2　磨製石斧の分析方法　*84*

　　（1）分析資料の選定　（2）資料の調査方法

第3節　九州縄文時代の土器編年：本書における時間軸の概要 …………………………… 86

第4節　各事例の分析 …………………………………………………………………………… 95

　1　前期　*95*

　2　中期　*101*

　3　後期前葉　*105*

　4　後期中葉　*108*

　5　後期後葉　*111*

　6　晩期前・中葉　*113*

　7　晩期後葉～弥生時代早期　*114*

第5節　九州縄文時代磨製石斧の動態 ……………………………………………………… 118

第4章　九州縄文時代打製石斧の動態

第1節　九州縄文時代の打製石斧 …………………………………………………………… 121

　1　九州北部の打製石斧　*121*

　　（1）晩期農耕モデルにおける打製石斧　（2）生態モデルにおける打製石斧　（3）分類と時期比定
　　（4）伝播モデルにおける打製石斧

　2　九州南部の打製石斧　*126*

　　（1）分類、機能・用途と時期比定　（2）系統

第2節　分析の方法：打製石斧の性能分析 ………………………………………………… 130

　1　打製石斧性能モデルの構築　*131*

　　（1）打製石斧機能・用途の多様性　（2）類似道具の使用事例、使用実験、使用痕　（3）打製石斧の土掘具説
　　（4）打製石斧の性能モデル

　2　打製石斧の分析方法　*143*

　　（1）分析資料の選定　（2）資料の調査方法

第3節　各事例の分析 ··· *145*

　　1　後期前葉　*145*

　　2　後期中葉　*148*

　　3　後期後葉　*154*

　　4　晩期前・中葉　*157*

　　5　晩期後葉〜弥生時代早期　*163*

第4節　九州縄文時代打製石斧の動態 ··· *166*

第5章　九州縄文時代縦長剥片石器の動態：博多湾沿岸地域の分析

第1節　九州縄文時代の縦長剥片石器 ··· *169*

　　1　分類と時期比定　*169*

　　2　資源利用技術としての縦長剥片石器　*174*

第2節　分析の方法：縦長剥片石器の性能分析 ························· *175*

　　1　縦長剥片石器性能モデルの構築　*175*

　　2　縦長剥片石器の分析方法　*178*

　　　　⑴　分析資料の選定　⑵　資料の調査方法

第3節　各事例の分析 ··· *180*

　　1　後期前葉　*180*

　　2　後期中葉　*182*

　　3　後期後葉　*184*

　　4　晩期前葉　*187*

　　5　晩期中葉　*187*

　　6　晩期後葉〜弥生時代早期　*188*

第4節　博多湾沿岸地域における縄文時代縦長剥片石器の動態 ···················· *191*

第6章　九州縄文時代資源利用の石器モデル：分析結果の統合

第1節　磨製石斧モデルの整合性 ·· *197*

　　1　古環境データの概要　*197*

　　　　⑴　海水準　⑵　貝類　⑶　珪藻　⑷　海流　⑸　木材・花粉

　　2　磨製石斧モデル：磨製石斧動態と古環境復元　*205*

第2節　打製石斧モデルの整合性 ·· *207*

　　1　古地形データの概要　*207*

　　　　⑴　沖積低地の形成モデル　⑵　九州縄文時代の沖積低地形成

　　2　打製石斧モデル：打製石斧動態と古地形復元および掘削遺構　*214*

　　　　⑴　土坑　⑵　溝状遺構　⑶　ハタケ遺構　⑷　地下部資源の利用

第3節　縦長剥片石器モデルの整合性⋯⋯⋯⋯⋯⋯⋯⋯⋯⋯⋯⋯⋯⋯⋯⋯⋯　*222*

　　1　動物遺存体データの概要　*222*

　　2　縦長剥片石器モデル：縦長剥片石器動態と小型動物利用　*225*

　　　　(1) 漁撈具　(2) 屋外炉

第7章　遺跡立地変遷と石器モデル：博多湾沿岸地域の分析

第1節　縄文時代前期以降の遺跡立地⋯⋯⋯⋯⋯⋯⋯⋯⋯⋯⋯⋯⋯⋯⋯⋯⋯　*229*

　　1　低地農耕モデル　*229*

　　2　低地採集モデル　*231*

　　3　低地漁撈モデル　*232*

　　4　内陸農耕モデル　*234*

　　5　問題の所在：低地利用モデルにおける沖積低地の評価　*237*

第2節　分析の方法：遺跡立地変遷の把握⋯⋯⋯⋯⋯⋯⋯⋯⋯⋯⋯⋯⋯⋯⋯　*239*

　　1　博多湾沿岸地域の地質と地形　*239*

　　2　遺跡立地の分析項目　*241*

第3節　博多湾沿岸地域の遺跡立地変遷⋯⋯⋯⋯⋯⋯⋯⋯⋯⋯⋯⋯⋯⋯⋯　*242*

　　1　前期　*243*

　　2　中期　*244*

　　3　後期前葉　*247*

　　　　(1) 段丘・扇状地の利用　(2) 内湾利用とその変化：桑原飛櫛貝塚の評価
　　　　(3) 貯蔵穴群の形成と堅果類利用　(4) 自然流路の発達

　　4　後期中葉　*254*

　　　　(1) 各エリアでの遺跡立地変化　(2) 流路状、落ち込み状堆積

　　5　後期後葉　*261*

　　　　(1) 居住地遺跡の断絶と沖積低地環境の変化　(2) 特殊遺物の出土

　　6　晩期前葉　*264*

　　　　(1) 河川下流域居住の評価　(2) 屋外炉の利用

　　7　晩期中葉　*267*

　　　　(1) 沖積低地志向の遺跡立地　(2) ピット群　(3) 円形土坑

　　8　晩期後葉〜弥生時代早期　*272*

第4節　九州縄文時代資源利用モデル⋯⋯⋯⋯⋯⋯⋯⋯⋯⋯⋯⋯⋯⋯⋯⋯⋯　*273*

　　1　前期から中期：内湾環境の変化　*273*

　　2　後期以降：沖積低地の利用　*274*

第8章　議論：資源利用技術からみた九州縄文時代社会

第1節　植物利用 …………………………………………………………………… 277

　　1　野生食料の評価：採捕圧の問題　*277*

　　2　縄文人と植物の「結びつき」　*280*

第2節　居住様式 …………………………………………………………………… 282

　　1　資源利用技術からみた各時期の移動性と定住性　*282*

　　2　九州縄文時代の居住様式変化と社会　*287*

　　　　(1) 人口変動　(2) 植物・動物利用　(3) 社会複雑化

第3節　縄文時代経済・社会のシステムモデル ……………………………… 295

終章　結論と展望 ……………………………………………………………… 299

　○　結論：資源利用技術からみた九州縄文時代社会の特性　*299*

　○　本書の特徴：技術分析とシステム論　*301*

　○　課題と展望　*303*

参考文献 …………………………………………………………………………… 307

付　表 ……………………………………………………………………………… 335

　　付表1　磨製石斧データ　*335*

　　付表2　打製石斧データ　*350*

　　付表3　遺跡立地データ　*356*

あとがき …………………………………………………………………………… 363

図表目次

序　章

図 0-1　縄文カレンダー ……………………………… *1*

図 0-2　黒橋貝塚の縄文カレンダー …………… *3*

図 0-3　考古学における資源利用研究 ………… *4*

図 0-4　本書の分析対象地域 …………………… *6*

第 1 章

図 1-1　栽培をめぐる諸条件 …………………… *9*

図 1-2　先史時代の捕獲圧分析 ……………… *12*

図 1-3　食料採捕選択モデル ………………… *16*

図 1-4　食料管理選択モデル（コスト面）… *21*

図 1-5　植物食料の一長一短 ………………… *23*

図 1-6　縄文農耕社会論の構造（江坂説）… *26*

図 1-7　遺跡における居住集団と
社会集団の痕跡 ……………………… *27*

図 1-8　採集・狩猟民の生活様式の類型 …… *29*

図 1-9　移行帯居住モデル …………………… *31*

図 1-10　縄文時代の経済・社会システム … *36*

第 2 章

図 2-1　縄文前・中期の小文化圏と
自然環境との関係 …………………… *53*

図 2-2　石器組成論の対象と方法 …………… *60*

図 2-3　実験使用痕分析の対象と方法 ……… *63*

図 2-4　石器性能分析の対象と方法 ………… *75*

表 2-1　各石器研究方法論の対象と目的 …… *75*

第 3 章

図 3-1　縄文時代前期並行の磨製石斧 ……… *78*

図 3-2　九州縄文時代前期以降の磨製石斧 … *79*

図 3-3　石器の柄の付け方 …………………… *81*

図 3-4　石材別の磨製石斧横断面サイズと
重量の関係 …………………………… *84*

図 3-5　石斧の各部名称 ……………………… *85*

図 3-6　九州縄文時代前・中期の土器様式 … *88*

図 3-7　九州縄文時代後期の土器様式 ……… *90*

図 3-8　九州縄文時代晩期の土器様式 ……… *94*

表 3-1　磨製石斧分析遺跡一覧 ……………… *96*

図 3-9　磨製石斧分析遺跡の位置 …………… *97*

図 3-10　九州縄文時代前期の
磨製石斧サイズ ……………………… *98*

図 3-11　九州縄文時代前期の磨製石斧 …… *99*

図 3-12　九州縄文時代中期の
磨製石斧サイズ ……………………… *101*

図 3-13　九州縄文時代中期の磨製石斧 …… *102*

図 3-14　九州縄文時代後期前葉の
磨製石斧サイズ ……………………… *105*

図 3-15　九州縄文時代後期前葉の磨製石斧… *106*

図 3-16　九州縄文時代後期中葉の
磨製石斧サイズ ……………………… *108*

図 3-17　九州縄文時代後期中葉の
磨製石斧 ……………………………… *109*

図 3-18　九州縄文時代後期後葉の
磨製石斧サイズ ……………………… *111*

図 3-19　九州縄文時代後期後葉の磨製石斧… *112*

図 3-20　九州縄文時代晩期前・中葉の
磨製石斧サイズ ……………………… *114*

図 3-21　九州縄文時代晩期前・中葉の
磨製石斧 ……………………………… *115*

図 3-22　縄文時代晩期後葉～弥生時代早期の
磨製石斧 ……………………………… *117*

表 3-2　九州縄文時代磨製石斧の動態 ……… *119*

第 4 章

図 4-1　縄文時代中期～後期前葉並行の
打製石斧 ……………………………… *125*

図 4-2　九州南部の打製石斧 ………………… *128*

図 4-3　縄文時代の鍬鋤類集成図 …………… *136*

図 4-4　桑飼下遺跡出土打製石斧の
摩耗痕分布と着柄想定図 …………… *139*

図 4-5　農耕・採集具モデル ………………… *142*

図 4-6　桑飼下遺跡の打製石斧と
横刃型石器 …………………………… *144*

図 4-7　沖松遺跡の打製石斧と大型刃器類 … *144*

図 4-8　ヌカシ遺跡出土の石斧類 …………… *146*

図 4-9　殿崎遺跡出土の石斧類 ……………… *146*

図 4-10　徳蔵谷遺跡出土の不明石製品 ……*147*

図 4-11　赤松海岸遺跡出土の縦型刃器 ……*147*

図 4-12　今宿五郎江遺跡出土の縦型刃器 …*147*

表 4-1　打製石斧分析遺跡一覧 ………………*148*

図 4-13　打製石斧分析遺跡の位置 ………*149*

図 4-14　九州縄文時代後期中葉の
打製石斧サイズ　…………………*150*

図 4-15　九州縄文時代後期中葉の打製石斧…*151*

図 4-16　干迫遺跡出土打製石斧の
刃部使用痕　………………………*153*

図 4-17　福岡地域・縄文時代後期後葉の
打製石斧サイズ　…………………*154*

図 4-18　福岡地域・縄文時代後期後葉の
打製石斧　…………………………*156*

図 4-19　福岡地域・縄文時代晩期の
打製石斧サイズ　…………………*158*

図 4-20　福岡地域・縄文時代晩期の
打製石斧　…………………………*159*

図 4-21　クリナラ遺跡出土の大型打製石斧…*160*

図 4-22　九州中・南部縄文時代晩期
前・中葉の大型・両耳形打製石斧　………*161*

図 4-23　九州中・南部縄文時代晩期
後葉以降の打製石斧類　…………*165*

表 4-2　九州縄文時代打製石斧の動態………*166*

第 5 章

図 5-1　鈴桶遺跡の石器 ……………………*170*

図 5-2　剥片鏃の製作工程模式図 …………*170*

図 5-3　鈴桶型石刃技法の剥離工程 …………*171*

図 5-4　弥生時代の黒曜石製剥片石器類
のサイズ　…………………………*172*

表 5-1　縦長剥片石器分析遺跡一覧 ………*181*

図 5-5　縦長剥片石器分析遺跡の位置 ………*181*

図 5-6　縄文時代後期前・中葉の
縦長剥片石器　……………………*183*

図 5-7　縄文時代後期後葉〜晩期中葉の
縦長剥片石器　……………………*186*

図 5-8　縄文時代晩期後葉〜弥生時代早期
の縦長剥片石器　…………………*190*

表 5-2　博多湾沿岸地域における

縄文時代縦長剥片石器の動態　…………*192*

図 5-9　鋸歯尖頭器と石鋸 …………………*193*

表 5-3　縦長剥片石器システムに対する
理解の違い　………………………*194*

第 6 章

図 6-1　気温変動のメカニズムを示す
模式図　……………………………*197*

図 6-2　完新世の海水準変動 ………………*198*

図 6-3　日本列島太平洋岸にみられる
縄文海進に伴う熱帯種貝類の出現と消滅　*199*

図 6-4　琵琶湖の珪藻殻濃度の変化 ………*200*

図 6-5　池田池の珪藻化石各種の産出頻度 …*201*

図 6-6　沖縄トラフ内で得られた
ピストン・コアの解析　…………*203*

図 6-7　現在と最終氷期最盛期における
黒潮系　……………………………*204*

表 6-1　九州縄文時代前期以降の
資源利用における磨製石斧モデル　…*205*

図 6-8　沖積低地の発達過程模式図 …………*208*

図 6-9　千里遺跡第 1 次調査の堆積状況 ……*211*

図 6-10　クリナラ遺跡第 1 面下層全体図 …*216*

図 6-11　橋本一丁田遺跡第 2 次調査
第 5 面 III・IV 区全体図　…………*218*

図 6-12　縄文時代層出土の板材 …………*219*

表 6-2　博多湾沿岸地域における縄文時代
後・晩期資源利用の打製石斧・縦長剥片石器
モデル　……………………………*221*

表 6-3　日本における資源の評価 …………*224*

図 6-13　淡水産資源、サケ・マス、アユの
バイオマスの地域分布　…………*224*

第 7 章

図 7-1　縄文時代後期後葉〜晩期の
低地利用モデル　…………………*238*

図 7-2　博多湾沿岸地域 ……………………*241*

図 7-3　前期前半の遺跡立地 ………………*243*

図 7-4　前期後半の遺跡立地 ………………*244*

図 7-5　中期前半の遺跡立地 ………………*245*

図 7-6　中期後半の遺跡立地 ………………*246*

図 7-7　後期前葉の遺跡立地 ………………*247*

図 7-8　桑原飛櫛貝塚の基本層序と
　　　　貝類個体数の層的変化　……………… 249

表 7-1　博多湾沿岸地域における
　　　　縄文時代後期前葉の円形土坑　………… 251

図 7-9　縄文時代後期前葉の円形土坑群　…… 252

図 7-10　後期中葉の遺跡立地　……………… 255

表 7-2　博多湾沿岸地域における
　　　　縄文時代中期後半～晩期の流路状堆積　… 257

図 7-11　縄文時代中期後半～晩期の
　　　　流路状堆積　………………………… 258

表 7-3　博多湾沿岸地域における
　　　　縄文時代中期～後期の落ち込み状堆積　… 259

図 7-12　縄文時代後期の
　　　　流路状・落ち込み状堆積　…………… 260

図 7-13　後期後葉の遺跡立地　……………… 262

図 7-14　晩期前葉の遺跡立地　……………… 265

図 7-15　縄文時代後期後葉～晩期前葉の
　　　　屋外炉　……………………………… 266

図 7-16　晩期中葉の遺跡立地　……………… 268

図 7-17　千里遺跡・周船寺遺跡の溝状遺構… 269

図 7-18　縄文時代晩期のピット群　………… 271

図 7-19　晩期後葉～弥生時代早期の
　　　　遺跡立地　…………………………… 273

第 8 章

図 8-1　九州縄文時代各時期の竪穴住居　…… 284

図 8-2　九州縄文時代前期以降の居住様式　… 286

図 8-3　増加期型集落と安定期型集落の
　　　　特徴　………………………………… 288

図 8-4　九州縄文時代前期以降の K レベルと
　　　　人口変動の傾向　…………………… 288

図 8-5　生態系ピラミッドの崩れと
　　　　食料比傾向　………………………… 291

図 8-6　九州縄文文化の世界観モデル　……… 292

付　表

付表 1　磨製石斧データ　…………………… 335

付表 2　打製石斧データ　…………………… 350

付表 3　遺跡立地データ　…………………… 356

序章　縄文時代における資源利用技術研究の射程

縄文時代の「資源」：遺跡に残る証拠 1

　縄文時代（約 16,000～2,700 年 BP）の「資源」と言うと、どのようなものを思い浮かべるだろうか。日本列島の表層に存在し、人間が比較的手に入れやすい天然資源として、植物や動物、鉱物や水などが想定できるだろう。明治期以来 100 年以上にわたる全国での遺跡発掘によって、縄文時代の各種資源の存在が明らかとなり、それらの研究が進められてきた。例えば、植物利用については、遺跡出土の植物遺存体やその圧痕、花粉・珪酸体・デンプン粒などの微化石、DNA の分析が行われ、栽培種の有無およびその利用をめぐる議論（縄文農耕論）が戦後日本考古学の主要な研究領域となっている。動物の利用については、主に貝塚や洞窟から出土する動物遺存体残片の種同定によって、縄文時代の様々な捕獲対象が明らかとなり、その形質分析から捕獲季節や捕獲圧などの推定が行われている。人骨の炭素・窒素同位体分析では、縄文人の食物種の傾向を計量的に把握できる。鉱物利用については、土器の胎土や石器・石製装身具の石材について理化学的分析が実践され、縄文時代における鉱物資源の生産と流通の議論が進展している。縄文時代の資源利用は、小林達雄による「縄文カレンダー」のような形で整理され、日本列島の自然を巧みに利用する縄文人たちの生活がモデル化されている（図 0-1。小林達雄 1977, 158, 1996, 108-112）。

「資源」と「利用行動」をつなぐ論理

　縄文時代の資源利用研究では、その直接的証拠である「資源そのもの」の分析を積み上げ、全体像を復元するという帰納的推論が用いられる。しかし、遺跡から発掘される縄文時代の天然資源や人骨資料は、列島規模で見れば相当の資料数に上っているが、地域規模では未だ十分な資料数とは言えない。例えば、博多湾沿岸の縄文時代前期から晩期後葉（弥生時代早期）の縄文時代遺跡は約 200 か所が発掘されているが、動植物遺存体がまとまって出土する貝塚遺跡は 2 遺跡しかなく、植物遺存体が出土した発掘調査数は 10 にも満たない。自然遺物が残る遺跡の種類が、貝

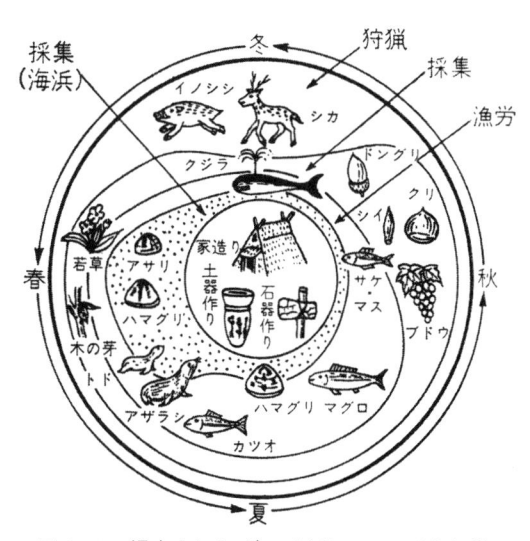

図 0-1　縄文カレンダー（小林達雄 1977 より転載）

塚や低湿地、洞窟など特殊な遺跡に偏るためである。資源そのものが豊富に発見された貝塚出土資料の分析からは、その貝塚を残した人々の生活サイクルを復元できる（図0-2）。このカレンダーは出土資料にもとづいた実証的な成果と評価でき、上述した小林達雄の「縄文カレンダー」（図0-1）のうち、特に動物種利用の多様な実態を明らかにしている。一方で、植物種については根茎類などの痕跡がなく、詳しいことは分からない。戦後、日本考古学における自然遺物研究の礎を築いた直良信夫は、縄文時代の漁獲物について、「いろいろな事情で、遺跡に形骸をのこしていないものが、はなはだ多量に存していたであろうことは、十分うかがいしることができる。＜中略＞遺跡で発見されたものだけが、当時漁獲されたものの全部であったと、きめてかかることはできない」（直良1963, 146）と述べた。古植物研究においては、腐敗しやすく遺跡に残らない根茎類、地下茎類の検出が重要な課題と指摘されて久しいが（外山1985, 31）、それらについて未だに有効な資料検出事例は得られていない。遺跡に痕跡が残りにくい植物利用については、別の方法で推定を行わなければならない。縄文時代食料資源の研究を牽引した渡辺誠は、縄文時代草創期土器の機能について、草創期には漁業が未発達であり、貝塚もないことから、魚貝類をボイリングしたとは考えられない、鹿児島県東黒土田遺跡で草創期土器とアク抜きが必要なドングリが出土しているから、草創期土器はドングリのアク抜き煮沸のために発達した、と理解する（渡辺誠1995, 36, 2003, 4-5）。この考え方は、土器機能における魚貝類煮沸という仮説を、あらゆる角度から吟味・検討して棄却するというよりは、遺跡出土資料がないという理由で、吟味・検討の対象から外している。しかし、上述のとおり遺跡出土資料は過去のすべてを示すものではないので、その有無だけでは仮説の検証、特に仮説の棄却を行うことができない。また、洞窟や貝塚から見つかる資源痕跡は、それ自体が縄文人たちの「何をどこに捨てるか」という文化や意思決定の結果（「Xは洞窟に捨ててよいが、貝塚に捨ててはいけない」といった取り決めなど）として偏りを持っている可能性もある。遺跡に残される「資源そのもの」は、過去の資源に関する直接的証拠であることは間違いないが、そこから明らかにできることは、過去に行われた資源利用の一部である。部分的な情報から全体を推測するためには、できる限り多様な情報を集めて、情報が相互に矛盾しないかどうか、解釈の偏りがないかどうかを確認しなければならない。

　また、縄文時代に「このような資源があった」というデータは、そのままでは「その資源はこのように使われた」という仮説には結びつかない。なぜなら、その資源を使った数千年前の縄文人の姿を我々は観察できないからである。縄文時代に存在した資源を、縄文人がどのように利用していたかは、それを考える現代の人間が多種多様な方法をもって「想像」し、「解釈」し、あくまでも一つ一つの「仮説」として提示することしかできない。これらの仮説を縄文時代の様々な側面に当てはめてみて、矛盾なく説明が成り立ち続け、その仮説の妥当性が高まっていくことが、縄文時代の社会復元であり、歴史叙述となる。「資源そのもの」の実証的で新しいデータから導かれた新たな仮説は、その他多くの別の資料やモデルとの対比を行うことで、その有効性を検討することができる。かつて、近藤義郎は、縄文時代とされるイネ資料の評価について、「弥生式文化が明確に稲作を伴い、縄文式文化を克服するものとして現われてきたという歴史的な事実を適確に掴んでいる人々にとっては、問題の外にある」とした上で、「単なる植物発見の問題としてではなく、人間社会の生産の問題として、具体的には生産を積極的消極的に反映する遺物

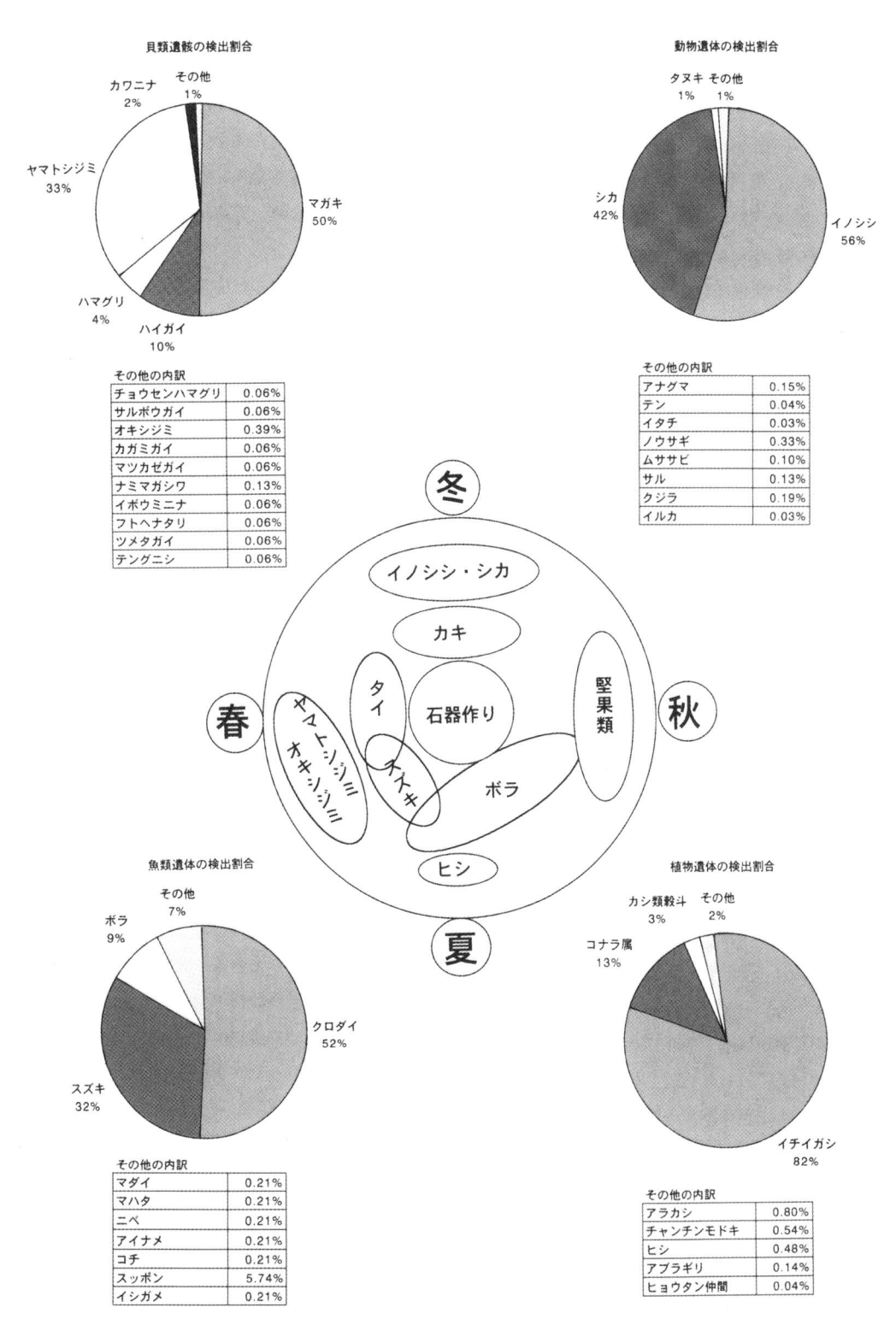

図 0-2　黒橋貝塚の縄文カレンダー（熊本県教育委員会編 1998a より改変転載）

遺跡の問題として考究したいものである」と述べた（近藤1956）。Karl Marx の唯物史観にもとづいた経済・社会類型（発展段階）モデルから、遺跡出土資料の評価を行うという立場であり、縄文時代のイネ科植物利用の議論を深める上で必要な指摘であったと考える。

　資料の発見や選定、分析、解釈には研究者の価値観や思考法が投影される。そのような意味では、現代都市に生きる我々にとっての「自然」は、戦後の高度経済成長下の開発で激変した「自然」である。そのような自然

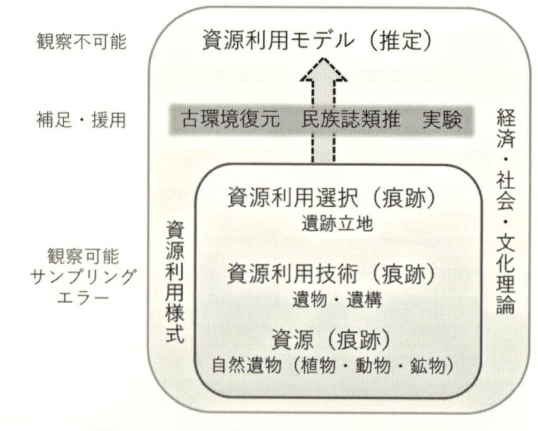

図0-3　考古学における資源利用研究

観、環境観をもって、縄文時代の資源利用を考えることは非常に難しい。我々にとって欠けている自然環境に対する知識と経験を埋めてくれるのは、伝統的社会に対する生態人類学的な調査成果や、過去の状況を現代に部分的に復元して行う実験研究である。また、縄文人たちが利用したであろう過去の自然環境も、縄文時代の資源利用を検討・議論するための前提として、精度高く復元されなければならない。考古学において、資料とそれにもとづく高次の解釈・説明の間をつなぐためには別の分析が必要であるという前提は、Lewis R. Binford らプロセス考古学派によって middle range theory として論じられた（阿子島1983）。考古資料には本来、人間文化をめぐる様々な可能性が秘められているのであり、その資料の意味や価値を狭め過ぎずに、既存の仮説やモデルを批判的に検討していく姿勢が必要である。人間社会一般に関する経済・社会・文化理論をふまえながら、観察不可能な過去の資源利用の実態をいかに実資料から説得的に導き出すのかが、資源利用研究の考古学に期待されるあり方と考える（図0-3）。

縄文時代の「資源利用技術」：遺跡に残る証拠2

　以上の考えから、本書では遺跡に残された「資源そのもの」以外の資料を中心に用いて、縄文時代の資源利用を復元し、その背後にある経済・社会・文化的側面の一端を説明することを目的とする。遺跡に残された資源そのもの以外の資料としては、石器と遺跡立地を分析対象とする。縄文時代の資源利用に用いられたと考えられる道具は、土器・石器・木器・骨角器など多岐にわたるが、国内各地域で大量に発掘されている道具の大半は、土中で腐らずに残った縄文土器と石器である。特に石器および石器技術は、各種資源の獲得・加工を行うための「利器」として旧石器時代以来のヒト生存にとって欠かせない道具・技術となっている。また、石器は、資源そのものとしての動植物痕跡とは異なり、沿岸部から内陸部まで広く発見されるため、過去の資源利用を総合的に復元するという目的においては、有効な分析対象となる。本書では、具体的に磨製石斧、打製石斧、縦長剥片石器という石器器種を分析対象とする。これら石器器種の分析方法については本書第2章で検討を行う。

また、遺跡立地に関するデータも時間的・空間的な偏在性が小さいため、縄文社会の様相を総合的に把握するのに有効である。縄文土器片と石器が見つかれば、そこは縄文時代の人間活動の結果として残った遺跡と認定でき、分析の対象にできる。遺跡で行われた活動は多岐にわたるが、一定期間の居住および生活は、食料をはじめとした各種資源の利用を前提とする。遺跡で行われた資源利用の痕跡は、上述したような資源利用技術の残片に表れるととともに、活動の拠点として選定されたその場所自体の性質にも表れている。本書では、博多湾沿岸地域を事例として、資源利用という観点から遺跡立地の変遷を分析する。

　本書では「資源利用」を、「個人（ヒト個体）およびその集合（集団）が、自己を取り巻く環境から、その一部を「資源」として抽出する個々の行為およびその集合（行動）」と認識している。そして、資源利用の際に用いられる道具、設備を「資源利用技術」と定義する。また、各資源利用の機会に対して企図され、選択される意思決定を「資源利用選択」とする。本書の目的は、資源利用技術の一部である石器やその他の遺物（道具）・遺構（設備）および資源利用選択の一部である遺跡立地（居住地選択）の分析から、一連のパターン（類型）を「資源利用様式」として見出し、関連分野の研究成果も補足・援用しながら、縄文時代の資源利用モデルを提示することである（図0-3）。遺跡に残されるあらゆる痕跡・資料は、その大半が複数個人の行動の集合・蓄積の結果であり、その中から一個人の行動痕跡を抽出することは難しい。また、資源利用の背後には、個々人の資源に対する知識や経験、技能や信念も存在するが、それもまた遺跡の情報から読み取ることは困難である。ただし、個人の行動痕跡を分析対象として抽出できないことは、常に抽象化された集団（ヒト個体グループ）を主体として考えなければならないという理由にはならない。むしろ、理論上は常に個人と集団を想定して、ヒトの行動パターンを分析する必要がある。本書では、従来使用されてきた「生業」という用語は、個々の資源利用が複合した抽象度の高い概念と捉えており、資料の分析のレベルでは資源利用という観点を用いる。

本書の対象地域と時期

　本書は日本列島の南西部に位置する九州地域（九州本島）の資料を分析対象として扱う（図0-4）。地域を九州地域とする理由は、筆者の本拠地から資料にアクセスするのに経済的合理性が高いという以外に、九州、特に北部地域が、大陸農耕文化の最初の受容地（弥生文化の形成地）であり、縄文時代から続く資源利用の変化という議論を展開しやすいためである。なお、九州北西部・南部に位置する離島地域（対馬・壱岐・五島列島・甑島・種子島・屋久島・南西諸島）は、九州本島とは遺跡周辺の生態環境が異なっており、同じ脈絡で扱うことができないため、本書では主たる分析の対象から外している。しかし、島嶼部は、限られた生態環境での縄文人の資源利用および海を越えた地域間の情報伝達を考える上で重要であり、改めて検討すべき対象である。同様に、中四国地域や近畿地域、朝鮮半島の様相も、それぞれの生態環境の特性をふまえた上で、今後、九州地域との関係を議論する必要がある。本論は、九州地域における縄文時代の資源利用を復元し、モデル化することを目的とするため、周辺地域との交流や外来情報の伝来については、所与の現象とみなして議論を進める。この点については、縄文時代を研究する上での研究の

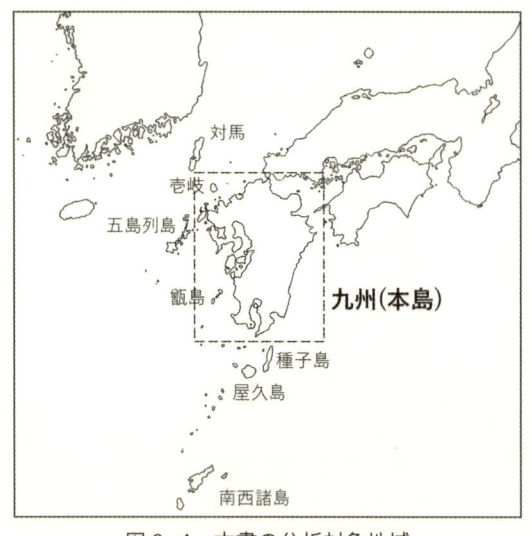

図0-4　本書の分析対象地域

枠組みの違い（伝播モデルと生態モデルの違い）として、第2章第1節でも整理する。本書では、「九州縄文時代」「九州縄文文化」「九州縄文社会」という語を、特定の要素で定義された時代区分、文化・社会類型という意味ではなく、「九州地域における縄文時代あるいは縄文時代の社会や文化」の略語として用いる。

　分析の対象とする時期は縄文時代前期から晩期とする。縄文時代前期、特に前期後半は、地球規模の古気候研究における完新世最温暖期に相当し、現在よりも平均気温が高く、「縄文海進」と呼ばれる海水準上昇によって現在の沿岸平野部が広く内湾環境となっていた時期である。そして、前期後半の最温暖期を過ぎると、冷涼湿潤化および沖積作用の増大によって内湾は土砂で埋没しはじめて、弥生時代にいたるまでに沖積低地が広く形成されていく。そのような気候および地形の大きな変化は、縄文人の資源利用に影響を与えたと考えられ、その特性を理解することが、縄文時代の資源利用を説明することにつながると予測できる。なお、前段階の縄文時代早期については、最終氷期最寒冷期からの温暖化の時期（後氷期）として、縄文時代前期以降とは異なる脈絡として分析する必要がある。また、弥生時代前期以降についても、沖積低地の安定化と社会の組織化という観点から別途の検討が必要である。

本書の構成

　本書は8つの章で構成される。

　第1章では、縄文時代の資源利用研究を植物利用、居住様式という観点から整理し、問題の所在（論点）を明確にするとともに、本書（資源利用技術研究）がアプローチする課題を抽出する。第2章では、石器と資源利用を関連付けた先行研究を広く吟味し、本書で採用する方法として、「石器性能分析」を新たに定義する。第3・4・5章では、九州地域の縄文時代前期から晩期の磨製石斧、後・晩期の打製石斧、縦長剥片石器について、性能分析をもとに各石器の時空間動態を把握する（器種モデルの構築）。第6章では、各器種モデルに関連する、古環境研究の成果および関連考古資料の資料状況を整理して、全体の整合性を確認する（石器モデルの構築）。第7章では、博多湾沿岸地域の縄文時代前期から晩期の遺跡立地変遷を整理して、石器モデルとの整合性を検討する（資源利用モデルの構築）。第8章では、第1章で抽出した植物利用、居住様式の各課題について、本書で構築した資源利用モデルからの説明を試みる。

　なお、本書では以下のような基準で各用語等を用いる。しかし、いずれも引用においては引用元の用法を用いる。

・戦前の文章引用：歴史的仮名遣いは現代仮名遣いに、漢字の旧字体を新字体に、カタカナは現代的な用法に応じてひらがなに変える。

・漁撈、石庖丁：常用漢字である「漁労」「石包丁」を用いない。

・埋設土器：「埋甕」「埋鉢」などを統一

・陥穴：「落とし穴」「陥し穴」などを統一

・ハタケ：「畑」「畠」「はたけ」などを統一

・形・型：類似する全体形状を表現する場合は「形」（ノミ形、短冊形、撥形、有肩形、両耳形、ヘラ形など）、形状以外の性質・特徴を表現する場合は「型」（小型、大型、扁平型、太型、横刃型、礫器型など）を使用する。

・食料：「食糧」は主食農産物としての穀物やイモ類を意味する用語であり、先史時代のコンテクストには合わないことから、食物という意味で「食料」に統一して使用する。

・成品：「製品」という語は、工業における製造品という意味を含むため、縄文時代の資料に対しては使用しない。使用可能な完成品に対して、使用ができない製作途中の資料については、未完成品という意味で「未成品」という語を用いる。

・縄文人：縄文時代の人々、縄文時代人という意で用いる。共通の文化・社会的背景を持った社会集団という意味では用いない。

・個人：生物学的、哲学的な特定個人（私人）というよりは、生態学における個体の意で用いる。

・炭素14年代：「放射性炭素（[14]C）測定年代」の略称として用いる。δ13C補正年代（標準偏差1σ）は「BP」と表記し、暦年較正年代（標準偏差2σ）は「cal BP」と表記する。本書で引用する炭素14年代値はいずれも資料批判した上で用いることができないため、参考値として提示する。

第1章　問題の所在：縄文時代の資源利用と社会

第1節　植物利用論

1　栽培をめぐる諸条件

　縄文時代には、植物各種の各部位が様々に利用されたと考えられるが、特にその食料としての利用は、栽培化や農耕開始の問題とも相まって盛んに議論されてきた。植物学者のドゥ・カンドルは、植物栽培開始について以下の前提条件を想定している（ドゥ・カンドル 1953，上 30-31）。

　　A.「凡ての人間が求める利益のうちのあるものを提供するある一定の植物を、入手出来る範囲内においてもっていると云うこと」

　　B.「漁撈、狩猟における、又は栗、ナツメ、ヤシ、バナナ或はパンノキのような非常に栄養分に富む果実のなる自生植物の生産物における天然資源の不足から生じるさし迫った必要＜中略＞狩猟や漁撈におけるまぐれ当りの要素は、骨の折れるそして極りきった農耕労働よりもより多く原始人を―並に開花した人間をさえ―誘惑する」

　　C.「余り厳しくない気候、暑い国々では余り長びかない乾燥」

　　D.「ある程度の安全と定住」

　また、栽培の程度については次のように述べる（ドゥ・カンドル 1953，上 29）。

　　E.「野生の果実、種子または根を採取する習慣とこれらの産物を供給する植物を規則正しく栽培する習慣との間には若干の段階がある。家族がその住居の周囲に種子を投げ棄てたり、そして翌年には森の中の同じ産物で家族を養ったりすることもあり得る」

　Aは栽培植物の種類・内容の問題、Bは野生食料の種類・内容の問題、Cは自然環境の問題、Dは定住性や社会組織の問題、Eは半栽培技術の問題であり、これらは栽培開始を考える上での基本的枠組みとなる（常木1999，6）。また、これらに加えて、

　　F.　栽培をめぐる象徴性や世界観の問題
　　（松本 2003；ハストーフ 2004）

も、植物栽培をめぐる文化的側面として考慮する必要がある。本書では、上記 A〜F の栽培をめぐる諸条件をもとに検討を進めていきたい（図1-1。板倉 2024）。

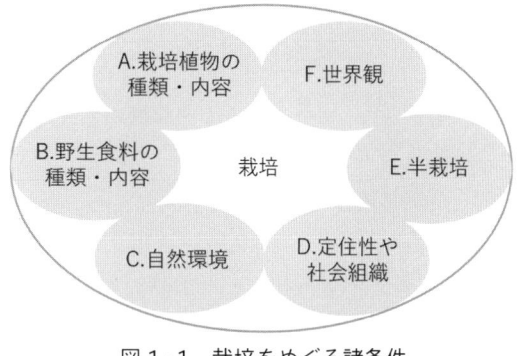

図 1-1　栽培をめぐる諸条件

2　野生食料の評価

　栽培をめぐる条件 A・B については、遺跡出土動植物資料の分析が盛んに進められている。ここでは、縄文時代の野生食料に関するこれまでの考え方、理論を整理する（板倉 2024）。

　戦後に行われた縄文時代の食料獲得についての対談で、江上波夫は「山野には鹿や猪が非常に沢山居り、海浜に行けば魚介が豊富に見出された結果、たとえ農耕の出来る段階にまで達した社会経済にあっても日本においては必ずしも農耕生活には入らず、依然として狩猟漁撈の状態に止まっていたということもあり得る訳でしょう。＜中略＞海幸山幸に恵まれた土地では、いつまでも狩猟漁撈の生活を継続し得る」と述べている（岡ほか 1948, 261-264）。一方、藤森栄一は、中部地方縄文時代中期の農耕社会成立について言及する際に、当該期の石鏃の減少を狩猟活動の不振と読み取っていた（藤森 1950, 1963a, 1970）。その後、和島誠一は、西日本は東日本に比べて自然的資源に恵まれておらず、何らかの植物栽培でそれが補われた可能性があるとした。採取経済の段階では、やがて濫獲が自然の増殖率を上回り、行き詰まらざるを得ない矛盾をはらんでいるという唯物史観の影響を受けた縄文・弥生時代観（唯物史観モデル）を前提に、そうした西日本の縄文晩期社会の内在的矛盾が稲作の導入を促したとする（和島 1966, 11）。岡本勇や春成秀爾もそのような「採集経済の矛盾」を前提として縄文時代から弥生時代への移行に言及した（岡本 1966, 427；春成 1969a, 377）。これらは遺跡出土資料の分析にもとづく見解というよりは、断片的な縄文社会の情報を理論的に解釈していた段階と言える。

　これに対し渡辺誠は、遺跡出土の植物や魚類の実証的研究を進め、縄文時代における濫獲や食料状態の悪化は想定できないと批判した（渡辺誠 1983, 10-11）。西田正規は、縄文時代前期の福井県鳥浜貝塚において、根茎類（球根類・イモ類）、ナッツ類（シイ・クリ・クルミ）、淡水魚類（フナ・ナマズ）、貝類（ヤマトシジミ・マッカサガイ）、獣類（シカ・イノシシ）などの食料獲得活動を想定し、「かつての鳥浜の周辺の湖と野山に豊富にあり、たやすく安定して、大量に入手できる資源であった」（西田 1989, 19）と結論している。一方で、関東・中部地方における縄文時代前・中期の石器組成変遷を整理した小林康男は、中期後半には打製石斧の減少（根茎類の資源量低下）、石皿・磨石類の安定的出土（大量に取得できるがアク抜きなど再処理を必要とする堅果類・地下茎類への依存）、各小地域での狩猟・漁撈の発達（動物性食料の開発）という変化が起こり、それまでの植物質食料を主要生産活動として共通していた大地域の崩壊がはじまっていると評価した（小林康男 1975c, 450）。九州地方の遺跡出土動植物遺存体の分析を牽引した山崎純男は、九州縄文時代後期後半の貝塚の小規模化を指摘し、その背後に生産基盤の転換を想定している（山崎 1975, 155・160）。動植物遺存体や石器組成といった遺跡出土資料の分析が進んでも、縄文時代の野生食料に対する評価は、当時の人口を支持できる生産量があった、あるいはなかったという 2 つの見解が対立している。

　西田正規は縄文時代の栽培と農耕に関して、「人里植物の集落への集中と、その利用（「栽培化」）は、水産資源の豊かな集落で始まるが、しかし、生業活動全体の中で、有用人里植物利用の比重が大きくなるのは（「農耕化」）、自然の産物として得られる資源の少ない地域であった。日本では、中部山地の諸集落において、その姿が特に顕著にあらわれているのである」と述べ

た（西田 1981, 252）。類似した農耕開始の説明は、Lewis R. Binford や Kent V. Flannery が、定住、広範囲生業、人口圧などの概念を用いて行っており、マージナリティ・セオリー（辺境域仮説）と呼ばれている（常木 1999, 9-10）。これらは、対象地の生態環境と人口増加を要因として農耕開始を説明するものだが、資源量と採捕圧に着目するという点では、先に挙げた和島らの唯物史観モデルと共通する。理論的には、ヒトの個体数増加は、食料としての動植物生物量の低下をもたらすのであり、そこでどのような生態系のバランスがとられるのかが問題となる。小池裕子は、現生ニホンジカ（狩猟下・非狩猟下）と遺跡出土ニホンジカの死亡年齢のデータから各個体群の生残率を割り出し、縄文時代後期には捕獲圧が限界状況に至っているという見解を示した（図 1-2（A）。小池 1992）。また、Jack M. Broughton はカリフォルニア・Emeryville 貝塚出土チョウザメの個体数、大きさ（年齢）の層的変化を把握し、2,600〜700 年 BP の間にチョウザメの捕獲圧が上昇していることを示している（図 1-2（B）。Broughton 1997）。樋泉岳二による千葉県加曽利貝塚各層のハマグリ殻サイズの分析では、捕獲圧は中期後半が著しく、後期前半に緩和されるものの、全体に小型貝の比率が高い（捕獲圧が強い）ことが示されている（樋泉 1999, 93-94）。中緯度温帯域に属する日本列島の野生資源は豊かではあるが、無尽蔵というわけにはいかず、利用する人間集団の規模増大の背後には常に資源の採捕圧上昇というジレンマが横たわる。東北地方の縄文時代晩期・亀ヶ岡文化期でも、人口減少と堅果類やニホンジカ、サケ科の減少、工芸品生産の縮小などの変化に注意が向けられている（高瀬 2023）。本書では、縄文時代における資源利用を分析するにあたって、野生資源に対する採捕圧の問題が重要であることを再認識しておきたい。

　後述する貯蔵穴群の理解と同様に、貝塚（貝類の集中廃棄）の形成については、やや複雑な背景がある。貝類は、採集が比較的容易で、剥き身の乾燥保存などが可能という利点がある一方、カロリー面では必ずしも優秀な食料ではなく（西田 1980, 21；Yesner 1980, 733）、現代の採貝漁業や潮干狩りが資源量低下の要因の一つとなっているように（松川ほか 2008；藤井・関根 2009）、生息域の環境変化および採集圧の影響を受けやすい。小杉正人らは、貝塚分布と貝類生息域の近接性、貝類採集の不連続性、採集圧の高まりにみる資源量の低下、などの分析結果から、貝類採集が「恒常的でなく副次的な生業」「非常食的役割」であるとした（小杉ほか 1989）。貝塚の形成は、海の豊かさの象徴という反面、貝類という非効率で不安定な資源でも食料化しなければならない状況を示している。貝塚が形成されないという状況は、沿岸環境の変化などにより貝類利用ができなくなった、あるいは貝類を利用しなくてもよいような食料事情に変化した、などの状況を想定できる。九州縄文時代における貝塚の消長についても、上記のような貝類資源の特性をふまえて説明する必要がある。

　戦前に日本先史学の基礎を築こうとした大山柏は、「史前食料の基礎的研究を行い、史前食料に対する認識に資し、現実に際しその根底を形造る」として、「史前食料の現実遺存せるものは、甚だ偏しても居り、或は全く何等の事実を止めないものも、理論上必要を認むるものは、対象として居る」という考えから人類学的な食料情報を整理している。食料の基本的性質として「嗜好」に着目し、居住する気候環境や文化伝統、体質などによる「嗜好の偏差」を考慮した上で、「今日とは余りに隔て多い、天然生活者のそれに近い道程が、史前民の嗜好なのである」と

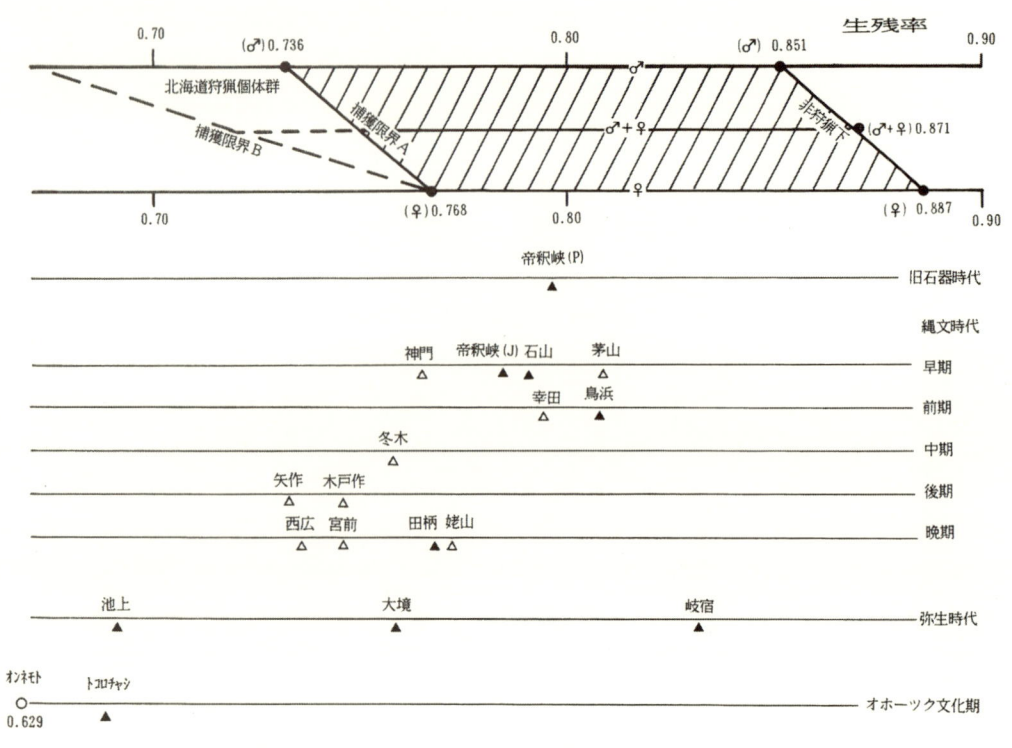

（A）各遺跡におけるニホンジカの生残率（小池1992より転載）

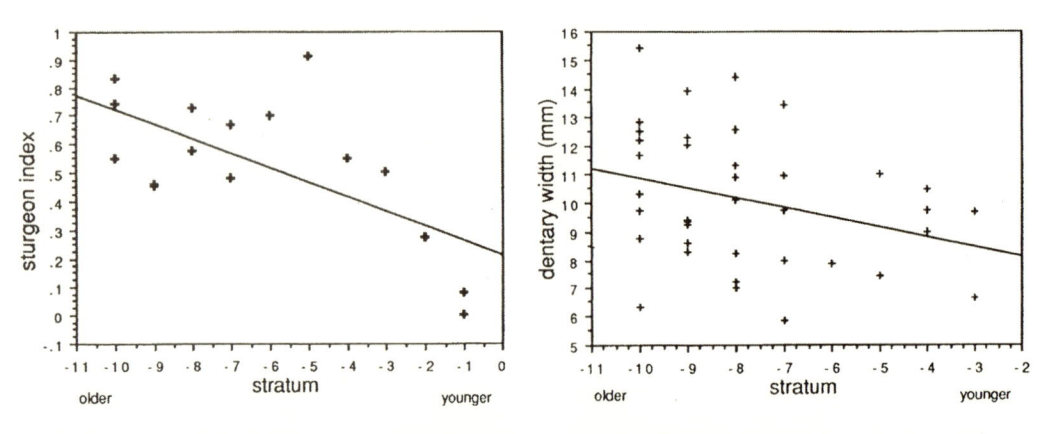

（B）Emeryville貝塚各層のチョウザメ指標（チョウザメ識別個体数／魚類全体の識別個体数）と
チョウザメの歯幅測定値（年齢・体長指標）（Broughton1997より転載）

図1-2　先史時代の捕獲圧分析

いう理解を示した。アフリカやインドの伝統社会の食料に、昆虫や爬虫類など「特異なもの」が
あることを指摘し、「天然人の食料中にも随分多くのこうした食料も含まれ得可き点は、予め考
慮せねばならぬと同時に、今日に遺存する史前人の食料研究に当っても、其当時の食料範囲が決
して、遺存範囲と一致するものでない。否寧ろ甚だ広かったであろうと思わるる点は、常に弁え
べきことと考える」とする。また、食料のタンパク質、脂肪、炭水化物、ビタミンなどの栄養価

値も重要な観点とした（大山 1934b）。本書は、近年の縄文時代研究が重視してきた証拠（資料）立脚の帰納的推論だけでなく、大山が想定したような関係諸事項をふまえた演繹的推論も重要と考えている。縄文時代においてどのような野生資源が利用できたのかという理論的・実証的双方からのアプローチは、それを利用するための技術や設備、遺跡立地などに新たな観点を与え、遺跡出土資料の多角的な分析につながると期待される。

3　堅果類・地下茎類・マメ類利用の程度

　クリ・トチやクズ・ワラビといった多年生の堅果類や地下茎類のデンプンが、縄文時代の主要な食料であったと考える説は酒詰仲男や江坂輝弥、山内清男によってその可能性が示唆された（酒詰 1957；江坂 1959；山内 1964）。酒詰は、遺跡出土のクリが中大なものであることから、それらが栽培種である可能性を指摘し、その他有用植物の栽培も含めたクリの前栽園的農耕説を主張した（酒詰 1957）。山内は、貝塚に残る動物骨・貝類から縄文時代の生業を狩猟、漁撈、採集と推定し、カリフォルニア先住民の生業様式から「縄文式文化圏の西南半は木の実を主食とし、東北半は木の実とサケの二本建になっていた」と類推した（山内 1964，142-143）。その後、遺跡出土植物遺存体の集成および堅果類・地下茎類アク抜きの民俗調査を行った渡辺誠によって、縄文時代の堅果類・地下茎類利用はより説得的に主張されるようになる（渡辺 1975b）。小林康男は、落葉広葉樹林帯で住居などから多量に出土する凹石・敲石は、堅果類の大量加工と保存に使用され、照葉樹林帯で少量出土する石皿は、貯蔵ドングリの小規模な加工・消費に使用されたと解釈した（小林康男 1975c，448-449）。人類学的観点から考古資料の評価を行った佐々木高明は、東日本のナラ林帯では採集・狩猟・漁撈のための資源がきわめて豊かであり、縄文時代の採集経済の体制が安定したのに対し、西日本は東日本に比べて資源が必ずしも豊かではなく、そのことが自然を改変する方向に彼らを駆り立てる要因になった、と想定する（佐々木 1983，62-66）。林謙作も、「東日本の縄文人は、比較的手に入れやすく、しかも一時に大量に採取できるものを狙いうちにして利用していた可能性が高い。言い換えると、そういう集約的な利用こそ、縄文人の資源利用の特質ではないか」と述べている（林 1997）。カリフォルニアのドングリ食民族誌を整理した和田稜三は、ドングリ主食はかなり高い人口密度を維持でき、先住民に好まれたタンバークオークは、タンニンを多く含むが、脂肪分が多く、虫がつきにくく、殻が厚くて腐りにくいという長所があるとした（和田 2003）。クリについては、青森県三内丸山遺跡出土クリ遺体のDNA分析によって、人為的影響によると考えられる遺伝的多様性の低下が報告された（山中ほか 2000）。縄文時代中・後期に属する長野県北村遺跡出土人骨の骨コラーゲンの炭素・窒素同位体分析では、C3植物（堅果類など）への依存傾向がみられ、骨無機質における微量元素分析からは、シイ・クリを中心とした植物食であった可能性が示唆されている（米田ほか 1996）。泉拓良は、西日本の縄文時代前期以降の遺跡が低地や扇状地に立地する点に着目し、河辺林として特徴的な照葉樹のイチイガシやアカガシと落葉樹のトチやオニグルミの混淆林を利用することで、多種多様な堅果類に依拠して堅果類にみられる隔年結果現象を克服する生業戦略と評価した（泉 1985）。近年では、小畑弘己らが土器圧痕調査を精力的に進め、縄文時代のマメ類利用を実証

するとともに、それらが栽培種化されたメジャーフードであったとして高い評価を与えている（小畑2011，2016a，2016b）。小畑は、縄文時代のマメ類（圧痕種子・炭化種子）に栽培化徴候群としての大型化を見出し、それらが石鍬による深耕と大型種子の選択によってもたらされたとする（小畑2011，135）。

　しかし、堅果類や地下茎類、マメ類などの野生植物の利用には、より複雑な植物学的、生態人類学的背景があることには注意が必要である（板倉2024）。照葉樹林帯の植物利用に関する中尾佐助らの対談では、植物生態学の吉良竜夫が、照葉樹林の植物利用（アク抜き技術）が縄文社会の食料基盤となったという中尾の説明に対して、堅果類の隔年結果現象や動物性食料の評価を問題にして、疑問を呈す場面がある（上山編1969，101-154）。トチは隔年結果の影響が少なく、ドングリやクリに較べて保存がきく反面、入念な水さらしと灰を加えた加熱処理によるアク抜きが必要で、その工程に2〜3週間はかかるとされる（佐々木1971，124-125）。クリやクルミは多年生樹木で他家受精することが多いため、一年生で自家受精するイネ科植物よりも、品種の固定は困難であり、人為的な選択の効果はより少ない（西田1981，244-245）。カリフォルニア先住民のドングリ利用について、獲得から消費までのコスト・ベネフィットを概算したMark E. Basgallの研究では、ドングリ食は殻剥き・粉砕・アク抜きに時間がかかり、他の植物利用に比べてコストの高い生業と言わざるを得なかった（Basgall 1987，29）。また、中尾佐助は「ワラビの根を掘ることが、東亜の照葉樹林のなかでも、あまり広くおこなわれなかったのは、その掘りとりの困難さによるものだろう。かたい土の深くから細い地下茎を掘ることは、金属性のクワがなければ、ひじょうに困難な仕事である」（中尾1967，367）と述べる。オセアニアで広く利用されるサゴ・デンプンについては、「主食として生産性が高く、貯蔵輸送が容易でも、サゴ単独では栄養的に欠点の多いことは、注意すべき点である。今日ほとんどの地域で準主食または荒救用程度にしか利用されていないことは、サゴが一見余剰蓄積に便利にみえるが、本質的に欠点をもっているためであろう」（中尾1967，357）とする。西田正規も、ゼンマイ、カタクリ、ウバユリなどは獲得のための労力が大きい割に、カロリー収量はさほど大きくないと評価している（西田1981，249）。ダイズやアズキといったマメ類は、手に入りやすく、高タンパク、高栄養で、保存もできるという反面、毒性があったり、可食化に手間がかかったり、穀類に比べて単位面積あたりの生産量が低いなど、主食になりにくいという側面も指摘される（石毛2008；堀田2008）。

　渡辺誠は、京都府桑飼下遺跡出土の打製石斧の著しい摩耗痕が砂質の自然堤防上での使用によると推定し、そのことをもって山地傾斜面での使用、すなわち焼畑での使用の反証としつつ、自然堤防上の二次林内のワラビ・クズ・ヒガンバナ・カタクリ・ヤマユリなどの陽地性植物の採取・移植栽培を想定するのが妥当であるとした（渡辺誠1975a，189-190）。これに対し、筆者は桑飼下遺跡出土資料を再調査し、打製石斧とされた石器の7割は横刃型石器という別の器種であると主張している。横刃型石器は、植物遺体として出土したヒシや後背湿地・二次林に繁殖しうる各種有用植物の「摘み取り」あるいは「切削」、魚類の加工、または食物利用とは直接には結びつかない「除草」などの諸活動に用いられたと考えられる（板倉2007，50）。資源利用技術の面からも、地下茎類の集約的利用説は再考の余地がある。

　西田正規は縄文時代前期から後期にかけて栽培植物とトチの利用率が上がる現象について、

「秋のナッツ採集の集約的労働を軽減し、労働の季節的配分を均等化させる方向へ向かっていた」と説明した（西田 1980, 36）。この説明では、秋の労働負担を軽減するためにトチ利用というコストのかかる別の食料獲得作業を追加した（さらに労働負担が増えた）という説明になっており、矛盾が生じている。トチについては、非加熱式のアク抜き法も報告されており（野本 1996：武藤 2007）、従来紹介されてきた加熱処理（上述の佐々木 1971 など）は、灰あわせの際のアルカリ膨張の反応を促進させ、処理時間を調整することにあり、必ずしも必要不可欠な工程ではなかった。現在のトチ食の中心である中部山地では、トチ食への依存が高かったため、大量・短時間処理の必要性から加熱工程を含めたアク抜き法が複雑化したと解釈されている（武藤 2007, 49）。非加熱式アク抜き法の存在を想定できるようになったことで、トチ外皮・種皮や炭化物粒、繊維束が出土する水場遺構を、大型堅果類を集中的に利用するための施設として積極的に評価できるようになった（武藤 2007, 48）。しかし、トチの食用化がコストのかかる作業であることには変わりない。トチ利用の発達は、豊かなブナ森帯の恩恵を示すという反面、食料化が困難な資源すら利用しなければならない状況を示しているとも言える。この点は、前項で指摘した貝類利用の状況に類似する。

　堅果類は秋季に集中して成熟落下してしまうため、もれなく採集したとして、当座の利用分以外は、竪穴住居内での乾燥保存や穴貯蔵を行わなければならない。柳浦俊一による縄文時代貯蔵穴の分析では、貯蔵穴の約 95％が貯蔵機能を消失した後の状態として検出されており（柳浦 2004, 140）、堅果類貯蔵穴は実際に開かれて利用されることが多かったと考えられる。本書第 6・7 章で検討するとおり、堅果類貯蔵穴は縄文時代の全時期を通じて構築が盛んなわけではない。堅果類貯蔵穴の構築が変動する理由については、自然環境の変化などによる堅果類生産量の変動や、貯蔵方法を含む堅果類利用様式の変化、集団規模（消費量）の変化、堅果類に替わる食料の問題、などが考えられる。九州縄文時代の貯蔵穴の動態については、上記のような堅果類利用の特性をふまえた上で検討する必要がある。

　以上のとおり、縄文時代の植物利用を考えるためには、対象植物の特性や自然環境の変化、植物採集および加工・貯蔵におけるコスト・ベネフィットの観点など複雑な要因を想定する必要がある（板倉 2024）。生態学と生物進化の観点から人間行動を研究する人間行動生態学では、狩猟採集民の採食行動について最適化理論（最適採食理論）にもとづいた最適食餌幅モデルを構築している。以下に、口蔵幸雄による解説を引用したい（口蔵 2000）。最適食餌幅モデルは、採食者が「きめ細やかな」環境（fine-grained environment）の中で採食し、食物を発見すると同時にその種類を識別できるという仮定のもとで、どの種類の食物を選択的に採捕すると採食収益率（foraging return rate）を最大にできるかということを問題にする。この場合、採食活動は食物の探索（searching）と処理（handling）に分けられる。前者は、採食者が特定の種類の食物を選択的に探すのではなく、環境における分布密度に比例して異なる種類の食物にランダムに遭遇し、すべての種類の食物を同時に探すと仮定する。後者は、食物に遭遇した後の追跡、捕獲、処置（processing：運搬、解体、下ごしらえ、調理など）、および摂取からなる。食物の探索と処理は、相互に排他的な活動で、同時に遂行できない。食物は、それから得られたエネルギー量（収益率 energy return rate）、または採食者が採食活動において消費したエネルギー量とその食物から

得られるエネルギー量との差（純収益率 net energy return rate）が大きい順にランクが高くなる。ある食物が採補する最適セットに入るかどうかは、その食物の探索コストよりも遭遇後の処理収益率（エネルギー収益率）によって決まる。最適食餌幅モデルでは、ある食物を利用すべきかどうかはそれの豊富さや食物の価値（food value）ではなく、エネルギー収益率（採食効率）によって決定される。いかに豊富に存在しても全体の採食効率を低下させる食物資源は無視される。逆に高ランクの食物は、まれにしか遭遇しないとしても常に採捕すべきである。高ランクの食物資源量の減少（密度の低下）により、その資源の探索コストが増加すると全体の採食効率が低下し、より低いランクの資源が最適セットに追加され、食餌幅は広がる。逆に高ランクの食物資源が増加するとより低いランクの食物はその豊かさに関わらず食餌から脱落する。前者の場合は一般化された食餌（generalized diet）へ、後者の場合は特殊化された食餌（specialized diet）へと向かう。食物のランクは、その食物の利用頻度や食餌における構成を予測するのではなく、それが遭遇時に採補されるかどうかだけを予測する。最適食餌幅モデルの予測は、人間の食物選択における集団間変異を説明するために重要である（口蔵 2000）。このモデルは、遺跡出土動植物痕跡から想定された食物リストに対して、縄文人たちの採食行動には時間制限があり、利用可能な食物が常に採取されるわけではないという条件をふまえている点でより実態に近いモデルと言える[1]。上述の Mark E. Basgall は、ドングリ利用はコストが高い資源利用法であり、広範囲資源利用の後半期に、食物セットに加えられるとしている（Basgall 1987, 42）。

　本書では最適食餌幅モデルが想定するようなヒトの採食パターンを参考にして、縄文時代の食料採捕選択を図1-3のようにモデル化する（板倉 2024）。このモデルをふまえれば、堅果類や地下茎類のアク抜き利用やマメ類利用を縄文時代の主たる食料利用として想定するためには、他の食料（最適食餌幅モデルにおける上位ランク食料）の利用可能性も含めて検討しなければならないと考える。例えば、カロリー量や採集・加工の容易さをふまえると、イモ類（ヤマノイモ・サトイモ）や淡水魚類の利用も想定しなければならない。ただし、イモ類や淡水魚類は遺跡から発見されることが少ない。そのような出土資料の偏りが、利用資源復元研究の偏りにつながっているのが現状と言える。

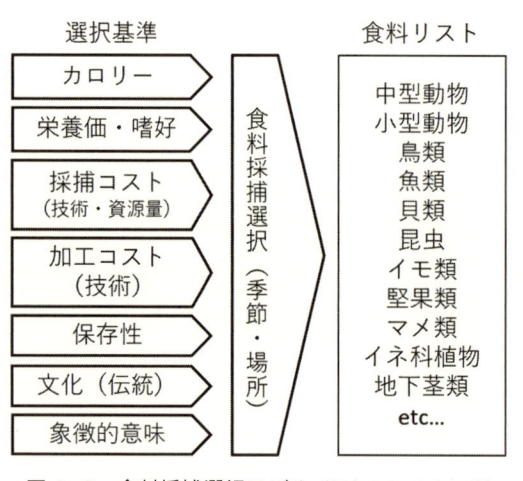

図1-3　食料採捕選択モデル（板倉 2024 より転載）

また、「主食」という概念自体も縄文時代の食料復元において適用すべきか否かという問題もある。農学者の渡部忠世は、主食＝staple food という概念が、イネの生産力が向上して単一カロリー源となり得るようになった江戸時代以降に日本で生まれた新しい概念であって、それ以前は複数の食物種が主食的であったのではないかと述べている（石毛ほか 1983, 428）。西田正規は、福井県鳥浜貝塚のデータから縄文人たちが利用した食料は100種を越えると想定し、そのうち、日常の食生活の中心を占めるものとしてシカ、シ

イ、イモ類、フナ、ヤマトシジミなど11種を抽出した。このような多種類の食料を入手する生業活動の特性をゼネラリストと評価している（西田1989, 18-20）。本書も縄文時代の食物利用は、遺跡出土資料が示す以上に多様であったと想定している。

4　植物―文化共進化の場

　Malinda A. Zederは、人間が利用する動植物の野生状態と栽培飼育状態の区分に関する両極の立場を次のように整理する。対象植物・動物の生態に対する人間側の意図的な管理を強調し、所有権の発生など社会経済組織にも影響を与える点を強調する人間中心主義的立場と、自然界における人間と対象植物・動物の相互依存関係が動植物の栽培家畜化を導くという進化生物学的な視点あるいは人為的要因による動植物の遺伝子型と表現型の変化を基準とする立場、である（Zeder 2006, 105）。前者の立場は、後述する縄文農耕論の主要な関心と言ってよいであろう。後者の立場は、本節冒頭で挙げたドゥ・カンドルの前提条件Eに関わり、生態人類学の現場において、完全な野生でもない、完全な栽培でもない、半栽培という概念が早くから提示されてきた。ここでは、植物―文化共進化の場として、半栽培、焼畑、湿地農耕の研究を概観する（板倉2024）[2]。

（1）半栽培

　中尾佐助は、縄文時代の植物利用について「中期ぐらいだったら、さきにあげたようなナット（堅果）の類、それが一部分は品種改良されて大形のものになっている。またそのなかには、導入されたカジノキもまじっている。そういうものがきちんと植えられたんじゃなくて、集落のまわりなどにばらばらと半栽培の状態ではえており、ウルシもそんなところにぽちぽちはえておる。ヤマノイモだとかヒガンバナが家の近くにあり、クズ、テンナンショウ、カタクリ、ウバユリなどが近くの林のなかにあって、これらの根茎から水晒し技術によってデンプンがとられる」（上山編1969, 97）と述べた。また、中尾（1977）では、「農耕の存在と、農耕社会の存在とは、同義語では無いだろう。生活経済上、部分的には明らかな農耕があっても、それは農耕社会という段階に到らないのが普通ではないか、と私には考えられる。農耕という技術的側面と、社会体制との間には、ある程度の乖離がある」、「人間が植物と縁を結び、農耕に入っていくのには、まずその初めは植物生態系の攪乱、破壊からはじまったと言えよう。自然生態系を人間が攪乱、破壊すると、それに植物の側が反応して、突然変異などの遺伝的変異も含めて、新らしい環境への適応がおこる。そうした植物の中から、人間が利用をはじめると、植物の側から適応力を更に進めていくこともおこり得る」とする。東南アジアでの野生サトイモの半栽培利用は、日本の野生サトイモでも想定しうるとして、縄文時代中期の根栽型半栽培という段階の設定も考慮している（中尾1977, 6・13）。安渓遊地は、沖縄・西表島のヤマノイモ類やサトイモ類の利用を詳細に調査し、イモの種類・性質によって、野生状態で放置しても利用できるものから、人間が管理しなければ消滅するものまで、栽培化の度合いがさまざまであることを示した（安渓1986）。阪本寧男は、スイタクワイの調査から、半栽培型と野生型または雑草型は植物学的に明瞭に区別しが

たく、その違いは「人間の積極的な働きかけ」「人間の文化」が存在するか否かの違いであると結論づけている（阪本1995, 35）。安岡宏和は、カメルーンのバカ・ピグミーが行うヤマノイモ利用の事例から、生物間の関係においてドメスティケーションに向かう力と野生へ向かう力の双方を想定する「双主体モデル」を提案する（安岡2021）。

渡辺誠は、各種根茎類が遺跡周辺に移植され、管理・栽培されていた可能性を指摘し、このような段階が中尾の半栽培段階・照葉樹林文化前期複合段階に相当すると理解した（渡辺1975a, 317）。林謙作も、新潟県大沢遺跡でのヒガンバナ（ユリ）科、ヤマノイモ科の花粉検出事例を受けて、「集落のなか・住居のまわりに、「採園（キチン＝ガーデン）」または「野地畑」があり、大沢の住民は、デンプンの供給源となる植物を、ここに植えていたのだろう」と推定している（林2004, 185）。「半栽培」と「栽培」の定義（中尾1977）に従えば、上記の渡辺や林の見解は、移植を行うという点で「栽培」であり、「半栽培」ではない。先行研究の見解をふまえると、多様で連続的な人間の植物利用技術を、考古学資料を根拠に類型化することは難しそうである。

伊庭功は、琵琶湖南岸地域の早期遺跡の出土土器型式幅と土器や遺構の量など遺跡内容から早期前半・押型文土器期には、安定して継続する定住集落が営まれなかったことを示し、この段階に形成された粟津湖底遺跡のクリ塚について、季節的な集約的作業の結果と評価した。そして、このような非定住的だが継続的な土地利用が小規模な人為的環境（人里植物種子、腐敗食性昆虫の検出）を維持し、栽培植物の付随的な利用につながると評価した（伊庭2001）。筆者は、森林・木材利用の主となる道具である磨製石斧の分析から、九州縄文時代中期以降の内陸部居住の安定化を指摘し、それが照葉樹林内の二次林形成および有用植物の半栽培利用につながる可能性を指摘した（板倉2006, 12-15）。考古学的には、人間と植物の「結びつき」の契機を評価することで、有用植物の半栽培利用を想定するに止まらざるを得ない。

半栽培のような植物と人間の結びつきは、たとえそれが食料資源としての植物の集約的利用に至らなくても縄文社会の文化システムに影響を与える可能性がある。クリスティン・ハストーフは、人間と植物の密接な相互作用の歴史過程は、植物の社会化や人々の世界観形成の問題でもあると指摘する（ハストーフ2004, 35）。縄文時代の器物文様に植物をあしらったと思われるものが見られることからも、その世界観に植物が関与していたことはあり得る。また、植物利用が人間社会の象徴的意味合いや世界観に関係するのであれば、植物利用の変化は、食料や材料の変化という問題だけでなく、文化や価値観の変化にも関わる。このような人間と植物の関係を想定する場合、その共生関係をア・プリオリに好ましいものとする傾向は客観視しなければならない。生物間の関係においては「ともに生きない」「野生へ向かう力」「野性性を保持する」という視点も重要である（卯田2021；安岡2021）。このことは、上述した野生食料の採捕圧の問題や採集・加工コストの問題と合わせて、人間－植物関係の複雑さの要因にもなっている。

（2）焼畑

佐々木高明は、焼畑の特徴として、簡便な開墾法、灰の生成や焼土効果による即効的な肥料効果、雑草の根絶を挙げる（佐々木1971, 95-96）。一般に焼畑耕地は雑草の繁茂によって年々耕地面積が狭められていく。九州山地では、雑草繁茂による耕地面積の縮小率は1年目には10〜

20％ほどであり、その比率は年々増加するため、4年目には耕地面積は半分以下になるという（佐々木 1971, 100）。熱帯地域では雑草繁茂が激しく、1～2年目には焼畑耕地が雑草で覆われてしまう。焼畑耕地が数年周期で放棄される要因としては、雑草繁茂と表土流出・地力減退によるという。焼畑の人口支持力は、40人/km²を超えず、人口が増加すると、焼畑の面積が拡大され、休閑期間が短縮される。その結果、地力は低下し、ますます人口圧が増加する。その場合、焼畑民は新しい土地へ移動するか、新しい常畑農耕や水田農耕をとりいれて定着農耕民に転化する（佐々木 1971, 184-190）。福井勝義は、「焼畑とは、ある土地の既存植生の伐採・焼却等の方法を用いることによって整地し、作物栽培を短期間おこなった後放棄し、自然の遷移によりその土地を回復させる休閑期間をへて再度利用する、循環的な農耕である」と定義し、火入れが必ずしも焼畑全体の特徴を示すものではないと指摘した（福井 1983, 236-239）。百瀬邦泰は、「侵入する多年生草本を排除し続けるのが常畑、排除をあきらめて別の場所に移動するのが焼畑」と両者を区別する（百瀬 2010, 5）。また、耕作地への施肥という観点からは、耕作地と、家畜飼料や燃料（灰）といった肥料のもとを得るための里山が空間的に分離しているのが常畑地帯で、耕作地と里山（休閑地）が時間的に分離している（耕作地が休閑地となることで有機物やミネラルが供給される）のが焼畑地帯とする（百瀬 2010, 10）。

　現代・西表島の実験農場での調査では、焼畑農地は耕起・施肥した改良農地に比べて、開墾1年目から植物および昆虫の種多様度が大きく、自然林に近い群集構造を示しており、作物害虫が少ない（天敵昆虫が多い）ことが報告されている（東・金城 1981）。同農地の2年目の調査では、焼畑農地での昆虫群集構造の多様度および複雑さはさらに高くなっていた（東・金城 1984）。石川県の焼畑農地での調査では、作物加害昆虫種は全体の9.3～16.3％と少なく、個体数も少ないと報告された。害虫は焼畑農地の周辺部から侵入して周縁部のみを加害しており、そのために作物の収穫量がほぼ一定になると推定されている。また、害虫のなかには天敵昆虫が見出されているものが多かった（富樫 1994）。焼畑農地土壌の理化学性の調査では、草木の伐採・燃焼によって、窒素・リン酸・カリウム・カルシウム・マグネシウムが土壌へ還元されるが、収穫物の形で、糖・タンパク質・脂肪・ビタミン・灰分等を構成する有機・無機成分が農地外へ持ち出される。このうち、窒素分は動物の糞尿や空中、雨水から固定・供給されるが、リン酸・カリウム・その他塩基成分は岩石の風化や人の手による施肥がないと回復しない、とまとめられている（長谷川 1994）。

　大林太良は、フィリピンの焼畑農耕民について、木製掘棒を農具として使用し、耕作地が固くなり、雑草が繁茂してくるとその農地を放棄する、新しい森林を開墾する際には、同じ共同体に属する様々な家族が協力する、除草は2回ほど行い、作物はほとんど世話を受けない、といった特徴を報告している（大林 1961, 221）。林謙作は、北米先住民が行う「火入れ」などを紹介しながら、「焼畑農耕は、狩猟採集民の資源の維持・管理の技術の枠のなかでも成立しうる。とすれば、狩猟採集民が有用植物の栽培技術を開発し、焼畑農耕をはじめることもあるだろうし、狩猟採集民が農耕民と接触し、栽培植物の一部を伝統的な技術のなかにとりこんで、焼畑農耕をはじめることもあるだろう」と述べた（林 2004, 188）。小山修三は、『斐太後風土記』（明治6（1873）年富田禮彦著）のデータベースをもとに、コメの水田作、ヒエの焼畑作、イモ類（ヤマノイモ・

サトイモ・ジャガイモ）・野菜類（ダイコン・カブラ・ゴボウ）の畑作と堅果類（トチ・クリ・ナラ）・根茎類（クズ・ワラビ）、野草やキノコの採集、鳥獣類（カモシカ・クマ・キツネ・ウサギ・サル・イノシシ・キジ・ヤマドリなど）・魚類（ウグイ・アユ・アマゴ・イワナなど）の捕獲など、近代飛騨地方における植物栽培と野生食の実態を解説し、縄文時代生業との近縁性を想定している（小山 2011, 68）。

　焼畑の形態は、前項の半栽培と同様に、人間と植物の関わり度合いに応じて変異を持つと予想される。ただし、半栽培に比べると、伐採、火入れ、植え付け、除草、獣類防御などの労働が生じ、土地の選択から休閑に至るまで、土地所有や協業などに関わる社会関係も必要とされる（福井 1983, 239-250）。この点から、焼畑は類型としては採集ではなく栽培・農耕技術に区分される。ただし、常畑に比べると自然環境と親和性を持って小規模に経営される点が特徴であり、その痕跡を遺跡に見出すことは不可能ではないにしてもかなり難しいだろう。日本の焼畑技術を現代から歴史学的に遡って分析した小野武夫の研究（小野 1942）を見ると、日本書紀や万葉集の記述から焼畑の存在をある程度実証的に想定できるのは奈良時代もしくは古墳時代までと考えられる。弥生時代や縄文時代の焼畑技術の実証については、今後の研究成果に委ねられている部分が大きい[3]。

（3）湿地農耕

　Jacques Barrau は、熱帯オセアニアにおける野生タロイモの栽培形態について、タロイモを植えた湿地周辺の伐採と除草を行ってイモの成長を促すような環境改変をほとんど行わない形態、海岸や河川の後背湿地に畔や畝を構築する環境改変の初期の形態、タケの導管によって水を引く灌漑水田（棚田）のようなより手の込んだ形態を例示し、イネの水田栽培以前にイモ類の灌漑栽培が存在した可能性を示した（Barrau 1965, 332-342）。橋本征治は、南西諸島では、畑作でのサトイモ・ヤマイモ作と灌漑地での田芋（ミズイモ）作→アワ・ムギの導入による畑作複合の進展→水稲作の導入による灌漑耕作の充実→近世における甘藷の導入と水稲作の拡充による伝統的芋作物の相対的地位低下、という農耕の発展段階を想定する。田芋は水流があり、かつ水はけの良い場所を好むため、湧泉・井戸・流水などの水源や灌漑水利系統の最上部や家庭排水が流れ込む集落近辺に立地する傾向がある。田芋の灌漑耕作では、根部への空気の供給、水温上昇の抑制、養分供給などの理由から常時通水が行われる点で、水稲作とは異なる。このような田芋田の性格は、苗代田と類似することから両者は近接して共同体の共有地に作られる傾向がある。田芋耕地は1〜4年の耕作後、数カ年の休閑をともなう（橋本 1987, 850-856）。

　湿地性のイネ科植物でも管理度合いの異なる利用形態が存在する。近藤義郎は、「弥生前期にほぼ相当する水稲栽培の初期には、低湿な土地において、多少若干の工作はしたかも知れないが、人工的灌漑排水といえる程の水利設備を作ることなしに、籾をまいたとしてよいであろう。この自然灌漑に頼る低湿地農業は、極く限られた範囲の土地においてのみ可能であり、従って量的な努力を投入してみても、求められる限度が存在した。またそこには分解不良の有機質が多く、有効な無機物の不断の供給がなく、その生産性は著しく低劣であったと考えて差支えないようである」という認識を示した（近藤 1957, 3）。京都府北白川追分町遺跡の縄文時代晩期に属す

る植物遺存体を分析した那須浩郎も水田稲作以前の湿地稲作の可能性を指摘している（那須 2014）。

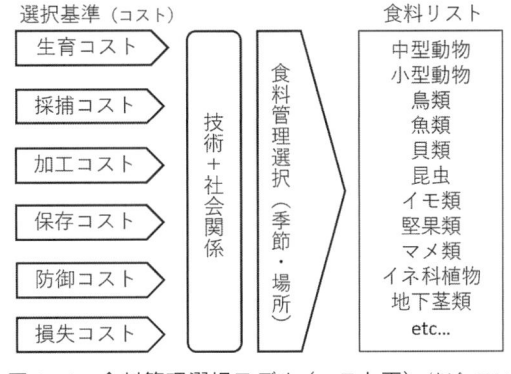

図1-4　食料管理選択モデル（コスト面）（板倉 2024 より転載）

人間と植物の結びつきを考える場合の「景観」は、居住地内や隣接の乾地だけでなく、谷や河川流域の湿地まで広げて分析する必要がある。縄文時代の後の弥生時代が、低地での水稲農耕を経済基盤として成立していくことに鑑みても、縄文時代における湿地利用の分析は重要である（板倉 2010b）。特に縄文時代中期以降は海退に伴う沖積低地の形成という自然環境の変化が起こっており、本書では、そのような河川流域、沿岸部の地形変化と縄文人の資源利用の関係性について議論を深めたいと考えている。

以上、半栽培、焼畑、湿地農耕などの植物利用様式を概観すると、植物と人間が「結びつく」場が広く植物と文化の共進化の場であり、人間側の管理度合いを強める（栽培を行う）か否かの選択の場であると言える。人間は、栽培飼育の長期的な結果をはじめから予測できるわけではないので、手はじめには短期的な成果が得られる対象から栽培飼育をはじめたのであろう（Zeder 2006, 107）。その選択にあたっては、対象動植物ごとに管理から利用に至るまでの様々なコストが勘案されたとモデル化できる（図1-4。板倉 2024）。この食料管理選択のモデルは、食料管理を可能にする技術基盤や社会関係も必要となるため、野生食料の採捕選択モデル（図1-3）に比べて、コストへの配慮や選択の複雑さが増している。この食料獲得プロセスにおける複雑さの違いが、採集社会システムと農耕社会システムとを分かつ側面の一つとも言える。唯物史観モデルでは、前者から後者への移行は不可逆的な発展段階として捉えられた。ただし、半栽培・焼畑・湿地農耕の場で観察されるとおり、採集と農耕という行為や技術の間は連続的で、区分が困難でもある。採集社会と農耕社会は経済・社会システムとしては不連続だが、それを構成する文化要素としての技術には連続性があるという階層的な関係をふまえなければ、縄文時代の植物利用論は議論の焦点が合わずに平行線をたどる危険性がある。本書では、資源利用技術の分析から、縄文人と植物との「結びつき」がいかに想定できるのか、そしてそれは、当該期の経済・社会システムの中でどのように位置付けられるのか、という点を詳しく検討したい。

5　イネ科植物とイモ類の利用可能性

農学者の木村靖二は、「如何に外からの輸入とは云え、高度の生産技術を伴う稲作が、如何なる農耕の知識・技術をも持たない原始民の間に、わけもなく普及したものとは考えられない」という疑問から出発して、縄文時代のイネ科植物（ヒエ・アワ）利用を想定した（木村 1934, 625）。稗は土質及び気候に対する適応性が高く、田でも畑でも作られ、黒稗・熊稗は芒刺の多い秋稗

であるため、そのまま放置しても、鳥獣の被害を免れる。「稗は『茎丈を伸ばして穂を其上につける特性があった』為め、湖辺や沼沢地、或は沢尻などにも作られ、所謂田稗となったことを思えば、水田が、弥生式民によって水稲が作られる様になってからの発案ではないことが知れる」（木村1934, 629）。先に挙げた岡らの対談では、北方アジア系統の雑穀と南方アジア系統のイモ類の渡来の可能性に注意が払われていた（岡ほか1948）。その後、中尾佐助は、世界中の栽培植物の地理的分布を整理し、ヤマノイモ・サトイモ、シコクビエ・ヒエ・アワ・キビ、イネ・コムギ・オオムギの順で日本列島への作物種渡来を想定する（中尾1967, 487-488）。縄文時代におけるイネ科植物とイモ類の渡来および利用を想定する見解は多数あるが（澄田1955；国分1955,1988；藤田1956；酒詰1961；江坂1967, 1977, 1985）、いずれも遺跡出土資料による実証が課題となったまま現在に至っている。イネ科植物などの一年生植物は栽培種に適した性質を有している。ドゥ・カンドルは、「一年生植物種は栽培するのに最も容易である。＜中略＞文明の初めにおいては待たされないでその生産物が得られる植物が最も多く求められることは明かである。その上に、それらの植物は、あるいはその種子が多いために、あるいは同じ種が北方では夏に、そして熱帯諸国では冬又は年中栽培されるために、それらの栽培がひろめられそして増加され得る」と整理した（ドゥ・カンドル1958, 下303）。Zeder も、一年生植物は人間の移植や収穫によって形態変化が起こりやすいと指摘する（Zeder 2006, 108）。

　北海道南茅部町ハマナス野遺跡（前期後半）および隣接する臼尻B遺跡（中期）からはヒエ属の種子がフローテーション法によって検出されており、北海道・東北地方ではヒエ遺体の検出例が多い。吉崎昌一は前期後半にはかなり広い地域でヒエ属の粗放な農耕がはじまっていた可能性があると述べている（吉崎1997）。那須浩郎は、縄文時代各時期のヒエ属種子のサイズ・形態を整理し、早期資料は野生種のイヌビエと同程度のサイズだが、4,700年前の中期頃に野生種の上限値を超える炭化種子が現れることを示した。一方、中部高地では前期以降にヒエ属の出土例がなくなり、北海道・東北北部では後期以降は大型種子が見られなくなる。次に大型種子が見られるのは1,000年前の平安時代後半になる。那須は、縄文時代のヒエ属種子の利用について、早期から前期にかけての温暖化で、ヒエ属の生育に適した草原・疎林環境が減少したことがヒエ属種子利用の低下を招いた可能性、中期の人口増加に伴ってヒエ属種子の利用が高まって大型化した可能性、何らかの遺伝的あるいは生理・生態的理由でヒエのドメスティケーションが他のイネ科穀類に比べて難しかった可能性などを指摘している（那須2019）。

　九州においては縄文時代のイネ資料として、熊本県古閑原貝塚粘土層から阿高式土器と共に出土した炭化籾と禾本科系の茎等（坂本1952）、熊本県ワクド石遺跡出土の御領式土器口縁部の籾圧痕（川上1958）、長崎県小原下遺跡出土の籾圧痕土器（古田1968）などが早くから報告されていた。また、森貞次郎と岡崎敬は、黒川式・夜臼式・板付Ⅰ式などの籾圧痕土器を集成し、晩期後半の北部九州におけるイネの存在をより蓋然性の高いものとした（森・岡崎1962）。籾圧痕については、乙益重隆による「肉眼観察による認定・同定の不確実性」という指摘もあって評価が保留される状況となる（乙益1967）。その後、中沢道彦と丑野毅や山崎純男によって、丑野の開発したレプリカ法による土器種子圧痕の走査電子顕微鏡観察が開始される（中沢・丑野2003；山崎2003, 2005）。土器圧痕については、土器片の時期決定や圧痕内容の検討が続いているが、

現在のところ、九州の資料で
も縄文時代晩期中葉・黒川式
中葉以前の資料で明確な大陸
系穀物は確認されておらず、
黒川式後葉あるいは刻目突
帯文土器期にはアワ・キビ・
イネが確認されはじめている
（中沢 2019；小畑 2019, 58-67；
宮本 2023）。ただし、宮本一
夫による東北アジアの農耕文
化拡散の研究によると、朝鮮
半島における雑穀農耕文化の

イモ類（ヤマノイモ・サトイモ類）
↑可食部が大きい
↑可食化の工程が少ない
↓腐りやすく、保存しにくい

堅果類（シイ・カシ・クリほか）
↑大量に結実する
↓可食化の工程が多い
↑複数種あり、保存できる

マメ類（アズキ・ダイズ）
↓可食部が小さい
↓可食化の工程が多い
↑栄養価高く、保存できる

イネ科植物（アワ・キビ・イネ）
↓可食部が小さい
↑可食化の工程が少ない
↑大量生産でき、保存できる

地下茎類（クズ・ワラビ）
↓採取工程が多い
↓可食化の工程が多い
↑多年生で、救荒食になる

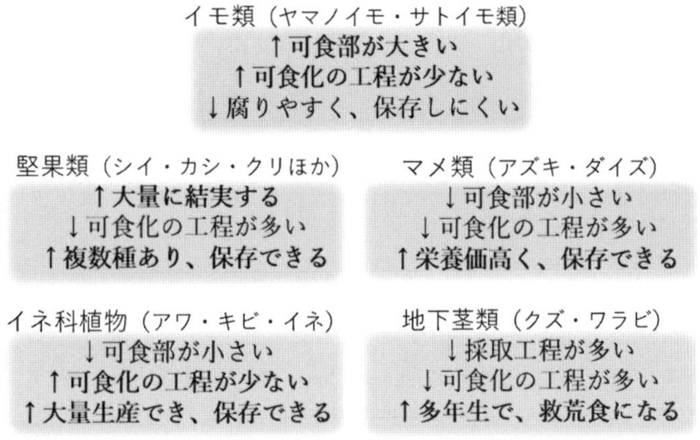

図 1-5　植物食料の一長一短（板倉 2024 より転載）

拡散期に並行する縄文時代中期と、水田農耕文化の開始期に平行する後期後半に、大陸系栽培植
物渡来の可能性は残されている（宮本 2000, 2003, 2005）。

　イモ類については、遺跡出土資料からの痕跡把握がほとんどできておらず、考古学的な検証は
進んでいない。松田正彦によると、日本の現生サトイモは、山地部では多様な品種がみられ、沿
岸部には赤芽群という特徴的な一群がみられる。RELP（制限酵素断片長多型）法という DNA 分
析によると、サトイモの遺伝学的な系譜は、雲南→中国大陸部→日本山地部のルートと、ベト
ナム→台湾→琉球→日本太平洋岸というルートに分かれるという（松田 2003, 148）。なお、福永
健二・河瀬眞琴による現生アワ waxy 遺伝子の構造解析によれば、日本のモチアワの遺伝子型に
は、韓国につながる V 型と、韓国・中国・台湾・東南アジアにつながる IV 型の 2 種があるとされ
る（福永・河瀬 2005）。

　ここまで整理したとおり、堅果類・地下茎類・マメ類・イモ類・イネ科植物は、それぞれに人
間にとって有用な特性とそうでもない特性があり、一長一短があって相互に優劣をつけにくい
（図 1-5。板倉 2024）。各植物相互に長所短所を補っているようなところもあり、特定種栽培の専
業化以前にはこれらの複合的利用が選択されたと予想される。このような植物食料の理解は、理
論的に構築された側面が強く、イモ類やイネ科植物については必ずしも遺跡出土植物痕跡による
実証を得られていない。しかし、本書序章でも述べたとおり、「遺跡出土資料は過去の資源利用
の一部しか反映していない」のであり、遺跡出土痕跡から実証が得られている堅果類やマメ類だ
けから縄文時代の植物利用を説明することもまた問題がある。本書では、縄文時代におけるイネ
科植物やイモ類の利用については、現時点ではその可能性は否定せず、かつその未検証仮説に
依拠しすぎることがないように、以下に検討を進める。

6　縄文農耕社会論：経済・社会の類型

　本節でここまで整理してきたとおり、縄文時代の植物利用はその人為的管理の度合いは連続的
であり、採集と栽培の技術自体は相互排他的なものではなかったと想定できる（板倉 2024）。縄

文文化は資源が多様な中緯度帯に属しており、その柔軟な植物利用の実態は、農耕か採集かという二元的抽象論では説明できない（山田 2005, 101）。人間の資源利用を自然環境との相互作用として説明する立場（生態モデル）では、植物利用の議論における農耕か採集かという類型化の問題は、主要な関心事ではない。

　農耕的文化要素を持つ縄文社会が、採集経済と農耕経済のどちらに位置づけられるのかという議論は、唯物史観にもとづく経済・社会・文化システムの類型化の問題である。これについては、縄文時代は狩猟採集経済であり、栽培や階層化の要素があったとしても、弥生時代以降の農耕経済を基盤とした社会・文化システムとは異なる、と結論づけられる。この区別は不可逆的な発展段階であり、Vere Gordon Childe は、人類史における食料生産の開始や定住化といった経済的・技術的画期を新石器革命と呼んだ（チャイルド 1951）。山内清男は、打製石斧を農具と考える立場に対して、打製石斧が東北に分布しない点や晩期に衰退する点から、「殷勢に向うべき農業の指示者として尚疑問を残して居る」（山内 1937, 270）と指摘する。農耕がはじまっていればそれは発展・拡散し、採集経済とは袂を分かつという考え方である。農耕経済における社会複雑性と、栽培採集経済における社会複雑性との違いは明確に認識されなければならない（田中 2001, 119）。例えば、中部地方八ヶ岳西南麓の縄文時代前・中期社会は、繁栄していたとしても弥生社会のような経済・社会・文化システムではない（農地、木製・金属製農具、防御施設、階層分化した墳墓、社会的分業、広域的な交易などの不在）。赤松啓介は唯物史観の枠組みから、縄文時代中期以降の経済基盤が原始農耕（市場・商業と関わらない自給自足的農耕）とすることに大きな矛盾がないとして、原始農耕から弥生時代以降の農業への転換過程の解明が重要と指摘した（赤松 1964）。勅使河原彰による唯物史観モデルでは、焼畑農耕は、耕地＝常畑が伴わないため大地を労働対象としてしか利用しない（恒常的に労働力を投下して労働手段に転化しない）という点で、植物採取活動と同質であり、稲作農耕とは異なると評価する。また、狩猟・漁撈・採集にもとづく余剰は、豊凶が自然に委ねられているという点で一時的・偶発的であり、そのような不安定な余剰生産は拡大再生産へつながらない（生産経済社会の余剰は恒常的に生み出され、拡大再生産に振り向けられる）とする（勅使河原 1987, 114-115）。縄文農耕論で主張された縄文社会の大規模性や成熟性は、今日では縄文社会の複雑性の議論（階層化論）の枠組みで検討できる。

　ただし、これまでの縄文農耕論の中には縄文時代を新石器時代、あるいは弥生時代に対比させようという考え方もあった点は注意を要する。酒詰仲男は、縄文時代が世界史的な新石器時代や中石器時代に対比できるという認識から、穀物以外のクリ、トチ、クルミなどの堅果類やその他有用植物の前栽園的な農耕の存在を想定した。そして、それを立証するという観点から、集落の定住性や集団領域、要具、暦（日時計）、母系制などに広く言及している（酒詰 1957）。その後、縄文時代に定住が行われていたことは確かであるとした上で、定住は環境全体に対する豊かな知識と深い経験が必要であり、これが「ヒトが旧石器時代から、新石器時代へと次第に発展して行く過程に於て、序々に蓄積されて来たもの」と評価する。「農業だけ行わず、自然採集を行なっていたとは言い得ない。それは文化全体の経緯の秩序を乱だすこと」であり、文化階梯という「文化の横縦の糸によって織り上げられた布」に穴が開いているようなもので「全くあり得ない脱落」と表現した。ただし、牧畜はなかったと認め、「縄文文化の欠点」としている（酒詰

1961)。また、藤森栄一は、農耕の存在を実証するための栽培植物が遺跡から確認されない状況を受けて、「井戸尻尖石を代表とする、八ヶ岳西麓のあの大集落群で、つかまらないなら、まず栽培植物はだめだと考える他ないだろう。＜中略＞中部山岳地帯の中期縄文文化は、農耕をしてもしなくてもはっきり、農耕社会の所産である。われわれは考古学者である。植物学者でも農学者でもない。われわれの仕事は本当は、米や麦を捜すことでなくて、遺跡遺物を通して農耕社会的な文化機構を追及することではないだろうか」と述べた（藤森 1963a, 160）。農耕をしていなくても農耕社会というのはどういうことなのだろうか。藤森は、戦前の層位編年学偏重に対して提出された森本六爾の弥生農耕論を引き合いに出しながら、勝坂式土器とその文化が「ひどく弥生式的である」として、その文化諸要素を挙げた上で、「新石器時代である以上、日本の縄文中期に農耕が始まっていて何の不審があるか」（藤森 1963a, 153・160）と述べている。これは酒詰（1961）にもある文化階梯論であり、能登健が「藤森の農耕論は最初にイメージがあって、それに具体的事象を付加させていく方法」（能登 1987, 14）と表現した内実であろう。世界的には旧石器時代と新石器時代の間に中石器時代（Mesolithic）が設定されており、縄文時代が部分的に中石器時代に対比されることは八幡一郎が既に指摘していた（八幡 1937）。田中良之は縄文農耕論の今日的な方向性について、「採集経済の中に栽培を含む中石器時代としての社会論」（田中 2001, 119）と総括している。

　縄文農耕論ではしばしば、縄文時代における農耕的要素を列挙し、その可能性を緩やかにつなぎ合わせた形で、農耕社会の存在を主張するという方法が採られる。例えば、九州の縄文時代晩期農耕論では、打製石斧＝耕起具、打製石庖丁＝収穫具、集落規模が大きく人口密度が高い＝採集経済ではなく農耕経済、台地・丘陵上の集落＝その周辺（台地上・丘陵上）における焼畑あるいは畑作、という理解の図式が認められる（小林久雄 1939；坂本 1952；賀川 1966b, 1968；山崎 2003, 2005）。これら一つ一つの可能性はあり得るとしても、それ以外の可能性も同程度にあり得る状況であり、全体として曖昧さを許容している。仮説を構成する一つ一つのデータや根拠を精査して、検証あるいは棄却して、相互の明確な関係性を確定していき、仮定や予想をできる限り少なくしていくことが必要である。この点については既に佐原真が、(1) 正確な事実認識にもとづく比較研究、(2) 使用痕分析、(3) 種子圧痕分析、(4) 花粉分析、(5) 原初農耕と原始農耕など農耕の実態についての議論、という方向性が縄文農耕論には必要であることを指摘している（佐原 1968）。

　そのような文化要素の列挙と配合という縄文農耕論の方法論上の問題を認識してもなお、江坂輝弥の以下の説明は、その包括性において目を見張るものがある。江坂は、縄文時代中期の大規模集落について、「その付近で捕獲した鳥獣と河川産の魚貝、海岸地域より交易によって得られる海産の魚貝では到底その大集落全人口の食料を満すことは困難であり、他にこれに代る主食物の存在が肯定される」とする。その上で、澱粉質植物加工のための磨石・石皿類の発達、堅果類の渋抜きの場としての湧泉を意識した集落立地、根茎類採集と畑地耕作に使用された打製石斧の発達などから、堅果類、根茎類、マメ科、東南アジア起源のイモ類を含めた植物栽培、農業文化の萌芽を想定した。このことが、大集落の発生、希少石材製品などの富の蓄積、交易圏・文化圏の拡大、豊穣祈願の配石遺構・石棒崇拝の発生など社会形態の変革をもたらしたとする。また、

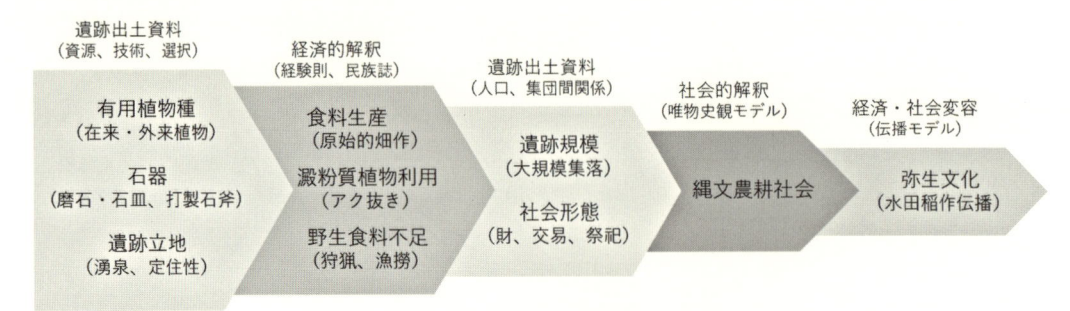

図1-6　縄文農耕社会論の構造（江坂説）

晩期には原始的な畑作が一般化していたので、水稲農耕を伴った弥生文化の受け入れを容易にしたと考えた（江坂1959）。江坂の説明は、遺跡出土資料の考古学的な把握と、その経済的側面および社会的側面の解釈、そして畑作農耕経済・社会である縄文文化から水稲農耕経済・社会である弥生文化への移行までを整合的につなぎ合わせている（図1-6）。この江坂説に対して、他の縄文農耕論への批判と同様に個々の文化要素の評価が不十分であると指摘することは容易であろう。しかし、我々が学ぶべきは約60年前に提示された江坂説の包括性や整合性の部分であり、現在の豊富な遺跡出土資料の分析をもって、江坂説の枠組みを再検討することが重要と考える。本書では、後述する居住様式論もふまえて、江坂説で提示されたような縄文時代における資源－技術－経済－社会の連動的変化を問題にしたい。

　以上のとおり、縄文時代の植物利用論において検討すべき課題として、野生食料の評価、堅果類・地下茎類・マメ類・イモ類・イネ科植物の各特性とその利用の程度、人間と植物の結びつきの契機、植物利用技術と経済・社会類型の階層的関係、を整理した。これらの課題は、本書序章で述べたとおり、必ずしも直接的証拠としての遺跡出土自然遺物の分析だけで検討できるものではなく、資源利用技術や資源利用に関わる各種理論・モデルをふまえて総合的に分析する必要がある。この際に、植物利用様式の復元に加えて重要な論点が、居住様式に関する議論である。所与の自然環境の一部を、特定の技術をもって「資源化」する際に、自分たちがどこに寝泊まりをして、どのように資源にアクセスし、そこにどのくらい滞在するのかという「居住」の問題は、個々人および集団が行う選択の結果であり、資源利用を復元する上で欠かせない要素と考える（図0-3）。そして、居住様式の問題は、本節冒頭で挙げたドゥ・カンドルの栽培の前提条件Dに関係し、定住性や集団間の社会関係の問題として整理しておく必要がある。

第2節　居住様式論

　居住とは人または人の集団が一定期間寝泊まりして滞在し、日々の生活の拠点を形成することを意味する。居住地に対置されるものとしては、一時的な滞在地としてのキャンプ地や作業場があるが、キャンプ地や作業場も滞在期間が長期化すれば居住地との区別は曖昧になってくる。人

の集団は、居住地、キャンプ地、作業場など
を形成し、一定地域内でその日々の活動を継
続、蓄積していく（図1-7）。本書では、こ
の一連の居住地を形成する集団を「居住集
団」、文化的な共通性で結び付いている複数
の居住集団を「社会集団」と呼び、居住に関
する一連のパターンを「居住様式」と呼ぶ。
以下では、縄文時代の居住様式をいかに把握
するのかという問題と、定住化という居住様
式の変化が、人口や動植物利用、社会複雑性
に与える影響について整理する。

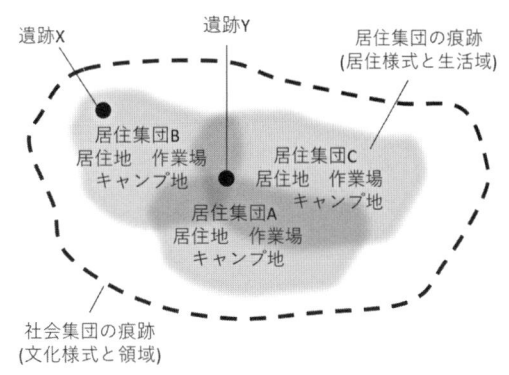

図1-7　遺跡における居住集団と社会集団の痕跡

1　考古学における居住様式復元：移動性と定住性

　居住様式は、居住集団の利用範囲、規模、居住期間といった構成要素の変動が想定され、それ
が居住集団を取り巻く様々な要因と連関していると考えられている。特に、居住期間の問題は、
いわゆる「定住化」の問題として注目されてきた。例えば、Childe は、新石器革命モデルを提
唱する中で、食料生産の開始という経済的・技術的画期が文化全体の変容に関わり、定住化をう
ながしたと考えた（チャイルド1951）。その後、Binford は、先史狩猟採集民の定住化を後氷期適
応の一環としてとらえ、定住を農耕開始の前提とする見解を示した（Binford 1968）。

　居住様式をめぐる研究背景としては、1960年代の狩猟採集社会研究において、狩猟採集社会
の流動性、小規模性、単純性、豊かさ、平等性などが強調される一方で、狩猟採集社会の不平
等性、貯蔵、余剰物、社会操作、定住、階層化などにも注意が向けられるようになったことが
関係する。先史時代研究における定住性の問題を、環境や経済だけでなく社会的側面も含めて
整理した Janet Rafferty は、定住性に関わる要素として、集約経済、広範囲生業、環境の改変、
交易ネットワークの形成、組織あるいは技術の革新、専業司祭の出現、リーダーの役割、祭宴、
祭祀儀礼、墳墓の形成、人口増加と人口圧、人口調整メカニズムなどを列挙している（Rafferty
1985）。例えば、ある集団が必要とする資源量が環境の提供する資源量を上回る場合、あるいは
上回ることが予想される場合が生じる。このような採捕圧が生じる状況で、移動生活を特徴とす
る集団はより資源の豊富な土地への移動によって採捕圧を克服する。これに対して、定住集団は
より在地的な新資源の活用や利用効率の改善、集団間の協力関係の強化などによって対応する。
定住集団のこのような対応は、資源をめぐる集団間の競争関係においてとくに有利にはたらくと
予測できる（Rafferty 1985, 122-127）。

　日本列島で狩猟採集社会の定住化が問題とされる時期は、後氷期に相当する後期旧石器時代後
半から縄文時代にかけてである。特に縄文時代は、後期旧石器時代から進行してきた植物質食料
の利用技術をうけて弥生時代の集約的食料生産へと向かう過渡期であるから、この時代における
定住性の研究は、資源の管理化過程に関係する重要な領域であると言えよう。九州地方では、福

井県鳥浜貝塚の分析を軸にした西田正規の定住化論（西田 1984）を受けた形で、雨宮瑞生と松永幸男が、九州南部における早期前葉社会と前期以降社会との複数指標による比較を行い、早期前葉社会を通年定住社会と評価した（雨宮・松永 1991）。当該期は、遺物・遺構の質・量からみてもそれ以前に比較して定住性が高まっていることは確かである。しかし、縄文時代後期以降の定住性とは明確な差異がある。竪穴住居は小規模で炉・主柱穴を持つことが稀な簡易な作りであり、その他の遺構は集石・炉穴・土坑と比較的シンプルで、石器組成も石錘などの漁撈具や打製石斧類などは安定的には出土しない。遺跡内では、1基の竪穴住居に集石・炉穴・土坑が伴うというよりは、遺構ごとに群集したり、遺構間で切り合ったりする傾向がある（板倉 2010a）。より詳細な検討を必要とするが、本書では、縄文時代早期は、縄文時代後期以降との対比では、九州南部においても、木村（1981）や米倉（1984）が指摘するように、基本的には季節的な居住地移動を繰り返す生業・居住様式であったと想定している。本書では、上述の植物利用様式復元の対象時期と同様に、縄文時代前期から晩期までの定住性について検討を行う。

　また、本書では居住様式の類型化については詳しく検討しない。居住様式は、民族誌などを参照しつつ、居住地の滞在期間（短期の数か月から長期の数十年など）や利用範囲（広域か回帰的かなど）、他の居住集団との関係性（分散的、離合集散的、拠点的など）を指標に、遊動居住、季節居住、通年定住などに類型化することも可能ではある（図1-8）。例えば、渡辺仁や雨宮瑞生は冬期と夏期の回帰的な居住地の移動・利用を振り子型居住とし、「半定住」と位置づけている（渡辺仁 2000，17-20；雨宮 1993）。また、安蒜政雄は後期旧石器時代後半期の地域的な遺跡群に関して、回帰的に利用される「定点的な遺跡」の存在を指摘している（安蒜 1985）。Rafferty は、一定地域内に定住集団を含む複数の集団が存在する場合、そのネットワークの在り方を「拠点型」と「分散型」に分類する。前者は、中心地的役割を担う土地あるいは居住集団が存在する場合であり、その土地・集団を中心とした集団間相互のネットワークがより強固であるといえる。後者は個々の居住集団が経済的、社会的に比較的自立した在り方を示し、相互のネットワークも緩やかである。拠点型は定住的な社会に多いという傾向があり、分散型は移動的な社会に特徴的である。このような集団間のネットワークのあり方は、社会の複雑性を左右すると同時に定住度によって制約されるため、定住化と社会の複雑化の関係を説明する場合の重要な概念となる（Rafferty 1985）。季節的な資源利用などにより一時的な集合がなされるが、中心地が一定しないようなネットワークは、「離合集散型」とでも呼べるであろう。田中良之は、縄文時代早期については移動性が高いと判断されることから、「旧石器時代的な広域の情報系」と評価した（田中 1985，205）。民族誌においては、集団成員の一部が一時的に集落を離れる場合などもあり、かなり多様である。

　考古学の場合、集団成員の個々の居住や移動を個別に把握することができない。遺跡に残された集団の痕跡は、同一の文化を共有したであろう集団（社会集団）が残したものとまでは言えるが、ある痕跡を特定の居住集団の活動痕跡に1対1対応させることはできず、上記のような一回性の多様な居住様式を遺跡から判定することは難しい。図1-7で言えば、遺跡Xは居住集団Bの活動痕跡の一部を示すと言えるが、遺跡Yは居住集団A～Cの活動痕跡が重複する場所に形成されており、遺跡の内容を特定の居住集団の活動痕跡に結び付けることができない。また、その

	フォレジャー型 (移動キャンプ型)	コレクター型 (拠点回帰型)	定住村落型 (通年居住型)
居住・移動の図式モデル	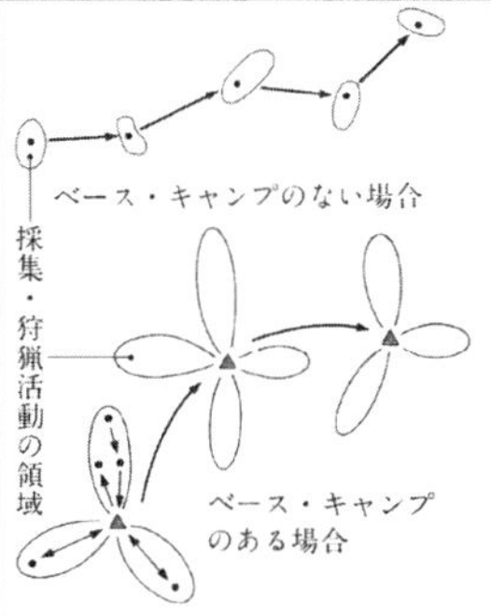 ベース・キャンプのない場合／採集・狩猟活動の領域／ベース・キャンプのある場合	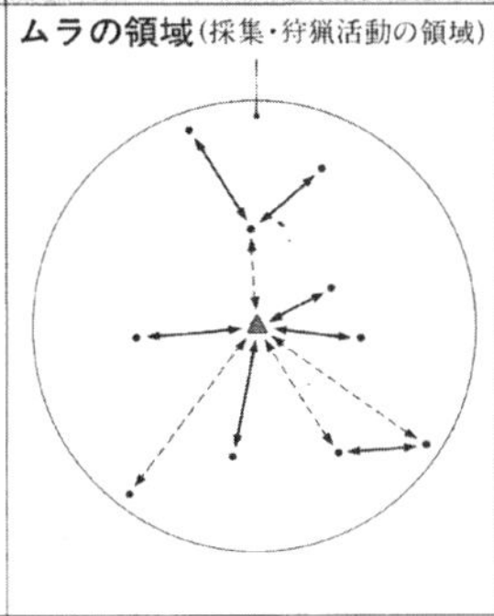 ムラの領域(採集・狩猟活動の領域)	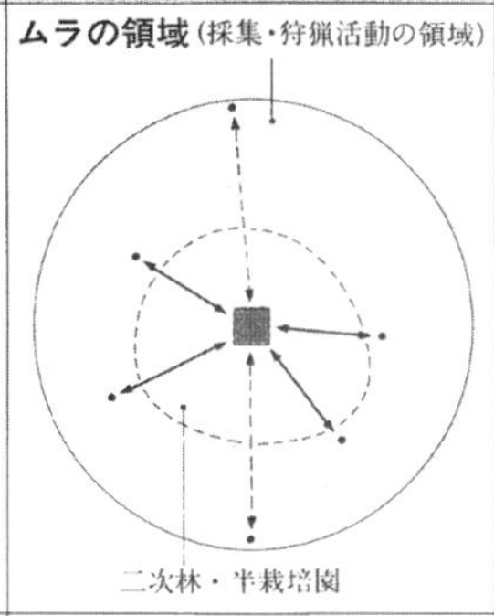 ムラの領域(採集・狩猟活動の領域)／二次林・半栽培園
環境	食料資源が季節的・場所的にいつでも得られる	食料資源の種類が季節や場所によって、かたよる	(コレクター型と同じ)
採集・狩猟民の種類	熱帯・亜熱帯の採集・狩猟民 氷河時代の大型獣狩猟民	中・高緯度の採集・狩猟民	(コレクター型と同じ)
拠点と移動	集団の全員が食料の所在地へ移動 ベースキャンプも移動	ベース・キャンプがあり、必要に応じて、小さな移動キャンプに特定の集団を派遣する	定住村落が成立。ムラの周辺に二次林(半栽培園)。遠距離の採集・狩猟の比重減少する
消費と貯蔵	獲得した食料を貯蔵せず消費	獲得した食料を加工・貯蔵する 拠点へ運搬する	水さらし、発酵、その他食用化や貯蔵の技術がすすむ。儀礼や交易活動の発達
貯蔵	貯蔵なし	貯蔵あり	貯蔵あり
社会	高密度社会への適応なし	高密度社会への適応なし	高密度社会への適応あり
代表例	ブッシュマン、ピー・トン・クワン、オーストラリア・アボリジニ、マンモス・ハンター	カリフォルニア・インディアン、アイヌ、エスキモー、ニヴヒ、縄文時代人	北西海岸インディアン、新しいタイプの縄文時代人

図1-8　採集・狩猟民の生活様式の類型（佐々木1991より転載）

遺跡が通年で利用されたのか、季節的に利用されたのかは、動植物遺存体の捕獲・採集季節の推定から、間接的に推測することが可能である（樋泉1999；内山2002）。しかし、動植物遺存体が検出される洞窟、貝塚、低湿地遺跡などは、居住様式を構成する場の一部であり、その利用期間の推定から、拠点となる居住地の居住期間を推定することはできない。そして、図1-7遺跡Yで動植物遺存体が豊富に検出されたとして、それらが居住集団A〜Cのどの集団が残したものか限定することは難しい。定住的狩猟採集民の民族誌で観察されるような、特定の地点や地域は特定の居住集団に占有されるという強いテリトリー制が想定できるのであれば、遺跡出土動植物遺存体による遺跡利用季節の推定法も有効かもしれない。しかし、現時点では縄文時代の洞窟、貝塚、低湿地遺跡が強いテリトリー制のもとに特定居住集団に占有されていたとは一般化できないであろう。遺跡の形成主体を特定居住集団に限定できないという課題は、石器組成による遺跡利用季節の推定法（羽生2000；Binford 1980, 1982）にも当てはまる。石器組成論の方法論上の課題については、次章で検討する。ここでは、Binfordが提示するフォレジャー・モデル、コレクター・モデルという両極の居住システムのモデルについて整理する（図1-8）。フォレジャーは居住地とロケイション（食料獲得の場）という遺跡を残し、コレクターは居住地、ロケイション、

フィールド・キャンプ（資源獲得グループの一時的キャンプ）、見張り場、貯蔵所などの遺跡を残すと予想される（Binford 1980, 5-12）。ここで注意すべき点は、フォレジャーは熱帯地域のように資源量の時間的・空間的変動が小さい地域の民族誌を参照しており、コレクターは極北のような、資源の季節変動が大きく、キャンプ地周辺の資源はすぐに採取し尽くしてしまい食物供給の術がほとんどないような環境を念頭に置いたモデルである、ということである（Binford 1980）。よって、資源の回復力があり資源密度が高い温帯環境で形成された縄文時代のセトルメント・パターンに Binford のモデルを適用するには注意が必要である。なお Binford は、周辺環境の生産性が高ければ、本拠地遺跡の定住的機能が高まり、周辺の補助的な非居住地遺跡の回帰的利用の頻度も高まる結果、考古学的には各遺跡の独自性が強く遺跡間の差異性が大きいが、その多様性は低下するというパターンを抽出している（Binford 1982, 20）。その後に行った民族事例の通文化研究では、温帯・寒帯に住む遊動民（フォレジャー）はめったにいないという結果だったが、先史時代において、海洋資源よりも陸上動物の利用比重が高く、かつ犬や舟を使った輸送手段がなければ、フォレジャー的な生活を想定できるとしている（Binford 1990, 139）。定住的集団は、北西沿岸の非農耕民と、温帯地域の農耕社会に分かれ、前者は海洋資源に依存した生業で高人口密度と社会複雑化をなしており、後者は高い人口密度を維持するために海洋資源の代わりに農耕化が進んだものと説明する（Binford 1990, 149）。

　定住性の直接指標である遺跡の使用期間は、実質的には出土土器型式の編年観にもとづく推定となり、大まかな把握に止まらざるを得ない。例えば、ある居住集団あるいは社会集団（複数居住集団）が数年間別の場所に移動し、再びその地に戻ってきて生活していたとしても、その数年間のブランクを出土土器型式から読み取ることは難しいであろう。季節的居住様式におけるある季節の住居と、通年居住様式における一時的な資源獲得グループの一時的な住居とを区別するのは不可能ではないとしてもそれほど簡単ではない、という指摘もある（林尚澤2007, 137）。

　縄文時代の定住性に関する説明として、日本列島は中緯度温帯地域に属する起伏に富んだ島嶼環境であるため、資源パッチ間の移行帯（エコトーン）に定住する生活に適していたとする見解がある（図1-9）。縄文時代後期の京都府桑飼下遺跡について、渡辺誠は、春から夏にかけての由良川での淡水漁撈、秋の堅果類、根茎類の採取・貯蔵、冬の狩猟と貯蔵物の消費という生業サイクルを復元した（図1-9（A）。渡辺1975a）。この場合、四季によって資源は変動するが、桑飼下遺跡の位置する環境はパッチにおける時間空間的な移行帯に位置しているため、桑飼下遺跡の居住集団は移動することなく周辺環境を通年利用することができる。このような推移帯への居住は、赤澤威も言及しており、時間的・空間的に変化するパッチの接触・重複するゾーンに居住して移動コストを下げ、最大効率を得る居住様式としてモデル化している（図1-9（B）。赤澤1984, 31-32）。赤澤は日本列島では異なる環境帯が近接するという地形的な要因によって複雑狩猟採集社会が発達したと説明した（赤澤1984, Akazawa 1986）。

　Bruce Winterhalder は、狩猟採集民の居住地の選択と移動のモデルを以下のように解説する。居住地の質を人口密度の関数とみなす自由分布モデル（IFD：ideal free distribution）では、ある居住地において人口密度が増加してくると、その居住地周辺の資源利用の「質」は低下していくため、移動可能な別の居住域があればそこへ移動する。ただし、テリトリー制や資源防御など

の競争を行う集団が、同じ場所に長期的に居住し続ける場合も想定される（ideal despotic distribution 独占的分布モデル）。また、中心地採食モデル（CPF: central place foragers）では、多くの狩猟採集民社会は有用資源の重力中心地に居住地を構えるとする。周辺資源が枯渇してきた時に、遠くまで資源を採りに行くのは効率が悪い。資源量の減少したエリアはしばらく放棄すれば回復するのだから、居住地を移動させた方が効率がよい。これらから、居住地が移動する状況としては、

 （1）居住地移動のコストが低い

 （2）居住地周辺の資源減少が著しい

 （3）収益率の高い移動先が存在する

の３つが挙げられる。中心地採食モデルは、どこで採取活動を行おうと、最終的には居住地に戻ってくることを前提としている。この場合、一時的な採取場では、加工作業によって資源の

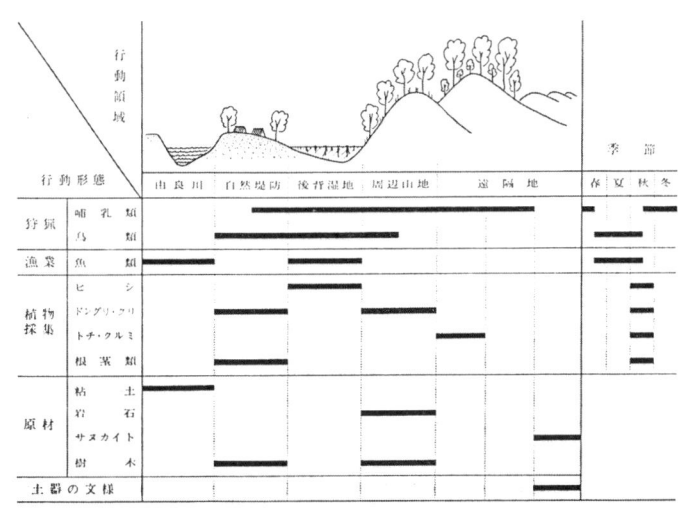

（A）桑飼下遺跡における行動形態・行動領域・季節性の相関関係概念図（渡辺誠1975aより転載）

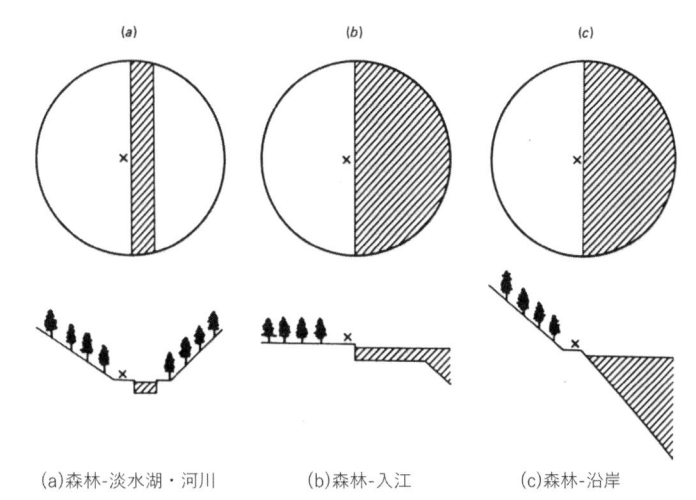

(a)森林-淡水湖・河川　　(b)森林-入江　　(c)森林-沿岸

（B）縄文時代の採取テリトリーの3類型（Akazawa 1986より転載）

図1-9　移行帯住居モデル

運搬コストを下げるのが効率がよい。堅果類の皮むきや貝類のむき身、利用度の低い皮、骨、内臓の解体、礫塊からの良質石材の抽出などである。居住集団は、季節的に資源利用地周辺で活動すべきか、遠方へ食物獲得キャンプを送り出すかのトレードオフ（両立できない関係性）に直面する（Winterhalder 2001）。自由分布モデルは、前節で整理した野生食料の採捕圧の問題でもあり、中心地採食モデルは上述の移行帯モデルと関係する。独占的分布モデルは、後述する集団間関係に関わってくる。本書ではこのような変数を、居住様式を決定づける要素として検討する。

　以上より、複数居住集団の居住の痕跡が、重なり合い蓄積したものとして表れる遺跡の集合から、居住集団の細かい居住様式を把握することは困難である。本書では、民族誌に対比できるような詳細な居住様式の推定には注力せず、その文化的パターンにおいて、移動性（定住性）が相

対的に高いと言えるのか、低いと言えるのか、といった程度の判別に止めた上で、その判別理由について検討を行う。具体的には、遺跡の規模や遺跡内容から見る資源利用の複合性、資源パッチと遺跡立地の関係性などを検討項目とする。

2　定住化の影響：定住化モデル

（1）人口増加

　人口の増加は定住の結果であるか原因であるかという議論がある。非定住民が定住した結果、人口増加率の急成長が起こるというのは！Kung San、Objiwa、Kutchin、Nunamiut などの民族誌で確認されており、これらは人口集中ではなく人口成長率の増加によるものである（Rafferty 1985）。人口の増加には多くの要因（初妊娠の低年齢化、出産間隔の短縮、流産の減少、結婚率の向上、幼児食の向上による授乳期間の短縮、男性の滞留による妊娠率の向上）が関わっており、考古学的な分析枠を超える問題も多い。居住様式との関係を考えてみると、移動居住の集団において何らかの要因によって人口が増加した場合、大規模な集団で移動居住を繰り返すコストを考慮すると、それが長期的に継続したとは考えにくい。移動生活を維持しようとする限りでは、移動生活が可能である集団規模まで人口減少が起こると考えられる。Ester Boserup は、人口成長を農業生産の従属変数とするマルサスの人口モデルに対して、因果関係を逆に捉えて、人口成長は独立変数であり、それが農業発展（集約化）の主要な要因になると論じた（ボズラップ 1975）。定住化が人口増加をもたらしたとして、それは前節で検討したような野生資源の採捕圧上昇（資源劣化）をもたらすと予想される。また、社会規模の拡大に伴い、居住集団間の関係の複雑化ももたらす。

　植木武は考古学的な人口推定法における指標を下記 5 項目として整理した。

　　（1）食料（貝・動物骨から推定される摂取肉量）
　　（2）居住空間（居住地面積・住居床面積）
　　（3）土器（廃棄土器数・土器容量）
　　（4）人口増加率
　　（5）その他（埋葬人骨数・魔法の数字）

　その結果、（4）以外の指標は、サンプリング・エラーの問題と、人口数指標としての妥当性の問題があると指摘している（植木 1976）。遺跡数は、居住様式上の移動性が高いと遺跡数も増えるため、人口動態の指標とするには注意を要する。竪穴住居の数や面積も、居住様式や構築される立地などで異なる場合もある[4]。この中では、遺物量については、居住集団の消費財の量と考えることができ、集団規模推定の指標になる。各時期を通じて、遺物量の少ない遺跡は居住人口が少ないと言える。また、遺跡密度は定住性と相関している可能性がある。縄文時代遺跡が高密度で発見される東日本では環状集落のような定住度の高い集落が発達し、遺跡密度が希薄な西日本には明確な環状集落がみられない。谷口康浩は環状集落が現れる時期に遺跡密度が増えるとし、関東・中部における環状集落の発達（中期前半）と解消（中期末）

という動向と遺跡数の増加と減少が相関すると指摘した（谷口 1998）。九州においても南部の早期や九州全体の後期中葉以降は、遺物量が豊富で住居群を有す居住地遺跡があらわれ、それと同時に遺跡数も増加している。九州中部の後期後葉から晩期前葉は、「二遺跡の近接併存の形態」（木村 1981, 13）が指摘されるように、遺跡密度も高くなっている。九州の晩期中葉・黒川式土器期は、各地域で遺跡数の減少や増加が指摘され、九州島内での人口変動として理解されている（松本 2002；宮地 2012, 2019）。本書は現時点では、遺跡情報から縄文時代の人口規模やその変動を推定し、分析対象とすることは難しいと判断している。ただし、将来的には九州縄文時代遺跡の遺跡規模や遺跡分布の概観からでも、時期的・地域的な人口の粗密や、九州島内全体として人口変動の傾向を把握する必要はあるだろう。仮に、九州の縄文時代において前期から晩期にかけて極端な人口増加や人口減少が認められず、概ね自然増加（出生率が死亡率を上回る状態）の傾向を維持していたとすれば、後期中・後葉の人口圧が資源利用様式や集団間関係にもたらした影響を考える必要がある。本書では、そのような観点から、遺跡出土石器の動態や遺跡立地変遷を把握していきたい。

（2）植物・動物利用

　人類史における農耕開始は、その多様な様相が明らかとなっているが、狩猟採集民の定住は農耕開始の前提の一つとすることができる（常木 1999, 13-16）。植えつけ、播種、灌漑、害虫や害獣の駆除、施肥、収穫、貯蔵などを行うために人びとは一年中、耕作地付近に住む必要があるため、定住が十分条件となる。定住化が発達する前に耕作物が主要な食料源になることはほとんどなく、農耕を行わない定住民はかなり存在するが、穀物農耕を行う非定住民はほとんどいない（Rafferty 1985）。ゆえに、水田稲作農耕を導入している弥生社会は理論上も定住社会である可能性が高い。前節で整理したとおり（p.24）、縄文社会は採集経済を基盤としており、複合的な植物・動物食料の利用を行っていると想定される。採集時期の異なる植物・動物食料を継続的に利用するための居住様式としては、移動性が高い場合と定着性が高い場合の両方が想定できるが、前述の人口の自然増加傾向や比較的狭い範囲での地域文化の形成、遺跡立地の移行帯居住の傾向をふまえると、九州では遅くとも後期には定着的な居住様式が成立していると予想される。本論では、植物と縄文人たちの結びつきの契機という観点から、九州における中期の内陸部居住の傾向（板倉 2006）と、後期以降の沖積低地利用（Itakura 2011, 板倉 2015, 2020）に着目する。

　漁撈活動は移動的な集団においても行われるが、定住的な集団の資源利用様式として行われる方がより発達する傾向がある。縄文時代の漁撈については渡辺誠が東日本のデータからその変遷を復元している。これによると、漁撈活動自体は縄文時代の開始期からはじめられ、中期を境に内湾性・外洋性ともに著しく発達し、後期中葉以降には土器製塩やマグロ漁が活発化する（渡辺誠 1973）。特に関東地方では漁撈の場が、中期が内湾傾向であったのに対し、後期に内湾から外洋まで漁撈活動域が大幅に拡大する（内山 1997）。東日本では早期中葉や前期以降に定住化がすすむことをふまえると、漁撈活動の発達は定住化に伴うものともいえる。九州縄文時代の漁撈活動は、北西部において石銛・石鋸・礫器・鎌崎型スクレイパー・結合式釣針など（西北九州型漁撈具）が特徴的に認められ、結合式釣針を除けば前期にはそれらのセットがあらわれる（渡辺誠

1973，1985a；横山・田中1979)。この地域における漁撈活動の前期以降の変遷はあまり明確ではないが、東日本の事例をふまえると九州においても定住度の高まりを受けたかたちで漁撈の発達がみられると予想できる。本書では、第5章で縦長剥片石器を分析するが、この石器は小型刃器として魚類を含む小型動物の加工に用いられたと推定できるため、そのような観点から漁撈活動について言及する。遺跡におけるその他の漁撈活動痕跡については、第6章で概観を行う。

　動物の一時飼育（キーピング）もまた、定住的な生活の中から発達した可能性がある。とくにイノシシの飼育については姉崎智子の整理によると、1) 自然分布しないとされる北海道から後期中葉以降イノシシの骨や歯などが出土する、2) 後期前葉以降の東北・北海道南部におけるイノシシ形土製品の存在、3) 千葉県茂原市下太田貝塚（後期）のイノシシ埋葬例、宮城県気仙沼市田柄貝塚（後期後葉〜晩期初頭）におけるヒトとイヌ・イノシシ幼獣の合葬例、4) 骨体が厚い、あるいは下顎結合部が短いなどのこれまで知られてきたイノシシ形態とは異なる個体が検出されている、5) 前期の福井県三方町鳥浜貝塚では年齢構成が若齢に偏る、などの根拠が挙げられている（姉崎2002）。現段階では、どの程度の飼育であったかは不明であるが、とくに後期以降に縄文人とイノシシの関係性が深まるようである。また、イヌについてはかなり早い段階から狩猟用に家畜化されていたと考えられ、東日本では中期以降にイヌの埋葬例が増加する（山田康弘1993）。本書ではこの点についての分析は行えないが、第6章で遺跡における動物資源利用の痕跡について概観する。

（3）社会複雑化

　Rafferty は、定住による社会の複雑化、とくにリーダーの重要性が高まる要因として以下の4つを挙げている。

　(a) 集団内・外での対立・緊張関係が高まるため、争いを制限するシステムが必要となる。

　(b) 集落間を結びつける生活財や稀少財の交易を組織・調整する必要がある。

　(c) 組織規模が増大する。

　(d) 儀礼行為が増加する。

　これらが定住と直接的関係にあるわけではないが、少なくとも定住が前提となる場合が多い（Rafferty 1985，141）。(a) については、定住化にともなう各集団の生活域の固定化によって、集団ごとの資源の占有性が高まり、資源をめぐる競争や防御の機会が増加することを想定する。また、移動を前提としない固定化された人間関係は、解消が難しい軋轢を増大させる（西田1984，5-8）。(b) については、居住集団の生活域が固定化されることで生じる資源や婚姻相手の取得機会の減少が、交易や婚姻のネットワークを通じた先に求められるようになり、集団間のさまざまな利害関係が生じることによる。(c) については、上述のように定住化によって人口が増加し、多様なネットワーク形成によって多くの集団同士が結びつくことで、組織の規模が増大する。(d) については、(a)〜(c) にみられるようなさまざまな問題に対する社会的な解決法の一つとして、あるいは固定化された日常から生まれる退屈さを解消するための心理的空間の拡大（西田1984，13）として祭祀・儀礼が多様化し、それを司る人物が重要になるというものである。小林達雄は、縄文人の各種活動は季節的に偏在する資源を確保するための労働の流れ（縄文カレン

ダー）の中に組み込まれており、それらを固定するために呪術や儀礼による節句行事が発達したと推定した（小林達雄 1977，158）。

　資源の集約的利用の有無が社会の複雑化に関する差異を生んだ可能性は高い。例えば、渡辺誠が引用したトチに関する民俗事例によると、その採集に関しては程度の差こそあれ集団間で規制のみられない方が珍しく、採集期日だけでなくその地域にも規制が及んでいるという（渡辺誠 1975b）。稲田孝司は、北陸・中国・九州地方の縄文時代陥穴の分析を行い、西日本では、陥穴の平面形は規格的で内部に構造物を持つのに対し、東日本は陥穴自体が多様であり、西日本のような構造物とは異なる複数の打ち込み杭を伴う傾向が強いと指摘している。この傾向について、西日本では陥穴内部に設置する罠の作製が重要であり、東日本では陥穴の構築自体が重要であったと解釈し、この差異の要因として、狩猟対象獣の差異のほか、労働編成の在り方や集団構成そのものの差異、具体的には罠猟における西日本の個人技量的性格と東日本の集団労働的性格を想定している（稲田 1993）。また、このような集約的生業は交易と不可分の関係にある場合が多い。例えば、渡辺誠は東日本の後期以降に発達する土器製塩やマグロ漁などは、いずれも交換価値の高いものであり、確定した領域を越えて交易の対象になったものとしている。むしろ交易を前提とした生産が漁業にも要請され、その結果として製塩やマグロ漁が強化されたとみるべきであるという（渡辺誠 1973）。上述のイノシシの一時飼育（キーピング）の痕跡についても、交易用の財の確保という側面も検討する必要があろう。林謙作は、資源の集約的利用が、協業・分業による労働の集約化をもってなされ、資源の貯蔵技術が確立する一方で、モニュメント建設によってそれが消費されるとして、「縄紋時代の社会では剰余は蓄積－蕩尽のピストン運動をくりかえしている」と理解する（林 1997，49）。この特質については、全面的に互酬性 reciprocity の原理が支配的である狩猟採集社会と、支配－被支配の関係が主要なものとなる農耕社会との差として説明している（林 1997，50）。

　縄文時代後期に見られるような異形角器を副葬されたり、特殊耳飾りや叉状研歯を有したりする埋葬人骨は、呪術者などの特殊な身分の者、祭祀や儀礼を司る者、あるいは日々の生活におけるリーダーであると考えられる（坪井 1962；林 1995）。特に東日本の縄文時代後・晩期においては、環状列石や土偶などを用いた祭祀儀礼の発達とともに工芸的要素をもった道具が盛んに製作されるようになり、それが副葬品というかたちで被葬者間のさまざまな差異・関係を顕在化させている。宮路淳子は前期以降の群集貯蔵穴の出現から、貯蔵物の管理を担うリーダーの存在を想定している（宮路 2002）。ただし、群集する貯蔵施設の管理は、それが特定人物による管理というよりは集団全体による管理の表れとする見方もある（Soffer 1989）。前期は墓に表れる差異が不明確であることから、リーダーがいたとしてもその影響力は後期以降に比べれば弱かったと考えられる。

　このような集約的資源利用＋集団労働＋交易＝社会の複雑化という関係性は、東日本の縄文社会に対して想定されたものである。西日本の縄文時代後期以降には、広域土器分布圏形成（田中・松永 1984）という形で、社会集団のあり方に変化が認められる。田中良之は、当該期における小領域を超えた連絡網、同一集団として組織する社会構造、日常的交易、遺伝的隔離を起こさないような通婚体系、地域集団や部族の同一性を確認する祭礼の存在、などを指摘し（田中

1985，315)、相互に排他的でない比較的緩やかな部族社会原理を想定する（田中1999，18)。田中は、当該期に意思決定機構として比較的安定した社会組織を想定しており、そのアイデンティティ表出を土器の様式構造に見出している（田中1979，1982a)。これについて筆者は、田中の社会モデルは、当該期社会の組織化の程度を大きく見積もりすぎていると批判している（板倉2021a)。東西日本の自然資源の生態学的特性を考慮すると、西日本では社会の組織化が必ずしも適応的とは言えない部分がある。九州縄文時代晩期の社会組織をどのように想定するかという問題は、晩期後葉に起こった大陸系農耕文化の成立（弥生社会化）に対する説明にも関わってくるため重要である。川西宏幸は、東日本の縄文時代中期後葉ないし末（前2,000年紀ごろ）を境にした、倭（本州から九州）内部での地域的・モザイク的衰微から倭全体での総体的衰微、人口の流動化と、屋内から屋外への祭儀の場の移行、祭儀の肥大化、祭儀への傾斜といった変化を、弛緩した社会秩序に対する共同体の統合原理の強調と捉え、中国二里頭文化との共通性を指摘する（川西2015，607)。そして、この遊動者が倭を満たす状況、すなわち社会における祭儀の高揚が広域化した状況が、水稲稲作の導入を促したと想定している（川西2015，610)。川西が後・晩期の縄文社会に想定する「遊動者の発生」は、縄文社会における組織と個人の関係性を考える上でも重要な視点と言える。

第3節　本書における問題の所在

　本章では、先行研究の議論をもとに、縄文時代の資源利用を説明する上で考慮しなければならない要素を植物利用と居住様式という観点から抽出した。これらは、図1-10のような関係として整理できる（板倉2024)。人間の資源利用を考える場合、人間側と資源側のそれぞれの変数として、個体数や生態の挙動があり、両者の動的な関係性を安定的に維持するものとして経済・社会システムが成立している。この経済・社会システムは、資源利用をめぐる技術や様式、習慣や伝統、イデオロギーや文化といったサブシステムで構成されている。縄文時代は「採集経済・社会システム」が維持された時代であるが、その間も人口増加、居住様式の変化、農耕文化要素の伝来、野生食料の採捕圧の増大、植物の栽培種化、自然環境の変化、価値観の変化といった情報変化がシステムに入力されている状態で、システム内部の状態（サブシステムの状態）

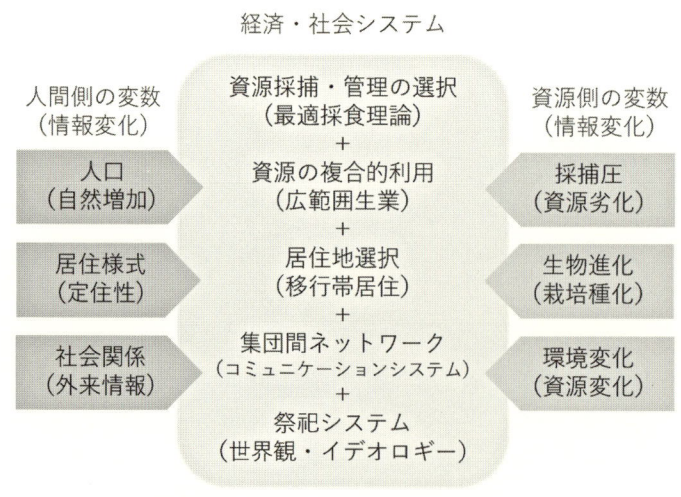

図1-10　縄文時代の経済・社会システム（板倉2024より転載）

は変化している（田中 1991, 492）。その状態変化が閾値を越えて、一気に農耕経済・社会システムへと移行するのが、九州北部における弥生時代の開始期と評価できる。このシステムモデルは、縄文時代の経済・社会を構成する要素を列挙・配合して、直線的な因果関係として説明する縄文農耕社会論の構造（図1-6）とは異なり、構成要素それぞれにシステムとしての自律性を認めた上で、その実態をできる限り実証的に限定し、それら相互の関係性・整合性を確認することで、全体システムとしての経済・社会システムの安定性と変質性を説明しようとしている[5]。

　本書では、この経済・社会システムによる縄文時代の理解を前提として、資源利用技術としての石器と遺跡立地の分析を行い、その動態について説明を試みる。特に下記（A）・（B）の変化（縄文時代経済・社会システムにおけるサブシステムの状態変化）に着目する。

（A）　縄文時代前期の完新世最温暖期（縄文海進期）とその後の気候や地形の変化（沖積低地形成）に対する、資源利用様式や居住様式の変化

（B）　縄文時代前期から晩期にかけての定住性変化に対する、集団間ネットワークや祭祀システムの変化

　（A）については、本書第6章（第1・2節）で整理するとおり、地球規模の気候変動に伴った自然環境の大きな変化であり、縄文時代の経済・社会システムを理解する上では欠くことのできない検討事項である。特に、後期以降の沖積低地形成とその利用が重要と認識している（板倉 2006, 2015, 2020, Itakura 2011）。一般的には縄文人は沖積低地を好まなかったので、朝鮮半島からの渡来人は低地に進出しやすかったと言われている（藤尾 2002, 150）。確かに博多湾沿岸地域における晩期中葉・黒川式土器期と弥生時代開始期・刻目突帯文土器期の遺跡立地を比較すれば、後者の沖積低地への指向は明らかである（本書第7章第3節7・8, pp.267-273）。しかし、遺跡の形成傾向を細かく見ると、縄文時代後期以降、沖積低地へのアクセスは常に試みられ続けていたようで、河川流域の堆積作用の安定性に左右される形で、その利用や居住の安定性も変動している（本書第7章第3節3〜6）。後期以降の縄文人にとっては、沖積低地における資源利用技術の延長に、イネを含めた湿地性植物の利用があったと想定される。

　（B）については、（A）にも関連して、前期から晩期にかけて居住様式が変化し、それに伴って集団間の関係性や縄文人たちの世界観も変動しているという観点である（板倉 2006, 2010a）。特に、後期以降は沖積低地の形成も関連して定住化（移行帯居住）が進み、集団間ネットワークおよび祭祀システムの機能がより重要になっている。この後期社会の変化は従来では、東日本縄文社会からの影響や朝鮮半島新石器社会からの影響（文化伝播）が想定されてきた。本書ではこのような説明に加えて、九州縄文社会内部における自然環境の変化とその対応という生態学的観点からの説明を行い、当該期社会の多面的な理解を目指す。

　次章では、遺跡出土資料としての石器の分析方法について検討を行う。先行研究の成果から、資源利用技術として石器を分析することの有効性を吟味し、本書で採用する石器分析方法について解説したい。

注
1）本書では、縄文人の資源利用や石器製作・使用の推定において、最適化理論（最適採食理論）にも

とづいたモデルと、遺跡出土データから復元されるモデルとの対比を重視する。我々が観察できない過去の複雑な人間行動に対して、まずは経済的な側面を切り口として説明のたたき台を作ろうとしている。最適化理論の援用については、第2章第2節2（pp.69-72）でも説明する。

2) ここで示す生態人類学の研究成果の引用は、筆者の力不足から体系的なものとなっておらず、内容の充実については今後の課題としている。本項の趣旨は、現代に観察された伝統的社会における植物利用のあり方を、人類の資源利用の実態の一つとして例示することであり（普遍比較類推法）、それを遺跡出土資料の解釈に対応させることを目的としていない。この点については、第2章第2節3（p.74）でも説明する。

3) かつて春成秀爾は、縄文時代の焼畑の導入について、「それによって従前から存続し基本的な生産の一部門を構成していた採集活動が打撃をうけるばかりか、草食性動物の食糧を奪う結果、動・植物間に成立していた自然のリズムを破壊にみちびくので、狩猟動物群の移動をひきおこし、狩猟活動にも深刻な影響を与える。＜中略＞焼畑という形態は、意識の上での抵抗も強くうけるであろうから、それをおしきってまで実行されることは当時としてはありえなかったと思われる」と述べた（春成 1969b, 30）。また、岡本勇は、「もし、焼畑をも含めて農耕という生産性のたかい生業が確立していたとしたら、それはかならず発展性と持続性をそなえていたにちがいない。しかるに、原始農耕は、東北地方や近畿以西の地方へは普及しなかったし、また後期以降へとひきつがれることもなかったのである」（岡本 1975, 89）とした。これらの見解は、焼畑を自然環境の改変を強めていく集約的農耕のように認識しており、自然環境と親和的な合理的農法としての焼畑の特徴を捉えていない。焼畑が大規模な農園（常畑）開発などと混同され、環境破壊と結びつけられてしまう誤解が拡散していること、そしてそれを乗り越えて行われている焼畑研究の最新の動向については佐藤廉也（2016, 2021）に詳しい。

4) 竪穴住居数から縄文時代の相対的な人口変動を推定した今村啓爾は、海進や河川堆積・侵食による遺跡の消失や埋没、住居形態による遺跡での検出されやすさの違い、住居耐久性や居住様式にもとづく使用住居の違いなどを、竪穴住居数を人口の指標とする方法の問題点として認識している（今村 1997, 50-52）。

5) 本論では、全体システムの内部で起こっているサブシステム間の複雑な情報制御のあり方は、考古学的には復元できない「ブラックボックス」と認識している。そのため、以下の分析では、各サブシステムの実態や関連サブシステムとの因果関係についても記述するが、それはあくまでもその分析（視点）における部分的な説明であり、それらを積み上げていくことで全体システムが復元できるとは考えていない。本論では、先行研究の成果から図1-10の全体システムモデルを理論的に措定し、このシステムモデルと遺跡資料の分析から積み上げる資源利用モデルを対比することで、縄文時代の経済・社会について包括的に議論することを企図している。

第2章　方法論の検討：縄文時代石器の研究

　石器は旧石器時代以来、人間の資源利用において欠かせない道具である。石器の機能の如何によって、資源利用の成果が左右されたと想像される。本章では、縄文時代の石器研究の中でも、特に資源利用の推定に関わる研究の分析方法について整理する。明治期に本格化した石器研究では、当初から石器の諸属性（石材・形態・製作技術・使用痕など）が研究対象として認識され、様々な論考が発表されていた。その後、遺跡の分層発掘と資料の型式学的分析が考古学の科学的手法として確立していくとともに、土器編年研究の成果にもとづいた石器研究が進展した。この研究の流れにおいて、明治期に試みられていた民族誌類推による石器機能研究は、その後に学問形成された考古学に十分に引き継がれたとは言えない状況にあった。戦後高度経済成長期以降に激増した発掘調査成果の分析によって、縄文文化の説明に関する様々な成果（伝播モデル・唯物史観モデル・生態モデル）が得られた。石器研究もこれらのモデル構築に寄与しているが、それは考古学的手法にもとづいた型式研究の成果であって、石器機能研究は必ずしも大きな役割を果たしていない。このことは、序章で言及した、資源利用研究における「資源そのもの」としての自然遺物研究の優位性にもつながっている。以下、各石器研究法の問題点を明確にし、本書で採るべき方法を検討する。

第1節　縄文時代石器研究方法論の現在

1　民族誌類推法の萌芽

　江戸時代末から明治初頭にかけて、英文その他の外国語で、日本の考古学や石器・石製品が紹介された（斎藤忠1983, 3）。なかでも神田孝平は、列島出土の石器を総合的に捉え、その形状、大小、性質（石質）、出所（分布）等から分類・傾向を把握し、それら石器の使用者が「前人種と今人種」のどちらに属すると言えるか、というような様々な推測を行っている（神田1886）。

　明治期の本格的な石器研究は、主に東京人類学会雑誌（前誌：東京人類学会報告、後誌：人類学雑誌）上で展開されたと言えるが、その初期においては器種レベルでの個別石器に関する考察・議論が主体であった。欧米の文献や標本資料を積極的に学会報告していた坪井正五郎をはじめとして若林勝邦・羽柴雄輔・鳥居龍蔵らの石器の使用法に関する見解には、民族資料の情報を積極的に援用する民族誌類推の方法が採られている。また、羽柴（1887, 1889）や坪井（1890b）の石器における刃部と基部の区別および膠着材の認識、田中正太郎（1890, 1891）の石鏃端部の観察、佐藤伝蔵（1901）の石斧の線状痕観察などは、使用痕観察の萌芽と言える。

　石器に対する民族誌類推は、20世紀に入ると、特に台湾土俗人類学の展開と共に発達した。鳥居龍蔵は、台湾先住民の調査において、今日地中から発見される石器 Taya は、祖先が濁水渓

畔で行ったアワ栽培に用いた農具であり、現在自分たちが使用する農具もこれらが変化したものである、というブヌン族の口碑を紹介している。そして、その石器（打製石斧）に口碑に従って木柄を付けさせたところ、短柄の横斧着柄（鍬着柄）を示したとする（鳥居1900, 306-307）。台湾出土石斧の着柄法復元における直接民族誌類推法と言える。佐藤伝蔵は、日本と台湾の石斧を比較する中で、「若し内地産石斧間の差異を生物学上の所謂ヴァライテイの差異と做すを得ば、台北付近産石斧と内地産石斧との差異は之をスピシースの差異と做しても差支なかるべし」という理論的立場を示した。両地域石斧の共通点は、「必要上便利上自ら類似若くは一致したる者」、「自然の必要上一致すべき風習」あるいは「多少経済的思想の萌芽したる時に於ては、何れの人種に於ても行われ得べき事」と理解でき、「決して交際上の関係ある為めとか、系図的縁故の近きか為めとか云う能わざるなり」とする。文化的な相違点の方が多いことから、「両者の人種は異なる」と結論している（佐藤1901, 176-177）。離れた地域間における物質文化上の類似性について、伝播系統論的説明とは別に、適応論的説明を行っている点が注目される。

　台湾土俗人類学の成果を遺跡出土資料の解釈に積極的に適用した鳥居龍蔵の研究は、明治期以来の土俗人類学的な石器研究の一つの到達点と言える。台湾先住民の居住様式を調査した鳥居は、「其過去現在の人類の帯は所によりて高きあり低きあり是は植物学上に於ける垂直分布の如きものを造らば面白からんと存じ候　殊に小生の今回の山地調査中感ぜしは植物帯と台湾各蕃族との関係なり」（鳥居1900, 305）と認識し、人類居住における生態要因に関心を示した。翌年には、日本国内において沿岸だけでなく内陸からも発見される石器時代遺物について、「現今台湾に棲って居る蕃族も好んで山に居るものや、又は全く平地に居るものもある、日本の石器時代人民は其製作品などに因って台湾の各種族（ツライブス）位の群居（グループ）はあったであらう。しか考えて見れば日本の石器時代人民の地理学的分布も恐らくは斯くの通りであらう」（鳥居1901, 156）という理解を示す。日向地方の先史時代を概観する中では、海岸部や河川流域に居住した集団は漁業に従事するかたわら狩猟も行い、山地部に居住した集団は河川漁撈や鳥獣狩猟に従事したであろう、と述べる。このような生態人類学的視点とともに、「土器は石器に比して其目的用途稍複雑なるが故に此に初めて民族的色彩を表わすに於て然かく極限されたるものにあらず、彼等の文化的程度に於て特技を発揮し得るの餘地自らに存するなり。彼等は其思うが儘に其模様を附するを得るなり。斯くして製作せられたる土器には其等民族の各相異れる精神状態を漂わして所謂此に民族的色彩を表現するに最も好都合の作物たるを失わざるなり」という遺物理解の枠組みを示した（鳥居1917, 131-133）。このような生態学的理解と文化的理解を合わせて、遺跡出土の厚手式土器と薄手式土器の違いを、部族・群族・民族の区別を表すと解釈し、沿岸部に分布する薄手式土器使用者を「漁業者（fisher）」、奥地に分布する厚手式土器使用者を「純然たる狩猟者」と類型化した（鳥居1924a, 15）。その後、薄手式と厚手式の差異は年代差と理解されるに至るが（大場1933, 31）、鳥居が行った遺跡出土資料の土俗人類学および生態学的な解釈方法は、日本先史時代の具体像に肉薄していたと評価できる。

2　石器型式論：文化類型論および伝播モデル

　個別石器（器種）に対する考察・報告が蓄積する中で、それらの分類と総括・整理も試みられる。八木奘三郎は、石器の分類整理の必要性を指摘し、まずは石鏃における分類の実践を試み（八木 1893, 1894a・c）、翌年には国内出土石器全体の分類と一覧を作成している（八木 1894b）。八木が石器の分類整理を手がけた背景には、「日本石器時代の人民は何れの地方より入り来りて何れの方面に向て退去せしや又日本全国に散在せる石器時代の遺物遺跡は果して同一人種の手になりしや是等の疑問に対して今日出す所の遺物遺跡は如何に之を証明しつつありや」（八木 1894b, 184）という同時代の民族系統論的な問題意識があり、国内遺跡出土石器の種類を整理することによって、「一は新古の異同移転の方向意匠の一斑等を知り一は日本に居住せし石器時代の人民は如何程まで異りたる品を作りしやを考え是等によりて益々当時の真相を窺わんとする」（八木 1894b, 194）という期待があった。山上木石は、その石器を実用品と認めるか否か、使用の目的や方法をどのように考えるか、いかなる形状の物が多いのか、いかなる形状の物がいずれの地に普遍的であるのか、などを考えることで「石器時代人民の特質習性を察し、且つ其の相互交通の概要を知るを得べし」と述べている（山上 1903）。また、遺物の報告・研究において石斧・石鏃のような類品の多い遺物よりも稀で珍しい遺物を重視する傾向に対して、「学問上少しく公平を欠きはせぬかと思います。さりとて、珍奇な発見品は貴重な材料でないと申すのではありません、類品豊富な場合には比較研究に当って尠からぬ便宜のある事を考えねばならぬというのです。苟も、科学的に研究する上からは、其の物の美醜によって攻究上好悪の念を挟むものではありますまい。見る影もない打製石斧も、鍬に砕かれた土器の破片も、綿蜜に調査したならば、其の形状に其の紋様に、幾分の地方的相異（研究の主眼ではないが）も発見されましょうし、甲地と乙地との遺物の特性連絡もつきましょう」（山上 1904, 142）という姿勢を示している。ここに、個別石器総体から、「日本石器時代人民」の系統や移動といった社会・文化の解釈へと進もうという文化類型論の萌芽を見ることができる。そして、八木や山上の石器系統論では個別石器の機能・用途についてはほとんど言及されず、先の坪井・鳥居らの民族誌類推にもとづく石器機能・用途論が引き継がれていない点は重要である。日本先史学においては、その初期の段階から石器の個別研究と組成研究が認められるが、両者は有機的関係をもって出現したと言うよりは、異なる関心にもとづいて別個に展開した。すなわち、個別研究は民族学知識を背景にした機能・用途論、組成研究は民族系統の把握を目的とした文化類型および系統論であった。

　石器の分類研究が進められるにあたって、大野雲外（延太郎）の石器形態に関する指摘は重要であった。大野は、磨製石斧を円錐形（頭部の広さで3分類）、扁平形、方形片刃（鉋）、扁平部分磨製、緑色岩製擦切石斧などに分類する中で、「其中頭部に多少の癖があろうと思われる。殊に美的に拵えて実用以外にまで製作されてある。刃に於ては蛤刃或は片刃内刃等の別はあれども、要するに石斧は実用に於て変化し易く、摩滅欠損し或は擦り消らし或は其のままにて用い、必ず一様でない。頭部は十中殆ど始から同一に変化なく、其のままになりおるものが多い。故に自から其特有があることを発見される」と述べ、刃部の変形性と頭部の不変性および特有性（癖）の問題を指摘した。そして、「極端と極端とを見れば、大差があれども比較して図に示す如く大同

小異で、殆ど一致してあるようなものである。故にこの相違の点は全く別種族を判断すると云うまでの材料として見ることが出来ないかと思はれる。只地方の区別位で其製作に於ての差異があると云うまでに過ぎない」とする（大野 1906, 216-217）。この見解は、八木（1893）に萌芽のある石器様相の差異の背後に民族や集団の差異を読み取ろうとする立場に対して、その「差異の程度」を考慮する必要性を説いている。大野は、早くに型式論的な石器の検討も行っており、打製石鏃に形態が酷似する銅鏃について、「同時代の製作品と見ることが出来ようと思う」と述べ、磨製石鏃についても「銅鏃などを模したような感じがする」として、形式・意匠の共通性から同時期性を見いだそうとしていた（大野 1907b）。大野の石器分析は、同時代の同様の研究に比べて既存の文化系統論にあまり引きずられていない。今日的な観点からは大野の研究姿勢は当たり前のものと言えるが、同時代の研究が必ずしもそのような中立的・客観的立場を取れていないということは、戦前の考古学研究を考える上で重要と考えられる。

　その後、昭和期以降の石器研究では、文化系統論が主流をなしていく。その要因の一つは、日本先史学・考古学における「型式論」の本格的導入である。ここでは、特に石器型式について言及された研究について概観してみたい。

　鳥居龍蔵は、諏訪地方の石鏃は「鋤身形」が多いとして、この形態を和田峠・星糞峠産黒曜石使用と連関した「原産地形」と認識し、その分布と諏訪産黒曜石の流通圏が関係する可能性を考えた（鳥居 1924b, 117）。同様に磨製石鏃を考察する中では、その分布圏について、朝鮮・南満州・沿海州といった東北アジアと甲斐・信濃・飛騨と豊後・筑前・日向という 3 圏を見出し、朝鮮・南満州と日向（延岡）の磨製石鏃はよく類似するが、諏訪地方の磨製石鏃は東北アジアとも日向地方のものとも異なると指摘する。東北アジアの磨製石鏃については、「之等を製作使用したものは同一民族で且つ同一時期のものでツングース族（貊族）に属する」と評価し、中部から関西地方の磨製石鏃は「固有日本人の遺物」とする。日向の磨製石鏃が東北アジアに類似するとしつつも、一方では当地での打製石鏃に対する磨製石鏃の割合が 3〜5% と少量であり、打製石鏃は磨製石鏃に形態が似ていて、「互に同一時期而かも同一民衆によって製作使用」されたと推測している（鳥居 1924b, 122-126）。谷川（大場）盤雄は、形態上の類似性から、肩付石斧（有肩石斧）→有角石斧→古墳出土の斧形石製模造品（袋状鉄斧）という系統的な関係を推定した（谷川 1925）。Oscar Montelius の型式論を本格的に紹介したのは大山柏であった。大山は、中石器時代・祖形蛤刃斧→新石器時代・尖頭斧→薄形斧→厚形斧、闊斧→舟形斧→銅斧、青銅斧、というモンテリウスの北欧石斧編年を紹介した上で、「形態学上のみから、編年をするには、常に其確実性を保った上でなければ、危険が倶うことは、それ亦大に考えねばならぬ所である、それ故、この危険を防ぐ為には常に其出土に着意せねばならない」と、型式論と層位論の基本的な関係に言及している（大山 1926, 484）。中谷治宇二郎は、製作順序（剥離・加工）、使用法（形態、民族誌類推）などの観点から石匙を 4 形式に分類し、全国的な分布傾向を把握しようとした（中谷 1925）。赤堀英三は、石器の形態記述について、「使用目的上の違い」である「形式 Form」、その中での「近似形態の類聚」である「型式 Type」、「それ以下の細部の変化」である「様式 Style」という階層的区分案を示した（赤堀 1929, 89-90）。石器の分類にあたっては、自然人類学における形質計測の考え方を援用して「長さ・幅・厚さ」の計測を行っている（赤堀

1929, 92-93）。各地域（旧国レベル）の石鏃（A〜C型）の比率から列島の東西差を明らかにし、石質（黒曜石・瀝青石、玄武岩あるいは安山岩、硅岩あるいはチャートなど）の比率から石材の偏在性について量的に検討している（赤堀 1931）。

　石器の形態を論じるにあたって、型式学（typology）に大きな比重を置いたのは森本六爾であろう。森本は、有角石器の形式（form）、型式（type）、様式（style）について論じる中で、「一般石斧とは甚しく異なっているこのものが、はたして石斧なる一形式（one form）に属する一型式（one type）と見なす事が出来るか否か甚だ疑わしい」と有角「石斧」説を疑問視する（森本 1930, 5）。つまり、有角「石斧」と呼ばれてはいるが、厳密な「形式」の概念からすると、「石斧」ではないという考えである。そして、「棘状突起」の共通性から有角石器は、平型銅剣を模倣したものと推測し、「石剣」形式中の一型式とする。その他の石剣形式の型式としては、有柄式石剣、クリス形石剣、有樋式石剣、鉄剣形石剣、変形鉄剣式石剣を挙げている。さらに、有角式石剣（有角石器）の、「刃部馬蹄状をなし突起も小さくより剣鉾の形に近いもの」をA様式（style）とし、「刃部撥状をなし棘状突起の不自然に長くなったもの」をB様式とし、利器における機能上の意味が大きい「鎬」が、変化の過程で失われていく可能性を指摘しつつ、A様式からB様式への時間的変化を想定する。このような一連の現象は、青銅器文化という「異範型文化」の伝播過程において、分布中心の周辺で起こった模倣・変容の事例であるとしている（森本 1930）。藤森栄一は、第Ⅲ型石斧（太型蛤刃石斧）を刃部があまり張り出さないaと張り出すbに2分し、第Ⅰ型石斧からaへ、第Ⅱ型石斧からbへの影響を示唆する。この際、「プロトタイプ」、「先行的未完型」、「後行的退化型」などの用語をもって磨製石斧の型式を論じた。縄文式と弥生式の関係については、石斧や石鏃の分析を行うことで「各々の文化相の本質と、時間的或は地方的な食違いを解決し得る」としている（藤森 1933a, 37）。また、「該分布を垂直的に見た場合磨石鏃等（石鏃も同様）の多い縄紋系の文化は高地性の遺跡に盛んで、第Ⅲ型石斧等の多い弥生系の文化は底地性の遺跡に盛んであった。二者は時間的にも何等差異あるものとは思はれず、寧ろ生活様式の相違が最も重大なる原因であるらしい」（藤森 1933b, 279）とする。そして、「そうした二つの文化の接触に際して第一に起るのは文化の本質ではなく形式的な模倣である。当時狩猟生活にあつた縄紋系の文化に於て最も重大なる役割をつとめた石鏃の然も彼等の知らなかった磨れた石鏃は好んで模倣せられた事であろう」としている（藤森 1933b, 280）。山地と低地の遺跡における同時性が保証されない段階での説明であったが、遺物を型式学的に類型化し、そのまとまりを集団の範囲と考え、その類型間の個別遺物における型式学的な関係に、集団間の情報のやりとりを読みとるという型式学的分析法の実践例であったと言える。また、中山平次郎も、土器型式と石器の様相を併せて検討し、具体的な先史観を展開した。中山は、福岡市の今津貝塚と今山遺跡において土器の様相が異なることと併せて、磨製石斧の製作技術にも差異があることを指摘し、それを「工人の個人的相違といわんよりは、寧ろ所属系統と関係せる民族性の相違を表現せるものと信ずるに到れり」、「両所の未完成品を対照し来りて其の作風を観察する時は、一見して一が精密なるに対して他が頗る粗略、工人性向の上に著しき相違ありしを感ぜざるを得ずして、斯る作業の精粗如何が共伴せる窯器の系統如何と相俟ちて茲に問題となり来りしなり」とする（中山 1932, 205）。両者が異系統集団として同時存在して交流したと想定し、第一系甕：実用的単純的

－今山石斧：技巧無視、合理的、「大局に通じて末節に拘泥せざる気風」－第一系弥生式民族、第二系甕：鑑賞的技巧的－今津石斧：丁寧、技巧的、非合理的－第二系弥生式民族と類型化して、「古墳時代文化発達の起源と認定すべき金石併用時代の剣鏡玉文化が何れの系統と関係せるやを検するに、第一系民族たりしは甚だ明瞭にして、＜中略＞恰も大人物の幼時の俤に接するの感無くんばあらず」とまで解釈を広げている（中山 1932, 209-213）。中山の場合も、今山・今津の二類型の同時性が保証されない段階での検討であったが、土器と石斧によって二重の型式学的な類型化を試み、その内容に対して遺物製作者の「気風性向」や「民族性」を読みとろうとしている点は、型式学的な分析法の特徴を示している。喜田貞吉は、有脚（有茎）石鏃の分布が中部地方以東に偏るという現象と弥生文化の東進や蝦夷の石器使用の記録を関連づけて、「早く石器時代から足を洗った地方の石鏃には脚が少く、後までも石器時代の状態に取り遺された地方の石鏃には、比較的有脚のものが多いという事実を示して居るのである」とする（喜田 1933a, 15）。そして、「我が石器時代人が、或る時期以後に於て、鉄製利器を有する先進民族と接触して存在したものであった事は疑を容れぬ。而して其の先進民族の有する鉄鏃には脚があり、それを竹の箆の中に挿入して、定著上甚だ都合よきものである事をも知悉して居た筈である。ここに於て彼等もそれに倣って、脚ある石鏃を作り出し、到処豊富なる竹を材料として、緊縛膠著上都合のよい方法を執るに至ったと考えて見る事も、必ずしも無稽の空論とは云われまいと思う」と想像する（喜田 1933a, 79）。この場合の石鏃における「脚」という属性は、機能性の点から論じられている。一方、御物石器を論じた際には、有溝石斧（抉り入り石斧）の「剔り込み」との共通性から、「縄文式民族に属する石器時代の民族が、たまたま弥生式民族の有する所謂有溝鑿形石器の或る物を手に入れて、之を愛玩するのあまり、模造複製を重ねる中に、だんだんと新なる意匠、手法を加えて、遂に見る如きあんな異形なる、又奇形なる、石器を為すに至ったのではなかろうか」と推定した（喜田 1933b, 196）。この場合は、「剔り込み」という属性は、機能性と関わらない模倣という視点から論じられている。喜田の仮説は、結果として対比する遺物間に時代差があったために棄却されるが、それ以前に、石器の形態や分布に対して記紀記述を前提として解釈するという方法論上の問題がある。

　上記の森本らの石器型式論は、分類単位として抽出した類型間を比較して、文化系統や文化交流、あるいは文化間の優劣や正統性を論じようとしたものであったが、いずれも類型間の同時期性を検証していなかったために、仮説として有効でなかった。このような石器論の問題を指摘し、異なる立場を取ったのは八幡一郎であった。八幡は、複雑多岐な文化を分析するために、「遺物遺跡にもとづく相（フェイズ）概念」を提唱した。この概念は、文化を空間的・時間的に連続する類型として認識し、土器や石器などは文化の「必然的要求」によって製作されるものであり、そしてこの必然的要求は常に普遍化しようとする傾向があるため、先の必然的要求の普遍化と後のそれとは有機的関係にありながら異質なものになるという文化モデルである。八幡は、「一の普遍化に到達する期間を一の相（フェイズ）」と呼び、各種遺物の普遍化速度には差があるため、すべての遺物を分析しなければ相は決定できないが、土器を標準とすることが合理的としている（八幡 1928）。つまり、文化の前後関係としての相（フェイズ）を把握するためにはまずは土器の比較が必要ということである。そのため、森本らの型式学的研究に対しては、「弥生

式土器自身のクロノロジカルの配置や、地理的な区分と云うものが殆んど手を染めていない為に、どの石器はどの地方のどの型の弥生式土器に伴うかと云う様な基礎的な解釈が与えられて居らない」と批判した（八幡 1930, 131）。その上で、弥生式土器とそれに伴う石器を把握した場合には、「大切なことは直観的な第一印象の尊重であります。それも豊富なる経験の上に立つことを前提とします。或種の確実な弥生式関係石器を四五観察すればそこに多くの場合一つの約束の存することを発見し得るのであります。この約束と云うものは或型の文化に内在するものであって、この約束の発見の集積は該文化型の認識即ち考古学究極の問題の解決であります」とした（八幡 1930, 132）。具体的には、第III型磨製石斧（太型蛤刃石斧）とサヌカイト製石槍を弥生式石器の中の「一つの動かぬ型」として挙げている。八幡はさらに自己の石器論を整理し、「石製利器の如きは、堅緻な材料から受ける製作能力の限度、使用目的の一致によって共通した形態を生じ、背景となる文化の働きかけは極めて微妙になる。従って多数を観察しても看過し易い。経験深く、感受性に富むものは屡々その微妙なるものを直観するのである。この直観を仮に第一印象と名けた」（八幡 1931a, 200）として、石器が機能的側面に規定されやすく、文化系統的側面を反映しにくいという特徴を指摘する。これは先に挙げた大野雲外の指摘（大野 1906）と共通する。遺物の型式分類については、「遺物組合せ」の異同から、「同性質遺跡」と「異性質遺跡」とを分け、「同性質遺跡は同一文化相を示現するものと前提」し、「二つ以上の文化相に属する各遺物層が上下に累積する場合を考えれば、異性質遺跡を時間の順序に重ね合せたと同じことになる。之によって各遺物の型式の推移消長が知られると同時に文化編年が可能となる」（八幡 1931b, 331）とする。「型式分類はそれ自身大して重要でない。矢張、文化の推移伝播の跡を知る手懸りとしてのみ必要なものである」と述べている（八幡 1931b, 332）。

　八幡の石器を含めた遺物論は、まずは文化編年を構築するべきであるという指摘であり、歴史学としての正当な考え方であった。一方、石器の分析においては、「豊富なる経験」と「直感的な第一印象の尊重」による「約束」の発見、およびその集積としての「文化型の認識」という方法をとる。これはその類似性から一つのまとまりになって見える土器群（様式）を、「流儀」「気風」「モード」「メロディー」と印象的に表現した小林達雄の土器様式論（小林達雄 1979）にも通じる。そして、多数の実資料の観察が結論を導くという日本考古学で言うところの「実証主義」の考え方も既に表れている。研究の関心としては、文化類型の比較による文化論であり、遺物の機能的制約などに言及しながらも、石器自体の機能論は特別には深めていない。この昭和期以降の石器型式論における機能・用途論的観点の欠如に対しては、次のような批判も可能である。松本信広は、Robert Haine-Geldern の有肩石斧の分布圏をオーストロアジア語族の広がりとみなす学説を受けて、東アジアの「有肩石斧」報告例を集成し、その分布範囲や使用法を整理している。松本は「ハイネ氏は頗る寛容な取扱いをなし、随分有肩石斧の中に不明瞭なものを入れておる」と批判し、有肩石斧の分布範囲を再確認し、オーストロアジア語と有肩石斧の分布圏の食い違いを指摘することで、「言語の分布を考古学遺物の分布と関連づける考え方に対しては、自分は今の所未だ懐疑的である」と述べている（松本 1939, 499）。松本の論旨は、Haine-Geldern の有肩石斧の分布圏を語族圏とする理解に対して、遺物の分類基準の曖昧さから批判を試みているのであるが、松本の有肩石斧の認定基準も、ほぼ「有肩である」という平面形態のみと言って

よく、そのような緩やかな形態上の類似性をもって、系統上の共通性を把握しようとしている点では、Haine-Geldern の分類に対する批判がそのまま松本の分類にもあてはまる。また、そのような曖昧な認定基準が故に、その機能・用途についても、Haine-Geldern や松本の言う「有肩石斧」が、斧なのか鍬なのか鋤なのかといったことが渾然一体となっている。松本は、東アジアに広く類例を集め、古代中国の金属製農具の知識などを豊富に挙げて、有肩石斧類の用途について重要な示唆を行っているにも関わらず、その主張が示唆に止まっているのは、機能・用途という観点からの個別資料の吟味と比較が行われなかったためである。山内清男は、磨製石器全般を体系的に分類する中で、磨製片刃石斧（抉入・方柱状・扁平）は弥生時代に属する鍬と同じ着柄法の土掘り具であり、農業と竪穴住居という新しい生活状態と共に朝鮮半島から伝来したと評価した（山内 1932）。山内の分類は、形態・着柄・時代（文化系統・経済類型）という属性に重きを置きつつも、製作技術・サイズ・石材などにも言及している。その一方で、使用痕観察や民俗・民族資料との対比という石器分析が等閑視されており、明治期に既に言及され、今日一般化している片刃石斧の木工具の可能性（渡瀬 1886；原田 1900）が検討されなかった。

　明治・大正期の民族誌類推にもとづく石器機能研究が十分に顧みられることなく、昭和戦前期に石器型式研究、文化系統論が優勢していく背景には、皇国史観や帝国主義など当時の社会情勢とともに、人類学と考古学の学問的な分岐が大きく関わっている[1]。この時期の石器研究において、土俗人類学的知識の応用を図ろうという姿勢は消極的と言わざるを得ない。この点について、森本六爾の次のような言及がある。「今日日本の考古学は生活を離れて単に形式を撫で廻わすことによって一の行きづまりを示している。吾々は新に生活の土台の上で、再び形式を撫で廻そうと思うに過ぎない。又、今後、用途の問題は、明治初年によく行われた用途論とは全然違った意味で、大いに論じられなければならない筈である」（森本 1933b, 17）。型式学的研究を牽引してきた第一人者ゆえに、その問題点も正確に把握していたことが分かる。

3　縄文文化論における石器

　八幡が危惧していた石器の時期決定の問題は、山内清男らを中心とした縄文土器編年研究の確立によって解消されていった。ミネルヴァ論争（1936 年）などを経て、縄文時代の遺物・遺構が弥生時代のそれと区別できるようになったことは、それぞれの時代論が具体的に展開していく基盤を提供することになる。縄文文化に関する説明は、明治期以来の文化系統論（伝播モデル）に加えて、唯物史観モデルと生態モデルが確立されていく。この 2 つの縄文文化モデルにおいて石器研究がどのように関わってきたのかを見ていきたい。

（1）唯物史観モデルにおける石器

　Karl Marx の唯物史観にもとづいた考古学の紹介は、大山柏によっていち早くなされる。大山は、「個々の狩猟、漁撈、農牧等の生業を取り扱うにしても、史前生業の大綱は明にして置かないと、研究焦点の方向違も起るし、局部観が総てであるかの様に、視界狭少も生じ易い」という認識のもと、「史前生業とは、其時代に於ける人類生活に於て行わるる所の、生産行為を生業と

称する。而して史前生業の目的とする所は、主として直接食料の生産にあって、衣服、器材等爾余の生産はこれに随行する。且つ其生産行為たるや、其殆んどが、自から消費せんが為の生産であって、石器時代始末期に於て、貿易交換の萌芽を認めらるに過ぎない」と述べる。そして、石器から金属器への移行は、生産力増大という点から文化相を一変させるため、石器にもとづく史前生業（文化）と金属器にもとづく原史生業（文化）の間には大きな開きがあり、それらを混同してはいけない。また、史前生活は自給自足が立前であるから、狩猟・漁撈・農耕・牧畜のうち複数の生業が併せて営まれる場合が多く、今日的な明確な生業分化があるわけではない、という整理を行っている（大山 1934a, 63-65）。樋口清之は、「文化階程はその文化中に於ける経済関係の発達段階によって決定的に制約せられ、従って経済生活を離れた文化現象はあり得ないのである」（樋口 1937, 13）という立場から、唯物史観に代表される経済段階説と日本先史時代経済（金属器輸入以前の経済）の対比を行っている。「物資の生産、所有、分配、交換、消費及びそれに関連する生活現象の総和を経済現象と解する」とし、遺跡出土の動植物遺存体や各種利器から、「自然生物は我先史時代主要生産対象であり、その手段には個人的労働力によるものと個人労働生産力の僅少によるために行われる団体的労働力によるものとの二者が併存することを推知し得るのである」とする。また、土器の種子圧痕や「土地穿鑿あるいは開墾又は耕作具と考えられる」打製石斧の盛行、西日本における弥生式文化の存在などから、「東日本に於てもその末期に於てはすでに農業の曙光を見、西日本に於ては、それ以前より農業は存在して次第に発達の過程をたどりつつあったと考えられるのであるが、さりとて之を自然的生産手段に比較する場合、東日本は勿論のこと、西日本に於ても農業を以て支配的生産手段とするのはその後期の頃であって、之を概観する場合、やはり自然物捕獲が先史生産手段として優位を占めていることを忘れることが出来ない。この点我先史時代は新石器時代の文化階程に当るとは言え、必ずしも西欧等とその経済生活の全内容を均しくするとは称することが出来ない」とする。さらに、「我先史時代の生活は、定着的であった。それは土器を始め他の遺物の異常な量の遺存と遺跡の特色から考え得られる。＜中略＞かく密集住宅より成る集落は自然物捕獲を主とする場合にも農業を主とする場合にも共に行われているのは個人物自衛手段の貧弱性と、原始的開墾農業生活に於ける共同労働の必要性からではないかと考えられるのである」とする（樋口 1937, 14-18）。結論として、日本先史時代は、「異存はあるがマルクス（Karl Marx）の原始共産体と称している段階の或性質に相当する時代」であるとしている（樋口 1937, 19）。この段階で、縄文文化・弥生文化の唯物史観モデルへの位置づけは、概ね定まっていたと言える。

　八幡一郎も、ヨーロッパにおける中石器文化・新石器文化と縄文文化を文化階梯として比較し、ヨーロッパ新石器文化の「磨製石器の盛行」、「土器や織物技術の発明・進歩」は縄文文化と一致するが、「農耕牧畜の起源」、「巨石墳墓の築造」は一致せず、中石器文化の「打製石器の盛行」、「部分的な磨製技術の発現」、「土器製作のはじまり」、「後氷期の森林圏での狩猟漁撈生活」などの点が縄文文化に対比できる、と整理した（八幡 1937, 356）。しかし、八幡の見解を詳しく見ると、先の大山や樋口の唯物史観モデルの導入とは少し様相が異なる。八幡は、「蒙古西比利亜圏内の新石器時代を特徴づけるものを打製石器とし、北支満鮮のそれを磨製石器とする見解に従うならば、我日本に於ける縄文式文化と弥生式文化との対立も、畢竟するに打製石器と磨製石

器との関係に於て理解し得ることを想起すべき」とする（八幡 1937, 359-360）。そして縄文文化の初期の石器は石刃など、「蒙古の細石器に相通ずる点」があり、「中石器文化的様相」が認められるとする。そしてその文化は、「相当長期間に互って痕跡的乍らその伝統が持続したであろう」と考え、「殊に奥羽より北海道方面にかけて、チャート或はピッチストーンを原料とするところの打製石器が、この古き伝統を長く持続けたのではないかと予測して居る」、「土器は屢々風土化し又変革し易きものであるが、石器は仲々に旧套を脱し得るものではない。殊に生活内容に激変なき限り、保守的傾向を多分に具えるものと考えられる」とする（八幡 1937, 364-367）。この見解は、縄文文化・弥生文化の唯物史観モデルによる理解と言うよりは、打製石器＝シベリア＝縄文文化、磨製石器＝中国・朝鮮半島＝弥生文化という類型化であり、それまでの人種・集団系統論としての考古学的文化類型論の枠組みが維持されている。編年研究の進展によって、縄文時代と弥生時代の区別が明確になるに従い、縄文時代の生産手段＝狩猟・漁業、弥生時代の生産手段＝農業といった類型化も浸透しつつあったが（森本 1933b, 2；甲野 1934, 226）、それらも縄文時代集団と弥生時代集団の対立・交替論の上に、狩猟・漁撈・農耕という経済類型が被さったものであった。そのような中、作家で郷土史研究を行った赤木清（江馬修）は、考古学研究が明治期の石器の用途研究から編年研究へ偏重していることを批判し、生業活動、経済的な社会構成の解明、共同研究の必要性を説いた。この主張は、「ひだびと論争」（1937・1938 年）として知られるが、その後、考古学において唯物史観的な社会論への意識は強まっていく。

　江藤千萬樹は、大型石錘について、沿岸部遺跡から出土すること、形状・重量・石材、緊縛のための溝、磨砥痕、胴部の平坦面、などの観察結果、曳網・刺網・施網、イカ釣り、追い込み漁の駆具、海藻採取用具の重り、延縄の沈子などの民俗事例、などを根拠として大型網の錘具として復元している。大型石錘の出現は、縄文式社会の個人漁撈から弥生式社会の共同漁撈への発展、共同労働を基礎とする原始共同体が生業分化や専業化に伴って専業的共同体へ移行する過程を示しており、「氏族社会発生への前提を見出し、職業的部の発生への前提を見出す」、「原始的市の発生への前提」と考えている（江藤 1937）。唯物史観モデルによる縄文時代の説明は、戦後に継続する。市原寿文は、土器型式の分布範囲を「原始共同体社会のブロック」と捉え、「縄文社会における意識乃至は上部構造的な機構」の共通性が、御物石器などの「マジカルな意味を含んでいる遺物」の分布をひきおこすと考えた（市原 1959, 10）。また、石皿や打製石斧の集落内での出土状況が、労働用具の保有のあり方（共同使用か竪穴住居単位での使用か）や労働の単位（竪穴住居単位での器種組成の違い）を示すと考えている（市原 1959, 11）。麻生優は、静岡県蜆塚貝塚の分析から、縄文時代後期の沿岸漁業は、石錘を用いた「協業」の網漁と、ヤス・銛を用いた「個人労働」の突き漁の両方が緩やかに進展したと評価する（麻生 1960, 14）。先土器時代（旧石器時代）については、小野昭が、小集団共通の石材採取・加工の場としての石器用材の産地、石槍による群棲大型獣の集団猟（発見・包囲・追い込み、陥穴）、小集団による日常的な採捕活動（小動物や植物質食料）を想定し、「採集と小動物の捕獲を効果的に遂行しうる単位として小地域ごとに分散居住し、随時共同狩猟に結集する」というモデルを提示した（小野 昭1976）。

　これらに共通するのは氏族共同体内での経済活動上に個人・世帯的な活動と、集団・共同体的な活動を想定し、両者の対立、矛盾の内包を想定している点である。このような唯物史観の枠組

みから縄文文化および弥生文化を解釈する方向性は、まさに大山が指摘する「史前生業の大綱」（大山1934a）であり、特に混乱なく縄文文化の唯物史観的評価は定まったと言えるであろう。土器編年によって考古資料に時間軸が与えられ、その文化要素が、人類史における階梯の枠組みに収められ、さらなる資料増加は各階梯の内実の記述および階梯間の変遷・変容過程の説明へと移行していく。すなわち、縄文文化の地域性の説明と弥生文化への変容の説明である。

　このような中で、縄文文化における「農耕」の可能性を論じたのが藤森栄一である。藤森は、関東地方中期・勝坂式土器文化の特性として以下12点を挙げる。(1) 石鏃の減少、(2) 穂摘み具としての大形粗製石匙、(3) 大型磨製石斧の増加、(4) 諸磯A式期の湖辺川岸、諸磯C式期の弧丘・舌状台地、梨久保式期の火山灰台地・洪積台地という遺跡立地、(5) 同一時期住居址数の増加、(6) 土掘り具にみる植物採取の盛、(7) 石皿にみる食物デンプン利用の盛行、(8) 石棒にみる地母神信仰、(9) 発火具としての凹石と焼畑農耕、(10) 土偶にみる生への願望、(11) 粗製深鉢と精製の鉢や台付土器、(12) 貯蔵容器としての壺型土器。これらの要素が、農耕および農耕社会の存在を示す可能性がある、というのが中期農耕論である（藤森1950, 1963a）。藤森はこの「中期農耕論」を実証するために必要な研究として、栽培植物の検出の他に、(1) 古気候・古植生の復元、(2) パン状炭化物の科学分析、(3) 農耕形態と集落形態の関係、焼畑民にみられる分散型集落の検討、(4) 土器の器種構成、特に壺の存在、などの方向性を提示している（藤森1963b）。その後、藤森（1970）では、農耕関連の文化要素として、(1) 栗帯文化論、(2) 石鏃の稀少問題、(3) 黒曜石剥片の復活、籠細工の盛行、(4) 石匙の大形粗製化、(5) 石皿による雑穀・イモ類の製粉、(6) 凹石にみるクルミ割り、(7) 鋤鍬としての土掘り具の盛行、(8) 石棒・立石にみる地母神信仰、(9) 土偶にみる女性・蛇のモチーフ、(10) 粗製深鉢・壺・台付土器のセット、(11) 蒸し器としてのキャリパー形口縁土器、(12) 顔面把手付甕にみる地母神信仰、(13) 神の灯としての釣手土器、(14) 貯蔵土器としての有孔鍔付土器、(15) 埋甕にみる農耕的な再生理念、(16) 蛇・人体・太陽のモチーフと地母神信仰、(17) 集落の移動性・小規模性にみる焼畑陸耕、各地域の環境に応じた特殊な植物栽培民の生活、(18) 栽培植物の問題、を挙げている。縄文農耕否定論者から栽培植物の提示を求められ続けた藤森は、中部地方の台地上で、食料の欠乏しがちな季節は夏であり、サトイモ・クワイ類・コムギなど夏に成熟する植物の存在を想定していた（藤森1965）。

　藤森や前章で触れた酒詰仲男（1957, 1961）の議論は、文化階梯論にもとづいて農耕に関連しそうな要素を列挙し、リスト化したところに意味がある。それら相互の整合的・包括的な説明は江坂輝弥が行っている（江坂1959、本書第1章図1-6）。縄文農耕論は、個々の要素について「このようにも解釈できる」という指摘にとどまっており、その総体としての「農耕が存在したかもしれない」という主張は説得力に欠けるものとなっているのは前章でも指摘したとおりである。石器について見れば、石鏃、大型粗製石匙、磨製石斧、打製石斧、石皿、石棒、凹石について言及しているが、その機能・用途比定は多角的な検討が不十分であり、すべての見解に別の解釈を用意できる。しかし、その個々の検討の不足をもって藤森らの縄文農耕論を仮説として棄却できるわけではない点は重要である。藤森らが挙げた要素が縄文時代の農耕に関連する可能性は必ずしも否定できないのであり、その一つ一つの検討を進めることが、縄文農耕論の建設的な

継承になると考える。

　藤森らの中期農耕論と類似した枠組みで、九州縄文時代晩期の農耕論を展開したのは賀川光夫である。賀川らは、九州の縄文時代晩期遺跡に特徴的な石器を石鍬・手鍬・石鋤・石ノミ・石包丁形石器（石刀）に分類し、これらが中国・黄河中上流域の農耕具セットと共通するとして縄文時代後・晩期のアワを主体とした焼畑農耕の存在を想定した（賀川 1966a, 1966b, 賀川・橘編 1966）。農耕の形態としては、高地・火山地地帯におけるイネ以外の穀物の天水農耕とも述べる（賀川 1968）。この時期に作られる黒色磨研土器については中国浙江省の周辺竜山文化からの影響を想定している（賀川 1966b, 江坂 1967）。黒曜石製の縦長剥片については、植刃の鎌として捉え、環状石器については掘り棒の付属品である石鍔の用途を想定し、西アジアの農耕文化の要素との共通性を指摘した（賀川 1968）。後には、東南アジア地域の管理農法によらない焼畑・天水湿田と縄文時代農耕を対比し、大型打製石斧を「犂」、小型打製石斧に「無柄の移植鏝」の可能性を想定している（賀川 1980）。賀川の農耕論においては石器の分析が重要な位置を占めており、その石器観は下記のとおりである（賀川 1967, 230）。

　　(1) 石器の用途は、形態及び、その使用箇所によって決定する。

　　(2) 同一の機能をもつ石器は、原則として同形である。

　　(3) 同形の石器は、一定の工程による技術で作られなければならない。

　この石器観に従って、石包丁形石器（石刀）が次のように理解される。まず (1) にもとづき、「掌中で使用する関係で、石鎌に比較して小形で、偏平性が要求され機能上横の短冊形である必要がある。又、穂摘みを合理的にするためには穂に接する部位に刃部を調整」すると理解する。そして、その刃部については「次第にその位置を半月形に形成して有効な機能とする」と解釈して、(2) にもとづいて中国の石包丁形石器（石刀）と同形・同一機能とみなす。また、中国の「石刀」と日本の「磨製石包丁」は、「使用の上で指止めの必要もあって、孔を設ける」という共通点があり、「用途としては、栽培植物の穂先を摘む道具」であり、「同一の機能」をもつ、と理解される。その結果、縄文時代の打製石包丁も、石刀、磨製石包丁と同じ形態・機能・用途を持つ、という結論になる。そして、(3) にもとづき、砂岩、安山岩、頁岩などの礫素材から比較的大きな横長扁平剥片を画一的に作出する技法を「石刀技法」と理念化し、この技法によって「石刀」が収穫具として量産されたと考えた（賀川 1967, 234）。賀川の議論は、九州後・晩期の縄文文化を中国の新石器文化に対比しようとするものであり、階梯論としての唯物史観モデルと、文化伝播・系統モデルを基礎に置いたものである。そのためか、資料の解釈は、多角的というよりは方向づけられたものであり、論理的な矛盾を抱えている。しかし、賀川が旧石器文化研究にも通じていたため、それまでの農耕論に比べると個々の石器に対する形態や使用痕、製作技法の観察や記述の解像度は上がっていると評価できる。この賀川の石器研究に対して、資料に残る痕跡の認定方法や、想定される使用法の解釈、中国新石器時代石器との比較の妥当性について、異議が唱えられた（木村・島津 1972）。山崎純男は、賀川が同一石器に対して「使用痕いちじるしい打製石鍬」としたり、「照葉樹林の伐採に使った石斧」としたりしている点について、機能分類の「あいまいさを露呈している」として、「個別遺物についても精度の高い検討が要求される」と批判している（山崎 1978b）。この批判は、基本的には賀川の論理や方法に対する批

判であったはずだが、最終的には「石器を一つの用途に限定することはできない」（木村・島津 1972, 21）と一般化された。この一般化は、資源利用研究において遺跡出土自然遺物痕跡が「資源そのもの」として「直接的証拠」であり、資源利用技術としての石器の機能・用途論は「間接的証拠」である、という今日広く受け入れられている考え方につながっている。本書では、そのような考え方を踏襲しつつも、間接的証拠としての資源利用技術から、直接的証拠だけでは明らかにできていない縄文時代の資源利用行動をモデル化することを目指している。そのような研究法は、おのずと賀川らや藤森らの縄文農耕論を発展的に継承することになる。

（2）生態モデル（マクロ・ミクロ）における石器

　縄文文化の地域性については、日本列島内の東西南北地域や沿岸部・山間部といった環境の違いが文化類型の違いに対応しているという生態論的な見解が戦前からみられる。また、中尾佐助に代表される汎世界的な生態文化論の影響も大きい。この研究の特性は、渡辺誠の研究を嚆矢とする民俗誌、古環境、考古資料の総合化であり、各分野の学際研究の成果として表れている。このような研究が進展した背景には、欧米での狩猟採集民研究の転回があった。国分直一は、1960年のオーストリアでの国際会議において、世界各地での農耕開始が、気候変化、動植物生態、資源圧といった観点から議論されたことを紹介し、それらが「農耕を革命としてとらえてはいない」として、縄文時代の生業論についても、よりきめ細かな視点が必要であることを指摘している（国分 1968）。

　鳥居龍蔵は、平地遺跡と高地遺跡の自然・人文地理学、土俗学的な違いを認識し、対象が平地遺跡に偏っていたこれまでの考古学を江湾式考古学と呼び、高地遺跡を対象とする山岳式考古学の重要性を説いた（鳥居 1924b, 349-352）。遺跡と遺物の垂直分布（標高）に注目し、地質・地理・気候、動植物帯との関係を想定している（鳥居 1924b, 353・380）。森本六爾も、「人は地上に存するかぎり、多かれ少なかれ、必ず地形の支配をうける」と認識する（森本 1924, 590）。大和について言えば、奈良盆地という地形が「文化の同質的発生を促したであろう」（森本 1924, 591）として、この「盆地のセッツルメント」は、「気候などの外界の条件と相まって、よく人口の分布に決定的の影響をあたえなおその流域の沖積地の表面に、当代人民の比較的同質的な文化を開展せしめたと考え得べき可能性ある大和川の存在に多くの興味を感ずるものである」とする（森本 1924, 597）。また、「五十米から百米に互る高さを有している地点は、大和に於いては、古今を通じて、地表選択或は地表利用上、その経済、防備、交通等其他あらゆる条件をみたし得る最も好適な地をなしている」として、「適性域線」と称した（森本 1924, 600）。よりマクロな観点として、森本は、縄文式文化は、関東・東北地方が中心の北方的色彩の濃厚な文化であり、狩猟・拾集経済とする。弥生式文化は、近畿以西が中心の南方的色彩が豊かな文化であり、農業経済と述べている（森本 1933a）。甲野勇は、縄文時代の関東・東北地方では他地域に比べて骨角製漁撈具が著しく発達することについて、「他の地方に於ける骨角製漁具の劣勢はその対象が前者ほど豊富でなかった点に原因するらしい」、「同地方の自然物資が彼等の生産手段に適合した為め、技術を進歩し之に伴って生活も安定性を持つ様になった」と理解した（甲野 1934, 225-226）。戦前の研究は、文化系統論に関心が向けられる傾向にあったが、その中でも生態的特性へ

の注意が払われている点は注目される。

　山内清男は、縄文文化をヨーロッパの新石器時代に対比しつつも、資料状況から農業牧畜を伴っていない文化類型と認識し、北米先住民やアイヌの民族誌を参照しながら、サケ・ドングリを主食としたと考えた。列島東西における遺跡数・人口差については、気候・地形の違いにもとづく植物・動物の生物資源量の違いを想定している（山内 1964）。山内は具体的な石器論は展開していないが、「間接に農業を論証しようとして、石皿が穀物を磨るものであるとか、打製石斧が鍬であるとか、用途としての可能な一面を強調する意見も現われている。＜中略＞縄文式に農業が無いというのは旧説であるが、だからといってこれを排撃し、新説であればいかに根拠薄弱であっても暗に庇護するというおかしな同情者があるものである」（山内 1964, 142）と述べているあたり、石器の用途推定に慎重な姿勢をとっていると言える。

　植物学者である中尾佐助の「農業起源論」は、世界の農耕形式の起源をウビ農耕文化（根栽農耕文化）・カリフ農耕文化（サバンナ農耕文化）・ラビ農耕文化（地中海農耕文化）・アメリカ農耕文化の 4 つに類型化した上で、その複雑な影響関係を論じている。「東亜の農耕文化についてしばしば「稲作文化」などの呼称がおこなわれるが、本来的な意味においてこのような文化的コンプレックスは存在しない。なぜなら、単一な作物たとえばイネのみにたより、他の作物たとえばマメ類とかイモ類などがいっさい関与しないような農耕文化は、存在しえないからである。いわゆる東亜の「稲作文化」を見ると、それはつねに根栽農耕と夏作のカリフ農耕文化からの作物の借用とイネの結合によって成立している。ゆえに「稲作文化」は、せいぜいのところ、一つの混成文化として、後生的なものとして把握されるべきである」と説明する（中尾 1967, 329）。その上で、中尾佐助や佐々木高明はアジアにおける植物利用に関して次のような発展段階を想定している（中尾 1966；佐々木 1971）。(1) イモ類や木の実などの野生植物の利用→ (2) アク抜き技術などにもとづくイモ類などの半栽培を主とした照葉樹林文化前期複合段階→ (3) 焼畑農耕による雑穀栽培段階（照葉樹林文化複合）→ (4) 最終的な水稲栽培段階。東アジアという生態的特性に応じた文化的特性の生成をモデル化しており、唯物史観モデルに対する縄文・弥生文化の新しい理解として、主に渡辺誠によるモデル援用が進められることになる。渡辺誠は、日本列島における遺跡出土植物遺体の分布傾向を分析し、「くるみの A 地区、くるみ・クリ・トチの多い B 地区、それにどんぐりも加わる C・D 地区、およびどんぐりの卓越する E 地区に大別されるが、その樹種からみて今日の日本列島の植物帯と大差がないとみなすことができる」とする（渡辺誠 1974a, 63）。さらに、「縄文時代の植物質食料の獲得と調理に関連する石器類も、こうした植物相の多様性と密接な関連のあることが予測される。たとえば敲石・凹石・磨石・石皿は B〜D 地区に特に発達するが、さらにこのなかでも C・D 地区には打製石斧の発達が著しい。この打製石斧の機能論を起点にして、大山柏以来縄文中期の勝坂文化の初期農耕論が展開されたのであるが、その対象となる植物の追究は未だ必ずしも十分でない。今後さらにこの地区の森林景観を小地域毎に考察していく必要があり、花粉分析等がもっと多く実施されるべきであろう」（渡辺誠 1974a, 64）と述べる。縄文時代の生態環境とその利用に関して、遺跡出土資料からアプローチする実証的研究として、説得力を持っていた。さらに渡辺は、縄文時代におけるアク抜き技術の存在を想定し、中尾（1966）が想定する植物利用の発展段階 (2) の前期複合段階が、中部地方縄文時代前・

中期に相当すると考えた（渡辺誠1975b）。渡辺は、日本考古学における食料資源研究を総括する中で、縄文時代を、縄文人が日本列島の複雑多様な生態系に、さまざまな技術革新をもって適応を深めていった歴史であると認識し、古環境、民俗資料、生態学、考古資料の総合的な分析の必要性を論じた（渡辺誠1974b）。渡辺の方法論は、自然環境と縄文人たちの生活の相互関係から歴史を説明しようとするものであり、本書では生態モデルと総称する（図2-1）。しかし、渡辺は、別の脈絡で自身の縄文時代植物食研究のはじまりについて、戦前からの弥生時代＝植物食（稲作）＝日本文化、縄文時代＝肉食＝野蛮段階、という構図が嘘であり、形質人類学とともに、「縄文人が我々日本人の直系の祖先であること」を文化面からも証明する（縄文時代の植物食の伝統が弥生時代以降に引き継がれていることを示す）ためと語っている（渡辺誠2003, 1-2）。方法としては生態適応を念頭に置いているが、根本には文化系統・文化類型論の枠組みにあることが分かる。

　加藤晋平は、渡辺誠が示した日本列島内の極相植生の復元と文化圏の対応に対して、「正しい事実の指摘ではあるが、では、土器型式ないし石器型式がいったい植物群とどのように具体的に連鎖関連し合っているのかの説明はない」として、マクロな極性植生の中に想定しうるミクロな二次植生の存在を考慮する重要性を指摘した（加藤1985, 16）[2]。同様に西田正規は、「個々の小地域に特有な環境特性は小地域における生活様式の変異に反映し、広い地域から把握される環境特性は、生活のより基層部にさりげなくとり込まれているのだろう」（西田1985,

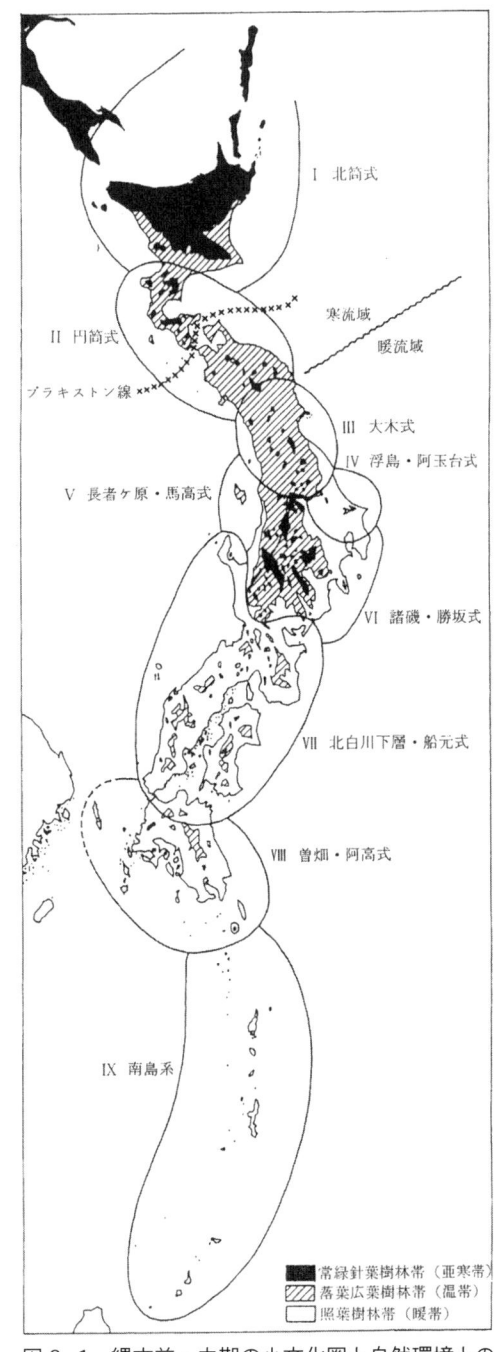

図2-1　縄文前・中期の小文化圏と自然環境との関係（渡辺1995より転載）

112）とまとめる。日本列島の東西や植生帯レベルで人間文化と自然環境の関係性を論じる立場（マクロ生態モデル）に対して、縄文人個人レベルでの資源利用や居住様式と自然環境との関係性（ミクロ生態モデル）を論じたのが渡辺仁である。渡辺仁の初期の研究では、日本出土の石鏃が、Ⅰ（底辺凹湾型）・Ⅱ（底辺直線型）・Ⅲ（菱型）・Ⅳ（有柄型）・Ⅴ（有鐖有柄型）・Ⅵ（特殊型）に分類

できるとしながらも、このような分類では地方差を見出せないとして、「各型を更に若干の亜型に分類し、地方差異の検討に供する」ことを試みている。東京大学人類学教室所蔵石鏃 7,563 点について、側縁の湾曲状態・長さと底辺形の変異を抽出し、その組合せによる分類を行っている（渡邊 1948）。その後の研究では、太平洋周辺の民族誌を中心に一本釣りやハエナワに用いる石製オモリや石製イカリの事例を集めるとともに、釣場の水深、潮流（水流）の速度、釣糸の太さとオモリの重さが比例関係にある点や、オモリの重さが釣り場の状況で選択される点を指摘し、石錘使用の民族誌モデルを提示した（渡辺仁 1969）。また、縄文文化を含めた狩猟採集民の定住性を論じる中で、定住性の違いによって、1 つの石器が持つ機能の違い（多機能性と機能特化）、重い石器の残置と再利用、石器形態決定における自然形状の利用（依存）と文化的な形態形成の違い、などが生じる可能性を述べた（Watanabe 1986, 231-232）。渡辺仁の研究は、物質文化と生態特性や行動様式との関係を民族誌情報からモデル化し、それを遺跡出土資料の解釈に用いようとするものである。これは、本書序章で触れた Binford らプロセス考古学派による middle range theory に共通する試みであった。類似する分析として、後藤明は、釣針の形態学的分析を行う中で、道具機能の柔軟性とその使用における生態環境の差を考慮し、釣針形態の遺跡内変異・遺跡間変異・地域間変異という概念を用いている（後藤 1983）。

　生態モデルは、戦前の人種系統論から脱却した文化類型論と融合する形で、マクロな分析からはじめられたが、遺跡出土資料の情報が精細になるにつれて、よりミクロな分析にも適用されていくことになる。この傾向は、前章第 1 節 3（pp.15-16）で触れた人間行動生態学における最適採食理論の分析範疇にも重なる。この点については後述したい。

　以上、明治期から 1960 年代ごろまでの石器研究を概観してきた。研究の流れをまとめるならば、戦前から戦後にかけての土器編年の整備に伴って考古学的文化の把握が可能となってきたことから、(A) 石器に見る考古学的文化間の影響関係の説明（伝播モデル）、(B) 石器分析による生産手段や生産力、生産関係の復元と発展段階への位置づけ（唯物史観モデル）、(C) 石器分析による生態環境への適応様態の復元（マクロ・ミクロ生態モデル）、という大きな枠組みが把握できる。今日の石器研究は、概ねこの 3 つの枠組みを主題としていると考えられ、本書は資源利用技術としての石器を問題とする点で、主に (C) 生態モデルの枠組みにあると言える。ただし、縄文時代各期の資源利用のあり方を復元した後には、他の研究成果との対比の中で (B) 唯物史観モデルや (A) 伝播モデルにも言及できる可能性はある。

　そのような枠組みに資源利用技術としての石器研究があるとして、それでは個々の資料はどのように分析することができるのだろうか。以下では、近年の先行研究の研究方法を分析して、どのような研究方法を本書で採用するのが妥当かを検討したい。

4　縄文時代石器研究方法論の現在

　本書では便宜的に、石器から人間行動を復元する現行の石器研究法を、(1) 石器組成論、(2) 実験使用痕分析、(3) 石器製作技術論、(4) スタイル論、(5) 石器石材分析の 5 つに分類している。本書では、石器を資源利用技術とみなし、その分析によって資源利用様式を復元することを目的

としているため、石器の機能・用途論としての (1)(2) が直接的に関係する。また、石器の機能・用途において、その形態が主たる分析属性となることから、石器形態論として (3)(4) も関係する。石器の形態や性質の評価において石材の問題も重要である。しかし、(5) の現行研究は、石器の生産・流通論（石材産地推定）のための理化学的分析が主流であり、本書で分析したい資源利用技術としての石器の形態や性質に関わる石材の分析はあまり行われていない。よって、以下では (1)〜(4) の石器研究法を中心に検討を行う。ただし、本書第3・4・5章で結論づけられるとおり、(5) の石器研究法との連係は重要であり、今後の課題となる。

（1）石器組成論

　日本考古学においては、前述したとおり、八幡一郎が相（フェイズ）という概念を提示して、土器編年にもとづく石器、その他遺物・遺構総体の文化把握の必要性を説いていた（八幡 1928）。その後、遺物の型式学的研究が隆盛し、土俗人類学との分離によって石器機能・用途論が消極的になる中で、石器組成の分析はあまり進展しなかった。1950〜60 年代の縄文農耕論では、個別石器器種の機能・用途が特定の資源利用に結び付けられたが、それらは組成論というよりは存否論として説明されている。例えば、澄田正一は、中部地方縄文時代中期文化について、石鏃・石匙を狩猟生活の道具、石皿・凹石は穀物類を捏ねる機能をもった石臼（西アジア新石器時代の saddle-querns (mortars)）、石錘を網漁業の道具、大小多様の扁平打石斧を開墾・土掘の農耕具と評価し、耨耕農業を主としつつ、狩猟・漁撈を行ったと評価した（澄田 1955）。

　このような縄文文化における石器研究を受けて、また 1949 年の群馬県岩宿遺跡の発見から資料の蓄積を果たした旧石器時代研究において、1965 年に戸沢充則が「石器群」に対する体系的な方法論を発表した（戸沢 1965）。これが今日の石器組成研究を方向付けている。以下に詳述したい。

　戸沢は石器群研究の目的を次のように述べる。「一遺跡の遺物全体、先土器時代文化の場合であれば、石器群全体に反映されたものが、「何らかの組立をもった人間社会」、すなわち共同体の問題としてとらえられるとき、そこにはじめて考古学的資料のもつ、歴史的内容が与えられる」、「一つの遺物の背後に人間の意志を、そして一群の石器のうちに歴史の主体者としての人間の具体的な姿を反映させるという見通し」である。そしてその目的のためには、「一遺跡の石器の組成は、そのために、まず、最も完全な形で集成されなければならない」、「そうして得られた「生活の姿」「生活の全体」は、時間的に、また、場所的に一点に限定された、静的にとらえられたある時代の「生活の絵画」にすぎない」。そのため、その時間的・空間的な広がりを把握する必要があり、それを把握するための概念が「インダストリー」である。「石器の形態（form）の組成で示される一般普遍的な性格、石器の形式（type）の特徴で示される特殊性、この二つの要素の統一されたものとして、われわれはインダストリーを先土器時代研究の基本的な概念として措定したい」、「インダストリーは、一遺跡あるいは一つの文化層から発見された石器群（および他のすべての遺物・遺構）を、型式論的方法と形態論的な方法で処理して得られる先土器時代文化研究の最小の単位」とする（戸沢 1965, 208-212）。このインダストリー研究は下記4つの研究から構成される。

　　(a)　層位論的研究（同時性、二つ以上のインダストリーの時間的な相対関係）
　　(b)　形態論的研究（形状・使用痕の観察にもとづく石器の機能や用途の究明。組成の内容）
　　(c)　型式論的研究（形状のくせ、原料の違い、製作技法の違い。時期差・地域差）
　　(d)　技術論的研究（石器製作者の意志の復元。形態論・型式論の基礎）

　さらに、類似するインダストリーの分布をフェイズ（Phase）と認識する。インダストリー間の完全な類似というものがない場合は、「個々のインダストリーにおける形態論的研究を通じて決定された主体的な石器についての、型式論的比較がその類似をやや明確に示すであろう。現象的には特徴的な石器の分布としてまずとらえられる」とする。そして、ある地域内で、形態的変化を越えない範囲で、層位論・理化学年代測定・型式論などによって時間差をもつとされた二つ以上のインダストリーを、ステイジ・段階として区別する。地域的に限られた文化と、日本先土器時代文化全般に普遍するようなさらに高次の概念についても想定した（戸沢 1965, 216-217）。

　この戸沢のインダストリー論において、「形態論的研究」について詳しく検討してみよう。戸沢はこれまで「石器における形態と型式とを分離して理解することが不充分であった」と回顧して、「インダストリーの研究のための形態論は、石器の機能や用途を究明することに重点がおかれなくてはならない」とする。「石器の形態を形状によってできるだけ正確に細分する一方で」、それらの石器がどのような機能・用途をもち、「どの石器がインダストリーにおける生活を決定づける主要な生産用具であるかを理解するようにしなければならない」、「そのためには、見かけの形状だけでなく、石器に残る使用痕を、ある場合には、顕微鏡的な細かさで観察し、集成したり、ある形態の石器の正確な数量的な比率を調査しなければならないだろう」と述べる。しかしその一方で、「こうした石器に対する機能論的な理解は、考古学における最大のアルバイトの一つである」として、経験則や民族事例から「安易な類推を行う態度は、典型にとらわれて本質を失う危惧を秘めている」、「機能の類推ができたとしても、それがどんな手段で、どんな対象に働きかけた石器であるという、それこそその石器がもつ歴史的、本質的な性格はなに一つとして解決されていないのである」と消極的な見解を述べて、「充分に観察された石器形態およびその組成を、完全に集成したインダストリーの集積は、やがて問題を解決の方向に導くであろう」とする（戸沢 1965, 213）。これは、実質的には形態論的研究における機能・用途の課題を先送りにして、文化類型を把握することの推奨であり、土器研究で形式設定よりも様式設定が優先された論理と同じである（板倉 2021a, 29-30）。

　小林康男は、戸沢のインダストリー論を実践する形で、中部地方の縄文時代前・中期を 7 時期に区分し、その各時期について石器組成を整理した。考え方としては、「現在行なわれている石器の個別研究は、形態・分布・用途・石材など石器の細部にわたる緻密な研究と捕獲物・採集物の裏付けから、より具体的な生産活動・社会組織の内容をひき出すことを目ざして進められている」のに対し、石器群研究では、その相対的な差、パターンが抽出され、その意味が重要視される、とする。「より重視されねばならないのは群（組成）としての研究であろう。石器は決して単独には存在するものではなく、様々な石器が組み合わさって一体を成すものである。個別研究は個々の石器のもつ問題や、その石器に関連する部分的な事象については解明することはできても、それによって総体的な問題、いいかえれば、当時の人間社会全体を明らかにするには若干無

理な面がある。このような個別研究の欠陥を補うには、個別研究を基礎とし、それを包括して巨視的観点からの石器群（組成）の研究が必要となる」（小林康男1973，861-862）と述べる。小林の分析では、各時期の各遺跡での植物質食料採集用具、狩猟用具、漁撈用具などの比率の違いが、内陸部と沿岸部の遺跡におけるラグーン形成や貝塚の不形成などの沿岸部環境の変化や、資源の安定性や資源量の問題、地域間関係の問題と合わせて説明されている。

　形態論的研究を避けるという根本的な課題を抱えながらも戸沢の理論的整備、小林康男の実践研究によって石器組成論は、石器分析法の一つとして認識されていく。土器編年研究の整備を受けて、各地域・各時期の石器組成の研究は枚挙に暇がないほどに蓄積されている。地域の石器組成の傾向について、概要を把握するための議論であればそう問題ないと考えられるが、縄文人の行動様式の復元にまで踏み込んだ石器組成論となると、やはり方法論的な課題が浮き彫りになるようである。

　末木健は、八ヶ岳西南麓の遺跡群について、各遺跡出土土器からその遺跡の土器型式の連続・非連続を捉え、石器の大別器種による組成把握と数量的なピークの型から石器組成パターンを類型化した。その上で、ある遺跡内で各時期の石器組成パターンが類似すると認識した場合に、「同じ遺跡では同じ集団が、同一生産活動によって集落を継続させていたことが、裏付けられた」としている（末木1988）。各土器型式時期に各石器を廃棄した集団が、どの程度の同一集団であったのかと考えた場合、同じ領域内に居住していた同一部族の各集団であれば、「同一（部族）集団」と言えなくもないが、個人・世帯・リネージレベルでは、必ずしも「同一集団」が継続したとは言えないであろう。仮に石器組成パターンが時期的に継続しているとしたら、それは、遺跡周辺で行なわれた石器使用行動が類似していたという解釈になり、その母体集団が同一かどうかは不明なはずである。阿部芳郎は、石鏃が特定の竪穴住居から偏って出土することを「特定の住居に製作・保有される事実」と解釈して、狩猟の専業化・職能化を想定した（阿部1987，1991，1995）。しかし、石器が遺構から出土する要因を考える際に、遺構が使用されていた時の事情（その遺構を使用していた人々が作ったり保有したりした道具セット）を想定する前に、遺構の廃棄の時の事情（その遺構が何らかの理由で使用されなくなり、埋没する過程）をまずは考える必要がある。遺構出土石器における石鏃の偏在も、まずは廃棄の際の何らかの理由を考えなければならないであろう。狩猟を職能とした人々が、何らかの意図を持って、遺構に石鏃を集中して廃棄あるいは埋置した、という解釈もあり得るとは思うが、それ以外の事情も同等に想定しうる。竪穴住居出土遺物＝竪穴住居に住んだ人たちが製作した、あるいは保有した道具、という前提は成立しない。羽生淳子は、関東地方縄文時代前期・諸磯式土器期の住居址出土の石器組成について、石鏃・打製石斧・磨石類の出現頻度が偏るパターンを導き出した。その解釈については、各遺跡で異なった生業活動が行われた結果（コレクター型：居住地から季節的に資源獲得グループを派遣する）であるとする。また、関東南西部の前期末・諸磯c式土器期は、フォレジャー型（居住地と食料獲得の場の移動性が高い）に移行したとして、当該期の海退に伴う内湾性貝類の資源変動と貝塚減少との関連を指摘した。関東後期後半から晩期については、中期よりも定住度が低いとする（羽生2000，219）。羽生が援用したBinfordの狩猟採集民の移動モデルの特性と問題点については前章第2節1（pp.29-30）で触れた。石器組成パターンの遺跡間変異は、羽生が指摘するように、

各遺跡で利用できた資源の違いが反映された結果であろう。しかし、それらの遺跡間を居住集団が季節的に移動していたのか、複数居住集団の複数の資源利用様式が重複した結果なのかは、羽生の分析では明らかにできない。石器組成における特定器種の出現頻度でパターンを抽出しているが、石鏃が多い遺跡でも打製石斧や磨石類も出土しており、器種の有無という視点では、どの遺跡も同じような石器器種が使用されており、翻っては同じような生業活動を基盤としているとも説明できる。羽生の示す遺跡間変異は、フォレジャー・コレクターモデル以外でも説明可能である。

　これらの分析を見ると、石器組成論の問題は、戸沢が憂慮したような形態論的研究の課題という以前に、対象とする縄文時代の石器群が、「誰の何の結果を示すものなのか」という問題であることが分かる。野林厚志は、台湾ヤミ族がイモ水田開墾時に使用する「出小屋」を民族考古学的に調査し、遺跡機能の推定において、遺跡立地・形態は普遍性が高く、指標として有効であるのに対して、遺物組成は変異が大きく、必ずしも遺跡の機能を反映しない、としている（野林1996）。道具を村に持ち帰る場合と出小屋に放置する場合があり、その行動の背景には、その道具を将来的に別の場所で使うか否かの問題やその道具を回収する場合の村落からの距離、盗難回避の意識がある。また、食事の内容や水田開墾における作業の違い（水源開発を行うか否かなど）が道具組成の違いとして現れている。「個人の嗜好や価値観、活動内容の差によって、各出小屋に搬入される物件の種類に差が生じ、その結果、放置され遺物化する物件にも変異が生じていたことが理解できる」、「遺物は、遺跡での活動の一面しか反映していない可能性もある」（野林1996, 83-84）。西秋良宏は、遺棄・廃棄行動に関する民族誌研究の成果を整理し、「作業空間の設営・選地行動は、居住地移動・生業様式と相関し、遺跡・集落の機能、活動空間・生活様式の季節差、当日の天候など実に多くの機能的・随時的要因によって変異する」として、その考古学的な分析の可能性に期待しつつも、資料と行動を一対一対応させるような性急な一般化に慎重な姿勢を示した（西秋1994）。後藤明も、民族学の「集落」や「ツールキット」に対して、考古学の「セツルメント・システム」や「人工物組成（assemblage）」は必然的に時間幅を有した、使用と廃棄の総体であり、両者が次元を異にした概念であることを強調する（後藤1997, 323-324）。また、後述するスタイル論が想定するように、遺物に付与される意味性を考慮すれば、遺跡に廃棄された遺物が、単なる道具の廃棄ではなく、象徴的な意味を与えられた結果である可能性も考慮しなければならない。Robert L. Kelly は、着柄をふまえた石器の捉え方を整理し、着柄の有無やコストのかかり方がその道具の管理度合いの差異を生み出し、遺跡における関連資料の出土空間の違いと相関する可能性を指摘する（Kelly 1983）。石器が遺跡から見つかる背景には、複雑な人間行動とその累積の存在を想定しておかなければならない。遺跡に残された「完全な石器組成」は、それを残した人々の「生活の全体」である（戸沢1965）、とは必ずしも言えないようである。そのようにして残された遺跡の集まりとしての遺跡群の評価についても検討の余地がある。高倉純は、遺跡間変異の把握と解釈について整理する中で、石器組成や遺跡規模の分析だけでは、その類型どうしの接続を説明するためのミドル・レンジの準拠枠がなく、行動復元の解像度が粗いと指摘している。狩猟採集集団の行動連鎖のパターンを把握するためには、動物遺存体や古環境の分析や石器製作工程の差異の把握などによって遺跡間の機能分有と相互補完性を復

元する方法が有効としている（高倉1999）。

　このように考えると、仮に形態論的研究を推進して、対象とする石器組成中の器種認定の精度を上げたとしても、その石器群の資料としての生成過程を復元できなければ、その比率が示す意味も読み取れないということになる。それでは、遺跡出土石器群が意味するところとはいかなるものなのだろうか。山田哲は、26か所の地点で4種類の作業が作業量を変えて行われたと仮定して、4種類の作業を行うのに用途がある程度限られた5種類の石器で行う石器群Aと、用途が多様で融通性の高い4種類の石器で行う石器群Bを想定し、それぞれの石器群での各地点における各石器の出現頻度をシミュレーションした。その結果、石器群Aでは各地点での石器組成が大きく異なるのに対し、石器群Bでは各地点で比較的類似した石器組成になることを示した。また、石器群Aの8地点の石器組成だけを見ると、石器群Bの石器組成に類似することから、一部の遺跡・集中部のみを対象として個別的に検討しては石器群の変異性を把握できない可能性を指摘している（山田哲2006, 7-9）。山田は、「各遺跡から得られた様々な組成（種類と量）から構成される石器群の変異性そのもの」を分析対象として、「各遺跡の細石刃石器群に現れる変異性や各器種間の関係性の実態についての大局的な把握」を目的として分析を行っている（山田哲2006, 155）。最終的には北海道の前期細石刃石器群と後期細石刃石器群といったマクロな石器群の比較を統計学的に行い、両者の違いを居住地の移動性や資源の多様性の違いと解釈するに至っている。山田のマクロな分析は、本論の目的とは異なるが、国内外の先行研究の成果をふまえた上で、個々の遺跡で行われた作業を量的変異として捉え、石器には用途の多様性や融通性を想定し、その上で遺跡における石器組成を理解しようとしている点は、石器組成の特性を十分に考慮した分析として重要である。なお、山田は遺跡における石器組成について、その比率の読み取り（特徴の判断基準）に課題があるとして、因子分析を導入する。石器組成自体の資料としての質の問題については、当時の人々の行動のコンテクストとは異なる考古学コンテクストの存在は想定しつつも前者の方が大きく反映していると想定し、より多くのサンプルを分析することでその確実性を増すという立場を取っている（山田哲2006, 158）。

　米倉秀紀は、九州地方縄文時代早期の主要遺跡の石器組成を分析し、九州南部の丘陵地帯遺跡と九州北部遺跡の類似性および九州南部平地部遺跡の特異性を明確に示すとともに、南部平地部における磨石・石皿・石斧の比率の高さを居住期間の長期化と解釈した（米倉1984）。その後、雨宮瑞生と松永幸男は、九州南部の縄文時代草創期・早期の定住性を議論する中で、「定住度を測る尺度」として、植物調理用具（植物質食料への依存や貯蔵、用具の重量化などを示す土器、磨石・敲石類、石皿）と木材加工用具（耐久性のある住居建築や薪の確保を示す磨製石斧）の増加を挙げた。それらの尺度（遺物比率）を、九州南部の早期前半・後半、前期末〜中期、中期末〜後期、後期末〜晩期前半で比較し、早期前半の定住度の高さを数量的に表した（雨宮・松永1991）。これらの方法は、石器組成論の範疇ではあるが、従来のように出土石器個別の機能・用途の議論を曖昧にしたまま、全体を網羅的・総合的に論じるのではなく、ある特定の石器の機能・用途・性格を「定住度に関わる」と評価した上で、その変異を数量的に表示した点が有効であったと評価される。安在晧は、畑遺構や穀物遺体が確認される韓国・無文土器時代の集落立地を、平地型、山地型、丘陵型に分類し、打製石斧（河岸堆積層の耕作用）、磨製蛤刃石斧（焼畑地の伐採

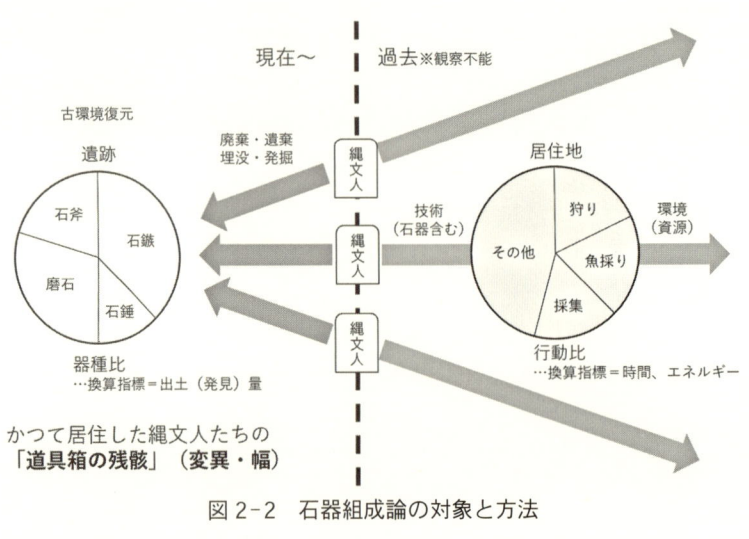

図2-2　石器組成論の対象と方法

用）、磨製片刃石斧（木製農具製作用）といった出土石斧の組み合わせから、その中心となる農耕形態を、畑作、焼畑、水稲作と推定する方法を試みている（安2004）。この方法も、出土石器を網羅的に検討するのではなく、比較的用途を推定しやすい石器に着目することで、生業様式の復元を試みる方法である。丸山竜平は、滋賀県・岐阜県の伊吹山麓の縄文時代遺跡を概観する中で、山間部の遺跡であるのに石鏃が少なすぎる、ある器種が多量に出土するのにある器種がまったく出土しないなど、「石器組成のアンバランス」を指摘し、遺跡間での「労働内容の相違、あるいは分業工程の相違に起因する」と想定した（丸山1997）。極端な石器組成の違いに着目することは、遺跡形成の意味を理解するのに有効と考えられる。

　以上をまとめると、石器組成論は、その石器群が複数の時期に複数の個人あるいは集団の複雑な遺棄・廃棄行為によって形成されているため、そのパターンが誰の何を示しているのか実は明確でない。また、石鏃・石斧・磨石といった器種認定も、それ自体が相当の分析を必要とするもので、その妥当性のレベルで議論可能な状況にある（板倉2007など）。さらに、通常の発掘調査は、遺跡全体に対するブロックサンプリングのようなものであり、調査地点に起因する遺物組成の偏り、調査条件に起因する遺物回収漏れ、整理条件に起因する保管・報告漏れなどが生じる。このような理由から、遺跡出土資料から計上された石器組成比は、資料の質が保証されていないため、それをもとにした個別の行為・行動に関する議論や解釈は精度を失う。石器組成論の背景に想定されるこのような状況を図式化したのが図2-2である。右側が過去の縄文人の資源利用行動であり、その居住地周辺で様々な資源利用を行う。生態人類学的な調査法であれば、その個人が資源利用に費やした時間やその資源利用行動で得られるカロリー量などを換算指標として行動比を数値化する。本当はこの部分を知りたいわけだが、残念ながらこれは考古学では観察できない。そして、その結果として遺跡が形成され、発掘によって石器が回収されるが、その時の石器組成比は、右部分の縄文人個人の資源利用行動比を示すものでないということが分かる。石器組成は、その遺跡に居住した複数の縄文人たちが遺棄・廃棄した「道具箱の残骸」としての石器の比率であり、その数量比が何かを反映するというよりは、できる限り時間を限定した上で、その期間に廃棄された石器の「存否」や「変異幅」に意味を見出した方がよい。本論では、資源利用技術としての石器を分析するにあたって、遺跡出土石器の全体的な組成ではなく、特定の資源利用に用いられたと推定できる石器器種の出土傾向（存否、変異幅）に着目し、それをその遺

跡周辺で行なわれた資源利用の傾向と読み取る。石器組成全体については、磨石・石皿類が多い、祭祀遺物が多い、といった程度の傾向把握に止めて言及したい。

（2）実験使用痕分析

　前述のとおり、遺跡出土石器の器種組成比の意味を説明することは難しい。よって、遺跡出土石器そのものの分析がより重要になってくる。明治期には石器の機能・用途論が積極的に論じられた。例えば、鳥居龍蔵は、石錐について (1) 石錐基部に樹脂様のものが付着することから、柄に嵌めて使用した、(2) 有孔製品の穿孔部内面には螺旋状、同心円状の磨れ痕が規則正しく残っており、着柄した石錐を弓弦で回転させて使用したと想定される（紐錐式あるいは弓錐式）、(3) 石錐による穿孔では断面形が円錐状になるため、両側から穿孔し、両面の孔の大きさが不均等にならないようにしている、と考察した（鳥居 1924b, 127）。なお、回転法については、遺跡出土の凹石を錐軸の押さえ石と考えており、大野延太郎（雲外）とともに凹石を用いた紐錐式発火法の使用実験を行っている（鳥居 1896）。このような実験使用痕研究の萌芽も、戦前以来の型式学的研究の本格化によってほとんど試みられなくなったことも前述したとおりである。

　その後、S.A. セミョーノフの使用痕分析を日本考古学に紹介したのは田中琢である。田中は、これまでの遺物の用途研究が「単なる思いつき」「机上の機能復原論」「粗末な経験主義的直観的用途論」であり、形態分類、民族誌類推、使用実験といった方法の限界を指摘する。そこでセミョーノフの使用痕研究を「石器や骨角器などの労働用具が使用中にうけた各種の損耗の痕跡から、その使用のときの姿を復原し、機能や用途を推定しようとする方法」として紹介した（セミョーノフ 1968, 44）。セミョーノフは「人間のおこなう作業は、ほとんどそれぞれ固有の動作をともなっており、使用痕はそのときの手の動きを正確に反映する。線状痕はその道具の動いた軌跡の断片であり、そのありかたは作業と道具に応じた規則性をもっている」（セミョーノフ 1968, 46）という考え方で、石器・骨角器の表面に残された痕跡を詳細に観察し、その道具の「作業動作」を復元した。使用痕研究は、道具の材質と対象の材質、作用時の力の強さ、使用時間、打撃の角度、などの変数によって、損耗の型、損耗の箇所などパターン化した「損耗現象」が現れるという物理法則を確認する。この物理法則と道具使用の経験則に基づいて刺突具・穿孔具・鋸・鎌・溝切り具・皮切りナイフ・削りナイフ・肉切りナイフ・斧（アックス）・手斧（アッズ）・鍬・鋤の「使用痕についての原則」がモデル化される。ここで重要なことは、セミョーノフが「使用痕についての原則」を想定するために、作業目的、作業動作、道具と対象の材質、柄の付け方、道具の持ち方などあらゆる可能性を想定して、「この線状痕と作業動作の関係は、すべての時代のどの材質にもあてはまり、おもな道具とその使用方法がその材質や効力や生産性のちがいに応じて変わりはしても、その変化が一定の法則のわくのなかでおこるものであることをしめしている」点である（セミョーノフ 1968, 50）。例えば、「削りナイフ」では、「欧米人にみられるような刃縁を内にむけて手前へ引いて削る方法」と「刃縁を外にしてむこうへおして削る日本人が普通おこなう方法」を想定しており、このような経験則モデルは、民族誌の理解なくしては作れない。セミョーノフの使用痕分析は、道具の形態分類、民族誌類推、使用実験などにもとづいて想定される使用痕モデルを、実際の資料の使用痕観察で検証する過程と整理できる。

その後、アメリカで発展した実験使用痕分析が阿子島香によって紹介された。阿子島は、石器使用痕とその作業内容の関係を把握するには石器使用実験が必要であるとした上で、「法則のレベルから使用痕の発生を説明し使用時の条件を推定する方向」に対して、「統制できない要因が使用痕の様相にあまり影響をあたえないことを示すため、実験の数を増やす方向」に沿うものとして、頁岩製石器のマイクロフレイキングとポリッシュの実験使用痕データの公表を行った（阿子島 1981；梶原・阿子島 1981）。実験によって把握された使用痕カテゴリーを資料に適応する際には、(1) 製作時および再加工時の痕跡、(2) 埋没中、発掘時の痕跡、(3) 重複する複数作業の痕跡、を区別することが課題とする。また、製作実験との比較、複数使用痕カテゴリーの組み合わせを総合的にとらえる視点、石器の破壊力学的アプローチなども必要とされる。遺物の分析については、(1) 特定種の使用痕分析、(2) 一遺跡の遺物のまとまりの分析、(3) 形態・技術との関連、という展望を得た（梶原・阿子島 1981, 27）。また、使用痕分析による石器の機能推定は、それだけではその行為の文化的意味などは明らかにしないとして、「使用痕分析は、多くの角度からの遺跡の総合的な分析の一環として位置づけられたとき、はじめてその有効性を最大限に発揮できるのである」とまとめる（阿子島 1981, 380）。また、阿子島はアメリカ・ミルアイアン遺跡出土石器 60 点について使用痕分析を行い、「使用痕解釈のルーチン化ともいえる、あてはめというまとめ方にひそむ危険性は見逃されるべきではない。それは、解釈する枠組みが一旦できあがってしまうと、実際に石器表面に認められる、「複雑怪奇」なマイクロウェアの状況を、分類プログラムの枠に合わせて単純化してとらえ、結果的にかなり類型化し、実態をゆがめてしまうという危険である。＜中略＞ そこで今回はあえて類型的な要約は避け、1 点ごとに何が認められるのか考えてみたい」とする（阿子島 1992, 32）。「縁辺磨滅や表面変化は、「事件的志向」つまり個別行動復元を直接の目標とする立場からみると、ノイズの一種であり望ましくないネガティブなものである。しかし、それらの現象が、石器製作使用のシステムの何らかの在り方を反映しているという可能性を評価し、むしろそれが他のいかなる属性と結びつきを有するのかを積極的に追及していくべきではないだろうか」（阿子島 1992, 32）と考え、石器個体に観察される多段階の縁辺摩耗や表面変化、刃部再生、摩耗強度、光沢強度・分布、線状痕方向、微細剥離規則性などから、「石器原材の獲得と供給、石器製作の技術構造、使用と維持、管理（curation）と保持から廃棄にいたる全体的な構造（技術的組織）」の理解が重要であると指摘した（阿子島 1992, 49）。阿子島の実験使用痕分析の実践を見ると、前述の石器組成論と同様に、石器に観察される使用痕が「何を示すのか」というレベルで十分な検討が必要なことが分かる。しかし、石器組成に比較すれば、使用痕の生成要因は、ある程度限定できそうであり、複数の予測に沿いながら実験結果を重ねていける見込みがある。

　ジョン・コールズは、「漠然とした外観上の類似点や主観的な理解以外のなにものでもない推測」にもとづく機能・使用法の分類が、以後の規準とされてしまう「循環論」を避けるためにも、使用痕研究に意味があるとする（コールズ 1977, 172）。そして、実験の共通規則として以下の 8 点を挙げている（コールズ 1977）。

　(1) 実験に用いる資料は、当時入手できたものを使用する。
　(2) 複製を作製・使用する際には、当時の技術水準を越えない。

(3) 実験結果に影響を与えない範囲で近代技術を用いる。

(4) 実験の範囲（空間的規模・実験時間）をあらかじめ十分に把握しておく。

(5) 実験はできる限り反復して、結果を累積するべきである。

(6) 実験中の問題への対応、新たな実験の模索など「想像力の専門的活用」が必要とされる。

(7) 実験結果が証明する範囲を間違えない。

(8) 資材の選択、実験のプロセスや観察における失敗は公表されなければならない。

(3)～(8) は実験の過程においてコントロールできるが、(1)(2) については、その選定や選択自体に復元や推定というバイアスが生じる。そのような意味では、実際に伝統的社会での製作・使用を経ている民族資料の使用条件の方が、出土資料に近い可能性もあるだろう。ただし、民族資料も大半は商品経済下の社会のものであり、現金収入のために生産される製品は、論理、目的、技術のあらゆる面で縄文時代の産物とは異なる点には注意が必要である。

石器使用痕研究の現状と課題に関する御堂島正の整理によれば、各使用痕の形成過程の解明、石器埋没後の表面変化過程の解明、使用痕記載の基準化・定量化、使用痕実験環境の管理、石器表面痕跡の複雑な重複に対する理解、などが方法論的な課題とされている（御堂島2004）。また、高倍率顕微鏡観察で細かく記録化できるような使用痕が残されるのは黒曜石などの珪質石材に限られ、大半の石器には使用痕がないか、あっても再加工や風化で消えているのが現状である。例えば、斎野裕彦による仙台平野の弥生時代と北海道続縄文時代の片刃磨製石斧16点の観察では、実験石斧と対比させる刃部の「光沢面」が高倍率金属顕微鏡で観察できた資料は5点（31%）で、全資料に確認できたのは低倍率観察が可能な刃部の剥離痕・擦痕・敲打痕であった（斎野1998）。

以上より、実験使用痕分析は、方法論として論理性があり、科学的な石器機能・用途の分析方法として、使用痕が観察できる資料については積極的に実施すべきである。ただし、遺跡出土石器のすべてに使用痕が残されているわけではないため、使用痕を観察できる良好な資料はサンプル数が限られる。また、使用痕が観察されないからといって、その石器が使用されなかったということには必ずしもならない。実験使用痕分析の背景を表したのが図2-3である。右側は図2-2と同様の過去の縄文人の行為・行動のモデルであり、これが左側の遺跡出土資料に変換される。使用痕分析の場合、その石器1点については、その石器を使用した1人の縄文人に対比可能となる（石器の所有や管理は基本的には個人に帰属していると想定する）。その石器に対しては、

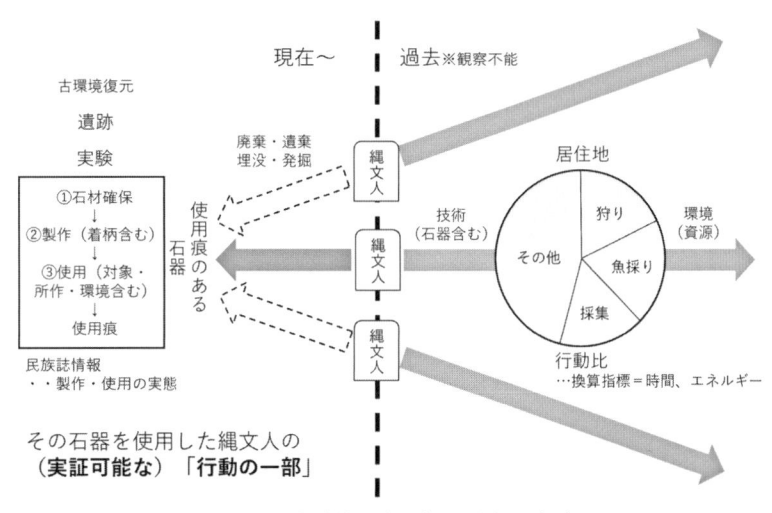

図2-3　実験使用痕分析の対象と方法

非常に科学的なプロセスでモデルを構築することができるが、残念ながら過去の資源利用行動の中ではごく一部の復元に止まらざるを得ない。本書序章で述べたとおり、本書の目的は、多量に出土する石器の分析から、縄文時代の資源利用技術および資源利用様式を復元することである。個々の石器から資源利用技術を復元するという点では、実験使用痕分析を行える余地もあるが、遺跡出土石器に認められるパターンを把握し、その遺跡間比較、時期的変化などを明らかにすることをまずは優先したい。本書では、遺跡出土石器として磨製石斧、打製石斧、縦長剥片石器を分析対象とするが、これらの石質、形態、使用痕（低倍率観察）から、その機能・用途を推定する方法を採用する。これについては後述する。

（3）石器製作技術論

　遺跡出土石器の分析においては、石器が持つ各属性が抽出されて分析の対象となる。明治期以来、石材、剥離・敲打・研磨などの製作技術、形態、使用痕などの属性が着目され、石材獲得環境、石材特性、製作者の石器製作知識・技術、文化・伝統、使用目的、使用方法、廃棄方法など、石器製作・使用・廃棄をめぐる様々な側面が分析されてきた[3]。例えば、安蒜政雄は、ナイフ形石器文化遺跡の出土石器群を母岩（石材）別に、石核、剥片、砕片、石器に分類した場合に、そのどれかが欠落した状況を、「石器の製作作業の中断」と表現し、その作業が他の遺跡で行なわれたと考え、「石器製作作業が遺跡をこえて連続する」可能性を想定した。ナイフ形石器の基部加工と切出形の二者の形態が、遺跡間で偏りをもって組成することについては、その違いは時期差ではなく、両者の遺跡における廃棄が交替するように繰り返され、循環していた、すなわち「一定の周期をもって規則的に行われた頻繁な移動」の結果と解釈する。この状況から、生活様式が定着化・定住化に向かう中で、各石材の原産地区域で形成された石器製作遺跡群から、個々の遺跡へ石材と製品が搬出・供給されたために、個々の遺跡での石器石材が多様化したと説明した（安蒜1985）。高倉純は、北海道の縄文時代早期、浦幌式土器期の石器群について、石刃剥離技術の分析から「同一の技術を保有していた＜技術集団＞」であることを示すとともに、遺跡ごとの石器・石核・石刃と剥片・砕片の組成比から、剥片剥離作業を行った遺跡（a・b類）とそうでない遺跡（c類）という遺跡間変異（inter-site variability）を抽出した。両者の違いは、「全体的な石器製作工程のなかで相互補完的な位置をしめていた」と想定され、a・b類遺跡で製作された石器・石刃が、同一集団の移動によってc類遺跡にもちこまれた、と解釈する。そして、石器組成や遺跡立地の傾向から、両者の違いは、沿岸部の本拠地（base camp）と内陸部の野営地（temporary camp）、特定の活動場所（special purpose site）、道具の一次保管場所（cache）の違いでもあるとした（高倉1998）。これらの研究は、石器製作工程（石材獲得・製作・使用・廃棄を含む）の復元から、石器製作・使用者の遺跡間の移動を推定するものである。本書が分析対象とする九州縄文時代前期から晩期は、後期旧石器時代や北海道の縄文時代早期のように移動性の高い居住様式は想定されないが、石材の獲得から廃棄に至る工程を復元することは、石器製作から使用に至る行動復元として、資源利用行動にも関係する。

　大工原豊は、「素材（石材）は製作技法に影響を与え、製作技法は形状に影響を与え、さらに形状は機能に影響を与える」という考えのもと、石器の分類は、「一連の石器製作工程の中で製

作される器種群の全体を包括した単位としての「器種系列」に分類する必要がある。＜中略＞打製系列においては、一つの系列（類）の中には、第一義的に製作される目的器種と、それに付随して製作される器種が存在している」と考える（大工原 1996, 213-214）。群馬県安中市大下原遺跡の石器群では、有尾・黒浜式土器段階と諸磯 b 式土器段階の、素材剥片形状の違い、打製石斧とスクレイパーの大きさの違い、調整技術の違い、使用痕の違い、などから器種系列の構造の違いを示した（大工原 1996, 216-219）。その後、大工原は「縄文石器系列論」として、縄文時代の石器を技術形態学から大別 3 系列、細別 7 系列に分類し、文化論、集団論、系統論への展開を示唆した（大工原 2012）。大工原の石器の分類法は、石器製作「文化」の把握を目的とするため、石器製作者・使用者の資源利用行動の復元という本書の目的には必ずしも沿わない。大工原の石器研究の枠組みは、本節 1～3 で述べた明治期以来の文化系統論・文化類型論の範疇であり、本書における生態モデルの枠組みと異なっている。なお本書では、石器製作工程は製作者の意思決定プロセスの結果であり、各決定（工程）は相互に依存している場合もあれば、そうではなく、独立して意思決定されている場合もあると想定している。つまり、ある石器文化がシステムとして安定している場合、それを構成する石器製作・使用の各工程はサブ・システムとしてある程度の変異が許容されていると理解している[4]。

　石器の分類・分析に関して、竹岡俊樹の考えは、これまでの日本考古学における流れとは一線を画している。竹岡は、観察と整理を容易にするための大まかな石器分類の枠組みと名称が必要という観点から器種分類を行う（竹岡 2003, 25）。素材、二次加工の位置、二次加工の技術、形態を基準とした分類によって、剥片石器および礫石器を 36 の器種に分類する。石器の観察・記述の目的については、①石器製作工程の全体＝石器文化の解明という遺跡研究と、②その石器文化の所属と編年的位置を知る比較研究（型式学）とまとめる（竹岡 2003, 50-51）。この石器研究の目的からは、使用・用途の観点が除外されている点が注目される。「伝統の最小単位」である型式は、素材・二次加工・加工技術の観点から分類され、いくつかの地域にまたがって分布した文化の中で、各地域の型式の時間的な組列と空間的な差異の組み合わせが系統樹として整理され、「それぞれの地域の型式の組列」を「形式」とする（竹岡 2003, 146-147）。つまり竹岡の分類学では、器種は研究者が技術的属性をもとに行う分類単位であり、形式は型式組列、系統枝となる。戸沢充則の示す器種・型式概念に対して、「器種概念の中に機能が含まれてしまっていること、型式が器種の細分類でしかないことなどに問題はある」と述べていることからも、竹岡の器種には機能に関わる属性は意図的に除外されるのである。竹岡の分類学、分析手法は、文化の構造を捉えようとしたものである。竹岡は、構造主義言語学の概念を石器製作に敷衍し、個々人の頭の中にある石器製作の体系をラング（langue）に、実際に製作された個々の石器をパロル（parole）に対応させ、石器研究はパロルの分析を通してラングを復元することを基盤とすると述べている（竹岡 1992, 548）。すなわち、竹岡は、パロル（石器）の中にラング（石器製作体系）を示すであろうと推測される属性のみを抽出し、それにもとづく分類を器種としている。「私たちが詳細な技術論を必要とするのは、石器から把握することができる製作者にかかわるおよそ唯一の情報が製作技術であるからで、それこそが、私たちが確実に知ることができる旧石器時代の文化なのである。そして製作技術は物理の現象に基づくことから、現段階ではおよそ客観的に記述することができ

る、つまり情報として蓄積しその共通の土俵の上で議論し検証することができる唯一の研究領域である」という考えである（竹岡2003，245）。他の分類に対しては、「論理的ではなく、推定に推定もしくは想像に想像をかさねるという形で、あるいはその有効性も定かでない「思想」や「理論」に安易によりかかって、論（解釈）が進んでいく。その作業はしばしば極めて恣意的である」と批判する（竹岡2003，248）。この点で、現象としてのパロル（石器）の構成属性を限定しているのであり、一段階の抽象化を行っているという点では、竹岡の「器種」はより狭義のものと言えよう。竹岡が目指す「石器製作の体系の復元」は、遺跡出土石器の変異や変化に見る可変性の高い文化やシステムと言うよりは、その背後にあるより不変性の高い「構造」と言える。

　石器製作技術の分析は、各石器の諸属性を客観的に分析していく中で、その石器器種の製作・使用のシステムあるいは構造を明らかにしようとしている。本書は、石器が持つ情報のうち、その使用と廃棄の面により焦点を当てて、それを用いた資源利用行動を復元しようとしている。そのため、本書では必ずしも石器製作技術の分析を中心には行わないが、石器製作・使用という現象の背後にある要素として注意を向けておく必要がある。例えば本書は、遺跡出土石器が、資源利用という確固たる目的のために製作・使用されたという前提を持って分類・分析を行おうとしているが、石器を製作・使用した当事者は、そのような目的だけでなく、様々な状況下で石器製作・使用を行っている。石器という現象の理解には、資源の合理的な利用手段というヒト進化の側面だけでなく、製作・使用者の文化や構造、意思決定といった側面も考慮する必要があり、単純ではないということである。

（4）スタイル論

　石器に対しては「資源利用技術」以外の観点も提示されてきた。鳥居龍蔵は、通常より微小な石鏃について、実用に堪えないと考え、「石鏃製作の際技巧を誇っていたものもあろう」と推測している（鳥居1924b，112）。小林達雄は、食料獲得のための生産用具、厨房具、工具など基本的な道具とは別に、呪術・儀礼に関わる用途不明の実用的でない道具を「第二の道具」と区別して論じた（小林達雄1977，157-158）。

　田村隆は、フランスの哲学者ロラン・バルトの指摘を引用して、対象は象徴性と有用性という2つの座標系の交点に存在するが、両者の重なり合いは揺らぎのうちにある、すなわちコンテクストに依存している、とした上で、次のような石器の理解を示す。我々が生産様式を本質的に理解するためには、コミュニケーションの記号的体系である生産諸関係と、記号実践としての生産諸力の両者の構造的関係としてのテクストが考察されなければならない。対象の様式とは個別的イベントと一般性との関係付けに他ならず、その関係付けを行うのは我々自身である。「国府型ナイフ形石器という様式はイベントとしての型式表出と生産諸関係との関係づけによってはじめて成立するのであり、その関係付けを行うのはわれわれ自身なのである。されば、日常知に裏付けられたわれわれ自身のプラクシスが残された、そして異様に困難な道行となろう」と展望する（田村1994，510-511）。その後、田村は、「原石の選択と採取、石刃や剥片の生産、石器の製作、石器の使用と再利用、廃棄といった一連の動作・動作の連鎖chaine operatoirehaは、石刃生産と一般的剥片生産という二つの連鎖からなる身体技法＝構造と考えることができる」として、後

期旧石器時代における二項の身体技法＝構造を見出す。この身体技法＝構造は、この時期の狩猟・採集エリアの拡大や新たな石材産地の開発、規格化された着柄用石器としての台形様石器のような小型剥片のモジュール化、細石器化の促進の中で形成された（田村 2011，39-41）。田村は、長い期間の社会的な学習によって習得されるものが石器製作にまつわる身体技法であり、さまざまな身体技法の絡まりを、「ハビトゥス」（ピエール・ブルデュー）、「民俗」（川田順造）、「日常生活のいっさい」と呼ぶ（田村 2011，40-42）。そして、「私にとって、旧石器時代とは自分の極私的な思い出（調査経験や読書経験を思い起こしたもの：筆者注）のなかにしか存在しない」、「旧石器時代とは、現代世界そのものである」、歴史的叙述とは、「いくつもの語りが交錯するポリフォニー（多声音楽：筆者注）でもある」（田村 2011，242-244）とした上で、「考古学的な文化とは、石器や土器型式のくり返しによって定義されるのではなく、地域集団のさまざまな行動、身振り・身体技法といった、民俗の全体性のことをいう。これは (4) で定義されたマトリクス（旧石器時代社会の基本的な分析単位である地域集団独自の文化的、技術的な経験を次世代に伝える身体技法と口承の内容と形式：筆者注）そのものである。わが国の旧石器考古学でつちかわれてきた文化概念は、マトリクスというよりも、恣意的な範型にすぎず、これを分析単位とすることは誤解という他はない」と結論付ける（田村 2011，245）。本書では、このような石器様式の読み取りにもとづいた議論をスタイル論とまとめる。前述の石器製作技術論と重なる部分も多い。

　佐藤宏之は、先史時代人は狩猟採集民であり、多様な環境・生態系に適応して生存を果たしてきたとして、「その適応形態は、技術的・生態的・社会的・経済的・文化的諸側面にわたる相互に未分化な、そして適応の場においては相対的にフレキシブルな統合的適応システムを形成してきた。＜中略＞先史時代の技術は、他のサブ・システムと分離不能の「技術的組織」を形成している」（佐藤 1995，30）とする。石刃技法は剥片類の規格的量産すなわち石材の効率的利用であり、「石刃石器群は、恒常的な石材供給網が未発達な遊動社会において、特に拠点的な居住地等の石材供給の補給・貯蔵基地を離れて比較的遠距離で狩猟活動に従事するような行動形態をとる集団に有効であったと考えられる」（佐藤 1995，34）。佐藤は、「厳密な技術形態学的分析の推進により類型単位を抽出し、それに基づいてインダストリー・石器組成を仮設し、それを直接人間行動の上位の単位として類比するという方法」は、完全にエティックな視点であり、「現実の物質文化に表れた多様な実体を正視し、その構造と構造布置とのシステム論的関係性を考究する研究戦略」がエミックを復元・考察する有効な方法とする（佐藤 1992，107）。

　石器が遺跡から出土する意味は多様で単純ではないと考えられる。例えば、石皿については、儀器的性格（鳥居 1924b）や破損行為（平出 1978）が早くから注目されてきた。鈴木保彦は、埋葬や祭祀関係の遺構から出土する石皿を精査し、堅果類加工のための石皿が、縄文時代を通じて信仰や儀礼に関係する意味を与えられていた可能性を論じた（鈴木 1991）。宮尾亨は、石皿・磨石といった第一の道具と、石棒、石剣・石刀、石冠、御物石器といった第二の道具は、「叩く、擦る」という縄文人の間で共有され反復された「身体技法」の上で共通のものであり、実用と非実用の観念が連関した上で物象化していると考えた。この観念が物象化された道具は、文字を使わずにその観念を伝承するために、物語や詩、歌、舞踊、儀礼の場と結びつく（宮尾 1998）。さらには石皿・磨石自身が「粉砕、磨り崩される」ことによって土器混和材にもなり、また、土器の素地を

「叩く、擦る」という行為にもつながるという発想した（宮尾 1997）。植田文雄は、彫刻石皿、磨石、石冠など礫石器の装飾や転用・廃棄の場所に着目し、第一の道具が祭祀行為を通じて第二の道具に転用されていると考え、「縄文人の精神性に迫れる重要な遺物」と注目している（植田 2001）。

　以上の議論から注意すべきことは、経済的合理性にもとづく機能・用途論がまずあって、その派生や象徴的な解釈として物語が付与される、と二段階で考えないことである。つまり、使用者の立場では、道具に対する物語と実際の経済活動上の使用は表裏一体のもので区分して別々に論じるようなものではないという認識である。本書は、資源利用の様態を石器分析から復元しようとするものであるが、分析対象としての石器も単純に実用性だけで成り立っている道具ではないし、それを用いて行った資源利用行動も、単純な経済的理由だけから行われた活動というわけではない。実用性と象徴性が渾然一体となった動機を常に想定する必要があるのだが、研究者は自分の経験の範囲からそれを惹起させるしかないため、おのずと可能性が限定されていることにも自覚的でなければならない。民俗・民族学者の高山純が指摘するように、縄文人と全く同じ感情や思惟を有す考古学者の存在は期待できないのであり、できる限り現代人的な思考法を客観視するために民俗・民族学を援用しながら、考古資料における「一定の規則性」を分析する必要がある（高山 1976）。このような観点からも、民族誌類推は不可欠であると言え、我々と縄文人は同じ文化や身体技法を共有してはいないし、それを理解することすら難しいという自覚が常に必要である。

第 2 節　本書における石器研究法

1　これまでの石器研究法と本書の目的

　ここまで、明治期以来の石器研究を、その方法論に焦点を当てて概観してきた。日本の考古学が土俗人類学から分かれて、文化系統論、文化類型論、唯物史観という歴史学の枠組みを充実させていく中で、石器の分類法・分析法として、型式学的検討が主流の研究方法として確立されてきた。本書は、縄文社会と自然環境との相互関係を説明する生態モデルの枠組みにあり、石器を資源利用技術として分析し、縄文人たちの資源利用のパターンを読み取ることを目的とする。この目的においては、石器の型式学的検討は必ずしも必要でない。方法論としてはむしろ、型式学的検討を主たる研究法として確立する以前の、明治期の土俗人類学的な縄文時代研究の方に親和性がある。そして、石器組成論については、組成を構成する個々の資料の位置付けの問題以前に、遺跡に蓄積した考古資料が、いつの誰の何を示すのかということが実は不明瞭である。本書では、遺跡出土遺物の組成は、その組成比ではなく、存否、変異幅を問題とする。個々の石器と人間行動を結びつけるためには、実験使用痕分析が最も有効である。しかし、この分析法は厳密であるがゆえに、分析対象や復元される現象の視野の制限があり、九州縄文時代の資源利用技術を広く論じることを目指す本書の研究目的には合わない。石器製作技術論やスタイル論は、分析方法として本書の研究目的に直接関わるわけではないが、石器を資源利用技術として捉える際にも、その製作・使用の工程や象徴的意味にも配慮する必要はある。

　それでは、石器分析から資源利用を復元するためには、どのような方法を採ればよいのか。本書で明らかにしたいことは、以下の2点である。

　　(1)　縄文時代各時期（前期～晩期）の資源利用技術としての石器動態の把握

　　(2)　石器動態から推定される資源利用変化の把握（石器モデルの構築）

　石器を資源利用の指標とする場合、その石器の機能・用途がある特定の資源利用に結びついているという前提が必要である。そのような前提を設けるためには、石器の機能・用途復元が必要であるが、実験使用痕分析が本書の研究目的においては適当でないことは上述のとおりである。実験使用痕分析に依らない形で、石器の機能・用途復元を進めるために、本書では、最適採食理論に依拠した石器性能分析を行うこととする。以下にその理論と方法を説明する。

2　技術と人間行動：最適採食理論にもとづく石器分析

　技術の様態が人間行動を反映するとみなすモデルとして、Robin Torrence の Optimal Technology（最適技術）のモデルがある。このモデルは、行動生態学の Optimal Foraging Theory（最適採食理論）に代表される Optimization（最適化）の理論を背景として、技術の進化を説明するものである。最適化は、究極要因として生物進化を考え、その生存・生殖の努力において競争的状況を想定する。すなわち、人間はその状況に応じて技術を変形させ各々の状況に最適化させる方向で進化してきた。この場合の最適化とは、経済的な効率化の場合もあるし、社会的な都合の良さを求める場合もある。この前提の特徴は、人間行動が各個人の「意志」によるランダムなものではなく、生物として進化過程を経てきた *Homo sapience sapience* の一般性を有すものとして捉えることができる点にある。Torrence はこのような人間行動の一般性・動機が生存のための技術にも当然反映されていることに着目し、技術変容を説明する理論的基盤を整備した（Torrence 2001）。類似したモデルとして、ニッチ構築モデルも提示されている。環境へのヒトの適応過程においては、ヒトによる環境改変が行われる（ニッチ構築）。ニッチ構築は文化的行為としてなされることが多く、道具や設備の製作もニッチ構築の手段の一つと考えられる。例えば、カップやナイフなど日常実用品の多くは、ヒトの脳内で人間の身体に合わせて具体的にデザインされているという意味で、ヒトの遺伝子構造と技術は連結している面もある。適応する環境の特性によって、適応のあり方は異なる。ニッチ構築は、学習や文化的プロセスにもとづき、それらはヒトの脳構造の柔軟性にもとづく（Laland and Brown 2006）。

　Torrence は、狩猟採集民の技術について、マクロスケールとミクロスケールの分析成果を区別して整理している。マクロスケール分析は、環境的コンテクスト、エネルギー、素材と道具などの側面を強調し、ミクロスケール分析は、社会的コンテクスト、行為者、知識などを対象とする。マクロスケール分析では、「リスク」を通貨として分析する。リスクは食物に遭遇しない確率と食物不足によるコストの両方からなる。リスクの厳しさ、あるいは欠乏のコストの度合いによって、集団がどのような対応を採るかが決まる。狩猟採集民が食物を得るときの技術や行動は、リスクを避けるために考案されている。もし食物不足が頻繁に起こるならば、技術はより高く構造化されたものとなる。効果的な技術を開発し維持するためのエネルギー量は、直接に欠乏

のコストの大きさに相関する。例えば、Wendell H. Oswalt が調査した世界各地の現生狩猟民の道具組成構造のデータにもとづくと、居住する地域の緯度が高くなるにつれて、固定罠が道具組成に加えられるという傾向を読み取れる。これは、高緯度地域ほど生物種の多様性が減少して食物の欠乏コスト・リスクが増加するため、道具組成が多様化すると説明される。また、オーストラリアの Aranda のような低緯度地域に居住して、季節的に移動する集団は、道具が少ない。これに対して、北アメリカの Angmagsalik inuit は、冬季のアザラシ猟に依存していて、多様な形態の銛を持っている。そして、その1つは 26 のパーツからなるほど複雑である。道具のデザインシステム（信頼性と管理性）もリスクと相関しており、器具の破損リスクに対応するために、バックアップのための器具や部品が用意され、道具の多様性が増す。道具の管理性も、作業のリスク度合いに関連する（Torrence 2001）。前章でも引用した Basgall によるカリフォルニア先住民のドングリ利用に関するコスト・ベネフィット概算では、ドングリ利用は、殻剥き・粉砕・アク抜きに時間がかかり、他の植物利用に比べてコストがかかるとされる。ただし、生産量が多く、貯蔵が可能で、栄養価が高いという点で、保障のある信頼性の高い食料として利用され続けた（Basgall 1987, 41）。ドングリ利用に使用する道具は、運搬用と住居内保存用のバスケット、住居外保存用の貯蔵施設（水漬け）、殻剥き用の敲石・石床（歯）、粉砕用の石皿・石板（岩の窪み、丸太の穴）、湯を沸かすためのバスケットと焼石（カリフォルニア先住民は土器を持たない。砂地の地面に浅い窪みを掘り、そこへドングリ粉を充填し、水と湯をかける）とされる（Basgall 1987, 26-28）。ドングリ利用に特化した道具としては、水漬けの貯蔵施設と殻剥き・粉砕用の敲石・石皿であり、道具構造という点では、非常に単純である。Torrence の最適技術論の観点から言えば、ドングリ利用はリスクが低いために、道具が構造化されていないということになる。

　様々な人間行動の結果が石器に表されていることは、前述の石器製作技術論やスタイル論でも十分に示されてきた。これらは、身体技法や構造主義の観点から議論されており、どちらかと言うと人間行動の文化的側面を問題としている。これに対して、最適技術モデルは、行動生態学の「最適採食理論」をもとに構築されており、ミクロスケール分析として文化的側面にも配慮してはいるが、どちらかと言うと人間行動の経済的側面に着目している。この点から見て、最適技術モデルは、石器分析から資源利用行動を復元しようとする本書の目的に沿っている。

　口蔵幸雄は、行動生態学における最適採食理論および最適化モデルを以下のようにまとめている。行動生態学の観点では、人間を含む動物の一生は、個体自身の成長、維持に関わる身体努力（somatic effort）と個体の遺伝子の複製を作る生殖努力（reproductive effort）に費やされる。後者は、配偶努力（mating effort）と親としての努力（parental effort）に分けられる。身体努力の研究は主に資源（食物）の獲得と配分に関するものであり、その中心テーマが最適採食理論である。最適採食理論は、採食効率を最大にするという目標達成のために採食者（forager）が行う意思決定として以下の5項目を分析対象とする。

(1) 食餌幅 diet breadth、餌選択 prey choice
(2) 微小生息環境の選択 patch choice
(3) 時間配分 time allocation
(4) 採食活動集団のサイズ group size

（5）居住地の選択 settlement choice

　行動生態学では戦略（strategy）は行動としての表現型であり、個体がおかれた個々の状況に応じてどのような行動を取るかを指定することである。適応度（fitness）が相対的に高い表現型の頻度が世代をへるごとに増大し、個体群のすべての個体がその表現型を持つようになる場合、このような表現型は最適戦略（optimal strategy）であり、この戦略を選択することが最適化（optimization）である（口蔵 2000）。Winterhalder は、行動生態学的な採集経済の分析について、狩猟民が熟練した技術を持つことを前提とした「（無理矢理な）最適化」とする。これはミクロ経済学と進化生物学の概念と分析手法を用いるもので、自覚的な還元主義でもある。採集経済のある特定の要素を凝視するような単純なモデルに依拠するものであり、狩猟採集社会を形成する複雑な要因を分離して分析することを可能にするものである、と評価する（Winterhalder 2001, 13-14）。狩猟民の経済を、資本主義社会を対象としたミクロ経済学的手法で分析することの論理や意義を以下のように述べている。

（1）究極要因として進化的要因を想定している。自然選択は生存と再生産を効率的に行わない個体を排除し続けている。最適化はそれがいかに生じにくくても進化の過程に組み込まれている。狩猟採集民と資源対象種は長い時間の共進化過程を経てきた。それは狩猟民の技術的向上と効率化を促してきた。

（2）主となる指標は、個々の狩猟民がいかに食物探査のための認知的・身体的技能を手に入れたのかということである。合理的選択はその 1 つである。狩猟民は、天候・植生、獲物の痕跡・習性など様々な知識をもとに、計算された行動をとっている。しかし、その計算というものも目の子算である。

（3）エスノセントリズムに陥らないためにも、狩猟民の経済行動は脈絡によって敏感で合理的であるという前提に立つ。

（4）狩猟民の生態学的な慧眼や経済的技能は、民族誌によって十分に検証しうる。

　文化生態学においてもマルクス主義においても、経済基盤が社会・政治・文化に影響を与えることを認めている。行動生態学はよりミクロな生態学的基盤の理解を助ける。それは「食料生産を行わない狩猟採集民」といった類型化から、「狩猟採集民の生産レベルは社会生態的変数の関数として変異をもつ」といった分析への移行を意味する。マルクスの生産様式の概念（生産力 [土地・労働力・技能・道具・技術] と生産関係 [資源の所有権]）は、資本主義社会の脈絡で生み出されたものであったため、狩猟採集社会へどのように適用すべきかが議論されてきた。行動生態学では、狩猟採集民の資源選択が生産力に対応し、transfers 食物移動、egalitarianism 平等主義、division of labour 分業などが生産関係に相当すると考える。自然資源の密度・収益性・配置・信頼性・採食の結果は、資本主義社会における資本・商品・市場と同様に重要である。この場合、ミクロ経済学の利益分析や機会コストの概念が有効になってくる。多くの狩猟採集民が移動的で所有物が少ない理由は、資源環境が広く均質に分布しており、そのエリア外の資源は社会グループ間で調達されているという生態環境でその生業特性が進化してきたからである。行動生態学の分析は、狩猟採集社会以外の社会の経済分析が狩猟採集社会にも適用可能であることを示す（Winterhalder 2001）。

　また、口蔵は淘汰と進化について以下のように整理する。淘汰は進化の唯一の原動力ではなく、たとえ淘汰が最適化のプロセスであるとしても、他の原動力（遺伝的浮動、遺伝子多面発現性など）と制約（発達、遺伝など）によって最適でない結果がもたらされる可能性もある。淘汰はより適応度の高い変異体に有利に作用するのであり、必ずしも最高の適応度をもつ変異体だけに有利に働くわけではない。淘汰は最大というよりむしろ相対的な優位性に対して作用する。すべては最高のものに向かっているという「誤った楽天思想の」仮定から始まる進化的最適化分析は批判され、淘汰は非効率、浪費、争い、そして滅亡へさえ導く可能性がある（口蔵 2000）。

　筆者は、石器を手に取って調査する際に、それが「手の延長」であるという身体感覚を感じている。人間は環境や資源に対して、手を使って採取したり、加工したりするわけだが、その際に、手と資源の間に介在するのが石器となる。石器は石材の種類や質によって、大きさや形状に制約がかかるので、土器ほど自在に形を作れないが、ある程度形状ができあがったものでも、使用者が自分の考えで形を変形させることができる。石器本体だけでなく、柄などの付属品も含めて自分でカスタマイズできる範疇が広いというのが、土器と違う特質であろう。自分が使いやすいものを自分が使いやすいようにカスタマイズするというのは、それを使う時の効率や成果につながっていく。そして、その個人の石器石材・形態・使用法選択の情報が、他の集団構成員にも共有・選択され、次世代に継承される。これが、最適化理論にもとづく石器様式成立の理解である。もちろん、石器製作・使用における様々な選択がすべて合理的選択のもとで決定されているわけではなく、その社会に存在する「構造」や社会内外の関係性、風習、規制、文化、ヒトの象徴的、認識的特性、その他の理由で決定されているのが実態ではある。ただし、あらゆる方向から一遍には分析できないので、ここでは、まずは、石器の普遍的・合理的な性質を分析対象とするという理論的な立場を示す。この理論にもとづけば、資本主義社会に生きる我々の道具に対する考え方を、狩猟採集社会に生きた過去の人々の道具の使い方の解釈にある程度反映させることが許される。

　例えば、弥生時代から現代にかけての鉄製・木製の鍬鋤を概観すると、土地掘削作業の違いに応じて、使用する鍬鋤の形態にバリエーションがみられる。すなわち、地面を深く掘る場合は幅が狭く、厚みのある唐鍬のような形態が選択され、地表面をかきならしたりする場合には幅が広く薄手の鋤簾のような形態、突き崩された土などをすくい上げて運ぶ場合には表面積の広いスコップのような形態がそれぞれ選択されている。これは、使用用途に合理的に対応した形態であり、合理的選択を行うヒトにとって普遍的な道具製作の傾向であると考えられる。

3　石器の機能・用途と性能：石器性能分析

　口蔵の整理では、最適化モデルは (1) 戦略目標（strategic goal）、(2) 利用可能な選択肢（alternative）、(3) 選択肢のそれぞれがもつコストとベネフィットを測る通貨（currency）、(4) 選択肢の範囲や戦略のコスト／ベネフィットの構造を決める制約（constraint）、(5) どの選択肢を取るかの決定（decision）という一般的な構成要素をもつ。最適化分析の対象は、ふつう個体であって集団ではないが、線形計画法では家族やバンドなど集団を分析単位とすることができる。一般的に戦略は適応度に及ぼす影響（効果）で評価される（効用 utilization）。適応度に対するマイナ

スの効果がコスト、プラスの効果がベネフィットである。しかし、適応度は多くの異なる形質の影響が蓄積された個体の一生の尺度であり、経験的・短期的な分析に用いる通貨としては非実用的である。そのため、適応度と相関すると仮定され、容易に計測しうるエネルギー効率や出生率のような基準（至近通貨 proximate currency）が用いられる。制約には、自然・社会環境のような行為者の制御が及ばない外部的な変数と、行為者の行動的、認識的な諸能力と生理的、栄養的な諸条件などの表現型に内部的な変数がある（口蔵2000）。

　本論では石器様式を最適化モデルにもとづいて理解するため、最適化の一般構成要素に従って、以下のように石器分析の考え方を整理する。

　　(1) 石器の諸属性の分析からその石器を用いた資源利用行動の一仮説を構築する。

　　(2) (1) に対して、できる限り多様な利用可能性を検討する。例えば、特定石器を用いない技術の可能性や、他の石器、骨角器、木器の使用可能性など。

　　(3) (1)・(2) にかかるコスト・ベネフィットを比較する。比較のための「至近通貨」は、エネルギー効率としての「手間」と「効果」を問題とする。

　　(4) (1)〜(3) に関わる自然環境、社会環境、文化環境の状況を検討する。

　この考え方に従って仮説構築される石器使用における経済的側面は、石器の機能・用途の一部分である。本書ではこれを「性能」と呼ぶ。西田泰民は、道具の「直接的あるいは具体的使途」と「社会的または抽象的意味が付加される」使途という二義的使途を含む概念として「機能」を用い、その道具が製作時に意図された役割を果たすとき、それを「用途」としている（西田2000, 13）。小林正史は、「道具としての土器」の分析において、「道具の使い方（機能性と耐久性）」と「つくりやすさ（製作コスト）」という概念を提示している（小林正史2006, 162）。本論では、西田、小林の整理に基づき、道具の用いられ方の様々な可能性を「機能」、実際の用いられ方を「用途」、道具の素材や形状から理論的に想定される性質を「性能」と呼ぶ。例えば、石斧は「機能」としては、木を削ることができるが、動物の皮をなめすこともできる。そして、その石材の希少性や様々な観念から権威の象徴とすることができる。「用途」としては、皮革加工を行わない文化の構成員であれば、機能的には石斧で皮なめしができたとしても、用途としては行わないということになる。そして、石斧の実用性と象徴性は表裏一体のものとして存在し、石斧の使用者個人および所属文化の制約を受けて様々な可能性のもとで使用される。このように考えると、石器の機能・用途を残された資料から特定することは、相当に困難であることが理解できる。これに対して、本論で定義する石器性能は、観察可能な石材、形態、サイズ、使用痕の特徴から、理論的に機能・用途の可能性を限定するものである。例えば、石斧が、玉質石材を用いていて、全面研磨で製作され、刃縁部に明確な傷が確認されなかったとする。これで立木を切り倒すことは機能・用途的には「無い」とは言い切れないが、そのような行動は使用者にとっても所属集団にとっても、資源利用・生存上の時間・労力の無駄であり、最適採食理論の観点からは「無い」と考える。しかし、立木の伐採はしないとしても、木材や皮革の加工には使用できる。刃縁部に使用痕が認められないため、用途はそれ以上絞り込むことができず、刃縁部を再研磨しているという点からは、墓の副葬品にしようとした可能性も排除できない。よって、本石器の性能は、木材や皮革の加工および副葬品の可能性として評価できる。このように、遺跡出土石器の

個々の性能を理論的に評価した上で、その集合を、その遺跡で行われたそれら石器を用いた行動の幅と解釈する方法が、本書で採用する石器性能分析である。

この方法は厳密にいえば、実験使用痕分析のような手順で検証されたものではなく、評価された性能はあくまでも理論値である。土器の機能・用途については、形式（器種）分類が明確にできない（形態的に連続していて客観的に分離できない）ことを理由に、機能・用途推定よりも型式学的分析が優先される傾向がある（板倉 2021a, 29-31）。このことは、石器の型式学的分析にも言えることで、実験使用痕分析が戸沢のインダストリー論で「考古学における最大のアルバイト」と評され、系統論や組成論が主流の石器論に展開していったことは本章第1節（p.56）で見たとおりである。石器性能分析は、国内各地で取得されている多量の石器資料に見られる諸属性のパターンを、実験使用痕分析と言う科学的手法を保留しながら、機能・用途論として分析するために導入している（板倉 2006, 5, 2007, 2009, 2015, Itakura 2011, 板倉 2021a, 30）。

石器の性能を評価する際には、そこに想定できる使用の可能性の幅をできる限り広げた上で、資料の各属性を分析していく。その使用法の可能性については、経験的な一般化、特に民族誌情報と実験情報を重視している。このような民族誌の使い方は、普遍比較類推法の範疇と考えられる。野林厚志は、民族誌類推における直接歴史研究法に対して、張光直の研究法を紹介しながら普遍比較類推法を解説し、「人間の行動とそれにともなって生じる物質文化上との間に生まれるパターンの索引づくり」と表現している（野林 2008, 25）。ここで重要なことは、この普遍比較類推法が、人間行動のパターンに関する見本やカタログのようなもので、過去の物質文化に対する解釈枠ではないということである。例えば、小林公明は、縄文・弥生時代の石器と海外事例や現代の利器との形態類似をもって、その用途を特定し、農耕の存在を半ば断定した（小林公明 1977, 1981）。小林の論考は、縄文農耕論の活性化のためという本人の目論見とは裏腹に、民族誌などを援用した石器分析および生業論に致命的な飛躍があることを印象付けてしまった。本章で整理してきた明治期以来の石器研究を振り返ると、この普遍比較類推法は、戦前の研究において概ね検討が終わっている。戦後の研究では、そこで提示されたアイデア・発想のようなものをもとに、充実した資料を用いたモデル化が試みられるべきであった。しかし、戦後日本考古学の使命は、高度経済成長期の遺跡破壊に対応して、大量の遺跡資料を保護することにあった。そして、世界でも有数の遺跡保護体制を実現させた後は、その体制下で得られる大量の資料を整理・報告・分析するために型式学的研究が推進され、これもまた世界で類を見ない精度での土器の編年体系を構築した。本書が行おうとしている研究は、そのような戦後日本考古学の成果を受けて、改めて戦前の研究成果も含めて、縄文時代の人間行動を分析しようというものである。高度経済成長期以前の人たちに比べても、我々の生活と自然とは大きく乖離してしまった。そのようにまったく自然の中で生きていない我々が、自然の真只中で生きた縄文人を理解するためには、まずは「自然と人間」というカタログを手にして、石器機能・用途の可能性を理論的に仮定するところからはじめなければならない。

石器性能分析は、個別石器を1点ずつ総合的に評価していくための調査・分析に時間を要し、石鏃も石斧も磨石もという風に複数器種を対象にできない。本書では、資源利用行動の復元という観点から、磨製石斧と打製石斧と縦長剥片石器に器種を絞って分析対象としている。分析対

象は、同一層、同一遺構から出土した、共伴土器型式幅をできる限り限定できるセットを、その遺跡の資源利用技術のパターンとして抽出する。本章第1節4（1）で検討したとおり、個別石器の出土のコンテクストは不明なため、出土石器の数量比は分析対象としない。石器の形態の連続

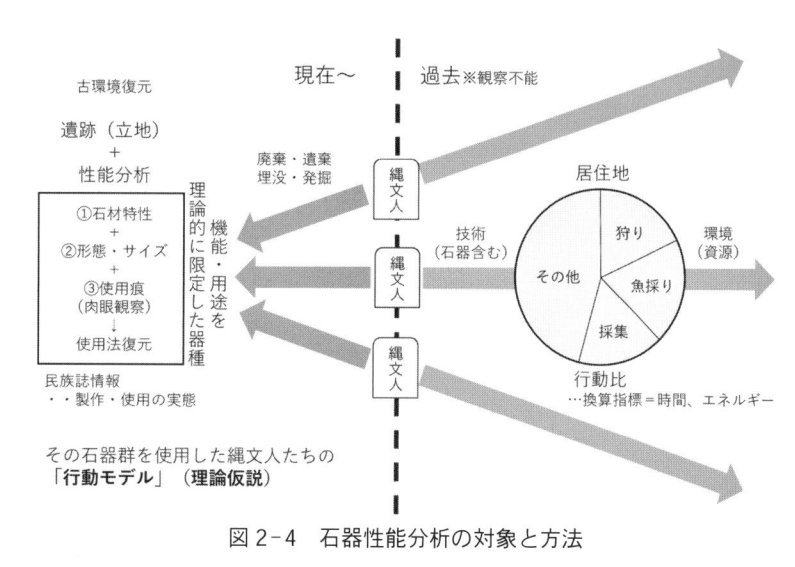

図2-4　石器性能分析の対象と方法

量の把握には、石器の計測値を用いる。分析対象とする石器群に認められるパターンについては、できる限り類例を増やすことで、その統計学的な妥当性を高める。

　石器性能分析の背景を表したのが図2-4である。縄文人たちの行為・行動が、遺跡に変換され、そこから得られた石器のうち、機能・用途をある程度限定できる器種について、個々の性能分析を行う。その集合のパターンは、その遺跡で行われた資源利用行動の変異幅として復元される。本章で検討した資源利用復元に関わる石器研究法3者の関係を整理したのが表2-1である。研究目的および復元対象の違いによって、採用すべき石器研究法が異なると理解できる。

　石器性能分析の問題点としては、石器組成論と同様に土器型式幅＝石器群の時期幅としているので、異なる時期の石器が混ざるリスクを負っている。また、個別石器の性能評価から行為・行動を推定するが、個別石器どうしの関係性は不明である。例えば、木材加工用の石斧と伐採用の石斧が同じ遺跡から出土したとしても、その両方の石斧を同じ人あるいは同じ集団が使ったかどうかは分からない。石斧を残した人々については、あくまでもその遺跡に居住した人という共通性しか想定できない。そして、前述のとおり、この分析法は石器組成論よりはいくらか厳密だが、実験使用痕分析ほど実証的ではない。そのため、この方法による結果は、他の分析法でその妥当性を検討する必要がある。本書では遺跡立地分析を検討の方法としている。石器性能分析と遺跡立地分析の利点は分析資料数を多くそろえることができる点にある。個々のパターン把握の

表2-1　各石器研究方法論の対象と目的

	資料数	分析属性	機能・用途推定の論理	復元対象	研究目的（枠組み）
石器組成論	多い	器種組成比	型式論ほか	石器様式・文化	伝播モデル、唯物史観モデル、マクロ生態モデル
実験使用痕分析	少ない	使用痕	実験	石器使用行為	ミクロ生態モデル
石器性能分析	多い	石材、形態、使用痕	最適化理論ほか	資源利用様式	ミクロ・マクロ生態モデル

質は必ずしも高くはないが、それらを複数重ねて量的検証に耐えうる矛盾のないパターンを獲得しようという分析法と言える。

　以上、縄文時代の資源利用に関わるこれまでの石器研究を概観し、その特性と問題点を整理した上で、本書で採用する方法として石器性能分析を定義した。以下、本書では下記のとおり分析を進める。

　　(1)　九州縄文時代前期から晩期の磨製石斧、打製石斧、縦長剥片石器について、機能・用途を理論的に限定した「性能」を想定した上で、遺跡出土資料の形態と使用痕による検討を行いつつ、それらの時空間動態を復元する（器種モデル構築。第3・4・5章）。

　　(2)　上記各器種の周辺諸情報を整理し、各器種の作用対象の推定も含めてそれらを用いた資源利用行動をモデル化する（石器モデル構築。第6章）。

　　(3)　博多湾沿岸地域の遺跡立地変遷を整理し、石器モデルとの対比を行いながら、それらを包括した統合モデルを構築する（資源利用モデル構築。第7章）。

　磨製石斧、打製石斧、縦長剥片石器は次章以下各章で整理するとおり、九州縄文時代前期から晩期にかけて比較的豊富に出土する、各種資源利用に用いられた道具である。具体的には、樹木・草本（植物）、動物、土壌などが作用対象として想定され、その利器としての動態に当該期集団の資源利用のあり方が反映されていると推定される。なお、本書の各分析では、石材の問題と石器の持つ象徴的意味の問題を詳しく検討できていない。これらの問題については、本書で構築する資源利用モデル（縄文社会の生態的・経済的側面の説明）を基軸とした上で、改めて論じてみたいと考えている。

注
1)　日本考古学は、E.S.モースによる大森貝塚の科学的発掘にはじまるが、その後の土俗人類学的な考古学研究は皇国史観の影響を受けた人種・民族論であり、その「明治期の考古学を克服する」「実証主義的考古学」として、大正期に濱田耕作によって型式学が導入され、昭和・戦前期に山内清男らによって土器編年研究が確立された、というのが一般的な日本考古学史の整理である（例えば戸沢1978；大工原2020）。

2)　加藤は、北海道東部・常呂川流域における旧石器時代遺跡について、同一文化期の遺跡間で石器各属性の「数量的なブレ」や石器組成の差異があることを指摘し、それは遺跡の利用期間やそこで行われた作業内容の違いを示す（常呂パターン）と解釈した（加藤1970, 79）。将来的な課題として、「常呂川流域の具体的な生物量の変遷の推定」を挙げていることから（加藤1970, 92）、遺跡間変異の背景にミクロな生態環境の差異を想定していると理解できる。ただし、加藤の石器分析は、石器群を製作・使用した人間集団の共通の伝統・習慣・好みにもとづく一連の類似行為群としての「型式」を分析の単位としており（加藤1970, 69-75）、方法としては文化類型論の範疇にあって、後述する渡辺仁や後藤明の方法とは異なっている。

3)　石器製作技術論としては、日本旧石器時代研究に特有な「技法概念」があるが、本書では詳しくは触れない。技法概念の評価については高倉純（2007, 51-54）に同意している。

4)　道具製作における製作者の意思決定については、後藤明（2002）などに詳しい。本書の理解では、道具は、一個人としての製作者と、その人を取りまく環境との複雑な相互作用の中で生成されており、それぞれの社会で製作される道具には、結果として類型化できる相互に類似した主流の成品と、そうでないイレギュラーな成品とが、比率を変えながら共存するものと想定している。

第3章　九州縄文時代磨製石斧の動態

　磨製石斧は、縄文時代草創期から晩期まで、どの地域でも比較的多く出土する主要利器（資源利用技術）の一つである。本章では、九州内各遺跡から出土した磨製石斧セットのうち、時期幅を比較的限定できる資料群を分析し、各時期、各地域の特性を動態として把握する。分析方法は、前章で検討したとおり、伝播モデル・唯物史観モデルのための型式学的検討（類型化）ではなく、生態モデルのための性能分析（機能・用途の理論的検討、石材・形態変異、使用痕、特徴的な器種の存否の把握など）を行う。本分析は、第4・5・6章と合わせて、九州縄文時代前期以降の資源利用技術の変遷モデル（石器モデル）を構築するための柱の一つとなる。

第1節　九州縄文時代の磨製石斧

　九州縄文時代の磨製石斧について体系的に言及した研究はあまり多くはない。島津義昭は、九州北・中西部の縄文時代後期石斧について、後期前半から多種多様であり、後期を通じて大きく変化しないと指摘した（島津 1976, 63-64）。その後、宮内克己は九州における縄文時代草創期から晩期終末までの磨製石斧のサイズ・形態・石材などを体系的に整理し、その変遷を明らかにした。宮内の分析結果は以下（1）～（4）にまとめられる。

　（1）早期・南九州における量的増加と大・中・小のサイズ分化

　（2）前・中期には磨製石斧の大型・中型・小型a類・b類のサイズ分化がみられ、製作技術的には全面研磨が施され、形態も早期に比べ定型化する。また、蛇紋岩製磨製石斧の量的増加がみられ、それらの交易・流通の可能性も考えられる。

　（3）後期には九州各地で磨製石斧の出土数が増加し、東日本系の乳棒状石斧や大陸系の可能性があるノミ形石斧（方柱状・扁平片刃石斧）が出現する。ノミ形石斧は九州の西・南沿岸を中心に分布する傾向がある。

　（4）晩期終末・弥生前期の縄文系・弥生系の混合とさらなる多種定型化

　縄文系磨製石斧のサイズ分化と大型化の要因としては、定住化の進展により木材利用が頻繁になった結果としている（宮内 1987）。本章では、縄文時代前期から晩期の磨製石斧を分析対象とするため、以下宮内の指摘（2）・（3）について、その後の研究成果を整理する。

　（2）に関連して、水ノ江和同は、前期中葉・曽畑式土器期の定型石斧として、扁平な蛇紋岩製片刃石斧を「西北九州型片刃石斧」と分類した。これらが横斧であることを実証するとともに、系譜が周辺の早期資料に追えないため、朝鮮半島に由来する可能性を指摘した（水ノ江 1988）。その後、西北九州型片刃石斧は、朝鮮半島で関連資料が増加せず、系譜が未だに判然としない（水ノ江 2005）。筆者は、類似した石斧の定型化現象（全面研磨製作と大小の作り分け）が、東日本では早期に認められ（早川 1983；宮下 1985；工藤 1993；板倉 2006）、西日本でも早期の岐阜県西田

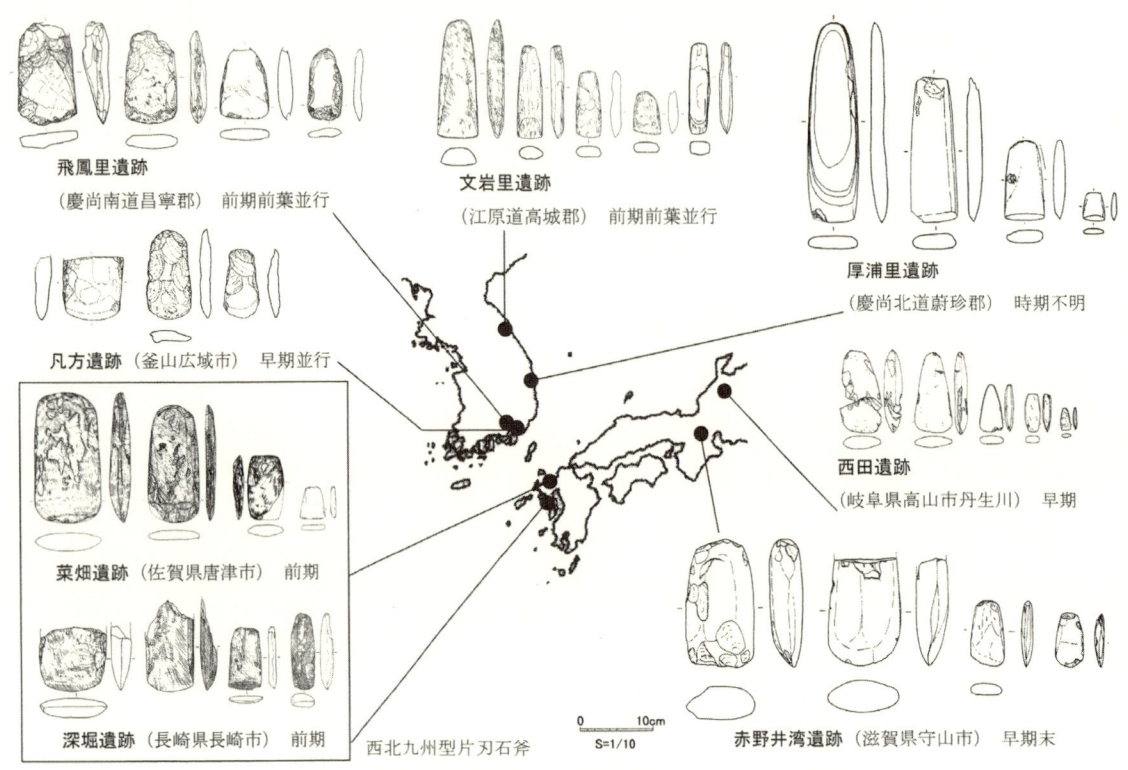

飛鳳里遺跡
（慶尚南道昌寧郡）　前期前葉並行

文岩里遺跡
（江原道高城郡）　前期前葉並行

厚浦里遺跡
（慶尚北道蔚珍郡）　時期不明

凡方遺跡（釜山広域市）　早期並行

菜畑遺跡（佐賀県唐津市）　前期

深堀遺跡（長崎県長崎市）　前期

西北九州型片刃石斧

西田遺跡
（岐阜県高山市丹生川）　早期

0　　10cm
S=1/10

赤野井湾遺跡（滋賀県守山市）　早期末

図3-1　縄文時代前期並行の磨製石斧（板倉2013より転載）

遺跡や早期末の滋賀県赤野井湾遺跡に認められることから、九州の前期石斧の系譜が東日本の早期石斧に求められる可能性を指摘した（板倉2013）。また、早・前期並行の朝鮮半島資料については、南部は砂岩系石材を用いた剥離・刃部研磨成形の石斧セットであり、東部は細粒堆積岩系石材および擦切技法を用いた全面研磨成形の扁平石斧セットである。全面研磨の石斧セットという点では、朝鮮半島東部資料と北日本の草創期・早期の資料に類似性がある（図3-1。板倉2013）。一方、水ノ江は、西北九州型片刃石斧が朝鮮半島資料と直接的に関係する可能性を保留しつつ、中・四国地方の前期資料の傾向と連動しないという評価から、西北九州において内的な要因で出現したと考えている（水ノ江2017）。また、近畿地方早期末の全面研磨石斧セットの出現については、東日本系譜なのか近畿出現の特徴なのか不明と捉えている（水ノ江2019，248）。

　蛇紋岩製石斧の流通の問題については、石器原産地研究会において精力的に検討された（小畑・大坪2004；上野平2005）。しかし、その後に九州島内の蛇紋岩石材の産出状況や石材採取、製作や分布・流通・消費といった分析は進められていない。その背景には、蛇紋岩石材の産地同定の困難さや、石斧資料の肉眼観察レベルでの蛇紋岩認定の困難さがあると考えられる。

　（3）の後期における磨製石斧の量的増加については、前章（p.59）でも触れたとおり、雨宮瑞生と松永幸男が、定住指標として磨石・敲石類・石鏃に対する磨製石斧の比率を九州南部の資料を用いて時期ごとに算出している。その結果、草創期〜中期は約0.06、後期は0.13、晩期は0.24という増加傾向を示した（雨宮・松永1991）。また、山崎純男は九州縄文時代後・晩期における焼畑農耕の存在を示す事象の1つとして、磨製石斧の量的増加を挙げている（山崎2003，2005）。山崎

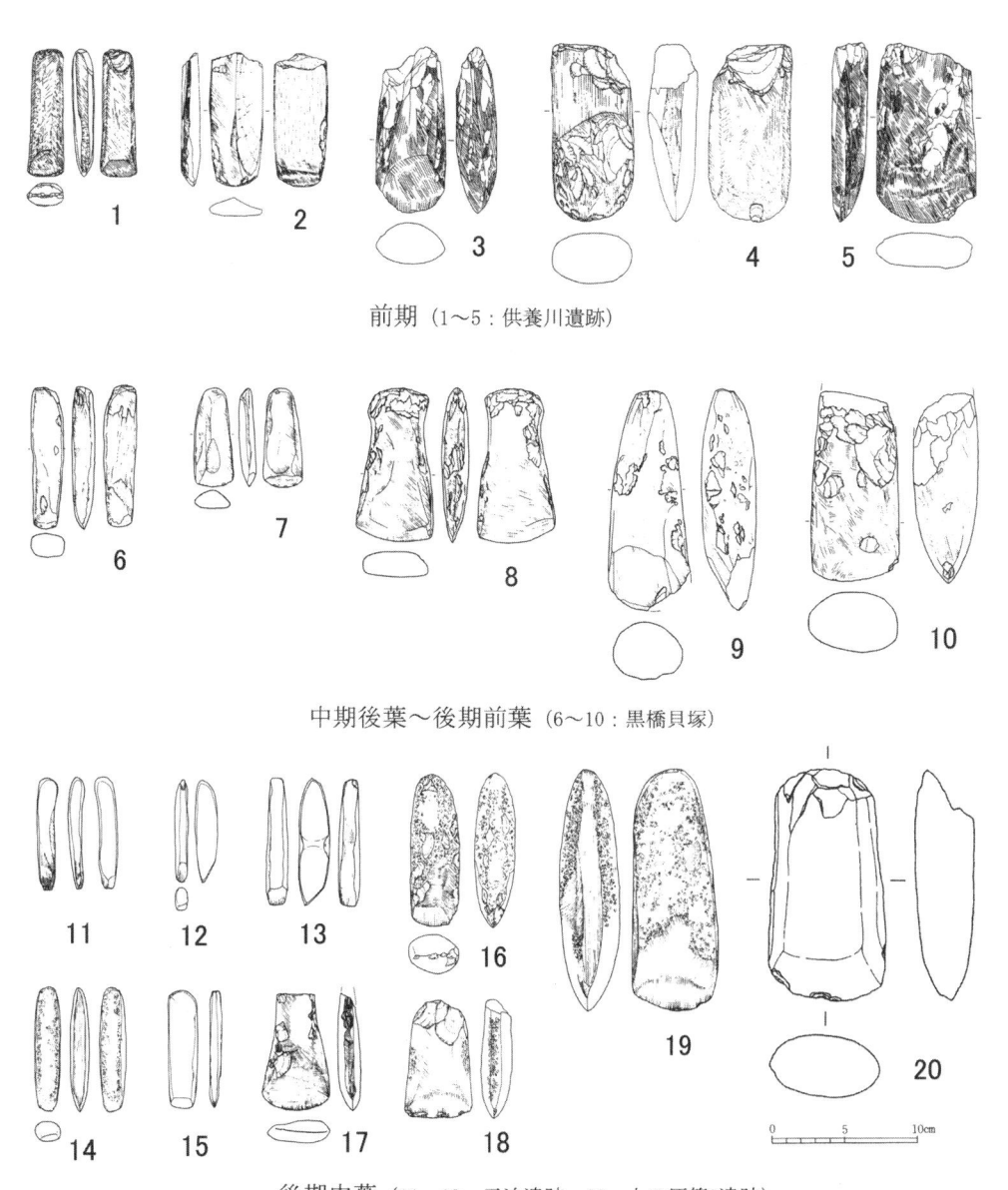

前期（1〜5：供養川遺跡）

中期後葉〜後期前葉（6〜10：黒橋貝塚）

後期中葉（11〜19：干迫遺跡，20：上の原第2遺跡）
図3-2 九州縄文時代前期以降の磨製石斧（板倉2006より転載）

（2003）は焼畑に伴う樹木伐採と関連づけて、縄文時代後期中葉以降の磨製石斧の量的増加を強調していたが、山崎（2005）では栽培型植物の存在が中期まで遡るという考えから中期後葉にはじまる磨製石斧の量的変化を焼畑との関連で評価し直している。九州における乳棒状石斧（太型石斧）の出現について、筆者は東日本前期〜後期に木工技術が発達・成熟することを確認し（佐原1977，78；山田1989；辻1994）、宮内と同様に東日本からの技術伝播を想定した（板倉2006）。これに対しては、逆方向の九州から東方への情報伝達の可能性も検討されている（土谷2015）。方柱状・扁平片刃石斧（ノミ形石斧）に関連する研究として、山崎は、九州縄文時代の擦切技法関連遺物を集成し、その出現が中期後葉・阿高式土器期あるいは後期初頭であるとし、それらの分布は九州島西

側海岸部に顕著だが、内陸部には極めて少ないと指摘した（山崎1999）。筆者は九州縄文時代の磨製石斧について、中期後葉〜後期前葉、後期中葉、後期後葉〜晩期中葉の石斧セットの抽出を行い、後期中葉に九州南部で方柱状ノミ形石斧が特徴的に普及する現象を明確にした（板倉2006）。

　以上より、これまでの九州縄文時代磨製石斧の研究では、前期と後期の画期が見出され、その系譜が中心に議論されてきた。この問題については、土器編年研究の精緻化と一括性の高い良好な資料の発見によって、地域間の影響関係の議論が進むと考えられる。また、石斧石材の研究も理化学的な材質分析の導入によって進展するだろう。これに対して、本書の目的は石器を用いた資源利用様式の復元であるため、系譜論や石材論は直接には扱わない。本章の目的は、遺跡出土磨製石斧が伐採や木材加工に用いられた道具であったことを再認識し、それらの分析を通じて当該期の森林・木材利用の一端を垣間見ようとすることである。その点では、宮内が指摘したサイズ分化の問題と山崎が着目する石斧量増加の問題が重要である。筆者は、そのような観点から九州縄文時代前期から晩期にかけての磨製石斧動態を整理しているが（図3-2。板倉2006）、本章では、この問題を新しい資料も加えて、改めて検討する。方法としては、前章（pp.72-76）で整理したとおり、石器の機能・用途を理論的に限定した性能モデルを用いて遺跡出土資料の分析を行う。

第2節　分析の方法：磨製石斧の性能分析

1　磨製石斧性能モデルの構築

　明治期の石斧類研究に関しては、縦斧着柄の磨製石斧出土報告（根岸1886）や、樺太アイヌの丸木舟製造用鉄斧と石斧の対比（渡瀬1886, 8）、磨製・打製石斧による動物骨の打割（骨髄採取）の推測（羽柴1887, 143）、出土石斧に横斧・錛（ちょうな）着柄を想定する千島アイヌの見解（小金井1889, 6）、など、断片的な民族誌類推がみられた。坪井正五郎は、「石器の柄の付け方」を概説する中で、オーストラリア・ニューカレドニア・ニューギニア・ニュージーランド・ジャワ・ハワイ・北米などの民族資料やフランスの出土品から、木製・鹿角製の柄が付いた磨製石斧・打製石斧・磨製石器・打製石器・石槍・環状石器を例示し、

　　（第一）柄自ら石器を押うるもの…（甲）挟み柄、（乙）受け柄、（丙）抱き柄
　　（第二）石器を紐にて柄に括るもの…括り柄
　　（第三）石器の孔に柄を通すもの…差し柄
　　（第四）石器を木脂にて柄に付けるもの…木脂付け柄

という類別を示した（図3-3。坪井1890a, 115）。この時点で、縦斧・横斧、大型・小型などの石斧器種のバリエーションが民族資料を用いた形で整理されている点が重要である。特にオーストラリアの民族資料として縦斧着柄の打製石斧や木脂で木柄着柄された篦状、縦斧状の打製石器を例示している点は注目される（坪井1890a, 111-115）。また、坪井は、刃が潰れた磨製石斧を槌への転用と解釈した（坪井1893, 263）。その後、米澤安立も、刃部が欠損した後に槌に転用した痕跡がある、と述べている（米澤1912）。

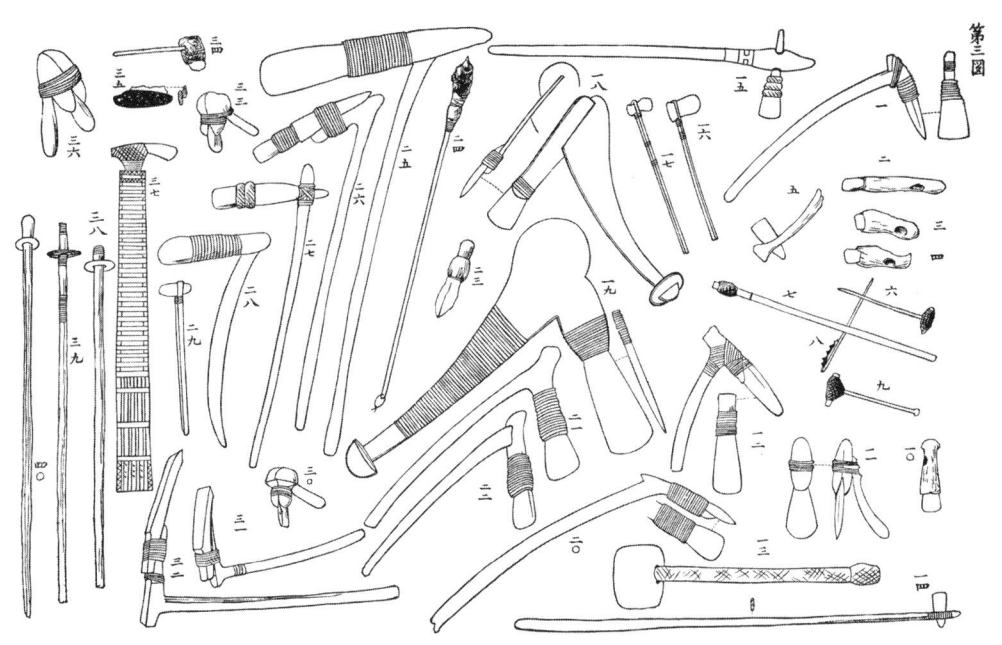

図 3-3　石器の柄の付け方 （坪井 1890a より転載）

　なお、石器製作における磨製と打製の違いについては、八木奘三郎は、磨製の技術が打製より
も進歩したものと解釈した（八木 1899, 16）。大野雲外は、磨製石斧と打製石斧の違いを、「所謂
貴重品と普通品と謂うような例であろう」（大野 1907a, 134）と述べる。鳥居龍蔵は、「彼等は此
石斧を以て魚介鳥獣の肉を調理し、或は物を斬り割りなどしたるものにして最も必要欠くべから
ざる日用品なりしなり」とし、大野と同様に磨製石斧と打製石斧の 2 種を同時期の貴重品と粗雑
品の違いと考えた（鳥居 1917, 128）。今日では、磨製石斧と打製石斧は、異なる器種として検討
されているが、かつては「石斧」という同じカテゴリーで捉えられている。世界中の石斧につい
て整理した佐原真も、磨製石斧と打製石斧を同列に取り上げた上で、両者の違いに着目している
（佐原 1977, 49-52）。

　原田正彦は、台湾円山貝塚出土石斧を報告する中で、その長さ、上部幅、刃部幅、刃部截面角
度を計測し、片刃と両刃の区別をつけると共に、現今の鉄製木工具である鑿・鉋・釿との形態
比較を行っている。結果、円山貝塚出土石斧中、片刃石斧は刃部截面角度 50～67 度で、釿（50
度）に類似し、両刃石斧が刃部截面角度 29 度で、八分鑿・八分鉋（30 度）に類似することから、
「金属製利器の初を古に遡りて遠く其源を尋ぬれば、元是石製利器に起因する事は疑うべくもあ
らず、されば現今の金属製利器は悉あらゆる石器に縁あることを推知し得べし」とする。なお、
「石斧の性状製法ともに近世の鉄製斧に類する所以のものは、とりもなおさず相方その縁近きも
のにして、石世時代の石斧中最も新しきもの則近世造り上けたるものならん」と、石斧と鉄斧の
併存も示唆している（原田 1900, 274）。鹿野忠雄は台湾先住民の調査で、扁平片刃鉄器によるシ
カ皮などの脂掻き取りを観察し、過去には石器を使ったという先住民たちの口碑から、遺跡出土
片刃石斧の中に生皮掻取具が含まれる可能性を指摘した（鹿野 1942b）。

　藤森栄一は、弥生時代中部地方の太型広刃石斧の基端部にみられる平坦面や敲打痕について、

楔のように上部から叩いた、あるいは逆さまにして槌のように使用した可能性を指摘している（藤森1936, 296）。また、山口県以西の石斧について言及する中で、基部がややすぼまり、両側面の擦痕が顕著で、刃部が両面から切刃状に真っ直ぐ研磨され、刃部端の剥離・破損が著しい太型切刃石斧を、弥生時代の太型蛤刃石斧や扁平片刃石斧から分離して捉え、鍬着柄の土掘り具と推定している（藤森1940, 641）。八幡一郎は、乳棒状石斧の大部分が斧・鉞的性質をもつと結論しながらも、「然らば我乳棒状斧が斧鉞として最も効果的な形制なりや否やと云うことになると、それは甚だ疑問である。細身の点では寧ろ手斧・鑿に適当している」と述べる。そして「斯かる形制は便不便、適不適が充分に経験される以前に約束されて居り、従って仲々に其伝統の埒外に出られなかった為に持続し広布したものと考えられる。＜中略＞即ちそれは偶発的なものではなく、系統的なものと見做される」と述べ、石斧の形態選択において機能性よりも系統性が優位したという考えを示している（八幡1938, 224-225）。乳棒状石斧の系統については、九州から中部日本へ前期・諸磯式土器期に伝播した可能性を述べ、琉球以南からの系統も示唆していた（八幡1938, 228-229）。しかし、九州地方で乳棒状石斧が定着するのは後期前葉もしくは中期後半以降であり（宮内1987；板倉2006）、前期に九州から東日本へ伝播した可能性は低い。

　セミョーノフは斧の使用痕について、斧（アックス）は、刃部両面に傾斜した鋭く短い掻き傷状の線状痕であり、手斧（アッズ）は、使用者の反対側の面により強い傾斜しない線状痕が残る、とモデル化する。また、磨製石斧以前に、木やマンモスの骨や牙を加工した打製石斧が存在した点や、石斧の刃が斜めになるメカニズム、加工木材の種類と加工方法の違いによる使用痕の違いの可能性などを指摘する（セミョーノフ1969, 65-67）。

　佐原真は、国内外の「斧」に関する民族誌・実験・考古学の成果を参照しながら、斧の研究における用語の定義、機能・用途の推定、経済的・社会的意味などについての基本的な方向性を示した（佐原1977, 1982, 1994）。佐原の整理や木質遺物出土例（山田1983, 1993；富山考古学会縄文時代研究グループ編1989）を参照すると、磨製石斧を用いた縄文時代の木材利用例としては、竪穴住居・掘立柱建物・罠など各種設備建材の獲得、丸木舟製作、台・容器・掬い具・敲き具・箆・各種柄・掘り棒・弓・装飾品・祭祀具などの製作、薪の獲得などが挙げられる。各種の石斧は、これらの木材獲得・加工において、伐採する・割る・剥ぐ・削る・刳り貫く・穿孔する・彫るなどの工程をこなす際に用いられる。また、石斧は集落や菜園などの土地を確保・維持する際の森林・草本伐採に用いられたり、草本の生い茂った場所に分け入って活動する際の伐開に用いられたりする。さらには、動植物の解体・加工などにも用いられる。このように石斧類は縄文時代の森林資源（木材ほか動植物含む）の利用における主となる道具であり、その様態には過去の人々の森林・木材利用の実態が反映されていると考えてよいであろう。例えば、手斧・鑿などに相当する加工用石斧には、木材加工工程のバリエーションや複雑度合が反映されている（渡邉晶2004, 388）。定住生活には頑丈な住居が必要と考えられるが、その住居に必要な太い柱は、大型の磨製石斧によって獲得される（渡辺仁1966；西田1984）。また、伐採用石斧の量的増加や能力向上は、伐採活動の頻度増加と効率増大に関係する。多種の木製品製作は定住的生活と相互作用の関係にあり（Rafferty 1985；雨宮・松永1991）、森林伐採による林内ギャップの形成は各種有用植物の利用と関連する（西田1981, 1984, 23）。筆者は、このような整理にもとづいて、九州縄文時

代前期以降の磨製石斧動態の分析を行った（板倉 2006, 2）。

　以上をふまえると、磨製石斧の機能・用途においては、岩石以外（土壌、植物、動物）が対象になり得る。磨製石斧に観察される使用痕は、刃こぼれ、線状痕、潰れなどであるが、特に線状痕は、鋭い引っ掻き傷のほかに、断面が丸みを持つ幅広い傷が特徴的に認められる。これは、軟質な木材繊維との接触によるものであり、土壌中鉱物との接触によるものではない。土壌との接触による傷は、次章で検討するような打製石斧に認められる、細かい線状痕とその集合としての面的な摩滅であり、そのような使用痕は磨製石斧にはほとんど認められない。また、土壌の掘削は、土壌中鉱物との接触による強い摩耗や、土壌中岩石との衝突による強い衝撃が想定される。磨製石斧は、比較的緻密な良質石材を使用し、敲打や研磨といった長時間の製作工程を経て、木柄に着柄されて使用される管理度合い（コスト）の高い道具であり、あえて破損リスクの高い土壌掘削に用いることは適応的とは言えない。動物を対象とした作業（殺傷、解体、皮・骨・角の加工）や木材以外の植物を対象とした作業（切断、断ち割り、削り、摘み取りなど）は、土壌対象に比べて破損リスクは低く、磨製石斧に残る使用痕とも大きくは矛盾しない。ただし、これらの作業には、礫器、削器、掻器、大型刃器などの石器や遺跡に残らない有機物製道具の使用も想定できる。その点、木材繊維を切断し、木材内部に滑らかに貫入させるための磨製石斧の研磨された断面楔形・V字形の刃部は、他の道具にない性質として特化している。これらのことから磨製石斧の機能・用途としては、木材利用が第一義であり、その他動植物利用は副次的なものと評価できる（佐原 1977, 52）。磨製石斧を用いた木材加工としては、大きく削り工程（各種柱・杭・罠材などや斧柄・弓・櫂・敲き具・掘り棒など）、刳り抜き工程（段や孔など仕口を持つ柱などや容器類（皿・椀・鉢）・掬い具・丸木舟など）、割り工程（板材など）に分類できる。これらの作業を行うにあたり、どの斧身にどのような柄を着けて使用するかは、使用者の選択に委ねられていると想定される（佐原 1977, 74-75；松本 1998）。

　以上の検討をまとめると、磨製石斧の諸属性は以下のように説明できる。

- A. 形態：緻密な石材が選択され、剥離・敲打・研磨で縦長に成形され、通常、一短辺に研磨によって刃部が設けられる。小型から大型までサイズ変異がある。
- B. 使用法：ノミ（直柄平行着柄）、横斧（adze、チョウナ、膝柄平行着柄）、縦斧（axe、膝柄直交着柄、直柄直交着柄）など木または骨角の柄の付属および無柄（手持ち）が想定できる。斧身のサイズの違いは、刃部の幅（対象への加撃範囲）と刃部の厚み（耐久性）、質量（加撃力）の違いであり、機能・用途の制約（性能差）となっている。斧身・柄の形態や様式は使用者によるカスタマイズが可能で、使用法には柔軟性がある。
- C. 作用対象：石材よりも軟質な動植物のうち、木質および骨角質など、より硬質な部位への加撃を想定できる。主にサイズ差に起因する加撃の差は、切断・打割・皮剥ぎ・削りなどの大型対象への打撃・削りの作業と、小型対象への切断・削り・刳り抜き・穿孔などの加工作業に対応する。ただし、刃部断面が楔形・V字形を呈し、研磨で平滑化されているという特徴は、木材繊維の切断に優位な特性と言える。

　以下、この性能モデルに従って、資料の分析を進める。

2　磨製石斧の分析方法

（1）分析資料の選定

　以下の方法は板倉（2006）をほぼ踏襲している。分析対象とする磨製石斧セットは、同一層（遺構）出土土器様式が、前期から晩期の間でその時期幅をできるだけ狭く限定できるものを抽出した。本書の土器編年観は次節で説明する。

　遺跡出土磨製石斧は、遺跡周辺での資源利用のパターン（使用・廃棄の累積）を表す。この場合、遺跡内に廃棄され、発掘調査・報告によってデータ化される磨製石斧は、その遺跡に居住していた集団が使用し続けた磨製石斧セットそのものではない。特に伐採斧については遺跡外での使用時に破損・遺棄される場合も多いと想像され、遺跡出土磨製石斧データは様々な要因によって全体の比率が歪んでいる。この誤差の影響を最小限に止めるには、できる限り出土量の多い遺跡どうしを比較することで統計学的な妥当性を高め、器種構成の解釈においては比率ではなく存否に着目する。

　分析資料数を増やすために、破損品のデータも積極的に使用した。寺前直人は、弥生時代前期の磨製石斧について、重量と横断面法量（最大幅・最大厚）が比例関係にあることを示し、破損品についても最大幅・最大厚のサイズから完形時の推定重量を導き出して分析に用いている（寺前2001）。本分析では、推定重量は使用しないが、最大幅・最大厚を重量と比例したサイズ属性と評価して（図3-4）、破損品のデータを拾い上げる。石斧加撃力には、石斧重量だけでなく、木製斧柄の頭部の大きさや、斧柄と斧の間に付属させる斧袖の大きさも関連するが、両者は本論の分析対象地域からはほとんど出土しておらず、状況が不明である。また、槌や楔としての利用痕跡がみられる資料についても、磨製石斧の転用品と判断できるものを分析対象とし、石斧として利用されていた時点での属性（サイズ・基部成形・石材など）を抽出した。

　本分析の対象遺跡においても磨製石斧未成品が一定量存在する。未成品は、厳密に言えば、その遺跡で成品として使用されることなく廃棄されており、使用磨製石斧セットの範疇に入れるべきではない。本分析では、未成品は「使用される可能性があったもの」として成品とは区別して扱う。未成品のうち、体部の成形が完成して

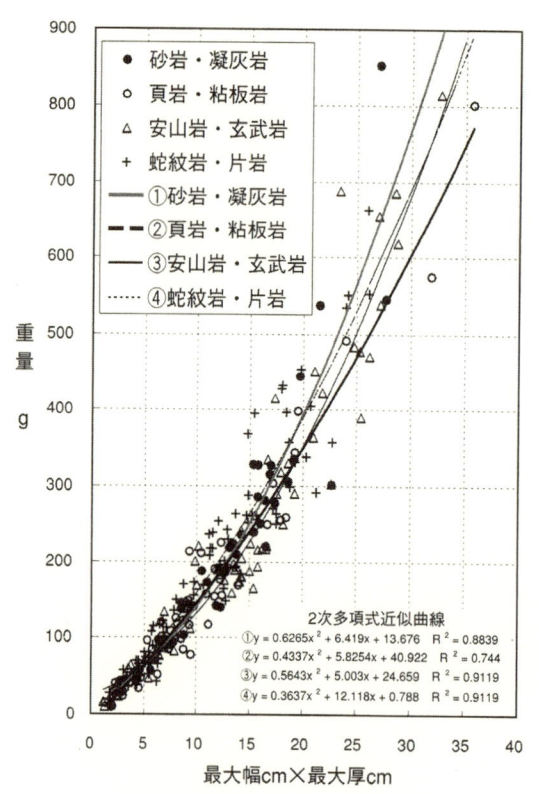

図3-4　石材別の磨製石斧横断面サイズと
　　　重量の関係（板倉2006より転載）

いないものは、サイズ計測値が成品よりも大きくなるため、遺跡出土磨製石斧中に未成品が多いと、そのサイズ変異は大きい方へ歪む。各遺跡出土磨製石斧のサイズ変異を把握する分析では、未成品の比率が少ない場合は参考値として未成品サイズ値を使用するが、未成品比率が多い場合は、そのサイズ値は使用しない。

　また、資料の抽出に際して、沿岸部遺跡と内陸部遺跡の比較を意識した。本章の目的は磨製石斧の遺跡間変異の有無を検討し、その結果が森林・木材利用あるいは居住様式とどのように関連するのかを考察することである。同一時期で居住様式の遺跡間変異が存在する場合、その要因としてまず考えなければならないのはその遺跡周辺の自然環境の違いであろう。このような予測が成り立つならば、沿岸部遺跡と内陸部遺跡では磨製石斧の様態が異なると予想される。道具形態において生態環境に応じた変異を想定する立場は、前章（p.54）で触れた、渡辺仁（1969）や後藤明（1983）の考え方に連なっている。

　このようにして資料数をできるだけ増やすことのできる遺跡を分析対象としたが、実際にはそ
のような遺跡の他にも、磨製石斧が全く出土しない遺跡や、数点しか出土しない遺跡がある。遺跡出土遺物の多様性・多量性がその遺跡で行われた人間活動の持続性・規模・複雑性を反映するならば（Rafferty 1985；雨宮・松永 1991）、磨製石斧がまとまって出土する遺跡は、比較的居住期間の長い遺跡である可能性が高い。そのような意味で、本分析で行う遺跡間の比較は、比較的居住期間の長い居住地どうしの比較ということになる。

　未成品や未使用品が多い資料については、生産と流通というコンテクストからの検討も必要となる。敦賀啓一郎による福岡県の縄文時代磨製石斧の分析においては、遺跡周辺で採取可能な石材を用いていることが示されている（敦賀 2005）。本分析に用いた磨製石斧の石材は、蛇紋岩・頁岩・粘板岩・砂岩・安山岩などが主体である（付表

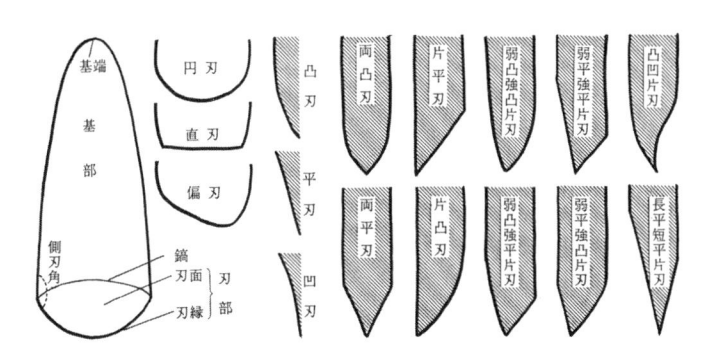

斧身の部分・刃の種類

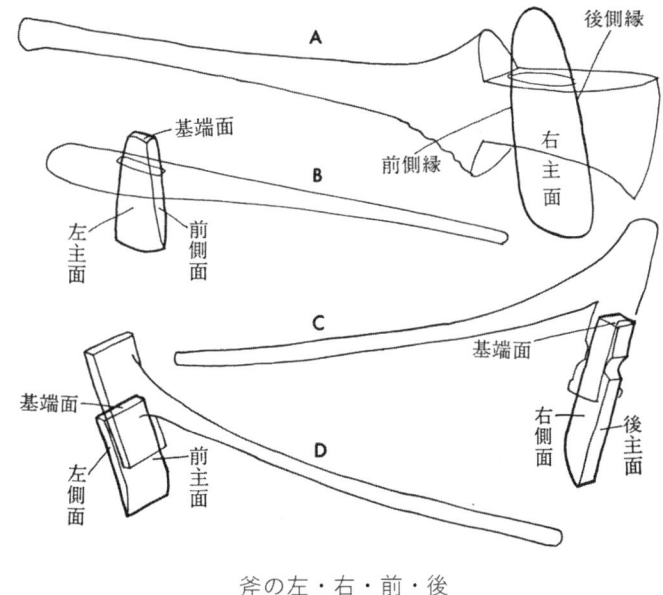

斧の左・右・前・後

図 3-5　石斧の各部名称（佐原 1977 より転載）

1)。中・古生代の長崎・三郡・領家変成岩類と新生代後期の火山岩類からなる九州山地北側では各時期で蛇紋岩・各種片岩・安山岩の使用比率が高い。一方、新生代前期の四万十累層群（砂岩・泥岩）と鮮新世以降の火山岩類からなる九州山地南側では砂岩・頁岩・ホルンフェルスの使用頻度が高い。これらは、臼杵－八代構造線を境とした九州地方南北両地域の地質帯の特性（町田ほか編 2001）をよく反映している。この九州島内での石材環境の違い、磨製石斧に使用する石材の違いは、製作される石斧サイズにある程度反映されている（図3-4）。石斧石材については、理化学的分析によって、石材産地を絞り込めたほうがより詳細な生産・流通の議論が可能となるであろうが、本論では扱わない。

（2）資料の調査方法

　下記属性について、報告書から情報を抽出し、その一部について資料調査（肉眼観察と写真撮影、ノギス・電子天秤による計測）を行った。資料調査の方法は以下のとおりである。

　　（ⅰ）石材：報告書記載を参考とした上での肉眼観察による鑑定。一部は、ネオジム磁石による磁性確認を行った。
　　（ⅱ）製作技術：剥離、敲打、研磨痕跡の観察。
　　（ⅲ）形態・サイズ：最大長・最大幅・最大厚・重量の計測。
　　（ⅳ）使用痕、変色、付着物：製作技術痕跡とともに刃部・基部表面にライトによる強い光線を当てながら観察。

　微細な痕跡について、デジタルマイクロスコープで20〜160倍の観察を行ったものもあるが、痕跡の確認や類別において、肉眼観察（写真記録）以上の効果は得られていない。分析に用いたデータは、資料調査を実施して得たものと、調査報告書にもとづいたものとがあるため、その旨を明記する。また、資料調査で得たデータ中には、調査報告書未掲載資料も一部含まれている。石斧の各部名称は佐原（1977, 52-61）に従う（図3-5）。

第3節　九州縄文時代の土器編年：本書における　　　時間軸の概要

　本書で使用する縄文土器の編年（様式分類とその時間的前後関係）の概略を図3-6〜8に示す。本書で分析対象とする石器、遺構、遺跡には、型式レベルでの土器との共伴関係を把握できる良好な層位事例（一括遺物、単一土器型式遺跡）はほとんどない。時期幅の広い包含層や遺跡単位で土器編年との対比を行なわざるを得ず、時間的な分類単位としては型式の上位階層である様式で把握することになる。土器編年は、土器型式レベルでは、分類・組列、層位的検討、土器付着炭化物の炭素14年代測定などによる研究の精緻化が進んでいるが、土器様式については大枠が定まっていると言えよう。本書では、2008年にまとめられた小林達雄古稀記念企画『総覧縄文土器』の成果とその他の代表的な研究成果をもとに、縄文時代前期から晩期後葉までの大別10時期を設定する。以下にその概要を述べる。

① 前期前半：轟Ａ・Ｂ式土器様式（約7,500～5,500年BP）

土器様式概要　尖底・丸底から胴部・口縁部が直立する砲弾形の深鉢を主体とする。外面施文は、条痕・微隆起線・隆帯による直線的な文様構成で、全面もしくは上半部に展開する。器壁内外面に強い条痕を残す点を特徴とする。

轟Ａ式（松本・富樫1961；高橋1988）　口縁部上端は緩い波状を呈するものもある。外面の条痕は直線・山形・弧状の沈線文・微隆起線文状になって全面に展開する。口唇部には刻目が施される。本様式期に鹿児島県鬼界カルデラの噴火（アカホヤ火山灰、約7,200～7,300年BP）が起こったとされる（桒畑2013）。次段階の轟Ｂ式との間には口縁部に刻目突帯をめぐらす西之薗式土器が設定されている（桒畑2008）。本分析では当該土器様式に伴う磨製石斧は抽出できていない。

轟Ｂ式（松本・富樫1961；宮本1990）　胴部が張る「屈曲形」器形のものも含まれる。施文は、隆起線・隆帯文による直線的な文様構成で、外面上半部に展開する（図3-6：1）。横位の波状や弧状、縦位の弧状、渦文をなすものもある（図3-6：2）。本様式期に鹿児島県池田カルデラの噴火（池田軽石、約6,400年BP）が起こったとされている（桒畑・東1997；桒畑2008, 2013）。次段階の曽畑式の間には、隆帯文に沈線文や刺突文が加わるプロト曽畑式、野口・阿多タイプ、西唐津式などの中間型式が設定される（水ノ江1993a）。佐賀県九郎遺跡では、轟Ｂ式土器の付着物から、5,905±25年BPの炭素14年代が得られている（佐賀県教育委員会編2011）。

② 前期後半：曽畑式土器様式（約5,500～5,000年BP）

土器様式概要　丸底から胴部・口縁部が直立する砲弾形の深鉢を主体とする。外面施文は、沈線・刺突による直線的な文様構成で、全面に展開する。口縁部内面施文がある。胎土に滑石を混入するものがあり、器面調整の条痕はナデ消される。

曽畑式（中村慶1982；堂込2008）　口縁部は外反するものや緩い波状を呈するものもある（図3-6：3）。轟Ｂ式に伴った屈曲形土器は見られなくなる。刺突・沈線による幾何学文の均等な文様構成が、粗雑化して、曽畑新式や轟Ｃ・Ｄ式（松本・富樫1961；田中1979, 1982b）へとつながる（図3-6：4）。福岡市今山遺跡では、曽畑式土器出土層の木材片や獣骨から、5,740±50～5,320±40年BPの炭素14年代が得られている（福岡市教育委員会編2005）。

③ 中期前半：船元・里木式土器様式（約5,000～4,500年BP）

土器様式概要　小平底で胴部が膨らみ、口縁部がキャリパー形（内側に湾曲する）を呈する深鉢形を主体とする。口縁部上端は波状をなすものもあり、頂部に突起を装飾する。外面施文は、沈線・隆線・爪形文・貝殻刺突による横位・縦位の直線状、波状、円状の文様構成で、口縁部文様帯と頸部以下胴部文様帯からなる。

鷹島式（泉1988, 2008）　口縁上端が直立するキャリパー形口縁で、胴部は張らず、小平底、五角形底をなす。口縁形は高い波状を呈して突起を装飾するものがある。文様は縄文を地文として、横位・縦位・波状・円形の突帯・連続爪形文・Ｃ字文で構成され、全面・上半部・口縁部に展開する（図3-6：5・6）。口縁部内面施文がある。瀬戸内地方が分布の中心であり、近畿地方から九州地方まで広がる。

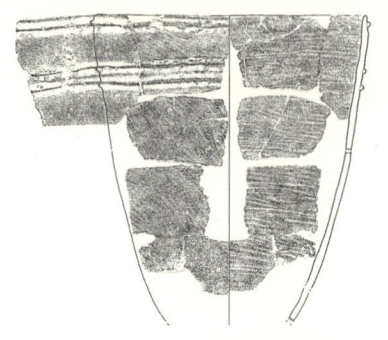
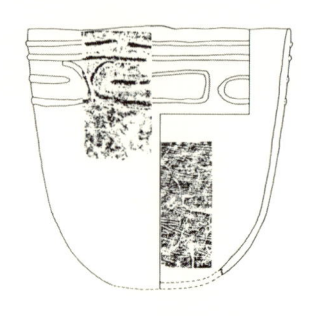

前期前半

1（34）椎原A遺跡2次　　　　　2（33）四箇遺跡J-10l地点

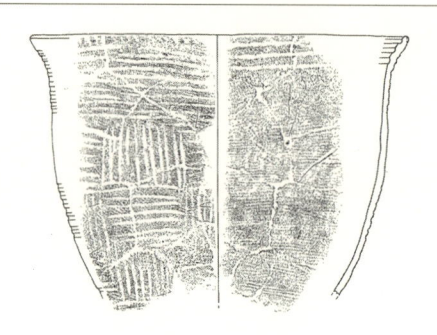
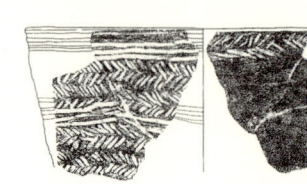

前期後半

3（72）今山遺跡8次　　　　　4（68）中村町遺跡5次

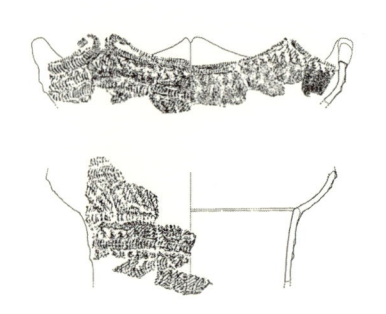
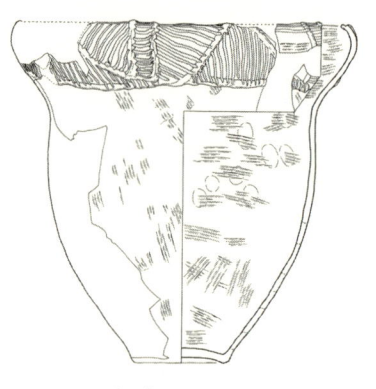

中期前半

5（183）・6（189）四箇遺跡22次　　　7（94）上水流遺跡

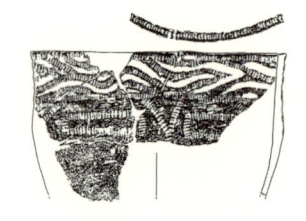
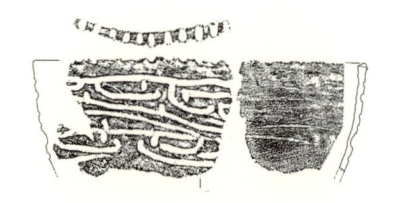

中期後半

8（19）平原遺跡　　　　　9（11）野多目C遺跡4次

1〜6・9：福岡市教育委員会編2004a・1981・2005・2012c・1989a・1993b、7：鹿児島県立埋蔵文化財
センター編2010、8：佐賀県教育委員会編1993。各報告書より転載。（）内番号は報告書掲載番号

0　　　　　　　10cm

図3-6　九州縄文時代前・中期の土器様式（S＝1/7）

　深浦式（相美2000，2008）　九州南部に分布する。深鉢は、砲弾形をなし、底部は丸底・尖底を呈す。口縁部上端は緩い波状をなしたり、突起を有したりするものがある。文様は、横位・縦位・波状・円形の刺突文・沈線・突帯で構成され、口縁部と全面に展開する。曽畑式と鷹島式の特徴の両方を有している。

　船元式（泉1988，2008；徳永1994）　鷹島式のキャリパー形口縁、小平底を踏襲するが、胴部の張り出しが強くなる。口縁部上端の波状形も鷹島式に比べて緩やかになる。文様は縄文を地文とし、横位の連続弧状文、山形文、円形文などで口縁部・肩部など上半部に文様帯をなす。古相では口縁部内面文様帯を残し（船元Ⅰ式）、新相ではキャリパー形口縁、胴部の張り、肩部の文様帯が不明瞭になり、上半部に大きく文様が展開する（船元Ⅱ・Ⅲ式）。佐賀県九郎遺跡では、船元式土器の付着物から、4,515±25年BPの炭素14年代が得られている（佐賀県教育委員会編2011）。

　里木Ⅱ式（泉1988，2008）　船元式に比べて、口縁部は小さく内湾し、胴部はあまり張らない。縄文を地文とし、口縁部上部に集約した文様帯と頸部根元の文様帯が形成されることで、二段の文様帯が強調される。

　春日式（東1989，1991，1999，2009；徳永1994）　平底から胴部が弱く膨らみ、頸部は直立して口縁部が内湾する（キャリパー形）。口縁部上端に突起が装飾されるものがある。外面施文は、沈線・刺突・隆帯・貝殻刺突による直線文・波状文・円文で、全面施文・口縁部文様帯をなす（図3-6：7）。胎土に滑石を含むものがある。船元式・里木Ⅱ式と共通する要素を持っている。本様式期の後半に宮崎県霧島火山群御池の噴火（御池軽石、約4,600年BP）が起こっている（桒畑・東1997；田島ほか2013）。

④ 中期後半：並木・阿高式土器様式（約4,500〜4,000年BP）

　土器様式概要　深鉢は、平底から胴部が膨らみ、口縁部が直立・外傾する。施文は沈線・凹線による曲線・直線を組み合わせた文様構成（入組文）で、口縁部文様帯と頸部以下胴部文様帯からなる。中・四国地方東部から近畿地方に分布する北白川Ｃ式との並行関係が想定される（冨井2008a；幸泉2008b）。

　並木式（田中1979；冨井2008b）　深鉢は大きな平底のバケツ形で、口縁上端に突起を持つものもある。外面施文は押引文と太い凹線文による直線文・波状文・入組文で、口縁部あるいは上半部に文様帯をなす（図3-6：8）。胎土に滑石を入れるものや口唇部に刻目を施すものがある。

　阿高式（田中1979；冨井2008b）　器形は並木式を踏襲し、口縁上端の突起が大型のものがある。文様は、太い凹線・刺突、貼付文による直線文・波状文・入組文で、口縁部あるいは上半部の文様帯をなし、全面施文も認められる（図3-6：9）。胎土に滑石を入れるものや口唇部に刻目を施すものがある。

⑤ 後期前葉：磨消縄文土器様式（約4,000〜3,500年BP）

　土器様式概要　深鉢は、平底から胴部が膨らみ、口縁部が直立・外傾する。施文は沈線・凹線による曲線・直線を組み合わせた文様構成（入組文）で、口縁部文様帯と頸部以下胴部文様帯からなる。浅鉢や壺形土器が器種組成に加わる。

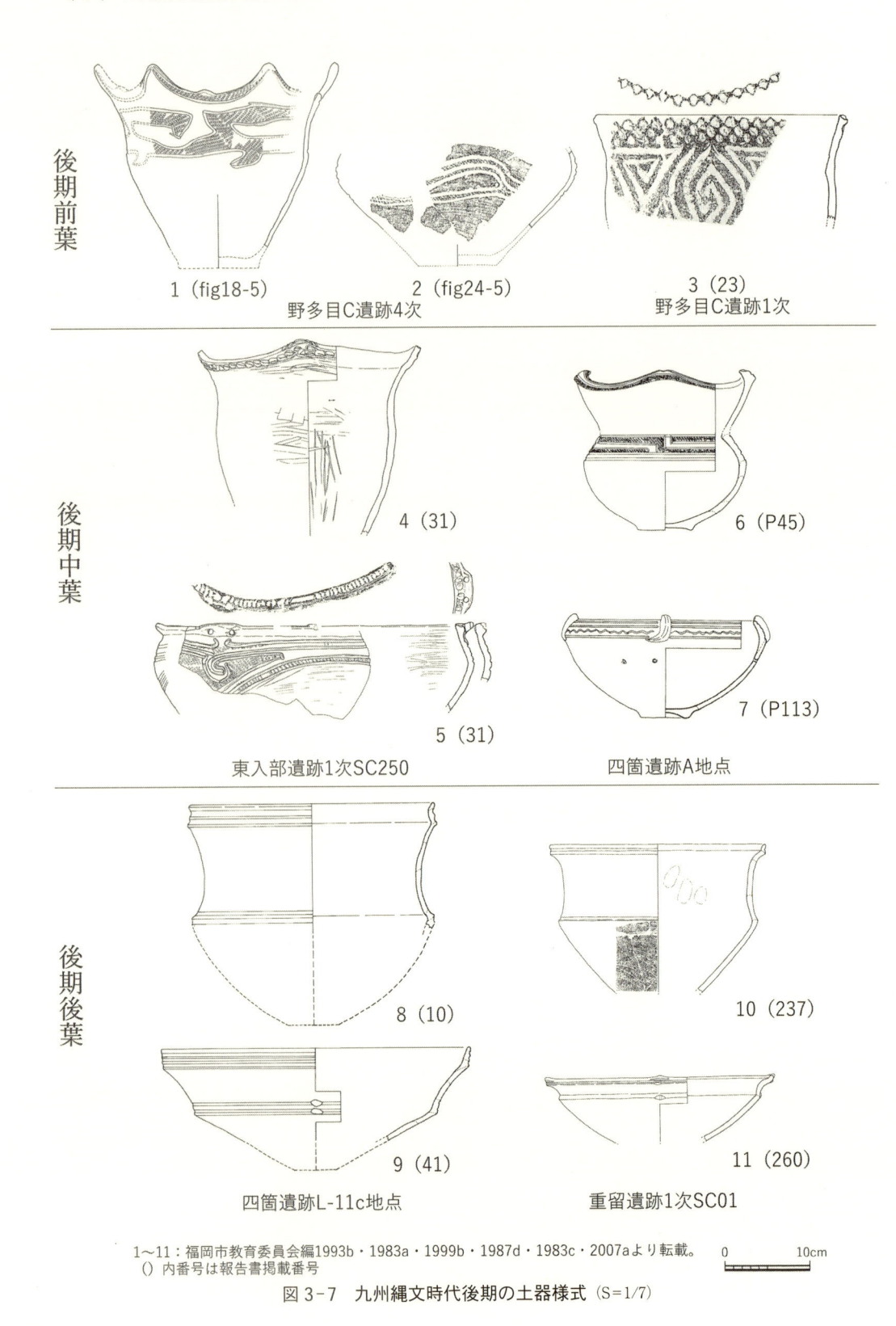

後期前葉

1（fig18-5）　　2（fig24-5）　　3（23）
野多目C遺跡4次　　　　野多目C遺跡1次

後期中葉

4（31）　　6（P45）

5（31）　　7（P113）

東入部遺跡1次SC250　　　四箇遺跡A地点

後期後葉

8（10）　　10（237）

9（41）　　11（260）

四箇遺跡L-11c地点　　　重留遺跡1次SC01

1～11：福岡市教育委員会編1993b・1983a・1999b・1987d・1983c・2007aより転載。
（）内番号は報告書掲載番号

0　　　　　10cm

図3-7　九州縄文時代後期の土器様式（S=1/7）

　中津式（石田2008）　平底から胴部が弱く膨らみ、口縁部は弱く内湾する（キャリパー形）。口縁部は大きく波状をなすものがあり、頂部に突起が装飾されたり、直下の口縁部文様帯に単位文様（円文・渦文）が配されたりする。文様は、沈線間充填縄文による横位・縦位の直線文・入組文・J字文などで、口縁部と上半部に文様帯をなす（図3-7：1）。中四国・近畿地方が分布の中心であり、九州・東海・北陸地方まで広く分布する。阿高式系土器（坂の下式）との折衷土器が知られる（田中1979）。

　坂の下式（田中1979）　器形は阿高式を踏襲する。文様は、太い凹線・刺突、貼付文による簡略化・直線化した直線文・波状文・入組文で、文様帯は口縁部へ集約傾向にある（図3-7：3）。胎土に滑石を入れるものや口唇部に刻目を施すものがある。分布の中心は九州北西部であり、九州北東部に西和田式、九州中部に阿高Ⅲ式、九州南部に岩崎下層式が分布する。福岡市名子遺跡の坂の下式、中津式が出土したSK149の炭化材からは3,850±20年BP（福岡市教育委員会編2011c）、佐賀県東畑瀬遺跡6T区出土の坂の下式土器付着物では3,845±25年BP（佐賀県教育委員会編2012）という炭素14年代が得られている。

　南福寺式（田中1979, 1982a）　阿高式の深鉢器形を踏襲するが、口縁は平坦で、波状や突起などの装飾は見られなくなる。施文は太い凹線・刺突による直線文、形骸化した入組文、逆S字文などで、口縁部文様帯に集約される。

　福田KⅡ式（石田2008）　深鉢の形態・文様構成は中津式から連続する。中津式に比べて、波状口縁が緩やかになり、平坦口縁に突起が装飾されるものがある。文様は、幅の狭い沈線間充填縄文が展開し、3本沈線文が特徴的に見られる（図3-7：2）。平底から胴部・口縁部が外傾して直線的に立ち上がり、口縁部上端が内折する植木鉢形の鉢が器種組成に加わる。

　出水式（田中1982a）　阿高式・南福寺式の深鉢器形を踏襲し、施文は細凹線・沈線・刺突・貼付文による直線文・波状文で、口縁部文様帯に集約される。次段階の御手洗A・C式、市来式への連続が想定される。

⑥ 後期中葉：縁帯文土器様式（約3,500〜3,200年BP）

　土器様式概要　深鉢は、平底から胴部が膨らみ（球形胴部）、口縁部は直立・外傾する。口縁端部は肥厚あるいは内折し、口縁帯（カラー）を形成する。施文は、沈線間充填縄文による入組文で、口縁部文様帯と胴部上半の文様帯からなる。浅鉢・注口土器・台付土器などが器種構成に加わる。

　鐘崎式（田中1982a；水ノ江1992, 1993b, 2008）　球形胴部と短い頸部、肥厚する口縁を特徴とする。緩やかな波状口縁をなし、頂部直下の口縁部文様帯に単位文様（渦文・鉤手文など）が配される。文様は、沈線による入組文で、沈線間を縄文や貝殻文で充填する（図3-7：5）。古相には小池原下層・上層式、九州南部の指宿式が設定されている。九州中部の御手洗A・C式、九州南部の市来式と並行する。

　市来式（前迫2008）　深鉢は、大型平底から胴が弱く張り、口縁部は外傾して幅広く肥厚する。波状口縁で頂部に突起を装飾するものもある。文様は、沈線・刺突・爪形・貼付などによる直線文で、口縁部文様帯をなす。台付土器が特徴的に伴う。

　北久根山式（水ノ江 1993b，2008）　深鉢は、球形胴部から頸部にかけてすぼまり、口縁部は直立・外傾して、幅広く肥厚する。波状口縁で頂部に W 字状の貼付文を装飾し、口縁帯に短斜線文・刺突文をめぐらす（図 3-7：4）。鐘崎式と市来式の特徴を有する。

　石町式（林 2002；小南 2017）　深鉢は、球形胴部から頸部にかけてすぼまり、口縁部は外傾する。波状口縁で頂部に突起を装飾する。文様は、沈線間充填縄文（疑似縄文）による直線文、簡略化された入組文で、口縁部と胴部上半（肩部）に文様帯をなす。九州中部には辛川式が分布する。

　太郎迫式（水ノ江 2008）　球形胴部から口縁部は長く外傾して波状口縁をなし、上端で内折する。文様は沈線と充填縄文による直線文・波状文で、口縁上端と肩部に文様帯をなす（図 3-7：6・7）。西平式は太郎迫式の範疇に含まれる。外面を焼成前に研磨し、焼成後に炭素を吸着させて光沢ある黒色に仕上げる土器製作技術が採用される（黒色磨研土器）。黒色磨研技術は、次段階の凹線文土器様式に引き継がれて盛行する。太郎迫式と次段階の三万田式は土器様式として類似する点もあるが、明確な違いもある。中村大介の土器容量の分析によれば、三万田式土器において 30 リットル以上の超特大型の増加傾向があり、両様式間には土器使用という点においても画期が認められる（中村 2005，2012，319）。辛川式、太郎迫式を主体とする熊本県木柑子下原遺跡の土坑出土炭化物からは 3,450±50、3,560±40 年 BP（菊池市教育委員会編 2002）、佐賀県西畑瀬遺跡 9A 区出土の太郎迫式土器付着物では 3,295±25 年 BP（佐賀県教育委員会編 2012）、同県大野遺跡出土の太郎迫式新相土器付着物では 3,250±40 年 BP（佐賀県教育委員会編 2007）、熊本県玉名平野条里跡出土の太郎迫式土器内面付着物では 3,220±40 年 BP（熊本県教育委員会編 2005）の炭素 14 年代がそれぞれ得られている。

⑦ 後期後葉：凹線文土器様式（約 3,200～3,000 年 BP）

　土器様式概要　深鉢は、小平底から胴部が張り出した後、頸部に向かってすぼまり（屈曲胴部）、口縁部は直立・外傾して、口縁帯（カラー）をなす。黒色磨研技術で製作されるものがある。施文は、凹線による横位直線文で、口縁部文様帯と胴部文様帯からなる。浅鉢・注口土器を伴う。

　三万田式（富田 1981；宮地 2008a）　深鉢は、肩の張り出し（胴部屈曲）が強く、口縁帯（カラー）も明瞭であり、前段階の太郎迫式など縁帯文土器の形態と連続性がある。施文は、横位の凹線、細斜線で、縄文を施さず、口縁部と胴部（肩部）の文様帯からなる（図 3-7：8）。浅鉢も同様の形態・文様構成からなる（図 3-7：9）。三万田式と御領式の中間型式として鳥井原式が分離されている。

　御領式（富田 1981；宮地 2008a）　深鉢は、肩部の張り出しが急角度となり（屈曲化）、口縁帯が幅狭くなる。それに伴って、口縁部・肩部文様帯が幅狭くなり、文様が沈線化する。浅鉢も同様の形態・文様構成からなる。佐賀県西畑瀬遺跡 9A 区出土の御領式土器付着物では 3,060±25 年 BP の炭素 14 年代が得られている（佐賀県教育委員会編 2012）。

　広田式（福岡県教育委員会編 1980；宮地 2008a）　深鉢は、肩部の屈曲角度が大きく（緩やかに）なり、口縁帯はさらに幅狭くなる（図 3-7：10）。浅鉢も同様の形態・文様構成で、肩部の張り出しが不明瞭になり、口縁帯は口縁端部をつまみ上げた形状に形骸化する（図 3-7：11）。九州東部には大石式、九州中部には天城式、九州南部には上加世田式が分布する。

⑧ 晩期前葉：古閑式土器様式（約 3,000～2,900 年 BP）

　　土器様式概要　深鉢は、平底から胴部が張り出し（屈曲胴部）、頸部がすぼまって口縁部が直立・外傾する。外面施文は、沈線による横位直線文で、口縁部文様帯をなす。黒色磨研技術が衰退し、条痕地のものが多くなる。浅鉢は、玉縁状口縁、蝶ネクタイ状突起、胴張りなどの特徴が現れる。

　　古閑式（山崎・島津 1981；宮地 2008a）　後期後葉から続く口縁帯を持つ深鉢（図 3-8：1）と口縁部が形骸化した浅鉢（図 3-8：2・3）から、口縁帯が消滅した深鉢（図 3-8：4）と次段階の黒川式につながる胴張り浅鉢の出現（図 3-8：5）など、古相と新相の区別が比較的明瞭である。小南裕一や宮地聡一郎は、近畿地方の滋賀里 II 式との共通性から古閑式古相を晩期の開始期としている（小南 2008；宮地 2008a）。九州南部には入佐式が分布する（堂込 1997）。古閑式新相土器を主体とする福岡市上広瀬遺跡の包含層出土炭化物からは 3,036±24、3,082±24 年 BP（福岡市教育委員会編 2006b）、佐賀県東畑瀬遺跡 6T 区出土の古閑式新相浅鉢付着物では 3,085±20 年 BP（佐賀県教育委員会編 2012）の炭素 14 年代が得られている。

⑨ 晩期中葉：黒川式土器様式（約 2,900～2,800 年 BP）

　　土器様式概要　深鉢は、胴部の屈曲が弱まり、平底から胴部・口縁部が直立・外傾する。器面調整の条痕を残し、上半部に沈線・突帯・リボン状突起などの装飾を施すものもある。浅鉢は、玉縁口縁、リボン状突起、肩張りなどの特徴を有する。外面に編組製品の圧痕が残った鉢・浅鉢形土器（組織痕土器）を伴う。

　　黒川式（水ノ江 1997；堂込 1997；宮地 2008a）　深鉢は無文の直口・外傾口縁となり、簡素化する（図 3-8：6・7）。浅鉢は肩部の張り出し（胴部屈曲）が強くなり、口縁端部の突起や玉縁などの特徴が現れる（図 3-8：8・9）。黒川式は、水ノ江（1997）や宮地（2012）が指摘するように、報告書の記載において後期後葉土器や古閑式との区別が不明瞭な場合があり、「黒川式系」「後期後半～晩期」と一括りにされる傾向がある。本書は、弥生時代早期に先立つ当該期の様相把握を重視しているため、浅鉢の特徴などに注意して、後期後葉土器、古閑式、黒川式の区別を行う。大分県加来東遺跡出土の黒川式並行漆塗土器の漆塗膜の年代測定では、2,819±20 年 BP という年代が得られている（中津市教育委員会編 2013）。佐賀県東畑瀬遺跡出土の黒川式新相土器付着物では 2,860±40～2,775±25 年 BP の炭素 14 年代が得られている（佐賀県教育委員会編 2007）。

⑩ 晩期後葉～弥生時代早期：突帯文土器様式（約 2,800～2,700 年 BP）

　　土器様式概要　深鉢は、台状の底部から胴部が弱く張り出し、口縁部が直立・内傾する。器面調整の条痕を残し、刻目突帯を口縁部・胴部にめぐらす。口唇部の刻目や波状口縁も見られる。浅鉢は、逆く字形口縁、屈曲胴部、山形口縁などの特徴を有する。壺・高坏を伴う。

　　刻目突帯文土器（宮地 2008b）　深鉢は、太めの刻目突帯文や口唇部刻目を特徴とする（図 3-8：10・11）。浅鉢は、黒川式の特徴であった屈曲胴部、玉縁口縁、リボン状突起が形骸化して残る（図 3-8：12・13）。壺などの新しい器種も認められる（図 3-8：14）。当該土器様式を、宮地聡一郎は浅鉢の型式組列をもとに「刻目凸帯文土器 I 期」と設定した。九州東部・南部の無刻目

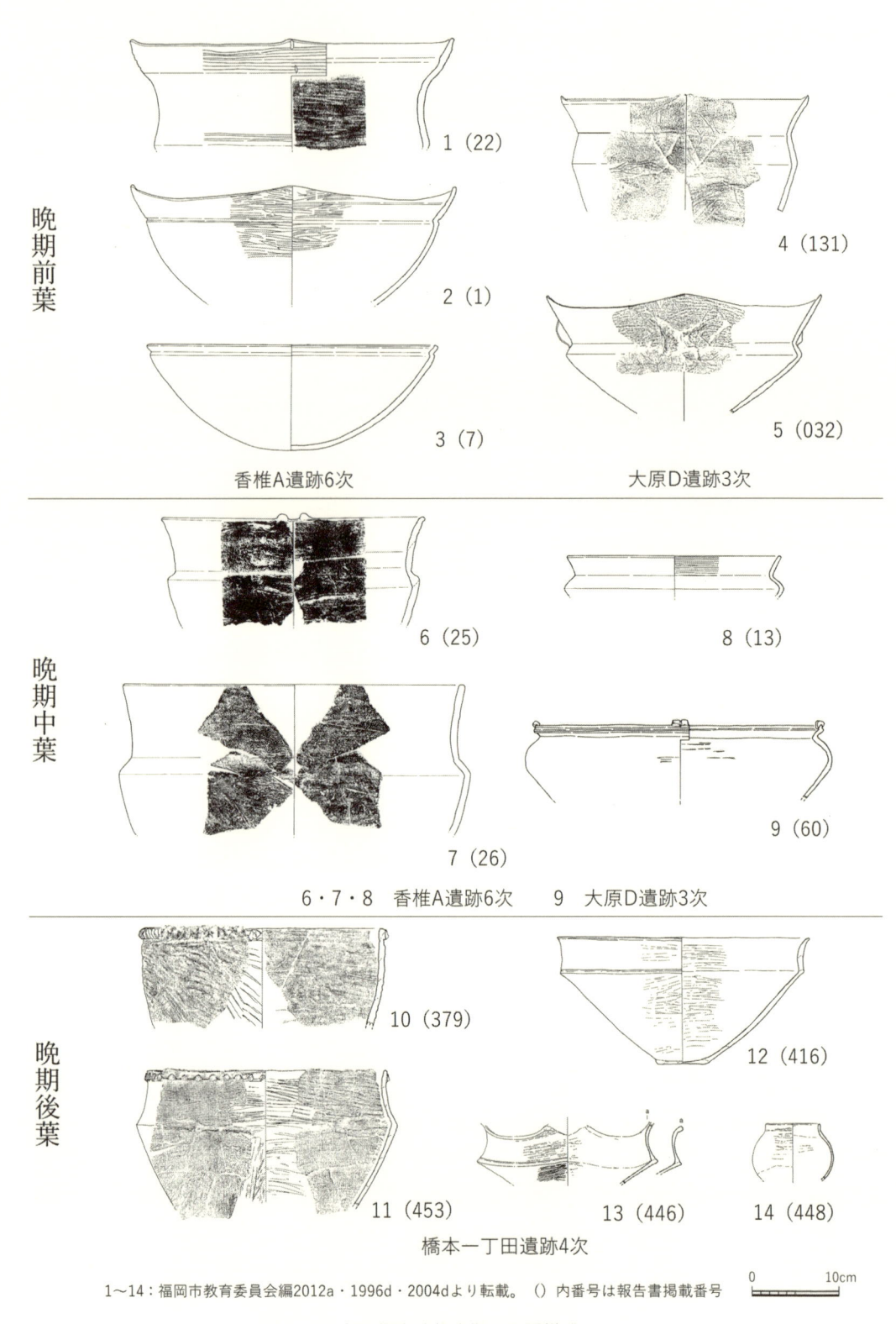

1～14：福岡市教育委員会編2012a・1996d・2004dより転載。（）内番号は報告書掲載番号

図 3-8　九州縄文時代晩期の土器様式 （S＝1/7）

突帯文土器段階もこの時期に含む。

　夜臼式（山崎 1980）　深鉢は、胴部屈曲部に刻目突帯を施すいわゆる屈曲甕が現れ、突帯が退化した板付祖型甕も現れる。細い粘土紐と浅い刻みは新相の傾向となる。浅鉢は、胴部屈曲や口縁端部突起がなくなり、逆く字形口縁となる。高坏や壺が組成に加わる。佐賀県宇木汲田貝塚出土の夜臼 I 式土器に伴う炭化米では、2,710±24、2,695±21、2,640±22 年 BP という炭素 14 年代が得られている（宮本編 2021, 13・113）。また、鹿児島県上水流遺跡出土の刻目突帯文土器様式の深鉢・浅鉢の付着炭化物では、2,762±24〜2,549±24 という炭素 14 年代が得られている（鹿児島県立埋蔵文化財センター編 2007）。

第 4 節　各事例の分析

　表 3-1、図 3-9 が分析対象とした磨製石斧の出土遺跡である。また、各磨製石斧個体から取得したデータを付表 1 に示す。各時期・各遺跡の磨製石斧セットの概要は図 3-10〜22 のとおりである。以下では、分析対象遺跡の概要（立地、土器型式、遺構、遺物、その他特記事項）と、磨製石斧の石質、サイズ、成形技術、形状、使用痕などの傾向を記述し、分析対象遺跡以外の資料状況もふまえながら、各時期の特徴を把握していきたい。

1　前期

（1）供養川遺跡（長崎県教育委員会編 2003）

　九州本島から平戸瀬戸を隔てた平戸島東北の礫浜上、標高約 1 m に位置する。礫層上の黒褐色混貝砂礫層から曽畑式土器期の磨製石斧が出土した。出土アワビからは、5,900±60 年 BP の炭素 14 年代が得られている。本資料の分析には報告書掲載データを使用する。

　石材は、安山岩を主体として、玄武岩、頁岩、蛇紋岩など比較的多様である。サイズは、最大幅 2〜4 cm のノミ形・小型品（図 3-11：1・2）を含めて各種サイズが出土している。最大幅 5.5 cm を超える中・大型品でも扁平片刃の傾向が認められる（4・5）。最大幅 4〜5 cm に対して最大厚が 3 cm 程度と厚い中型品が特徴的に含まれる（3）。未成品も数点が含まれている。付表 1：18 は報告では打製石斧とされているが、本分析では安山岩製の中型磨製石斧未成品と認定している。縦斧着柄の太型品は確認できない。本資料には、ノミ形石斧が含まれており（1、付表 1：1）、宮内（1987）が後期としたノミ形石斧の出現は、前期後半まで遡ると考えられる。

　磨製石斧以外の石器としては、黒曜石製の大型スクレイパー類と安山岩製の礫石錘が出土している。遺跡立地からは、主に前面の平戸瀬戸海域での資源利用が想定できる。磨製石斧の出土量が比較的多く、未成品も含むことから、長期間の居住が想定できるが、竪穴住居を伴うような居住地遺跡ではなく、回帰的・季節的な資源利用の場であったと考えられる。

表 3-1　磨製石斧分析遺跡一覧

番号	遺跡名	所在地	経度	緯度	時期
1	供養川	長崎県平戸市	129.558499	33.376997	前期後半
2	椎原 A2 次	福岡市	130.354658	33.468438	前期
3	四箇 J-101	福岡市	130.329984	33.532197	前期
4	中村町 5 次	福岡市	130.414914	33.560939	前期
5	野口	福岡県久留米市	130.563548	33.318741	前期
6	轟貝塚 12・13 次	熊本県宇土市	130.641174	32.679235	前期前半
7	神野牧	鹿児島県鹿屋市	130.847747	31.414507	前期
8	菜畑 15〜14 下層	佐賀県唐津市	129.957891	33.44871	前〜中期
9	かわじ池	大分県由布市	131.324036	33.254177	早期後葉〜中期
10	岡田	熊本県菊池市七城町	130.774112	32.986291	中期前半
11	上水流	鹿児島県南さつま市金峰町	130.337548	31.419963	中期
12	前谷	鹿児島県志布志市松山町	131.080066	31.5634	中期
13	徳蔵谷	佐賀県唐津市	129.934133	33.472829	後期前葉
14	黒橋貝塚	熊本市城南町	130.72433	32.701823	後期前葉
15	上田代	宮崎県えびの市	130.857139	32.022337	後期前葉
16	上ノ平	鹿児島県日置市伊集院町	130.403774	31.657359	後期前葉
17	下吉田	福岡県北九州市	130.963554	33.8441	後期中葉
18	挾間宮ノ下	福岡県豊前市	131.114895	33.567779	後期中葉
19	上の原第 2	宮崎市清武町	131.360035	31.881952	後期中葉
20	干迫	鹿児島県姶良市	130.673926	31.744071	後期中葉
21	広田	福岡県糸島市二丈町	130.078583	33.495637	後期後葉
22	四箇 L-11c	福岡市	130.331857	33.530622	後期後葉
23	蔵上	佐賀県鳥栖市	130.494538	33.378779	後期後葉
24	大久保	熊本県菊池市七城町	130.745451	32.95525	後期後葉
25	布平	宮崎県西臼杵郡日之影町	131.344661	32.688243	後期後葉
26	香椎 A6・7 次	福岡市	130.449174	33.657361	晩期
27	クリナラ	福岡県朝倉市杷木町	130.808197	33.370079	晩期中葉
28	大坪	鹿児島県出水市	130.353541	32.101693	後期後葉〜晩期中葉
29	菜畑 12〜8 下層	佐賀県唐津市	129.957891	33.44871	晩期後葉〜弥生早期
30	板付 54・59 次	福岡市	130.452665	33.565258	晩期後葉〜弥生早期
31	東那珂 4 次	福岡市	130.445854	33.57758	晩期後葉〜弥生早期
32	有田 62 次	福岡市	130.331633	33.560543	晩期後葉〜弥生早期
33	石丸古川	福岡市	130.31216	33.570522	晩期後葉〜弥生早期

（2）椎原Ａ遺跡第 2 次調査（福岡市教育委員会編 2004a）

　椎原川中流の小扇状地上、標高約 194m に位置する。轟Ｂ式・曽畑式土器期の集石と風倒木痕を含む土坑状遺構が検出され、磨製石斧が出土した。本資料の分析には筆者計測データ（2021 年 9 月福岡市埋蔵文化財センターにて調査）を使用する。

　石材は、蛇紋岩質と砂岩系からなる。中型品を主体としつつ、刃部幅 3.98cm の小型品が 1 点含まれる（図 3-11：6）。6・8 は刃部断面形が片刃を呈し、片刃成形されていない方の刃面に刃縁に直交する線状痕が認められた。最大厚は全体に 1〜2cm と薄く、横斧着柄使用が想定される。

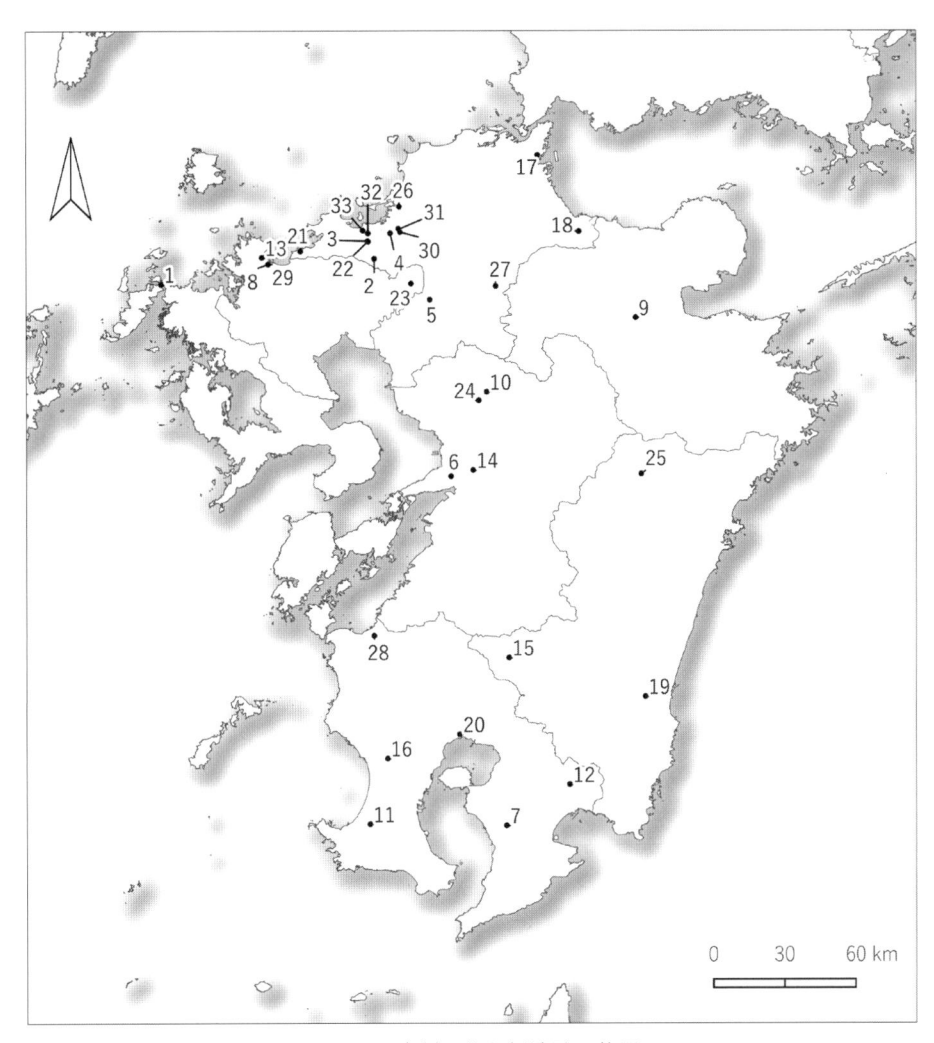

図 3-9　磨製石斧分析遺跡の位置
背景地図は「国土数値情報（行政区域）」（国土交通省）をもとに QGIS で作成

ノミ形や大型品は出土していない。

　磨製石斧以外の石器は、石匙類、磨石類が出土している。遺跡立地からは、河川中・上流域と丘陵部での資源利用が想定される。磨製石斧の出土量は比較的多いため、長期間の居住を想定できるが、竪穴住居などを伴う居住地遺跡ではなく、回帰的・季節的な利用の場であったと考えられる。風倒木痕を含む土坑状遺構は、継続的な居住に伴って人為的に構築されたものか、自然の営為（暴風雨）によって形成されたものか不明である。

（3）四箇遺跡 J-10I 地点（福岡市教育委員会編 1981）

　早良平野内、室見川右岸扇状地の微高地上、標高約 21 m に位置する。轟 B 式・曽畑式土器期のピット・不定形土坑が検出され、磨製石斧が出土した。本資料の分析には筆者計測データ（2004 年 3 月福岡市埋蔵文化財センターにて調査）を使用する。

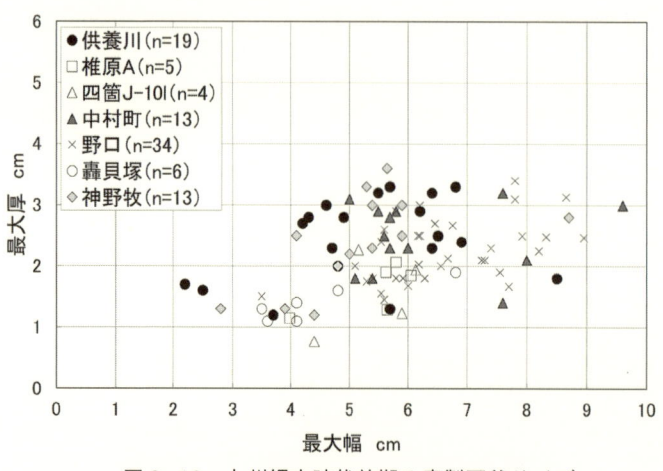

図3-10　九州縄文時代前期の磨製石斧サイズ

石材は、蛇紋岩質と粘板岩からなる。図3-11：9は刃部幅4.4cmの扁平短冊形の小型品である。全体的に平滑で、研磨が施されていると思われるが、風化が著しく、身部・刃部の使用痕跡を含めて詳細は不明である。小型で扁平であることから、横斧かノミ着柄であると考えられる。10・11や付表1：29は中型品で、研磨・面取で平面形が弱バチ形に仕上げられている。11は刃部の風化が著しいが、刃縁部の摩滅を確認できる。29は、刃部破損後に両面からの調整および研磨によって刃部の再生を行っている。刃縁部と基端部に潰れ痕跡が認められるため、最終的には敲石やクサビとして使用されている。10は風化が著しく、使用法を示す痕跡を残さないが、扁平片刃という形態から、横斧着柄であったと考えられる。ノミ形や大型品は出土していない。

　磨製石斧以外の石器としては、完形の石皿2点が特徴的に出土している。遺跡立地からは、河川中・下流域と扇状地上および丘陵部が資源利用の場であったと想定される。四箇遺跡が、縄文時代後期中・後葉には博多湾沿岸でも有数の拠点的集落になることをふまえると、前期の様相は小規模であり、前期と後期では資源利用様式や居住様式の内容に違いがあることが示唆される。

（4）中村町遺跡第5次調査（福岡市教育委員会編 2012c）

　北に福岡平野を望む丘陵の端部、標高約6mに位置する。弥生時代の遺構面である黄褐色シルト層下の河川堆積層から轟B式、曽畑式、曽畑新式土器期の磨製石斧が出土した。本資料の分析には報告書掲載データを使用する。

　石材は蛇紋岩質、安山岩・玄武岩からなる。ノミ形・小型品は含まれず、中・大型品で構成される。図3-11：12・14は扁平片刃を呈し、15は最大幅9.6cm、最大厚3cmを測る蛇紋岩製の扁平大型品である。刃部平面形は直刃をなしており、横斧着柄であったと考えられる。ノミ形や縦斧着柄の太型品は確認できない。

　磨製石斧以外の石器は、石銛や石匙、石皿類や編組製品が特徴的に出土している。遺跡立地からは、河川下流域（海進期内湾）と丘陵部での資源利用が想定される。縄文時代前期の中村町遺跡は、河川作用による埋没遺跡であり、詳細が不明な部分も多いが、その堆積状況は、完新世最温暖期後の海退期の様相を示すものとして重要である。この点については本書第7章で触れる（p.245）。

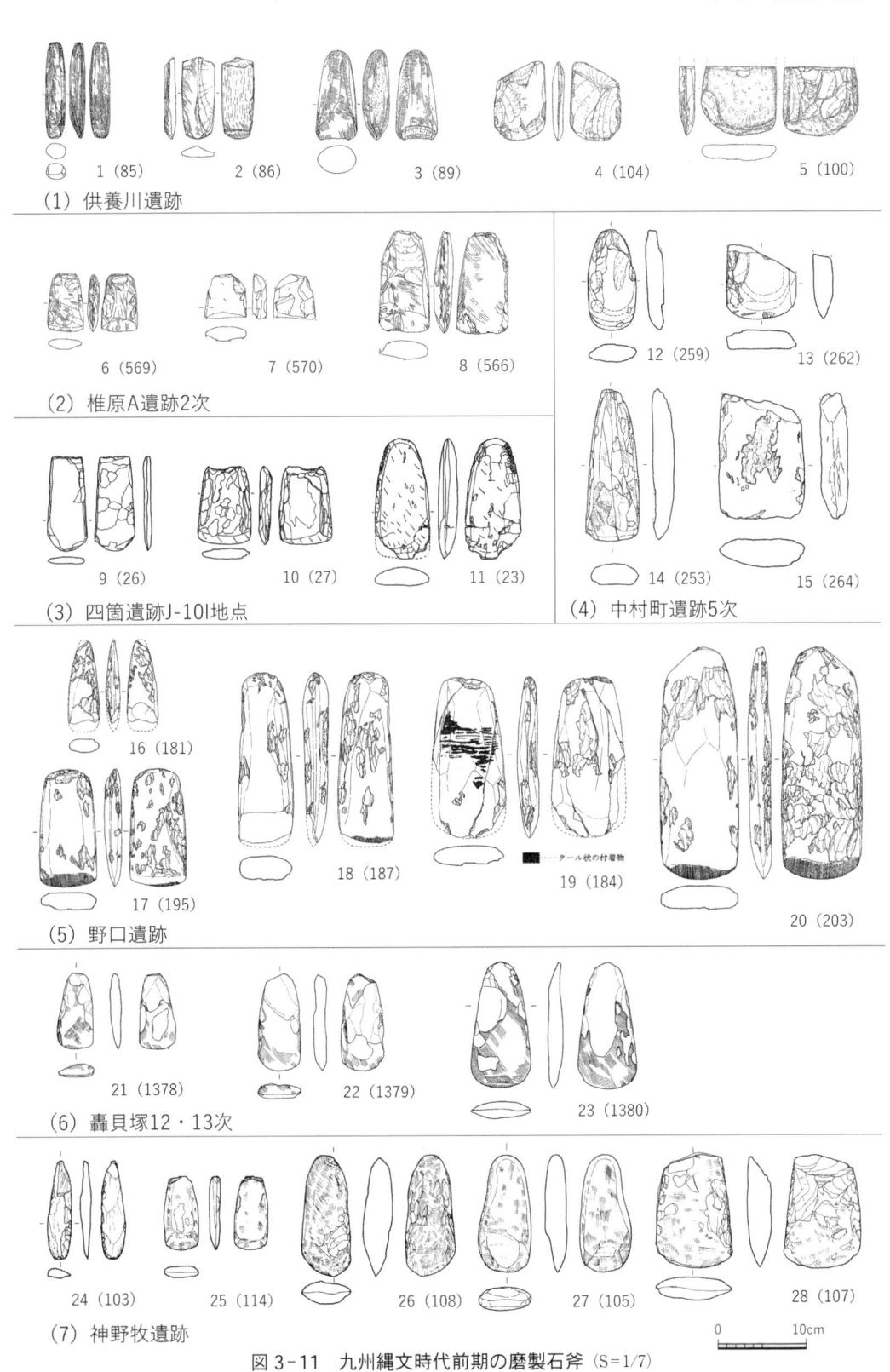

(1) 供養川遺跡

(2) 椎原A遺跡2次

(3) 四箇遺跡J-10I地点

(4) 中村町遺跡5次

(5) 野口遺跡

(6) 轟貝塚12・13次

(7) 神野牧遺跡

図3-11　九州縄文時代前期の磨製石斧（S=1/7）

各報告書より転載。（　）内番号は報告書掲載番号

(5) 野口遺跡 （久留米市教育委員会編 1981，1987，1988，1992，1997，2018）

　西側に筑後川下流域を望む、筑後川中流左岸の自然堤防上、標高約 10m に位置する。第2次調査では、轟B式・曽畑式土器期の風倒木痕を含む竪穴、安山岩剥片・磨製石斧・磨石の集積遺構などが検出され、磨製石斧が出土した。本資料の分析には筆者計測データ（2005年1月久留米市埋蔵文化財センターにて調査）と一部報告書掲載データを使用する。

　石材は蛇紋岩質・片岩質と細粒砂岩・頁岩質に二分される。サイズは、最大幅が5～9cmの中・大型品がほとんどであるが、刃部を作り出していない未成品として幅3.5cm・厚さ1.5cmの蛇紋岩質石材の小型品が1点出土している（図3-11：16）。ただし、上層には中・後期土器を含む層もあり、後期資料が混入する可能性は排除できない。本分析では、出土層位と形態の特徴から、後期石斧と区別できる最大厚2cm前後の扁平石斧を前期石斧として扱う（付表1）。これらの刃部形態は、刃縁の正面観がわずかに凸状・丸ノミ状を呈しており、凸面側の刃面に直線状の粗い線状痕を残すものがある（17・20）。また、体部にタール状付着物を伴う緊縛痕跡や、面的な光沢などを確認できる（19）。これらは全体形状、刃縁正面形、使用痕から中・大型の横斧着柄石斧と考えられる。縦斧着柄の太型品は確認できない。

　磨製石斧以外の前期の石器は、後期石器と混在しており、抽出することができない。遺跡立地からは、河川下流域での資源利用が想定できる。磨製石斧の出土量からは比較的長期の居住を想定できるが、竪穴住居を伴うような安定した居住地遺跡ではなく、多数の風倒木痕の存在は、河川氾濫の影響を受ける自然堤防上の不安定さを示唆している。石器の集積遺構なども移動的・回帰的な利用に伴うものと理解できる。

(6) 轟貝塚第12・13次調査 （宇土市教育委員会編 2021）

　東側に熊本平野の南西端低地を望む舌状台地上、標高約6m に位置する。前期前半の轟A・B式期と中・後期の2時期が主体となり、出土石器も両時期が混在して出土するが、第3トレンチでは轟A・B式土器期の磨製石斧が出土した。本資料の分析には報告書掲載データを使用する。

　石材は蛇紋岩と安山岩からなる。サイズは小型品と中型品で構成される（図3-11：21～23）。最大厚が1.1～1.9cmと薄く、刃縁正面観が凸状・丸ノミ状を呈しており、前期石斧の特徴を示す。形態からは横斧着柄と想定される。大型品は出土していない。

　磨製石斧以外の石器は、石匙、磨石・石皿類が出土している。遺跡立地からは、内湾・河川下流域と丘陵部での資源利用が想定される。

(7) 神野牧遺跡 （鹿児島県立埋蔵文化財センター編 1997a）

　大須原台地の東端、南流する肝属川を望む河岸段丘上、標高約40m に位置する。曽畑式土器期の集石が検出され、磨製石斧が出土した。本資料の分析には筆者計測データ（2003年7月鹿児島県立埋蔵文化財センターにて調査）と一部報告書掲載データを使用する。

　石材は、砂岩系のホルンフェルスが主体となり、蛇紋岩が1点認められる（図3-11：26）。サイズは小型品、中型品、大型品で構成される。刃部断面形はほとんどが両刃であり、刃部平面形には斜刃の傾向が認められる（26・27）。また、刃縁正面観が丸ノミ状を呈すものもある。小型品

は面取成形され（25）、中・大型品は必ずしも面取成形は行わずに、剥離後の全体研磨で仕上げられる（26〜28）。ノミ形の可能性がある未成品が1点出土している（24）。明確な縦斧着柄の太型品は確認できない。

　磨製石斧以外の石器は、スクレイパー類、磨石・石皿類が出土している。遺跡立地からは、河川中流域と台地上および丘陵部での資源利用が想定できる。磨製石斧の出土量は比較的多く、サイズ変異も大きい。台地上という遺跡立地も他の前期遺跡と異なっており、後述する中期の岡田遺跡や前谷遺跡との共通性がある。

　これらの他に、沿岸部遺跡としては長崎県多良見町伊木力遺跡、同県長崎市深堀遺跡、佐賀県唐津市菜畑遺跡、同県松浦市姫神社遺跡表採資料、熊本県上天草市前島遺跡、鹿児島県出水市荘貝塚、同県金峰町上水流遺跡、内陸部遺跡としては福岡県天園遺跡、熊本県菊池郡大津町瀬田裏遺跡、宮崎県田野町天神河内第1遺跡が参考資料として挙げられる。前島遺跡資料は、刃部が丸ノミ状を呈している（熊本大学埋蔵文化財調査室編 1995, 25・30）。

2　中期

(8) 菜畑遺跡第15〜14層下層（唐津市教育委員会編 1982）

　北東に唐津湾を望む丘陵裾、標高約4mに位置する。下層の文化層では、轟B式〜三万田式土器が出土し、土壙墓、円形土坑が検出された。下層文化層の出土土器については、16・15層：轟B式主体、14下・中層（貝層以下）：轟B式、曽畑式、轟C・D式、船元式、並木式主体、14上層：轟B式、曽畑式、轟C・D式、船元式、阿高式、鐘崎式主体、13層：轟C・D式、船元式、並木式、阿高式、鐘崎式、三万田式主体、となっている。磨製石斧は、15層から1点、14層下層から10点、14層上層・13層から11点報告されており、15〜14層下層出土の11点を前・中期資料として分析対象とする。本資料の分析には筆者計測データ（2004年3月唐津市末盧館にて調査）を使用する。

　石材は蛇紋岩と安山岩からなる。サイズは、小型・中型・大型で構成される。小型品は、研磨で短冊形・紡錘形・バチ形に仕上げている（図3-13：1〜3）。特に使用痕は認められない。中型品は、全面研磨で短冊形・片刃に仕上げられる（4・5）。使用痕は認められない。大型品は、全面研磨でバチ形・短冊形に仕上げられる。蛇紋岩製

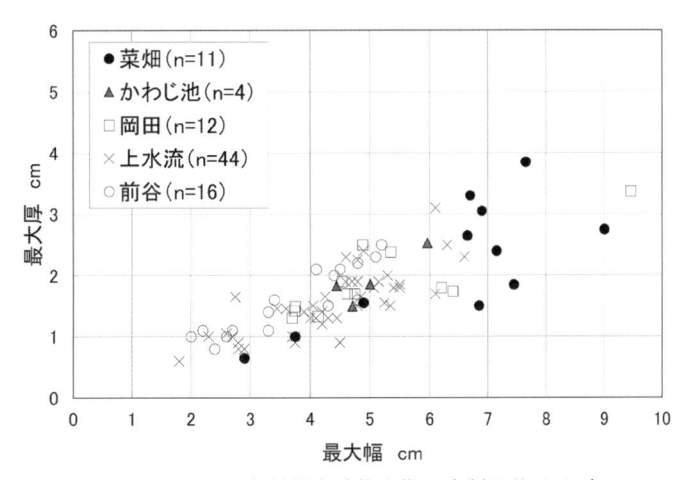

図3-12　九州縄文時代中期の磨製石斧サイズ

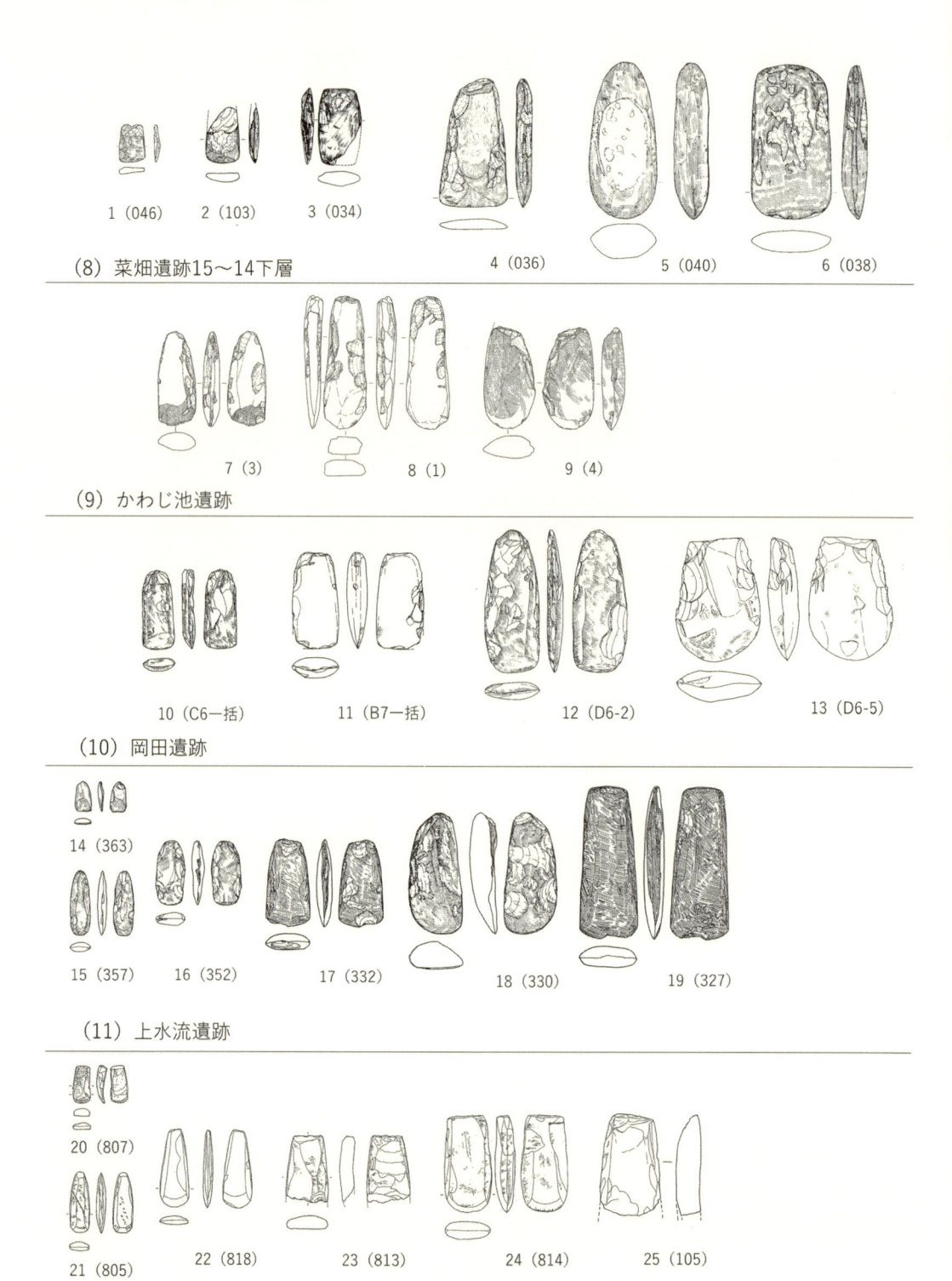

1 (046)　2 (103)　3 (034)　4 (036)　5 (040)　6 (038)

（8）菜畑遺跡15〜14下層

7 (3)　8 (1)　9 (4)

（9）かわじ池遺跡

10 (C6一括)　11 (B7一括)　12 (D6-2)　13 (D6-5)

（10）岡田遺跡

14 (363)　15 (357)　16 (352)　17 (332)　18 (330)　19 (327)

（11）上水流遺跡

20 (807)　21 (805)　22 (818)　23 (813)　24 (814)　25 (105)

（12）前谷遺跡

0　　10cm

図3-13　九州縄文時代中期の磨製石斧（S＝1/7）
各報告書より転載。（　）内番号は報告書掲載番号

が主体を占める。付表 1：138 は片刃で刃端部に刃こぼれが認められることから、横斧着柄で使用されたと考えられる。また、付表 1：143 は両刃で刃縁部に潰れ痕が認められ、「敲き」の使用が想定できる。ただし、143 は、基部破損後の再成形が認められることから、「削り」機能を持つ磨製石斧から「敲き」機能を付与された敲打具へと転用された可能性もある。6 は、全面研磨で短冊形に仕上げられる。扁平で片刃、刃部平面形が直刃という横斧着柄の要素を持つ一方で、寸胴で、基部幅が約 9cm と広く、横斧着柄に不向きな特徴も併せ持っている。顕著な使用痕がなく、大型であるという点から、非実用的な要素も想定される。明確な縦斧着柄の太型品は確認できない。

　磨製石斧以外の石器としては、打欠石錘、磨石・敲石類が出土している。遺跡立地からは、前面の平野・内湾部と背後の丘陵部での資源利用が想定できる。本資料は前期資料を含んでおり、中期の様相を明確に示すわけではない。

(9)　かわじ池遺跡（大分県教育委員会編 1998）

　東側に湯布院盆地を望む丘陵地帯の、南に緩く傾斜する谷底平野内、標高約 545m に位置する。塞ノ神 B 式、轟 B 式、曽畑式、船元式、里木式土器とともに集石群、大型礫の配石遺構、小型竪穴状遺構（住居跡）、焼土・礫堆積などが検出され、磨製石斧が出土した。本資料の分析には筆者計測データ（2022 年 12 月大分県立埋蔵文化財センターにて調査）を使用する。本資料も前述の菜畑遺跡資料と同様に、前期資料を含む可能性がある。

　石材は砂岩、頁岩、安山岩からなる。図 3-13：7・8 は最大幅 4.5～5cm、最大厚 1.5～2cm の小型品で、7 には刃端部に小剥離が形成され、8 には片側の刃面に直位の線状痕が残る。9 は最大幅 5.96cm、最大厚 2.53cm の中型品で、片側の刃面に直位の線状痕がわずかに残る。刃部平面形は偏刃や円刃を呈すが、扁平な形態や使用痕から横斧着柄使用が想定される。ノミ形や縦斧着柄の太型品は確認できない。

　遺跡立地は標高 500m 以上の内陸山間部で、早期から晩期まで継続的に利用されており、定住的というよりは季節的・回帰的な利用が継続された遺跡と考えられる。

(10)　岡田遺跡（熊本県教育委員会編 1993a）

　南に迫間川を望む、うてな台地南縁傾斜面、標高約 75m に位置する。鷹島式・船元式土器期の磨製石斧が出土した。本資料の分析には筆者計測データ（2004 年 11 月熊本県文化財資料室にて調査）を使用する。

　石材は頁岩・泥岩類と蛇紋岩からなる。小型から大型まで出土している（図 3-13）。10～12 のように、刃部平面形が直刃、刃縁正面形が凸状・丸ノミ状で、凸面側の刃面に直位の線状痕や小剥離が認められる資料があり、横斧着柄の加工斧と考えられる。これらに対し 13 は、最大幅 9.45cm、最大幅 3.37cm の基部が破損した頁岩製のバチ形大型品で、刃部平面形は円刃かやや偏刃で、刃縁正面観は直線的、刃縁部に刃こぼれと刃縁に斜行する線状痕が認められる。広刃であることや最大厚が 3cm を超えることもふまえると、縦斧着柄で使用された可能性がある。本分析において、縦斧着柄の可能性が想定できる中期石斧は現在のところこの資料だけであるが、同一層

から少量の後期前・中葉土器が報告されており、その時期に伴う可能性を否定できない。

　磨製石斧以外の石器としては、打欠石錘、石皿が出土している。遺跡立地からは、河川中流域と台地上および丘陵部での資源利用が想定される。丘陵部と低地部の双方にアクセスしやすい台地上遺跡（推移帯居住）で、比較的変異のある磨製石斧が使用されるという点で、前・中期の小規模あるいは回帰的利用の遺跡とは様相が異なっている。ただし、後期以降のような安定性を示すわけではなく、遺跡規模としては小規模と言える。

（11）上水流遺跡（金峰町教育委員会編1998；鹿児島県立埋蔵文化財センター編2010）

　薩摩半島万之瀬川右岸の自然堤防上、標高約6mに位置する。深浦式・春日式土器期の集石、大型集石、石器集積遺構が検出され、磨製石斧が出土した。本資料の分析には報告書掲載データを使用する。また、未成品と思われる資料約20点はサイズ分析からは除外している。金峰町調査の資料は、中期層である7トレンチIV層出土の5点を参考資料として扱う。

　石材は頁岩・安山岩で構成され、蛇紋岩系が1点だけ含まれる。サイズはノミ形、小型、中型が出土している（図3-13：14～19）。面取成形品（17・19）に対して、小型の楕円形円礫をそのままあるいは半割して素材とし、その一端に刃部だけあるいは刃部と側面を研磨によって作出するという製作技術が特徴的にみられる(18)。鹿児島県調査の報告資料では、刃部成形品（完成品）51点に対して、刃部未成品は25点であり、他の遺跡に比較して、石斧成品・未成品が多い。縦斧着柄の太型石斧は出土していない。

　遺跡立地は、河川下流域の自然堤防上であり、石器集積遺構の検出など、前期石斧の項で分析した野口遺跡との類似性を指摘できる。また、集石群や大型集石の形成は、上述のかわじ池遺跡との共通性もある。野口遺跡、かわじ池遺跡と同様に回帰的・季節的な遺跡利用が想定できる。また、上水流遺跡は他の遺跡に比べて、磨製石斧成品・未成品の出土量が多く、頁岩製磨製石斧の生産と流通における拠点という性格も考えられる。

（12）前谷遺跡（松山町教育委員会編1986）

　宮田山の西に広がる台地上、標高159mに位置する。春日式土器期の竪穴住居、土坑、集石、焼土、磨製石斧と磨石の集積遺構などが検出され、磨製石斧が出土した。本資料の分析には報告書掲載データを使用する。

　石材は、頁岩・砂岩で構成される。サイズはノミ形、小型、中型のセットからなる（図3-13：20～25）。面取成形で扁平に仕上げられる。大型品は出土していない。

　磨製石斧以外の石器は、磨石類が多く出土している。遺跡立地は内陸の台地上であり、集石や石器集積遺構など、移動的・回帰的な遺跡利用を示す一方で、竪穴住居が複数検出されるなど、定着的な様相も示している。前述の岡田遺跡や前期の神野牧遺跡との共通性が認められる。

　これら以外には、沿岸部遺跡として熊本県天水町尾田貝塚、鹿児島県高尾野町江内貝塚、同県垂水市重田遺跡、内陸部遺跡として佐賀県唐津市中尾二ツ枝遺跡、佐賀県鳥栖市岸田南遺跡、佐賀県東脊振村下石動遺跡、宮崎県高鍋町大戸ノ口第2遺跡、同県宮崎郡田野町天神河内第1遺

跡、熊本県人吉市鼓ヶ峰遺跡、同県大根占町轟木ヶ迫遺跡などが参考資料となる。轟木ヶ迫遺跡（大根占町教育委員会編1988）の幅6.3cm・厚さ3.9cmを測る安山岩製石斧については、敲打成形で尖基という点から乳棒状石斧の可能性がある。

3　後期前葉

（13）徳蔵谷遺跡（唐津市教育委員会編1994，1995，1996，2003）

　北東に唐津湾を望む佐志川左岸、標高約3mに位置する。灰褐色混礫砂層上の黒色～暗灰褐色粘質土中で、阿高式、坂の下式、南福寺式、中津式、福田KⅡ式土器期の土坑群（貯蔵穴の可能性が高い）が検出され、磨製石斧が出土した。本資料の分析には筆者計測データ（2004年3月唐津市西ノ門館にて調査）を使用する。

　石材は、安山岩・頁岩などで構成される。サイズはノミ形から大型まで多様である（図3-15：1～9）。基部成形は剥離後の敲打成形が太型中型品・大型品にみられ、扁平石斧は、表裏面研磨・面取成形で仕上げられている。ノミ形は、最大幅が2.1～3.1cm、最大厚が1.05～1.2cmで、全体平面形は楕円形、全体断面形は直線的、刃部平面形は狭刃で、刃部断面形は両刃を呈す(1)。明確な刃部使用痕は認められない。扁平小型は、最大幅3.7～4.6cm、最大厚1.1～1.4cmで、面取でバチ形に成形され、刃部断面形は片刃を呈す(2～4)。3は、泥岩質でバチ形を呈し、刃部平面形は直刃、刃端部に微細剥離が認められる。基部側辺が平行で、刃部がやや広がる特徴的な形態を示す。4は蛇紋岩質でバチ形を呈し、刃縁正面形は凸刃・丸ノミ状で、刃端部には微細剥離が認められる。身部が面取で角状に成形され、片刃で微細剥離が認められることから、横斧着柄の加工斧と考えられる。5は、安山岩質で寸胴型を呈し、刃端部に潰れが認められる。全体形が乳棒状で、刃部平面形が偏刃となり、斜位の線状痕や刃こぼれが認められ、縦斧着柄の伐採斧と言える資料が出土する。敲打具への転用品も増加する。

　磨製石斧以外の石器は、石鏃、石鋸、打欠石錘、礫石錘、縦長剥片石器、磨石・石皿類が出土している。遺跡立地からは、前面の平野・内湾部と背後の丘陵部が資源利用の場であったと想定される。前・中期に比べると、遺跡規模が増大しており、この時期の河川流域が居住環境として安定していたことを示唆している。

（14）黒橋貝塚（熊本県教育委員会編1976，1998a）

　浜戸川右岸の河岸堤防上、標高約4mに位置する。阿高

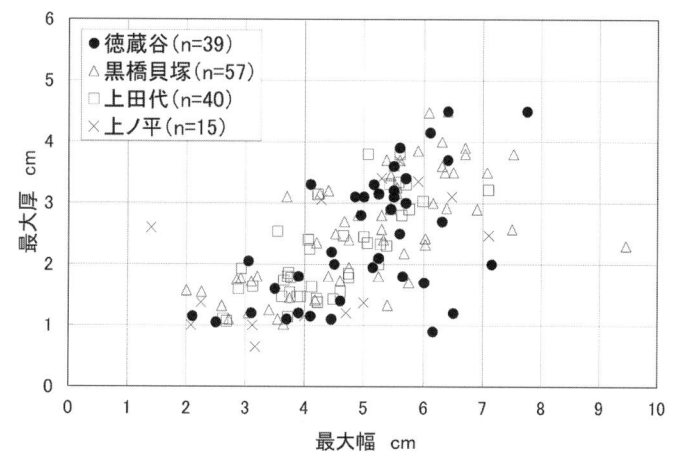

図3-14　九州縄文時代後期前葉の磨製石斧サイズ

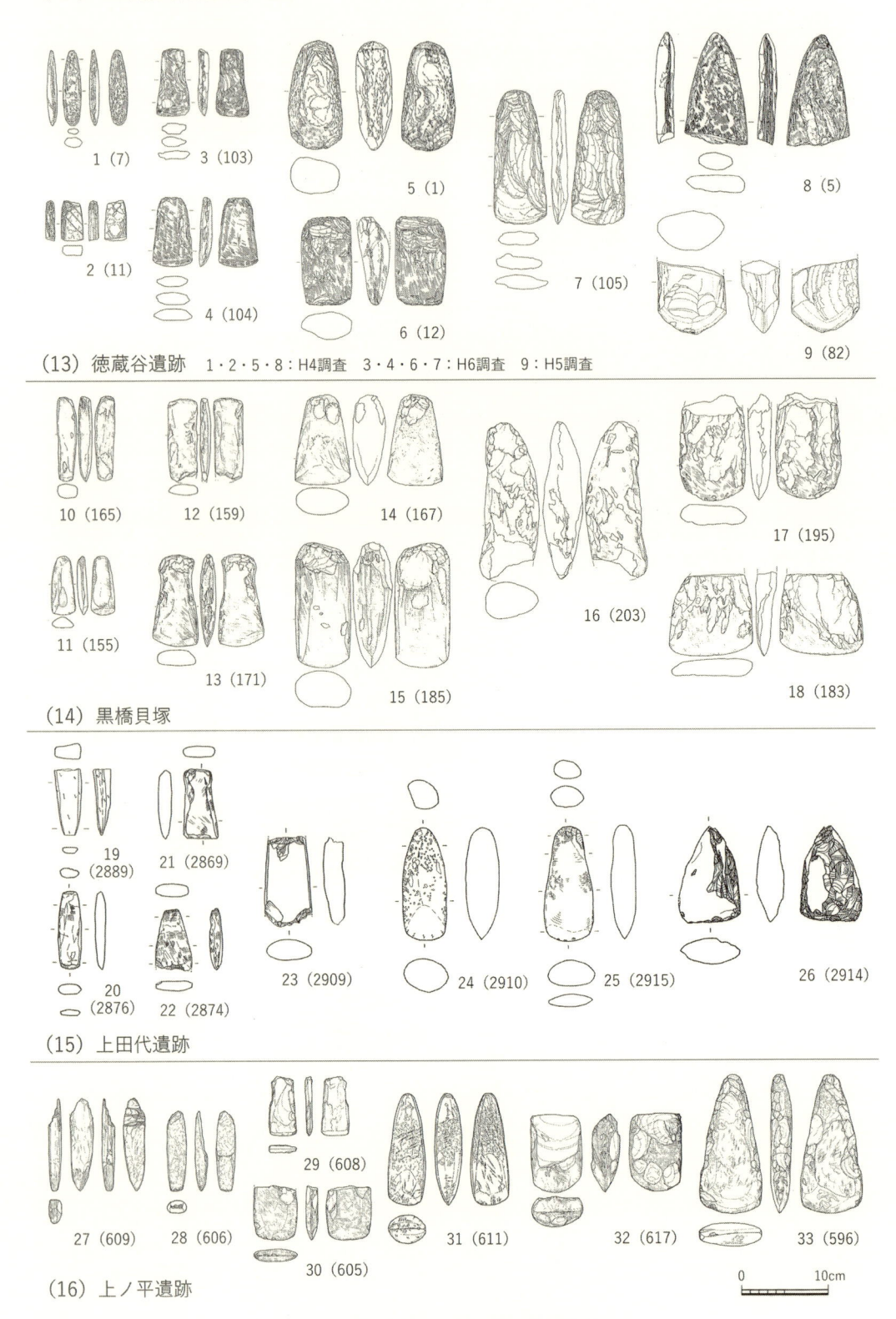

(13) 徳蔵谷遺跡　1・2・5・8：H4調査　3・4・6・7：H6調査　9：H5調査

(14) 黒橋貝塚

(15) 上田代遺跡

(16) 上ノ平遺跡

図3-15　九州縄文時代後期前葉の磨製石斧（S＝1/7）
各報告書より転載。（　）内番号は報告書掲載番号

式、南福寺式、中津式、出水式、御手洗Ａ式、福田ＫⅡ式土器期の埋葬人骨と貯蔵穴群が検出され、磨製石斧が出土した。本資料の分析には筆者計測データ（2004年11月熊本県文化財資料室にて調査）を使用する。また、未成品と思われる資料約30点はサイズ分析からは除外している。1976年報告資料は実見調査を実施しておらず、参考資料として扱う。

　石材は、蛇紋岩系・安山岩類・泥岩類で構成される。サイズは、ノミ形・小型から大型まで揃って出土している（図3-15：10〜18）。小型の扁平石斧の刃縁部には微細剥離と直位線状痕が認められ、大型石斧の刃縁部には微細剥離と斜位線状痕が認められる。大型石斧は敲打具に転用されている。

　磨製石斧以外の石器は、石鋸・石鋸・打欠石錘・切目石錘、磨石・石皿類が出土している。墓が構築され、貝輪・垂飾品・貝面などの装身具も出土しており、中期までの様相とは大きく異なる。遺跡立地は、河川の自然堤防上であり、前期の野口遺跡や前・中期の上水流遺跡と類似するが、前・中期の2遺跡が季節的・回帰的利用と想定されたのに対し、黒橋貝塚の様相は定住的と評価できる。降水量増加期でも自然堤防が水没していなかった期間があったと考えられる。

（15）上田代遺跡（えびの市教育委員会編1997）

　えびの高原南麓の中位段丘上、標高約286mに位置する。阿高式・南福寺式土器期の竪穴住居が複数検出され、磨製石斧が出土した。本資料の分析には筆者計測データ（2005年2月えびの市教育委員会にて調査）を使用する。

　石材は砂岩・頁岩類と蛇紋岩類で構成される。徳蔵谷遺跡、黒橋貝塚と同様に、ノミ形から中大型まで出土する（図3-15：19〜26）。26は中大型品の未成品で、大型の成品は出土していない。ただし、付表1：453が、大型品を再加工した中型扁平品（最大幅4.74cm、最大厚1.85cm）であり、両刃面に大型品として使用していた際の斜位の線状痕が残っている。このことから、少量ながらも最大幅7cm程度の縦斧着柄大型品が存在していたことが示唆される。

　磨製石斧以外の石器は、切目石錘、磨石・石皿類が出土している。遺跡立地からは、河川中流域（盆地）と丘陵部での資源利用が想定できる。竪穴住居の構築や多様な石器組成からみても定住性の高い居住地であったと考えられる。

（16）上ノ平遺跡（鹿児島県立埋蔵文化財センター編2004）

　野田川中流右岸、八重山から南西に延びた丘陵の南側斜面、標高約155mに位置する。阿高式〜指宿式土器期の複数の竪穴住居と土坑が検出され、磨製石斧が出土した。本資料の分析には筆者計測データ（2004年7月鹿児島県立埋蔵文化財センターにて調査）を使用する。

　石材は頁岩類を主体として、蛇紋岩、安山岩、凝灰岩などで構成される。後期前葉石斧として分析してきた前3者と同様にノミ形から大型まで変異をもって出土している（図3-15：27〜33）。27は最大幅1.4cm、最大厚2.6cmを測り、斧身の横断面形が方柱状をなす方柱状ノミ形石斧である。方柱状ノミ形石斧は、次段階の後期中葉・市来式土器文化に特徴的な器種であり（板倉2006，12）、その時期のものが混ざっている可能性もある。32や付表1：490は、体部中央で破損後に、破面部を再加工して再利用（楔など）している。

　上ノ平遺跡も上田代遺跡と同様に内陸部遺跡であるが、磨製石斧セットの構成は沿岸部遺跡と大きくは変わらない。

　これらの他に、沿岸部では長崎県諫早市有喜貝塚、佐賀県神埼市志波屋六本松遺跡、佐賀県佐賀市来迎寺遺跡、伊万里市宮ノ前北遺跡B地点、大分県宇佐市立石貝塚、熊本県大矢遺跡、内陸部では大分県直入郡久住町コウゴー松遺跡、同県杵築市龍頭遺跡、熊本県球磨郡五木村小浜遺跡、鹿児島県高尾野町柿内遺跡、同県宮之城町松尾城跡、同県牧園町九日田遺跡、同県横川町中尾田遺跡、同県末吉町宮之迫遺跡などが知られている。大矢遺跡は、阿高式〜出水式土器期を中心として磨製石斧未成品が多く出土しており、石材は砂岩・頁岩を主体として、蛇紋岩・安山岩・玄武岩を含む（天草市教育委員会編 2007）。

4　後期中葉

（17）下吉田遺跡（北九州市教育文化事業団埋蔵文化財調査室編 1985a）

　鳶ノ巣山塊が周防灘に向かって緩傾斜する丘陵先端部、標高約8mに位置する。鐘崎式・北久根山式土器期の竪穴住居、集石、焼土、土坑（貯蔵穴の可能性が高い）、埋設土器、磨製石斧集積が検出され、磨製石斧が出土した。本資料の分析には筆者計測データ（2004年8月北九州市埋蔵文化財調査室にて調査）と一部報告書掲載データを使用する。

　石材は、蛇紋岩、片岩、砂岩類などで構成される。サイズは、ノミ形から大型品までの構成で（図3-17：1〜9）、後期前葉の様相が継続する。基部成形は、太型石斧に敲打成形が施され、扁平石斧には表裏面・全体研磨・面取成形が施される。図3-17：9と付図1：512は最大幅約8cm、最大厚約5cmの大型太型石斧である。

　磨製石斧以外の石器は、打欠石錘、打製石斧、縦長剥片石器、磨石・石皿類が出土している。前面の平野・内湾部と背後の丘陵部の両方の資源が幅広く利用されたと考えられる。

（18）挾間宮ノ下遺跡（豊前市教育委員会編 2000, 2001）

　豊前平野の南側台地上、岩岳川と佐井川の合流地点の標高約76mに位置する。鐘崎式・北久根山式・西平式土器期の複数の竪穴住居と土坑が検出され、磨製石斧が出土した。本資料の分析には筆者計測データ（2004年8月豊前市立埋蔵文化財センターにて調査）を使用する。

　石材は蛇紋岩・片岩類を主体

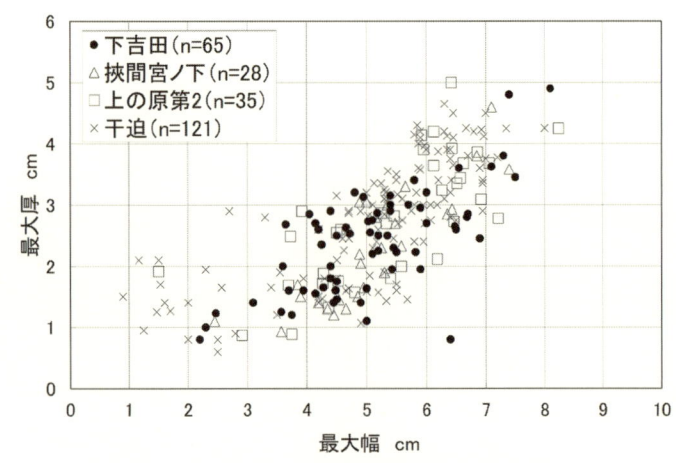

図3-16　九州縄文時代後期中葉の磨製石斧サイズ

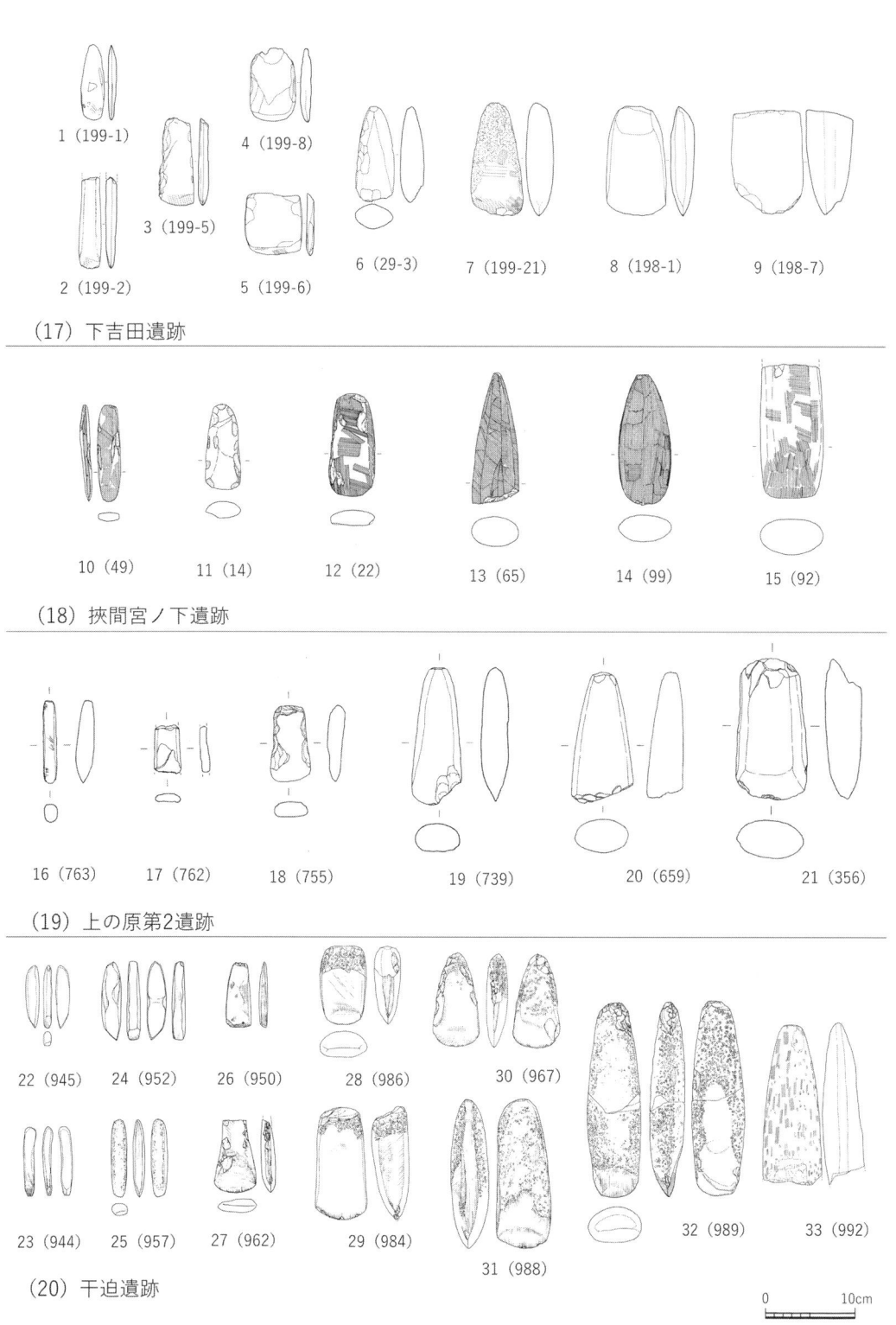

(17) 下吉田遺跡

(18) 挾間宮ノ下遺跡

(19) 上の原第2遺跡

(20) 干迫遺跡

図 3-17　九州縄文時代後期中葉の磨製石斧 (S＝1/7)
各報告書より転載。( ) 内番号は報告書掲載番号

として安山岩、砂岩類で構成される。サイズは、ノミ形から大型まで使用される（図 3-17：10〜15）。全体研磨が施されるものが中・大型品に多く、その他小型品には面取成形が施される。

　磨製石斧以外の石器は、打欠石錘、打製石斧が出土している。遺跡は、丘陵部に囲まれた河川の合流地点に位置し、北東側に下れば豊前平野および周防灘も利用可能である。

（19）上の原第 2 遺跡（宮崎県埋蔵文化財センター編 2000a）

　北を大淀川、南を清武川に挟まれ、東に宮崎平野を臨むシラス台地上、標高約 95 m に位置する。市来式土器期の竪穴状遺構と土坑が多数検出され、磨製石斧が出土した。本資料の分析には筆者計測データ（2006 年 10 月宮崎県埋蔵文化財センター分館にて調査）を使用する。

　石材は砂岩類が主体で、1 点だけ蛇紋岩製の中型石斧が出土している（付表 1：653）。サイズはノミ形から大型まで出土し（図 3-17：16〜21）、方柱状ノミ形（16）と大型太型石斧（21）が含まれる。18 は弱片刃で凸面側に直位の短い線状痕が認められる。19 は両刃面に斜位の線状痕と使用時に形成されたと考えられる剥離が見られる。20 は両側辺中央部に直柄着柄に関わる潰れ痕が認められる。

　磨製石斧以外の石器は、打欠石錘、磨石・石皿類が出土し、打製石斧は出土していない。遺跡立地からは、河川中流域と丘陵部が資源利用の場であったと想定される。

（20）干迫遺跡（鹿児島県立埋蔵文化財センター編 1997b）

　鹿児島湾と始良平野東側を前面に望む日木山川左岸の微高地上、標高約 13 m に位置する。鐘崎式・北久根山式・西平式土器期の竪穴住居、土坑（貯蔵穴含む）、集石、埋設土器、石皿と石錘の集積遺構などが検出され、磨製石斧が出土した。本資料の分析には筆者計測データ（2004 年 7 月鹿児島県立埋蔵文化財センターにて調査）と一部報告書掲載データを使用する。

　石材は、安山岩、頁岩類、片岩・蛇紋岩で構成される。サイズはノミ形から大型まで使用され（図 3-17：22〜33）、方柱状ノミ形石斧（22・24）と大型太型石斧（付表 1：792）が含まれる。基部成形は、太型品のほとんどが敲打成形で、小型品のほとんどが面取成形である。刃縁部が潰れ・敲打によって平坦化した敲石転用資料が見られる（付表 1：710・718 ほか）。

　磨製石斧以外の石器は、打製石斧、石匙・刃器類、磨石・石皿類がまとまって出土している。遺跡立地からは、前面の平野・内湾部と背後の丘陵部が資源利用の場であったと想定される。

　以上の他には、沿岸部遺跡として福岡県北九州市勝円 C 遺跡 G 区、同市菊水町遺跡、同県椎田町山崎遺跡、同県豊前市中村石丸遺跡、同県大平村上唐原遺跡、鹿児島県薩摩川内市麦之浦貝塚、同県始良郡始良町中原遺跡、同県鹿児島市草野貝塚、内陸部遺跡としては大分県大野町杉園遺跡、同県庄内町十合野遺跡、熊本県五木村小浜遺跡・逆瀬川遺跡、同県相良村野原遺跡、宮崎県南那珂郡崩野遺跡、同県えびの市馬場田遺跡、鹿児島県薩摩川内市楠元遺跡などがある。方柱状ノミ形石斧は九州南部の沿岸部を中心に内陸部でも認められる。

5　後期後葉

（21）広田遺跡（福岡県教育委員会編1980）

　福吉川と東川に挟まれた丘陵西側裾部、標高約11mに位置する。広田式土器期の大溝（自然流路）、土坑、埋設土器が検出され、磨製石斧が出土した。本資料の分析には筆者計測データ（2005年6月九州歴史資料館にて調査）と一部報告書掲載データを使用する。

　石材は蛇紋岩、片岩、玄武岩、砂岩類からなる。サイズはノミ形（図3-19：1は未成品）から大型（5・6）まで使用される。3は最大厚1.1cmの扁平品で、図左側の刃面に直位の線状痕が認められる。敲打成形後の全体研磨は太型中型品に施されている。

　磨製石斧以外の石器は、打欠石錘、打製石斧、縦長剥片石器、磨石・石皿類、各種特殊遺物が出土している。遺跡立地からは、前面の平野部・沿岸部と背後の丘陵部の双方が利用されたと考えられる。

（22）四箇遺跡L-11c地点（福岡市教育委員会編1983c）

　早良平野内、室見川右岸扇状地の微高地上、標高約23mに位置する。南北方向に延びる流路状の黒褐色粘質土層から、三万田式土器期の磨製石斧ほか遺物がまとまって出土した。本資料の分析には筆者計測データ（2004年3月福岡市埋蔵文化財センターにて調査）を使用する。

　石材は安山岩と蛇紋岩を主体として構成される。サイズは中・大型が使用され、ノミ形・小型は出土していない（図3-19：7〜9）。付表1：855は扁平小型品で、片方の刃面に直位の線状痕が認められる。9は破面部に再剥離・研磨を施している。

　磨製石斧以外の石器は、打製石斧、縦長剥片石器、磨石・石皿類、各種特殊遺物が出土している。遺跡は河川中・下流域と丘陵部の双方を利用できる扇状地上に位置する。

（23）蔵上遺跡（鳥栖市教育委員会編2000）

　脊振山から筑紫平野に向かって南に傾斜する台地上、標高約27mに位置する。太郎迫式から広田式土器期の竪穴住居、埋設土器、土坑、集石などが検出され、磨製石斧が出土した。本資料の分析には報告書掲載データを使用する。

　石材は報告書に記載がなく不明である。サイズは、ノミ形から大型までが出土している（図3-19：10〜15）。

　遺跡立地からは、下方の平野部と後方の丘陵部が資源利用の場となったと想定される。

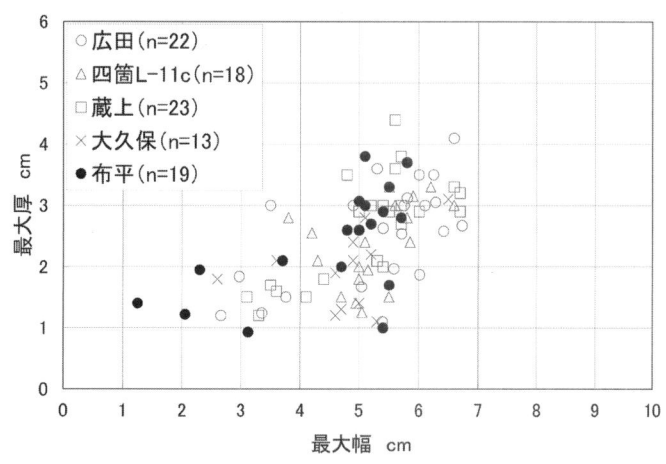

図3-18　九州縄文時代後期後葉の磨製石斧サイズ

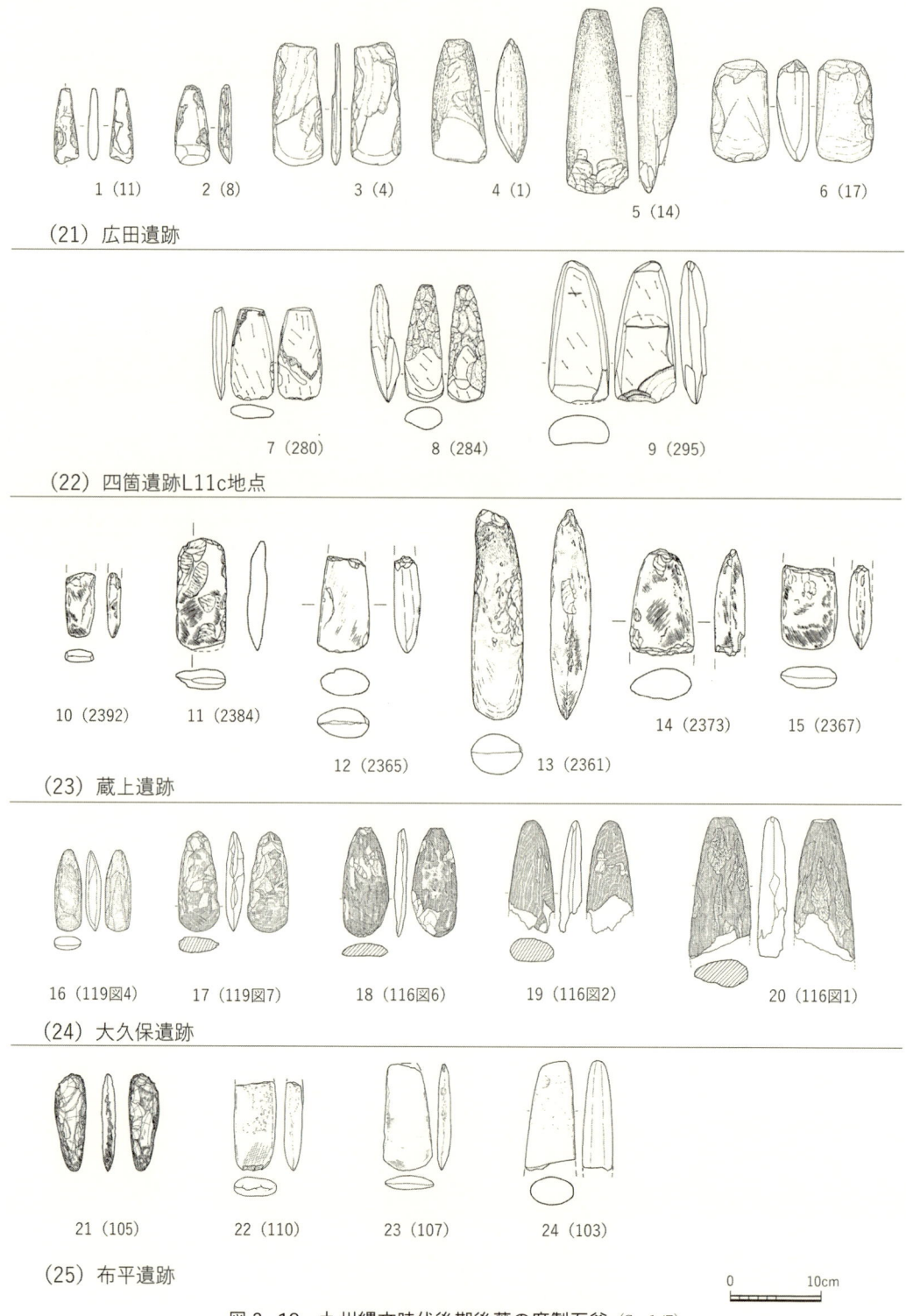

1 (11)　　2 (8)　　　3 (4)　　　4 (1)

5 (14)

6 (17)

（21）広田遺跡

7 (280)　　8 (284)　　　9 (295)

（22）四箇遺跡L11c地点

10 (2392)　11 (2384)

12 (2365)　　13 (2361)

14 (2373)　　15 (2367)

（23）蔵上遺跡

16 (119図4)　17 (119図7)　18 (116図6)　19 (116図2)　20 (116図1)

（24）大久保遺跡

21 (105)　　22 (110)　　23 (107)　　24 (103)

（25）布平遺跡

0　　　　　10cm

図3-19　九州縄文時代後期後葉の磨製石斧（S＝1/7）

各報告書より転載。（ ）内番号は報告書掲載番号

（24）大久保遺跡（熊本県教育委員会編1994b）

南に菊池川を望む台地上、標高約68mに位置する。鳥井原式・天城式土器期の竪穴住居、埋設土器、土坑が検出され、磨製石斧が出土した。本資料の分析には報告書掲載データを使用する。

石材は蛇紋岩・片岩を主体として、安山岩・玄武岩・粘板岩が使用される。サイズはノミ形から大型まで使用される（図3-19：16〜20）。

磨製石斧以外の石器は、大型刃器類、打製石斧、磨石・石皿類、各種特殊遺物が出土している。遺跡立地からは、河川中流域と台地上および丘陵部が利用されたと想定される。

（25）布平遺跡（宮崎県埋蔵文化財センター編2003）

大平岳・上野岳山塊の南側、深角川の右岸、標高280m前後の東向き斜面に位置する。西平式・三万田式・御領式土器期の土坑が検出され、磨製石斧が出土した。SC3出土炭化物の炭素14年代は3,250±60年BPである。本資料の分析には筆者計測データ（2006年10月宮崎県埋蔵文化財センター分館にて調査）と一部報告書掲載データを使用する。

石材は凝灰岩、蛇紋岩、片岩を主体として砂岩類が使用される。サイズはノミ形から中型（最大幅6cm）までの変異で、大型品が出土していない（図3-19：21〜24）。中型品では身部に黒色付着物（縦斧着柄時の膠着材の痕跡）を残す資料がある（付表1の932〜934）。扁平で片面あるいは両面の平坦成形が意識された石斧は、横斧着柄で使用されたと考えられる。

磨製石斧以外の石器は、大型刃器類、打製石斧、磨石・石皿類、各種特殊遺物が出土している。遺跡立地からは、河川上流域と丘陵域が資源利用の場となっていると想定できる。

後期後葉に時期を限定できる資料が、全体的に少なく、様相を明確に捉えることができていない。九州南部においては、市来式土器文化に伴った方柱状ノミ形石斧が後期後葉に継続しない（板倉2006，12）。その他の磨製石斧器種については、後期前・中葉からの様式と大きくは変わらないと考えられる。

6　晩期前・中葉

（26）香椎Ａ遺跡第6・7次調査（福岡市教育委員会編2012a）

西に香椎潟を望む香椎川右岸の段丘上、標高約6mに位置する。古閑式、黒川式古相土器期の河川堆積が確認され、磨製石斧が出土した。本資料の分析には筆者計測データ（2021年9月福岡市埋蔵文化財センターにて調査）を使用する。

石材は蛇紋岩・片岩を主体として頁岩類を含む。サイズは小型から大型まで使用される（図3-21：1〜5）。1は刃縁に刃こぼれが認められる。3は刃面に斜位の線状痕が見られ、体部の破面部には再加工が施される。5は破損後の刃部が再加工されて、刃端部が摩滅している。

磨製石斧以外の石器は、縦長剥片石器、磨石類で、打製石斧が出土していない。資源利用は、前面の内湾・干潟域と後方の丘陵域で行われたと想定される。

（27）クリナラ遺跡（福岡県教育委員会編 1997）

鳥屋山・米山から南西方向に延びる丘陵部内の谷部、標高約100mに位置する。古閑式、黒川式土器期の方形竪穴住居、埋設土器、土坑、集石遺構が確認され、磨製石斧が出土した。本資料の分析には筆者計測データ（2005年6月甘木歴史資料館にて調査）を使用する。

石材は蛇紋岩、片岩で構成される。サイズは、ノミ形から大

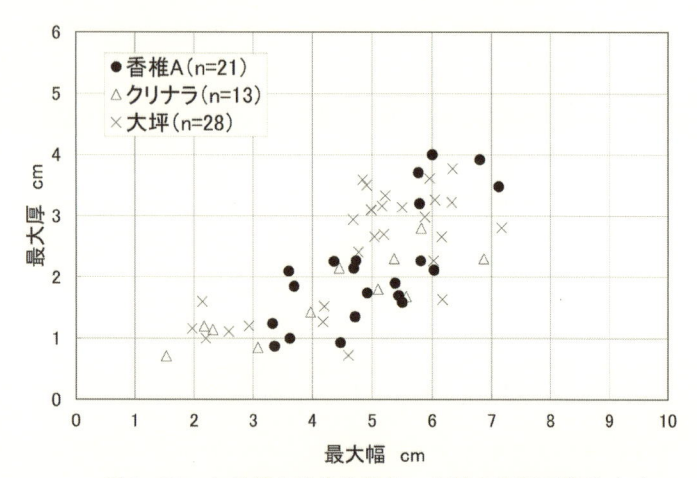

図3-20　九州縄文時代晩期前・中葉の磨製石斧サイズ

型まで出土している（図3-21：6〜12）。7は基端も両刃状に成形している（双刃）。9〜11は両側面を研磨で仕上げている。12は刃縁を研ぎ直して斜刃となっており、使用による刃こぼれが認められる。

磨製石斧以外の石器は、打欠石錘、打製石斧、小型剥片石器、磨石・石皿類が出土している。資源利用は、前面の河川中流域と後方の丘陵域で行われたと想定される。

（28）大坪遺跡（鹿児島県立埋蔵文化財センター編 2005a）

矢筈岳南西の裾部から出水平野に広がる沖積地上、標高約8mに位置する。上加世田式から黒川式土器期の焼土、大型土坑、土坑（貯蔵穴の可能性がある）、埋設土器などが検出され、磨製石斧が出土した。本資料の分析には報告書掲載データを使用する。ただし、比較的多く出土している未成品はサイズ分析の対象から外している。

石材は砂岩、頁岩、ホルンフェルスを中心として蛇紋岩を含む。サイズは、ノミ形から大型まで出土する（図3-21：13〜18）。後期中葉・市来式土器文化に伴った方柱状ノミ形石斧は出土していない。大坪遺跡では他の遺跡に比べて成品約40点、未成品約20点と出土量が多く、砂岩・蛇紋岩石斧の生産と流通の拠点という性格も持っている。

磨製石斧以外の石器は、打欠石錘、打製石斧、小型剥片石器、磨石・石皿類が出土している。資源利用は、前面の沿岸・平野域と後方の丘陵域で行われたと想定される。

晩期前葉および中葉に時期を限定できる資料も、全体的に少ない。現時点で分析できた資料を見る限りは、後期後葉からの様式と大きくは変わらないと考えられる。

7　晩期後葉〜弥生時代早期

北部九州では、黒川式土器新相から刻目突帯文土器期にかけて、大陸農耕文化の伝来および定

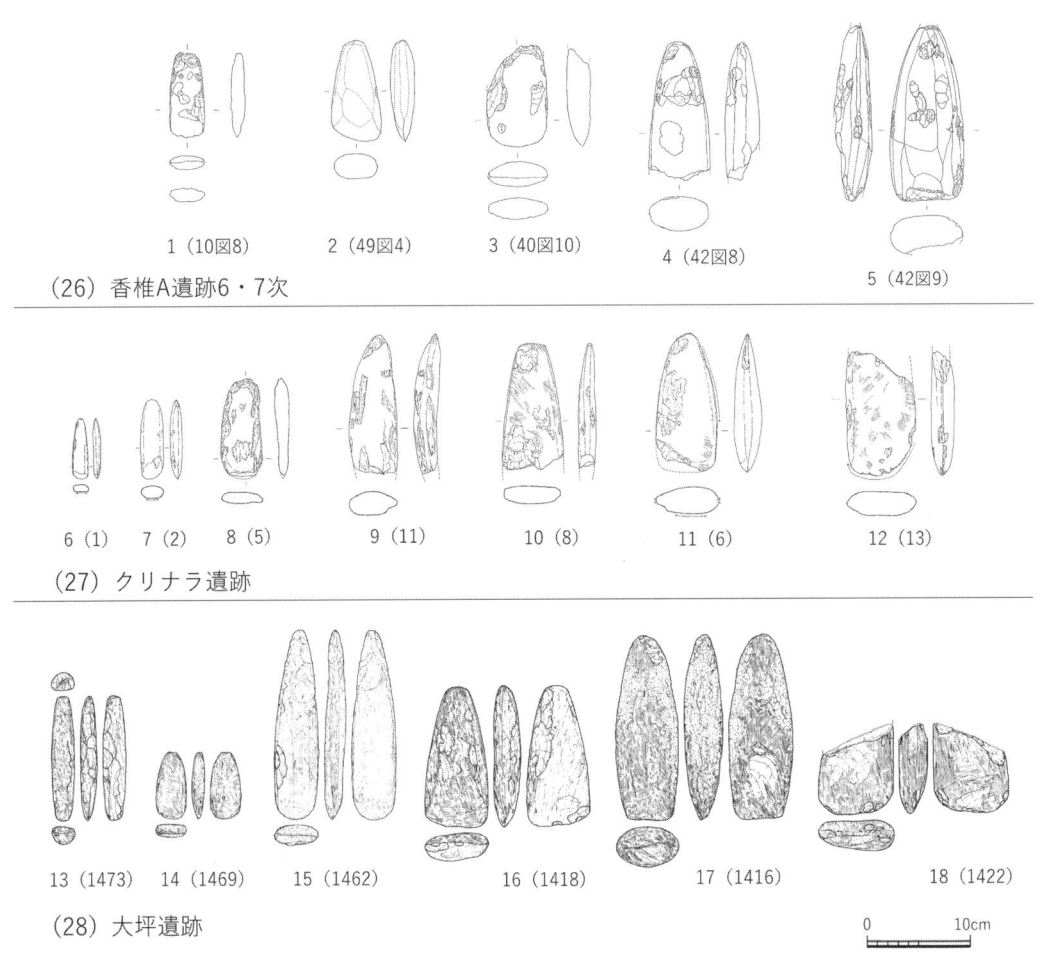

1（10図8）　　2（49図4）　　3（40図10）　　4（42図8）

5（42図9）

（26）香椎A遺跡6・7次

6（1）　7（2）　8（5）　　9（11）　　　10（8）　　　11（6）　　　12（13）

（27）クリナラ遺跡

13（1473）　14（1469）　15（1462）　　　16（1418）　　　17（1416）　　　　18（1422）

（28）大坪遺跡

0　　　　　　10cm

図3-21　九州縄文時代晩期前・中葉の磨製石斧（S＝1/7）

各報告書より転載。（　）内番号は報告書掲載番号

着がはじまり、急激な変化が認められる。本書ではこの時期の九州島全体の動態は検討外としているが、晩期前・中葉との対比を行うために、主な磨製石斧セットの概要だけを整理する。

（29）菜畑遺跡 12〜8 下層（唐津市教育委員会編 1982）

　北東に唐津湾を望む丘陵裾標高約4mに位置する。縄文時代の堆積層を覆った粗砂層上に腐植土層9〜12層が形成され、黒川式新相から山の寺式、刻目突帯文、夜臼式土器期の水路と畦畔、矢板列が検出され、磨製石斧が出土した。

　石材は片刃石斧には粘板岩が、太型石斧には安山岩が使用される。石斧セットのサイズ変異は、方柱状片刃石斧、扁平片刃石斧、抉入柱状片刃石斧、中型石斧、太型石斧という細別器種の違いとして表れる。

　磨製石斧以外の石器は、石庖丁、打欠石錘、磨石・石皿類が出土している。

（30）板付遺跡第54・59次調査（福岡市教育委員会編2011a）

東を御笠川、西を諸岡川に開析された福岡平野内の低丘陵上、標高約10mに位置する。夜臼式、板付Ⅰ・Ⅱ式土器期の環濠集落が確認され、磨製石斧が出土した。

石材は片刃石斧には層灰岩、頁岩が、太型石斧には玄武岩が用いられる。石斧セットのサイズ変異は、方柱状片刃石斧未成品、扁平片刃石斧、抉入柱状片刃石斧未成品、太型石斧という細別器種の違いとして表れている。

磨製石斧以外の石器は、小型剥片石器、石庖丁、磨石・石皿類が出土している。

（31）東那珂遺跡第4次調査（福岡市教育委員会編2000a）

御笠川右岸、福岡平野内の微高地上、標高約4.5mに位置する。夜臼式、板付Ⅰ・Ⅱ式土器期の土坑や柱穴が確認され、磨製石斧が出土した。

石材は片刃石斧には層灰岩、太型石斧には玄武岩が使用される。石斧セットのサイズ変異は、方柱状片刃石斧、抉入柱状片刃石斧、太型石斧という細別器種の違いとして表れている。

磨製石斧以外の石器は、小型剥片石器、石庖丁が出土している。

（32）有田遺跡群第62次調査（七田前）（福岡市教育委員会編1983b）

西に室見川を望む台地南西の裾、標高約7mに位置する。台地際を北流する河川堆積層から夜臼式、板付Ⅰ式土器期の磨製石斧ほかの遺物が出土した。

石材は、片刃石斧には層灰岩が、中型、太型石斧には砂岩や玄武岩が使用される。石斧セットのサイズ変異は、方柱状片刃石斧、抉入柱状片刃石斧、中型石斧、太型石斧という細別器種の違いとして表れている。

磨製石斧以外の石器は、石庖丁、打欠石錘、磨石・石皿類が出土している。

（33）石丸古川遺跡（吉岡編1982）

十郎川右岸の微高地上、標高約3mに位置する。灰緑質黒色粘土層上の黒色粘土層、砂質土に夜臼式、板付Ⅰ式土器期の包含層および長方形土坑が検出され、磨製石斧が出土した。

石材は、片刃石斧には頁岩類が、太型石斧には砂岩や玄武岩が使用される。石斧セットのサイズ変異は、扁平片刃石斧、抉入柱状片刃石斧、太型石斧という細別器種の違いとして表れている。

磨製石斧以外の石器は、小型剥片石器、石庖丁、石鎌が出土している。

晩期後葉～弥生時代早期の磨製石斧セットと晩期前・中葉の磨製石斧セットの大きな違いは、石器製作技術（石材－製作技術－製作器種）システムの違いと考えられる。縄文時代の磨製石斧は、小型扁平素材－剥離・研磨成形－小型石斧、大型礫状素材－剥離・敲打・研磨成形－太型石斧といったように、石材というよりは素材形状が、製作技術と製作器種に緩く連動している。そのため、扁平な中・大型石斧の破損品を小型石斧に転用することも行われる。これに対して、弥生時代の磨製石斧は、硬質石材－敲打成形の太型蛤刃石斧と、軟質石材－研磨成形の扁平片刃石斧類の石器製作技術システムが大きく異なっており、太型石斧の破損品（硬質石材）を扁平片

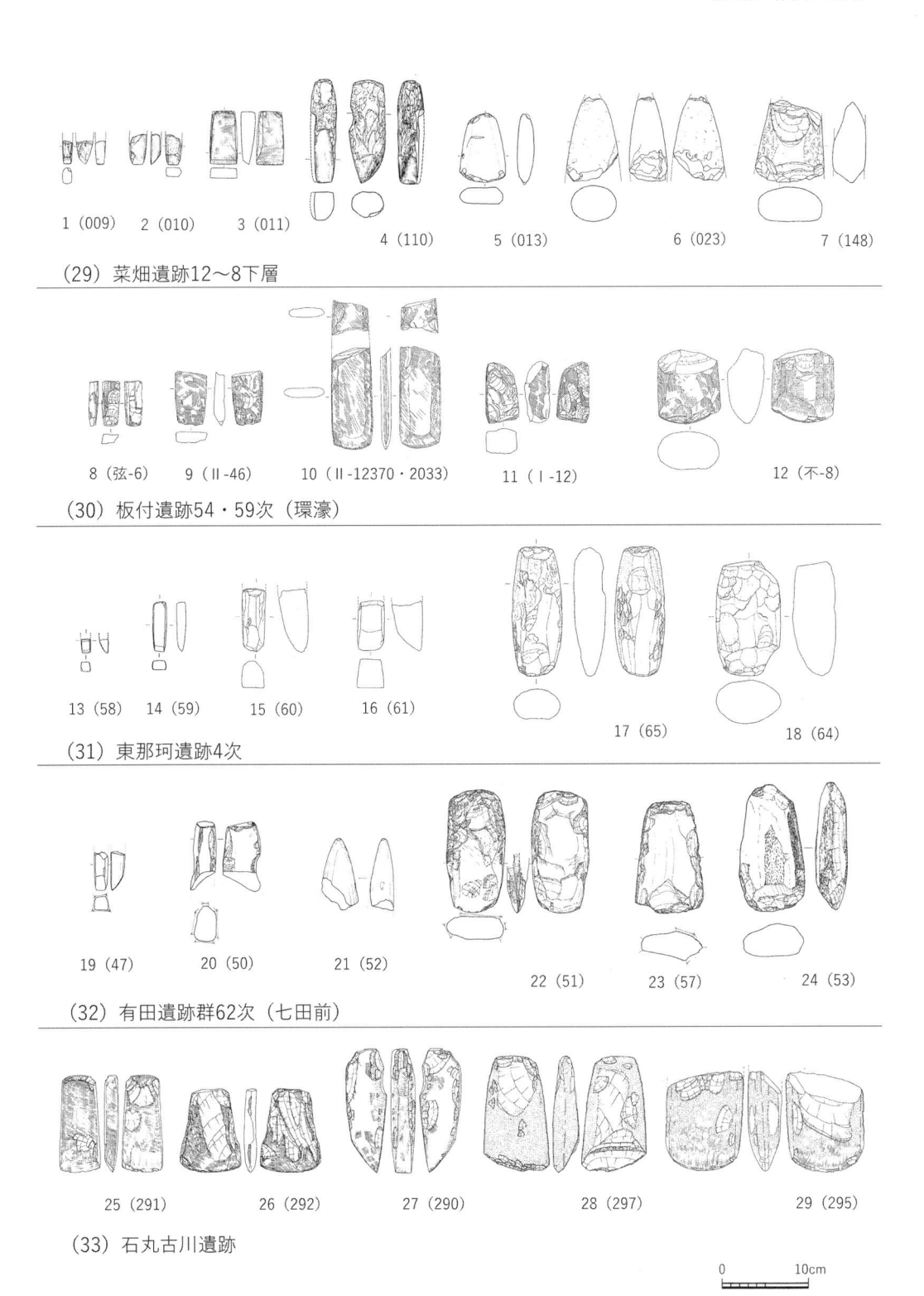

1（009）　2（010）　3（011）　　　4（110）　　5（013）　　　6（023）　　　7（148）

（29）菜畑遺跡12〜8下層

8（弦-6）　9（Ⅱ-46）　10（Ⅱ-12370・2033）　11（Ⅰ-12）　　　12（不-8）

（30）板付遺跡54・59次（環濠）

13（58）　14（59）　15（60）　16（61）　　　17（65）　　　18（64）

（31）東那珂遺跡4次

19（47）　20（50）　　21（52）　　　22（51）　23（57）　24（53）

（32）有田遺跡群62次（七田前）

25（291）　26（292）　27（290）　28（297）　29（295）

（33）石丸古川遺跡

0　　　10cm

図3-22　縄文時代晩期後葉〜弥生時代早期の磨製石斧（S=1/7）
各報告書より転載。（　）内番号は報告書掲載番号

刃石斧や挟入柱状片刃石斧に転用することはほとんど行われない（硬質石材をわざわざ敲打・研磨成形するコストが高い）。縄文時代の磨製石斧においても、小型石斧と大型石斧では機能・用途の違いはあるが、それは使用の場において使用者に判断され、選択される程度の違いであり、製作から使用に至るまで相互の互換性を完全には排除していないフレキシブルで一体的な関係（システム）として成立している。しかし、弥生時代の磨製石斧は、農具や建築材生産といった農耕経済の基盤形成に関わる技術として効率的な生産と使用が企図されており、樹木伐採に特化した太型蛤刃石斧と木材加工に特化した扁平片刃石斧類は、異なる石器システムとして独立している。このように製作技術システムのレベルで大きく変質する磨製石斧は、縄文時代の採集経済システムから弥生時代の農耕経済システムへの移行を顕著に反映する資源利用技術であると言える。

第5節　九州縄文時代磨製石斧の動態

　以上の分析結果は、下記および表3-2のようにまとめられる。

　まず、磨製石斧の機能・用途を、性能という観点から理論的に整理した場合、緻密な石材と研磨された刃部という属性から、木材伐採・加工が第一義の道具であり、その他の動植物への作用は副次的なものと理解される。

　九州縄文時代前期の磨製石斧は、ノミ形（最大幅2〜3cm）から大型（最大幅7〜10cm）まで変異を持ち、遺跡間でその変異幅には違いがある。変異幅の違いは、その遺跡で行われた資源利用の幅の違いであり、本分析で取り上げた遺跡はいずれもある程度の変異幅を持つ磨製石斧セットが使用されており、比較的居住期間の長い拠点的な遺跡であることを示している。ただし、前期石斧は、その形態と使用痕から横斧着柄の大小の加工斧であると想定され、立木伐採などに優位な縦斧着柄の太型石斧（最大厚3.5cm以上）が組成に安定して加わっていない。このことは、当該期の森林・木材利用の消極性を示しているとも言える。横斧着柄の加工斧は、森林・木材利用の道具というだけでなく、木材を含めた広い動植物利用に用いられた道具でもある（佐原1977, 79）。最大厚が3cm前後で刃部が丸ノミ状を呈する中型石斧（丸チョウナ）が特徴的に出土しており、比較的大型な木材の刳り抜き加工（丸木舟や槽など）に使用されたと考えられる。遺跡の立地傾向としては、海進期の内湾環境の利用を想定できる遺跡（供養川、四箇J-10l地点、中村町、野口、轟貝塚）と、内陸部の遺跡（椎原A、神野牧）に分けることができ、前者の遺跡数が多く、遺跡の規模も大きい傾向がある。

　中期は、磨製石斧セットの特徴は前期と大きくは変わらず、基本的には横斧着柄の加工石斧のセット（最大幅2〜10cm）であり、岡田遺跡例（図3-11：13）などはあるものの、立木伐採ができる縦斧着柄の太型石斧（最大厚3cm以上）は定着していない。岡田遺跡や前谷遺跡といった内陸部の台地上遺跡において、比較的変異のある磨製石斧セット（岡田：最大幅3.5〜9.5cm、前谷：最大幅2〜5.5cm）が出土している。このような傾向は、前期の神野牧遺跡（最大幅2.5〜9cm）にも認められる。また、前期石斧に散見された丸チョウナ（丸ノミ）状石斧があまり見られなくなる。前・中期の遺跡は、沿岸部や河川堤防上、内陸山間部といった季節的に資源や環境が変動する場

表 3-2　九州縄文時代磨製石斧の動態

	前期	中期	後期前葉	後期中葉	後期後葉	晩期前・中葉
最大幅 (cm)	2～10	2～10	2～8	1～8.5	1～7	1.5～7
最大厚 (cm)	1～3.5	0.5～4	1～4.5	0.5～5	1～4.5	1～4
特徴的 な石斧	丸チョウナ		太型（乳棒状）	大型太型 方柱状ノミ形		
沿岸部 遺跡	供養川 四箇J-10l 中村町 野口 轟貝塚	菜畑 上水流	徳蔵谷 黒橋貝塚	下吉田 干迫	広田 四箇L-11c 蔵上	香椎A 大坪
内陸部 遺跡	椎原A 神野牧	かわじ池 岡田 前谷	上田代 上ノ平	挾間宮ノ下 上の原第2	大久保 布平	クリナラ

所に立地しており、そこに通年定住するというよりは季節的・回帰的に利用していると考えられる。構築される遺構や出土遺物の傾向からも、全体的に移動性の高い居住様式を想定できるが、先に挙げた中期の岡田遺跡と前谷遺跡、前期の神野牧遺跡は、内陸台地上での定着的な性格も有している。前・中期の内陸部での居住安定化は、後期への過渡期的状況と評価できる（板倉 2006, 14）。

　後期前葉は、中期までの扁平石斧に加えて、礫素材を剥離・敲打成形した最大厚3～4cm前後、横断面円形、基端部尖形を呈す太型石斧としての「乳棒状石斧」が急増する。乳棒状石斧は、形態・使用痕からみて、縦斧着柄の伐採石斧と想定できる。そして、遺跡出土磨製石斧セットの変異という点では、沿岸部遺跡（徳蔵谷、黒橋貝塚）でも内陸部遺跡（上田代、上ノ平）でも、ノミ形～大型のセット（最大幅2～8cm）がみられる。構築遺構や出土遺物の傾向をみても、当該期の居住地遺跡の定着性は高まっていると言えて、沿岸部、内陸台地部それぞれに定着した生活を送るようになっている。基本的にはこのような居住様式が晩期まで続くことになる。

　後期中葉は、特に九州南部・市来式土器に伴う形で、方柱状ノミ形石斧（最大幅1～2cm、最大厚1～2cm）が一定量認められるようになる。宮内は、後期のノミ型石斧が大陸から伝播した可能性を指摘している（宮内 1987, 157）。宮内の言う「ノミ型石斧」は、本論においては扁平な「ノミ形石斧」と、基部断面が方柱状を呈す「方柱状ノミ形石斧」に分けて捉えている。前者は縄文時代前期から存在し、後者は後期中葉・市来式土器文化に特徴的に伴うものである。藤木聡は、方柱状ノミ形石斧には斧身表裏面に対して石の目が直交するという傾向がみられる点を指摘している（藤木 2005）。また、後期前葉の太型石斧が最大幅8cm、最大厚4.5cm未満であったのに対し、後期中葉には最大幅8cm以上、最大厚4.5cm以上の大型品も組成に加わる。遺跡出土磨製石斧セットについては、沿岸部の利用が想定できる遺跡（下吉田、干迫）と内陸部遺跡（挾間宮ノ下、上の原第2）でセットの変異幅に大きな差はなく、双方ともにノミ形～大型石斧（最大幅2～8.5cm）を使用している。

　後期後葉は、九州南部では方柱状ノミ形石斧がみられなくなり、最大幅7cm以上、最大幅4cm以上の大型太型石斧もあまりみられなくなる。その他の傾向については後期前葉・中葉と大きく変わらず、沿岸部利用を想定できる遺跡（広田、四箇L-11c、蔵上）だけでなく内陸部遺跡（大久保、布平）においてもノミ形〜大型のセット（最大幅2〜7cm）が安定してみられる。この傾向は、晩期前・中葉も同様で、沿岸部利用が可能な遺跡（香椎A、大坪）でも内陸部遺跡（クリナラ）でもノミ形から大型までの磨製石斧セット（最大幅1.5〜7cm）が出土している。後期以降の比較的安定した縄文磨製石斧のあり方は、晩期後葉に大陸系磨製石斧様式が伝来してくることで大きく変容する。

　本章の分析によって、前・中期の扁平型磨製石斧使用、後期前葉の太型磨製石斧（乳棒状石斧）導入、後期中葉の磨製石斧変異の最大化、後期後葉〜晩期中葉の磨製石斧様式の安定という大枠の動態が把握できた。この動態は、第1章（p.36）で整理した縄文時代経済・社会システム（図1-10）においては、「磨製石斧サブシステム」として、主に資源採捕・管理選択（森林・木材資源）と居住様式のサブシステムに関係する。磨製石斧サブシステムの前期以降の変遷を見る限りでは、後期前葉に太型磨製石斧技術の導入という画期が認められるが、その変化の内容としては、前・中期の扁平型磨製石斧技術を基盤とした上での変化であり、後期中葉の変異増大を経つつも後期後葉から晩期中葉にかけてサブシステムとして安定していると評価できる。この磨製石斧サブシステムが変質するのは、晩期後葉〜弥生時代早期の大陸系磨製石斧技術の導入（太型蛤刃石斧サブシステムと扁平片刃石斧類サブシステムの分離）によるもので、縄文時代から弥生時代への森林・木材資源利用の大きな変質を予測できる。本分析で対象としたまとまった量の磨製石斧が出土した遺跡の変遷は、結果的に当該期の居住地遺跡の変遷を示すことになった。居住地遺跡の変遷は、この時期の自然環境の変化、特に縄文海進とその後の海退に伴う沖積低地形成とも大きく関わっていることが予想される（板倉2006, 14-15）。また、後期前葉の縦斧着柄太型石斧の普及や、後期中葉・九州南部の方柱状ノミ形石斧の使用は、技術上の革新であり、その由来や影響の評価が重要になってくる（佐原1977, 74-80）。古環境復元と磨製石斧動態の関連については、第6章で統合的な整理を行う。

第4章　九州縄文時代打製石斧の動態

　打製石斧は、九州では縄文時代後期以降に普及する主要利器（資源利用技術）である。本章では、九州内各遺跡から出土した打製石斧セットのうち、時期幅を比較的限定できる資料群を分析し、各時期、各地域の特性を動態として把握する。分析方法は、第2章で検討したとおり、伝播モデル・唯物史観モデルのための型式学的検討（類型化）ではなく、生態モデルのための性能分析（機能・用途の理論的検討、石材・形態変異、使用痕、特徴的な器種の存否の把握など）を行う。打製石斧は、縄文農耕論の構成要素として重要視されてきた器種であり、この器種の位置づけは当該期の資源利用の復元の内容に大きく影響すると予想される。

第1節　九州縄文時代の打製石斧

　打製石斧は、前章で分析した磨製石斧とは異なって、同種石器の使用に関する民族誌がほとんどなく、考古学的な分析でしか説明がなされていない道具である。例えば、九州地方の打製石斧をめぐっては、賀川光夫が焼畑農耕における耕起・除草具として位置づけたのに対し、渡辺誠が根茎類採集具としての評価を行い、焼畑農耕の存在に否定的立場を取った経緯がある（賀川1966a；渡辺誠1975a，1975b）。両見解の相違点は、打製石斧の機能・用途をどのように考えるのか（農耕具か採集具か）という点にあるが、そのような場合に必要な打製石斧自体の形態学的、機能・用途復元的な分析は意外にも少ない（板倉2007，38）。また、民族誌に見られる諸々の採集活動や焼畑では、伐採具と木製掘棒以外に特別な道具を必要としないという事例を確認できるが、考古学では木柄と石製刃部からなる土掘りに特化した道具として打製石斧が使用されたと理解されており、両者が整合しないという問題もある（板倉2009，195）。以下では、そのような問題意識を持った上で、打製石斧という石器器種がどのように理解し得るのかについて整理したい。また、九州では、北部（中部以北）地域と南部地域で打製石斧様式に明確な違いがある（板倉2009）。以下では、九州北部と南部の打製石斧様式それぞれについて先行研究を整理し、問題の所在を明確にしたい。

1　九州北部の打製石斧

（1）晩期農耕モデルにおける打製石斧

　九州北部の縄文時代打製石斧は、研究の初期から農耕論における農具の候補として注目されたため、その使用法が比較的詳しく検討された。賀川光夫と橘昌信は、大分県大石遺跡出土の縄文時代晩期打製石斧について大型品と小型品に分けて下記のように記述している（賀川・橘編1966，9）。

○ **大型品の特徴**

(1) 幅5〜6cm、厚さ1〜2cm前後で重量がある。

(2) 粗く打ち欠いて成形される。

(3) 縦断面は湾曲している。

(4) 刃部は平坦なものが多い。

(5) 基部両側辺に簡単な抉り込みを観察できる。

(6) 刃部の擦痕は主として湾曲する面に観察される。

(7) 胴部にも擦痕が認められる。

(8) 以上の特徴から「横柄着柄の鍬」と考えられる。

○ **小型品の特徴**

(1) 全体的に小形で薄い。

(2) 先端部が幾分尖ったものが多い。

(3) 縦断面はほとんど真っ直ぐになる。

(4) 調整は比較的細かい。

(5) 以上の特徴から、手持ちの「手鍬」として浅耕用の土掘具、あるいは根を切る道具とすべきである。

　また、橘は小型品（手鍬）の使用痕観察から、掌中に握って、礫や小石を含まない耕作土や火山灰などきめ細かい均一化した土壌、すなわち開墾整地された耕地の浅耕・精耕に用いたと推測した（橘1969）。

　この賀川・橘の打製石斧に対する所見は、今日の資料状況から見ても、その特徴を余すところなく記述している。ここで重要なことは、小型打製石斧について手持ちの浅耕用具（手鍬）という位置づけを行った点である。打製石斧の手持ち利用については、後述するとおり、台湾の民族例などが報告されていたが、賀川・橘は、明確な着柄痕がみられないことや全体に手磨れらしき摩滅が認められることなどの具体的な観察結果にもとづいて、手鍬説を主張している（板倉2007, 39）。賀川らの打製石斧の機能・用途に関する研究では、打製石斧自体の製作技法、形態、使用痕などの諸属性が分析対象となっていた。しかし、石器分析の結果に対する最終的な解釈の枠組みは、中国仰韶文化の石器類との対比に規定されていた（賀川1966b）。国分直一も、山口県綾羅木郷遺跡出土の弥生時代打製石器類を解説する中で、中国浙江省新石器時代石器と対比して、推断用の有柄石刀、割断用の鉈型石器、裁断用の大型石刀を認定している（国分ほか1976, 78）。中国新石器時代石器（農具）との類似という一つの仮説（解釈枠）に対して、打製石斧自体の分析から批判的に検討するというよりは、農具仮説を支持しそうな要素に着目して議論が進められた（解釈が仮説に引っ張られた）点に方法論上の課題が認められる。

（2）生態モデルにおける打製石斧

　賀川の晩期農耕モデルに対する批判は本書第2章第1節（p.50）で触れた。そして、その後に渡辺誠によって構築された縄文時代採集経済モデルの影響で、打製石斧＝根茎類採集具説が普及する。西健一郎は、打製石斧について、「扁平打製石斧が縄文晩期に大型化したり、形態や大小

の差があることなどから、用途や用法にバラエティがあると思われることなど、対象となった根茎類の違いで使いわけられたのか、大型化はもっと有効に根茎類を採集するための変化であるのかなど、今後の課題が多い」と整理しており、根茎類採集具説が前提となっている（西1987）。山崎純男は、賀川、渡辺誠の議論を引き継ぐ形で次のように打製石斧に言及をしている。「九州で打製石斧を多量に出土する遺跡が根茎類に適していると考えられる雲仙や阿蘇外輪の火山灰地帯に集中する傾向があることは、打製石斧と根茎類の結びつきを示す傍証となろう」、「水田可耕地が少なく、畑作が優越した南九州で、弥生時代まで残る有肩の打製石斧は、打製石斧の一部が、畑作に伴う除草具であったことを傍証するものであろう」（山崎2003, 51・53）。また、福岡市重留遺跡出土の打製石斧については、中九州の火山灰台地の打製石斧の数に比較すると余りに少ないが、組成の一割は占めるとして、土器圧痕にも認められるワラビ等の根茎類の採集具としての使用が考えられるとした。また、栽培植物とコクゾウムシの圧痕資料から、「縄文時代の穀類の脱穀・貯蔵≒農耕の存在」を前提とした上で、農耕形態としては焼畑農耕を想定する。その仮説にもとづき、焼畑農耕では耕作具があまり必要でないため、組成の1割程度を占める打製石斧は、除草用と理解する。そして、磨製石斧は焼畑地の樹木伐採、石鏃は焼畑耕地周辺での狩猟用と評価する（山崎2007, 297）。山崎の打製石斧の機能・用途に関する理解は、打製石斧自体の分析というよりは、打製石斧出土遺跡の立地・地形環境と、対象とした可能性のある植物の想定にもとづいている。土器圧痕分析から縄文時代のダイズ・アズキ利用を実証した小畑弘己も、打製石斧を土掘具と認識した上で、ダイズ・アズキの栽培化徴候群の出現時期と東日本から西日本への伝播が打製石斧の動態と同じであることや現代焼畑におけるマメ播種時の鍬による深耕を根拠として、「打製石斧の一部はヤマノイモの掘具ではなく、マメ類の栽培（耕起・播種）具」と考える（小畑2010, 263）。「打製石斧を中心とする安山岩・片岩・頁岩などいわゆる粗製石材を使用した石器およびそれを支えた生産と消費システムを「粗製石材製打製石器技術複合」と称するならば」、それらは「製作コストのかからない消耗材的性格の強い道具」であり、「その用途は、板倉（2009）が想定したような焼畑や半栽培の素地の形成（自然林の伐採や二次林の除草・伐採行為）に畠の造成・管理を含めたもので、この行為は定義的には「特定植物の生育環境の創出と維持管理」であり、これは「栽培行為（cultivation）」そのものである」とする（小畑2010, 264）。小畑の打製石斧の理解も、まずは「マメ類の大型化（栽培化徴候群）」という現象の把握があって、その整合的理解のために「打製石斧による深耕」という用途復元が導かれている。山崎や小畑の農耕仮説をより妥当性の高いものとするためには、それに打製石斧が関係するというならば、打製石斧自体の分析を行って、その結果が農耕仮説と矛盾しないかどうかを確かめる必要がある。

　筆者は、熊本県人吉盆地における縄文時代晩期の打製石斧類を分析し、後期から晩期にかけて、標高の高い川辺川流域から、標高の低い球磨川流域に遺跡立地が移動し、その際に打製石斧類を利用して氾濫原や段丘上での低位レベルの植物栽培を行った可能性を想定した（Itakura 2011, 196）。また、縄文時代後・晩期の打製石斧と大型刃器の資料状況を概観するなかで、短冊形打製石斧が「石鍬」として、特に軟質土壌を掘削する作業において、石材獲得・製作コストの低いリーズナブルな道具であったと評価した（板倉2015, 26）。その軟質土壌が、耕作地土壌な

のか沖積土なのかという問題を挙げ、後期後葉〜晩期の沖積低地適応との関係性に着目している（板倉2015）。沖積低地への適応においては、木器生産システムの存在が、縄文文化と弥生文化の明確な技術格差と考えている（板倉2015，32）。筆者の分析方法は、打製石斧や大型刃器の用途を、根茎類採集や耕地形成、穀物収穫といった具体的な行動に限定しない形で評価し、そのような道具立ての変化と、遺跡立地の変化、沖積低地形成という自然環境の変化の相互関係を整理するものである。この方法を本書では「石器性能分析」として整理している（第2章、pp.72-76）。

（3）分類と時期比定

そのほか、各地で打製石斧資料が増加する中で、個々の発掘調査報告の中で所見が提示されている。渡辺和子は、福岡市千里シビナ遺跡（周船寺遺跡第1次調査）出土の扁平打製石斧を報告する中で、(1) 同じ沖積平野内微高地に立地する四箇遺跡に比べて出土割合が高い、(2) 従来出土している資料に比べてやや薄手である、という2点を指摘し、台地上の遺跡との比較や、扁平打製石斧の使用目的、対象物の違いなどに注意している（渡辺和子1982a，13）。実際には四箇遺跡と周船寺遺跡は、中心となる時期や立地環境が異なるが、両遺跡の打製石斧に違いがあるという指摘は、打製石斧セットに遺跡間変異があることを示唆しており、注目される。打製石斧石材については、米倉秀紀が、福岡市重留遺跡出土の玄武岩製打製石斧を報告する中で、厚みが2.5cmを超えるものについては、全体の形態もふまえて磨製石斧の未成品の可能性も残して報告している。打製石斧31点のうち、剥片素材は22点で71%、剥片素材の可能性が高いもの5点を加えると87%と高率であり、磨製石斧が礫素材であることとの違いを指摘する。また、刃部調整の不十分さ、刃部角度が大きく鋭利でないもの、刃部の摩耗があまり認められないなどの点から、打製石斧の未成品もしくは使用頻度が低い成品という認定をしている（米倉2007，257）。後述するように磨製石斧の未成品は打製石斧と類似点が多くなるため、その区別が重要となる。

賀川・橘編（1966）以来、九州北部の打製石斧を総括したのは吉留秀敏である。吉留は、北部九州の打製石斧を長さ8〜12cm、幅4〜5cmの小型（A類）、長さ13〜16cm、幅6〜8cmの中型（B類）、長さ17cm以上、幅7cm以上の大型（C類）に分類し、C類は晩期前葉の出現とする。また、遺跡ごとにA〜C類の組成差を認め、玄武岩と変成岩という利用石材の違いを含む遺跡周辺環境の違いにもとづく可能性を示唆した。A〜C類はすべて石鍬という前提で、C類は晩期後葉に「ある種の木製農耕具にその機能が引き継がれていった」と考えている（吉留1993）。渡辺和子も指摘した打製石斧の遺跡間変異への着目と、C類（大型打製石斧）の認識が重要である。

（4）伝播モデルにおける打製石斧

幸泉満夫は、西日本から朝鮮半島までの打製石斧類を広く調査し、九州の打製石斧に関して、新たな系統論を展開している。幸泉は、平面形態から着柄手法の相異などを想定した上で、打製石斧を、直身系・分銅系・有肩系・曲身系の4系統と短冊形・尖刃形・台形・撥形・楕円形・ヘラ形の6形式に分類する。そして、朝鮮半島南部資料について、「刃部の片側のみが拡張する撥形−東三洞類型」を見出し、九州西北部の「曲身系石鍬」との類縁性を指摘する。九州東北部の中期末〜後期初頭に遡る打製石斧については、「これら初期石鍬は撥形−東三洞類型、および

曲身系撥形を主体としており、先述した九州西北部地域からの影響が想定できるだろう」とする。九州東北部については、「形態的には九州西北部と同様、撥形が北久根山式併行期にかけて減少傾向にあり、かわって短冊形が増大する。分銅系統も出現するが量的に顕著とはいえず、抉れの深度も相対的に浅い。曲身系統が比較的高い割合を維持しているのは、九州北半部に共通する特徴といえるだろう。刃部形態では偏刃が増加し、実に半数前後の割合を占める場合もある。全長20cm前後の大型例は、後期中葉にはすでに安定的割合を占めるようだ」と整理する（幸泉2008a，27-30）。このような九州の状況が、他の西日本の状況と異なるという理解から、「石鏃に関する東日本からの直接的影響は、概ね近畿、北陸地方までと捉えるべきであろう」、「対馬出土の初期打製石鏃は朝鮮半島南海岸を起源とする起耕具ないし掘地具として捉えるべきであろう」としている（幸泉2008a，37-38）。

　さらに幸泉は、朝鮮半島南部新石器時代早・前期の石器群や植物痕跡について調査・研究成果を整理し、当該地域の新石器時代前期前葉を雑穀農耕段階と位置付けた上で、九州や山陰地方の縄文時代前期文化への影響に着目している（幸泉2022a）。また、島根県下山遺跡出土の石器を「石刀形石器」と評価し、従来、打製石斧、横刃型石器、掻器と認識されてきた石器群の中から類似する石器を抽出して「大陸型（系）石刀」とまとめた。この石器群は、「対馬暖流ベルト地帯」とする地域に縄文時代後期から弥生時代前期並行に分布するとした（幸泉2022b）。

　筆者は、幸泉の見解をふまえて、九州における打製石斧の初現資料を抽出し、中期から後期前

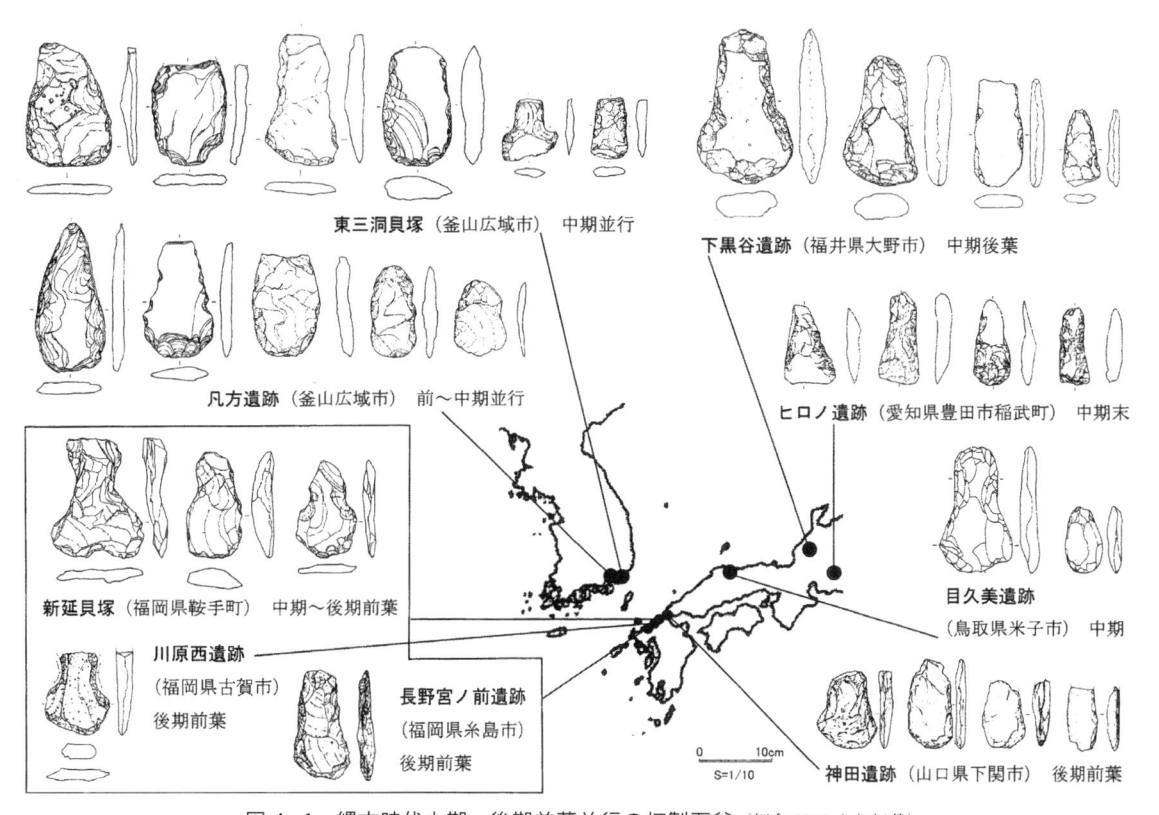

図4-1　縄文時代中期〜後期前葉並行の打製石斧（板倉2013より転載）

葉の西日本と並行期の朝鮮半島の打製石斧セットの特徴を整理した。その結果、九州後期前葉に出現する有肩形打製石斧は、中期の山陰地方および北陸地方出土の打製石斧との類似を指摘でき、山崎純男が情報伝達網として指摘する中期後半の日本海ルート（山崎2012）と整合する可能性を示した（図4-1。板倉2013）。

　幸泉と筆者の打製石斧の系譜に関する見解の相違は、幸泉も指摘するとおり、縄文時代前期以前の「打製石斧」とされる資料についての評価の違いがある（幸泉2021, 41）。幸泉が「小型打製石斧」として、早期以来の存在を指摘する資料に対して、筆者は後期以降の「小型でない」打製石斧との比較から、「磨製石斧未成品や打製刃器の可能性」を想定している（板倉2013, 61）。しかし幸泉は、打製石斧類のサイズの大小に機能・用途の違いを想定する韓国新石器時代の研究成果に対して、「縄文時代の打製石斧は小型品が一般的である」という理由から大小を分けずにまとめて鍬の一種と分類している（幸泉2022a, 97）。本論では、九州後期前葉の打製石斧について、器種認定という点から改めて整理を行う。また、幸泉と筆者では石器分析に対する考え方が異なる。本書第2章第1節でも整理したとおり、筆者は技術や道具形態の多様性や変異と資源利用など生態的要因との相互関係に着目しており（生態モデル）、技術や道具形態の類似性を根拠とした文化系統論（伝播モデル）には消極的である（板倉2021a）。この違いは、妥当性の問題というよりは、同じ資料に対する説明法の違いである。

2　九州南部の打製石斧

（1）分類、機能・用途と時期比定

　九州南部打製石斧類の研究は、戦前から戦後にかけて、形態変異、機能・用途、所属時期、系譜などへの言及からはじまった。近年では、調査事例の増加を受けて形態変異がほぼ明らかになり、所属時期も縄文時代後期後半・晩期が主体となることがわかってきた。また、使用痕の観察によって、機能・用途の問題が進展していると言える（板倉2009, 196）。以下に、板倉（2009, 196-198）をもとにしながら研究抄史をまとめる。

　九州南部打製石斧類への本格的言及は、乙益重隆の研究にはじまる。「形は頭部の両側が湾入し刃部の先端は鋭い尖りをなすを普通とする。石器全体は一般に幾分かの反りをなすものが多い。＜中略＞此の石器に就いては形の上からしても他の一般の石斧等と同一な用途として用いられた点は見受けられない。私は先ず此の石器に「フ」字形の柄を取りつけ頭部の両側湾入の部分を緊縛すれば石鍬の用をなすものと憶測している。＜中略＞高地性弥生式遺跡に多い点等よりして、私は此の石器を石鍬として提唱したい。弥生式中期以後の農耕社会としてはかかる石器の出現も有り得べきことである」（乙益1937, 91-92）。ここで乙益が言及した石器は、後に自身が「両耳型」と設定するものであり、弥生時代中期以降の農具として膝柄の石鍬を想定している。

　その後の体系的な言及は、三友国五郎・河口貞徳・国分直一の論考にみられる。三友らは、種子島安納出土石器群を「有肩石斧」とし、扇状形、縦長、基部がくびれたもの、尖刃形、靴形などに分類した。尖刃形は乙益が認識した「両耳型」と同内容であるが、三友らは「園芸用移植鏝

に類似している」と述べ、乙益のような膝柄着柄を想定しない。ただし、尖刃形も含めて有肩石斧の大部分が陸耕用の土掘具であろうとした（三友ほか1953, 38-39）。また、安納出土品は弥生時代に属するが、屋久島一湊出土の有肩石斧は、縄文時代後期にまで遡るとした。「これらの中には器形の上からいうなら東南亜細亜系と考えられるものが多く見られるのである」とも述べている（三友ほか1953, 43-44）。その後、国分は、琉球先史時代の石斧について、「刃部磨研のビラ（箆）型石器も断面が広い楕円を示す点において、円筒斧の類型にはいると思われるが、ビラ型石器は前者に比して、やや扁平の傾向を示し、耨器としての機能をもつことを示している。＜中略＞それらの中、刃部の厚いものは、あるいは斧として使用されたものもあるかと思われるが、薄手のものは耨耕用と見てもよかろうと考える」と述べている（国分1972, 49）。国分の言う薄手のビラ型石器は三友ほか（1953）で指摘した有肩尖刃形石器に関連するものと考えられる。

　乙益は、九州南部の打製石斧について再度言及し、「頭部の両側が耳状に張り出し、頸部は両側より抉り込み、肩部が張り、これより刃先にむかって尖り気味につくる」形態を両耳型、「頭部を短く長方形につくり、肩部が角張り、これにつづく刃部は縦に長い長方形を呈するもの」を凸字型、「頭部や頸部の形は両耳型や凸字型と同様であるが、刃部を幅広く扇形につくるもの」を広刃型、「頭部や頸部肩部のつくりこそ両耳型や凸字型そのものであるが、刃部が片寄りに広がり正面観が靴形に似る」形態を靴型と分類し、いずれも耕起具と想定する（乙益1985, 378）。

　以上、戦前から1980年代までの研究の成果を次のように整理しておきたい。

　　(a) 有肩石斧の形態変異については、両耳形・凸字形・広刃形（扇状形）・靴形が認められる。
　　(b) 両耳形については、膝柄着柄のクワとしての使用法（乙益1937）と、コテあるいはヘラとしての使用法（三友ほか1953）の2説がある。その他の形態については、土掘具としての用途を想定するものの着柄法等については詳細な検討がない。

　(a) については現在の資料状況からも追認されていると考える。以下では、近年の研究から、(b) の論点がどのように展開しているのかを確認していきたい。

　東和幸は、氏のII類・凸字型は柄の部分が長いために棒状の柄に平行して装着したと想定し、民具のキンツ（突き鍬）に類似するとする。東のIII類・両耳型は形態的には民具のヘラに類似するが、ヘラは奄美・沖縄本島が分布の中心地であり、「トカラ列島より南から石製土掘具の出土例がほとんどないところをみると、「ヘラ」とは全く無関係であったことが想定される」として、乙益（1937）と同様に短膝柄の鍬（テグワ）を想定している（東1993, 19）。民具との具体的な対比を行った研究として重要である。ただし、両耳形とヘラの関係については、国分（1972）で指摘されている南西諸島出土の「薄手のビラ（箆）型石器」などの存在を考慮すると、今後も検討する必要はある。例えば、田部剛士は、鹿児島県軍原遺跡出土の縄文時代晩期末の打製石斧類（両耳形）について、抉部と体部片面に観察される摩滅痕は着柄痕であり、刃部には使用痕が観察されないと報告している（田部2000）。刃部に使用痕が観察されないとはどういうことを意味するのだろうか。両耳形の使用法を考える上で示唆的な報告である。九州南部縄文時代の打製石斧類（特に両耳形）では、ヘラとしての使用法があり得るのか否かを形態および使用痕の観点か

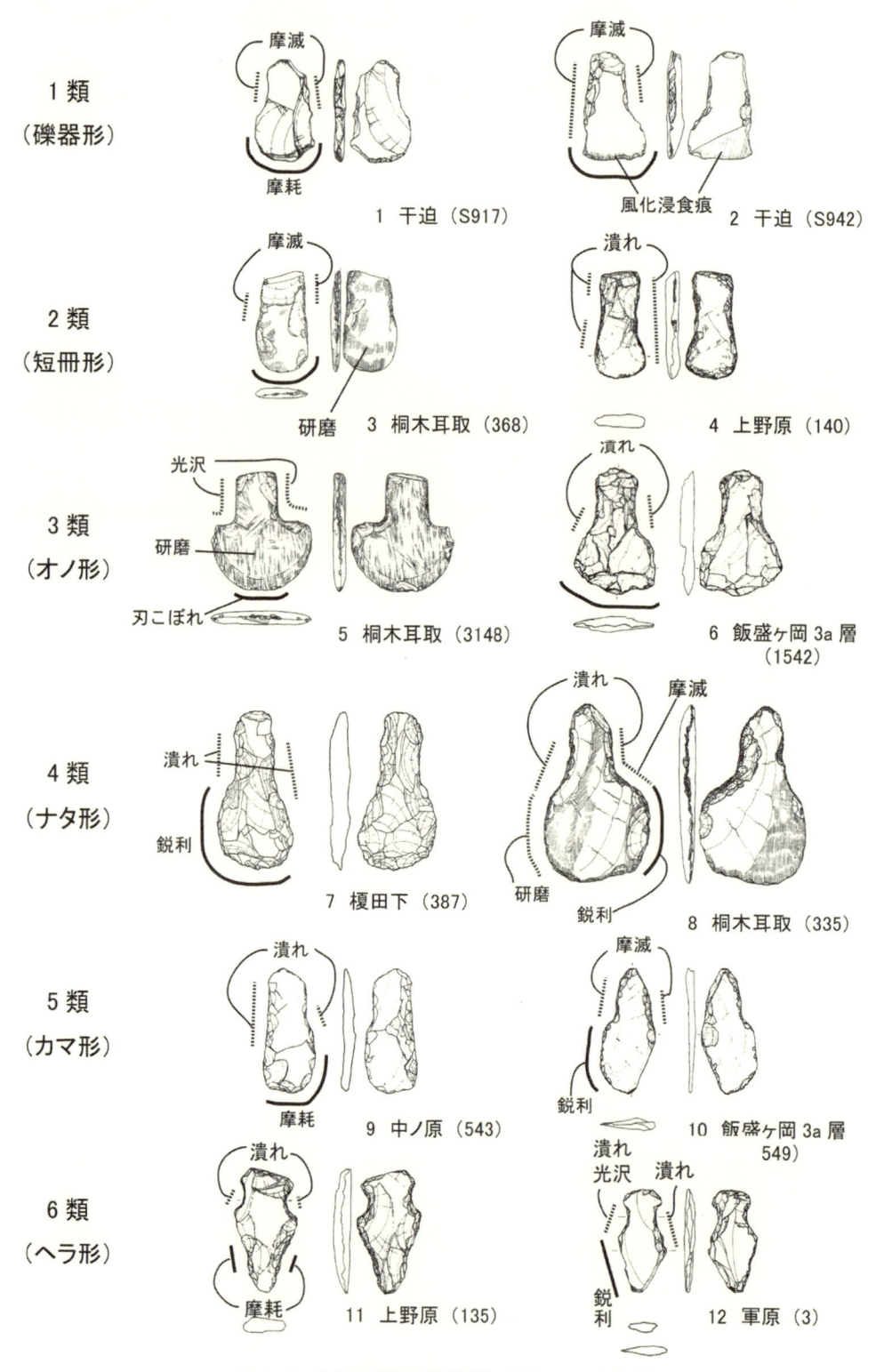

図4-2 九州南部の打製石斧（板倉 2009 より転載）

ら検討する必要があるだろう。

　Ⅱ類・凸字型を民具との形態比較から突きクワと捉えた東（1993）に対して、川口雅之は、鹿児島県大坪遺跡出土打製石斧を報告する中で、Ⅲ類としたラケット形打製石斧では、刃部片面の長く広い範囲に線状痕と摩耗痕が残り、片刃となっているものが多いことから、膝柄に装着した打ちクワのような使用法を想定している（川口 2005, 278）。また、繁昌正幸と三垣恵一は、同県市ノ原遺跡出土打製石斧中、Ⅲ類とした基部に括れのある打製石斧では、側縁部に横方向の摩滅痕が認められることから、膝柄のクワ着柄でかつ側縁部を使用した横方向の動作（土ならしや除草など）を想定している（繁昌・三垣 2006, 273）。この想定は、同県上水流遺跡報告書中で廣栄次による使用痕観察からも追認されている（廣 2007, 301）。これらの報告は 1990 年代までの研究に比較して、打製石斧類各形態における刃部使用痕の観察にもとづいており、より実証的な使用法復元と評価できる。しかし、有肩石斧（ラケット形など）の作用対象を常に土壌と考える見解に対しては、いくつかの先行研究を引用することで、やや異なる視点を導入できる。これについては後述する。

　九州南部に特有の器種である両耳形打製石斧の出現時期については、熊本県大原天子遺跡が黒川式・刻目突帯文土器の単純遺跡と考えられることから、両耳形の上限年代が縄文時代晩期までさかのぼると認識されている（熊本県教育委員会編 1993b, 64）。筆者は、九州南部の打製石斧を形態・使用痕・サイズの観点から大別 6 類に分類し、有肩形打製石斧を後期後半、ヘラ形（両耳形）打製石斧を晩期に位置づけた（図 4-2。板倉 2009）。その後、大隅中央台地群の後・晩期遺跡資料で再検討を行い、有肩形打製石斧の出現は後期中葉、ヘラ形（両耳形）打製石斧の出現は遅くとも刻目突帯文土器期、早ければ黒川式土器期と想定している（板倉 2021b）。

（2）系統

　九州南部に特有の打製石斧類が縄文時代後期から弥生時代にかけての包含層から出土する現状に対して、乙益は「もし有肩打製石器が縄文後期前半から出現するとすれば、もっと他の後・晩期遺跡においても共伴してもよさそうに思われるが、目下のところ今後の精査にまつほかない。＜中略＞ 私は有肩打製石器の行われたのは一応弥生中期末にはじまり、後期の終末頃まで継続したと考えたい」（乙益 1985, 378）とする。縄文時代の農耕の存在を否定する乙益の立場（乙益 1967）からは、自身が農具と位置づける有肩打製石器が、縄文時代に属することは矛盾であった。また、有肩打製石器の分布は、九州南部と南島地域だけに限られると指摘しながら、「南九州の両耳型と台湾の有頸石斧がいかに似ていても、実年代の点で齟齬があり、少なくとも現状では両者の相似性を指摘する程度にとどめざるをえない」と述べている（乙益 1985, 377）。

　東南アジアでは、紀元前 2 千年紀頃から有肩形の石鍬が現れ、紀元前 1 千年紀前半の青銅器時代に明確に農耕と結びついて石器組成に加わる（横倉 1992）。このことから、現状では九州南部の縄文時代後期の有肩石斧と、東南アジアの有肩石斧は同時代性をもつと言える。東南アジアに分布する有肩石斧については、鍬型金属器の祖形になったという見解（松本 1939, 511）に対して、鉄製斧頭の模倣（八幡 1941, 160）という見解もある。靴形石器に形態が類似する良渚文化の「破土器」は、牽引して使用される犁耕具の一種であると考えられている（中村 1986, 159）。

横倉雅幸は、マレー半島新石器文化の「テンベリング・ナイフ」、良渚文化の「破土器」、ベトナム青銅器文化の有銎無文靴形青銅斧（非対称青銅斧）などが除草具である可能性をふまえ、湿地や焼畑での除草無耕起稲作との関連を想定している（横倉1992, 308）。また、東南アジア大陸部では、肩部に袖状突起が付き、大型（長さ70cm）で、材質が脆く、身が薄く、刃縁が研ぎ出されていない、使用痕がみられない、など非実用的な特徴を持った祭器的な石鍬が報告されている（横倉1992）。有肩形打製石斧は朝鮮半島でも見つかっている。有光教一は朝鮮半島会寧五洞遺跡出土の片岩あるいは玄武岩製の凸字形石器について、下辺に欠損や摩滅が認められることから、クワやスキとして掘り起こしに使用された農耕具と紹介している（石田・泉編1968, 104）。一方、類似する石斧類は中部地方弥生時代にもみられ、神村透は、「有肩石斧Ⅰ・Ⅱ型や靴形石器はその形態を縄文時代にみることはできない。大陸や台湾に、畑作用の耕作具として同じ形態の石器をみることができる。＜中略＞これら石製耕作具が種子・技術・道具という畑作耕作のセットとして日本に入ってきたと考えたい」と述べている（神村1985, 88）。

　なお、八幡一郎は、縄文時代の打製石斧について「同文化期の初期には礫を半截して縦に刃を加工した程度の簡素な石器であるが、時代が降るにつれて両面加工の傾向が強くなり、扁平度を増し、且つ定型化された形に作りて刃部を尖鋭ならしめた。同文化後期の所謂分銅形品の如き、その尤なるものである」とし、弥生時代の打製石斧は「先行せる縄文式文化の石器の形式及び製法の伝統を継承したもの」であり、その特徴は「扁平にして薄手のものの多いこと、比較的長大品が多いこと、基部より身の幅が広く、その境に屢々肩が設けられること、或は全形が飯杓子形をなすものがあること」と述べる（八幡1941, 145）。弥生時代の有肩形打製石斧の系譜を、縄文時代の分銅形打製石斧に求めている。九州南部の有肩形打製石斧は、先行する分銅形打製石斧は確認できず、そこから派生したとは考えにくい。現在のところ、その出現については、中国南部や東南アジアからの影響（伝播モデル）もしくは、九州南部の特性に応じた技術開発（生態モデル）での説明を検討する必要がある。

第2節　分析の方法：打製石斧の性能分析

　以上のとおり、九州における縄文時代打製石斧研究においては、打製石斧自体の分析が不足しており、本章で行う打製石斧の性能分析は一定の貢献を果たすと期待できる。打製石斧は、後述するとおり研究の当初から、多様な機能・用途を持つと認識され、農具か採集具かといった用途の限定は難しいことが予測される。しかし、現象として多様な形態変異があるとして、その理由やメカニズムはどのように説明できるのであろうか。以下では、明治期以降の打製石斧の機能・用途研究について、民族誌類推や実験使用痕分析などの成果を中心に整理し、打製石斧の性能モデルを構築する。なお、本論では九州地域以外の資料の分析を行わないため、打製石斧の系統の問題は検討できない。まずは、九州縄文時代という枠組みの中での打製石斧の動態把握を目的とする。

1　打製石斧性能モデルの構築

（1）打製石斧機能・用途の多様性

　明治期の石器研究において、積極的に民族誌類推が試みられていたことは本書第1章第1節で整理したとおりであるが、打製石斧の位置付けについては、台湾民族誌の影響が非常に大きかった。鳥居龍蔵は、台湾先住民の調査において、今日地中から発見される石器 Taya は、祖先が濁水渓畔で行ったアワ栽培に用いた農具であり、現在自分たちが使用する農具もこれらが変化したものである、というブヌン族の口碑を紹介する。そして、その石器（打製石斧）に口碑に従って木柄を付けさせたところ、短柄の横斧着柄（鍬着柄）を示したと報告した（鳥居 1900, 306-307）。伊能生は、Atayal の口碑では、木製膝柄に楕円形石器を着柄した耕作用具を KAIHUE と呼んだが、この語の本義は「角」であるため、本来は鹿角を耕具に用いていた可能性を指摘する。また、斧頭形の石器については、1mほどの木柄の尖端に孔を穿って石斧を嵌め込んで、樹木伐採に用いたという（伊能 1907）。佐藤伝蔵も、台湾円山公園貝塚採集の打製石斧について「是等は石斧と称すと雖も実際は農具として使用せしものならんか」としている（佐藤 1901, 169）。昭和期においても、移川子之蔵は、台湾で表採される「パツ」型石器（打製石斧）について、それを手斧鍬であると考えたが、その民族誌的な理由は以下のようなものであった。(1) 今日の台湾先住民の行う農耕は、柄の短い鉄製の手鍬や鐙鍬を用いるものであって、鋤や犁を用いない。(2) Tinburan の頭目にこの種の石器を示したところ、曾祖父の時代にはこれらの石鍬で開墾を行ったと言う。(3) 紅頭嶼では打製石斧に手鍬という意の名称と、「鉄」の意である別称を与えており、昔鉄の無かった時代には、この石器で芽草を刈り取り土地を耕すのに使用したと言う。(4) 砂岩・安山岩などの材質は堅い樹木を伐るには不適当である（移川 1934, 443-445）。鹿野忠雄によると、ヤミ族の伝承では、安山岩製分銅形打製石斧を「Chichivchiv と呼び、之れに何等柄を付けず手で握り、畑地を開墾する場合には芽等の根を之れで打ち切り、草や灌木を取り除くに用いたものであると云う。彼等は其の使用に際しては Chichivchiv の突面（汀礫の原面）を手の平に当てがい、分銅形石斧中程の括れは指頭を以て握るに良き手がかりを与える。而して比較的厚い此の石斧の厚さも、此の目的の為めには反って都合が良い（若し薄い時は手に持った場合に痛さを感ずる）」とする（鹿野 1942a, 91）。また、鹿野は、台湾出土の打製石斧に多種があることに注意し、かつての打製石斧の使用法を知る先住民からの聞き取りによって、有稜匙形石斧は掘棒先、厚手型打石斧は手持ちの除草具、薄手型打石斧は小鍬先という形態と使用法の対応を推定している（鹿野 1946a, 249, 1946b, 96）。

　これらの見解において重要なことは、既に鉄器化した時代の台湾原住民が、先祖の時代の道具として打製石斧の用途に言及している点であり、厳密には打製石斧の使用民族事例ではないという点である。世界中の掘棒・鍬使用の事例を集めた Emil Werth は、「われわれは、熱帯の鍬農耕地帯の最大の地域における最も重要な耕具が、掘棒であって鍬でないことを、つねに明確にしておかなければならない。鍬は＜中略＞、ただ、鉄の生産と加工が知られているところでのみ、重要な意義を得ているにすぎない」と述べている（ヴェルト 1968, 177）。打製石斧の鍬使用が民

族誌的に裏付けられるのか否かは、現段階では十分な根拠があるとは言えない。

　このような台湾民族誌の知識を背景に、国内出土の打製石斧の機能・用途については、大野雲外が次のように整理した。「刃先きは鈍くして格別鋭利のものが少ない、只物質を打ちたたく位の用にあてしか、或は、土を掘り穴を穿つために用いしや何れか不明なれども、近くは台湾生蕃などは現今の鍬鋤を用いし如くに祖先が使用したものであると伝えておる」（大野 1907a, 134）。その後、大山柏が打製石斧の機能・用途について詳しく検討する。大山は、打製石斧の形態変異について、「各中間形が餘りに多過ぎて、確固たる短、撥、分銅形等の分課が明瞭でない」ため、その用途は同じであろうと述べて（大山 1927, 13）、最終的には農具の可能性を重視していくが、その多様性は十分に把握していた。大山は、打製石斧は、土工・築営・植物採集・樹枝伐採など器具の応用が広く、用途は土掘りに限定できない、厚みが薄く軽量で刃部も鈍いので、少なくとも打割には向かない、とも述べている（大山 1927, 19）。土掘り機能とともに、植物採集や樹枝伐採などの広義の伐採機能も認めている点が注目される。そして、打製石斧の形態を尖頭形・短冊形・撥形・分銅形に分類し、尖頭形・短冊形は接土面が狭いため、荒土を鶴嘴のように掘るのに向いており、接土面の広い撥形・分銅形は土掻きに向いていると想定した（大山 1927, 25）。このように打製石斧の刃部幅を接土面の広さと捉えて、そのサイズ差によって使用法の違いを想定することは、打製石斧を地面に打ち付ける力（衝撃力）が強い（深く掘ろうとする、あるいは地面が固い）場合は、その時に地面側から受ける抵抗力の大きさは大きくなるので、刃部幅は狭い方が効率的であり、逆に衝撃力が弱い（浅く掘る）場合は、抵抗力も弱いので刃部幅は広い方が効果的であるという、経験則的かつ力学的な理解が背景にある。この観点は、石器の機能・用途についてより普遍的な観点からその性能を評価しようとするという点で、本論が目指す石器観に共通する。

　打製石斧の機能・用途は、その形態から斧・鉞・鍬・鋤・土掻きとの対比が行われてきた。樋畑雪湖は、サラワク島民の有肩鉄斧が台湾出土の有肩石斧と形態・サイズが類似することから、両者ともに縦斧着柄の「伐採斧」であるとみていた（樋畑 1917）。小林行雄も、「鉞の如く着装せられる石器」として、台湾出土有肩石斧と弥生時代遺跡出土有肩石斧の類似に注目している（小林行雄 1935）。水野清一は、「南満州の石器のうち特色あるものの一つとして有肩石斧（shouldered axe）が挙げられる。有肩石斧と云えば印度支那方面のそれが直ちに思い併されるが、それは黄色の粘板岩でこしらえた扁平小形で、しかも往々片刃の鑿形石斧である。＜中略＞ 南満州のものはこれらと違って、吾々が満州に於いて普通に見る斑糲岩の蛤刃丸形の石斧に肩を作り出したものである」（水野 1933, 595）としている。小林行雄は、満州新京（現吉林省長春）出土の分銅形を呈する石器について、「柄を石器の長軸に沿って着ければ鋤鍬の類となり、軸と直交して着ければ鉞の類となろう。その何れかは俄に定めがたいが、仮に鉞形石器と呼んで置こう」としている（小林行雄 1940）。すなわち、戦前においては有肩形石斧や分銅形石斧について、鍬・鋤・土掻きだけでなく、斧・鉞としての使用法も想定されていたということである。その後も、小田静夫は、分銅形は長軸に対して直角に着柄された両頭のオノ、撥形は身の反りを活かしたクワ着柄、短冊形は分厚く反りの少ない例は片刃のオノ、やや薄く身の反りがある例はクワ、身が真っ直ぐな例は掘棒や鋤先と理解している（小田 1976, 56）。近年では橋口尚武も、種子島安

納・峯遺跡出土の打製石斧類について、有肩石斧を伐採具とし、靴型石斧に鑿状の斧と土掘具の二者を想定している（橋口1990，158）。長江下流域新石器時代（馬家浜文化、崧沢文化、良渚文化）にみられる石鏟が、耕起具と想定される一方で、石鏟の縦斧着柄を示す土製品が出土している事例（中村1986，154-155；佐川1996，52）も有肩石斧の斧・鉞としての使用法を検討する材料になろう。藤森栄一は、伊那谷の弥生時代打製石斧について、長方形・撥形を土掘具、銀杏形を土掻具とした（藤森1936，300）。松島（神村）透は、中部地方弥生時代の大型打製石器群について、深耕用石鍬である大型短冊石器、浅耕用で草掻きに類似する有肩扇状形石器、着柄用の抉りと鋭い刃部をもつ割斧としての有抉石器および有肩鉞形石器を認定している（松島1964，62）。

（2）類似道具の使用事例、使用実験、使用痕

　上記では打製石斧に対して、経験則的な観点から多様な機能・用途を想定するという学史的な流れを確認した。以下では、打製石斧に想定された鍬・鋤・土掻きなどの土耕具的機能・用途と、斧・鉞などの伐採具的機能・用途について、実際の道具の使用事例では、使用とその形態がどのような関係にあるのかを確認する。民族・民俗誌の情報、鍬・鋤については、弥生・古墳時代の木器・鉄器の概要も含めて整理する。

○ 使用事例：鍬・鋤・土掻き・掘棒・斧

　弥生時代の木製農耕具は、黒崎直によると、狭ぐわ（刃幅10cm前後以下。打ちぐわ）、広ぐわ（刃幅15〜20cm前後。土の削平・移動。引きぐわ）、すき（全長80〜130cm・刃幅10〜20cm前後。掘削・すくい上げ・移動）に大別される（黒崎1985）。弥生・古墳時代の鉄製農耕具は、都出比呂志によると、長方形鉄板を左右から折り返した鉄器がAグループ（刃幅15〜18cm）、Bグループ（刃幅6〜12cm。トグワ、撥グワ：硬土の掘り起こし、開墾・土木に使用する）、Cグループ（刃幅6cm未満。古墳出土品。模造品。）に大別され、これにU字形クワ・スキ（刃幅10〜20cm。風呂グワ。開墾・土木、水田泥土の撹拌・移動、須恵器窯の構築）が加わる（都出1966）。山本直人によるクズ・ワラビ採集の現代の民俗調査においては、ヤマグワ（長さ16.8〜20.4cm・幅13.5〜13.8cm・厚さ0.3〜0.5cm）、トンガ（長さ24.6〜28.8cm・幅8.4〜11.4cm・厚さ0.4〜1.3cm）、ツルハシ（長さ15〜18.5cm・幅5〜7.2cm）、ワラビネホリクワ（長さ34.3cm・幅9.3cm・厚さ0.2〜0.5cm）、ニホングワ（長さ20.2〜24.2cm・幅9.3〜12.1cm・厚さ0.5〜2cm）、テコ（長さ27.8cm・幅8.8cm・厚さ0.2〜0.7cm）、鋤先（長さ49.2〜55.3cm・幅10.4〜11cm・厚さ0.9〜1.3cm）などの使用が記録されている（山本1996）。

　山浦清は、オホーツク文化期（9〜14世紀）の骨鍬、北方民族の骨角製掘具について次のように整理する。掘り具Aは、長さ14〜60cmの扁平棒状で端部を平らに削る。Ice-pick、鶴嘴状、掘棒先（プイタウライニ・イタニ）、Root-pickに対応する。掘り具Bは、最大幅11〜13cmにピークがあり、柄取り付け部断面がカマボコ状で鍬先と考えられる。雑穀豆類耕地整備に用いられる。BI類は、刃部幅7cm未満の骨斧で、氷割り・肉解体に使用される。BII類は、刃部幅7cm以上の骨篦でMattock（土掘り・氷割り・万能具）やアワビおこしの用途が想定される。BIII類は、1・2対の窓を有する骨鍬で雪かきに使用される。BIV類は、1つの窓を有する骨鍬である。掘り具Cは、海棲ほ乳類の肩甲骨の両側端を尖頭状に作るもので、シッタップ、海草採り竿先、

Root-pick に対応する。アイヌではツチマメ・ヤチブキ・ウバユリ・カタクリの根などの採集にはプイタウライニ・イタニなどの掘棒が使用されており、同様の作業は掘り具A・Cで可能である。掘り具Bについては、ブタ飼育痕跡がみられる道北地域に分布する傾向があり、雑穀豆類栽培との関連が強いと指摘される（山浦 1982）。

　田代定安は、大島群島および沖縄諸島に分布し、内地では農書にも民具としても見られない南西諸島特有の農具として、平家箆を紹介している。一種の鏟で、長さ 9〜12cm あるいは 18cm、幅 6〜9cm、厚さ 6〜9mm を測り、「柄は木をA字状に削り為せしものにして長さ五六寸高さ三四寸幅二三寸其柄の透し間に手指を挟み握りてこれに力を込め猶お箆を使うが如くして物を掘り拯うものなり」。サトイモ、根菜等の掘り採りや畠の除草・耘耨に鍬鋤に代えて用いる。一部には平家落人によって伝来されたという伝承があるが、確実ではないので　その来歴が不明である（田代 1890, 82-83）。橋本征治は、南西諸島の近代民具、特に田芋の収穫具について紹介している。これによると、沖縄本島や久米島ではティビク（ティブク）と呼ばれる直径 2〜3cm、長さ 50〜60cm の掘り串、台湾・ランユウでは、カカリと呼ばれる直径 2.5cm、長さ 90cm の掘り串が使用されている（橋本 1987, 850）。田芋が灌漑水田で作られることから、田芋が育っている土壌は水分を含んだ砂泥粘土と考えられ、土壌全体を掘り起こさずに田芋を掘り出すために、径の小さい掘り串が使用されている。

　以上をまとめると、農耕具としてのクワ・スキは、刃幅で区分して 10cm 前後の狭クワ、15〜20cm の広クワ、10〜20cm のスキという分類が弥生時代以降安定しており、このサイズ区分が、耕起具の機能・用途に最適化した形態と考えられる。古代中国において「錢・銚・鎛・鎒」とされる除草具（松本 1939, 506-510）もこれに近いかもしれない。また、南西諸島以南のヘラや掘串は、遺跡では失われている木製品も含めて想定する必要がある。縄文・弥生時代の打製石斧の大半は、形態と大きさからは、狭クワと狭型スキの範疇に入る。国分直一は、「わが後期に登場する両側にくびれを加工した打製石器（島田髷状石斧とよばれているものは用途が斧でないので石斧は適当でない。石鍬とよぶべきであろう）はヤミ族によると、除草、中耕等に用いたとされるが、おびただしい竪穴の構築には使用されなかった。竪穴を掘る道具も、水田に水をひくための溝掘り用の道具も、すべて掘起し棒をもってなされている。打製石鍬は深く土掘りするための道具としては適当な道具ではなかったと見られる。＜中略＞打製石鍬が最も役立つのはむしろ小角礫のまじる山地あるいは丘地における除草を伴う土掻きのような作業であろうか。採集に使用するとすれば深い山芋のような深部にのびる根茎を採集することは不適当であろう」として、その用途にワラビやウバユリの採集を想定している（国分 1972, 72・73）。また、橋口尚武は奥秩父の木製掘具（膝柄・「レ」字状）について、それが使用された理由として「鉄製の手鍬では砂礫に刃先があたって曲がってしまい、鍛冶屋に修理に出すのがたいへんだから」と紹介している（橋口 2000, 75）。

　金属器を用いない土掘りの民族事例としては、パプア・ニューギニアの近代木製・石製農耕具を整理した Axel Steenberg の記録が興味深い。これによると、ニューギニア人たちが溝掘りなどを行う場合は、鍬や鋤でいきなり地面を崩し始めるのではなく、大型掘棒（長さ 159cm、幅 7cm、重量 2kg）で地面を突き崩した後に、砕かれた土をヘラ状掘棒（長さ 82〜109cm、幅 2〜4cm、

重量250〜550ｇ）や櫂状掘棒、木鍬（長さ40cm、幅10〜15cm、厚さ2cm）で取り除くという工程をとる。このことから、Steenbergは、先史時代の石鍬の一部は、地面を直接掘り起こすというよりは、除草や突き崩された土をすくい上げるための道具ではなかったかと考えている（Steenberg 1980, 110）。この場合、大型掘棒での地面突き崩しが最も衝撃力の大きい作業であり、この用途に扁平な打製石斧を用いても衝撃に耐えられないと考えられる。先述のヴェルト（1968）や東南アジアの民具（鹿野1946a・b）、日本列島の民具・歴史資料（木下1976：山本1996, 1997）、アンデスの民具・絵画資料（山本2004, 283-288）などを見ても、掘棒先として石製刃部を用いている事例はほとんどなく、大半が木製刃部か鉄製刃部である。掘棒は深耕用の道具であり、土地の硬さや地中に含まれる礫石・草木根などの影響を最も受ける道具であるため、掘棒の「地面を突き崩す」という機能においては、木製か鉄製が最も効率的であると考えられる。道具の複合性を通文化的に検討したWendell H. Oswaltは、掘棒は1つ以上の技術単位（technounit）を含むことがほとんどない、一部分からなる特殊化の最も少ない道具であると評価している（オズワルト1983, 98）。

　川本素行は、打製石斧の中にも伐採具としての用途をもつものがある可能性について述べる中で、縄文時代は木本類利用が盛んであったと考えれば、そのための道具が磨製石斧だけでは量が少なすぎるという理由を挙げている（川本1986）。これに関連する見解として、八幡一郎が、「乳棒状斧が斧鉞として最も効果的な形制なりや否やと云うことになると、それは甚だ疑問である。細身の点では寧ろ手斧・鑿に適当している」と述べていることは重要である。八幡は乳棒状石斧における形態と用途の不整合に対する説明として、乳棒状石斧の形態が、石材・技術・用途よりも伝統的・系統的に規定されていたためと結論づけている（八幡1938, 224-225）。今日では、磨製石器と打製石器は機能・用途の異なる別の器種という認定が一般的である。また、日本考古学では唯物史観モデルと一体的に導入された旧石器時代と新石器時代の区分要件の中に、打製石器と磨製石器の違いが挙げられたことの影響も大きい。しかし、明治期には、磨製石斧と打製石斧は、「所謂貴重品と普通品と謂うような例であろう」（大野1907a, 134）といった認識や、石器の磨製・打製の違いは、使用石材の性質や産出量による（木村1915, 163）といった認識もあった。打製石斧の中には研磨を施す資料もあり、磨製石斧の中には刃部しか研磨しないものもある。両者の違いは、石器分類を行う現代の我々が考えている以上に小さい可能性も考慮しなければならない。

　以上の鍬・鋤・土掻き・掘棒・斧などの様々な使用実態を考慮すると、その作用する対象の特性や対象に作用させる目的に応じて、刃部や体部の形態やサイズ、材質や着柄法が様々に選択されていることが分かる。打製石斧はそれ自体の材質や形態の変異に加えて、着柄法にも選択の幅があり、大山（1927）が想定したとおり、土耕具的機能と伐採具的機能を合わせ持った石器であると考えられる。また、パプア・ニューギニアの土掘り事例（Steensberg 1980）が示すように、土掘具としては木製掘棒の存在をまずは考える必要がある。縄文時代にも木製鍬・鋤や掘棒の存在は想定できるが（図4-3。山田1999）、遺跡から安定的に出土することは期待できない。以上を打製石斧の基本的機能と理解した上で、これまでに公表されている使用実験と使用痕の報告について整理しておきたい。

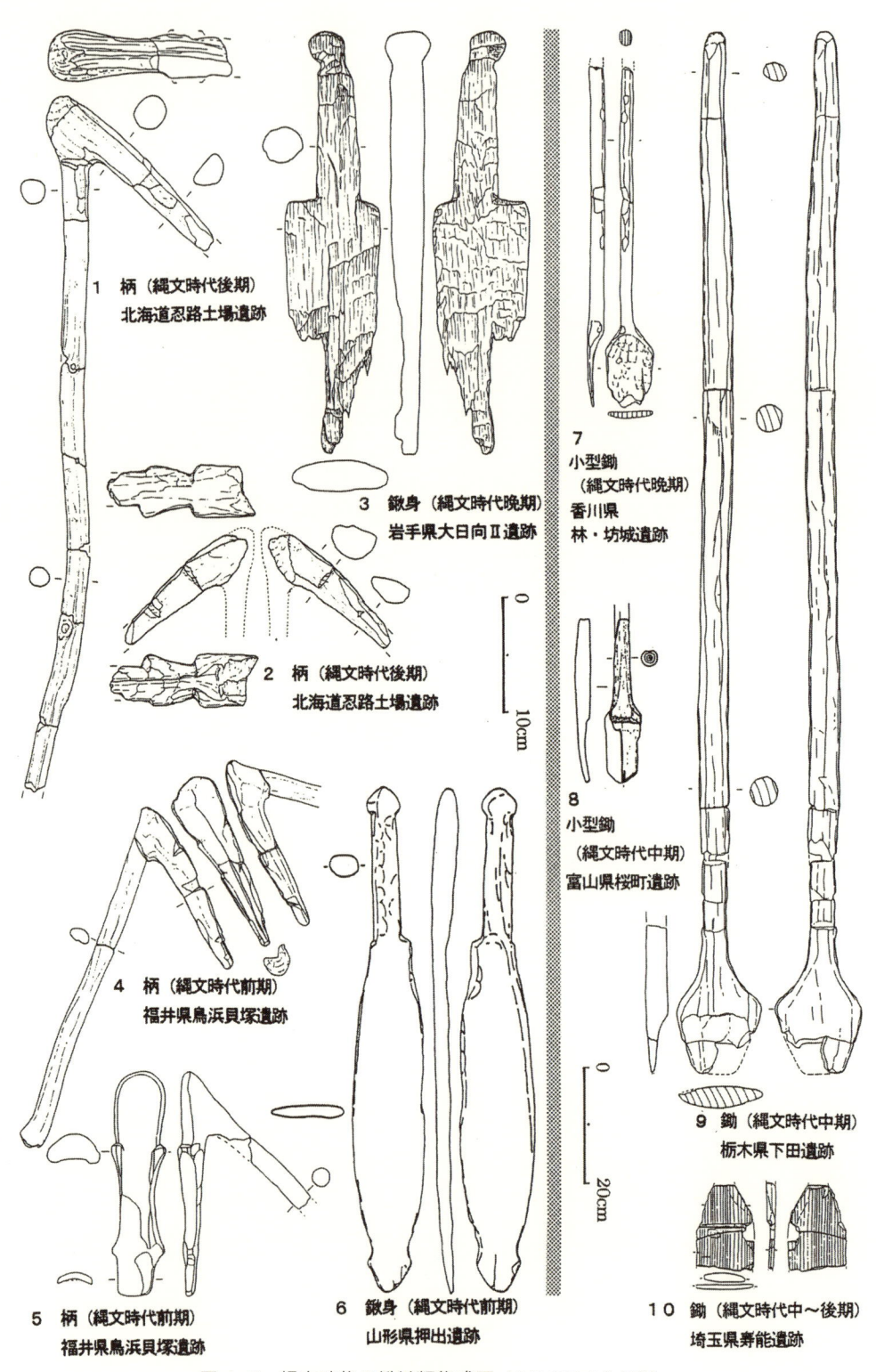

図4-3　縄文時代の鍬鋤類集成図（山田1999より転載）

○ 使用実験

　藤森栄一は、打製石斧による土掘りの使用実験について触れ、打製石斧は充分に緊縛しても撞撃で柄から抜けやすく、掘削効率は掘棒よりも低いと評価している（藤森1965）。木村剛朗は、長さ15〜17cm、幅5.5〜7.5cm、厚さ3cm、重量320〜370gの硬質砂岩製の撥形打製石斧を屈曲柄（屈曲角度約50度。カシ製）に装着して数時間の掘削実験を行った。木村の実験結果では、(1)鍬先の前面にのみ鈍い光沢痕（中軸に平行する線条痕の集合）が残ること、(2)土中の小石への衝突による刃部の消耗が大きいこと、が明らかとされた（木村1970）。川口武彦による横斧着柄のホルンフェルス製打製石斧の使用実験でも、肉眼で確認できる刃部使用痕は1時間程度の使用で鍬先前面を中心に認められるという実験結果が得られている（川口2000）。

　藤森栄一は、打製石斧によって径10cm程度の立木は伐採可能であることも述べ、「打石斧は、あらゆる意味でその用途を限定することは誤りである。すなわち、竪穴掘り以後の整形、柱および垂木などの伐採、立木の根切り、枝おろし、木の実おとし、黒土層の掘り返し、根茎・球根などの掘りとり、およそ、ローム層掘りだけでなくかなり広い用途を考える必要がある」と結論づけている（藤森1965）。

　打製石斧の使用実験は必ずしも多くないが、これらから分かることは、(1)着柄方法の問題、(2)石器の強度の問題、が重要という点である。鍬・鋤・土掻きなど土壌を対象とする場合でも、斧など動植物を対象とする場合でも、対象への打撃が想定され、その際の衝撃にある程度耐えられる着柄方法と石器強度が求められる。そして、着柄方法を強化すると、石器破損時の交換リスクが高まる。この場合、最適化理論にもとづいた最適技術モデル（Torrence 2001）では、打製石斧使用は、着柄して用いる場合は、破損リスクを避けた負担の小さい作業に用いられると説明する。このことは、負担の大きい掘削作業は木製掘棒で行うという上述の民族誌モデルと整合する。着柄しない場合は、手持ちで、礫器に近い使い方が想定される（賀川・橘編1966；橘1969）。

○ 使用痕

　打製石斧の刃部摩耗痕は片面に偏ることがしばしば指摘され、鍬・横斧着柄による使用が想定されてきた（藤田1956, 6；賀川・橘編1966；春成1969a, 380）。木村剛朗は、高知県中村貝塚と入田遺跡の打製石斧の観察において、短辺部片面に集中する磨研痕・線状痕がみられ、磨研痕が粘土質の土面に長時間作用させた結果であり、20〜50度の角度の線状痕が交錯せずに残されることから、一定角度で斜めに打ち下ろす運動を想定している（木村1970）。現代の平鍬でも、表面（前面）の刃先が刃金で補強されている（佐藤1979, 125）。

　また、必ずしも片面に偏らない使用痕への言及もみられる。藤森栄一は、短冊形打製石斧の刃部について、「局部磨製石斧のように磨かれ、これはとても木を切るなどという刃でなく、たえず土砂の中へ突入していた結果だと考えるのが当を得ているようである」と述べている（藤森1965）。また、橘昌信は手鍬（小型打製石斧）の使用痕について、短辺に非常に細かく短い擦痕による光沢面が形成され、この光沢面が小さな剥離面の凹部にも認められ、擦痕や線条痕が整っており互いの方向が交錯するものがほとんど見られないことから、礫や小石等を含まない耕作土や火山灰などのきめの細かな均一化された土壌が対象であったと推定する（橘1969）。セミョーノ

フは土を掘る石鍬について、「刃部は耕土で著しく鈍化し、表面のなかば以上が磨研されており、柔らかな土と摩擦したので、すべて凹部にまで磨研痕がある。線状痕は一定の方向をもたず、交錯しており、打撃角度が一定でなかったことをしめしている」としている（セミョーノフ1969, 67）。鈴木忠司も、京都府桑飼下遺跡出土打製石斧の分析において、砂質土壌の頻繁な掘削によって磨製石斧と見紛うほどの摩耗が生じると述べている（鈴木1975）。ただし、桑飼下遺跡資料に見られる顕著な摩耗は、典型的な打製石斧に見られる刃端部片面の摩耗とは異なった性質を持っており、筆者は頁岩の劈開に沿った風化浸食痕の可能性を指摘している（板倉2007）。これについては、報告書の指摘どおり使用痕とみなせるという反論が出されている（瀬口2009, 312；上條2010；板垣2017, 38-39）。金姓旭は、頁岩・安山岩製の実験石器を使って、鍬・鋤着柄それぞれで、沖積地・山中での掘削実験を行った。鋤着柄では石器裏面に、鍬着柄では刃部先端・表面に摩耗・線状痕が偏ったとする。沖積地使用では摩耗範囲が広く、山中使用では刃部先端の狭い範囲が摩耗する。そして鋤では左右対称的に摩耗し、鍬では非対象に摩耗した。使用頻度が高いと、調整剥離痕内まで摩耗が及ぶ。使用痕の高倍率顕微鏡観察では、沖積地使用資料では、石器表面が丸みを帯びており、使用痕光沢面Xタイプの鈍い光沢が点状に観察された。そして基部には装着痕は形成されなかった。考古資料の使用痕は、鋤として沖積地で使用した実験例と類似した。山田昌久は、ホルンフェルス・硬砂岩・粘板岩の実験石器を使って、ローム土・黒色土を掘削した。使用痕は、剥離面の稜などを中心に刃部付近が丸く摩耗し、局所的に微少な光沢が形成され、その光沢面は大小のピットや線状痕で荒れた平坦面をなしている。この微細光沢面は使用量の増加に伴い、やや拡大する。直柄着柄では表裏面の摩耗の差は見られず、膝柄着柄では、表面の摩耗が進んで片刃化する傾向があると指摘した（山田・金2008）。

　打製石斧については、鍬・横斧着柄だけでなく、縦斧着柄についても指摘されている。岩井住男らの膳棚遺跡出土打製石斧の分析によると、打製石斧両長辺の抉り込みは、「柄を石斧に固定する繊維束を保持するためのもの」であり、抉り込み部が丸みをもつ要因を、調整による場合と、着柄用の繊維束との擦れによる場合を想定している（岩井ほか1970）。抉り込み部の摩滅が着柄用繊維束との摩擦によるという解釈については、「すれが生じるほど安易な縛り方で長時間使用されたとは考え難い」（齋藤基生1983, 233）という批判がある。そして、抉り込みの位置が両側辺でずれているものを「Axeとする一傍証」（岩井ほか1970, 108）とする。b類（断面形が反って薄いもの）は、全体の15％を占め、抉り込みはほとんどが両側の同じ高さにあり、刃部の線状痕は中軸線に平行であり、土掘り用具として捉えられる。c類（断面形が反らずに厚いもの）は、全体の33％を占め、抉り込みの位置が両側辺でずれているものが25％を占め、両側の抉り込み部が丸みをもつものが45％を占め、刃部線状痕は中軸線に対して傾いており、伐採用具として理解できるとしている（岩井ほか1970, 109）。池谷勝典は、長野県氷遺跡出土の晩期末の打製石斧の分析を行い、刃部に斜交する線状痕の観察から縦斧使用を想定した（池谷2000）。池谷と馬場伸一郎は、弥生時代打製石鍬について、刃部面の斜位の線状痕と片側辺の顕著な摩滅から、縦斧着柄での鍬使用（狭鍬）を想定している（池谷・馬場2003）。筆者は、九州南部の有肩形打製石斧の肩部と刃部の使用痕から、横斧着柄ではなく縦斧着柄を想定し、オノ形・ナタ形と復元したことがある（板倉2009）。

　以上より、打製石斧に観察される使用痕は主に刃部の線状痕、摩滅、光沢などであり、使用痕が片面に偏って横斧・鍬着柄を想定できるものと、斜位の線状痕が観察されて、縦斧着柄が想定されるものがある。また、直柄・鋤着柄による使用も想定されている。着柄を強固にした上で、負荷の小さい作業を行うのであれば、横斧着柄でも縦斧着柄でも使用が想定できる。ただし、直柄・鋤着柄使用については、機能・用途が木製掘棒と重複していると考えられ、刃部に掛かる負荷も大きくなる危険性があり、検討が必要である。これについて、以下で整理を行う。

（3）打製石斧の土掘具説

　上記で確認してきたような打製石斧の機能・用途の多様性が、ひとたび生業論の枠組みの中で言及されると、特定の用途が強調されがちであることは、前節の九州地方の研究史で触れた。そして、この傾向は、九州の研究に限られたことではない。例えば、岡本勇と戸沢充則は、打製石斧は必ずしも農耕と結びつくものではなく、竪穴掘削など多元的な用途が考えられるが、特に球根類や自然薯などを掘る際の主要な採取具であったのではないか、と想定している（岡本・戸沢 1965, 118）。吉田格も、日本において農耕が行われたという確実な証拠は認められず、打製石斧は鍬や鋤のように着柄して、竪穴掘削や草根採集に用いられたとしている（吉田 1965, 315）。小林公明は、打製石斧と民俗・民族資料を対比して、類推的解釈を行っているが、打製石斧の土耕具的機能のみを検討し、斧的機能は考慮していない（小林公明1977, 1981）。このような打製石斧機能・用途の限定化、特に根茎類採集具説への傾倒は、戦後日本考古学における縄文文化論、特に唯物史観モデルや生態モデルの枠組み構築とは無関係ではなかった。歴史復元モデルに合わせて、構成要素の一つである打製石斧を解釈するという論理である。

　このような流れにおいて、京都府桑飼下遺跡報告書（渡辺編 1975）が打製石斧研究に与えた影響は大きかった。本報告では、小型打製石斧の範疇に入る石器群に、短辺部のＵ字状の磨痕、長辺部の刻み状痕跡、体部表面の擦痕などが観察できることから、突き鍬先としての用途が明確に復元され、根茎類の採集具としての打製石斧という見解が提示された（図 4-4。鈴木 1975；渡辺誠1975a）。この見解は、渡辺誠が推進していた堅果類・地下茎類のアク抜き利用説と整合的であり、かつ、中尾佐助の半栽培モデルとの連動、および藤森や賀川の縄文農耕論への反証という形にもつながって、より考古学的で実証的な研究として、広く受け入れられた。以後、打製石斧＝根茎類採集具という理解が一般化し、打製石斧の土掻き機能や斧機能はほとんど検討されることがなくなった。

　今村啓爾は、渡辺らとは異なる脈絡から、打製石斧をジネンジョ（ヤマノイモ）採集具としている。根茎類の中でも特にジネンジョと限定する理由として、長野県中部から山梨県にかけては、「磨石類の使用量が増えないか減少の傾向にある」ため、「この地域で打製石斧の対象となった根茎類が、すりつぶし

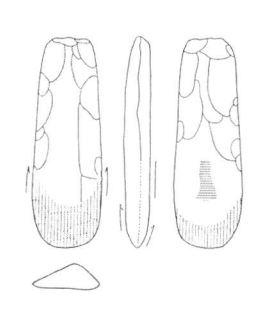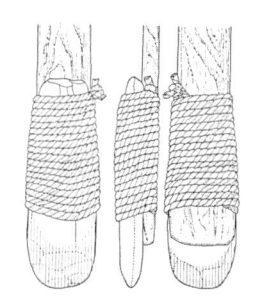

摩耗痕の分布概念図　　　　　打製石斧の着柄想定図

図 4-4　桑飼下遺跡出土打製石斧の摩耗痕分布と着柄想定図（渡辺編 1975 より転載）

や水さらしによるでんぷん採集、あくぬきの工程をあまり必要としない種類であったことを暗示している。クズ、ワラビ根、テンナンショウなどは利用されたとしても中心的なものではなかったのではないだろうか。このような消去法で残る有力候補はジネンジョ（自然薯、ヤマイモ）である」とする（今村1989, 76-77）。この地域は、立地や出土石器から見て、漁業資源に乏しく、狩猟活動も盛んではないと判断されるため、ジネンジョに依存した生業で、大きい人口を数百年は維持していると評価する。ジネンジョの採集は堅果類利用よりもはるかに収奪的にも関わらず、大きい人口を数百年も維持できた背景にジネンジョの生産増加を考えている。気候が冷涼化している時期であるため、ジネンジョの自然増加は想定できないとして、リュウズの埋め戻しや二次林の形成などの工夫で生産増加を図ったとする。しかし、最終的にはジネンジョ採集という一種類の生業に依存したため、後期には急激に衰退した。これに対し、打製石斧があまり出土しない、前・中期の東北地方や、中期の北関東、南関東東側（千葉県）は、海岸部の貝塚形成や石錘・土錘の出土に加えて、群集する貯蔵穴が構築されており、漁撈、堅果類利用、根茎類利用など複数の生業に依存している。そのため、危険が分散されており、後期の衰退がそれほど激しくなかったという説明である（今村1989）。

　小宮山隆は、中部地方の縄文時代中期後半遺跡を「減少型」遺跡（比較的大きい規模ながら中期後半のある段階から急激に住居跡数が減少する遺跡）と「持続型」遺跡（遺跡の規模は中小だが、中期後半のうちに住居跡数の著しい減少が認められず、時期が新しくなるにしたがって住居跡数が増加する遺跡）に分ける。そして、前者の石器組成がⅠ群石器（土掘や耕耘そして除草など農具的に使用されたであろう打製石斧・大型粗製石匙・横刃型石器）や台地上の平坦面への立地など中期前半的な様相と相関し、後者がⅡ群石器（主に植物質食料の加工処理に用いられた石皿・多孔石・磨石類）、敷石住居跡や環状配石の構築、沖積作用を受けやすい河川や湿地に面した斜面への立地など後晩期的な様相と相関すると指摘する。そして、打製石斧の多出を根茎類利用への依存と見る今村の指摘（今村1989）を挙げながら、「減少型」遺跡が「根茎類への極度の依存」が背景にある可能性を示唆している（小宮山1994, 13）。前山精明は、打製石斧で特徴づけられる中越地方内陸部（エリアⅣ）は、水辺資源に乏しいと評価し、春〜夏の代替食料を打製石斧で確保したと想定する場合に、ヤマノイモ利用説は、採取適季が秋季に限定されるとして否定的に捉える。複数シーズンにわたって採取でき、資源量も豊富なワラビ根など、潜在的な食料資源であった根菜植物が、中期の遺跡数増大によって活発に利用されるようになったとする。中期末の打製石斧の衰退は、遺跡数の減少に伴って資源量と人口のバランスが適正な水準に回帰したため、と解釈している（前山2004, 258）

　打製石斧の機能・用途を、根茎類採集具に限定することは、これまでの打製石斧研究と整合的でない。桑飼下遺跡の分析は、「打製石斧」自体の分析から導かれているが、そこで「打製石斧」とされた資料の大半は、基部両側の潰れ・摩滅と刃部片面に偏る摩耗を特徴とする一般的な打製石斧とは異なる小型品であり、横刃型石器の特徴を有する（板倉2007）。

　今村の根茎類採集具説は、渡辺誠が想定するアク抜きが必要な根茎類ではなく、アク抜きの不要なジネンジョを想定している。ジネンジョは無毒であるため食料化のための加工コストが低く、栄養価も高いため、縄文時代の重要な食料であったことは予想できる（本書第1章、p.23、

図1-5)。大量に出土する打製石斧は、それらを収奪的に獲得するための道具という仮説である。ジネンジョの掘り出しは、具体的には、地中に垂直に伸びるジネンジョに沿って、上からあるいは横からの土の突き崩しと土の排出を繰り返す。最適技術モデルでは、この作業は、素手というよりは道具を使って行うことを予測する。上述の民族誌類推では、木製掘棒や掘串の使用が想定されるが、仮に打製石斧を主体的に用いたとして、着柄使用と無柄（手持ち）使用が想定される。着柄使用の場合、土を突き崩す際には、打製石斧と柄に相当の衝撃と圧力が加わる。そのため、打製石斧が柄から外れないように、着柄と緊縛をかなり入念に行う必要がある。その状態で、打製石斧を自然の堆積土壌に貫入した際には、しっかりと固定された柄と、突き刺した土壌の間で打製石斧にテコの力が加わり、破断のリスクが高まる。礫混じりの土壌であれば、土壌貫入時の礫との衝突による破損も想定される。打製石斧は破損することを前提とした使い捨ての道具といった意見（中川 2001；小畑 2010, 264；幸泉 2021, 35）が散見されるが、入念に緊縛した状態で破損すると、その緊縛を解いた上で、新たな打製石斧をあてがい、再度入念に緊縛するという状況に陥る。最適技術モデルは、道具製作コストと道具の管理度合い（破損リスクの低減）は比例すると予測する。このことから、相当量の堆積土壌を掘削しなければならないジネンジョ採集において、木製掘棒ではなく、打製石斧の着柄使用を主体的に選択することは、少なくとも経済的には合理的とは言えない。この論理は、ジネンジョに限らず、堆積土壌を多量に掘削する作業に打製石斧の着柄利用は向いていないと説明する。一方、柄を付けないで、直接掌握して使用するとすれば、着柄のコストがかからない。利用できる石材が豊富であれば、製作コストが小さい打製石斧を、破損のコストを気にせずに使うというモデルはあり得るのかもしれない。賀川光夫は、打製石斧の着柄使用について、その機能性や石器強度、着柄方法などに疑問を呈し、結論として無柄の手持ち使用を想定した（賀川 1999, 19-20）。ただし、打製石斧の手持ち利用が、大量の堆積土壌を掘削する状況において、木製掘棒使用以上に合理的な作業法とは言えないであろう。堆積土壌掘削において打製石斧の使用を想定するならば、土壌の突き崩しは木製掘棒で行い、植物根の切断や、遊離土壌の排出などに着柄・無柄の打製石斧利用を想定することはできる（板倉 2015）。九州の「扁平打製石斧」を見る限りは、どのような着柄法であれ、打撃時の衝撃があまり強くない作業への利用が想定される（板倉 2009, 2015）。

　このように打製石斧の土掘具説（根茎類採集具説）は、必ずしも説得的な説ではない。しかし、この見解が後の打製石斧観、すなわち打製石斧の盛行は地下茎類などの盛んな利用を反映するため、植物栽培の有無の決め手にはならないとする見解につながっていくことは、第2章（p.51）や前節の九州地方の研究動向（p.123）で確認したとおりである。例えば、黒尾和久と高瀬克範は、「ハタ作に伴う耕作具を、一般の土木作業具（穴掘具）や水田稲作に伴う耕作具と区別することは非常に難しい。＜中略＞栽培植物を含む利用植物の増加に応じて特別の用途をもった道具（耕作具）が開発されることはなかったようである」（黒尾・高瀬 2003, 35）と述べ、「ハタケ跡や農具については、あくまでも雑穀やその他の栽培植物遺体との関係性のなかでの検討をおこなうべき考古資料であることが宿命づけられており、それのみでは、雑穀栽培を議論するための「第一次資料」にはなりえないことが明らかなのである」（黒尾・高瀬 2003, 37）とする。本書の立場では、道具の多様性のうち、ある特定の用途を検討しようとすれば、それ以外の要素との整

合性の検討が必要と考える。ゆえに、黒尾・高瀬が指摘するように、土壌対象用具の畑作農具としての側面を評価するためには、畑作栽培植物の評価が必要であると言える。ただし、土壌対象用具の土木作業具としての用途や水田農具としての用途も、その他の要素との関係性から論じることはできる。もちろん、栽培の有無に関する議論は、それを直接示す資料の分析が優先されるべきであるし、価値が高い。しかし、栽培の有無の議論だけが、縄文時代の資源利用に関する唯一の議論ではないというのが本書の立場である。そのため、本書においては、資源利用研究における道具類の資料的価値や可能性は十分に高いと考えている。

（4）打製石斧の性能モデル

以上の検討をまとめると、打製石斧の諸属性は以下のように説明できる。

A. 形態：必ずしも緻密でない節理の発達した石材（安山岩・玄武岩・片岩・ホルンフェルスなど）が選択される。剥離・敲打で縦長に成形され、通常、一短辺に剥離によって刃部が設けられる。小型から大型までサイズ変異がある。

B. 使用法：鋤（直柄平行着柄）、鍬（膝柄平行着柄）、縦斧（axe、膝柄直交着柄、直柄直交着柄）など木または骨角の柄の付属および無柄（手持ち）が想定できる。斧身のサイズの違いは、刃部の幅（対象への加撃範囲）と刃部の厚み（耐久性）、質量（加撃力）の違いであり、機能・用途の制約（性能差）となっている。斧身・柄の形態や様式は使用者によるカスタマイズが可能で、使用法には柔軟性がある。打製石斧は、その石材・形態・着柄法の特徴から、自然土壌を深く掘るなどの負荷の大きい作業には用いられなかったと想定される。

C. 作用対象：石材よりも軟質な動植物および土壌への加撃を想定できる。主にサイズ差に起因する加撃の差は、切断・打割・削り・掘削などの作業の強度に対応する。

A〜Cから想定される打製石斧の性能は、「土壌を含めた軟質物への作用」と復元される。これまで議論されてきた農耕・採集という枠組みから見ても、打製石斧は伐採、掘削、設備構築、除草など多様な活動に用いることができる（図4-5。板倉2015）。また、打製石斧の性能は、前章で分析した磨製石斧の性能との対比が重要である。つまり、磨製石斧の「緻密な石材＋研磨された刃部」という特性は、木材加工に適している一方、土壌掘削には不適となる（本書第3章第2節1、p.83）。そして、打製石斧の「節理の発達した石材＋研磨されない刃部」という特

●…可能　△…可能だが不適

活動＼道具		石器				木器・骨角器・貝器		
		打製石斧	磨製石斧	大型刃器	小型刃器	掘り棒	鍬鋤	刃器
農耕	伐採※1	●	●	△				△
	耕起※2	●	△			△	●	
	設備構築※3	●	△			△	●	
	除草	●	△	●		●	●	●
	収穫（掘削）	●	△			●	●	
	収穫（摘み取り）			●	●			●
採集	伐採	●	●	△				△
	掘削	●	△			●	●	
	摘み取り			●	●			●

※1　小木伐採、枝打ち、除草など開地形成。火入れを伴う場合もある。
※2　土壌の粒径、硬度、植物根の多寡など変異がある。
※3　畝立て、溝切り、畦畔、導排水路など。

図4-5　農耕・採集具モデル（板倉2015より転載）

性は、木材加工に不適な一方、土壌掘削は可能である。両者は形態や着柄法に共通性があり、軟質物（動植物）加工という機能・用途が重複しつつも、木材加工と土壌掘削という機能・用途の面では明確な分離が認められる。以下では、この性能モデルに従って資料の分析を進める。

2　打製石斧の分析方法

（1）分析資料の選定

資料の分析方法は、前章の磨製石斧分析とほぼ同じである。以下、考え方と方法を列記する。

（ｉ）時期比定：同一層（遺構）出土土器様式の把握（土器編年観は本書第3章第3節のとおり）

（ii）打製石斧の抽出

　・器種認定と未成品の取り扱い（後述）

　・統計学的妥当性を高めるために、できる限り出土量の多い遺跡を比較する。

　・分析資料数を増やすため、破損品データも使用する。

　・器種構成については比率ではなく存否を重視する。

　　（前提）

　・遺跡出土打製石斧は、遺跡周辺での資源利用のパターン（使用・廃棄の累積）を表す。

　・遺物出土量やその複雑度合いは遺跡利用期間の長さに比例する。そのため本分析の対象遺跡は比較的居住期間の長い居住地遺跡となる。

　・未成品や未使用品が多い資料については、生産と流通というコンテクストからの検討も必要となる。

本分析で打製石斧とする石器器種は、全体形が略楕円形で、一短辺側に基部が成形され、もう一方の短辺部に刃部が設けられる石器群であり、短冊形・撥形・有肩形・分銅形・両耳形（ヘラ形）などの変異がある。これまでの打製石斧の器種認定では、大型打製石斧と小型打製石斧が認識されており（板倉 2007，39）、本分析で対象とするのは大型打製石斧の方である。小型打製石斧とされてきたものは、磨製石斧未成品、石篦類（鎌崎型スクレイパーなど）、大型刃器類（横刃型石器・打製石庖丁・小型打製石鎌）などで、器種分類には注意が必要である（図4-6・7）。

打製石斧については、磨製石斧のように、成品・未成品の区別が容易ではない。磨製石斧は剥離成形、敲打成形、研磨成形という異なる成形技術・工程から構成されており、刃部が磨き上げられているか否かが、成品・未成品区別の要件になる。しかし、打製石斧は剥離成形を主体とする成形技術・工程から成っており、未成品・成品の段階がより連続的であると言える。

（2）資料の調査方法

下記属性について、肉眼観察と写真撮影、ノギス・電子天秤による計測を行った。

（ｉ）石材：報告書記述、筆者鑑定、ネオジム磁石による磁性確認

（ii）製作技術：剥離、敲打、研磨

（iii）形態・サイズ：最大長・最大幅・最大厚・重量の計測値を使用する。報告書掲載の計測

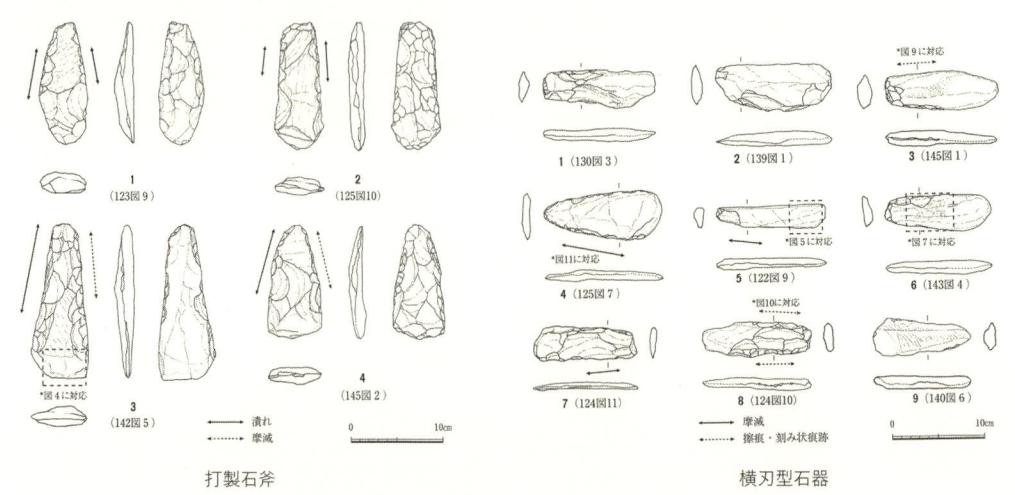

打製石斧　　　　　　　　　　　　　　　　　　　横刃型石器

図 4-6　桑飼下遺跡の打製石斧と横刃型石器 (板倉 2007 より転載)

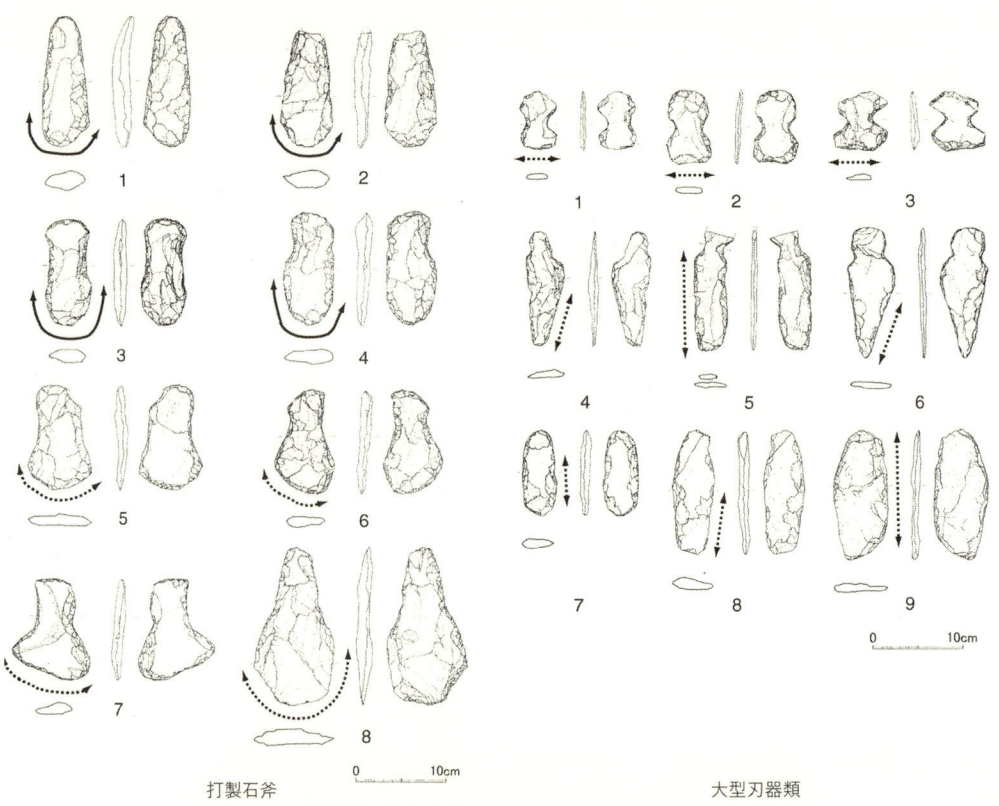

打製石斧　　　　　　　　　　　　　　　　　　　大型刃器類

図 4-7　沖松遺跡の打製石斧と大型刃器類 (Itakura 2011 より転載)

　　値や報告書掲載図面の計測値も補足として使用する。横断面サイズ (最大幅と最大厚) を
　　主な指標として、破損資料の計測値も使用する。
（iv）使用痕、変色、付着物：基部と刃部の認定
微細な痕跡について、デジタルマイクロスコープで 20～160 倍の観察を行ったものもあるが、

痕跡の確認や類別において、肉眼観察（写真記録）以上の効果は得られていない。

　分析に用いたデータは、資料調査を実施して得たものと、調査報告にもとづいたものとがあるため、その旨を明記する。また、調査報告書未掲載資料についても資料調査を実施して、データを取得したものがある。

第3節　各事例の分析

1　後期前葉

　前章で九州縄文時代前期から晩期の磨製石斧動態を把握したが、そこで分析対象とした前期から後期前葉の遺跡からは、打製石斧はほとんど出土していなかった。まとまった量の出土でない単体の資料を見ると、後期前葉に属する可能性のある打製石斧も存在する（板倉2013）。ただし、量的には少なく、後述するとおり、九州では後期中葉から打製石斧セットが安定して出土すると言える。

　長崎県対馬市ヌカシ遺跡では、中期後葉・阿高式土器期の撥形・有肩形大型扁平打製石斧（図4-8：14・15）が出土している（別府大学考古学研究室編1978）。同遺跡出土の磨製石斧（1〜11。11は未成品）と比較しても異なった器種として認定できる。大陸系磨製石器である小型扁平片刃石斧（12・13）も出土しており、幸泉が指摘するとおり、朝鮮半島新石器文化との関連が想定される（幸泉2008a）。このようなヌカシ遺跡の打製石斧は、その後、対馬以南に系統的に後続しない。例えば、長崎県小値賀町殿崎遺跡の後期前葉・中津式、南福寺式、福田KⅡ式土器期の石斧類（図4-9）には、ヌカシ遺跡資料のような大型扁平打製石斧は確認されない（長崎県教育委員会編1986）。剥離成形を主体とする打製石斧に類似する資料（8〜15）があるが、磨製石斧（1〜7）との石材および形態との連続性から、打製石斧ではなく磨製石斧未成品として理解できる。

　佐賀県徳蔵谷遺跡では、阿高式土器期を主体とする資料中に不明石器とされる扁平打製石器が出土している（図4-10。唐津市教育委員会編1994）。1は緑泥片岩製で最大幅6.3cm、最大厚0.7cmを測る。やや湾曲した短冊形を呈し、張り出した側辺（左辺）の中央に浅い抉りを施す。2は結晶片岩製で最大幅5.8cm、最大厚1cmを測る。1と同様に湾曲した短冊形を呈し、一方の短辺（上端）中央に打欠による凹みが認められる。短辺部と長辺部の痕跡に対する観察を必要とするが、厚さが均質に1cm程度と薄い点から、後期中葉以降の打製石斧とは性質を異にしている。

　なお、後期前葉資料ではないが、打製石斧の器種認定という点で重要であるため、佐賀県赤松海岸遺跡A区資料について検討しておく。同遺跡では、後期中葉の鐘崎式、北久根山式、太郎迫式土器とともに、安山岩製の撥形打製石器が出土している（図4-11。鎮西町教育委員会編1989）。報告では、最大長8〜9cmの小型品（1・2）を鎌崎型スクレイパー（横山・田中1979）、最大長12cmほどの大型品（3〜5）を打製石斧と分類しており、破片では両者を判別できないと記載されている（鎮西町教育委員会編1989, 24）。ガラス質石材である安山岩を用い、刃端部が直線的で鋭利であることから、3〜5についても、鎌崎型スクレイパーの範疇（サイズ変異）と理解できる。

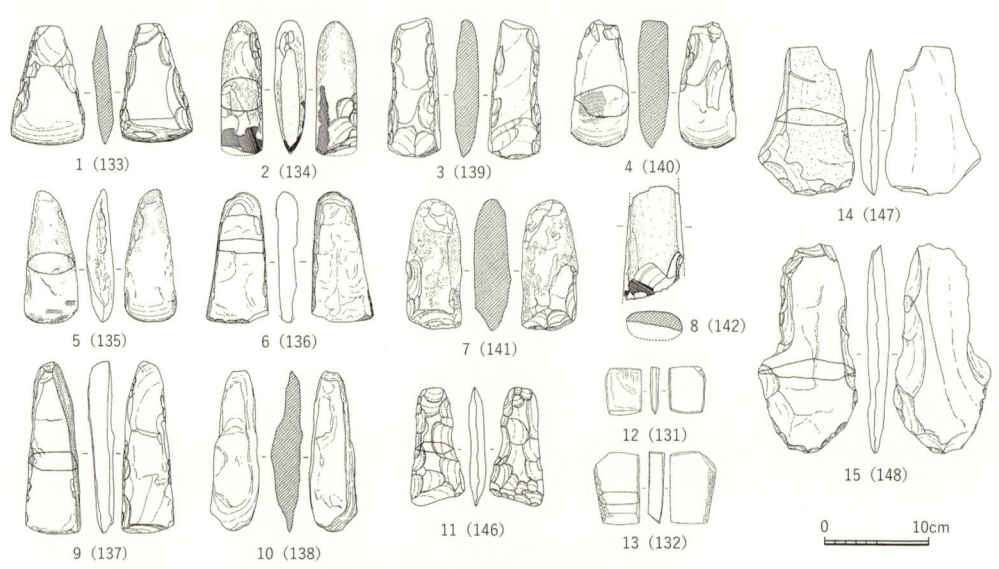

図4-8　ヌカシ遺跡出土の石斧類（S＝1/7）
別府大学考古学研究室編1978より転載。（　）内番号は報告書掲載番号

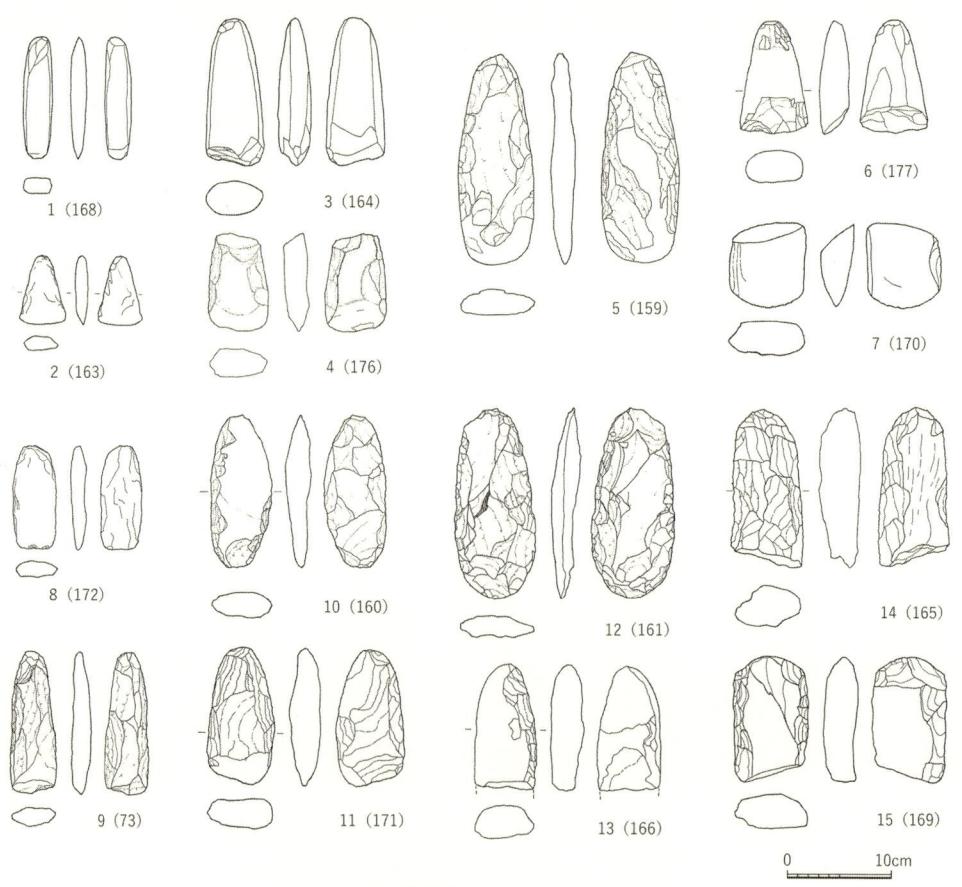

図4-9　殿崎遺跡出土の石斧類（S＝1/7）
長崎県教育委員会編1986より転載。（　）内番号は報告書掲載番号

　鎌崎型スクレイパーのような縦型刃器は、形態上の類似から打製石斧と混同されやすい。筆者が調査した福岡市今宿五郎江遺跡では、弥生時代中期後半から後期の今山産玄武岩を用いた縦型刃器が出土している（図4-12）。同遺跡では、1辺3〜15cm、厚さ1〜3cmの玄武岩横長剥片に片面・両面加工を施して、短冊形・撥形・円盤形の大型刃器（縦型・横型）を製作している。これらの大型刃器刃部には、顕著な線状痕や摩耗痕が認められず、動物性資源の解体・加工に用いられたと推測された（福岡市教育委員会編 2013a, 86）。打製石斧は、両長辺部（基部）の潰れや短辺部（刃部）の摩耗といった特徴から器種分類が可能であり（板倉 2007）、磨製石斧未成品や大型刃器類と区別して認識することが重要である。

　九州南部・大隅半島中央部地域の後期前葉（阿高式系、岩崎式、出水式）遺跡でも、打製石斧の出土は明確でない（板倉 2021b, 118）。今後、後期前葉

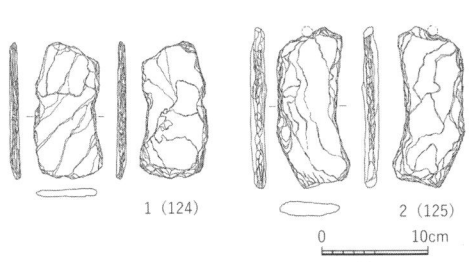

図4-10　徳蔵谷遺跡出土の不明石製品 （S=1/7）

唐津市教育委員会編 1994 より転載。（ ）内番号は報告書掲載番号

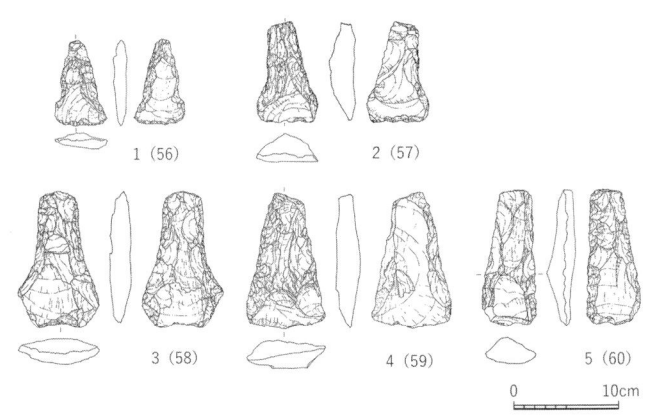

図4-11　赤松海岸遺跡出土の縦型刃器 （S=1/7）

鎮西町教育委員会編 1989 より転載。（ ）内番号は報告書掲載番号

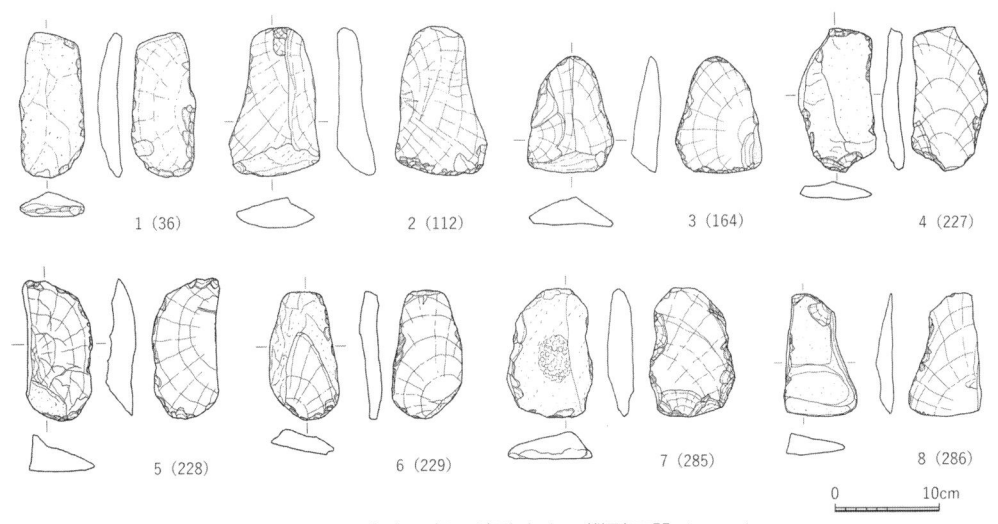

図4-12　今宿五郎江遺跡出土の縦型刃器 （S=1/7）

福岡市教育委員会編 2013a より転載。（ ）内番号は報告書掲載番号

の中津式土器あるいは中期後半の並木・阿高式土器に伴って北陸・中部地方系統の打製石斧資料はある程度は増加すると予想されるが、量的に安定して出土するようになるのは後期中葉からである。

2　後期中葉

　本章では、表4-1、図4-13に挙げた遺跡出土打製石斧を分析対象とした。各打製石斧個体から取得したデータは付表2に掲載する。以下では、分析対象遺跡の概要（立地、土器型式、遺構、遺物、その他特記事項）と、打製石斧の石質、サイズ、成形技術、形状、使用痕などの傾向を記述し、分析対象遺跡以外の資料状況もふまえながら、各時期の特徴を把握していきたい。

（1）四箇遺跡A、J-10i、J-10l 地点（福岡市教育委員会編 1978，1981，1987d）
　早良平野内、室見川右岸扇状地の微高地上、標高約 19〜20ｍに位置する。太郎迫式土器期の特殊泥炭層（A地点）、ピット、落ち込み状遺構、包含層（J-10i・l 地点）が検出され、打製石斧が出土した。本資料の分析には筆者計測データ（2018 年 11 月福岡市埋蔵文化財センターにて調査）

表 4-1　打製石斧分析遺跡一覧

番号	遺跡名	所在地	経度	緯度	時期
1	四箇A・J-10i・l	福岡市	130.330509	33.532449	後期中葉
2	下吉田	福岡県北九州市	130.963554	33.8441	後期中葉
3	佐知	大分県中津市	131.190283	33.550362	後期中葉
4	笹尾	熊本市植木町	130.660057	32.875113	後期中葉
5	干迫	鹿児島県姶良市加治木町	130.673926	31.744071	後期中葉
6	四箇L-11c	福岡市	130.331857	33.530622	後期後葉
7	重留 1 次	福岡市	130.333832	33.531776	後期後葉
8	周船寺 11 次	福岡市	130.240599	33.565596	後期後葉
9	広田	福岡県糸島市	130.078583	33.495637	後期後葉
10	大原D6次	福岡市	130.227543	33.622378	晩期前葉
11	千里 1 次	福岡市	130.238694	33.563226	晩期前・中葉
12	大原D3次	福岡市	130.227125	33.619227	晩期前・中葉
13	クリナラ	福岡県朝倉市	130.808197	33.370079	晩期前・中葉
14	ワクド石	熊本県菊池郡大津町	130.839597	32.920909	後期中葉〜晩期前葉
15	沖松	熊本県球磨郡あさぎり町須恵	130.895097	32.262238	後期後葉〜晩期前葉
16	大原天子	熊本県球磨郡錦町	130.857114	32.244731	晩期中葉
17	上野原第 2〜7 地点	鹿児島県霧島市国分	130.800834	31.713784	晩期中・後葉
18	倉岡第 2	宮崎市	131.362581	31.967303	晩期中葉
19	田村 2〜5 次	福岡市	130.331832	33.53989	晩期後葉
20	下月隈C5・7・8次	福岡市	130.459766	33.570533	晩期後葉
21	古城	宮崎県西臼杵郡高千穂町	131.348841	32.722063	晩期後葉
22	深水谷川	熊本県球磨郡相良村	130.803877	32.244346	晩期中・後葉
23	東田 1992 年調査	鹿児島県肝属郡肝付町	130.98568	31.347557	晩期後葉
24	軍原	鹿児島県肝属郡肝付町	130.94354	31.325906	弥生前期

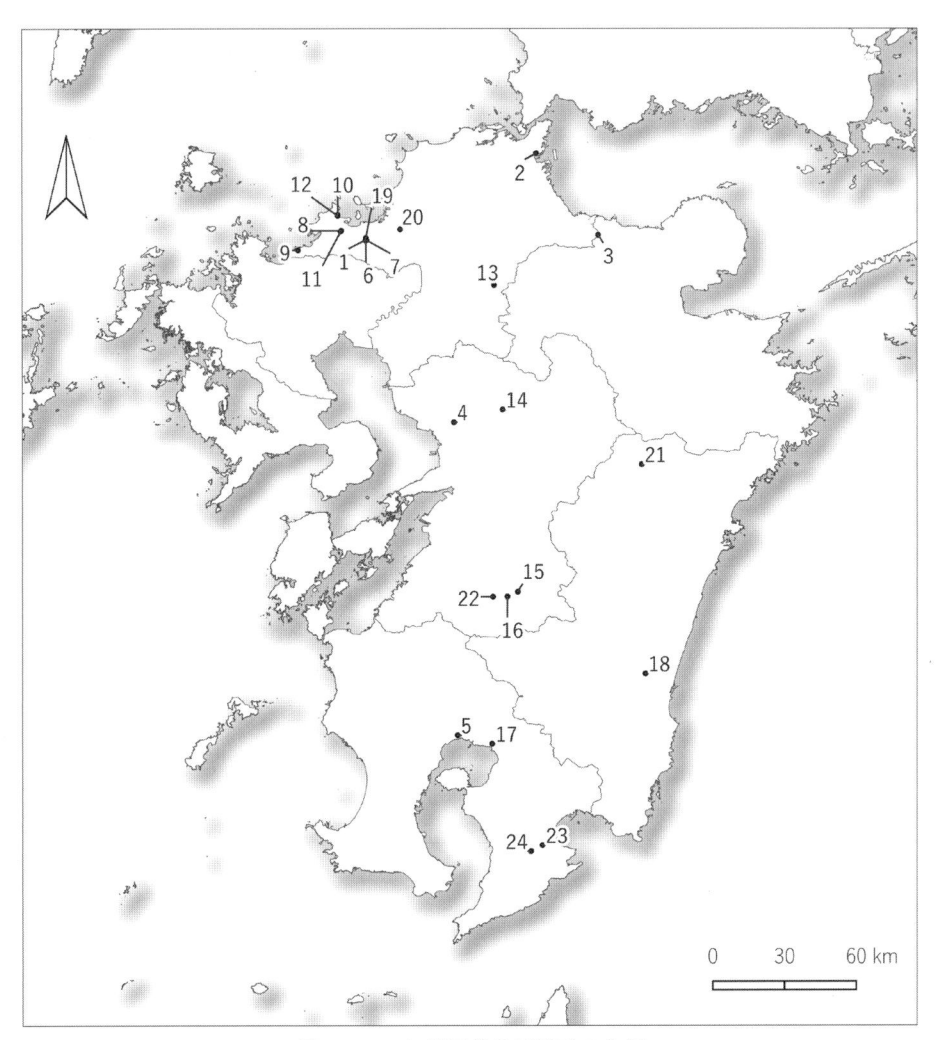

図4-13 打製石斧分析遺跡の位置
背景地図は「国土数値情報（行政区域）」（国土交通省）をもとにQGISで作成

と一部報告書掲載データを使用する。

　石材は安山岩・玄武岩のほか片岩・凝灰岩が使用される。横断面サイズは最大幅4.5〜8cm程度、最大厚1cm〜2.4cm程度に収まる（図4-14）。平面形は短冊形・撥形（図4-15：1〜3）を基本として、刃部幅を広くした有肩形が認められる（4・5）。打製石斧と報告される資料中には横刃型石器も含まれており（付表2：16）、図4-14の計測値サンプルからは外している。有肩形石斧4には、全形の剥離成形後に基部両側辺の潰れ・摩滅、刃部縁辺の潰れ・摩滅（丸みをおびる）という打製石斧特有の痕跡が認められる。この痕跡からは、基部を両辺平行として幅を狭く成形しようという意図と、刃部先端が摩耗する程度の負荷の小さい使用法を読み取れる。5は基部両側への抉り加工で頸部を作り出し、刃部は偏刃となる。

　遺跡立地からは、河川中流域と扇状地上および丘陵部での資源利用が想定できる。

（2）下吉田遺跡（北九州市教育文化事業団埋蔵文化財調査室編 1985a）

鳶ノ巣山塊が周防灘に向かって緩傾斜する丘陵先端部、標高約 8 m に位置する。鐘崎式、北久根山式土器を主体とする層からは、竪穴住居、集石、焼土、貯蔵穴と思われる土坑、埋設土器、磨製石斧集積が検出され、打製石斧が出土した。本資料の分析には報告書掲載データを使用する。

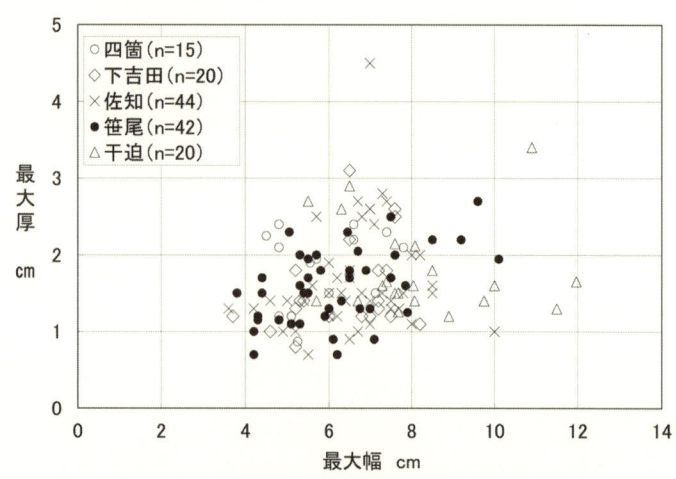

図 4-14　九州縄文時代後期中葉の打製石斧サイズ

石材は緑泥片岩と砂岩類が使用される。横断面サイズは最大幅 4〜8 cm 程度、最大厚 1〜3 cm 程度に収まる（図 4-14）。平面形は短冊形・撥形（図 4-15：6〜9、11）と有肩形（10）が含まれる。10 は基部両側への浅い抉りで頸部を作り出す。1 長辺が直線的で、もう片方の長辺が張り出す非対称な成形（7〜10）が特徴的に認められる。この非対称の有肩形石斧は、北九州市勝円遺跡 C 地点（北九州市教育文化事業団埋蔵文化財調査室編 1985b の 78 図 2、148 図 11、190 図 44・45）や豊前市挾間宮ノ下遺跡資料（豊前市教育委員会編 2001 の 28 図 38、105 図 106）にも認められる。

遺跡立地からは、前面の平野部・内湾部と背後の丘陵部での資源利用が想定できる。

（3）佐知遺跡（大分県教育委員会編 1989）

山国川中流右岸の自然堤防上、標高約 25 m に位置する。小池原上層式、鐘崎式、北久根山式、太郎迫式土器期の竪穴住居、陥穴状遺構などが検出され、打製石斧が出土した。客体的ではあるが刻目突帯文土器も一定量出土しており、打製石斧の所属時期には注意を要する。本資料の分析には報告書掲載データを使用する。

石材は安山岩・結晶片岩が使用される。横断面サイズは最大幅 4〜10 cm 程度、最大厚 1〜4.5 cm 程度に分布する（図 4-14）。平面形は短冊形・撥形（図 4-15：12・14）、有肩形（13）に最大幅 10 cm 程度の大型品（15 ）が含まれる。

最大幅 10 cm 前後の大型品は、賀川光夫が短冊形と区別して「石鋤」と呼んだもので（賀川 1966b）、築上町椎田山崎遺跡（福岡県教育委員会編 1992）、豊前市中村石丸遺跡（福岡県教育委員会編 1996b）、上毛町上唐原遺跡（福岡県教育委員会編 1996a）、宇佐市飯田二反田遺跡（大分県教育委員会編 1993）、杵築市大田古城得遺跡（大田村教育委員会編 1996）、豊後大野市杉園遺跡（大分県教育委員会編 1991）など、後期中葉の豊前・大分地域で一般的に認められる。短冊形や有肩形のように幅を狭くすることを意図した基部がなく、平面形は素材形状を活かした形で不定形をなし、刃部が鋭利でない点が特徴である。後述する九州南部における「礫器形」と共通点がある（板倉 2009）。以下では、刃部幅 10 cm 程度（8〜12 cm 程度）の不定形の大型品を「礫器型」と呼称する[1]。

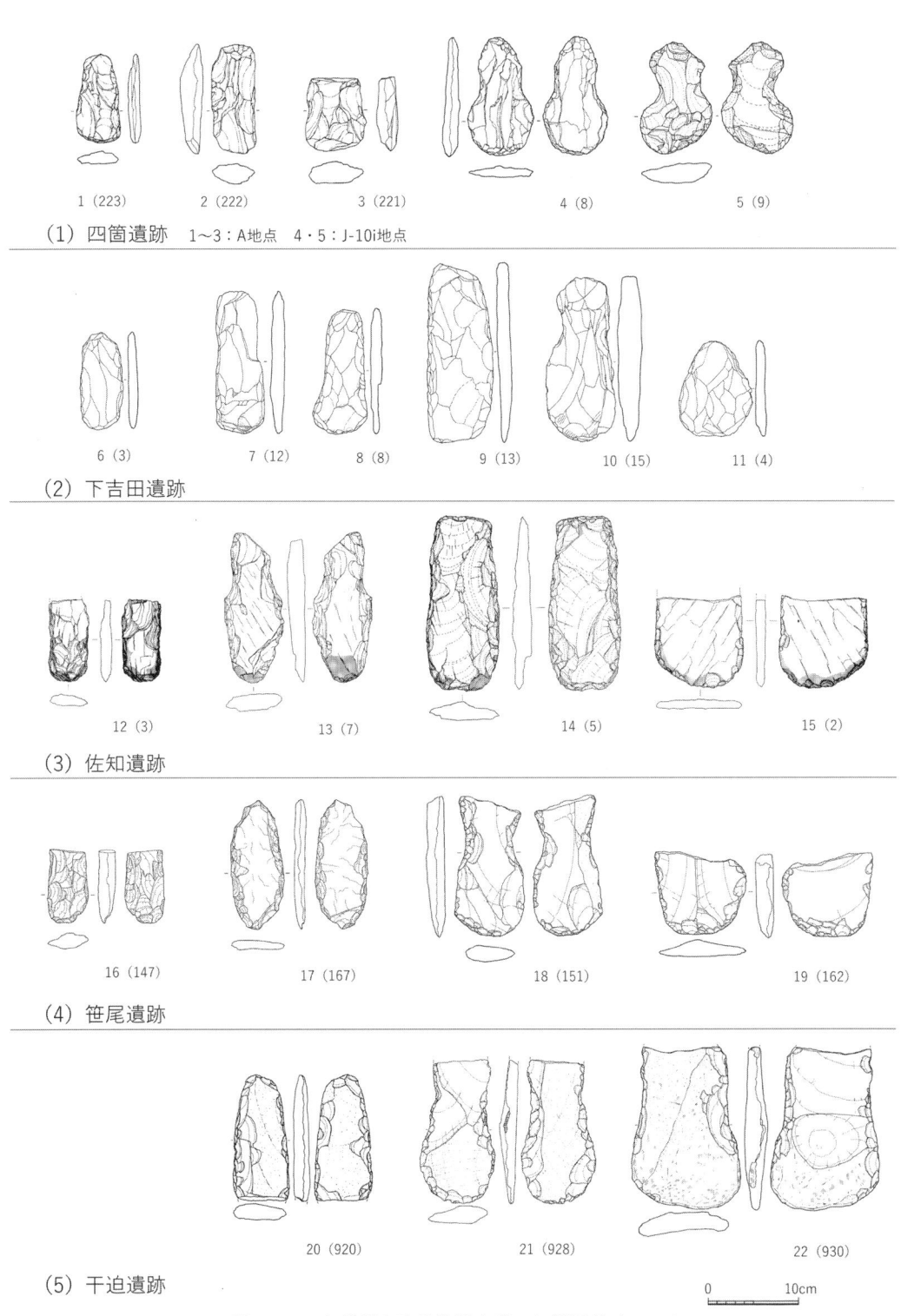

1 (223)　　2 (222)　　3 (221)　　　　4 (8)　　　　　5 (9)

(1) 四箇遺跡　1〜3：A地点　4・5：J-10i地点

6 (3)　　　7 (12)　　8 (8)　　　9 (13)　　　10 (15)　　　11 (4)

(2) 下吉田遺跡

12 (3)　　　　13 (7)　　　　　14 (5)　　　　　15 (2)

(3) 佐知遺跡

16 (147)　　　17 (167)　　　　18 (151)　　　　19 (162)

(4) 笹尾遺跡

20 (920)　　　21 (928)　　　　22 (930)

(5) 干迫遺跡

0　　　　10cm

図4-15　九州縄文時代後期中葉の打製石斧 (S=1/7)
各報告書より転載。( )内番号は報告書掲載番号

打製石斧以外の石器は、打欠石錘が多く出土している。遺跡立地からは、河川中・下流域と周辺丘陵部での資源利用が想定できる。

（4）笹尾遺跡（植木町教育委員会編 2002）

金峰山三ノ岳から北東に伸びた尾根の先端、標高約 100 m に位置する。まとまった量の太郎迫式土器とともに、焼土範囲、土坑が検出され、打製石斧が出土した。本資料の分析には報告書掲載データを使用する。

石材は安山岩類と片岩類が使用される。横断面サイズは最大幅 4〜10 cm 程度、最大厚 1〜3 cm 程度に分布する（図 4-14）。平面形は短冊形・撥形（図 4-15：16・17）、有肩形（18）、礫器型（19）で構成される。同時期の熊本県木柑子下原・西原 B 遺跡（菊池市教育委員会編 2002）でも同様の打製石斧セットが認められる。

打製石斧以外の石器は、縦長剥片石器、磨石・石皿類が出土している。遺跡立地からは、河川中流域と台地上、丘陵部での資源利用が想定できる。

（5）干迫遺跡（鹿児島県立埋蔵文化財センター編 1997b）

南に鹿児島湾を望む日木山川左岸の微高地上、標高 10〜15 m に位置する。鐘崎式、北久根山式、西平式土器を主体とする層からは、竪穴住居、貯蔵穴を含む土坑、集石、埋設土器、石皿集積遺構、石錘集積遺構などが検出され、打製石斧が出土した。本資料の分析には筆者計測データ（2006 年 6 月鹿児島県立埋蔵文化財センターにて調査）と一部報告書掲載データを使用する。

石材はホルンフェルス化した安山岩、砂岩類、頁岩類が使用される。横断面サイズは最大幅 5.5〜12 cm 程度、最大厚 1〜3.4 cm 程度に分布する（図 4-14）。平面形は短冊形・撥形（図 4-15：20）、有肩形（21）、礫器型（22）で構成される。

遺跡立地からは、前面の平野部・内湾部と丘陵部での資源利用が想定される。

九州南部・大隅半島中央部遺跡群での検討では、遺跡の形成年代の下限を後期中葉に限定できる資料群を見ても、打製石斧はあまり出土しておらず、未だ定着していない状況であった（板倉 2021b, 121）。

筆者は以前、干迫遺跡資料に見られるような基部幅が広く刃部が鋭利でない打製石斧を 1 類：礫器形と分類し、無柄の手持ち使用で土壌に作用させた可能性を想定した（板倉 2009。以下、旧稿とする）。干迫遺跡資料の刃部使用痕を改めて整理すると、土壌に作用させた結果と考えられる強い面的な摩耗（線状痕の集中）が特徴である（図 4-16）。摩耗の強度を土壌への加撃の強度に比例すると考えた場合、旧稿で示した手持ち使用説でそのような加撃強度の高い作業を想定できるのであろうか。干迫資料は旧稿でも指摘したとおり、他の資料に比較して基部幅が広いという特徴を持つが、基部両側辺に抉り加工（剥離・潰れ）を施している。この加工は、両側の縁辺を潰して手で持ちやすいようにしていると解釈することもできるが、着柄のための加工と考えることができる。基部両側辺を加工しているとしても、なお基部幅が広いのであり、石斧の長軸に平行した着柄（鋤着柄）では石斧の基部が柄の幅からはみ出しすぎていて強固な固定が難しい。これに対して、石斧に対して直交する着柄（縦斧着柄）であれば、基部幅が多少広くて

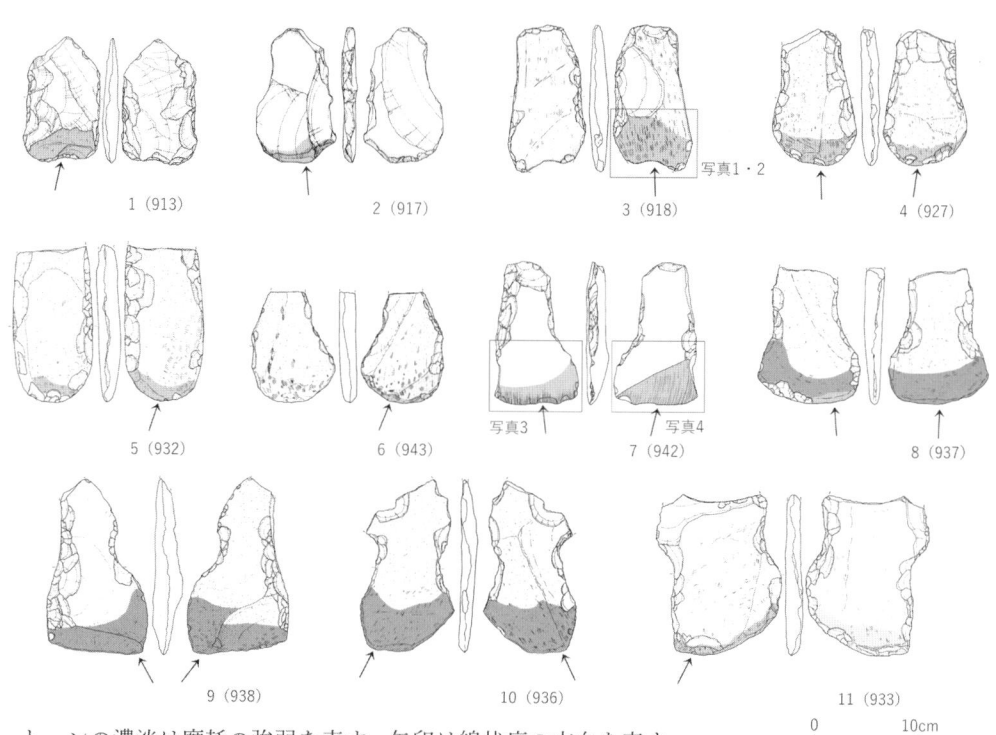

1 (913)　　　2 (917)　　　3 (918)　写真1・2　　4 (927)

5 (932)　　　6 (943)　　　7 (942)写真3 写真4　　8 (937)

9 (938)　　　10 (936)　　　11 (933)

0　　　　　10cm

トーンの濃淡は摩耗の強弱を表す。矢印は線状痕の方向を表す。
鹿児島県立埋蔵文化財センター編1997bより転載、一部改変（S=1/7）。（）内番号は報告書掲載番号

写真1　3の刃部線状痕と摩耗

写真2　3の刃部線状痕と摩耗（拡大）

写真3　7の刃部線状痕と摩耗

写真4　7の刃部線状痕と摩耗

筆者撮影写真。縮尺不同

図4-16　干迫遺跡出土打製石斧の刃部使用痕

も、柄で挟み込めさえすれば強固な固定が可能である。そのように考えると、旧稿で3類：オノ形、4類：ナタ形とした有肩石斧の着柄もそう単純なものでないように思える。3・4類としたものは、1類に比べると基部幅が比較的狭いのであり、石斧長軸に平行した着柄（鍬着柄や鋤着柄）と直交した着柄（縦斧着柄）の両方が想定できる。石斧の着柄方法を厳密に推定するには実験使用痕分析が必要となるが、第2章第2節（p.68）で整理したとおり、本論では実験使用痕分析は行わない。

　この着柄の多様性の問題は重要であるが、ここでより重要なのは、打製石斧刃部が磨製石斧のように鋭利に研磨成形されておらず、刃部使用痕は摩耗の強弱の差として表れるという点である。すなわち、打製石斧の着柄がどうであれ、磨製石斧と違って土壌を対象にできるという点では共通しており、それが磨製石斧に対する打製石斧の優位性（差異性）と評価できる。中型磨製石斧は万能具として常に携帯された可能性があるが、それで土壌掘削を行うには磨製石斧の製作・管理のコストに対して破損のリスクが高すぎる。これに対して、打製石斧は木材への作用には不適だが、それ以外の軟質物対象（土壌を含む）に対して万能性を発揮する。その際の着柄法は極端に言えばあまり関係がない。使用者が使い易ければ、縦斧着柄でも鍬着柄でも鋤着柄でも無柄でもよい。本論では、旧稿のような単純な着柄法の推定を自制し、打製石斧の着柄法に十分な幅を持たせて検討を進めたい。ただし、石斧の基部・刃部の形状・使用痕に対する厳密な分析を行えば、着柄法を推定できることも重ねて強調しておく。

3　後期後葉

　後期後葉から晩期にかけては、九州各地で打製石斧が盛行する。本論では福岡地域の通時的変化を中心に整理し、その他の地域の資料については補足的に整理する。

(6)　四箇遺跡 L-11c 地点（福岡市教育委員会編 1983c）

早良平野内、室見川右岸扇状地の微高地上、標高約 23m に位置する。三万田式土器がまとまって出土する、南北方向に延びる流路状の黒褐色粘質土層が検出され、打製石斧が出土した。本資料の分析には筆者計測データ（2024 年 4 月福岡市埋蔵文化財センターにて調査）を使用する。

　石材は、報告書で安山岩と記載されているものはすべて玄武岩である。横断面サイズは最大幅 5～8cm 程度、最大厚 1～3cm 程度に収まる（図

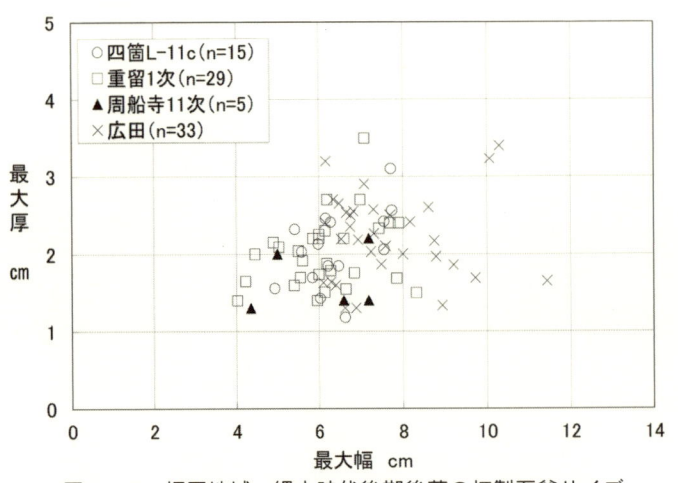

図 4-17　福岡地域・縄文時代後期後葉の打製石斧サイズ

4-17）。平面形は短冊形・撥形（図 4-18：1・3）、有肩形（2）からなる。なお、報告書 Fig.56 の 277 は打製石庖丁と報告されているが、本調査・分析では緑色片岩製の打製石斧と認定している。その他未図化資料中には横刃型石器や円盤形石器と判別できないものもあり（付表 2：187〜189）、図 4-17 の計測値からは外している。玄武岩の風化が強く、全体に使用痕は不明である。後期中葉の四箇遺跡資料（図 4-15）と大きくは変わらない。

（7）重留遺跡第 1 次調査 （福岡市教育委員会編 2007a）

室見川右岸の扇状地上、四箇遺跡の南東隣の標高約 22.5 m に位置する。広田式土器期の竪穴住居、土坑、埋設土器が検出され、打製石斧が出土した。本資料の分析には筆者計測データ（2014 年 11 月福岡市埋蔵文化財センターにて調査）と一部報告書掲載データを使用する。

石材は玄武岩が主体として使用される。横断面サイズは最大幅 4〜8 cm 程度、最大厚 1〜3.5 cm 程度に収まる（図 4-17）。平面形は短冊形・撥形（図 4-18：4）と有肩形（5・6）からなる。打製石斧と報告された資料中にはサヌカイト石核（報告書 105 図 779）や緑色片岩製磨製石斧未成品（報告書 107 図 790）が含まれており、図 4-17 の計測値からは外している。本資料は北西隣に位置する四箇遺跡の資料に比較しても、全体に肉厚で、刃部の摩耗が弱いという特徴がある。

（8）周船寺遺跡第 11 次調査 （福岡市教育委員会編 2000d）

瑞梅寺川右岸の沖積低地内微高地上、標高約 12 m に位置する。弥生時代の遺構面が広田式土器期の包含層であることが確認され、打製石斧が出土した。本資料の分析には報告書掲載データを使用する。

石材は安山岩が主体として使用される。横断面サイズは最大幅 4〜8 cm 程度、最大厚 1〜3 cm 程度に収まる（図 4-17）。平面形は短冊形・撥形（図 4-18：8）と有肩形（7）からなる。周船寺遺跡では打製石斧が比較的多く出土しているが、晩期土器を伴う場合が多く、後期後葉土器に伴う資料を限定することが難しい。当該資料も資料数としては少なく、十分に傾向を示していない可能性がある。

遺跡立地からは、河川下流域と丘陵部での資源利用が想定できる。

（9）広田遺跡 （福岡県教育委員会編 1980）

福吉川と東川に挟まれた標高約 11 m の丘陵西側裾部に位置する。三万田式、御領式、広田式を主体とする層から大溝、土坑、埋設土器が検出され、打製石斧が出土した。本資料の分析には筆者計測データ（2005 年 6 月九州歴史資料館にて調査）と一部報告書掲載データを使用する。

石材は安山岩・玄武岩が主体として使用される。横断面サイズは最大幅 5〜12 cm 程度、最大厚 1〜3.5 cm 程度に収まる（図 4-17）。平面形は短冊形・撥形（図 4-18：9・11）、有肩形（10）、礫器型（12）からなる。打製石斧と報告された資料中には、横刃型石器（付表 2：268・269）や蛇紋岩製磨製石斧未成品（報告書 53 図 27）が含まれており、本分析の対象からは外している。基部両側辺の潰れ・摩滅と刃部片面に偏る線状痕と摩耗が顕著に認められる。博多湾沿岸地域資料では確認できなかった礫器型が含まれており、後期中葉の大分・熊本地域からの系統と理解でき

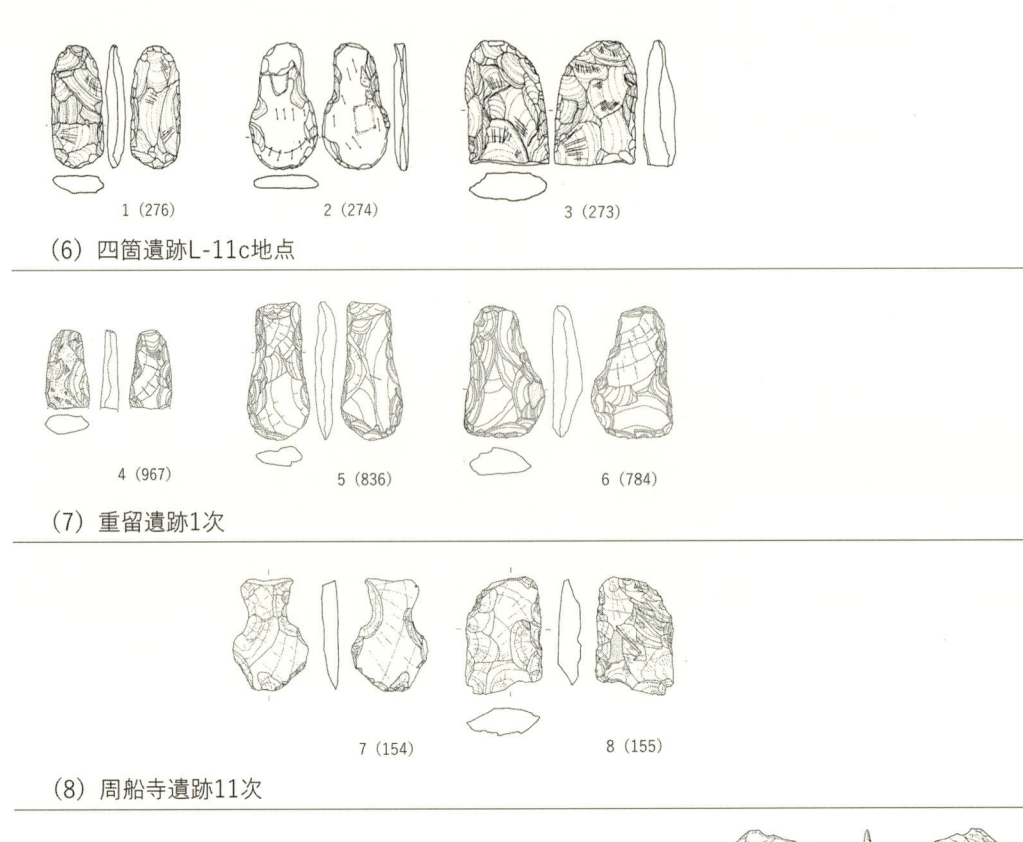

（6）四箇遺跡L-11c地点

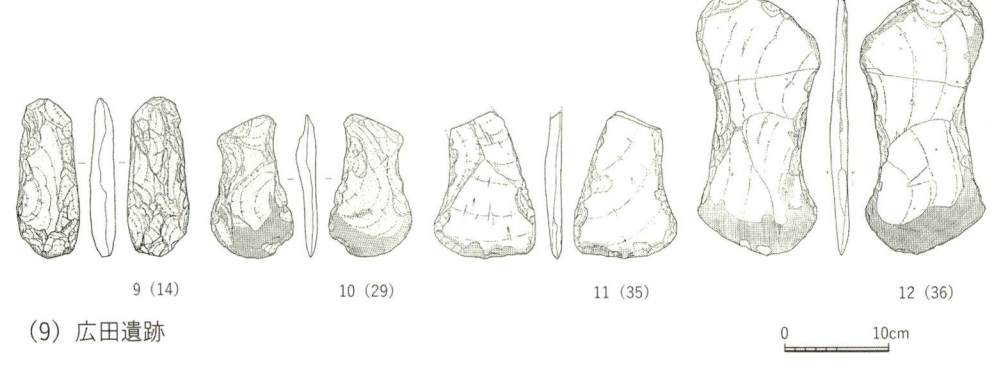

（7）重留遺跡1次

（8）周船寺遺跡11次

（9）広田遺跡

0　　　　　10cm

図4-18　福岡地域・縄文時代後期後葉の打製石斧（S=1/7）
各報告書より転載。（ ）内番号は報告書掲載番号

る。後期後葉の打製石斧資料としては、福岡県築上郡上毛町上唐原了清遺跡（福岡県教育委員会編2000）で、短冊形・撥形・有肩形・礫器型のセットが出土している。

　その他福岡地域以外の資料として、宮崎県布平遺跡では、西平式、三万田式、御領式土器期の打製石斧がまとまって出土している（宮崎県埋蔵文化財センター編2003）。報告書および筆者調査（2006年10月宮崎県埋蔵文化財センター分館）によると、石材は片岩類（結晶片岩・緑泥片岩など）と凝灰岩で、平面形は短冊形・撥形、有肩形で構成され、小型分銅形（報告書図版12-485）が

1 点含まれる。基部両側に深い抉りを施して頭部を作り出す「両耳形」（板倉 2009 の 6 類：ヘラ形）に類似する資料（報告書 24 図 93-96、図版 12-482・483・488）があるが、これらは身が薄く、長辺に鋭利な刃が付いているため、小型打製石鎌（板倉 2007）に分類される。今後、詳しい検討を必要とするが、小型分銅形打製石斧と小型打製石鎌の初現は後期後葉に求められそうである。打製石斧のうち刃部幅が最大の資料（報告書図版 11-336）でも 8.45 cm であり、最大幅 10 cm 前後の大型品（礫器型）を含む大分・熊本地域との差異がある。

　九州南部・大隅半島中央部の検討では、後期後葉の打製石斧の形態は、短冊形・撥形・有肩形で構成され、両耳形は含まれないとした（板倉 2021b）。この検討では入佐式古相土器を後期後葉（末）に位置付けているが、本書では上加世田式土器期（天城式・広田式土器期並行）までを後期後葉と捉え直しているため（第 3 章、p.92）、ここで再検討を行う。前項で整理した後期中葉・干迫遺跡資料の有肩形の礫器型打製石斧（図 4-16 の 7〜9）は、晩期の大型有肩形打製石斧とは異なっている。後期前・中葉土器が出土する鹿屋市榎田下遺跡や志布志市中原遺跡で晩期につながるような大型有肩形打製石斧が 1 点ずつ出土している（板倉 2021b, 121）。鹿屋市飯盛ヶ岡遺跡Ⅲb 層からも後期前・中葉土器に伴う有肩形打製石斧が出土している（鹿児島県立埋蔵文化財センター編 1993a）。後期中葉末・納曽式、丸尾式、太郎迫式土器期の志布志市見帰遺跡では、打製石斧らしき破片資料（鹿児島県文化振興財団埋蔵文化財調査センター編 2019 の 34 図 130、鹿児島県立埋蔵文化財センター編 2021 の 40 図 193）しか出土していない。後期後葉・中岳Ⅱ式土器期の曽於市末吉町西原遺跡では、短冊形打製石斧が少量出土している（鹿児島県立埋蔵文化財センター編 2008）。中岳Ⅱ式、上加世田式土器期の曽於市末吉町中尾段遺跡では、大型でない有肩形打製石斧が出土している（末吉町教育委員会編 2004）。中岳Ⅱ式土器期の曽於市末吉町土合原遺跡と志布志市有明町山ノ口遺跡では、短冊形の他に大型有肩形らしき石斧刃部が出土している（末吉町教育委員会編 1990 の 27 図 110、鹿児島県立埋蔵文化財センター編 2017 の 40 図 268）。しかし、両遺跡ともに晩期土器も出土しており、時期の確定が難しい。晩期初頭・入佐式古相土器期の曽於市末吉町塚ヶ段遺跡では、大型有肩形を含む打製石斧の集積遺構が確認されている（末吉町教育委員会編 1998）。以上から、九州南部の後期後葉は打製石斧の定着期ではあるが、晩期のようなまとまった量の出土が見られず、様相が不明瞭である。

4　晩期前・中葉

（10）大原 D 遺跡第 6 次調査（福岡市教育委員会編 2002c）

　南東に大原海岸を望む谷内の南向き斜面上、標高約 36 m に位置する。斜面と低地部の古代溝内から古閑式土器期の遺物包含層が確認され、打製石斧が出土した。本資料の分析には筆者計測データ（2018 年 11 月福岡市埋蔵文化財センターにて調査）を使用する。

　石材はすべて玄武岩が使用される。横断面サイズは最大幅 5〜8 cm 程度、最大厚 1〜2.5 cm 程度に収まる（図 4-19）。平面形は短冊形・撥形（図 4-20：1）、有肩形（2・3）で構成される。打製石斧と報告された資料中、横刃型石器の可能性があるもの（付表 2：290〜292）については、図 4-19 の計測サンプルからは外している。打製石斧表面には、両側辺の潰れ・摩滅と刃部片面に

偏った線状痕・摩耗が観察される。後期後葉と同様の礫器型のような大型品を含まない打製石斧
セットとなっている。

　打製石斧以外の石器は、磨石・石皿類が出土している。遺跡立地からは、前面の小平野部・沿
岸部と背後の丘陵部での資源利用が想定できる。

（11）千里遺跡第1次調査 （福岡市教育委員会編 2011b）

　瑞梅寺川右岸、周船寺遺跡南側の沖積低地上、標高約13mに位置する。古閑式、黒川式土器
の遺物を含む河成堆積層が弥生時代以降の遺構面として確認され、打製石斧が出土した。本資料
の分析には報告書掲載データ（筆者計測）を使用する。

　石材は玄武岩、安山岩が使用される。横断面サイズは最大幅4〜8cm程度、最大厚1〜2.5cm程
度に収まる（図4-19）。平面形は短冊形・撥形（図4-20：4・5）、有肩形（6）からなり、未成品
（付表2：316・317）も含まれる。打製石斧の素材剥片（付表2：325・326）も出土している。後期
後葉および晩期前葉と同様の礫器型のような大型品を含まない打製石斧セットとなっている。

　千里遺跡は、周船寺遺跡南側の沖積低地内微高地上に連続しており、遺跡立地からは河川下流
域と丘陵部での資源利用を想定できる。

（12）大原D遺跡第3次調査 （福岡市教育委員会編 1996d）

　東に大原海岸を望む小規模な扇状地上、標高約14〜6mに位置する。古閑式、黒川式土器を主
体とする時期の自然流路SD01や埋設土器が検出された。打製石斧は、10・8・6区の河成堆積
層から出土したが、そのうち8区下層で後期後葉土器と出土した打製石斧は除外し、古閑式、黒
川式土器に伴う打製石斧を抽出した。上述の第6次調査地点など谷内の上流域に後期後葉遺跡が
形成され、下流域に晩期遺跡が形成されていると復元できるが、河成堆積という性質上、後期後
葉と晩期の資料が混在するリスクは完全には排除できていない。本資料の分析には筆者計測デー
タ（2014年9・11月埋蔵文化財センターにて調査）と一部報告書掲載データを使用する。

　石材は玄武岩・安山岩が使用される。SD01出土資料中には、横長剥片を連続剥離した今山産
玄武岩の亜角礫母岩（石核）が含まれている（報告書未掲載資料；登録番号926500580・581・583）。横断面サイズは最大幅4〜8cm程度、最大厚1〜3cm程度で、最大幅9.27cm・最大厚1.53cmを測る扁平大型品の刃部片（付表2：360）が含まれる（図4-19）。平面形は短冊形・撥形（図4-20：7・8）、有肩形（9）のほかに、最大長20.25cmを測る大型品（10）が含まれる。

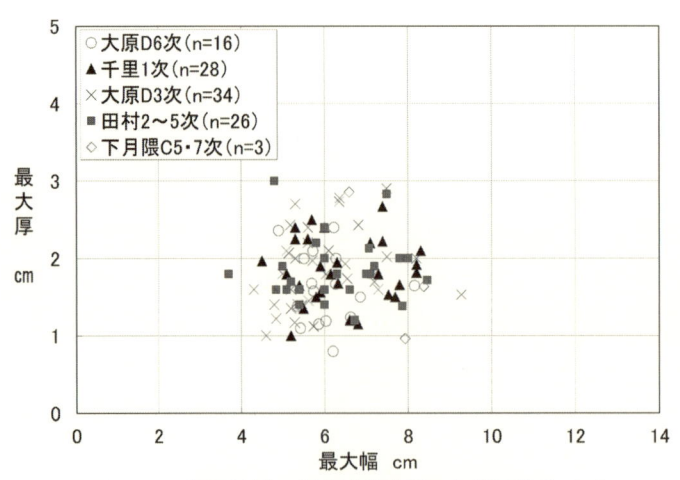

図4-19　福岡地域・縄文時代晩期の打製石斧サイズ

晩期前葉

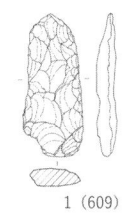

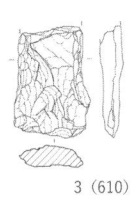

1 (609)　　　　　2 (605)　　　　　　3 (610)

（9）大原D遺跡6次

晩期中葉

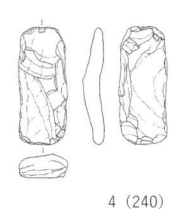

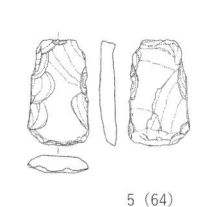

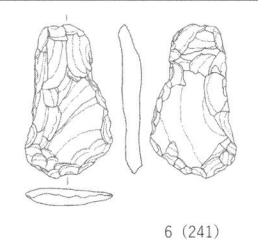

4 (240)　　　　　　5 (64)　　　　　　6 (241)

（11）千里遺跡1次　　4・6：4区　5：2区

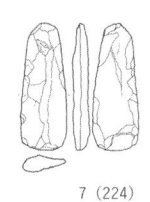

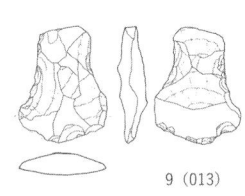

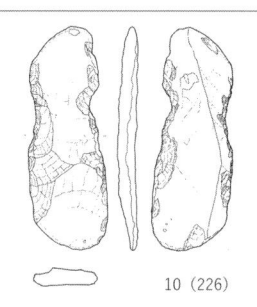

7 (224)　　　　　8 (222)　　　　　9 (013)　　　　　10 (226)

（12）大原D遺跡3次　　7・8・10：8-4区　9：10区

晩期後葉

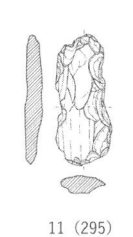

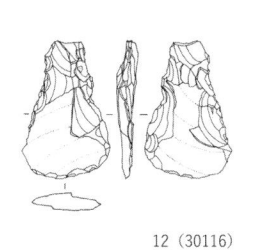

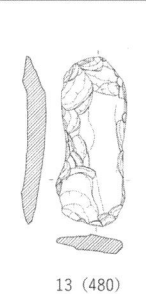

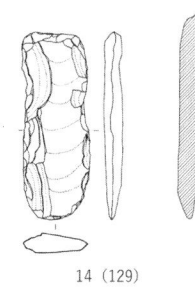

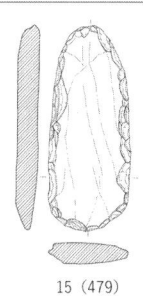

11 (295)　　　　12 (30116)　　　13 (480)　　　14 (129)　　　15 (479)

（19）田村遺跡　　11・13・15：3次　12：5次　14：4次

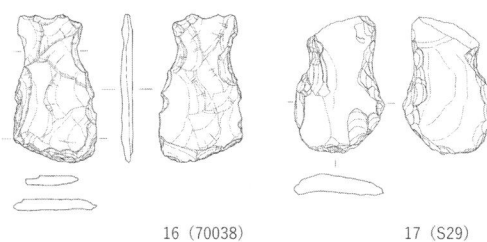

16 (70038)　　　　　17 (S29)　　　　　18 (70037)

（20）下月隈C遺跡　　16・18：5次　17：7次

0　　　　　10cm

図4-20　福岡地域・縄文時代晩期の打製石斧（S＝1/7）

各報告書より転載。（　）内番号は報告書掲載番号

159

平面形は基部両側辺に抉りを入れていることから、有肩形もしくは礫器型に類似するが、長大という新しい特徴を有する。本章第1節で整理したとおり、吉留秀敏は、北部九州出土打製石斧のうち、長さ17cm以上、幅7cm以上の大型品をC類と分類し、晩期前葉の出現とした（吉留1993）。本資料は吉留のC類の範疇で理解できるものであり、本論では長大型と呼称する。本資料中には横刃型石器（付表2：369〜374）や、逆T字形を呈す片岩製の打製石器（報告書Fig.104-227）も含まれており、図4-19の計測値からは外している。

晩期前・中葉の打製石斧は、短冊形・撥形・有肩形を基本として礫器型の存在が不明瞭というセットは後期後葉と同様だが、対称形で成形度合いの高い大型品が新たに組成に加わっている可能性がある。(13) **クリナラ遺跡**（福岡県教育委員会編1997）では、古閑式、黒川式土器期の打製石斧がまとまって出土している。報告書および筆者調査（2005年6月甘木歴史資料館）によると、石材は緑色片岩、結晶片岩などの片岩類が主体的に使用され、平面形は短冊形・撥形、有肩形のほか最大幅8〜11cmの大型品や分銅形、小型打製石鎌（報告書Fig.84-16）も含まれる。大型品は平面形が台形、楕円形の対称形に定型化している（図4-21）。後期後葉までの不定形な礫器型とも晩期・福岡地域の長大型とも異なる器種と認識できる。

(14) **ワクド石遺跡**（熊本県教育委員会編1994c）では、後期中・後葉の太郎迫式、三万田式から晩期前葉の古閑式新相土器まで時期幅があり、打製石斧類が1,000点以上出土している。筆者調査（2005年9月熊本県文化財資料室。報告資料135点中、121点の観察、84点の計測）によれば、短冊形・撥形・有肩形・礫器型の打製石斧、小型分銅形打製石斧、横刃型石器・小型石鎌、未成品・素材など、複数器種で構成される。礫器型の中には片岩・安山岩製でクリナラ遺跡資料のように大型で対称形（台形・楕円形）に定型化したような資料も認められる（図4-22：1〜4）。長さが17cmを超える長型品は認められない。

(15) **沖松遺跡**（熊本県教育委員会編1996）では、三万田式から古閑式土器期を主体として、一部後期前・中葉土器や晩期後葉・刻目突帯文土器を含む層からまとまった量の打製石斧類が出土している。筆者調査（2005年9月熊本県文化財資料室）によると、計測162点中、全体の39％を占める短冊形・撥形打製石斧の他に、有肩形打製石斧、小型分銅形石器、小型打製石鎌、横刃型石器の5つの器種に分類できる（図4-7。Itakura 2011）。最大幅7.5〜9cm程度の大型品の中には、

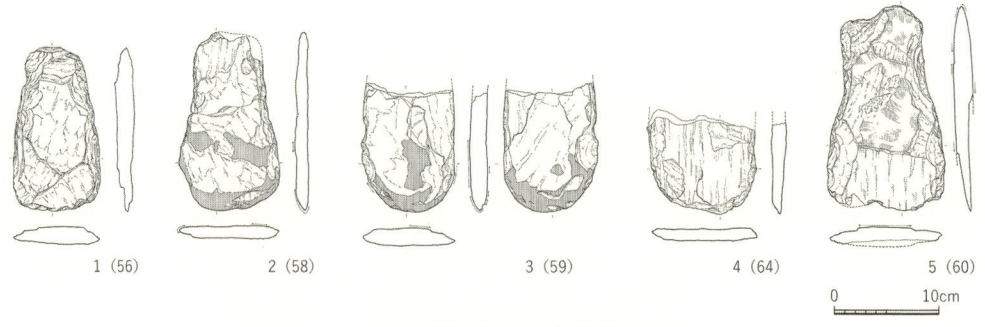

1 (56)　　2 (58)　　3 (59)　　4 (64)　　5 (60)

0　　　10cm

図4-21　クリナラ遺跡出土の大型打製石斧（S=1/7）

各報告書より転載。（ ）内番号は報告書掲載番号

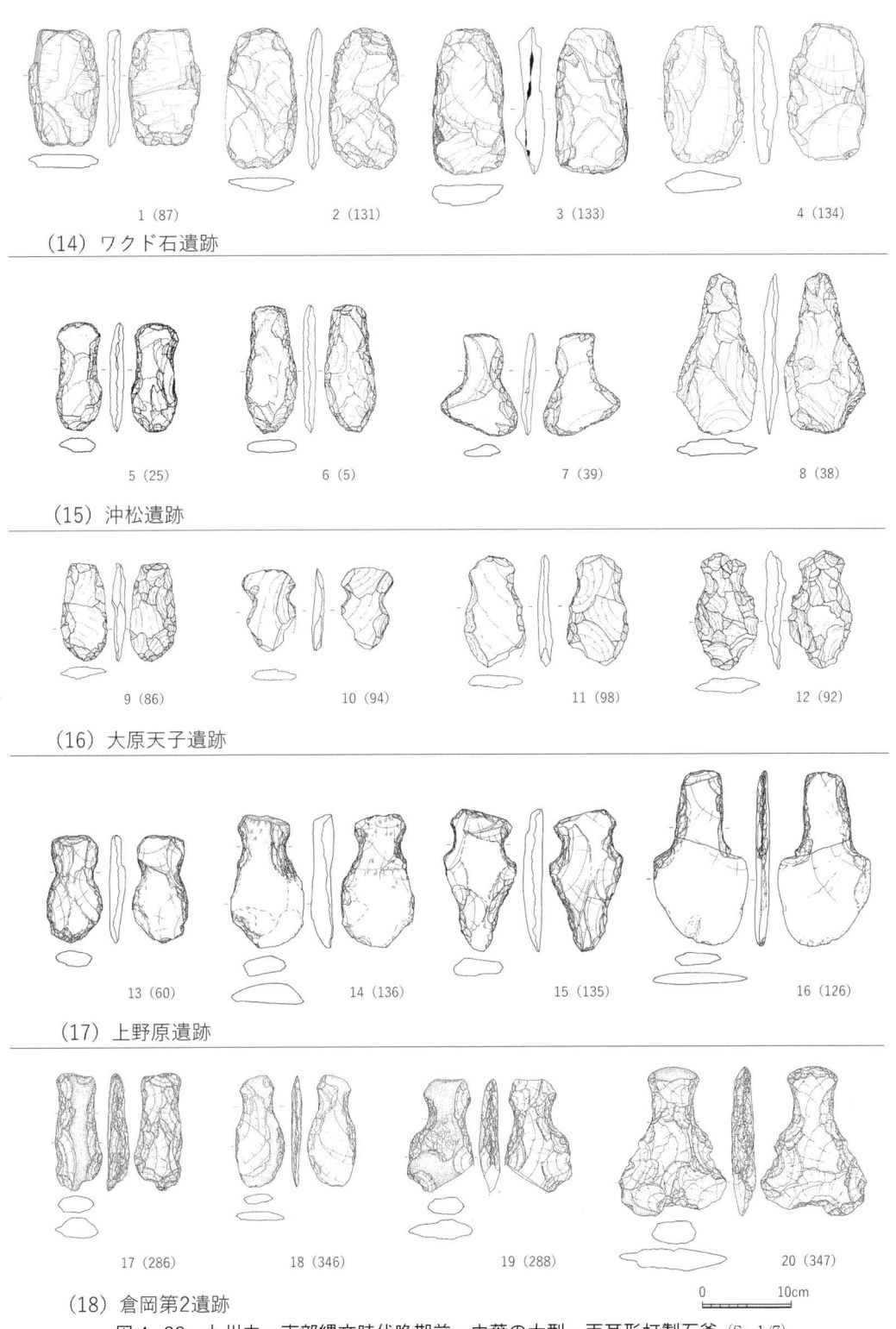

1 (87)　2 (131)　3 (133)　4 (134)

(14) ワクド石遺跡

5 (25)　6 (5)　7 (39)　8 (38)

(15) 沖松遺跡

9 (86)　10 (94)　11 (98)　12 (92)

(16) 大原天子遺跡

13 (60)　14 (136)　15 (135)　16 (126)

(17) 上野原遺跡

17 (286)　18 (346)　19 (288)　20 (347)

(18) 倉岡第2遺跡

0　　　10cm

図4-22　九州中・南部縄文時代晩期前・中葉の大型・両耳形打製石斧（S=1/7）

各報告書より転載。（　）内番号は報告書掲載番号

対称形（図4-22：8）と非対称形（図4-22：7）の二者が存在するが、いずれも後期の礫器型に比べると縁辺の剥離が細かく、定型化の傾向を読み取れる。また、8は長さ17.12cmであり、長型化の傾向も認められる。前述の後期後葉・布平遺跡資料では確認されなかった両耳形については、本資料中にも含まれない。ただし、尖刃形打製石斧（図4-22：5・6）は安定して認められ、両耳形と共通する要素と評価できる。

　大型打製石斧の定型化・長型化と両耳形打製石斧の不在は、同地域古閑式土器期の原畑遺跡資料でも同様の様相である（医療法人社団健成会編1999）。それに対して、同地域黒川式土器期の**(16) 大原天子遺跡**（熊本県教育委員会編1993b）や鍋の口遺跡（パスコ編2001）では、両耳形打製石斧が出土しており（図4-22：9～12）、大型打製石斧が出土していない。後期中葉から黒川式土器期の打製石斧が出土した球磨郡深田村灰塚遺跡では、両耳形へとつながる基部両側抉りの浅い尖刃形打製石斧が出土している（熊本県教育委員会編2000）。人吉地域では、晩期前葉・古閑式から晩期中葉・黒川式土器への移行期に打製石斧類の変化が起こっている。

　晩期前葉・入佐式土器期の鹿児島県曽於郡大崎町二子塚A遺跡資料は、短冊形・撥形、大型（有肩形）打製石斧に加えて、両耳形の可能性がある尖刃形打製石斧が1点報告されている（鹿児島県立埋蔵文化財センター編2005b）。大隅半島中央地域の検討では、二子塚A遺跡例以外では、晩期前葉遺跡からは明確には両耳形打製石斧が出土していない（板倉2021b）。例えば、曽於市桐木耳取遺跡資料（鹿児島県立埋蔵文化財センター編2005c）や鹿屋市中ノ原遺跡資料（鹿児島県教育委員会編1989）、飯盛ヶ岡遺跡Ⅲa層資料（鹿児島県立埋蔵文化財センター編1993a）は、短冊形・撥形、大型（有肩形）打製石斧で構成され、両耳形は含まれない。**(17) 上野原遺跡第2～7地点**（鹿児島県立埋蔵文化財センター編2003）では、晩期中葉・黒川式から晩期後葉・刻目突帯文土器期の資料で、短冊形・撥形、大型（有肩形）打製石斧（図4-22：16）に加えて、両耳形打製石斧（図4-22：13～15）が出土している。上野原遺跡資料における両耳形と基部両側辺に抉りを持つ短冊形・撥形打製石斧との技術的・形態的な連続性を見る限り、両耳形打製石斧は、基部両側辺に抉りを持つ短冊形・撥形打製石斧から派生していると理解できる。刃先を尖らせることで対象（主に土壌と想定される）への貫入力を高めるとともに、基部両側に抉りを入れて着柄時の固定を強化している。**(18) 倉岡第2遺跡**（宮崎県埋蔵文化財センター編2001）の、黒川式土器、孔列文土器期の資料では、短冊形・撥形、大型（有肩形）（図4-22：20）に加えて、基部両側の抉り（頭部作出）が不明瞭な両耳形打製石斧が出土している（図4-22：17～19）。入佐式、黒川式、刻目突帯文土器期を主体とした鹿屋市榎木原遺跡資料は、短冊形・撥形、大型（有肩形）打製石斧に加えて両耳形打製石斧がまとまって出土している（鹿児島県教育委員会編1987，1990）。これに対し、黒川式、無刻目突帯文土器期の鹿屋市榎崎B遺跡資料（鹿児島県立埋蔵文化財センター編1993b）や、後期から黒川式土器までを含む宮崎市清武町竹ノ内遺跡資料（宮崎県埋蔵文化財センター編2000b）では、短冊形・撥形、大型（有肩形）打製石斧が出土し、両耳形は明瞭には含まない[2]。

　以上の様相から、鹿児島地域では、大型有肩形打製石斧が晩期前葉、両耳形打製石斧が晩期中葉に定着すると復元できる。大型有肩形打製石斧については、後期中・後葉に系譜がたどれる可能性もあるが、前項で整理したとおり後期後葉の様相は不明瞭である。

　晩期前葉の福岡地域で大型打製石斧の存在が不明瞭なように、熊本地域でも後期から晩期前葉の山鹿市菊鹿町天岩戸岩陰（熊本県教育委員会編 1978）や後期後葉から晩期前葉の菊池郡大津町八窪遺跡（熊本県教育委員会編 1987）では、短冊形・撥形打製石斧や横刃型石器は出土しているが、大型打製石斧は報告されていない。前者は南流する山内川左岸に開析された凝灰岩の岩陰標高約 154 m、後者は北に峠川上流渓谷を望む高尾野の台地上標高約 260 m に位置しており、河川上流域という遺跡立地で共通する。天草下島の南東端、南東に長島との海峡を望む海岸小平野上標高約 8 m に位置する天草市深海町椎ノ木崎遺跡は、後期から晩期前葉までの多くの土器・石器が出土しているが、打製石斧類が出土しない点が注目されている（熊本開発研究センター編 1989, 114・116）。

5　晩期後葉～弥生時代早期

　打製石斧は、九州南部や中部地方の弥生時代に残存することが知られており、必ずしも農耕文化と排他的な関係にあるわけではない。ここでは、水田稲作農耕文化の受容地である博多湾沿岸地域における夜臼式、板付Ⅰ式土器期の打製石斧の様相を整理する。

（19）田村遺跡第 2～5 次調査（福岡市教育委員会編 1984, 1987c, 1989b, 1990a）
　室見川右岸の扇状地上、四箇遺跡の北側、標高約 15 m に位置する。夜臼式、板付Ⅰ式土器期の包含層、埋設土器、長方形土坑などが検出された。打製石斧は 2～5 次調査で後期から晩期後葉までの土器とともに出土している。本資料の分析には報告書掲載データを使用する。
　石材は安山岩、玄武岩が主体として使用される。横断面サイズは最大幅 4～8.5 cm 程度、最大厚 1～3 cm 程度に分布する（図 4-19）。平面形は短冊形・撥形（図 4-20：11～15）で、長さ 17 cm を超える長大型が含まれる（14・15）。有肩形や礫器型は含まれない。
　打製石斧以外の石器は、石庖丁、石鎌、大陸系磨製石斧が出土している。遺跡立地からは、河川下流域と扇状地上、丘陵部での資源利用が想定できる。

（20）下月隈C遺跡第 5・7・8 次調査（福岡市教育委員会編 2004b, 2006a, 2007c）
　御笠川右岸、春日丘陵と月隈丘陵に挟まれた沖積低地上、標高約 7 m に位置する。夜臼式、板付Ⅰ式土器を含む弥生時代中期から古墳時代前期の溝などが検出された。打製石斧は包含層や遺構から出土しておらず時期比定が困難であるが、縄文時代晩期中葉以前の土器が出土していないことから、晩期後葉から弥生時代前期に属すると判断できる。本資料の分析には筆者計測データ（2023 年 9 月福岡市埋蔵文化財センターにて調査）と報告書掲載データを使用する。
　石材は片岩類が使用される。横断面サイズは最大幅 6～8 cm 程度、最大厚 1～3 cm 程度に収まる（図 4-19）。平面形は撥形（図 4-20：16）、有肩形（17）で、長大型（18）も含まれる。
　遺跡立地からは、河川下流域と東側丘陵部での資源利用が想定できる。

　これら以外の断片的な資料としては、野多目A遺跡第 2 次調査 Fig.55-14（福岡市教育委員会編

1987a)、曰佐遺跡第 1 次調査 Fig.25-01001・01006・01007（福岡市教育委員会編 2000b）、那珂遺跡
群第 37 次調査図 16-138（福岡市教育委員会編 1994a）が、夜臼式土器に伴う短冊形打製石斧とし
て出土している（2023 年 9 月福岡市埋蔵文化財センターにて筆者調査）。本書第 7 章で整理するとお
り、福岡地域、特に博多湾沿岸地域の縄文時代晩期後葉～弥生時代早期の遺跡情報は豊富であ
る。それにも関わらず、打製石斧の資料数が少ないということは、その技術的な衰退を示してい
る。断片的な情報から推測すると、晩期中葉までの短冊形・撥形・有肩形という打製石斧セット
が崩れ、長大型の出土が目立つと指摘できる。福岡市橋本一丁田遺跡第 4 次調査（福岡市教育委
員会編 2004d）でも、晩期後葉の玄武岩製長大型打製石斧が出土している。晩期後葉の長大型打
製石斧（C 類）については、吉留秀敏が「ある種の木製農耕具にその機能が引き継がれていった」
と想定した（吉留 1993）。縄文時代晩期末から弥生時代にかけて打製石斧の減少も、木製農具への
代替移行と捉えられている（春成 1969b, 27）。本論でも長大型打製石斧と木製農耕具の機能・用
途上の共通性を想定するが、前者から後者へ連続していったというよりは、後者の存在によって
前者が成立したと考えている。つまり、大陸農耕文化系統の木製農耕具の使用を意図した石製代
替品として長大型打製石斧が製作されたという考え方である。そのように考えると、大原 D 遺跡
第 3 次調査出土の長大型打製石斧（図 4-20：10）も、大陸農耕文化の影響を示す可能性がある。

　福岡地域以外の様相として、**(21) 古城遺跡**（宮崎県埋蔵文化財センター編 2003）では、晩期後
葉・無刻目突帯文土器を主体とする時期の打製石斧類が出土している。筆者調査（2006 年 10 月
宮崎県埋蔵文化財センター分館）では、短冊形・撥形、有肩形、礫器型打製石斧のほか、横刃型石
器、小型打製石鎌、打製石庖丁が含まれる。最大幅が 7.5～10 cm 程度の礫器型の中には撥形、有
肩形が認められる（図 4-23：3～6）。また、有肩形打製石斧 6 は長さ 15.3 cm、短冊形打製石斧 5
は長さ 17 cm を測り、長大化の傾向がある。小型打製石鎌は、1 が長さ 12～15 cm 程度、最大幅 5
cm 程度であるのに対し、2 は長さ 17.7 cm、最大幅 7.45 cm を測り、大型品と言える。
　(22) 深水谷川遺跡（熊本県教育委員会編 1994a）では、黒川式、刻目突帯文土器期の打製石斧
が 114 点出土した。平面形が短冊形・撥形・両耳形で大小の変異を持っている（図 4-23：7～9）。
大型品は晩期前葉のような明確に肩が張り出す凸字形やスコップ形と呼ばれる有肩形ではなく、
なで肩で撥形に近い点を特徴とする（10）。無刻目突帯文土器期の熊本県人吉市アンモン山遺跡
資料も、短冊形・撥形・両耳形打製石斧で構成され、有肩形打製石斧の出土は明瞭でない（人吉
市教育委員会編 1985）。ただし、打製石斧類は 299 点出土したとあり（報告書掲載・分類資料は 21
点）、報告書未掲載資料の調査が必要である。
　(23) 東田遺跡 1992 年調査（鹿児島県立埋蔵文化財センター編 1993c）の刻目突帯文土器期
の資料でも、人吉地域と同様に、大型有肩形打製石斧の不在という特徴が認められる（2006 年
6 月鹿児島県立埋蔵文化財センターにて筆者調査）。両耳形には身が薄いものと厚いものの二者が
あり、前者は小型打製石鎌など大型打製刃器に近い器種となる（図 4-23：11～14）。東田遺跡
では弥生時代、古墳時代の集落も形成されており、両耳形打製石斧の一部はその時期に下る
可能性もある。鹿児島県垂水市宮下遺跡（垂水市教育委員会編 2001）の黒川式、刻目突帯文土
器期の資料でも同様の傾向が見られる（2006 年 7 月垂水市教育委員会にて筆者調査）。**(24) 軍原**

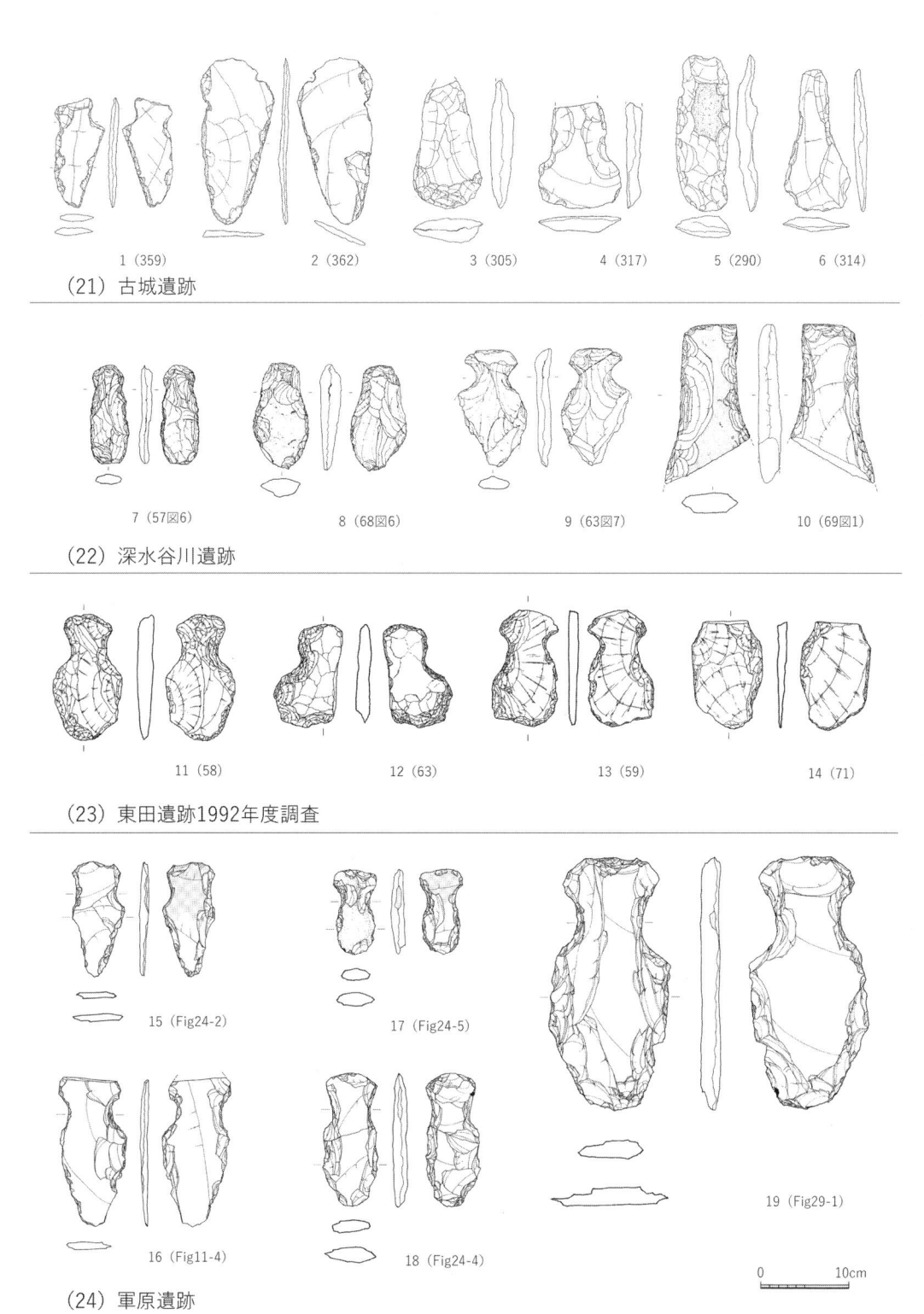

(21) 古城遺跡

1 (359)　　2 (362)　　3 (305)　　4 (317)　　5 (290)　　6 (314)

(22) 深水谷川遺跡

7 (57図6)　　8 (68図6)　　9 (63図7)　　10 (69図1)

(23) 東田遺跡1992年度調査

11 (58)　　12 (63)　　13 (59)　　14 (71)

15 (Fig24-2)　　17 (Fig24-5)

16 (Fig11-4)　　18 (Fig24-4)　　19 (Fig29-1)

(24) 軍原遺跡

0　　10cm

図4-23　九州中・南部縄文時代晩期後葉以降の打製石斧類 (S=1/7)
各報告書より転載。(　)内番号は報告書掲載番号

遺跡（高山町教育委員会編 2000）の後続する弥生時代前期の資料では、両耳形打製石斧による構成がより顕著になる（図4-23：15〜19。2006年7月肝付町教育委員会にて筆者調査）。曽於市鳴神遺跡では、磨製石斧、短冊形・撥形打製石斧、有肩形打製石斧の計22本が集積して発見され、夜臼式土器に伴うと報告された（大隅町教育委員会編 1993）。両耳形打製石斧は含まれず、磨製石斧・打製石斧は後期中葉から晩期前葉の様式を示す（2006年7月曽於市埋蔵文化財センターにて筆者調査）。

第4節　九州縄文時代打製石斧の動態

　以上の分析結果は、下記および表4-2のようにまとめられる。

　まず、打製石斧の性能は、節理の発達した石材と研磨されない刃部および多様な着柄の可能性という特徴から、「土壌を含めた軟質物への作用」が想定できる。

　縄文時代後・晩期の打製石斧に共通する製作技術上の特徴は、表裏両面からの剥離によって縦長に成形され、両側辺の成形には敲打が用いられる。サイズは、小型から中型までの変異が連続的であり（最大幅3〜9cm、最大厚0.5〜3cm）、形態は、基部幅と刃部幅が概ね同じ幅であれば短冊形と表現でき、基部幅に対して刃部幅がやや広ければ撥形と言えるが、両者の境界は連続的である。また、撥形と有肩形についても、基部から刃部まで連続的に広がるのか、基部両側辺が平行に成形され広がった刃部につながるのか、といった違いであり、分類間の中間的形態が存在する。着柄については、第3節2で干迫遺跡出土資料の再検討を行ったとおり、無柄、鍬・鋤・縦斧着柄いずれの可能性も想定できる。石材については本分析では詳しく検討できていないが、ワクド石遺跡の報告者の古森政次によれば、二子山の玄武岩質安山岩だけでなく、阿蘇周辺に分布する角閃石安山岩や変成岩帯に分布する緑色片岩も使用されており、「打製石斧に関してはその素材を1ヶ所の原産地に依存するのではなく、集落内の人間の活動圏やその集落が属する集団の交易圏のなかで複数の原産地から石材を入手していたことが窺われる」という（熊本県教育委員会編 1994c，234）。

表4-2　九州縄文時代打製石斧の動態

	後期中葉	後期後葉	晩期前・中葉	晩期後葉・弥生早期
九州中部以北	短冊形〜有肩形 礫器型	短冊形〜有肩形 礫器型	短冊形〜有肩形 大型	短冊形〜有肩形 長大型
	【導入・定着】			【衰退】
九州南部	（干迫遺跡）	短冊形〜有肩形 大型有肩形？	短冊形〜有肩形 大型有肩形 両耳形（ヘラ形）	両耳形（ヘラ形）
		【導入・定着】		【継続】

　このような特性を持つ「打製石斧」は、九州においては縄文時代後期以降にその使用が認められるのであり、中期以前に存在が指摘される小型打製石斧類とは異質なものである。本論で分析対象とした後期以降の打製石斧は、東日本で前期以降に出現する大型打製石斧類の系統に連なるものと考えられる（板倉2013）。後期前葉は、九州における打製石斧の初現期にあたり、該当資料が散見されるが、未だ定着した状況にはない。

　後期中葉は、九州における打製石斧の定着期であるが、当初から短冊形、撥形、有肩形（最大幅3.5〜9cm、最大厚0.5〜3cm）、礫器型（最大幅9〜12cm、最大厚1〜3.5cm）など形態上の多様性が認められる。九州南部では、干迫遺跡で打製石斧セットの出土が認められるが、九州南部全域に普及している状況ではない。

　後期後葉の福岡地域では、短冊形、撥形、有肩形（最大幅4〜9cm、最大厚1〜3.5cm）、礫器型（最大幅9〜12cm、最大厚1〜3.5cm）の構成は後期中葉と同様である。九州南部の後期後葉の様相は不明瞭な部分も多いが、この時期が九州南部での打製石斧の定着期と考えられる。

　晩期前・中葉の福岡地域では、短冊形、撥形、有肩形（最大幅4〜9cm、最大厚1〜3cm）が使用され、礫器型が見られなくなる。九州中部の資料では最大幅8〜11cm程度の定型化した大型品が認められる。九州南部では大型有肩形打製石斧（最大幅9〜12cm）と両耳形（ヘラ形）打製石斧が使用される。

　晩期後葉〜弥生時代前期の博多湾沿岸地域では、当該期の主要な遺跡でも打製石斧の出土が稀であり、使用されなくなる。その中で長大型の打製石斧が認められる。九州南部では両耳形打製石斧の使用が継続される。

　本章の分析によって、後期中葉：九州中部以北での打製石斧普及→後期後葉：九州南部での普及→晩期：九州中部以北での大型品の使用、九州南部での大型有肩形、両耳形打製石斧の使用→晩期後葉：九州北部での衰退、九州南部での両耳形打製石斧の使用という大枠の動態が把握できた。この動態は、本書第1章で整理した縄文時代経済・社会システム（図1-10。p.36）においては、経済・社会システムを構成する「打製石斧」サブシステムの変遷として、全体システムの状態変化を示すとともに、主に資源採捕・管理選択（沖積低地および地下部資源）と資源の複合的利用（広範囲生業）のサブシステムに関わっている。打製石斧サブシステムにおいては、その成立自体が大きな画期であり、縄文時代経済・社会システムにおける資源利用技術としての評価が問題となる。この点については第6章で検討を行う。なお、打製石斧動態において、九州の中部以北と南部で差異が認められる点は、両地域の地形特性（沖積低地形成）や気候・植生の違いに起因すると予想され、打製石斧の機能・用途推定に関わる可能性があり注目される。

　本分析は、打製石斧の形態や使用法の多様性を想定することで、従来の「土掘具」という限定的な認識から脱却できる可能性も示した。九州縄文時代の打製石斧セットは、野生地下茎類採集を主目的とした掘棒先・突き鍬的な機能性は乏しく、鍬・鋤・土掻き具的機能や伐採具的機能、除草具的機能を持った石器様式であると言える。打製石斧は比較的多く遺跡から出土するが、明瞭な使用痕を確認できる資料は多くはない。打製石斧に明確な使用痕が確認されない理由は、使用時の摩耗面が面的ではなくパッチ状に形成され、粗粒石材の使用が多いために風化によって摩耗面が失われる点が挙げられる。また、打製石斧の用途が、軟質土壌の浅掘り、下草・低木の伐

採や枝打ち、朽木の打割、植物性や動物性の軟質物の加工など、比較的負荷の小さい多様な作業に用いられたとすれば、使用痕の種類や程度にばらつきが出ることも理解できる。このことは、自然土壌への人為的作用は主に木器（掘棒）で行うという民族誌モデルや、樹木の伐採・加工を想定する磨製石斧モデルと整合的である（板倉 2009，200）。縄文時代の植物利用は、食用だけでなく、建築材・罠材・木器材・網材・カゴ材・衣料材、燃料など様々な用途に、地下茎から種子に至る様々な部位が使用されていたと推定される。打製石斧の多くはその獲得・加工のプロセスで用いられる主要な利器であったとも言える。各種植物を食料・材料として獲得する行為は、自然林あるいは二次林の除草・伐採行為であり、そのような人為的撹乱環境は、陽性植物の生育に適し、半栽培や焼畑の素地を形成することは生態人類学の現場でよく知られている（中尾 1977；西田 1981；福井 1983；西谷 2003；安岡 2004；齋藤 2005 など）。前章でも整理したとおり、九州では、縄文時代中期に内陸部居住が活発となり、後期以降に安定化していく傾向を指摘できるが（板倉 2006）、後期中葉以降に石器組成に加わる打製石斧は、そのような縄文人の内陸域と沖積低地への適応の過程、特に植物利用の洗練化を物質文化的に反映していると理解できる（板倉 2009，203）。この点については、第 6 章で、沖積低地形成史の研究成果と、縄文時代の土壌掘削遺構の状況から検討を行い、より諸条件の整合性の高い打製石斧モデルの構築を行う。

注

1) 板倉（2009）の「礫器形」は、「形・型の用法」（本書序章、p.7）に従って、「礫器型」と呼称し直す。

2) 二子塚 A 遺跡、桐木耳取遺跡、中ノ原遺跡、飯盛ヶ岡遺跡、上野原遺跡、榎木原遺跡、榎崎 B 遺跡については、2006 年 6 月に鹿児島県立埋蔵文化財センターにて、倉岡第 2 遺跡、竹ノ内遺跡については、同年 10 月に宮崎県埋蔵文化財センター分館と宮崎県立考古博物館にてそれぞれ行った資料調査をふまえている。

第5章　九州縄文時代縦長剥片石器の動態：
博多湾沿岸地域の分析

　縦長剥片石器は、縄文時代後・晩期に、佐賀県伊万里市腰岳産出の黒曜石を特徴的に使用し、九州中部以北を中心に分布する。本章では、博多湾沿岸地域の遺跡から出土した縦長剥片石器のうち、時期幅を比較的限定できる資料群を分析し、各時期の特性を動態として把握する。分析方法は、第2章で検討したとおり、伝播モデル・唯物史観モデルのための型式学的検討（類型化）ではなく、生態モデルのための性能分析（機能・用途の理論的検討、石材・形態変異、使用痕、特徴的な器種の存否の把握など）を行う。本分析は、第3・4章および第6章と合わせて、九州縄文時代後・晩期の資源利用様式の特徴を理解する上で重要な要素になる。また、これまでの研究では、縦長剥片石器は石鏃の素材であると認識される傾向にあり、資源利用技術（刃器）として分析されることがほとんどなかった。本分析の結果は、縦長剥片石器の理解に対して、新しい観点を示すことになる。

第1節　九州縄文時代の縦長剥片石器

1　分類と時期比定

　島田貞彦は、佐賀県嬉野村下野一本椎採集の黒曜石製の縦長剥片とそれを素材とした石鏃に対して「大胆なる熟練」による手法と評価し、アフリカや極北民族の石器や西ヨーロッパ後期旧石器時代マドレーヌ期の石刃石器との類似を指摘した（島田1925）。長崎県有喜貝塚の報告では、数面の大きな打裂面からなる剥片を利用した石鏃（今日で言う剥片鏃）について、「石器製作上可及的労力を省略して、而かも鋭利なる利益の目的を達する手法」と述べている（濱田ほか1926, 10）。その後の研究の空白期間を経て、杉原壮介らは佐賀県鈴桶遺跡の発掘によって黒曜石剥片類4,261点を取得し、それらを尖頭石器（先端調整・鏃形）、削器、掻器、彫器様石器として分類・報告した。その中で、「抉入ある刃器」として、「顕著な抉り込みを側縁にもつ刃器」を認識し、その抉り込み部分に「「刃潰れ」または摩滅がほとんど認められない」ことや、頭部の不整形なもの尾瘤のあるものなどの「不用部分を取り去るかのような抉り込みを施している」、「短かく折られた例も多い」ことを根拠に、「それ自身が石器ではなく、むしろ他の石器の素材として準備されたもの」である可能性を指摘した（図5-1。杉原ほか1966, 158）。また、鈴桶遺跡資料の大部分を占める剥片が、「その鋭い縁辺は、いまわれわれの目の前で作られたと思われるほど新鮮」で、加工が認められないと述べている。この多量の剥片は石器として使用されていないという認識であり、その説明として、石器素材として生産され流通した可能性を指摘するに至る（杉原

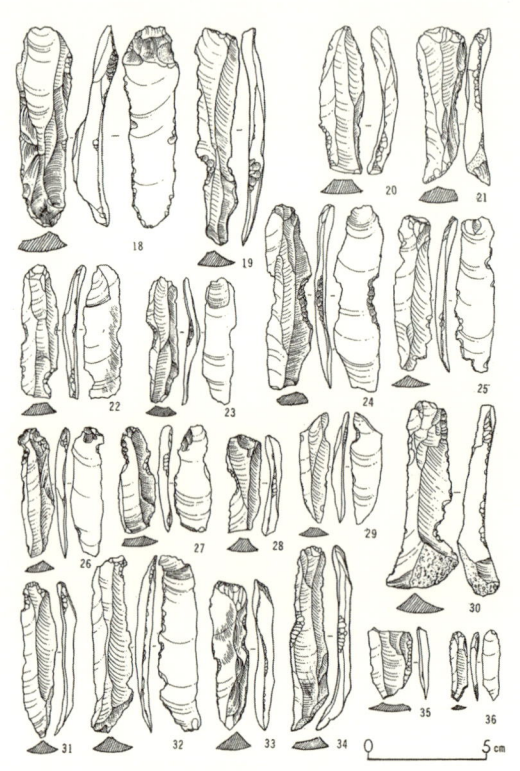

図5-1　鈴桶遺跡の石器（杉原ほか1966より転載）

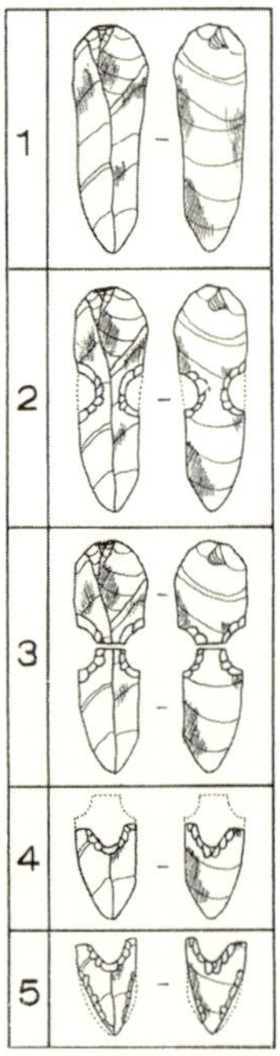

図5-2　剥片鏃の製作工程
　　　模式図（片岡1970より転載）

ほか1966，166）。

　杉原らの「抉入ある刃器」に類する縦長剥片石器類である「つまみ形石器」を分析した片岡肇は、つまみ形石器には、抉り調整以外の調整がなく、石錐や石匙としての特徴が必ずしも認められない点から、「これ自体を一つの石器と考えることはできない」として「石器製作の工程における残滓物」の可能性を考えた。長さ2.5cmほどのつまみ形石器に見られる両側辺の抉りは、長さ5cmほどの石刃の打面・打瘤部分を折断して除去するための加工であり、残った末端部分は長さ2cmほどの「剥片鏃」に利用される、というモデルを提示した（図5-2。片岡1970）。このモデルは、つまみ形石器の抉りの機能（折断のための加工）、折断後のつまみ形石器の二次加工の欠如（石器利用されない残滓物）、残された縦長剥片末端の利用（剥片鏃）のすべてを説明しており、今日までこれに代わるつまみ形石器の説明モデルは提示されていない。

　橘昌信は、西北九州に広がる縦長剥片石器文化について、縦長剥片の概要・定義、出土遺跡の類型、分布、時期、出自などを体系的に整理した。縦長剥片の特徴について、

　　（1）長さは5cm前後、幅は1〜2cmに集中して斉一性がある。
　　（2）打面は平坦打面でスリガラス状の頭部調整が施される。
　　（3）剥離角は120度前後

と整理し、西北九州一帯の「鈴桶型縦長剥片技術」の存在を指摘した（橘1978）。その後、小畑弘己は、鈴桶遺跡ほかの縦長剥片関連資料を再検討し、石核調整やクレステッドフレイク剥離のための調整（クレステッド調整）、石刃剥離前の頭部調整（磨研）を考慮した上で、連続的な石刃（縦長剥片）の剥離技術を、「鈴桶型石刃技法」として再定義している（図5-3。小畑2002）。本論では、最大長5cm以上の長大な縦長剥片を鈴桶型の縦長剥片の典型と認識し、その作出技法を小畑の再定義に従って「鈴桶型石刃技法」と呼称する。このような特徴的な剥片剥離技法が発達することから、縦長剥片作出への当該期縄文人の強い意識が読み取れる。

縦長剥片石器の出現時期について、橘は当初、縄文時代前期後半・曽畑式土器期からの出現、後期の盛行、晩期の衰退を想定していたが（橘1978, 85）、後に中期と後期に顕著に認められ、前期・晩期に少ないと概説している（橘1982a, 43）。その後の上敷領久の整理では、縦長剥片石器が展開する時期は後期後半から晩期初頭とされた（上敷領1989）。大分県の縦長剥片石器を整理した志賀智史は、出現時期を後期中葉の北久根山式、西平式土器期に比定している（志賀2002）。これらに対して、九州島内の縦長剥片石器関係資料を集成した神川めぐみは、縄文時代後期前葉・坂の下式、南福寺式、西和田式土器期を出現期とし、後期中葉・北久根山式土器期に隆盛、後期後半に減

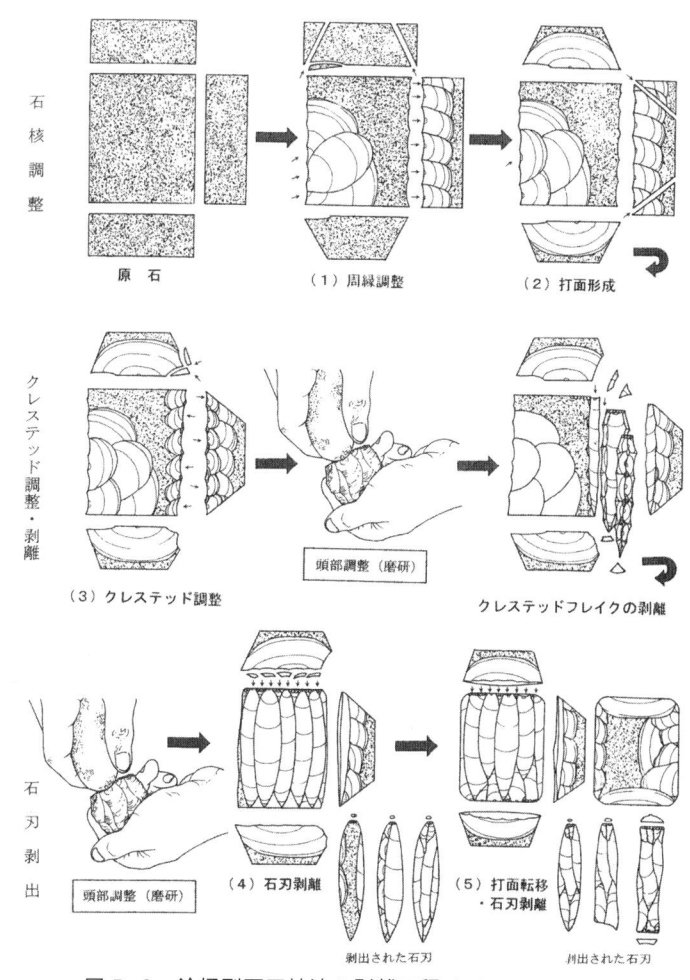

図5-3　鈴桶型石刃技法の剥離工程（小畑2002より転載）

少傾向、晩期に衰退するとした（神川2008）。鈴桶型石刃技法および縦長剥片石器の出現時期や九州島内での普及の時期には検討の余地がある。なお、橘が当初、鈴桶型縦長剥片技術の出現期と想定した縄文時代前期後半の黒曜石利用は、縄文時代後・晩期とは異なる。例えば、筆者が分析した福岡市中村町遺跡出土資料（曽畑式土器期に属する黒曜石製石器334点）は、下記のような特徴を有していた（板倉2012）。

(1) 1辺3〜5cmの中型石核・剥片が主体で6〜9cmの大型品もある。

(2) 1辺2cm以上の剥片の長幅比平均値は1.33とやや縦長で、長さ4cm・幅3cmほどの幅広剥片の作出が典型と言える。

(3) 石核は円盤状・楔形・多面体がみられ、剥片剥離前調整は頭部調整程度で、入念な打面調整を行わない交互剥離を基本とする。

縦長剥片石器の消費地の様相として、渡辺和子が博多湾沿岸地域出土縦長剥片石器についてまとめている。渡辺による福岡市四箇遺跡A地点出土剥片石器830点の分析では、「縦長剥片の側辺に沿って二次加工の小剥離や使用痕と推定できる痕跡の観察できるもの」を「刃器類」とし、

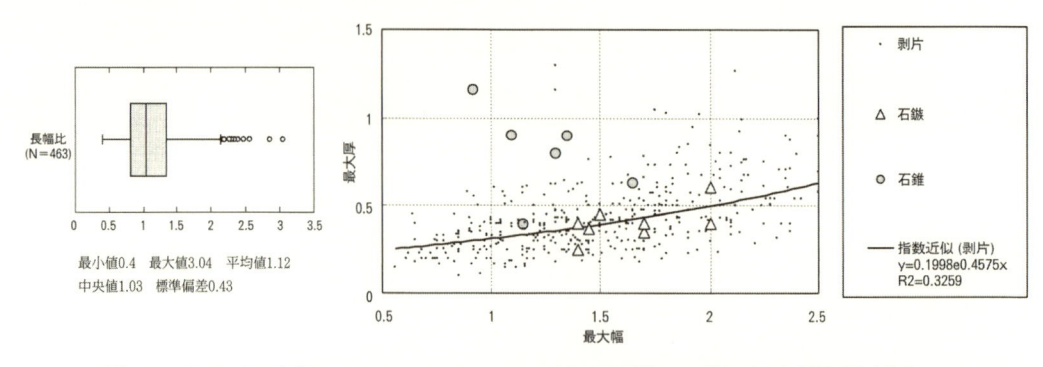

(a) 剥片の最大長／最大幅　　　　　　　(b) 剥片、石鏃、石錐の最大幅と最大厚

図 5-4　弥生時代の黒曜石製剥片石器類のサイズ（板倉 2008 より転載）

剥片石器中の30%を超えるとした。ほかに縦長剥片関連資料として尖頭器、石錐、彫器、石核、サイドブレイド、つまみ形石器、剥片鏃などが認定できるが、縦長剥片を剥離した石核はまったく見つかっていないと指摘した（渡辺和子1982b）。大分県資料の整理でも、石刃石核は見つかっておらず、石刃が搬入されてスクレイパーや使用痕剥片の素材となっている（志賀 2002, 55）。西北九州地域外で縦長剥片を作出した石核が見つからない点は、杉原らが想定した作出された縦長剥片の流通というモデルを支持する結果と言える。

　鈴桶型石刃技法衰退後の様相も分析されている。橘昌信は、福岡市十郎川遺跡出土の弥生時代早期剥片石器類 814 点を分類・集計した。そのうち石核 265 点について、下記のような特徴を整理し、鈴桶型石刃技法にもとづく剥片石器文化との違いを指摘した（橘 1982b）。

　（1）石核の大きさが3cm前後に集中する。

　（2）打面は自然面をそのまま利用したものが多い。

　（3）打面の転移は原礫の形に左右されてアトランダムに行われる。

　（4）剥離された剥片の中から適当なものを選択して剥片石器に用いる。

　筆者が行った福岡市五十川遺跡第 10 次調査B区出土資料（縄文時代晩期後葉から弥生時代）の分析でも、橘の分析結果と概ね同じ結果が得られている（板倉2008）。特徴は下記のようにまとめられる（図5-4）。

　（1）肉眼観察による石材分類によると、腰岳近辺産と考えられる黒色良質黒曜石 943 点（99%）、長崎県佐世保市針尾島近辺産と考えられる灰色良質黒曜石 4 点（0.4%）、安山岩 6 点（0.6%）からなり、礫面の残存する資料はすべて角礫状を呈す。

　（2）器種構成については、953 点中、小原石 3、残核 178、剥片 468、二次加工剥片 2、使用痕のある剥片 280、石鏃（未成品含む）15、石錐 7 である。

　（3）剥片・残核類の最大サイズは、最大幅 6.03cm を測る剥片が 1 点あるが、それ以外はすべて 5cm を超えない。

　（4）打面形状は、観察可能資料 315 点中、礫面 204 点（64.8%）、平坦 53 点（16.8%）、点 36点（11.4%）、と積極的な打面調整を施さないものが9割を占め、打面調整を行っている可能性がある切子打面が 22 点（7%）である。剥離角は、ネガティブ面（計測 33 面）で

平均値 82.3 度、中央値 80 度、ポジティブ面（計測 263 面）で平均値 102.8 度、中央値 104 度である。この剥離角の大きさは、打面形状の違いによる影響を受けていない。

(5) 剥片の長幅比（値が 1 より大きいほど縦長）は、平均値 1.12、中央値 1.03 で、剥片が縦長・横長に偏ることはない（図 5-4（a））。

(6) 剥片および使用痕のある剥片と石鏃・石錐の最大幅・最大厚を比較すると、石鏃が剥片のサイズ範囲に収まるのに対し、石錐は剥片よりも厚みをもつ（図 5-4（b））。また、使用痕のある剥片の方が、剥片よりも厚い傾向がある。

(7) 石鏃・石錐を除いた剥片・残核類 931 点中、625 点（67.1 ％）に礫面が残存しており、その比率は 1/10 以下が 274 点、1/7〜1/5 が 165 点、1/4〜1/3 が 90 点、1/2 以上が 96 点である。礫面残存率ごとの最大幅平均値をまとめると、1/4 以上が 2.1 cm、1/7〜1/5 が 2.0 cm、1/10 以下が 1/9 cm、礫面なしが 1/5 cm となり、礫面残存率が高いほど剥片のサイズが大きい。石鏃に礫面を残すものはみられないが、石錐は 7 点中 4 点に礫面が残されている。これらの点から、石錐の素材は礫面を多く残すような厚みのある剥片であり、剥片剥離工程の初期に得られたものが多いと考えられる。

(8) 剥片類においてはその他に、バルブ突出、ちょうつがい状・アーチ状の末端形状、折断などがみられるが、いずれも安定的な特徴ではない。

　福岡市中村町遺跡第 5 次調査の弥生時代黒曜石石器群についても、原石・石核・剥片のサイズが 1 辺 4 cm 以下に収まることが確認されている（板倉 2012）。

　吉留秀敏は、福岡・早良平野の西北九州産黒曜石の利用について、縄文時代晩期前半までは、1 辺 6〜7 cm 以上の原石が用いられるが、晩期後半からは、1 辺 4〜5 cm 以下の角礫状黒曜石が主体を占めると指摘する（吉留 2002a, 121-122）。玄界灘沿岸地域の弥生時代の剥片石器類は、弥生時代中期中葉に急激に減少し、中期後葉にほぼ消滅する。この様相には若干の地域差があり、博多湾沿岸地域では早く、周辺にいくにしたがって遅れる傾向にある（吉留 2002a, 117）。また、玄界灘沿岸では、縄文時代後期前葉は黒曜石と安山岩が 5 割前後ずつ利用されたのに対し、後期後葉になると黒曜石が 9 割前後に急増し、晩期から弥生時代前期では 98〜99 ％、弥生時代中期中葉にはほぼすべて黒曜石となる（吉留 2002a）。吉留は、晩期後半の黒曜石素材の小型化の要因について、下記のような可能性を挙げている（吉留 2002b）。

(1) 腰岳山麓での大型原石の枯渇

(2) 鈴桶型石刃技法の解体による大型石材使用の衰退

(3) 石材採取地の変化

　また、縄文時代の石材供給がリスク逓減のために複数確保されていたのに対し、縄文時代晩期後半以降は腰岳産へ単一化する点については、「供給ルートの安定化と見るより、黒曜石を資材とする生産活動への意義が低下し続けた結果、ルートを削減したとみるべきであろう」としている（吉留 2002a, 122-123）。腰岳近辺遺跡の動向としては、晩期以降に生活痕跡が認められなくなり、原産地遺跡としては消失するとされている（梶佐古 2018）。

2　資源利用技術としての縦長剥片石器

縦長剥片石器は、黒曜石石材と縦長剥片作出技術が特徴的であることから、主に石器製作技術論および石材論の観点から分析が進められてきた。一方で、その具体的な機能・用途に関しては、ほとんど言及されていない。賀川光夫は、縄文時代後期・西平式土器期から晩期にみられる「薄い剃刀状をした短冊形の小さい石器」を「side-blade」として、「刃部の摩耗が縦（水平）に擦れ、調整された刃部のサメ歯状の部位が、擦れて平らにならされている」、「刃部と反対側は、柄擦れの擦過痕がわずかに縦にみられる」ことから、着柄して植物の茎を切る道具、植刃の鎌と推測した（賀川 1968）。イネ科植物などの収穫具として、賀川の晩期農耕論の重要な構成要素の一つとされている。この植刃鎌説は、芹沢長介や有光教一が、縄文時代後・晩期の黒曜石製石鋸をその形態から西アジアの植刃鎌に対比し、出土分布から朝鮮半島由来と想定したことにつながる（石田・泉編 1968, 23-30, 124-126）。その後、縦長剥片石器の分布と重なる形で、九州北西部沿岸を中心に大型海生動物の刺突具としての石銛が分布し、縦長剥片石器や側辺を鋸歯縁加工した黒曜石製石器（石鋸）が組み合わせ式銛の一部と評価されるようになる（萩原・久原 1975, 59；横田 1976, 75）。島津義昭は、縦長剥片石器が貝塚から台地上遺跡まで立地に偏りなく出土することから、「一種の万能具」と評価し、堅果類加工や組み合わせ道具としての銛や鋸への加工を想定した（島津 1976, 66）。前述の福岡市十郎川遺跡出土黒曜石製剥片石器を分析した橘昌信は、「定型化してなく、しかも 2 次加工も施されていない多量の使用痕のある石器の存在は、いかなる対象物に対して用いられたかに大いに問題である（ママ）」と述べ、打製石鏃の多さやスクレイパーの存在と合わせて「狩猟対象物の解体調理」に使用したと想定した（橘 1982b, 101）。黒曜石製剥片石器の出土量の多さは、水稲耕作導入期における狩猟のウェイトの大きさを示すという解釈にも結びつけている（橘 1982b, 118）。また、グレイバー（彫器）や石錐の存在と合わせて、木・骨・牙・角などの加工具の可能性も指摘している（橘 1982b, 119）。縦長剥片石器の機能・用途については、賀川の植刃鎌説以外に、組み合わせ式銛説、解体具説などが提示されているが、積極的な議論にはなっていない。

樋口清之は、奈良県下淵（現・大淀桜ヶ丘遺跡）発見のサヌカイト製石器群について、その加工法等から、「両剥式」と「片剥式」に大別し、片剥式に属する剥片石器に注目した。両剥式は、石器縁辺に「精細なる加工」としての押圧剥離を施すため、縦・横断面形が杏仁形を呈して、縁辺は鈍角をなす。両剥式の石鏃基部は「凹底形」で、凹入の深さは浅く、複数の押圧剥離によって「失敗の度少き安全なる方法」で作られる。一方の片剥式は、「熟練せる加工法」によって薄い剥片を作出し、縦・横断面形が薄い台形を呈して先端・側辺は極めて鋭利となり、最小限の二次加工で石鏃に仕上げられる。そして、この片剥式の素材となる縦長剥片自体も、厚みのある方を基部、薄い方を刃部として使用することが意図されており、石器を薄くするための「仕上げの弾ち欠き」を不要とする利器として評価している（樋口 1928）。この樋口の「薄い剥片作出＝厚み削減のための二次加工の省略＝薄い刃器」という考えは、縦長剥片作出がそのまま刃器として利用できる縦長剥片刃器の作出を意図しているという理解であり、合理的な石材利用という観点から重要である。樋口は本章冒頭で引用した島田貞彦報告の黒曜石製縦長剥片石器（島田 1925）

を片剥式の類例として紹介している。

　鈴桶遺跡の調査では、多くの縦長剥片に使用痕が確認されなかったことから、それらがその場で使用されていたのではなく、石器素材として外部へ流通したという説明につながった（杉原ほか1966）。多くの縦長剥片に明瞭な使用痕が確認されないことは、筆者が調査した福岡市千里遺跡第1次調査2・4区および周船寺遺跡第19次調査出土の剥片石器類でも確認できる。当該資料は、黒曜石石器2,307点、安山岩石器169点、玄武岩10点、頁岩3点、赤色頁岩1点、砂岩1点で構成され、黒曜石石器は、原石7点、石核206点、剥片1,015点、砕片994点、安山岩石器は、石核7点、剥片92点、砕片69点を数える。原石・石核・剥片・砕片の存在から当地で黒曜石・安山岩の剥片作出が行われたと考えられる。黒曜石剥片類の一部は、石鏃と石錐に加工され、その他は調整剥片12点、掻器様使用痕剥片43点、切削器様使用痕剥片20点、楔様使用痕剥片4点、ノッチ様使用痕剥片6点の計85点となる。安山岩石器は調整剥片1点と、剥片類に比較してかなり少ない（福岡市教育委員会編2011b，253-254）。使用に耐えうる剥片の多くが、肉眼観察可能な調整痕や使用痕を持たないことが特徴と言える。使用（流通）に耐えうる剥片がその場に廃棄されているということは、石材の効率的、合理的利用という観点からは説明ができないのであり、検討が必要である。

　また、縦長剥片石器類におけるつまみ形石器の位置付けは重要である。なせならば、鈴桶型石刃技法は、母岩を効率的に利用するために行っているはずの剥片剥離技法であるのに、つまみ形石器は剥片の半分にも及ぶ部分を「残滓」として放棄すると説明されており、経済的に合理性があるとは言えない。そもそも鏃や錐にとって余分が多い縦長剥片を使用しなくても、より長さの短い剥片を使用すれば、鏃や錐は製作できるのである。縦長剥片作出が顕著でない中期以前や晩期は鏃や錐のサイズに合った剥片が使用されている。あえて経済的に非効率的な方法を取っていないとすれば、つまみ形石器自体が何らかの機能・用途を持った利器である可能性も検討する必要があるだろう。また、つまみ形石器や剥片鏃・錐の製作が第一の目的ではなく、あくまでも縦長剥片を得ることが第一の目的であった可能性もある。後述するとおり、後期以降の沖積低地においては、氾濫原の小型動物利用が想定できるのであり、そのような観点から、縦長剥片自体の利器としての機能・用途も十分に検討しなければならない。

　以上の状況をふまえて本分析では、縦長剥片石器が、縄文時代後・晩期にどのような資源利用技術として存在したのかを検討する。当該資料が原産地遺跡としてではなく、消費地遺跡として豊富に確認されている長崎県、佐賀県、福岡県、熊本県の資料のうち、後期以降、縦長剥片石器の使用が盛行する博多湾沿岸地域の資料を分析対象とする。

第2節　分析の方法：縦長剥片石器の性能分析

1　縦長剥片石器性能モデルの構築

前節の先行研究の成果を整理すると、縦長剥片石器には、下記のような特徴をまとめることが

できる。

(1) 黒曜石や安山岩などガラス質石材

(2) 小型

(3) 縦長剥片の両側縁を中心に刃こぼれなどの使用痕が確認される。

(4) 両側縁に抉りを入れてつまみ形石器が製作される。

(5) 一遺跡から多量に出土する場合がある。

(6) 使用痕が顕著でない石器も多い。

このガラス質石材の小型石器の使用法としては、剥片石器単体で使用する場合と、木製や骨角製の柄に嵌めて組み合わせ道具として使用する場合が想定される。前者の場合、その鋭利な側縁を使用して加工される対象は、石材に対して軟質で、比較的小型の動植物と考えることができる。そして、一遺跡から多量に出土する傾向は、石器素材の集中保有という可能性のほかに、当該遺跡での石器の集中利用が想定できる。このような対象は、季節的に集合する生態をもつ魚類や鳥類、植物群落となる。鉱物粒子をあまり含まないガラス質石材は、表面が平滑で刃先に付着した油脂を除去しやすく、切れ味を維持しやすいという点では、動物加工に適している。ただし、小型という点から、中型哺乳類等の解体や骨・角・皮等の加工には不向きである。

一方、組み合わせの道具として使用する場合は、植物採集用の植刃器（賀川 1968）や、海生動物捕獲用の石銛などが想定される。柄の側面に嵌めるという点からは、薄く直線的な剥片である必要があり、使用部が一側辺に偏る可能性が想定される（例えば石鋸のような形態）。

また、使用痕が顕著でない剥片類が大量に出土する理由は、原産地遺跡である鈴桶遺跡では、それらが搬出目的の素材剥片であるためと説明された（杉原ほか 1966）。それでは、腰岳産黒曜石の消費地である四箇遺跡や千里遺跡の状況はどのように説明できるであろうか。この点については、2 つの可能性を想定できる。

可能性 A：剥片の大半が、そのまま使用されずに廃棄された。

可能性 B：二次加工を行わず、微細剥離を生じない程度の負荷の小さい作業に使用された。

黒曜石の多くは佐賀県伊万里市腰岳産で、消費地周辺で容易に入手できない貴重な資源である。そのような貴重な資源の大半を使用せずに廃棄するという可能性 A は、特別な理由がなければ最適化理論では説明できない。そのような状況が起こり得る可能性としては 3 つほど想定できる。

可能性 A-1：後の使用あるいは遺跡外への搬出が予定されていた。

可能性 A-2：資源利用とは別の次元の理由（例えば儀礼や祭祀、縄文人の世界観に関わる行為等）があった。

可能性 A-3：洪水などの理由で居住地に保有していた黒曜石資源が流出した。

一方、使用痕等を生じさせない程度の使用という可能性 B では、より軟質の対象として小型の魚類などの解体や加工が想定できる。具体的には、魚類のエラ・内臓を取り除いて身を開き、乾燥貯蔵するなどの作業となる。東南アジアや日本の魚類の長期保存方法に関する民俗誌では、魚をぶつ切りや細切れにして塩づけする方法（塩蔵法）や米飯と混ぜ合わせて乳酸発酵する方法（なれずし法）がほとんどである（松原 1970, 145-151）。縄文時代の土器製塩は、関東地方の縄文時代後・晩期で確認されているが、得られる塩の量が少なく、魚貝類の塩蔵は現実的な推論とは

言えないという（阿部2014, 103）。魚類の乾燥保存法としては、天日干しや加熱処理、燻製が考えられる。

　沖積低地における内水面漁撈は十分に想定できる資源利用であるが（遺跡から淡水魚類遺体や漁撈具がまとまって出土しないからと言って、内水面漁撈を行っていないということにはならない）、特に河川の氾濫で冠水した沖積低地において、水が引く過程で形成される浅い水溜りに魚類が取り残され、それを捕獲する漁や、産卵のために本流から遡上する魚群を対象とする漁が民俗・民族事例として収集できる。根木修らは、岡山県の現代水田を調査し、コイ、フナ、ドジョウ、ナマズ、アユモドキが産卵のために水田及び周辺の小溝に遡上していることを確認した。湛水した水田域の温度が日照によって上昇し、動植物プランクトンが大量発生して、孵化した稚魚の豊富な餌となっていた。「この様な特異な条件下での産卵行動を営む魚群は、本来的には水田類似の自然水域での産卵であったはずであるが、水田の出現によって産卵域は飛躍的に拡大され、結果として日本の水稲農耕の発展と共に種が繁栄してきた特異な淡水魚の一群と思われる」。水田では6月20日の導水初日が淡水魚の遡上日となり、その日の夕方から3、4日かけて「よぼり」と呼ばれる魚捕りがなされる。2、3人の大人と4、5人の子供が一組となり、漁獲量は四斗樽2〜5杯に達する。捕られた魚は、刺身や味噌汁、かば焼きなどで数日中に消費されるものと、生簀で保存されるもの、白焼・天日干しして貯蔵されるものがあった（根木ほか1992, 91-92）。根木らは、水田域だけでなく河口部の潮溜りや澪筋で、夜間に行われた「浅場漁撈」としてのよぼり漁が、弥生時代にも行われていた可能性が高く、よぼり漁と関連するものとして水田跡や古墳から発見される鉄製ヤスに着目している。また、産卵場となった水田域が、スッポンやサギ、コウノトリ等の動物を集める効果にも注目している。根木らは、「この漁撈が水田の出現によって初めて可能となった」とまとめている（根木ほか1992, 98）。樋泉岳二の縄文・弥生時代の漁撈関係資料の整理によれば、関東では縄文時代後期後半から晩期前半にかけて貝塚が急激に減少し、東京湾岸では晩期後半から弥生時代中期前半にかけて貝塚が消滅してしまう（樋泉2009, 190）。弥生時代には、管状土錘による網漁や蛸壺漁、外洋漁撈などの特殊な漁法のほか、水田域での淡水漁撈が出現するが、これは弥生時代になって水田という人工的淡水環境を作り出したことで出現した新しい漁撈形態とされる（樋泉2009, 194）。しかし、湛水した水溜まりと流路があれば、そこを産卵場とする淡水魚の存在を想定できるのであり、縄文時代後期以降の河川下流域ではその可能性を考えるべきである。水産学の前畑政善は、琵琶湖周辺の水田域で見られるナマズの産卵は、稲作開始以前は、琵琶湖の岸辺とその周辺に降雨によって形成される一時的水域で行われたと考えられ、そこが選ばれる理由を下記のとおり挙げている（前畑2003, 115-118）。

(1) もとが陸上なため、ナマズの卵を食べる捕食者（魚類やその他の水生生物）がすみついていない。

(2) 卵から孵化した仔稚魚の餌となる動物性プランクトンが多数集まっている。

(3) 降雨によって陸上から多くの栄養塩がもたらされ、動物性プランクトンが大量発生する。

(4) 一時的水域は、酸素がなくなる危険性があるが、ナマズ仔稚魚は酸素欠乏に強い耐性を示す。

メコン川水系魚類について定期定点調査を行った多紀保彦は、雨季に低地が湛水することで、

水田床土からの栄養塩類の補給を受けて第一次生産力が急増し、食性段階の高いナマズ目やスズキ目といった定着性・止水性魚類（黒い魚）から、食性段階の低いコイ目などの回遊性魚類（白い魚）までを支える生産力を持つようになる（「魚は土で育つ」）ことを指摘している（多紀2008、49-51）。メコン川での氾濫原漁業については、河川や湖沼での漁業だけでなく、水田・水路、河川氾濫原、湿地、浅瀬、淵、浅い水たまり、泥場、池、堰などで行われるコイ類、ナマズ類、ウナギ、ドジョウ類、カエル、エビ、カニ、イシガイなどの小規模な利用も地域経済を支えるものとして注目されている（池口2014）。石毛直道とケネス・ラドルは、北タイや東北タイなど扇状地や台地の地域のうち、雨季に水田が冠水して漁獲が高まり、乾季に水が引いて漁獲が減少する地域で、ナレズシや魚醤など魚の保存食品が発達するとした（石毛・ラドル1990、92・93）。タイでは雨季に冠水した河川支流低地・山間盆地・デルタから水が引いていく際に、ヤナ・エリによって、一時に多量の魚を得られる（石毛・ラドル1990、180）。乾季に形成される断続的な水溜まり状の流路には魚類の集中が著しい（石毛・ラドル1990、240）。このような伝統的漁撈は、さで網、すくい網、筌、魚伏籠、刺網など比較的単純な漁具で行われた（石毛・ラドル1990、256-270）。

　なお、沖積低地で利用できる小型動物は魚類に限らない。田口洋美は、新潟県三面集落のマタギ猟調査を行い、1人の猟師の一冬の捕獲高は、ノウサギ30～50羽、ヤマドリ20～30羽、タヌキやアナグマ4～5頭で、1羽のノウサギで「6人家族で2日はもつ量」のウサギ汁が作れたという事例を報告した。クマやカモシカといった大型獣よりも中小型獣、鳥類への依存度もかなり高かったとしている（田口2002、200）。照葉樹林は林内が一年中暗く、下ばえが少ないため、イノシシ・シカの生息にさほど適していない。九州地域では、山林内だけでなく沖積低地での小型動物利用が食料・資材獲得の上で重要だったと考えられる。佐藤宏之は、鳥猟の民族誌として、網や罠猟、矢が当たるとショックで落下する鳥の習性を利用した、先端を尖らせない木製矢の使用などを紹介している（佐藤2007、10）。魚類も切り傷を与えられるとショックで浮き上がる性質があり、北海道アイヌの漁撈用の矢は先端の平らな分銅形を呈している（佐藤2014、50）。遺跡から比較的多く出土する石鏃も、イノシシ・シカ猟ばかりではなく、広く動物の狩猟漁撈に使用された可能性を考えなければならない。

　ガラス質石材製の小型刃器の機能・用途としては、身体変工（文身・イレズミ）用、木器細工用なども想定できる。ただし、これらの機能・用途は、あえて縦長剥片石器である必要性は、性能上は想定されない。また、当該期の身体変工や木器細工に関する情報は著しく少ないため、縦長剥片石器の盛行という現象の中で解釈可能な用途の一つという以上に分析を進められないのが現状である。本論では、縦長剥片石器の性能を、「小型動物の加工具」と想定して分析を進める。

2　縦長剥片石器の分析方法

（1）分析資料の選定

　資料の分析方法は、本書第3・4章の磨製石斧・打製石斧分析とほぼ同じである。以下、考え

方と方法を列記する。

　（ⅰ）時期比定：同一層（遺構）出土土器様式の把握（土器編年観は本書第3章第3節のとおり）

　（ⅱ）縦長剥片石器の抽出

　　　・縦長剥片石器の器種認定（後述）

　　　・統計学的妥当性を高めるために、できる限り出土量（データ量）の多い遺跡を比較する。

　　　・器種構成については比率ではなく存否を重視する。

　（ⅲ）目的：縦長剥片石器データの遺跡間変異と地域間変異とその通時的変化を把握する（動態モデル）

　　　　（前提）

　　　・遺跡出土縦長剥片石器は、遺跡周辺での資源利用のパターン（使用・廃棄の累積）を表す。

　　　・縦長剥片石器は、個々人が所有・管理して長期継続的に使用したというよりは、複数個人が短期便宜的に使用した性格を示すため、それらがまとまって出土する遺跡は、季節的な居住と資源利用が行われたと考えられる。

　本分析で縦長剥片石器とする石器器種は、磨製石斧や打製石斧に比べると、定義はあまり複雑ではない。黒曜石や安山岩から作出された剥片であり、その形態は剥離軸が縦長（幅に対する長さの比が1より大きい）で、最大長5cm程度が典型であり、後期旧石器時代における「石刃」に類する。剥離軸とは、母岩から剥片を剥ぎ取る際に、母岩表面（打面）に加えた力の方向のことであり、剥片の剥離面（母岩から剥ぎ取られた側の面）に残されるリング（打点から同心円状に生じる段）、フィッシャー（剥片縁辺から打点に向かって生じる亀裂）、打点（リングの起点でバルブ、バルバースカーという特徴的な傷が生じる。剥離を生じさせた力が加わった一点）の位置から把握する。

　縦長剥片の資料選定における最も深刻な課題は、発掘調査報告書に記載されない未報告資料の存在である。剥片は通常、土器小片に次いで遺跡から多量に出土する。土器小片1点1点が図化・撮影されて報告書に掲載されないのと同様に、剥片は掲載や報告が省略されることが多い。よって、磨製石斧や打製石斧に比べて、公開された情報のバイアスは大きく、本分析では、そのような制約を排除できていない。希望的観測を述べれば、縦長剥片石器類は、鈴桶型石刃技法と合わせて縄文時代の特徴的な石器と認識されているため、他の剥片類に比較すれば報告資料として抽出されやすい傾向はある。

　縦長剥片に関しては成品・未成品という区分は存在しない。なぜならば、母岩から縦長剥片を作出した時点で、それは「成品」だからである。縦長剥片を作出する前の母岩を、縦長剥片の「未成品」と認識することも可能だが、本分析は、縦長剥片自体の利用を問題とするため、母岩やブランク（剥片作出を意図して母岩を加工したもの）や石核は分析対象としない。

（2）資料の調査方法

　下記属性について、肉眼観察と写真撮影、ノギス・電子天秤による計測を行った。

　（ⅰ）石材：報告書記述をもとに筆者鑑定。黒曜石以外の石材についてはネオジム磁石による磁性の確認

　（ⅱ）製作技術：剥離、敲打、研磨の有無・状況の確認

（iii）形態・サイズ：最大長・最大幅・最大厚・重量の計測。報告書計測値も補足として使用。破損資料の残存部位の計測値（最大幅と最大厚）。

（iv）使用痕（微細剥離）、変色、付着物：基部と刃部の認定

　なお本分析では、縦長剥片石器の定性的な把握とその変遷を整理したため、（iii）の計測値による定量的な表現・分析は行わなかった。

　微細剥離の形成要因については、①使用痕、②二次加工、③運搬痕跡[1]、④人為的でないキズ、の可能性が考えられる。筆者が分析を行った福岡市五十川遺跡第10次調査B区の剥片石器群については、微細剥離の位置が鋭利な縁辺にほぼ限られ、微細剥離の形成面が片面型と両面型にパターン化しており、その微細剥離によって一定の全体形状が指向されていないため、二次加工や破損というよりは①の使用痕である可能性が最も高いと評価した（板倉 2008, 46）。本分析でもそのような観点から微細剥離の認定を行う。

第3節　各事例の分析

　本研究では、表5-1・図5-5に挙げた遺跡出土縦長剥片石器を分析対象とした。分析に用いたデータは、調査報告書にもとづいており、一部は資料調査を実施している。以下では、分析対象遺跡の概要（立地、土器型式、遺構、遺物、その他特記事項）と、縦長剥片石器の石質、サイズ、成形技術、形状、使用痕などの傾向を記述し、分析対象遺跡以外の資料状況もふまえながら、各時期の特徴を把握していきたい。

1　後期前葉

（1）野多目C（拈渡）遺跡第1次調査（福岡市教育委員会編 1983a）

　那珂川左岸の段丘上、標高約15mに位置する。坂の下式、中津式、福田KII式土器期の貯蔵穴群が検出された。石器は、包含層から黒曜石礫14点を含む1,117点が出土し、古銅輝石安山岩製の削器、石鏃と、黒曜石製の使用痕剥片が多いと報告されている（福岡市教育委員会編 1983a, 31）。

　縦長剥片石器類については下記のような特徴を確認できる（2022年6月福岡市埋蔵文化財センターにて筆者調査）。

（A）黒曜石製縦長剥片素材を利用した可能性のある石鏃（図5-6：1）、石錐（2）がある。

（B）黒曜石製縦長剥片石器（最大長3cm程度）は、両長辺に使用痕が残る削器様のものである（4）。

（C）つまみ形石器は出土していない。

（D）その他出土している黒曜石製剥片は必ずしも縦長というわけではなく、鈴桶型石刃技法にもとづく黒曜石利用の痕跡は明瞭ではない。石鏃・石錐素材の主体は、古銅輝石安山岩である（5・6）。

表 5-1　縦長剥片石器分析遺跡一覧

番号	遺跡名	所在地	経度	緯度	時期
1	野多目 C1 次	福岡市	130.423552	33.538734	後期前葉
2	有田 5 次	福岡市	130.331528	33.563958	後期前葉
3	東入部 1 次	福岡市	130.331274	33.521937	後期中葉
4	四箇 A	福岡市	130.33062	33.532873	後期中葉
5	四箇 J-10i	福岡市	130.330509	33.532449	後期中葉
6	四箇 L-11c	福岡市	130.331857	33.530622	後期後葉
7	重留 1 次	福岡市	130.333832	33.531776	後期後葉
8	東入部 6 次	福岡市	130.335814	33.513429	後期後葉
9	岩本 3 次	福岡市	130.335729	33.520701	晩期前葉
10	野中 1 次	福岡市	130.351242	33.487192	晩期中葉
11	周船寺 14 次	福岡市	130.242449	33.568055	晩期中葉
12	東那珂 4 次	福岡市	130.445854	33.57758	晩期後葉〜弥生早期
13	福重稲木 2 次	福岡市	130.322456	33.571083	晩期後葉〜弥生早期
14	石丸古川	福岡市	130.31216	33.570522	晩期後葉〜弥生早期

図 5-5　縦長剥片石器分析遺跡の位置

背景地図は「国土数値情報（行政区域）」（国土交通省）をもとに QGIS で作成

その他、後期前葉遺物が主体として出土した第 2〜4 次調査報告でも黒曜石製縦長剥片石器は明瞭でない。第 6 次調査では、黒曜石製の剥片鏃、つまみ形石器、縦長剥片石器が出土しているが、時期は後期中葉、晩期後葉を含む。

（2）有田遺跡群第 5 次調査（福岡市教育委員会 1985）

室見川下流域内のローム台地上、標高約 12 m に位置する。阿高式、坂の下式、中津式土器期の土坑群が検出された。石器は土坑群から 131 点が出土し、剥片石器 3.8 ％、石鏃 58 ％で、石鏃 76 点は黒曜石と古銅輝石安山岩で構成され、前者が 61.8 ％と集計されている（福岡市教育委員会 1985，42）。

縦長剥片石器類については下記のような特徴を確認できる（2018 年 9 月福岡市埋蔵文化財センターにて筆者調査）。

- （A）黒曜石製縦長剥片素材を利用した可能性のある石鏃（図 5-6：7・8）、石錐がある（9）。
- （B）黒曜石製縦長剥片石器（最大長 3〜4 cm 程度）は、両長辺に使用痕が残る削器様のものである（10〜13）。
- （C）つまみ形石器は出土していない。
- （D）その他出土している黒曜石製剥片は必ずしも縦長というわけではなく、鈴桶型石刃技法にもとづく黒曜石利用の痕跡は明瞭ではない。石鏃・石錐素材の主体は、古銅輝石安山岩である（14〜19）。
- （E）黒曜石、安山岩の必ずしも縦長でない剥片に対して、石鏃長辺の 1 辺は剥片形状を生かし、もう 1 辺を二次加工して成形する特徴を有する（7・8・16・17）。

野多目 C 遺跡と有田遺跡群の事例を見る限り、後期前葉の博多湾沿岸地域では黒曜石製縦長剥片石器の存在は示唆される部分もあるが（両遺跡特徴の A・B）、最大長 5 cm 以上の縦長剥片を作出するような鈴桶型石刃技法と認識できる石器製作システムは明瞭でない（両遺跡特徴の C・D）。

このほかに、後期前葉に比定できる石器群として、蒲田水ヶ元遺跡第 1 次調査、吉武遺跡群第 2 次調査、桑原飛櫛貝塚第 1 次調査の資料があるが、いずれも黒曜石製縦長剥片石器の存在は明瞭でない。剥片石器製作システムの主体となる素材は、安山岩の大型剥片であったと言える。

2　後期中葉

（3）東入部遺跡第 1 次調査（福岡市教育委員会編 1999b）

室見川中流の扇状地上、標高約 30.5 m に位置する。鐘崎式土器期の石組炉を持つ竪穴住居、落ち込み状堆積が検出された。剥片石器類は縄文時代後期から弥生時代に属するものを含めて 1,094 点が集計された（福岡市教育委員会編 1999b，37：第 3 表）。このうち、竪穴住居 SC250 出土の石器は 222 点で、そのうち剥片 54 点と集計されている。

縦長剥片石器類については下記のような特徴を確認できる（2018 年 10 月福岡市埋蔵文化財センターにて筆者調査）。

- （A）黒曜石製縦長剥片素材を利用した石鏃（図 5-6：20）、石錐（21）がある。

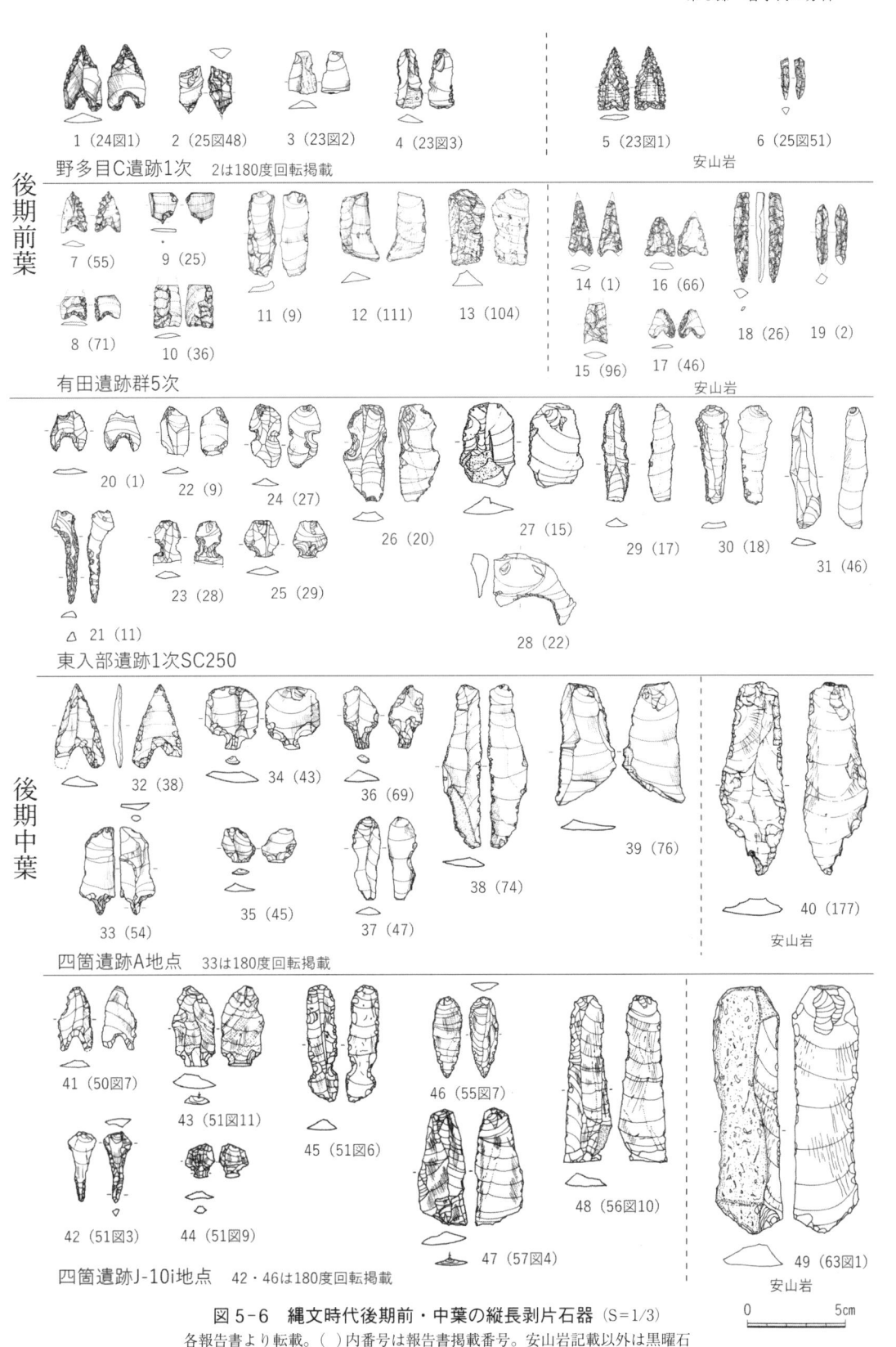

後期前葉

野多目C遺跡1次　2は180度回転掲載

安山岩

有田遺跡群5次

安山岩

東入部遺跡1次SC250

後期中葉

四箇遺跡A地点　33は180度回転掲載

安山岩

四箇遺跡J-10i地点　42・46は180度回転掲載

安山岩

図 5-6　縄文時代後期前・中葉の縦長剥片石器 (S=1/3)

各報告書より転載。( ) 内番号は報告書掲載番号。安山岩記載以外は黒曜石

0　　　　5cm

（B）黒曜石製縦長剥片石器（最大長5〜6cm程度）は、両長辺に使用痕が残る削器様のものが大半で、短辺部を使用した掻器様のものは明瞭でない（26〜31）。

（C）つまみ形石器には短型と長型の二型がある（22〜26）。

（D）縦長でない黒曜石製剥片も多数存在する（27・28）。

（E）安山岩製の縦長剥片石器、剥片石器も存在するが、それらを素材とした石鏃、石錐、つまみ形石器は明瞭でない。

包含層出土資料についても同様の傾向にある。また、東入部遺跡第10次調査においても後期中葉に比定できる縦長剥片石器類が出土している。

（4）四箇遺跡A地点、（5）四箇遺跡J-10i地点　（福岡市教育委員会編 1978，1987d）

早良平野内、室見川右岸扇状地の微高地上標高約19〜20mに位置する。A地点では太郎迫式土器期の特殊泥炭層が検出された。J-10i地点では、まとまった量の太郎迫式と少量の阿高式、黒川式が出土し、ピット、落ち込み状堆積、包含層が検出された。A地点の黒曜石製石器は「膨大な量にのぼる」とされ、石鏃40点、石錐4点、つまみ形石器7点、縦長剥片281点、石核43点などが集計されている（福岡市教育委員会編 1987d，56-59）。J-10i地点では、剥片石器類は縄文時代後期から弥生時代に属するものを含めて1,273点が集計された（福岡市教育委員会編 1978，69：第2表）。

両地点の縦長剥片石器類については下記のような特徴を確認できる（2018年11月・2024年3月福岡市埋蔵文化財センターにて筆者調査）。

（A）黒曜石製縦長剥片素材を利用した石鏃（図5-6：32・41）、石錐（33・42）がある。

（B）黒曜石製縦長剥片石器（最大長5〜8cm程度）は、両長辺に使用痕が残る削器様のものが大半で、短辺部を使用した掻器様のものは明瞭でない（37〜39、45〜48）。

（C）つまみ形石器には短型と長型の二型がある（34〜36、43〜45）。

（D）縦長でない黒曜石製剥片も多数存在する。

（E）安山岩製の縦長剥片石器（40・49）、剥片石器も存在するが、それらを素材とした石鏃、石錐、つまみ形石器は明瞭でない。

このほかに、四箇遺跡J-101地点でも、後期中葉に比定できる縦長剥片石器類が出土している。

東入部遺跡と四箇遺跡の事例から、後期中葉の博多湾沿岸地域では鈴桶型石刃技法にもとづく黒曜石製縦長剥片石器が明瞭に存在する（両遺跡特徴のA・B・C）。このほかに、蒲田水ヶ元遺跡第3次調査SC104・296、名子遺跡第3次調査、江辻遺跡第8地点でも後期中葉に比定できる縦長剥片石器類が出土している。

3　後期後葉

（6）四箇遺跡L-11c地点　（福岡市教育委員会編 1983c）

早良平野内、室見川右岸扇状地の微高地上、標高約23mに位置する。三万田式土器期の南北方向に延びる流路状の黒褐色粘質土層が検出された。石器は800点近く出土し、80%が黒曜石製

の剥片石器と集計されている（福岡市教育委員会編 1983c，52）。

　縦長剥片石器類については下記のような特徴を確認できる（2024 年 4 月福岡市埋蔵文化財センターにて筆者調査）。

　（A）黒曜石製縦長剥片素材を利用した石鏃（図 5-7：1）、石錐がある（2）。

　（B）黒曜石製縦長剥片石器（最大長 7〜9cm 程度）は、両長辺に使用痕が残る削器様のものが大半で、短辺部を使用した掻器様のものは明瞭でない（7・8）。

　（C）つまみ形石器には短型と長型の二型がある（3〜6）。

　（D）縦長でない黒曜石製剥片も多数存在する。

　（E）安山岩石器については、縦長剥片石器（9）と、剥片鏃に類似する石鏃が出土しているが、石錐、つまみ形石器は明瞭でない。

　黒曜石製剥片鏃の中には、長辺部に微細剥離を確認できるものがあるが、鏃使用時の使用痕なのか、素材（縦長剥片石器）時の使用痕なのか判別できない（1）。黒曜石製つまみ形石器の中にも、長辺部に削器様の使用痕が認められるものがある（3・6）。

（7）重留遺跡第 1 次調査（福岡市教育委員会編 2007a）

　室見川右岸の扇状地上、標高約 22.5m に位置する。天城式土器期の竪穴住居、土坑、埋設土器が検出された。石器は、262 点が器種分類・集計され、それ以外に黒曜石が大半を占める剥片・チップが多数出土していると報告されている（福岡市教育委員会編 2007a，256）。

　縦長剥片石器類については下記のような特徴を確認できる。

　（A）黒曜石製縦長剥片素材を利用した石鏃がある（図 5-7：10・11）。

　（B）黒曜石製縦長剥片石器（最大長 4〜6cm 程度）は、両長辺に使用痕が残る削器様のものが大半で、短辺部を使用した掻器様のものは明瞭でない（13〜15）。

　（C）長型のつまみ形石器が出土している（12）。

　（D）縦長でない黒曜石製剥片も存在する。

　（E）安山岩製剥片は少ないが、縦長様の剥片（16）が出土している。

（8）東入部遺跡第 6 次調査（福岡市教育委員会編 1994c）

　早良平野内、室見川右岸扇状地上、標高約 36m に位置する。古代以降の遺構面となっている茶黄色砂層から天城式土器がまとまって出土した。石器は 110 点出土したうち、黒曜石 106 点、サヌカイト（安山岩）4 点と集計されている（福岡市教育委員会編 1994c，25）。

　縦長剥片石器類については下記のような特徴を確認できる。

　（A）黒曜石製縦長剥片素材を利用した石鏃類似の二次加工石器がある（図 5-7：17・18）。

　（B）黒曜石製縦長剥片石器（最大長 4〜6cm 程度）は、両長辺に使用痕が残る削器様のものが大半で、短辺部を使用した掻器様のものは明瞭でない（20〜22）。

　（C）つまみ形石器が出土している（19）。

　（D）縦長でない黒曜石製剥片も存在する。

　（E）安山岩製石器は少ない。

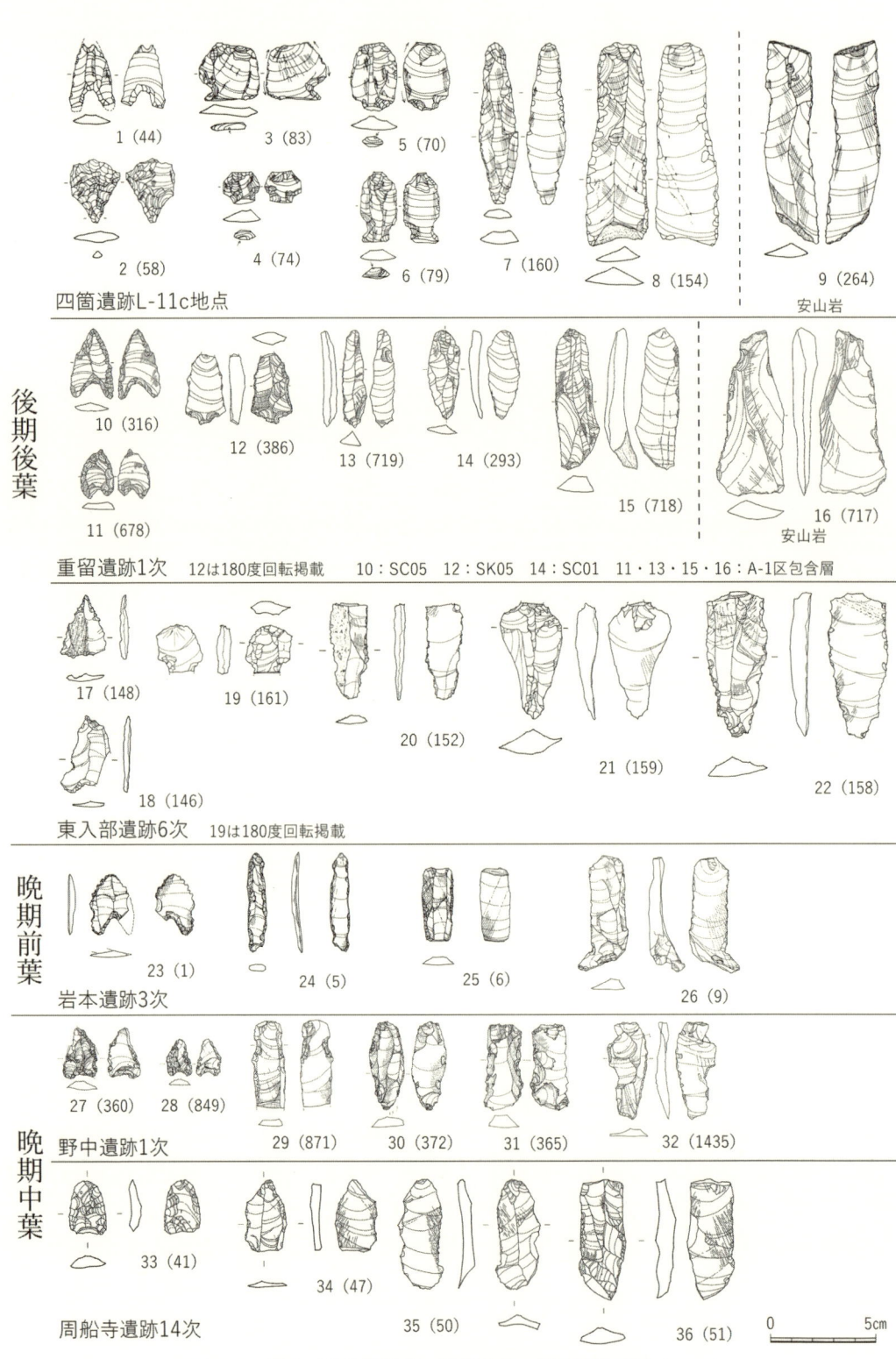

図5-7　縄文時代後期後葉〜晩期中葉の縦長剥片石器（S＝1/3）
各報告書より転載。（ ）内番号は報告書掲載番号。安山岩記載以外は黒曜石

後期中葉に続き、鈴桶型石刃技法にもとづく縦長剥片石器が存在する。後期中葉からの変化としては、石錐とつまみ形石器の出土数が減少している可能性がある。このほか、野多目Ａ遺跡第3次調査、脇山Ａ遺跡第2・3次調査、周船寺遺跡第11次調査、広田遺跡で後期後葉に比定できる縦長剥片石器類が出土しているが、最大長3cm程度の小型品が多く、小型の剥片鏃は確認できるが、石錐やつまみ形石器は出土していない。つまみ形石器の不在や減少は、鈴桶型石刃技法によって得られる長大な縦長剥片の折断素材利用というシステムが変容しはじめていることを意味する。

4　晩期前葉

(9) 岩本遺跡第3次調査 （福岡市教育委員会編 1993c）

室見川右岸の扇状地内、標高約31mに位置する。河成堆積層から古閑式古相土器期に属する遺物が出土した。石器は、126点が出土し、黒曜石が104点、古銅輝石安山岩6点、玄武岩16点と集計されている（福岡市教育委員会編 1993c, 25）。

縦長剥片石器類については下記のような特徴を確認できる。

　（Ａ）黒曜石製縦長剥片素材を利用した石鏃がある（図5-7：23）。

　（Ｂ）黒曜石製縦長剥片石器（最大長3〜5cm程度）は、両長辺に使用痕が残る削器様のものが大半で、短辺部を使用した掻器様のものは明瞭でない（24〜26）。

　（Ｃ）つまみ形石器は出土していない。

　（Ｄ）縦長でない黒曜石製剥片も存在する。

　（Ｅ）安山岩製剥片は少ない。

岩本遺跡事例を見る限り、晩期前葉にはつまみ形石器や石錐が見られなくなっており、縦長剥片の挟入折断は実施されなくなっている。このほかに野芥大藪遺跡第1次調査、橋本一丁田第2次調査で晩期前葉に属する縦長剥片石器類が出土しており、最大長3cm程度の小型の縦長剥片と剥片鏃は確認できるが、つまみ形石器は出土していない。

5　晩期中葉

(10) 野中遺跡第1次調査 （福岡市教育委員会編 2013b）

椎原川が開析する扇状地上、標高約92mに位置する。黒川式土器期の土坑が検出された。石器は、縄文時代前期に属するものも含めて全体で約4,000点出土し、黒曜石と安山岩の割合はほぼ同じと報告されている（福岡市教育委員会編 2013b, 102）。

縦長剥片石器類については下記のような特徴を確認できる。

　（Ａ）黒曜石製縦長剥片素材を利用した石鏃類似形状の石器がある（図5-7：27・28）。

　（Ｂ）黒曜石製縦長剥片石器（最大長4〜5cm程度）は、両長辺に使用痕が残る削器様のものが大半で、短辺部を使用した掻器様のものは明瞭でない（29〜32）。

　（Ｃ）つまみ形石器は出土していない。29は両側辺に二次加工があるが抉り（ノッチ）状を

呈していない。

（D）縦長でない黒曜石製剥片も存在する。

（E）晩期中葉に属する安山岩製石器の比率は不明である。全体で安山岩使用の比率が高い
　　　ことは、包含層資料中に縄文時代前期石器を含むことが要因と考えられる。

つまみ形石器を欠く状況は晩期前葉と同様である。縦長剥片素材に縁辺加工を施した剥片鏃と考えられる石器は、対称性を欠く形状であり、基部の抉りも浅くなって有脚というよりは凹基になっている。それまでの剥片鏃に比べて均整を欠くことから本分析では「石鏃類似形状」と表現した。

（11）周船寺遺跡第14次調査（福岡市教育委員会編 2004c）

瑞梅寺川水系が形成する沖積低地上、標高約10mに位置する。黒川式土器期の溝、自然流路が検出された。石器は1,714点の観察表が掲載されている（福岡市教育委員会編 2004c, 19-24）。

縦長剥片石器類については下記のような特徴を確認できる。

（A）黒曜石製縦長剥片素材を利用した石鏃類似形状の石器がある（図5-7：33）。

（B）黒曜石製縦長剥片石器（最大長3〜5cm程度）は、両長辺に使用痕が残る削器様のもの
　　　が大半で、短辺部を使用した掻器様のものは明瞭でない（34〜36）。

（C）つまみ形石器は出土していない。

（D）縦長でない黒曜石製剥片も存在する。

（E）安山岩製石器は少ない。

野中遺跡資料と同様に、つまみ形石器を欠き、石鏃類似形状石器が出土している。

晩期中葉を主体とする時期の和田B遺跡第1次調査B地区、クエゾノ遺跡第4次調査、脇山A遺跡第6次調査、上広瀬遺跡第1・2次調査、田村遺跡第21・22次調査、城田遺跡第2次調査16区、飯氏遺跡第6次調査では、縦長剥片石器類の存在が不明瞭である。以上のことから、晩期中葉は縦長剥片利用自体がさらに衰退していると言える。もはや縦長剥片は、後期中葉の石鏃・石錐素材としての側面はほとんど失われており、縦長剥片刃器としての利用に供されるのみとなっている。

6　晩期後葉〜弥生時代早期

（12）東那珂遺跡第4次調査（福岡市教育委員会編 2000a）

御笠川が形成する沖積低地上、標高約4.5mに位置する。夜臼式、板付Ⅱ式土器期の土坑、柱穴が検出された。

縦長剥片石器類については下記のような特徴を確認できる。

（A）黒曜石製縦長剥片素材を利用した石鏃類似形状の石器がある（図5-8：1・2）。

（B）黒曜石製縦長剥片石器（最大長4〜5cm程度）は、両長辺に使用痕が残る削器様のもの
　　　が大半で、短辺部を使用した掻器様のものは明瞭でない（3・4）。

（C）つまみ形石器は出土していない。

　（D）縦長でない黒曜石製剥片も存在する。

　（E）安山岩製石器は少ない。

（13）福重稲木遺跡第 2 次調査（福岡市教育委員会編 2008）

　室見川が形成する沖積低地上、標高約 3 m に位置する。夜臼式、板付Ⅰ・Ⅱ式土器期の堆積層が検出された。石器は、剥片石器について計 987 点のうち、984 点が黒曜石、3 点が安山岩と集計されている（福岡市教育委員会編 2008，90：表 3）。

　縦長剥片石器類については下記のような特徴を確認できる。

　（A）黒曜石製縦長剥片素材を利用した石鏃類似形状の石器がある（図 5-8：6）。

　（B）黒曜石製縦長剥片石器（最大長 3〜4 cm 程度）は、両長辺に使用痕が残る削器様のものが大半で、短辺部を使用した掻器様のものは明瞭でない（7〜9）。最大長 8.8 cm を測る大型縦長剥片が出土している（10）。

　（C）つまみ形石器は出土していない。

　（D）縦長でない黒曜石製剥片も存在する。

　（E）安山岩製石器は少ない。

（14）石丸古川遺跡（吉岡編 1982）

　十郎川右岸の微高地上、標高約 3 m に位置する。灰緑質黒色粘土層上の黒色粘土層、砂質土に夜臼式土器を主体とした時期の包含層および長方形土坑が検出された。石器は、剥片石器計 440 点のうち、2 次加工剥片・使用痕剥片が 76.4 ％を占め、報告された小型剥片・石核はすべて黒曜石である（吉岡編 1982，125-130：表 16-21）。

　縦長剥片石器類については下記のような特徴を確認できる。

　（A）黒曜石製縦長剥片素材を利用した石鏃は確認できない。

　（B）黒曜石製縦長剥片石器（最大長 4〜7 cm 程度）は、両長辺に使用痕が残る削器様のものが大半で、短辺部を使用した掻器様のものは明瞭でない（図 5-8：11〜15）。

　（C）つまみ形石器は出土していない。

　（D）縦長でない黒曜石製剥片が主体を占める。

　（E）安山岩製石器はほとんどない（打製石鏃に 3 点、刃器に 1 点）。

　剥片鏃やつまみ形石器は不在であり、縦長剥片石器が実質的に刃器利用のために製作・入手されている状況は晩期中葉と同様である。なお、警弥郷Ｂ遺跡第 5 次調査では、古墳時代前期に構築された水路から、安山岩製横長剥片を素材としたつまみ形石器類似資料（図 5-8：16）が出土している。時期は不明だが、遺跡からは夜臼式土器が少量出土している（福岡市教育委員会編 2007b）。この石器は形状だけを見れば折断前のつまみ形石器と認識することも可能かもしれない。しかし、安山岩製の縦長（横長）剥片は存在するが、それを利用したつまみ形石器はほとんど確認されていないため、この両側抉りはつまみ形石器のような折断目的というよりは、つまみ部の作出が目的であり、小型縦型石匙と認定すべき資料であろう。風化が強く判然としないが、縁辺に明瞭な使用痕は認められない。有田遺跡群第 62 次調査（七田前）では、夜臼式土器を主体と

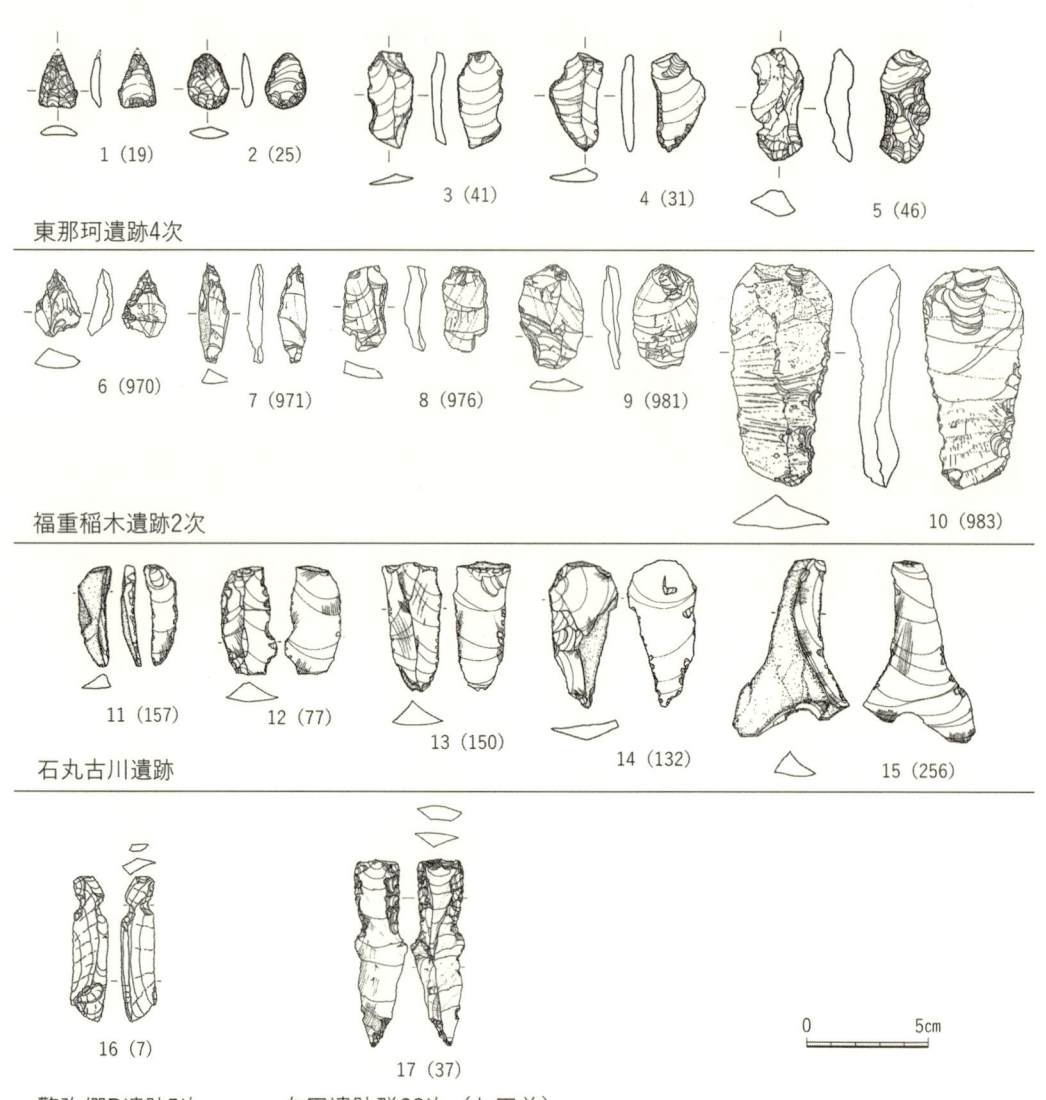

東那珂遺跡4次

福重稲木遺跡2次

石丸古川遺跡

警弥郷B遺跡5次　　　有田遺跡群62次（七田前）　　16・17は180度回転掲載

図5-8　縄文時代晩期後葉〜弥生時代早期の縦長剥片石器（S=1/3）

各報告書より転載。（ ）内番号は報告書掲載番号。

した時期の河川堆積層から黒曜石製の縦長剥片石器が出土している（図5-8：17）。報告書では石槍もしくは打製石鏃とされている（福岡市教育委員会編1983b，30）。縦長剥片の頭部に対して両側縁と端部を直線的に二次加工し、剥片末端は素材形状を活かしている。本論では、剥片頭部3辺の二次加工の存在を重視し、基部加工のある縦長剥片石器と認定する。福重稲木遺跡2次と石丸古川遺跡では最大長7〜9cm程度の大型品も出土しているが（図5-8：10・15）、鈴桶型石刃技法によって意図的に作出された柳葉状の縦長剥片とは異なっている。

第4節　博多湾沿岸地域における縄文時代　　　縦長剥片石器の動態

　以上の分析から、博多湾沿岸地域における縦長剥片石器の動態は下記および表5-2のようにまとめられる。

　後期前葉は、剥片鏃・錐の出土は認められるが、つまみ形石器や縦長剥片（最大長5cm以上）の存在は不明瞭である。安山岩製剥片の利用も主体的と言える。

　後期中葉は、剥片鏃・錐、つまみ形石器、縦長剥片石器の出土が明瞭であり、縦長剥片石器様式が定着している。安山岩製剥片の利用も認められる。

　後期後葉は、後期中葉に引き続き、縦長剥片石器の利用が認められるが、剥片錐・つまみ形石器の減少や、剥片鏃・縦長剥片の小型化（最大長3cm程度）などの変化も見られる。安山岩剥片利用は減少する。

　晩期前葉は、剥片錐・つまみ形石器が認められなくなり、縦長剥片の小型化が見られ、縦長剥片石器様式が衰退する。

　晩期中葉は、剥片鏃は均整を欠く形状（石鏃類似形状）となり、縦長剥片石器自体も減少する。縦長剥片石器様式は認められなくなる。

　晩期後葉〜弥生時代早期は、晩期中葉に引き続き縦長剥片石器様式が認められず、小型剥片石器様式として黒曜石利用が継続する。

　本分析の結果、博多湾沿岸地域の縦長剥片石器は黒曜石製が大半を占め、安山岩での代用は少ないことが分かった。このことから、先行研究で指摘されるとおり、腰岳産黒曜石の需要が高かったと言え、石器石材としての移動・流通の議論が重要であることが分かる。また、刃器適性の高いガラス質石材としても、後期中葉以降は、安山岩よりも黒曜石が志向されたと評価できる。

　縦長剥片は、先行研究が指摘するとおり、石鏃、石錐の素材として利用されている。石鏃、石錐は最大長が2〜4cmであるため、最大長5〜8cmの縦長剥片を素材として使用する場合は、必要な長さに縦長剥片を折り取る必要がある。この際に、より正確な長さに折り取るために、縦長剥片の両側に抉り（ノッチ）を入れ、幅が狭くなった部分で折り取っていると理解できる（片岡1970）。縦長剥片のどの部分を折り取って、石鏃・石錐素材として使用するかという判断は、縦長剥片の形状（幅・厚さ・平面形）による。折り取りの結果、石器素材として使用されなかった方がつまみ形石器として残される。本論ではこの一連の折断方法を「抉入折断法」と呼ぶ。なお、本分析ではつまみ形石器が、後期中・後葉遺跡から出土し、晩期前葉には衰退するという変化を把握した。晩期中葉には縦長剥片自体も衰退しており、つまみ形石器（抉入折断法）は大型縦長剥片（鈴桶型石刃技法）に付随する剥片利用技術であると考えられる。

　つまみ形石器は、縁辺に微細剥離が認められる場合もあるが、抉り部には摩滅等の使用痕が認められない。つまみ形石器の両側辺への抉りという特徴について、剥片折断という目的以外の可能性を想定するならば、剥片端部の突起作出という観点を提示できる。縦長剥片両側に抉りを施さずに折断した場合、その折断部に後から突起形状を成形しようとすると、押圧剥離による力が

表5-2　博多湾沿岸地域における縄文時代縦長剥片石器の動態

	後期前葉	後期中葉	後期後葉	晩期前葉	晩期中葉	晩期後葉 弥生早期
黒曜石	剥片鏃 剥片錐	剥片鏃 剥片錐 つまみ形石器 縦長剥片	剥片鏃 剥片錐＼ つまみ形石器＼ 縦長剥片	剥片鏃 縦長剥片＼	石鏃類似石器 縦長剥片＼	石鏃類似石器 小型剥片
安山岩	剥片石器	剥片石器 縦長剥片	剥片石器＼ 縦長剥片＼	＼	（＼）	＼

※＼は減少・衰退を示す

　剥片の中心軸側に入り込む形になり、突起の角度が緩くなり、より突出させた形で作出することが難しくなる。それに対して、縦長剥片の両側辺に抉りを入れると、抉りの奥の辺は剥片の中心軸に対して平行となり、両側抉りによって狭まった剥片体部を折断することで、折断部の突起を急角度に保って、より突出させた形に作出できる。ただし、つまみ形石器の折断部（突起部）には、抉り部と同様に明瞭な使用痕は認められない。仮につまみ形石器が石器使用されることなく廃棄されているとしたら、黒曜石という貴重な資源を無駄なく効率的に使用しているとは言えず、経済的な説明（最適化理論による理解）が難しくなる。縄文人が縦長剥片の一部をつまみ形石器として折り取って使わずに廃棄する文化的、象徴的、宗教的理由を想定すべきであろうか（例えば、一種の「送り儀礼」など）。本論では、腰岳産黒曜石という刃器素材として優秀かつ貴重な資源の合理的な利用を想定し、その製作・使用目的が、実は縦長剥片削器利用が第一義であったと考えてみる。

　本分析では、縦長剥片石器の掻器（エンドあるいはサイドスクレイパー）状の使用は確認できなかった。よって、本論では縦長剥片を素材とした刃器の機能・用途をやや絞り込み、両側辺および先端を使用して対象を削ったり切ったりする機能・用途と評価して「縦長剥片削器」と呼称する。弥生時代の使用痕のある剥片の器種組成が、掻器状剥片、ノッチ状剥片、削器状剥片、クサビ状剥片と多様であり、掻く・削る作業に用いられたと想定できる掻器的な剥片石器が8割近くを占める様相（板倉2008, 48）とは異なっている。黒曜石製縦長剥片石器の他の石器との機能・用途上の最も大きな違いは、縦長形状の小型削器という性能である。縦長剥片から製作されたと考えられる石鏃や石錐は、必ずしも黒曜石製縦長剥片を素材とせずとも、黒曜石や安山岩の2〜3cm程度の剥片作出で足りるわけであり、実際に縄文時代草創期から弥生時代までそのような剥片利用が主体なのである。それに対して、縦長剥片削器は、その他の剥片削器とは形状が異なっている。機能・用途として最も類似する黒曜石製の縦長でない小型剥片削器との性能上の違いは、手で持った際の刃部の長さ（突出具合）である。剥片石器の手持ち部分である基部の長さを1〜2cmとすれば、残った長さがその削器の刃部の長さということになり、その長さに従って作用する対象や作業が選択されたと考えられる。そのような観点では、縦長剥片削器は、刃部が他の小型剥片削器に比べて1〜2cm長い刃器と評価できる。刃部が長い削器の性能は、対象に対して長く、深く作用できるということであり、具体的には比較的軟質な小型動植物の加工・解体などに優位を示す。大型の動植物加工・解体には、安山岩・黒曜石を主体とした大型剥片石

器（スクレイパー類、石匙など）が使用される。縦長でない短い剥片であっても木・骨・角製の小型の柄を付ければ、切削作用の深度や圧力を増すことができる。このような着柄削器と縦長剥片削器との違いは、縦長剥片削器が着柄のコストをかけずに切削作業を行える点である。剥片に着柄するためには、柄と剥片を入念に固定する必要があり、緊縛や膠着材使用のコストがかかる上に、剥片破損時の柄交換のコストもリスクとしてつきまとう。これに対して、縦長剥片削器は手持ちのまま、ある程度深く、かつ操作性高く切削作用を行える。刃部の破損や消耗に対しては、刃部と基部の持ち替え（刃部転移。リバーシブル利用）や剥片の交換で対応する。

縦長剥片削器使用を鈴桶型石刃技法にもとづく縦長剥片生産の第一の目的としたならば、つまみ形石器（抉入折断法）や剥片鏃、石錐の製作は、むしろ縦長剥片の二次利用（目的）と言える。原石、石核、各種剥片として流通する黒曜石・安山岩に対して、それぞれの状況に応じて剥片利用を行っていくわけであるが、その過程で、縦長剥片削器としての使用に向かないと判断された剥片や、使用済みの縦長剥片削器自体

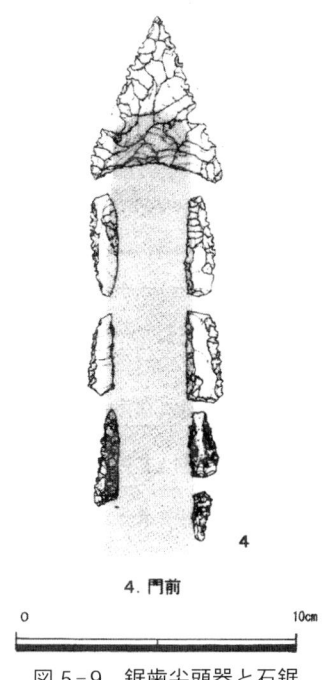

4

4. 門前

0 ——————— 10cm

図5-9　鋸歯尖頭器と石鋸
（中尾 2009 より改変転載）

が、石鏃・石錐素材として使用される可能性である。その際には、縦長形状は石鏃や石錐にとっては余分であり、不要な部分を折り取るためにつまみ形石器（抉入折断）が導入されたという説明となる。このモデルであれば、つまみ形石器が使用されずに廃棄される理由を、経済的観点から説明できる。また、本章では詳しく検討できなかったが、剥片鏃、つまみ形石器には、縁辺に微細剥離を有す資料があり、縦長剥片石器時の使用痕の可能性がある（図5-6：26・36・41・45、図5-7：1・3・5・6・12）。ただし、このことはつまみ形石器廃棄の文化的側面（上述した送り儀礼説など）を否定しない。

縦長剥片石器の使用法については、先行研究で想定されている植刃器・組み合わせ道具（鎌や銛）利用の可能性についても検討が必要である。縦長剥片のうち、剥片に厚みがあり、断面形が湾曲するものは、柄の側面に嵌め込みにくい形態と言えるであろう。このような大型品は、縦長剥片削器として単体で使用されたと考えられる。これに対して、厚みが薄く、断面形が直線的な小型剥片（つまみ形石器や折断剥片（橘1981）も含む）は組み合わせ道具利用が可能な形態と言える。本分析で石鏃の範疇に入れた小型かつ不整形な資料（図5-6：7・8・16・17・20、図5-7：11・17・18・23・27・28・33、図5-8：1・2）については、矢柄先端に単体で装着したというよりは組み合わせ道具の一部を構成した可能性も想定できる（例えば、図5-9の側縁部品（石鋸））。鈴桶型石刃技法が大型の縦長剥片（必ずしも断面形・平面形が直線的でない）の作出を目的としていることからも、縦長剥片石器の組み合わせ道具利用は主体的なものとは言えない状況であるが、今後は実験使用痕分析による詳細な検討が必要である。

出土遺跡の立地から見た縦長剥片石器の動態としては、後期中葉が室見川中流域の扇状地上

表5-3　縦長剥片石器システムに対する理解の違い

	目的器種	目的器種の性能	2次利用（目的）	黒曜石利用の経済的合理性
本論	縦長剥片石器（削器）	小型動物利用	剥片鏃ほかつまみ形石器	高
従来	剥片鏃ほかつまみ形石器	多目的	縦長剥片石器	低

遺跡（東入部遺跡、四箇遺跡）や東エリアの河成堆積土上遺跡（蒲田水ヶ元遺跡、名子遺跡、江辻遺跡）、那珂川中流域の河岸段丘上遺跡（山田西遺跡、柏田遺跡）で使用され、後期後葉は室見川中流域遺跡（四箇遺跡、東入部遺跡、重留遺跡）は継続するが、東エリア遺跡での使用が見られなくなり、西エリアの沖積低地内遺跡（周船寺遺跡、広田遺跡）で使用されるようになる。晩期前葉は縦長剥片石器の衰退期で、室見川中流域（岩本遺跡）のほか、室見川下流域の沖積低地内（野芥大藪遺跡、橋本一丁田遺跡）で使用される。晩期中葉は、室見川上流域（野中遺跡）や瑞梅寺川下流域（周船寺遺跡）で使用が認められるが、その他の遺跡では縦長剥片の使用が不明瞭となる。弥生時代に入ると、沖積低地内微高地上（東那珂遺跡、福重稲木遺跡）で必ずしも縦長でない黒曜石剥片石器類が使用される。このような縦長剥片石器出土と遺跡立地の傾向を見ると、沿岸部や内陸山間部といった特徴的な自然環境・生活域との相関性は高くなく、その中間地帯（移行帯）である扇状地上や河岸段丘上、沖積低地上遺跡からの出土を特徴とする。本分析では、小型動植物の季節的な集中利用という縦長剥片削器の暫定的な性能モデルを提示しているが、遺跡立地の点では、季節的な作業用居住地というよりは拠点的な定住的居住地で使用されているようである。

　本章第1節2で挙げた福岡市千里遺跡・周船寺遺跡（福岡市教育委員会編2011b）で確認される肉眼レベルで使用痕が認められない大量の剥片石器の評価はどのように考えられるであろうか。ここまでの分析および検討においては、縦長剥片削器として、軟質物対象とはいえ、使用時にそれなりの負荷がかかること（処理作業の内容というよりは処理量の問題として）を想定している。そのため、使用可能な縦長剥片に使用痕が顕著でない状況は、使用したくても使用できなかった可能性（本章第2節1で示した可能性A-3：洪水等による居住地保有資材の土砂埋没など）が説明しやすい。第6章で整理するように、縄文時代後期以降は河川氾濫を伴う沖積低地の形成期であり、千里遺跡や周船寺遺跡は沖積低地内にあって河川氾濫時の浸水・土砂堆積の影響を受けやすい遺跡であった（pp.210-212）。

　橘昌信は、西北九州一帯に広がる「鈴桶型刃器技法」と強く関連する技術を「鈴桶型縦長剥片技術」と仮称し、「あえて刃器としなかったのは先述した様に素材としてのウェイトを強く考えるため」と述べている（橘1978, 81）。ここで言う素材とは、剥片鏃・つまみ形石器・サイドブレイドの素材を指している。上敷領久も縦長剥片は、剥片鏃などの石器を製作するための「極めて目的的な剥片」と評価し、「鈴桶型剥片は剥片鏃製作のために作り出された技術」であった可能性を指摘した（上敷領1989, 35-36）。本分析では、つまみ形石器を使用目的のある利器ではな

いと認定し、縦長剥片作出の第一の目的を石器素材獲得ではなく刃器（削器）使用とした。本分析は、各現象の把握はこれまでの研究と大きく変わらないが、その石器様式の構成のあり方や意義を縦長剥片石器の「使用」および黒曜石という貴重石材の「合理的利用」という観点から再定義している（表5-3）。

　本章の分析によって、縦長剥片石器（削器）様式は、後期中・後葉に導入・定着し、鈴桶型石刃技法としては衰退しながら、弥生時代の小型剥片石器様式に連続するという動態を把握できた。この動態は、第1章（p.36）で整理した縄文時代経済・社会システム（図1-10）においては、主に資源採捕・管理選択（沖積低地資源）と資源の複合的利用（広範囲生業）のサブシステムに関わっている。縦長剥片石器（削器）の動態は、小型動物利用の動態を反映すると考えられる。これについては、次章で関連するデータとして動植物遺存体の資料状況を整理する。

注
1）上峯篤史は、サヌカイト剥片表面に認められる「白色擦痕」を、剥片運搬時に剥片どうしが密着した状態で擦れ合って形成された「運搬痕跡」と考えており、微細剥離痕についても、使用痕や偶発剥離ではない白色擦痕と同様の痕跡と想定している（上峯2012，157）。

第6章　九州縄文時代資源利用の
石器モデル：分析結果の統合

第1節　磨製石斧モデルの整合性

　第3章で整理した九州縄文時代前期から晩期の遺跡出土磨製石斧の動態は、主に森林・木材利用技術の動態と読み換えることができる。本節では、利用対象となった森林・木材の状況を、古気候・古植生および木質遺物のデータから検討する。それらの状況もふまえて、磨製石斧動態が示す資源利用様式を「磨製石斧モデル」として説明する。

1　古環境データの概要

　地球の気温変動は、公転時の軌道要素ほか複数のプロセスが絡み合って決まっている（図6-1。藤井 1998）。その複雑なメカニズムを考慮すると、過去の気温変動を体系的に復元することは容易ではないが、ここでは、海洋、氷床、生物など各プロセス上で確認されている気候変動関係データおよびその解析成果の概略を整理する。

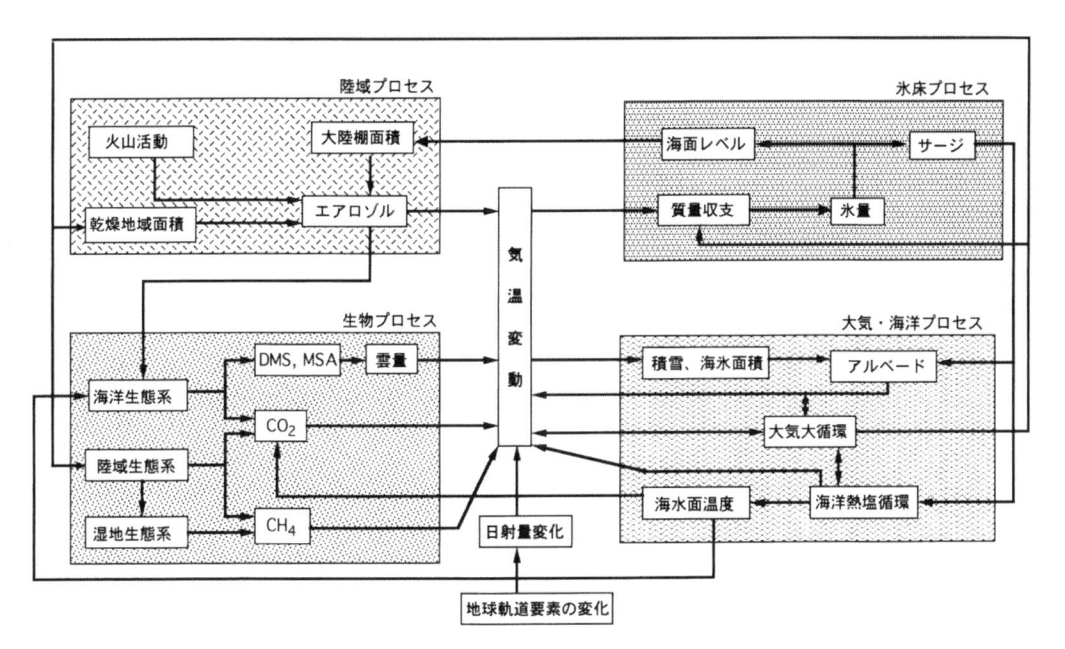

　地球の気温は，地球の軌道要素の変動による日射量の変化や，海洋，陸域，氷床，
生物などさまざまなプロセスが複雑にリンクして決まる．

図 6-1　気温変動のメカニズムを示す模式図（藤井 1998 より転載）

（1）海水準

　縄文時代は最終氷期極相期以降の温暖化の時期（後氷期）に相当し、氷床の融解にともなう海水準の上昇（縄文海進）が特徴的にみられる。東アジアにおける最終氷期極相期の炭素14年代はおよそ15,000～17,000年BP（後期旧石器後半）で、海水準は−120m前後まで低下したと考えられている。その後、12,000年前（縄文時代草創期）で−60～−50m、10,000年前（縄文時代早期前葉）では−40～−30m、7,000～6,000年前（縄文時代前期前半）に現在の海水準に達し、6,000～5,500年前（縄文時代前期中頃）に海水準が最高になった（大木2002, 238-239；斎藤1998）。大阪湾における相対的海水準高度の復元では、5,700年BPに現海面高度になり、5,300～5,000年BPには最高海水準の+1～+2mに達し、2,200年BPに標高−1.5mに低下、1,700年BPに+1mに上昇し、現海水準に至ったとされる（増田ほか2000, 484）。また、東瀬戸内での海水準変動復元では、約7,000～5,300年BPで標高約+1～1.5mに達し、3,800～3,000年BPに+0.5mに低下、2,700～2,100年BPに0m前後に安定した（佐藤裕司2008, 255）。後氷期海水準の復元研究は、縄文時代前期後半までの温暖化と海水準上昇（海進）、その後の海水準低下（海退、沖積低地形成）という地球規模の気温変化に連動して地域的に発生した気温と地形の変化を明らかにしている。

　縄文海進期におけるより細かな海面変動も復元されている。鳥取県倉吉平野東縁の東郷池における湖沼年縞堆積物の菱鉄鉱量、全硫黄量の分析では、約8,200～7,800年前（縄文時代早期後葉）、6,800～6,000年前（前期中頃）、5,800～5,200年前（前期後半）、4,500～3,600年前（中期後半）、3,000～2,800年前（晩期前・中葉）などの年代にも海水準の低下が認められた（図6-2）。この現象は、グリーンランドや南極の氷床コアの酸素同位体比の解析から復元されたダンスガード・オシュガーサイクルと呼ばれる約1,000～1,500年間隔で何回も生じた突然かつ急激な気候変動と連動するものと考えられている（福沢1998）。

　縄文時代の海水準変動は、ある日突然海が近くなったり遠くなったりするわけではなく、海進と海退を繰り返しながら徐々に沿岸環境の変化をもたらしたと考えられる。その影響は、低平な河川下流域では特に大きく、海進期には水没して内湾を形成し、海退期には河成・海成・風成の土砂が複雑に堆積して、地形の変化をもたらした。また、3,000年前前後の関東平野では、海水準低下（弥生小海退）に伴う低地内の

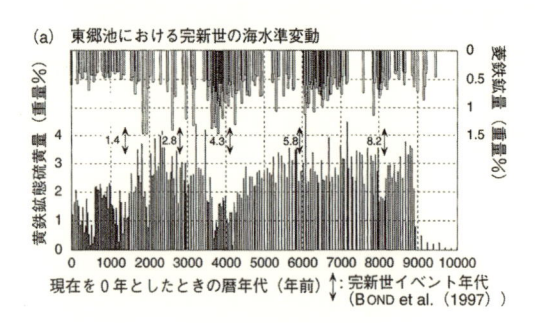

(a) 東郷池における完新世の海水準変動

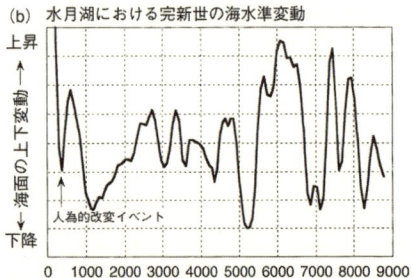

(b) 水月湖における完新世の海水準変動

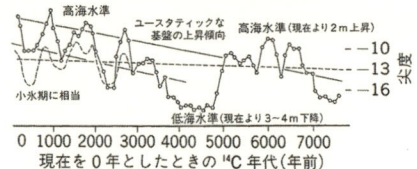

(c) ユトランド半島における完新世海水準変動

図6-2　完新世の海水準変動（福沢1998より転載）

広域的な地下水位低下が、湿潤で不安定な低地環境を、乾燥地を含む安定した低地環境へと変化させ、それまで花粉組成の主体を占めていたハンノキ属の急減とスギ属の増加という植生変化の要因になったと説明される（鈴木・遠藤 2015）。縄文時代の資源利用の場としては、沖積低地は変動幅が大きい場所であったと言える。

（2）貝類

　南関東海岸の貝種同定では、黒潮前線が茨城県那珂湊沖まで北上して、海面上昇がピークに達したとされる 6,500〜6,000 年前（縄文時代前期中頃）に、カモノアシガキ、ケマンガイ、ベニエガイ、オハグロガキ、ヨロイガイなどの熱帯種グループが出現する（図6-3。松島 1984）。鹿児島市北部のボーリング調査では、アカホヤ（K-Ah：7,000〜6,400 年 BP）上位から、現在では奄美以南に生息しているモクハチアオイが産出しており、約 6,000 年前以降の海水温が現在より高く、黒潮の分岐流が鹿児島湾へ強く流入していたと考えられる（大木 2002）。

　松島義章と小池裕子は、貝類群集による古地理復元と、貝塚の分布や貝種構成を関連づけ、縄文海進最高期は、「大小さまざまな形の奥深い内湾」や「遠浅で砂泥底の干潟」が形成され、貝類群集の絶好の生息地となって、貝塚も増加すると整理した。縄文海進後は、海水面が低下し、内湾が縮小し、古鶴見湾では多摩川の土砂が湾口部の砂層を発達させ、「湾の浅化と湾奥部の沼

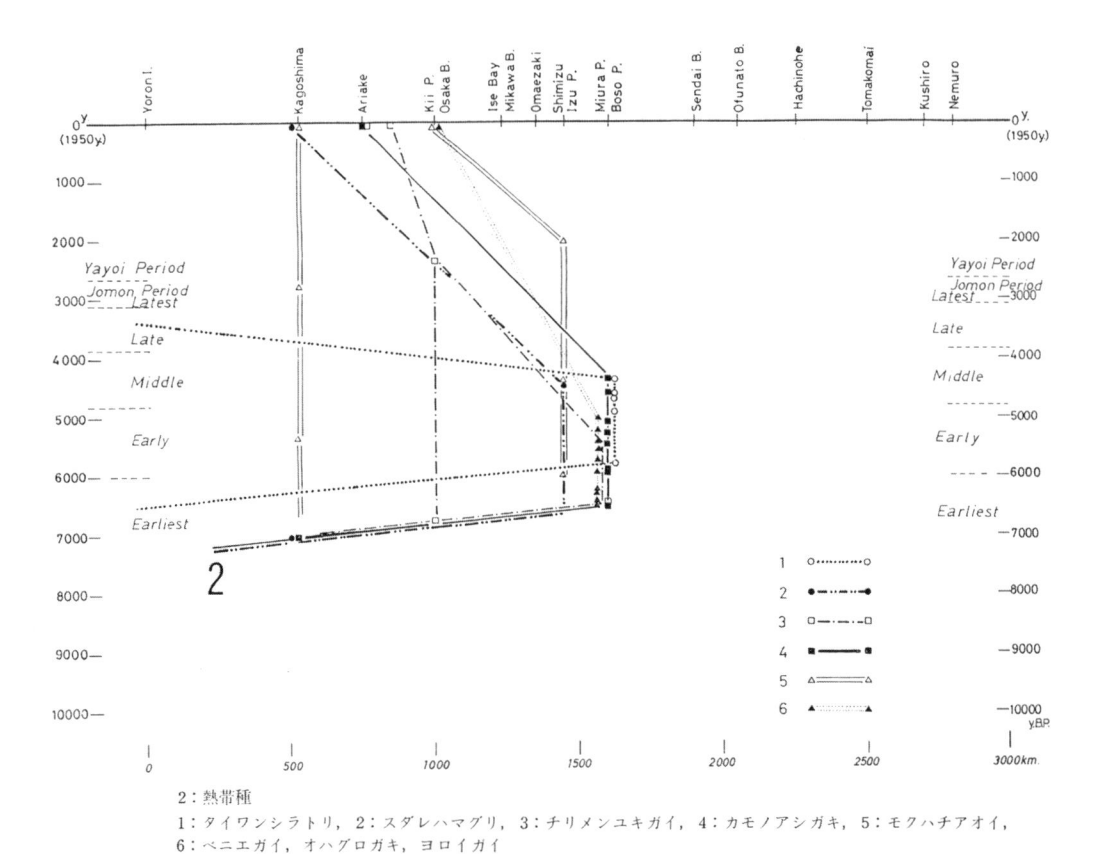

2：熱帯種
1：タイワンシラトリ，2：スダレハマグリ，3：チリメンユキガイ，4：カモノアシガキ，5：モクハチアオイ，6：ベニエガイ，オハグロガキ，ヨロイガイ

図6-3　日本列島太平洋岸にみられる縄文海進に伴う熱帯種貝類の出現と消滅 （松島 1984 より転載）

沢化を促進させた」。そのため、前期末・中期初頭の貝塚は激減する。縄文海進後の関東地方南西部における暖流系内湾性貝種の衰退・消滅を、海水温の低下だけでなく、貝の生息域の消滅、すなわち内湾の縮小が影響するとした（松島・小池 1979）。樋泉岳二は、関東の後・晩期貝塚から亜熱帯種のハイガイが出土することや寒冷種であるニシン・サケ類が確認されないことなどから、この時期の寒冷化（海水温低下）の影響はそれほど大きくなかったと推定している（樋泉 2019、24）。第7章で整理するとおり、博多湾沿岸地域では、後期前・中葉の貝塚形成期と後期後葉～晩期中葉の貝塚不形成期に分かれる。

　貝類種の解析は、海水温や海水準変動に伴う沿岸環境の変化を復元する。縄文時代前期後半に最温暖期、最海進期に達し、その後、内湾の沖積地化が進むことは、海水準復元の成果と整合する。沖積低地の形成は、生息域の変動という形で貝類種やその他の海産資源の産状に直接的に影響する。

（3）珪藻

　縄文時代中期の海水準低下期は、冷涼湿潤化の時期と捉えられ、多雨のため河川浸食が激しくなり、内湾への土砂の流入によって前期までの内湾環境は大きく変容したと考えられている（小泉 1994、29）。珪藻殻堆積量を古降水量の指標とした加らの琵琶湖湖底・高島沖ボーリングコアの分析によると、7,000 年 BP 以降は、現在の降水量レベル以上を示し、縄文時代前期後葉に相当する 5,500 年 BP と後期後葉に相当する 3,000 年 BP に珪藻殻の堆積量（降水量増加）のピークが認められる（図 6-4。加ほか 2003、310）。福本侑らは、熊本県天草下島池田池ボーリングコアの珪藻分析、化学分析を行い、6,600～4,400 年前（縄文時代前期中頃～中期前半）の大雨等による陸源物資の突発的な流入イベント、6,400 年前（M1）、4,200 年前（M2）、4,000～3,600 年前（M3）の高潮や津波による海水侵入イベント、5,900～5,800 年前（F1）、2,500 年前（F2）の洪水イベントなどを復元した（図6-5。福本ほか 2020）。

　海水準や貝類の分析が示した縄文時代中期以降の海退（沖積低地形成）という沿岸環境の変化は、湖沼堆積物の分析からは、当該期の降水量の増加に伴う沖積作用の促進として説明できる。ここで示す降水量の増加は、がけ崩れ、土石流、地すべりなどの崩壊や河川氾濫、侵食を伴うと想定される。例えば、大分県羽田遺跡は、縄文時代前期前半・轟B式期から、曽畑式新相、羽島下層3式、西和田式～太郎迫式土器期に利用される

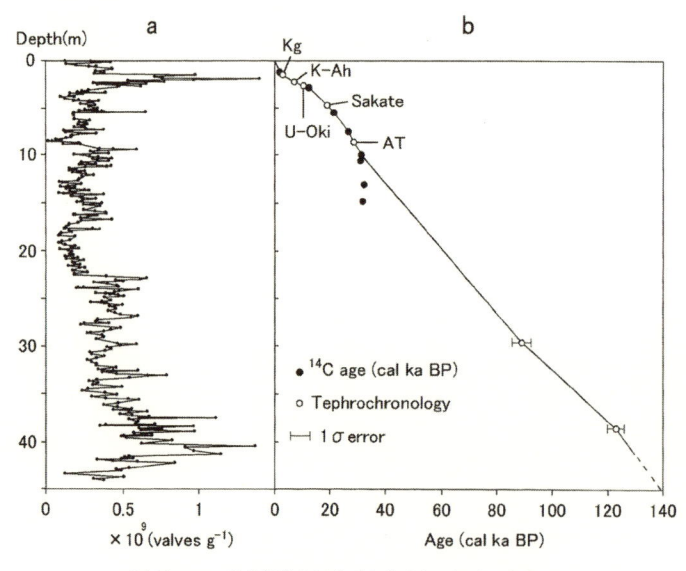

高島沖コアの珪藻殻濃度深度別変化（a）と深度一年代モデル（b）

図6-4　琵琶湖の珪藻殻濃度の変化（加ほか 2003 より転載）

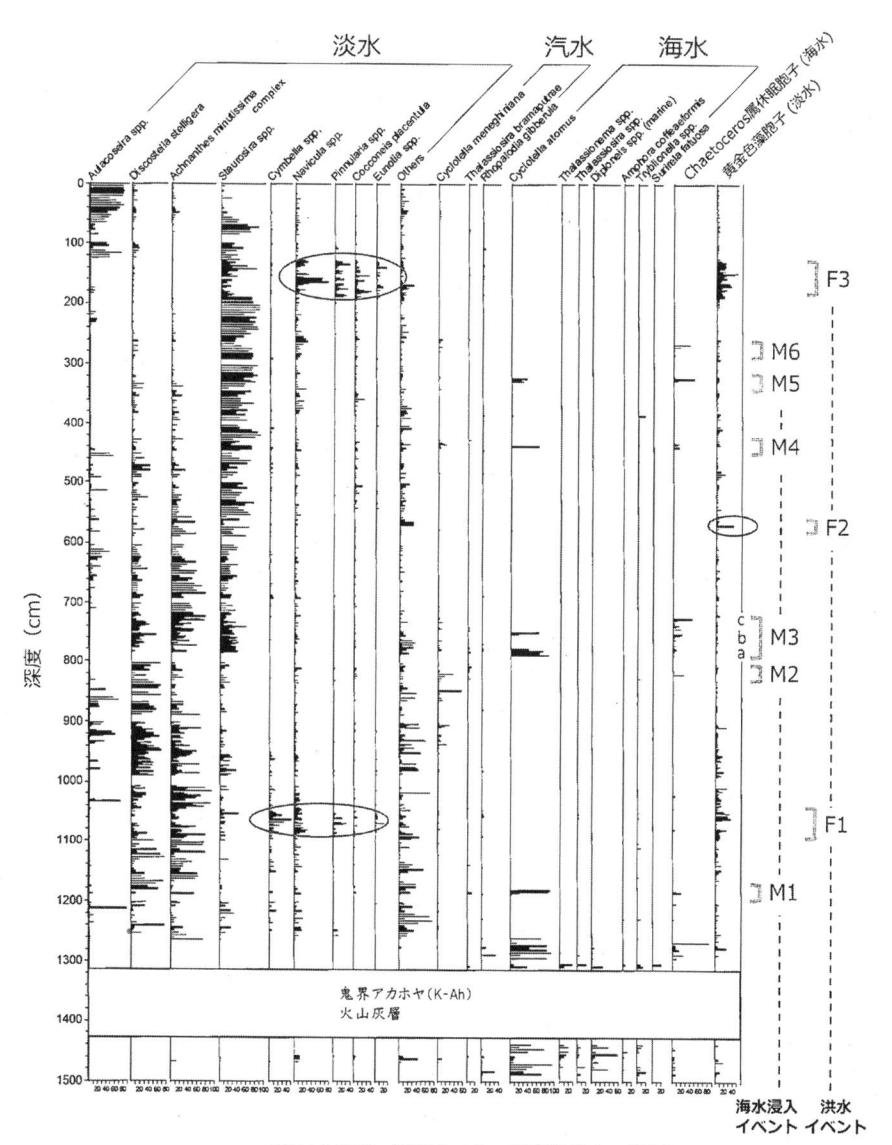

IKD16 コア、深度 0-15m の珪藻ダイアグラム

黄金色藻の休眠胞子の相対頻度もダイアグラム右端に示した。海水の浸入イベント層準（M1-M6）、洪水イベント層準（F1-F3）を右端に示した。明瞭化のため、洪水イベント層準については該当する群集変動の部分を丸枠で囲んだ。

図 6-5　池田池の珪藻化石各種の産出頻度（福本ほか 2020 より転載）

が、間の曽畑式古相、中期や後期後葉〜晩期の利用が見られない（国東町教育委員会編 1990）。国東半島北東沿岸、伊予灘を望む砂丘上標高約 5m に位置し、北側沖の姫島に産出する黒曜石の集積と半島沿岸での海産・陸産資源の利用を経済基盤とする遺跡であり、中期以降の沿岸環境の変化が遺跡利用に影響を与えている可能性がある。熊本市黒橋貝塚の堆積土壌と珪藻分析の結果を受けて、考古地理学の小野忠熙は、縄文時代前期までの上昇した海面が旧湾口に達したのち海退に転じてバックマーシュの淡水湖を生じ、やがて海退による陸化につれて三角州性の低地になったとする。貝層の構成種がマガキ主体から汽水性のヤマトシジミが増加する傾向を読み取り、汀

線の後退と陸化（水域の埋没）によって、貝類の捕食が困難になったために貝塚が形成されなくなったと推定した（小野忠熈1976）。熊本市阿高貝塚のブロックサンプリング資料の貝・動物骨同定を行った山崎純男は、マガキ主体からヤマトシジミ主体への移行に加えて、イワシの減少とスズキ、ボラ、ウナギ等汽水性魚類の増加を指摘する（山崎1978a）。鹿児島県柊原貝塚の変遷では、市来式系、鐘崎式、北久根山式、辛川式、納曽式土器など後期中葉に貝塚（純貝層）が形成され、後期中葉末の西平式土器期以降、純貝層期が終了して、貝類の小規模なブロック状廃棄（貝B）が形成されることから「貝類への依存度の低下」が指摘されている（羽生2006）。筆者はこの変化の要因の一つとして後期後葉の雨量増加に伴う沿岸環境の変化を想定した（板倉2021b, 124）。

（4）海流

　本州太平洋岸のピストンコアの分析では、黒潮の影響を受けたと考えられる微化石群の産出量などから、7,000～6,000年前の温暖化と、5,000～4,000年前の寒冷化の傾向が示された（鎮西ほか1984）。その後、沖縄トラフのピストンコアの調査では、浮遊性有孔虫 *Pulleniatina* グループが最終氷期と同様に、約4,400年前以降約1,000年間（縄文時代中期後半から後期前葉）、ほぼ欠如に近い産出を示す（図6-6。氏家1998）。このことから、縄文時代中期後半から後期前葉にかけても、最終氷期と同様に、黒潮本流が沖縄トラフへの流入を妨げられて南方へ転向しており、このことが当該期日本列島に寒冷化をもたらした可能性が指摘されている（図6-7。氏家1998）。

　縄文時代における黒潮の変動については、解析データが少ない状況だが、中期後半から後期前葉の気候変化に影響を与えた大気・海洋プロセス（図6-1）を示す可能性があり、注目される[1]。また、黒潮の変動は、特に太平洋岸の縄文人たちが利用する海洋生態系に影響を与えたと考えられるし、黒潮による人・モノの移動にも影響を与えた可能性がある。国分直一は、海流の季節的・時期的変動とそれに伴う海獣・魚類の移動に関する生態学的見解、そして歴史民俗学資料から、寒冷期にトド・オットセイ・アシカあるいはシロザケ・カラフトマスが西方に移動する可能性について言及している。また、台湾海峡近辺でのボラ回遊や黒潮・対馬海流域でのトビウオ北上などからも、先史時代人の移動の可能性を示唆している（国分1975）。

（5）木材・花粉

　遺跡出土木材の樹種同定による植生復元では、西日本では縄文時代前期に照葉樹の分布拡大が認められ、常緑広葉樹と落葉広葉樹にスギやイヌマキ属などの針葉樹が混ざった暖温帯性の湿潤な森林（福井県鳥浜貝塚、長崎県伊木力遺跡）の形成が想定されている（鈴木・能城1997, 330）。福岡市井相田D遺跡では縄文時代前期から弥生時代にかけての洪水砂埋没平地林が確認され、アカガシ亜属（イチイガシ含む）が主要構成種で、タブノキ・センダン・ムクロジ・ニワトコなどが木材と種実の両方で産出したことから、鬱蒼とした自然度の高いイチイガシの極相林と推定された（パリノ・サーヴェイ株式会社1999）。中部地方の花粉分析では、縄文時代中期後半の約4,500～4,000年前ごろから針葉樹の優先といった冷涼化の傾向が示された（安田1980, 162-163）。琵琶湖東の比良山地、標高900～1,000mの小女郎ヶ池湿原の花粉分析では、約4,600年前（縄文時代中期中葉）にはコナラ亜属にアカガシ亜属が加わる落葉照葉混淆林であったが、次第に照葉樹で

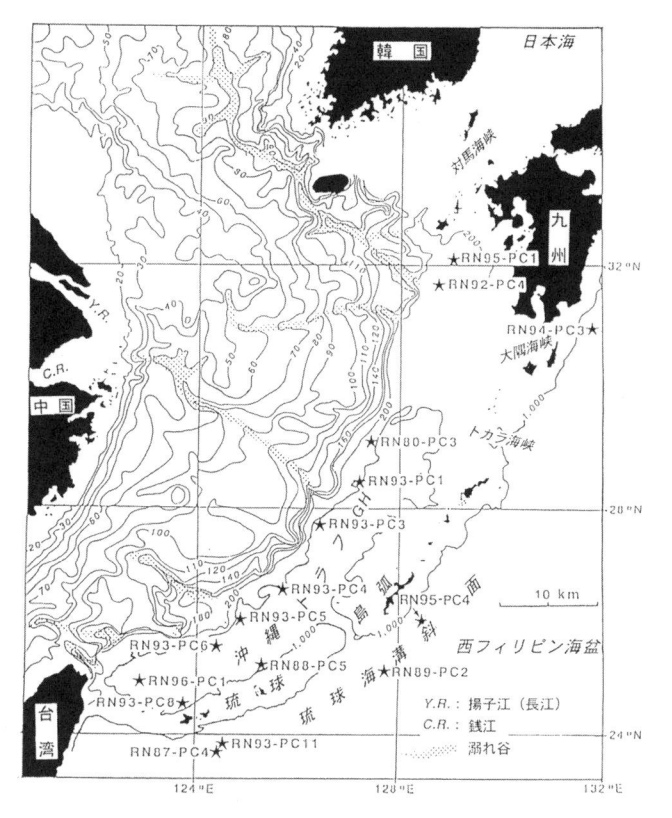

使用したピストン・コアの位置図と，琉球弧周辺域の地勢
東シナ海大陸棚については 10 m 間隔の等深線を記した.

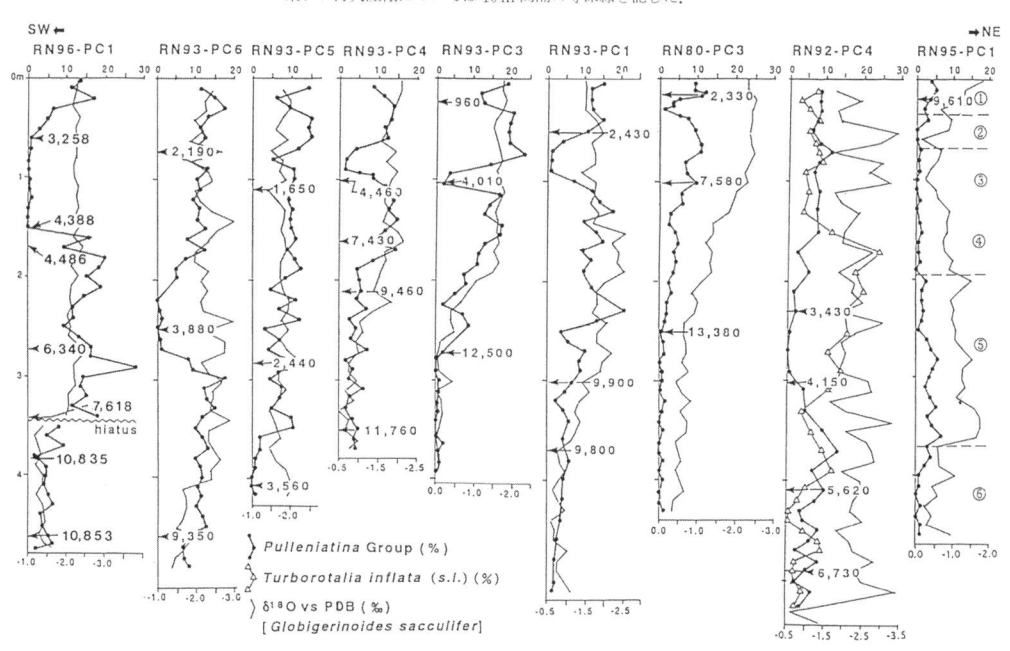

沖縄トラフ内の大陸棚外縁寄りから得た 9 本のピストン・コアの解析例（南東から北西にかけて配列）
図中のボールド数字は AMS¹⁴C 年代〔calendar years B.P.〕，①～⑥は酸素同位体ステージ

図 6-6　沖縄トラフ内で得られたピストン・コアの解析（氏家 1998 より一部改変転載）

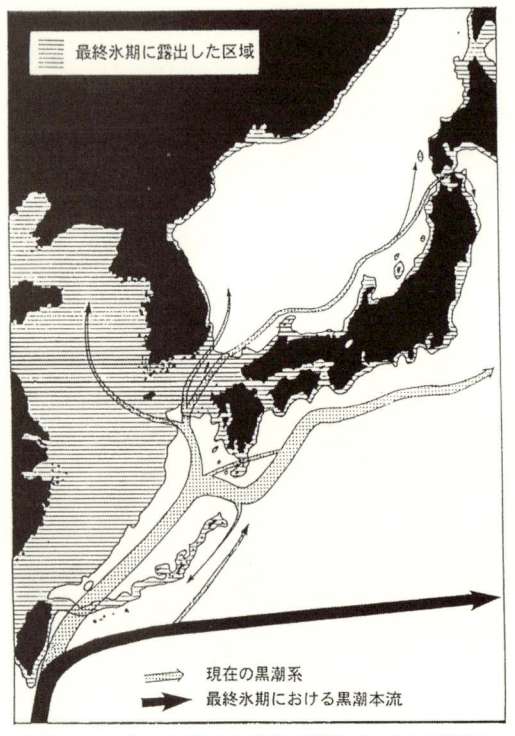

図6-7　現在と最終氷期最盛期における黒潮系
（氏家 1998 より転載）

あるアカガシ亜属が減少していき、約4,000年前（中期末）にはブナが主体となり、コナラ亜属、トチノキ属などが加わる冷温帯落葉樹林となった（山口ほか1988）。また、大阪府池島・福万寺遺跡の花粉分析では、中期（17〜15層②中）は、草本の生育できない比較的深い潟であったが、中期末（15層②上〜13b層③）になると、イネ科、カヤツリグサ科を主としてガマ属−ミクリ属、タデ属サナエタデ節、ヒシ属などの水生植物が繁茂する沼沢地になり、後期後葉（13b層②）には沼沢地の草本域は縮小し森林が拡大していた（金原2001）。南四国の花粉分析でも、約4,500年前からモミ属、ツガ属とシイ属、カシ属、ヤマモモ属の激しい増減、イネ科の急増が認められ、原因として冷涼化、多雨、人間活動の影響などが想定されている（中村・山中1992, 393）。九州地方の花粉分析結果をまとめた畑中ほか（1998）、松岡・三好（1998）に

よると、九州の低地では約8,000年前ごろには、落葉広葉樹よりもアカガシ亜属・シイ属・ヤマモモ属・マキ属などの常緑広葉樹（照葉樹）の占める比率がかなり高い。九州地方では屋久島を除いてスギ林の痕跡は認められず（高原1998, 210）、低地でこそ縄文時代中期〜晩期でも常緑広葉樹（照葉樹）の優勢が認められるが、山地帯では中期冷涼化の影響と考えられるコナラ亜属の増加がみられる（畑中ほか1998）。

　辻誠一郎は、東日本縄文時代中・後期の堆積作用が進んだ低地縁辺や開析谷では、ハンノキ・ヤチダモ・トチノキなどからなる落葉広葉樹林やスギ・コウヤマキ・ヒノキ属などの針葉樹林が広く成立しており、このような植生変化が木工文化に影響を与えた可能性を示唆した（辻1994）。辻は、縄文時代後期以降を「海退の時代」と呼び、この時期に起こった寒冷化、降水量の増加、日本海側でのスギの増加、関東平野の開析谷内でのトチノキ群落やヤチダモ湿地林の形成、木本泥炭の形成などの変化が、人間活動の多角的な生産活動や外来栽培植物の導入などを促したと想定している（辻2009, 76）。佐々木由香は、縄文時代後・晩期に水場遺構が増加する理由として、後期の沖積地での泥炭層の形成を湿地林の発達と読み取り、木材の多様化とともに「安定した水環境のなかで長期の水利用が可能になった」としている（佐々木2007）。

　木材樹種や花粉の解析が示す陸域の気候や地形の変化は、海域試料の分析結果と整合している。前期以降の気候および低地地形の変化は、照葉樹と落葉広葉樹の混淆林帯の地理的変動（日本列島の東西あるいは高低における変動）という側面でも、縄文人の資源利用に影響を与えたと考えられる。

2　磨製石斧モデル：磨製石斧動態と古環境復元

　本書第3章の磨製石斧動態の分析結果と、その使用の場および使用の対象としての古環境復元の研究成果とを統合すると下記および表6-1のような説明となる（磨製石斧モデル）。

　九州縄文時代前期では、小型石斧の比率が高い遺跡（供養川遺跡、神野牧遺跡）とそうでない遺跡の違いがあり、小型石斧の比率が高い遺跡では、剔り貫きなどの加工作業の頻度が高いと言える。ただし、後期以降に比べてノミ形石斧の比率が低いことから、容器類や掬い具などの製作はあまり活発でなかったと考えられる。中・大型石斧については沿岸部・内陸部ともに扁平なものが多いため、頻繁に立木を伐採していたとも考えにくい。最大幅に対して最大厚が大きく、刃縁正面観が凸刃をなす丸チョウナ状石斧が認められる（供養川遺跡、神野牧遺跡など）。丸チョウナ状石斧は、横斧着柄で丸木の剔り抜きなどに適した性能を持つため、沿岸部や河川部での丸木舟使用に関係する可能性がある。前期遺跡で行われていた木材利用は、主に各種柄・弓・敲き具・掘棒などの削り工程主体の道具製作と住居建材・罠材の加工、丸木舟製作などが想定できる。中・大型石斧主体で構成される内陸部遺跡では、沿岸部ほどの複雑な木材利用は行われていない。後氷期の最温暖期にあたり、縄文海進による内湾環境が形成され、森林域では照葉樹林が優勢になる。

　中期には内陸部遺跡でも小・中型石斧セットがみられ（岡田遺跡、前谷遺跡）、剔り貫き作業など加工作業の頻度も高かったと考えられる。しかし、前期に比較しても全体的に大型石斧の比率が低く、積極的な伐採活動の痕跡がみられない。また、前期に比較して沿岸部・内陸部ともに丸チョウナ状石斧があまりみられない。これは丸木舟製作の衰退を意味する可能性があり、中期の

表6-1　九州縄文時代前期以降の資源利用における磨製石斧モデル

	前期	中期	後期前葉	後期中葉	後期後葉	晩期前・中葉
磨製石斧	扁平 丸チョウナ	扁平	太型	大型太型 方柱状ノミ形	太型	→
資源利用	**内湾／** 落葉広葉樹＼	内湾埋没＼ **落葉広葉樹／**	**内湾／** 落葉広葉樹／	**内湾／** **沖積低地／** **落葉広葉樹／** 照葉樹／	内湾＼ 沖積低地／ 落葉広葉樹／	内湾＼ **沖積低地／** 落葉広葉樹／
海水準	**上昇（海進）**	低下（海退）	**（沖積低地形成）**	→	→	→
貝類	**海水温上昇 貝塚増加**	内湾埋没 貝塚減少	**貝塚形成**	→	貝塚衰退	→
珪藻	**降水量増加**			降水量増加		
海流	黒潮北流 （温暖化）	**黒潮東流（冷涼化）**	（黒潮北流）	→	→	
木材花粉	照葉樹優勢 （温暖化）	**落葉広葉樹進出（冷涼化）**				

※／は増大・盛行、＼は減少・衰退、→は前段階傾向の継続を示す

内湾埋没に伴う沿岸部居住および利用の衰退（松島・小池1979）と関連するものとして注目される（板倉2006, 13）[2]。

　中期は冷涼湿潤化の影響で、九州でも内陸山間部では落葉広葉樹の進出が認められる（畑中ほか1998）。落葉広葉樹は照葉樹に比較して成長が早く、照葉樹は成長が遅いが大きく育つ。山田昌久によれば、成長が早く、手頃な太さのものを獲得しやすいという点で落葉広葉樹は縄文時代の用材に適しているという（山田2002, 2003, 133・355）。その中でもクリはコナラ・カエデ属・サクラ属よりも年輪幅が広く、比重・強度が低いために、石斧による伐採効率が高いという実験結果が得られている（岩瀬・工藤2002, 163-165）。中期以降の内陸部居住において、落葉広葉樹（特にクリ）が選択的に利用された可能性はある。新潟県のマタギ集落での報告例（田口2002, 211）にあるように、クリの自生林に対して、下草や雑木の除去、優良木の選別などを行ってクリ林を維持したかどうかまでは分からない。ここでは少なくとも、落葉広葉樹に対する選択的な木材利用が、照葉樹林内にギャップを形成し、二次林や陽地性植物の生育の場となった可能性は想定できる（板倉2006, 14）。

　後期前葉は、沿岸部・内陸部において、ノミ形石斧の出土が安定し、中期までに比べて容器類や掬い具の製作が活発になると考えられる。貝塚が形成されることから、中期海退（内湾埋没）が一段落して、沿岸部の利用が活発化している。太型石斧（乳棒状石斧）の普及からは、立木伐採の頻度が高くなったことも指摘でき、建築物や丸木舟用の丸木の確保がすすんだと言える。木材獲得においては、照葉樹林内の落葉広葉樹が選択されたと考えられ、中期と同様に木材利用によって形成された二次林が、陽地性植物利用の場となった可能性を想定する。東日本では、木工活動の活発化が前期にはじまり、中期末から後期初頭に木材加工技術が成熟する（山田1989）。九州地方の縄文時代後期前葉の木工・伐採両面での技術革新は、東日本縄文文化の伝播（渡辺1968；田中1982a）の結果と評価できる（宮内1987, 162；板倉2006, 13）。

　後期中葉は、九州北部の様相は後期前葉と大きくは変わらないが、九州南部では市来式土器文化圏において方柱状ノミ形石斧の導入という特徴的な動態を示す。方柱状ノミ形石斧の存在は、より細密な削り・剔り貫き工程を反映すると考えられる。また、太型石斧の大型化には、より一層の立木伐採頻度の増加や対象樹木の大型化（落葉広葉樹の選択的利用に加えた照葉樹利用などの広範囲化）が予想され、後期中葉が九州縄文時代における森林・木材利用のピークであることを示している。

　後期後葉から晩期中葉までは、後期中葉に比べた場合の大型太型石斧の減少などをふまえると、後期中葉ほど樹木伐採・加工の頻度が高くなかったとも言える。後期後葉の降水量増加や貝塚の減少からは、内湾・沖積低地利用の衰退が示唆され、後期中葉から後葉にかけての資源利用や居住様式の変化が想定される。ただし、後期後葉から晩期は、九州の南北や立地による磨製石斧セットの遺跡間変異がほとんどみられず、居住地遺跡であればどの遺跡でも一定程度の樹木伐採と木工活動が行われたと考えられる。当該期は後期中葉ほど活発な木材利用は行っていないかもしれないが、森林・木材利用が衰退しているわけではなく、むしろ安定していると評価できる。

　古環境復元研究の成果から、縄文時代中期の冷涼湿潤化という自然環境の変化を想定するこ

とで、当該期の磨製石斧動態について一部を説明することができる。特に、中期の海退現象に伴って縄文人たちの資源利用が内陸志向となり、内陸山間部での落葉広葉樹利用が照葉樹林内のギャップ（開地）形成を生み出して、陽地性植物利用の契機になったという説明（板倉2006, 14）は、後期以降の植物利用を考える上でも重要と考える。一方、後期以降の沖積微高地上に形成されたと考えられる低地林や後期後葉に想定される沖積低地環境の変化などが、磨製石斧技術の展開と具体的にどのような関係にあるのかは明確ではない。九州縄文時代の磨製石斧技術の発達は後期中葉がピークであり、その後は発展・増大を続けるというよりは、器種変異や使用量が縮小した形で安定する。このことから現時点で推測できることは、当該期の森林・木材資源の利用が連続的に発展し続けていたわけではなく、後期後葉から晩期にかけて安定化した上で、晩期後葉・弥生時代早期の技術革新（大陸系磨製石斧技術の導入）を迎えるということである。このような磨製石斧動態からみた九州の縄文社会に対する説明を、本書では磨製石斧モデルとして提示する。この磨製石斧モデルは、今後、様々な角度から妥当性を検討しなければならない。例えば、森林・木材資源利用の復元においては磨製石斧だけではなく、礫器や、各種の不定形剥片石器の利用も想定しなければならない（Strathern 1970）。また、石斧石材の産地や特性に関する検討も不足している。今後、本モデルの改良を重ねることは、「石器分析から縄文時代の資源利用の一端を明らかにする」という考古学的な資源利用研究の一つの方向性であると考えている（本書序章）。

第2節　打製石斧モデルの整合性

　第4章では、九州縄文時代後・晩期の打製石斧動態を整理した。打製石斧は、後期中葉以降に定着し、当初から小型から大型までサイズ変異があるが、土壌や軟質物に作用するという性能には大きな変異がない。本節では、打製石斧が定着する時期以降の古環境、特に沖積低地の形成について詳しく整理する。また、後・晩期遺跡で検出される掘削遺構の概要を把握することで、その構築における打製石斧使用の可能性を検討する。

1　古地形データの概要

（1）沖積低地の形成モデル

　遺跡と地形の関係を分析した嚆矢である東木龍七は、貝塚と旧溺れ谷や旧海岸線との距離、地形の浸食、沈降、海進、谷の埋没などを検討して、貝塚の分布が現海岸線ではなく、旧溺れ谷に関係することを明らかにした。また、(1) 同一渓谷の丘陵貝塚では上流方面が古く、下流方面が新しい、(2) 丘陵貝塚が古く、谷底貝塚が新しい、(3) 渓谷底の標高が高い貝塚群が古く、低いものが新しい、という傾向を把握し、「堆積作用による湾底の陸化」や「人類学上の特殊原因」がその新旧成因になっている可能性を指摘している（東木1926）。酒詰仲男は、南関東の貝塚の立地と貝種相から土地の沈降と上昇による海岸線の侵入・後退を想定し（酒詰1942）、その後、

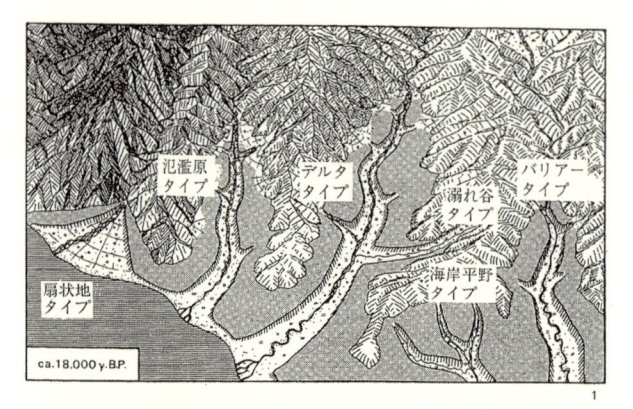

図6-8　沖積低地の発達過程模式図（海津1994より転載）

東木や欧米先史学の成果を受ける形で、関東地方の地形について、第三紀と第四紀の地質・地形的関係や、土地の隆起、海退、降雨、平原や谷の形成と埋没について概説した（酒詰1951，2）。その後も考古学と自然地理学・地形学は情報を共有する部分も多く、双方の成果の対比が図られてきた。例えば安田喜憲は、弥生時代遺跡層序を含めた河内平野の堆積物の分析から、縄文時代晩期の海水準の低下、弥生時代前期の低湿地を控えた鳥趾状砂堆上の遺跡立地、中期末の海水準上昇に伴う平野の湖沼化と遺跡の高地移動、後期末の河内平野内自然堤防上の遺跡形成という変遷を捉えている（安田1977）。

　海津正倫は、沖積低地の自然地理学的特性を下記のとおり整理している。沖積層の層相は、①沖積層基底礫層（更新世末期、谷堆積）、②下部砂層（氾濫原堆積物）、③中部シルト・粘土層（縄文海進期、海成堆積物）、④上部砂層（三角州性堆積物）、⑤沖積陸成層（氾濫原堆積物）、の5つに分類される（井関1983；海津1994，117-119）。低地内陸部では、②③④が礫・砂・シルト・粘土の互層からなる氾濫原堆積物に移化する。沖積低地に形成される泥炭層は、沖積低地のタイプ別（a.扇状地タイプ、b.デルタタイプ（氾濫原タイプ）、c.バリアータイプ、d.海岸平野タイプ、e.溺れ谷タイプ。図6-8）に特徴があり、バリアータイプ、溺れ谷タイプ、デルタタイプで泥炭層の形成が顕著となる。各タイプの泥炭層の形成は、縄文海進期の潟湖・内湾・溺れ谷の形成と埋積に関わり、デルタタイプ

は、三角州、海岸線の前進の過程で、その背後の氾濫原内に自然堤防とその後背湿地が形成される。バリアータイプは、海岸部砂堆背後の潟湖の埋積過程であり、不規則にモザイク状に陸地の形成が進行し、広く池沼が残る。溺れ谷タイプでは、谷の末端部の埋積が先行して谷内が閉塞した場合に泥炭層が発達する。その沖積低地の特性（縄文海進の進行とその後の埋積状況）ごとに、泥炭層の形成時期や規模が異なる（海津1994, 158-167）。木曽川が形成する濃尾平野の分析では、(1) 緩慢な海進ステージ（10,000〜8,500年BP）：部分的に泥炭層が発達し、海水準上昇速度が鈍化していた時期がある。(2) 急激な海進ステージ（8,500〜6,500年BP）、(3) 累重的堆積ステージ（6,500〜5,500年BP）、(4) 前進的堆積ステージ（5,500年BP〜）、という段階が設定された（海津1994, 141-143）。これらが、本章前節で古環境復元研究から想定した縄文時代中期以降の沖積低地形成の具体相である。なお、本書では海津の整理にもとづいて、「氾濫原」を、ある河川が増水した際に、河道から水があふれ（氾濫）、その水でおおわれる平野部分（原）と理解する。地形的には三角州や沖積平野、扇状地、谷底平野などを広く含む。氾濫原では、水流によって、礫・砂・シルト・粘土が運ばれて堆積し、三日月湖などの河跡湖や後背湿地、自然堤防などの地形が発達する。広く平坦で、洪水のたびに冠水し、地下水位も高いため、森林は発達しない。「沖積平野」は、主に河川による堆積作用で形成される平野で、「沖積低地」も同義と捉える。沖積低地・平野は河川氾濫に加えて、風や雨による堆積作用も含んだ広い概念と理解する。

　高橋学は、200か所におよぶ遺跡の地形環境分析の結果、瀬戸内海沿岸の臨海平野において、縄文海進最盛期以降、少なくとも11ステージの画期があるとした。このうち、扇状地帯や三角州帯の自然堤防を構成する砂・シルト層の下からは縄文時代後期の遺物が出土する。この砂・シルト層は、現在の地下水位より上に出ている部分は黄灰色、下では青灰色を呈する。洪水等によって短期間で堆積したようで、沖積上部砂層の上部にあたる（ステージ3）。ステージ3の旧河道などが後背湿地となり、徐々に埋積される中で、縄文時代晩期〜弥生時代前期の水田遺構が構築される（ステージ4）。高橋は、地形環境の点から見ると、縄文時代晩期と弥生時代前期の間に大きな変化は認められず、水田耕作が縄文時代晩期にさかのぼることは「何の障害もない」と述べ、「パイロット事業段階の水田」はさらにさかのぼる可能性を指摘している（高橋2003, 137-141）。Fタイプ（扇状地帯タイプ）の臨海平野として姫路平野、揖保川下流域平野、高松平野のほかに、早良平野を挙げ、ステージ4の水田遺構が確認されることを期待している（高橋2003, 155）。また、潟湖はバイオマスが高く、縄文人たちの生活を支えていたと評価し、ステージ2の3,500〜3,300年BP（後期中葉）に、大規模な河川氾濫によって潟湖が埋没したことが、生活への大打撃であったと推定している（高橋2003, 176）。

　木曾川扇状地とその前縁の氾濫原の浅層地質に関する小野映介らの分析では、東部で扇状地構成層と上部砂層（層厚10〜15m）に対応する粗粒堆積物（砂礫〜中・粗粒砂）の堆積が停止し、河川からの溢流堆積物の供給を受けつつ黒色有機物層や細粒堆積物（シルト）が形成されるのが縄文時代中期後葉〜後期中葉（4,300〜3,000年BP）、西部で同様に洪水による土砂の堆積を受けにくくなるのが縄文時代晩期〜弥生時代前期（3,000〜2,200年BP）、南部の低地で土砂の上方累重、自然堤防が発達するのが弥生時代中期（2,200年BP）〜中世前半（13〜14世紀）と推定された（小野ほか2004, 291-293）。小野らの分析からは、縄文時代中期前半：不安定→中期後半〜後期中葉：

安定→後期後葉：不安定→晩期〜弥生時代前期：安定という沖積低地内の変動を知ることができる。この変動は、本章前節で整理した海水準や降水量といった古環境復元の成果とも整合的である。

（2）九州縄文時代の沖積低地形成

　以上のような沖積低地形成に関する複雑な堆積状況は、福岡市内の発掘調査でも確認されている。拾六町平田遺跡第2次調査の地質・地形分析によると、早良平野中央部の地形形成は、縄文時代前期の最高海面期に細礫・粗粒砂混じり粘土層が発達し、その後、後期にかけて海岸砂丘背後の塩性湿地堆積として薄い腐食層を所々挟む青灰色粘土層が形成される。縄文時代晩期には小海退期に入りかけており、河川による海岸低地付近の侵食がやや活発になる。その後、弥生時代後半には陸化する（下山・磯 1993）。野芥大藪遺跡第1次調査の埋没河川 SD0149 堆積物の花粉分析では、「マツ属は低率で、二次林の形成は小規模」、「イネ科、ヨモギ属など草本類が高率で、穏やかな河川流路や三日月湖の形成が複数個所あり、流路や三日月湖の位置が変わるような異変がしばしば発生した。流域の植生は破壊され、植生遷移を後退させ、森林の発達を妨げ、林縁部が作られ続けた。ブナ属が出現し、冷涼化した花粉組成を示した後、埋没河川が見られなくなる」、「気候の冷涼化によって海水準が低下し、浸食基準面が低下することによって、それまで河川の流路が頻繁に変わるような不安定な地域が、浸食の場に変わり比較的安定した環境になる。野芥大藪遺跡は、扇状地状を呈する低位段丘上に立地するが、この段丘化はこの時期に起こったものと考えられる」とまとめられている（野井 1999）。

　筆者が調査した千里遺跡第1次調査の堆積年代と周辺の遺跡分布からは、糸島平野東縁について、下記のようなプロセスが復元できる（福岡市教育委員会編 2011b, 251）。
　（1）沖積層上部砂層の堆積後、縄文時代中期後半頃に陸成堆積層が形成される。
　（2）縄文時代晩期には、自然堤防周辺の陸成・河成堆積による段丘化がある程度進んで居住空間が安定する。
　（3）弥生時代前期後半には陸化がさらに進んで、安定した生活痕跡が認められる。

　千里遺跡 2A 区の試掘トレンチ壁面土層を整理すると、4層以下の粘質土・砂・礫層は、傾斜した流路状の堆積で遺物を含まないのに対し、3層以上の粘質土・シルトは鉄分・マンガンの沈着する水平堆積で縄文時代晩期の遺物が散漫に含まれ、弥生時代以降の遺構面が形成されるという違いがある（図6-9(A)(B)）。また、4区北東部北壁土層を見ると、11層の砂質シルトや、10層の西端、12層の砂質シルト（SD4190：黒川式、板付Ⅱ式、須玖Ⅱ式古段階）が、9層（SX4051：坂の下式、黒川式、伯玄式、下大隈式、西新式）や10層の粘質シルトと明瞭に分層できない状態で流路状に堆積しており、弥生時代の間も完全には陸地化していない氾濫原であったことを示す（図6-9(D)(E)）。4区トレンチ3北壁土層では遺構面・包含層下に砂質シルトが 1.3m 堆積し、有機物を含む細砂とシルトの互層堆積、砂礫層となっており、砂礫層上の細砂・シルト互層中から出土したムクノキ材で 4,310±20 年 BP の炭素14年代（中期後半）が得られた（図6-9(C)）。出土遺物としては、4区で後期前葉・坂の下式土器小片を確認している（福岡市教育委員会編 2011b, 179）。また、3C 区の大型土坑 SK3026 下層落ち込みの底面からは、直径 40cm ほどの

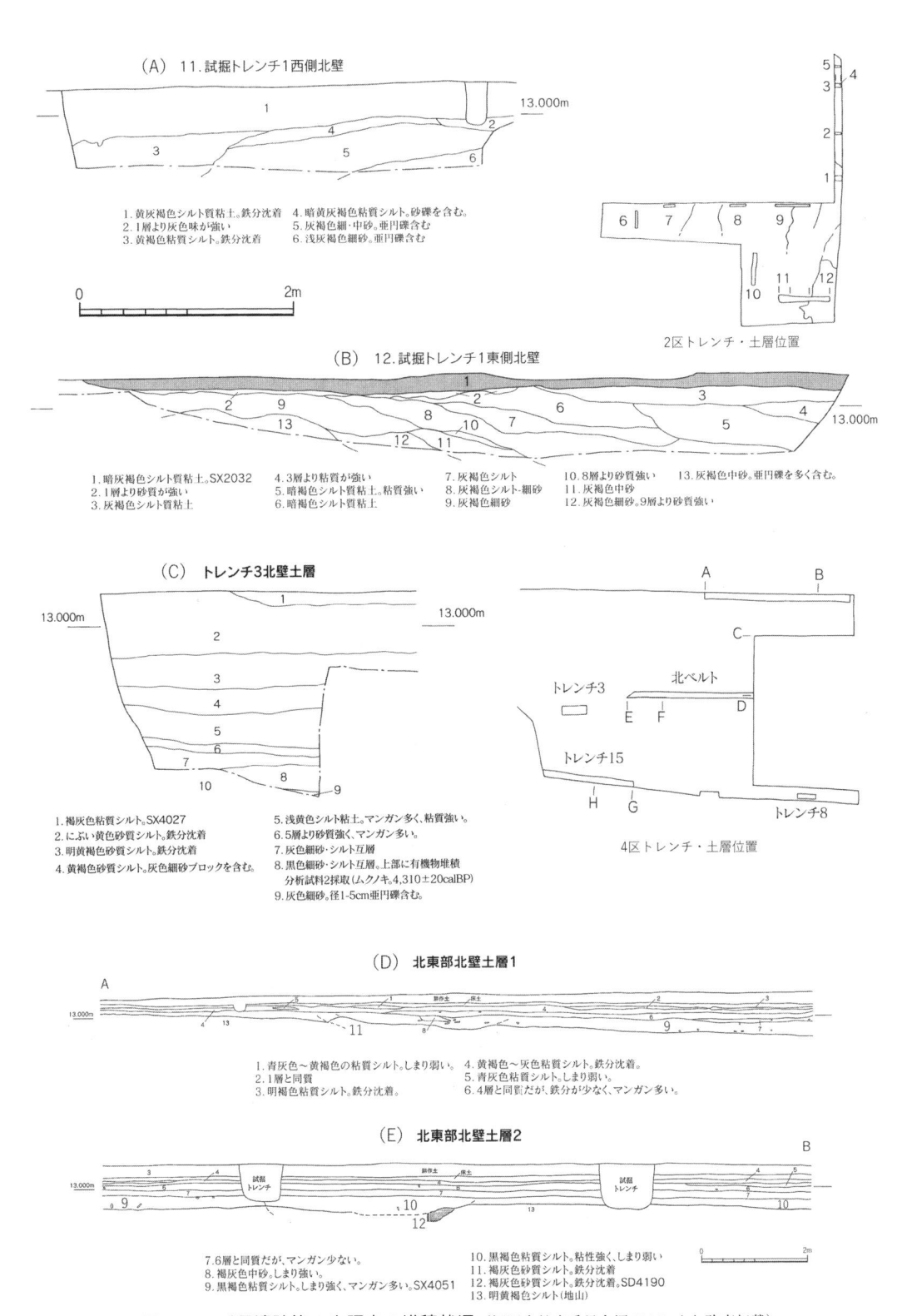

図6-9　千里遺跡第1次調査の堆積状況（福岡市教育委員会編2011bより改変転載）

タブノキ属の自然木が出土し、3,555±20年BPの炭素14年代（後期前葉末）が得られている（福岡市教育委員会編2011b、148・239）。糸島平野東縁地域では、瑞梅寺川とその支流に沿って砂礫・シルト・粘質土が南北方向に帯状に堆積し、それが繰り返されることで、複雑な堆積状況を生み出している。河川氾濫時には一帯が冠水して砂・泥とともに人工遺物・自然遺物が漂流物として押し流され、水が引いた後は砂礫・シルト地形の凹部に砂・泥・漂流物が溜まった状態で水溜まりや小規模な湿地帯（部分的な遺物包含層や落ち込み状堆積として検出される）を形成したと復元できる。縄文時代後期以前は、複数流路が形成されて沖積作用が活発な状況であるが、自然堤防の発達とともに縄文時代晩期から弥生時代早期には流路が東西に収斂していき、弥生時代中期にかけてさらに微高地の発達と陸地化が進む状況である。周辺の貝塚の動向をみると、後期前葉の糸島市天神山貝塚、福岡市桑原飛櫛貝塚、後期中葉の糸島市岐志元村貝塚、福岡市元岡瓜尾貝塚など丘陵裾の貝塚形成の後、後期後葉から晩期にかけて貝塚形成が中断し、弥生時代前期に福岡市今津貝塚、長浜貝塚など砂丘上貝塚が形成される。このような貝塚の形成・不形成の変動は、前節で整理した古環境復元研究の成果からも、内湾や干潟などの沿岸環境の埋没や形成に起因すると想定される。この点については、本書第7章でも検討する。

　縄文時代前期から弥生時代にかけての上記のような沖積土堆積は、九州各地の遺跡報告で確認できる。佐賀県唐津市菜畑遺跡では、青灰色砂層、淡褐色砂質土、青灰色砂質土の上に、縄文時代前・中期、轟B式〜船元式期の貝層を含む文化層（14層下層）が形成され、その上に阿高式〜三万田式期の遺物を含む灰色砂層が厚く堆積しており、後期を通じて砂層で埋没する環境にあったことが分かる（唐津市教育委員会編1982）。同市徳蔵谷遺跡平成14年度調査区では、佐志川左岸の標高約4mの自然堤防上において、最下層・黄褐色砂質土上の縄文時代中期中葉の遺構（集石SK19土壌の炭素14年代4,470±40年BP）→黄褐色砂質土の堆積（自然堤防形成）→縄文時代後期前葉（坂の下式〜小池原下層式期）の文化層→西側丘陵の崩落（土石流堆積）→縄文時代晩期前葉（古閑式新相）から弥生時代の文化層、という変遷が整理されている（唐津市教育委員会編2004）。縄文時代中期後半の砂質土堆積と、縄文時代後期中葉から後期後葉ごろの土石流堆積は、前節で触れた冷涼湿潤化の時期と対応しており注目される。大分県杵築市龍頭遺跡は、東流する八坂川の左岸段丘上、標高約100mに位置する。B・C区は、後期前・中葉の福田KⅡ式、コウゴー松式、鐘崎式土器を主体とする時期で、イチイガシの貯蔵穴群が検出され、編組製品、少量の石器が出土した。貯蔵穴出土木材の炭素14年代は、4,540±100〜4,230±90年BP（中期後半）の値を示す。黄褐色・暗緑灰色砂質シルト上に堆積した暗灰色シルト質細粒砂・暗褐色砂質シルトが縄文時代の遺構面となり、その上に粗粒砂・粘土質シルトなどが堆積する。縄文時代後期層からは陸生珪藻が比較的多く産出し、地表化していたと考えられるが、その後（後期後葉以降）は泥流に埋まって、貯蔵穴も使用できなくなったと復元されている（大分県教育委員会編1999）。熊本市黒橋貝塚は、熊本平野南部、浜戸川右岸の自然堤防上標高約4mに位置する。土器は阿高式、南福寺式、中津式、出水式、御手洗A式、福田KⅡ式で後期前葉を主体とする。基盤の砂泥層、泥炭層（11層）、青灰色粘土（10層）上にマガキ、シジミ、ハマグリの純貝層（9〜6層）が形成され、その上に褐色粘土（6a層）、黒青色粘土（5、6f層）、青白色粘土（6g層）などが堆積した後、それらを削る形で泥炭層を挟む砂層（4〜2層）が堆積している（熊本県教育委員会編

1976, 1998a)。貝塚が形成された後期前葉の後は、腐植土形成、水没、洪水堆積、腐植土形成を繰り返す不安定な状況に置かれたことが読み取れる。阿高貝塚は黒橋貝塚の対岸、浜戸川左岸の丘陵裾標高約10mに位置する。土器は阿高式、南福寺式、中津式、出水式、福田KⅡ式、御手洗A・C式、鐘崎式で、後期前・中葉を主体とする。丘陵側の赤褐色・黄褐色砂礫土、低地側の黒青色粘土、黒灰色砂質土、混礫黄褐色土上に貝層と黒色土、暗褐色土の互層が傾斜堆積し、それを切る形で混破砕貝黒褐色土、黒褐色土が客土・整地層として形成される（城南町教育委員会編1978）。阿高貝塚は丘陵裾にあって、黒橋貝塚より長く利用されており、糸島東部における桑原飛櫛貝塚と元岡瓜尾貝塚の関係に類似する。熊本県宇城市七ツ江カキワラ貝塚は、八代平野北部の西に八代海を望む丘陵裾、標高約2mに位置する。土器は南福寺式、出水式、指宿式など後期前葉を主体とする時期で、埋葬人骨が検出された。XP〜XA純貝層としてのカキ主体層・ハイガイ主体層の互層の上に、海（西）側では混土貝層（Ⅸ〜Ⅶ層）と厚い灰色砂質土（30層）が堆積し、山（東）側では混土貝層（Ⅵ〜Ⅰ層）と褐色粘土・粘質土（31・27・26・24層）の互層の上に灰褐色〜青灰色砂質土の互層が堆積する（熊本県教育委員会編1986）。貝塚は腐植土の発達しない砂質土に覆われて埋没している。熊本県天草市大矢遺跡は、天草下島の北東部、現・本渡港が築かれた内湾の北側砂礫層上、標高約2.5mに位置する。大矢遺跡調査区の土層を見ると、Aトレンチ東側土層では、わずかに北側に傾斜する8・7層（黒灰色砂礫層）を切る形で6・5・4層（灰色砂礫層〜黄褐色砂層）が北側に傾斜して堆積し、これを切る形で3・2層（黒褐色砂礫層）が北側に傾斜して堆積する。B〜D・H-3区北側土層では、西側に傾斜して堆積する9〜5層（青灰色〜褐色砂礫層）を切る形で、4〜2層（黄褐色〜黒褐色砂礫層）が水平堆積する。A・B・Eトレンチ南壁土層では、西側に傾斜して堆積する8〜4層（黒灰色〜褐色砂礫層）を切る形で、4c〜2層（黄褐色〜黒褐色砂礫層）が水平堆積する。Gトレンチ南壁土層では、西側に傾斜して堆積する5〜4層（暗黄褐色砂礫層）を切る形で、4c〜3層（黒褐色砂礫層）が水平堆積する。南トレンチ東壁土層では、南側に強く傾斜して堆積する9〜6層（褐色〜暗褐色砂質土）を切る形で、5〜2層（黒色〜暗褐色砂礫層）が南側に緩く傾斜して堆積する（天草市教育委員会編2007）。この層位傾向から、下層（黒灰〜暗褐色砂礫層。前・中期）と上層（黒褐色砂礫層。後期前葉）の不連続を指摘できる。下層が地形に沿って傾斜堆積し、腐植土が未発達であるのに対し、上層は腐植土が水平に堆積している。同市一尾貝塚は、天草下島の北東沿岸部、南に中洲川河口を望む丘陵裾、標高約6mに位置する。土器は阿高式、出水式、御手洗C式、鐘崎式、北久根山式など後期前・中葉の時期で、石器は各種のほか、擦切具、双角状石器、打欠石錘、骨角製の釣針、刺突具、貝錘、装身具が出土している。Aトレンチ北壁土層図を見ると、水平な黒色〜褐色砂層堆積（26〜20層。並木式・阿高式土器含む）上に西に傾斜して貝層と粘土層の互層（19〜7層）が形成され、それを切る形で黒褐色粘質土・粘土層（6・5層）、黄褐色粘土層（3層）が凹凸に堆積する（五和町史編纂委員会編2000）。北久根山式土器期の貝塚形成を最後に、腐食性土壌で覆われている。熊本県五木村逆瀬川遺跡は、川辺川の河岸段丘上に位置し、河成砂質土上に縄文時代中期・船元式期〜後期中葉・市来式、鐘崎式期の集落が形成されるが、その上は河成の砂層、砂礫層に覆われている（五木村教育委員会編2003）。

　弥生時代以降の遺跡形成が顕著になる砂丘の堆積については、甲元眞之が、西日本沿岸の砂丘

に見られるクロスナ層（腐植土）の形成時期を、轟式など条痕文系土器と弥生時代早期から中期と想定し、曽畑式から並木式までの間と黒川式と夜臼式までの間は砂の供給が盛んになる砂丘形成期とした（甲元2005）。甲元は、この砂丘形成を気候寒冷化と海退によるものと捉え、ヨーロッパ、東アジアの古気候研究における寒冷化の時期に対比している（甲元2007, 21-22）。田崎博之は、縄文時代後期〜弥生時代の浜堤、谷底低地、三角州、扇状地といった地形条件ごとの遺跡の堆積状況と活動痕跡を整理し、弥生時代開始期の大きな画期のほかに、縄文時代後期末〜晩期初頭の画期（移動性の高い小規模集落と畑の構築）を指摘している（田崎2019）。

　縄文時代前期から晩期にかけての沖積低地の堆積過程については、次章で博多湾沿岸地域を事例とした検討も行う。

2　打製石斧モデル：打製石斧動態と古地形復元および掘削遺構

以上の古地形復元のデータと打製石斧の特性は下記のとおり整理できる。

- （A）縄文時代中期以降は河川流域を中心に砂泥・シルトの堆積が進む。
- （B）九州縄文時代の打製石斧は後期中葉以降に定着し、軟質土壌の掘削などクワ・スキ的な機能・用途だけでなく、軟質物に対するオノ・ナタ的機能を合わせ持った多目的な道具と評価できる（本書第4章）
- （C）後期後葉以降は、溝状遺構といった浅く長く掘削しなければならない、掘削土量が多い遺構の構築が認められる（後述）。

これら（A）〜（C）の現象は、相互に関連させて理解することができる。すなわち、縄文時代後期中葉以降に九州地方で普及する打製石斧は、河川流域に形成された沖積低地での資源利用や居住地周辺における溝状遺構の構築などに使用されたという説明である。かつて八幡一郎は、打製石斧が縄文時代以来、扁平度を増し、定型化しながら弥生時代へと連続することを指摘した後に以下のように述べている。「打製石斧を耨（どう・じょく。除草などを行う鍬などの道具：筆者注）とすることは種々なる點から可能である。さり乍ら之の存在を以て直ちに農耕を考えることは出来ないであろう。然らば縄文式文化期に農耕の行われたとすべき積極的證左が認められないのに、此石器が普遍して居る事実を如何に解すべきか。筆者はかの規模大いなる竪穴住居の開鑿や、土器製作に必要な粘土の採掘等に當って恰好な土掘道具として使用せられた石器と見做すのである。〈中略〉弥生式文化期の農耕社会にあって、之が鍬の如き耕耘の具に供せられたと見る」（八幡1941, 145-146）。八幡は、打製石斧の「土掘具」としての機能を認めた上で、「農具・鍬」としての用途ではなく、その他の掘削活動に用いられた可能性を想定した。以下では、縄文時代に想定される掘削活動について、打製石斧使用の可能性を検討する（打製石斧モデル）。

（1）土坑

　旧石器時代から構築される陥穴や、九州地方では縄文時代前期や後期前葉、晩期中葉に数が増える円筒状土坑（堅果類貯蔵穴の可能性が高い）は、晩期中葉を除けば構築時期が打製石斧の普及と結び付かない（板倉2021b, 124）。このことは、「円筒状の深い穴」を掘る作業と打製石斧の機

能性が必ずしも相関しないことを示唆している。比較的狭い範囲（径1～2mほど）の土を深く掘るために、掘削者は立った状態で、木製掘棒などを力強く土に突き立て、突き崩しながら土を除去していったと想定される。ヤマノイモなど土中に深く埋まっている根茎類の採集も、木製掘棒の利用が合理的であることは第4章第2節（pp.139-141）で整理したとおりである。

　陥穴や貯蔵穴を構築する場所は、丘陵上や台地、扇状地、段丘の縁辺など、礫混じりの土壌であり、着柄した打製石斧を力強く土壌に打ち付けて掘削するのは刃部破損のリスクが高く、刃部破損時の刃部着脱のコストが高い。この点をふまえると、河川氾濫などの影響を避ける形で丘陵、扇状地、段丘の礫混じり土上に形成される居住地遺跡のピット、柱穴、土壙墓、埋設土器、竪穴住居などの遺構は、基本的には木製掘棒で掘削する方が安全と言える。竪穴住居の構築では、大枠の掘削は木製掘棒で行い、掘削土の移動・除去や竪穴形状の微調整などは打製石斧で行うことが想定できる。打製石斧による掘削が木製掘棒に対して優位になる状況は、掘削対象土壌が軟質で、打製石斧への衝撃負担が小さく、破損のリスクが低い場合である。また軟質だが細かい植物根などが多い土壌は、木製掘棒では植物根を断ち切れずに掘削しくにいが、打製石斧であれば植物根を断ち切りながら掘削できる。また、軟質土壌を広く浅く掘る場合などは、打製石斧は作用面積が広いため、掘削が効率的となる。このような軟質土壌は、河川流域に堆積する淘汰の良い（粒径が揃っている）砂・シルト・粘土である。

（2）溝状遺構

　博多湾沿岸地域の後期後葉以降には溝状遺構が構築されている可能性が高い。溝状遺構の機能・用途については、灌漑水路説（吉留2004, 2008a・b）と、治水・水防用水路説がある。後者は、溝状遺構が河川氾濫原の汀線付近に構築されるというパターンを見出し、低地冠水時の排水と水資源の導水という2つの機能を想定している（板倉2020）。博多湾沿岸地域以外の事例として、長崎県島原市小原下遺跡では、太郎迫式から鳥井原式土器を主体とする時期の集落と幅1.2m、深さ38cmの直線的な溝SD01が検出され、「集落の排水等の用途」が想定された（島原市教育委員会編2011）。九州南部でも後期後葉以降の溝状遺構の構築が確認される。機能としては、博多湾沿岸地域のような河川氾濫時の増水・冠水対応というよりは、雨量増加期の台地上や扇状地、段丘上での地表水の集排水という側面が強い（板倉2021b, 123）。前節で整理したように、後期後葉は降水量増加期というデータもある（図6-4。加ほか2003）。

　溝状遺構は比較的広い範囲を、陥穴や貯蔵穴に比べて浅く掘る。大方の掘削は木製掘棒で行えるが、溝内部の成形と掘削土の排出は打製石斧で行うことを想定できる。この際の打製石斧の使用者はかがんだ状態で、着柄した打製石斧で土壌を削って溝内部形状の微調整を行いつつ、土を掬い掻き出していったと考えられる。沖積低地内微高地や段丘、台地上の表層土は礫混じり土というよりは、淘汰の良いシルトや粘質土となる。

（3）ハタケ遺構

　福岡県杷木町クリナラ遺跡では、標高約96～108mの丘陵間の谷部で、南西向きの斜面に平行・直交する小溝が複数検出され、黒川式土器期の畑状遺構（ハタケ遺構）と報告された（図

図6-10　クリナラ遺跡第1面下層全体図（福岡県教育委員会編1997より一部改変転載）

6-10。福岡県教育委員会編 1997)。層位的には第1面で古墳時代後期の竪穴住居とともに検出され
たが、出土遺物から縄文時代の遺構と判断されている。しかし、ハタケ遺構は、下層（第2面）
の縄文時代晩期前・中葉を中心とする時期の方形竪穴住居、埋設土器、土坑、集石遺構などの集
落遺跡が埋没した後に構築されているため、層位的には明らかな時期差がある。また、ハタケ遺
構と古墳時代後期の竪穴住居や平安時代と考えられる焼土坑は同一面で切り合わずに検出されて
おり、層位的には明確な時期差を示さない。本論では、クリナラ遺跡検出のハタケ遺構は古墳
時代後期以降に構築された可能性が高く、遺構埋土から縄文時代遺物が主体的に出土するのは、
縄文時代遺物を含む下層堆積物を掘り込んでいるためと理解する。また、福岡市大原D遺跡第
6次調査16-Ⅱ区では、標高約36mの南向き斜面で、調査区中央に設けた土層ベルト観察から
溝・畝状の土層が確認され、焼畑（ハタケ遺構）の可能性が指摘されている（福岡市教育委員会編
2002c，105-108）。縄文時代晩期前葉・古閑式土器期の包含層の下で確認されたものではあるが、
平面で遺構として検出されておらず、詳細は不明と言わざるを得ない。

　初期のハタケ遺構の検出は、朝鮮半島の事例が豊富である。大庭重信の整理によるとその概要
は以下のようにまとめられる。韓国無文土器時代の畠遺構（ハタケ遺構）は河岸の沖積地に立地
し、三国時代以降になると谷底・扇状地・丘陵斜面にも造成されるようになる。慶尚南道・全羅
北道の無文土器時代の畠遺構は、いずれも砂質土を主体とした河川の氾濫堆積層からなる自然堤
防ないし先端州の後背低地に位置し、河川と直交した方向に畝・畝間を作るという共通した土
地利用方式がみられる。また、湿潤で排水不良な自然堤防緩斜面では排水のためとみられる区
画溝の内部に畝状遺構がみつかる（大庭 2005，88-94）。大庭は、中国華北地域において、犂利用
が普及して高所乾燥地の「上田」利用が定着する戦国時代以前は、低所湿潤地の「下田」利用が
主体であった可能性や、無文土器時代遺跡の立地・集落規模と山間の焼畑民俗例の違いなどに着
目し、新石器時代の畠作は低地の部分的利用が主体であった可能性を想定している（大庭 2005，
96）。低地でのハタケ構築は、日本の古代・中世の記録にも垣間見られる。現存する古代荘園図
に記載されている畠作地の多くは、水田化に適さない旧河道や川沿いの自然堤防上に分布してい
る（伊佐治 2003，69）。また、「健軍社領野畠検見目録（阿蘇家文書）」の記載では、中世南北朝期
の熊本台地では、白川が形成した旧河道に沿う自然堤防上の野畠で野稲（陸稲）・粟・大豆など
が栽培されていた（伊藤 2003，86）。後藤宗俊は、大分県大野川上流域、阿蘇外輪山東麓火山灰
台地上の弥生・古墳時代集落の経済基盤と想定される農耕のあり方を検討するために、近世以前
の農耕について、近代から古代にかけての文献史料を精査した。その結果、少なくとも中世まで
は谷筋での小規模な水田経営と台地上を広く利用した焼畑・刈畑での雑穀栽培を想定でき、弥
生・古墳時代の農耕は、天水利用、施肥、村落の領域性・継続性の面でより「粗放的かつ原始
的」な形態であったと想定している（後藤宗俊 1983）。ハタケ遺構の初現を考える上では、内陸山
間部での焼畑や常畑というよりは、河川流域の自然堤防上での構築[3]も想定する必要がある。

　弥生時代の打製石斧（石鍬）は、出土遺跡の立地傾向から水田やハタケの耕作具と想定されて
いる。松島（神村）透は、長野県飯田盆地における弥生時代遺跡を分析し、弥生時代中期までの
遺跡分布は大半が沖積地に接する段丘上か、湧水が利用できる地帯に分布する傾向を把握する。
この遺跡立地から近接する湿地帯の利用を想定した上で、「湿地帯といっても、支流からの泥土

の堆積する沖積地、段丘上の湧水地帯でも砂礫の多い固い土壌であるから、木製耕具の耕作は困難であったと思われる」として、石鍬の使用を想定した（松島1964, 66）。弥生時代の石鍬を広く集成した松井一明は、石鍬出土遺跡が沖積低地内や低地に面した段丘上に位置する傾向に注目し、石鍬の水田域での使用の可能性を指摘している（松井1995, 2002）。藤尾慎一郎は、長野県中・南信地区の縄文時代晩期後半の遺跡から、撥型や分銅型の打製石斧（浅く幅広く耕耘する鍬的な使用法）が出土し、立地が河川沿いの沖積地であることについて、弥生時代の石鍬とその出土遺跡の立地に共通するとして、穀物の畑作の可能性を想定する（藤尾2003, 91）。弥生時代の打製石斧（石鍬）については下記の点から、農耕具という理解の妥当性が高められている。

- （a）大陸系栽培穀物の存在
- （b）沖積低地内における水田およびハタケ遺構の存在
- （c）沖積低地利用を志向した集落遺跡の立地
- （d）木製農耕具の代替としての石鍬の機能性

　本論では、この説明を「弥生時代石鍬モデル」と呼称する。以下では、この弥生時代石鍬モデルにもとづいて、九州縄文社会におけるハタケ遺構の存在可能性について検討する。

　まず、（a）の大陸系栽培穀物の存在については、遺跡出土資料の状況からは判然としない。少なくとも現時点でまとまった量のイネ科植物痕跡が縄文時代遺跡からは確認されていないことから、存在したとしてもその利用は小規模なものであったと想定される。その他の栽培対象種としては、マメ類やイモ類ほか各種有用植物が想定される。（b）については明確な遺構は確認されていないが、上述の溝状遺構のうち沖積低地内に構築されたものは関係する可能性がある。博多湾沿岸地域では、縄文時代晩期前葉に沖積低地内での活動痕跡が活発化するが、その中で橋本一丁田遺跡第2次調査では、最下面で晩期前葉・古閑式古相期の幅20cm〜2mの細長いくぼみ状遺構が筋状に連続した状態で検出された（図6-11）。報告書では、水田区画の可能性は低いと評価されたが（福岡市教育委員会編1998c, 103）、ハタケ遺構の可

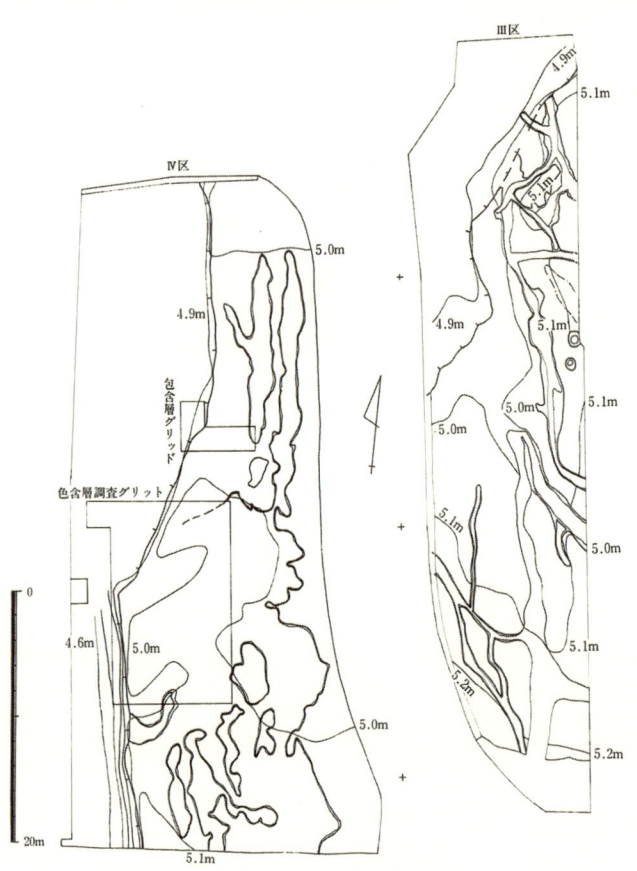

図6-11　橋本一丁田遺跡第2次調査第5面Ⅲ・Ⅳ区全体図
（福岡市教育委員会編1998c より転載）

能性は残されていると考える。その他の出土遺物等にハタケ利用を積極的に示す痕跡が見出されないため、現時点ではこれ以上の検討ができないが、非常に重要な事例と言える。愛媛県文京遺跡第 44・45 次調査でも、縄文時代後期末〜晩期の小溝群が確認されており、畠跡と想定されている（田崎 2019, 58-60）。仮に橋本一丁田遺跡のくぼみ状遺構がハタケ遺構だとすると、橋本一丁田遺跡では打製石斧の出土は顕著とは言えず、ハタケ遺構と打製石斧の使用はつながらない可能性が出てくる。いずれにしても縄文時代晩期以前の沖積低地は、弥生時代以降に比較すると微高地部分の陸化が進んでおらず、ハタケ利用に適した自然堤防は少なかった。台地、扇状地、段丘上などに構築された溝状遺構は、ハタケ遺構に関係するというよりは、居住地周辺における雨水対策（利用）に関係する（板倉 2020, 2021b）。(c) については、磨製石斧、打製石斧、縦長剥片石器の動態を見る限り、縄文時代後期前葉以降は沿岸部、河川下・中流域利用を志向した居住地遺跡も形成されている（第 3・4・5 章）。ハタケ遺構との関係では、生育植物に対する資源防御・管理（天候、動物、雑草対策）の必要性から、沖積低地内微高地上のハタケ遺構と近接した居住地選択、すなわち沖積低地内の台地上や丘陵末端の集落といった弥生時代遺跡と類似した居住が想定される。博多湾沿岸地域の事例では、打製石斧が定着する縄文時代後期中・後葉の居住地遺跡は扇状地上や段丘上に位置し、沖積低地は資源利用域には入っていると考えられるが、特別にその利用を志向した立地とは言えない。晩期前葉以降には沖積低地を志向した遺跡立地の傾向を把握できるが、晩期後葉〜弥生時代早期ほどの居住地の低地化ではない。この点については本書第 7 章で詳しく検討する。(d) については、水田やハタケの構築と管理を行う道具を考える場合、まずは砂泥を効率的に扱うことに最適化した技術としての木製農耕具の存在を検討する必要がある。現時点では、木製鍬・鋤の出土や板材を効率的に獲得して加工する技術としての大陸系磨製石斧（太型蛤刃石斧・扁平片刃石斧・抉入柱状片刃石斧など）の出土は、縄文時代晩期中葉以前にはほとんど認められない。ただし、周船寺遺跡第 14 次調査（福岡市教育委員会編 2004c）、元岡・桑原遺跡群第 2 次調査（福岡市教育委員会編 2002b）などで、晩期中葉・黒川式土器に伴う可能性がある板材が出土しており、注意が必要である（図 6-12）。縄文人たちが手にした道具として、木製農耕具の存在を

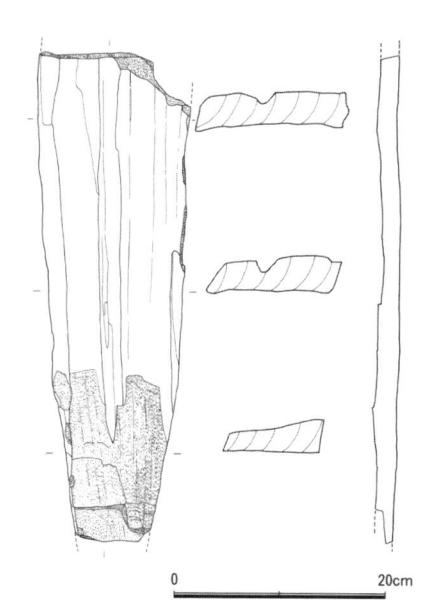
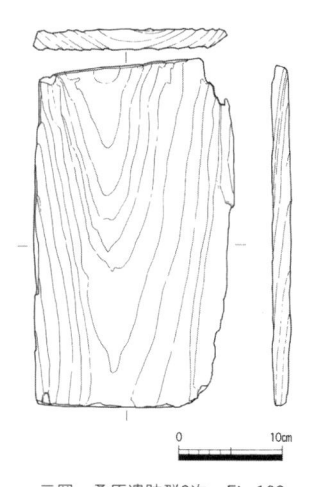

元岡・桑原遺跡群2次　Fig.108
（福岡市教育委員会編2002bより
-90度回転掲載）

周船寺遺跡14次　102
（福岡市教育委員会編2004cより転載）

図 6-12　縄文時代層出土の板材（S＝1/7）

想定できない中では、打製石斧が耕作具としての機能を有していると言える。

　以上をまとめると、九州縄文時代におけるハタケ遺構の存在は、沖積低地内微高地の形成および安定化に左右されている面が大きく、存在したとすれば後期よりも晩期、晩期前葉よりも後葉の方が可能性は高い。そのような観点からは、縄文時代の打製石斧とハタケ遺構の関係性は必ずしも強いとは言えず、弥生時代石鍬モデルとは、様々な前提（大陸系栽培穀物、安定した沖積低地内微高地、木製農耕具の存在）が異なっていると評価できる。

（4）地下部資源[4]の利用

　ここまでは土壌の掘削を伴う設備等の構築について、打製石斧使用の可能性を整理した。以下では、各種地下部資源の利用について、前述の自然地理学および遺跡の堆積物調査の成果をもとに検討する。本書第4章の打製石斧の分析では、打製石斧の性能を「軟質土壌の掘削」にある程度限定した。この性能モデルでは、打製石斧の使用は軟質土壌としての沼沢地堆積物や沖積土が主たる対象となったという想定を導く。九州南部の分析では、後期後葉以降の打製石斧出土遺跡は河川低地に近い位置に立地しており、打製石斧があまり出土していない遺跡は、河川低地や谷底低地から比較的離れて立地している（板倉2021b，125）。台地上は細かい開析谷が形成されており、大きな河川に面していなくても、湧水を確保できる環境にある。そのような中で、打製石斧出土遺跡が比較的大きな河川低地を志向した立地を選択しているのは、河川低地が提供する水産資源や植物資源の利用のためと考えられる。石錘などの漁撈具はあまり目立たず、定置式漁具やアク抜き施設が存在した可能性もあるが、痕跡は確認されていない（板倉2021b，124-125）。打製石斧による軟質土壌の掘削を、資源利用に結び付けて考えると、河川流域沖積土中の植物根茎や昆虫、小型動物が採集の対象となったと考えられる。ただし、九州南部地域では、遺跡周辺の軟質土壌は河川堆積物（自然堤防、扇状地など）だけでなく、台地上の火山堆積物（シラス）も存在しており、打製石斧の作用の対象が台地上の堆積物であったのか、台地下の河成堆積物であったのかは不明である（板倉2021b，125）。

　博多湾沿岸地域では、後期中葉以降の打製石斧出土遺跡は河岸段丘や扇状地、海岸平野に隣接した丘陵上など、沖積低地を生活域に取り込めるような土地に立地している（第7章）。遺跡周辺の堆積土壌という観点から細かく比較すると、那珂川上流域に位置する山田西遺跡と、室見川上流域に位置する東入部遺跡や脇山A遺跡の違いが注目される。山田西遺跡は、扇状地形を那珂川水系が開析する段丘上、標高約33mに位置し、黄〜茶色砂質土上に後期中葉・北久根山式土器期を中心とする時期の竪穴住居などが構築され、打製石斧も50点近くが報告されている（那珂川町教育委員会編1992，1995，2002，2005）。これに対して、東入部遺跡は、扇状地の扇頂部、標高約30〜40mに位置し、砂礫・黄褐色砂質土上に後期中葉・鐘崎式土器期を中心とする時期の竪穴住居などが構築されるが、打製石斧の報告点数は10点にも満たない（福岡市教育委員会1994b・c，1999b）。さらに上流の脇山A遺跡は、標高約70〜80mに位置し、砂礫・暗褐色粘質土上に後期後葉・御領式から晩期中葉・黒川式土器期までの活動痕跡が認められるが、打製石斧は数点しか出土していない（福岡市教育委員会1990c）。室見川流域で、打製石斧がまとまって出土するのは、後期中・後葉の四箇遺跡、重留遺跡や晩期後葉の田村遺跡などで、扇状地端部の砂

表6-2　博多湾沿岸地域における縄文時代後・晩期資源利用の打製石斧・縦長剥片石器モデル

	後期前葉	後期中葉	後期後葉	晩期前葉	晩期中葉	晩期後葉 弥生早期
打製石斧		短冊～有肩 礫器型	→	短冊～有肩 大型	→	衰退 長大型
縦長剥片 石器		縦長剥片 つまみ形	→	衰退 (小型剥片)	→	小型剥片
資源利用	**内湾**／ 丘陵部／	内湾／ **沖積低地**／ 丘陵部／	内湾＼ 沖積低地＼ 丘陵部／	内湾＼ **沖積低地**／ 丘陵部／	内湾＼ 沖積低地＼？ 丘陵部／	**内湾**／ **沖積低地**／ 丘陵部／
沖積低地	（微高地）	（微高地）	**不安定** **（降水量増加）**	**シルト層** **段丘化**	（海岸砂丘） （後背湿地） 微高地	**海岸砂丘** **後背湿地** **微高地**
低地遺構			**溝状遺構**	**ハタケ遺** **構？**	？	**水田**
小型動物	**貝塚発達** 各種動物骨	**屋外炉**	**貝塚衰退** 屋外炉	→	→	小貝塚

※／は増大・盛行、＼は減少・衰退、→は前段階傾向の継続を示す

礫・シルト層上、標高約15～20mに立地している。この傾向は、東入部遺跡や脇山A遺跡など、扇状地頂部の沖積低地が発達しない居住・生活域では打製石斧があまり使用されなかったことを示しており、軟質土壌対象を想定する打製石斧の性能モデルと整合的である。

　沖積低地形成という自然地形の変化を想定することで、九州縄文時代後期中葉以降の打製石斧動態について一部を説明することができる（表6-2）。特に、河川流域の離水・陸地化が未発達な段階としての後期の沖積低地利用と、河川下流域での自然堤防、砂丘、後背湿地の発達が進む晩期の沖積低地利用を対比して捉える視点は、晩期以降の湿地性植物利用を考える上でも重要である（本書第1章、pp.20-21）。本書では打製石斧は軟質土壌の掘削に適しているという性能を想定して分析を進めているが、打製石斧自体は万能具的機能・用途を有しており、必ずしも沖積低地だけで使用された道具ではない。本書の打製石斧分析は、打製石斧の使用の場を沖積低地に絞り込んだわけではなく、軟質土壌の掘削に適するという打製石斧の性能を想定することで、これまであまり検討されなかった沖積低地という環境パッチが打製石斧の使用環境として十分に想定しうることを示した。九州縄文時代の打製石斧使用は、沖積低地を含んだ広範囲の資源利用の存在を示すものであり、そのような資源利用様式を採用した社会が、晩期後葉・弥生時代早期の技術革新（水田稲作技術の導入）を迎えることになる。このような打製石斧動態からみた九州の縄文社会に対する説明を、本書では打製石斧モデルとして提示する。この打製石斧モデルは、磨製石斧モデルと同様に今後、様々な角度から妥当性を検討することで、縄文時代の資源利用研究に資すると期待できる。例えば、本打製石斧モデルでは、木製掘棒の存在や様々な着柄の可能性を想定しているが、それらを具体的に示す木質遺物の情報が欠落しており、今後の良好な資料の発見が待たれる。また、磨製石斧と同様に石斧石材の産地や特性に関する分析と本モデルとの整合性も検討が必要である。

　かつて大山柏は、民族事例では石製の土掻きは原始農耕に使用されており、これよりもさらに原始的な農耕においては、掘棒が用いられ、さらに消極的な形態（有用植物の保護など）では、特別な器具を要しない場合もある、ということに触れた上で、器具が土掻き具（打製石斧）にまで分課した段階は、原始農耕といってもその開始期ではなく、既に一歩進んだものと言える、とした（大山1927，32・33・69）。大山は、掘棒と打製石斧（石製土掻き）の対比を、経済類型（原始農耕）の発展における生産技術の変化として捉えようとした（唯物史観モデル）。本書では、同様の対比を、近年の古環境・古地形復元研究の成果を受けて、沖積低地の資源利用という脈絡で捉えようとしている（生態モデル）。

第3節　縦長剥片石器モデルの整合性

　第5章では、博多湾沿岸地域における縄文時代後・晩期の縦長剥片石器の動態を整理した。縦長剥片石器の使用は、後期中・後葉に盛行し、晩期には衰退に至る。削器の機能性が高く、小型動物利用に関わる道具と評価できる。以下では、九州縄文時代における小型動物利用について、動物遺存体研究の成果を整理して、縦長剥片石器使用の可能性を検討する。また、本節の検討は、次章で検討する「低地漁撈モデル」の内容にも重なる。

1　動物遺存体データの概要

　縄文時代の漁撈については渡辺誠が主に東日本を対象として、その変遷を復元している。漁撈活動は縄文時代の開始期からはじめられ、中期を境に内湾性・外洋性ともに著しく発達し、後期中葉以降には土器製塩やマグロ漁が活発化する（渡辺誠1973）。関東地方では、中期の漁撈の場が内湾傾向であったのに対し、後期は内湾から外洋まで漁撈活動域が大幅に拡大する（内山1997）。米田穣は、関東平野の中期から後期の人骨の炭素・窒素同位体比分析を行ない、中期と後期では全体として有意な差は認められないが、後期には海洋資源を多く摂取する個体が増えることを示した。この要因について、中期から後期の寒冷化が食生活の大きな変化をもたらしたと言うよりは、干潟の発達など沿岸環境の変化に伴う沖合資源利用への移行が関係しているとする（米田2019）。九州における貝塚の初現は、早期末・塞ノ神B式や苦浜式期に、福岡市浜の町貝塚、佐賀市東名貝塚、宮崎県延岡市大貫貝塚、宮崎市跡江貝塚、同市柏田貝塚、鹿児島県霧島市平栫貝塚、同市宮坂貝塚、同県熊毛郡中種子町苦浜貝塚などが確認されている。その後、前期の轟B式、曽畑式土器期には九州島内で貝塚が一般的になるが（九州縄文研究会編2001）、中期・船元式土器期には貝塚の形成中断や小規模化が確認される（山崎1975，132）。前期以降の九州における漁撈活動を特徴づけているのは西北九州型漁撈具と総称される石銛・石鋸・鎌崎型スクレイパー・結合式釣針・礫器などである（渡辺誠1973，1985a；横山・田中1979）。鎌崎型スクレイパーや石銛は、長崎県上県町越高遺跡（轟B式）や長崎県福江市江湖貝塚（曽畑式）など前期にはみられはじめるが、石鋸は長崎県田平町つぐめのはな遺跡など中期後葉の阿高式土器にともなう事

例が多く、各種釣針類は後期以降に定着するようである（高野ほか2001）。これと関連して前期までの貝塚が貝類と哺乳類から構成される小規模なものであるのに対し、中期後葉・阿高式期以降の貝塚は規模が大きく、魚類の比率が高くなる（高野ほか1999；高木ほか1999；九州縄文研究会編2001）。この漁撈活動の変遷は、前節までに整理してきた古環境復元、特に中期以降の沿岸の沖積地化や、本書第8章で検討する居住様式の変化（定住化）に伴うものと理解できる。

　新美倫子による出土動物遺存体の集成では、貝塚出土の陸獣はシカ・イノシシが圧倒的に多く、タヌキ・ウサギ・アナグマ・サル・ムササビなどが続くものであり、九州でも同様の傾向が見られる。鳥類や爬虫類は非常に少ない（新美2010）。富岡直人は、縄文海進最盛期以降、沖積平野が拡大し、サケ科、コイ科、トゲウオ科、チョウザメ科、ウグイ属、ウナギ、アユなどの魚類利用が活発化したと想定し、エリなどの罠漁に注意を払っている（富岡2010, 32）。縄文時代遺跡出土の淡水魚をまとめた石丸恵利子によると、九州ではウナギ、コイ、フナ属、タナゴ、ギバチ属、アユ、ハゼ科などが確認されている（石丸2010）。佐賀県宇木汲田貝塚で採取された弥生時代早期の土壌からは、ウナギ属、コイ科、ハゼ科、スッポンの骨が検出され、報告者は人為的な利用でないとしているが、カエル目、ヘビ亜目、ネズミ科も検出された（松崎・菊池2021, 95）。氾濫原資源と想定される遺跡出土魚類資料としては、筆者が調査した福岡市雀居遺跡18次調査において、弥生時代の被熱したニシン科？イワシ類、古墳時代前期の被熱したナマズ属、コイ科？、ニシン科？の微細骨を検出している（福岡市教育委員会編2020, 231）。内山純蔵は滋賀県赤野井湾遺跡・縄文時代早期末のフナ類の頭骨集積土坑を、初夏の産卵期に琵琶湖岸に押し寄せたフナを大量捕獲し、保存加工した痕跡と考え、「淡水産食料資源を主とする低湿地貝塚」を「低湿地定住型生活様式」と類型化した。そして、「フナとコイの縄文文化」という新しい観点を提示し、縄文時代中期中葉以降の遺跡数の増加、遺跡規模の増大、社会構造の複雑化の経済基盤として評価する（内山2001）。内山は、回遊性淡水魚の骨が多く出土する滋賀県粟津湖底第3貝塚についても、出土した漁具がヤス状刺突具と礫石錘のみであり、こうした漁具で沖合に広く分布する淡水魚を捕獲できる可能性は低く、夏季を中心とした産卵期に湖岸近くで捕獲されたと推定した（内山2007, 124）。さらに、縄文時代前期北白川下層Ⅱb・c式期・鳥浜貝塚のニホンジカ下顎骨サイズ、歯の萌出段階と摩耗度、肩甲骨のサイズ、烏口突起の融合の有無、イノシシ歯の萌出・摩耗度合の分析から、狩猟時期と年齢構成、解体や運搬方法を復元し、夏季から秋季にかけてのシカ・イノシシ猟のほか多様な生業を行う拠点集落として機能し、冬季から春季にかけてのイノシシに特化した狩猟キャンプとして機能したと推定した。また、鳥類狩猟の痕跡が乏しいことから、渡り鳥が飛来する冬季の遺跡利用が盛んでなかったとも推定している。鳥浜貝塚周辺で、安定して食料獲得ができる夏季から秋季の時期から、冬季以降に食料獲得が困難になる場合に、集落拠点を移動させるか、保存食料を利用するかの二つの方法がある。後者については、サケ類資源が少ないため、これらを秋季に集中的に捕獲して冬季の保存食とすることは困難であったと推定し、河川の上・中流域沿いに、より小さな集団で分散して居住したとする（内山2007, 89-90）。内山の議論は、西田正規による、鳥浜貝塚での秋から冬にかけての狩猟活動が行われ、周年定住が行われた、という仮説の批判につながる。冬季の食料獲得について、規模の大きい集団を賄えるほどの保存食料がないという評価である。赤野井湾遺跡出土魚骨について、

表6-3　日本における資源の評価（小山 1992 より転載）

	kg／ha	エネルギー量 (kcal)	比　率 バイオマス	食資源
シカ（洞爺湖）	54	57,780		
	5	5,350（＊1）	1	1
アユ（宇川）	2,600	3,328,000		
	1,660	2,212,480（＊2）	58	414
淡水魚（宍道湖）	200	202,000		
	128	129,280（＊3）	4	24
ドングリ（日本庭園）	1,500	4,860,000		
		1,830,000（＊4）	84	342
コメ（反当り収量）	1,780	6,016,400	104	1,012
		5,414,760（＊5）		

（＊1）	持続収量 15%	廃棄率 6%	シカ肉 107kcal/100 g
（＊2）	持続収量 8%	廃棄率 2%	アユ　107kcal/100 g
（＊3）	持続収量 5%	廃棄率 2%	フナ　101kcal/100 g
（＊4）	持続収量 0	廃棄率 5%	ナラ　324kcal/100 g
（＊5）	持続収量 0	廃棄率 5%	コメ　338kcal/100 g

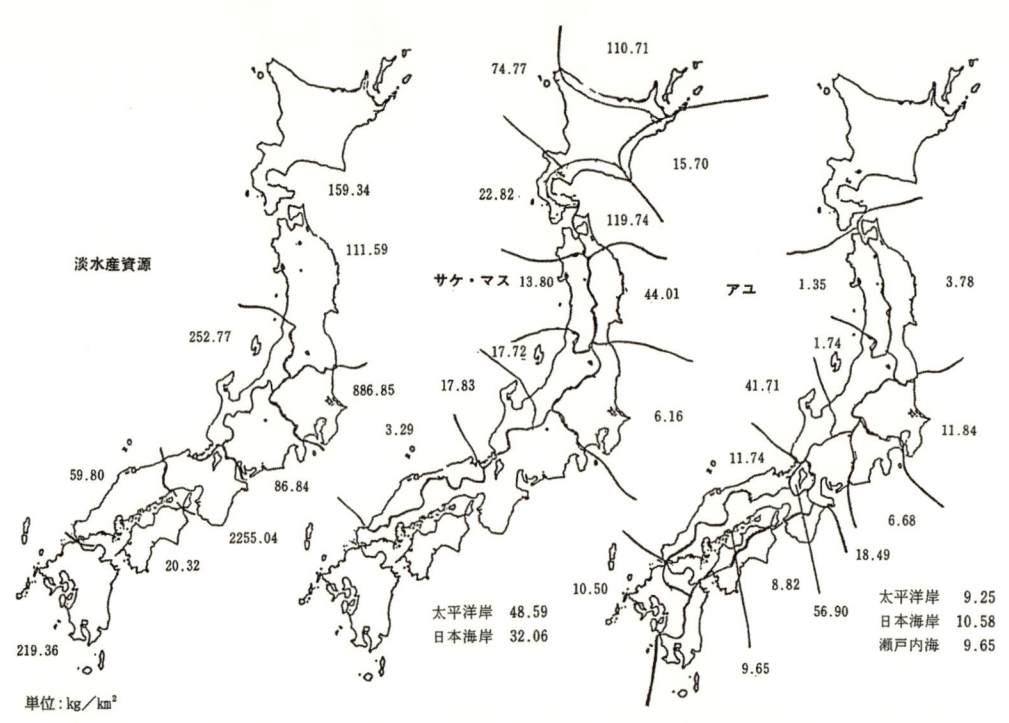

図6-13　淡水産資源、サケ・マス、アユのバイオマスの地域分布（秋道 1992 より一部改変転載）

コイ科魚類について被熱した体部が被熱した頭部より多いという傾向を指摘し、頭部を落として体部を開いた「開き」状態で被熱した＝燻製などの加工作業と推定した（内山 2007, 148-154）。縄文時代の東西日本における貝塚立地の違いは、当時のコイ科魚類の分布が西日本に偏っていたという説で説明できるとする（内山 2007, 162）。中島経夫は、鳥浜貝塚や赤野井湾遺跡での魚骨分析などから、コイ科魚類を対象とした産卵期の漁撈が、低湿地への居住を促し、原始的稲作が漁撈の場で行われたと考えている。さらには、弥生時代以降の水田が、人為的に作られた「ヨシ

場」となり、ゲンゴロウブナやニゴロブナが誘導され、「家畜化」されたと考えている（中島2008, 64-67）。このような淡水産資源の利用は、日本列島の資源バイオマスの特徴に整合している。小山修三は現代日本の記録から日本列島の自然資源のバイオマスを概算し、シカなどの陸上動物に対するアユなどの季節的な遊泳魚、ドングリ、コメの有効エネルギー量の多さを示した（表6-3。小山1992, 6）。また、秋道智彌は明治24（1891）年の『水産事項特別調査』（農商務省）から日本列島の淡水産資源バイオマスを概算し、サケ・マスは北日本に偏るが、アユは中部以西が多く、淡水産資源量としては北より南が多いというデータを示した（図6-13。秋道1992, 63-69）。縄文時代後期以降の沖積地形成の過程で、淡水産魚類が利用されていたことは遺跡出土動物遺存体の研究からも明らかとなっているが、その他の小型動物（カモ類など渡り鳥や比較的肉量の多い爬虫類・両生類や昆虫類）については遺跡出土資料が不足している。本書では、縄文時代後期以降の沖積低地氾濫原における動物性資源として、各種淡水魚類のほか各種小型動物の存在も理論上は想定しておく。

2　縦長剥片石器モデル：縦長剥片石器動態と小型動物利用

　縦長剥片石器については、本書第5章で分析したとおり、削器として小型動物の加工が想定される。縦長剥片削器は、石匙のように個人に所有されて長期間管理された道具（ナイフ）というよりは、さほど負荷はかからないが短時間に多量に行う作業のために用意された便宜的な刃器と評価される。このような状況は、前項で整理した沖積低地氾濫原における季節的な資源利用（淡水産魚類漁や鳥類猟）の脈絡で理解することができる。以下では、このような氾濫原資源利用に関わると考えられる漁撈具と屋外炉の様相について整理する。

（1）漁撈具

　縄文時代の漁撈具については、渡辺誠によって遺跡出土の漁網錘、釣針、銛頭が体系的に整理され、自然遺物の傾向と合わせて、外洋、内湾、内水面それぞれでの概要と変遷が明らかにされている（渡辺誠1970, 1973）。ただし、本書が想定するような縄文時代後期以降の沖積低地氾濫原における回遊性淡水魚の季節漁については、その直接的証拠となるような遺跡出土資料が乏しいためほとんど検討されていない。渡辺による漁網錘の分析では、土器片錘は草創期末から存在し、東関東沿岸部を中心に中期前半・阿玉台式期に急増する。中期後半には切目石錘、後期前葉には有溝土・石錘が盛行する。土器片錘は主に関東地方、切目石錘は西日本、有溝土・石錘は東北地方という分布的偏りがみられる。渡辺は、漁網錘の重量について70〜100gのものを「非縄文時代的数値」とし、縄文時代の漁網錘を70g以下の小形品であることを強調した（渡辺誠1973, 78-79）。しかし、松岡達郎らの実験によれば、60〜160gほどの礫石錘を用いても、引き網が可能であった（松岡ほか1977）。また、寺畑滋夫の分析によると、漁網錘としての用途が明確な関東弥生時代以降の管状土錘の重量幅は、超大型品が約200〜240g、それ以外が数gから110gであり（寺畑1998, 45-47）、重量の面では縄文時代の土錘・石錘も漁網錘としての用途が十分想定できる。ただし、寺畑は関東地方の古墳時代から平安時代の遺跡出土編物石の重量が100〜770g

であることから、150gを超える礫石錘については編み物用錘具としての用途を考えてもよいとする（寺畑 2000, 88）。沿岸部の縄文時代遺跡では、重量が150gから数kgにまで及ぶ礫石錘の出土が知られており、定置式網などの沈子、碇石、編み物用錘具、釣り用錘具などが混在していると考えられる。これらは打欠や切目、孔といった人為的加工が施されていて「土錘」「石錘」と認識されている道具類であり、これら以外にも自然礫や二次加工が認識できない土器片などが「錘」として使用されていた可能性もある。渡辺の分析によると、土器片錘の重量は変異幅が広く、有溝土・石錘は土器片錘の軽い方の重量に、切目石錘は重い方の重量に相当する。渡辺はこの傾向を、土器片錘・切目石錘・有溝土錘の重量分布がほぼ重なると認識し、内湾と淡水域では漁網規模に大きな差異がないと解釈して、小規模な地引網や曳網を想定した（渡辺誠 1970, 47）。小林謙一は、沿岸部遺跡出土土器片錘は重量が大きく、内陸部に向かうほど小さい土器片錘の出土が目立つというパターンを把握した（小林謙一 1989）。寺畑も関東縄文時代中期の土器片錘は大きさ・重量から大・中・小に分類でき、そのセット内容が遺跡間・出土住居址間で異なるとする（寺畑 1996）。この漁網錘の遺跡間変異（セット内容の違い）は、各遺跡周辺水域で行なわれた網漁法の違い、ひいては対象魚種の違いを示している可能性があり、注目される。

　本書で分析対象とした九州縄文時代前期以降の遺跡では、石錘（打欠石錘が主体）や石銛が出土する遺跡もあり（本書第3章の各分析遺跡の概要を参照）、遺跡立地をふまえると遺跡前面の海岸部や河川部での漁撈活動を想定できる。石鏃はどの遺跡でも比較的多く出土しており、魚類を含む小型動物を刺突対象としたことも想定できる。このような石錘や石銛、石鏃の傾向は、本書が想定する河川下流域氾濫原での淡水魚類季節漁と限定的に結びつくようなものではなく、沿岸・内水面域での漁撈全般に関わる要素である。よって現時点では、氾濫原季節漁の漁法（組織、設備、道具類など）は不明と言わざるを得ない。産卵のために沿岸に寄ってくる淡水魚類は、その捕獲が比較的容易であったために、特別な道具類が製作されなかった可能性もある。本書の分析は、その漁獲物の解体・加工に縦長剥片石器が使用された可能性だけを示している。

（2）屋外炉

　石井淳は、北海道続縄文時代後半・後北式期における焼土群とサケ類焼骨の出土に着目し、焼土と柱穴のセットを、燻煙と乾燥によるサケの保存処理施設と想定した（石井 1998）。松井章らは、長野県屋代遺跡群の遺構土壌の水洗選別を行い、掘立柱建物の火床などからシロザケ、サクラマスを含む遡上性のサケ・マス類、コイ科、ハゼ科の椎骨破片、歯などを確認した。これについて、千曲川でサケ・マス類を中心とした淡水産魚類を捕獲して火を使って保存処理を行った燻製小屋であり、周辺の小ピット群は魚干し棚の跡と解釈している（松井ほか 2011）。以下では、食料保存加工の用途（燻製・乾燥）を想定した上で、九州縄文時代後期以降の屋外炉遺構を概観する。

　大分県法垣遺跡では、後期中葉・鐘崎式土器を中心とする時期の竪穴建物 SH24 埋土の洗浄によって魚類を含む動物骨が 1,800 点近く出土し、焼土土坑 SK12、SK56、SK64 が確認された（中津市教育委員会編 2018）。遺跡からは数は多くないが、長さ5cmを超える姫島産黒曜石と金山産サヌカイトの縦長剥片石器が出土している。長崎県小原下遺跡では、太郎迫式から鳥井原式土器

を主体とする時期の集落遺跡から、「焼土を含む土坑」9基が検出された。平面は円形・楕円形、断面は逆台形状で、径60〜160cm、深さ14〜32cmを測り、埋土は茶色土上に焼土や焼土塊が堆積する。また、不明遺構SX40は、方形の張り出しを持つ不定形竪穴で、調査範囲だけで長さ4m以上、深さ38cmを測り、茶色土上に焼土が堆積する。これらの焼土遺構は、竪穴建物が集中する範囲の周辺に構築される傾向があり、炉跡と想定されている（島原市教育委員会編2011）。東側に有明海を望む段丘上（標高約19m）の立地からは、海産資源の集中的加工なども想定できる。佐賀市金立開拓遺跡では、御領式土器が出土する焼土坑SK057が検出された。平面は楕円形で、長軸長2.9m、短軸長1.8m、深さ25cmを測り、断面は擂鉢状を呈す。埋土は暗褐色土で、径1cmの炭や5〜20cm程度の礫を含んでいる。中央底面には径33〜37cm、深さ5cmほどの円形掘り込みがあり、壁が被熱して赤色化している（佐賀県教育委員会編1984）。石器には切目石錘と黒曜石製縦長剥片石器があり、遺跡前面は筑後川下流氾濫原となっている。熊本県中堂遺跡では、天城式から黒川式土器を主体とする時期の集落遺跡において、竪穴住居の外部で「炉穴跡」15基と「石組炉跡」3基が検出された（人吉市教育委員会編1993）。球磨川が形成する人吉盆地西端低地に面する立地から、盆地内低湿地での資源利用活動を想定できる。石器は、打欠石錘、切目石錘、黒曜石製縦長剥片石器が出土している。鹿児島県大坪遺跡では、上加世田式から刻目突帯文土器の時期の、不明遺構2（SF117）、焼土1〜5などの炭化物・焼土堆積が検出された（鹿児島県立埋蔵文化財センター編2005a）。鹿児島県上水流遺跡では、入佐式から刻目突帯文土器までを含む層位において、焼土とピット群が検出された（鹿児島県立埋蔵文化財センター編2007）。ピットは111基が3か所程度にまとまって切り合いなく検出され、建物柱穴としては並ばない。焼土は16基が検出され、ピット群と同じ範囲にある場合も切り合いはなく、ピット群から離れた場所でも検出されている。遺跡は、万之瀬川と加世田川の合流地点（加世田平野）を西に望む自然堤防上、標高2〜3mに位置する。下層の後期前半層（南福寺式、指宿式、松山式土器）でも、集石8基、焼土・炭化物集中44基、ピット92基が検出されている。ピットは建物配置を示さず、群集する傾向があるが、集石や焼土と切り合わない。焼土からの動植物遺体などは報告されていない。

　これらの焼土土坑は、食物加工用の屋外炉と考えられ、食物の加熱加工を動物性食料の燻製・乾燥保存と結びつけて解釈できる。ただし、対象の動物種は淡水魚には限定できないだろう。例えば、縄文時代中期後葉から後期初頭の東京都の中里貝塚では、ハマグリとカキの厚い貝層と、貝を蒸し上げるのに使用したと推定される木枠付土坑が確認され、集約的な干し貝加工が注目された（阿部1996）。屋外炉とピット群については、次章で博多湾沿岸地域の事例も検討する。

　本書では、縄文時代後期以降に新たに形成された沖積低地での資源利用を積極的に評価している。春から夏にかけて河川下流域氾濫原で行う淡水魚漁と、冬季に内陸森林域で行うシカ・イノシシ猟は、トレードオフの関係になく両立する。このように河川流域の各資源パッチを広域に季節的に利用する資源利用様式は、前節で想定した打製石斧を用いた多様な資源利用（地下部資源を含む）とも連動して理解できる（表6-2）。後期の沖積低地資源の利用様式は、さらに沖積地化（自然堤防、海岸砂丘、後背湿地の形成）が進むことによって、晩期に変容している可能性もある。このことは晩期後葉の博多湾沿岸地域における水田稲作技術の導入を考える上でも重要である。

この点について、次章で詳しく検討を行う。

注

1) 4,200 年 BP は、完新世の急激な気候変動期として国際的に認定されており、エルニーニョ現象の頻度増加、北大西洋、西太平洋、南極での表層水温の低下、ITCZ（赤道低圧帯）の南下、アジアモンスーンの弱化などの気候変動が、地球規模で連動して起こったと考えられている（平林・横山 2020，138-143）。

2) 縄文時代中期は、沿岸部の貝塚などは減少するが、海を隔てた沖ノ島、壱岐、五島列島、種子島、屋久島など島嶼部では遺跡が形成されており（九州縄文研究会編 2020）、渡航には丸木舟が使用されたと考えられる。

3) エチオピア西南部農牧民が行うモロコシ栽培では、①定住集落近くの雨水のたまる窪地に作られる畑、②川辺林のある河岸堤防上に作られる畑、③氾濫原農耕（雨季の河川氾濫による冠水が引いた後、除草し、モロコシ播種を行う。間引き、鳥追いなどの管理を行う）、の 3 形態が報告されている（宮脇 2005；松田 2005）。低地でのイネ科植物栽培の民族誌として注目される。

4) 本書では動植物資源に限って、地上で採捕できる動物種や植物部位を地上部資源、地下を掘削しなければ採捕できない動物種や植物部位を地下部資源と呼ぶ。鉱物・水資源を含む資源全般の所在を指す場合の、地上資源、地下資源という語と区別して用いる。

第7章　遺跡立地変遷と石器モデル：
博多湾沿岸地域の分析

　前章までの検討によって、九州縄文時代前期から晩期までの資源利用技術としての石器の動態を、古環境および地形変化との相互関係として説明するモデルを構築してきた（石器モデル）。本章では、縄文時代前期から晩期までの遺跡立地変遷を分析することで、石器モデルとの対比を行い、より総合的な資源利用の説明モデルを構築する。縄文時代後・晩期の遺跡立地については、「遺跡の低地化」という観点で議論されてきた経緯があるため、まずはこの問題について整理を行う。

第1節　縄文時代前期以降の遺跡立地

1　低地農耕モデル

　縄文時代晩期の低地利用に早い段階で着目したのは、藤田等と潮見浩である。藤田は、縄文時代晩期の「集落の低湿地への移行」を指摘し、沿海部に立地する山口県岩田遺跡において、貝塚が形成されないこと、耨耕具と考えられる打製石斧が出土することから、沖積地・低湿地での原始陸耕を想定した（藤田1956, 5-6）。潮見は、後期までの遺跡数増加と晩期の遺跡数減少に関する説明で、瀬戸内地域の貝塚の貝種組成の変化から、縄文時代晩期の沖積地の形成、自然堤防と後背湿地の発達を推定し、「生活のなかに、沖積地に進出せざるをえなかった条件が、すでに存在したことをしめすのではないだろうか。このような遺跡の立地は、すでに採集生活のわくをこえたものとすべきであろう」とした（潮見1964, 18-22）。後期後葉から晩期にかけての自然環境の変化（沖積平野の形成、温暖化）による内陸部の資源の変化（サケ・マス、トチノキ・ジュウモンジシダの減少）が、沖積平野での水稲農耕の導入を促したとする。石器については、石匙が減少し、新たに打製石庖丁、剥片石器、打製石斧が増加することを農耕に関連すると捉え、晩期前半の「打製石斧を中心とした農耕」、晩期後半の「水田耕作」を想定している（潮見1964, 24-25）。春成秀爾は、岩田遺跡の打製石斧の線状痕や折損率の高さから、「打製石斧の接触する対象は、粘土質の土壌でなく、硬質の不純物を含んだ土壌であった可能性を想定させる」とし、岩田遺跡が扇状地上に立地することから、その用途を「沖積平野で用いる土掘具」とした。石鎌形石器を収穫具、打製石斧を陸耕（畑作農業）用の耕起具と想定し、生成後まもない沖積平野は、草木が繁茂しておらず、可耕地として適しており、「従来の生産活動と、立地としても共存しうる海浜部の沖積平野に適した農耕が選択されたことはむしろ当然のなりゆき」とした（春成1969b, 27-30）。平井勝も、貝相の変化にみる内湾の埋没、沖積地の形成、後期以降の沖積地への遺跡の進出

を整理し、打製石鍬を農耕具、石庖丁状石器を収穫具と想定して、「照葉樹林によって覆われていた丘陵での焼畑などではなく、比較的容易に開墾できる沖積地での畑作が推定される」としている（平井1985, 115）。その後は、平田朋子が、兵庫県内、摂津・丹波・播磨・但馬・淡路の5地域の240遺跡以上、早期から晩期まで40土器型式の存否を集計し、遺跡と河川との比高差を0〜10m未満、10〜30m未満、30〜100m未満、100m以上に分け、中期から後期の遺跡の「低地化」を明瞭に示した。低地化する時期の遺跡からは貯蔵穴や落とし穴等が検出されることから、「狩猟・採集活動に重きを置いた生業形態」を想定しつつも、低地化する要因としては、汎西日本的な遺跡数の増加に伴う活動域・生活領域の拡大を挙げ、これが「初期稲作」を受容する前提となったとしている（平田2003, 101）。

　上記の議論は、①遺跡の低地化、②沖積低地の形成、③農具としての打製石斧、打製石庖丁の存在、を根拠に、沖積低地での農耕を想定するものであり、「低地農耕モデル」とまとめられる。より具体的に整理した研究として小都隆（1977）を詳述しておきたい。瀬戸内海に面した広島県芦田川流域の遺跡分布の時期変遷を整理した小都は、松永・福山両湾地域では、前期末から後期前半にかけて、縄文時代的生活が最も栄え、遺跡数も増加するのに対し、後期末から晩期にかけては遺跡数が激減すると整理した。これについて、「長年にわたる狩猟、漁撈、採集の結果、捕獲対象物が減少したこと」と、「気候の変化と急激な沖積作用」によって、集団が他地域へ移動したとしている。これに対し、沖積地である神辺平野や府中盆地では、中期末から居住がはじまるが遺跡数は少なく、後期末になって神辺御領遺跡のような竪穴住居と打製石斧の見つかる遺跡が現れる。これについて、「平地であるだけに河流が必ずしも定まっておらず、漁撈の場としての河川の利用には適当でなく、また狩猟の対象となったイノシシ、シカといった大形獣は平地よりもむしろ山地に生息するということから、生活条件としては必ずしもいいものではなく海岸部遺跡とよい対照を示している」として、神辺御領遺跡のような自然堤防上の打製石斧出土遺跡について、後期末の生活条件の悪化と呼応して「単なる植物採集から植物の計画的採集へのめばえがみられた」と評価した（小都1977, 117）。同様の見解は橋口達也も示している。橋口は福岡県内の低地で確認された縄文時代後・晩期遺跡を整理し、「かつて考えられていたように台地上の遺跡だけでなく、低地に立地する遺跡が存在し、弥生時代へ継続する状況を把握できる展望がひらけてきている」と評価した。その上で、縄文時代前期以降の「内湾の泥湿化」を指摘し、「内湾の環境変化による漁業のいきづまりと打開の方法は、漁法の変化にも求められたであろうが、新たな食糧獲得の方法、つまり植物性食物の採取から一歩すすんで、大地へ働きかけ植物性食物を栽培する方向へも向けられた。その具体的あらわれが、晩期に急増する土掘具としての扁平打製石斧であろう」とした（橋口1999, 93-95）。

　小都の整理では、「資源圧＋環境変化＋沖積低地利用≒初期的な農耕」という低地農耕モデルが示されている。後述するように、近年の様々な研究成果も「低地農耕モデル」と矛盾しない傾向を示す。ここで重要なことは、「低地農耕モデル」が、沖積低地の生活条件について、「漁撈、狩猟に適さない」と評価している点である。沖積低地は陸地化した河畔林を除けば、広域な森林域を形成しないので、イノシシ、シカなどの中型哺乳類の生息には適さない。しかし、河流が定まっていないことは、人間側にとっては使いにくい要素かもしれないが、生物総体にとっては

必ずしもそうではない。沖積低地内氾濫原が多様な生物資源を生み出すという生態学的特性については本書第5・6章でも触れたとおりであり、むしろ積極的利用を想定する必要がある。

2　低地採集モデル

　低地農耕モデルに対して、遺跡低地化に農耕を措定せず、あくまでも「採集」の枠組みで捉えようという見解もある。この考え方は、広義に捉えれば、戦後の縄文農耕論や唯物史観モデルに対する1970年代の生態モデルからの批判（第1章、p.10・13、第2章、p.53）の延長にあると考えられる。

　石器組成変遷を整理した小林康男は、東京湾沿岸で、海退期に貝塚が形成されなくなる現象について、「前期末から顕著になった環境の変化は、従来どおりの彼らの自然への適応方法ではすでに限界にきていたのである。そうした限界性を打ち破る一つの解決法が、五領ヶ台期の西野遺跡にその一端が現われている、植物質食糧活動への転換であったのである」、「ひとたび環境が変わり、従来どおりの生産方法では食糧を充分得ることができなくなると、彼らは未開拓な生産部門に積極的に取り組まざるを得なかったのである」として、植物の食料化を想定した（小林康男1975c，444-445）。渡辺誠は、京都府桑飼下遺跡の調査成果から、縄文時代の経済類型の典型として「桑飼下型経済類型」を設定した（第1章、p.31、図1-9（A））。この桑飼下型経済類型では、前述の低地農耕モデルの構成要素について、①西南日本は東北日本に比べて河岸段丘や洪積台地の発達が弱く、縄文時代も弥生時代以降と共通して低地の自然堤防上の遺跡立地が多い、②後背湿地では小動物猟や魚類の網漁、ヒシ採集が行われたが弥生時代以降のような依存した利用（農耕）ではない、③打製石斧は自然堤防上の根茎類採集具として使用された、という説明になっている（渡辺誠1975a）。低地農耕モデルが低く評価した後背湿地のような沖積低地の野生資源利用を、積極的に想定している点が異なっている。泉拓良は、近畿地方においては縄文時代後期をピークに低地部の遺跡数が増加すると指摘し、集落が立地する扇状地内の微高地が、狭い舌状台地状であり、地盤の花崗砂が崩れやすいという点から、「一定数以上の人口を支えることや長期間の居住を不可能にした」と説明する（泉1985，55）。北白川追分町遺跡の地形復原や花粉分析、埋没林、種実などによる植生復元から、遺跡が立地する扇状地や微高地が、照葉樹の極相林に河辺林や湿地林が加わった多様な構成をしていたと指摘した。低地部の植生が多様であることは、堅果類の隔年結果現象による食料不足のリスクを下げ、かつ利用植物の結実時期がずれることで「労働力の極端な集中を要さず、リスやネズミ、イノシシなどとの採集競争にも有利」であるから、「日常的な採集活動の場とした低地部に集落を構えた」とする（泉1985，61）。小規模な集団規模で、低地林の多様な堅果類を利用するというモデルである。宮地聡一郎は、玄界灘沿岸遺跡の消長を検討し、古閑式古段階に最大となった遺跡数が、古閑式新段階、黒川式から刻目突帯文Ⅰ期にかけて減少し、夜臼Ⅰ式に遺跡が著しく増加するとして、寒冷化（海退と砂丘形成）、貯蔵穴群の増加、打製石斧の存在などから、「寒冷化によって根菜類の採集や管理が晩期前葉までのようにはうまく機能しなくなり、再び堅果類の備蓄を強化することによって適応した」と説明する（宮地2012，37）。根茎類、堅果類利用を主体とする経済において、寒冷化の影響を考慮し

ている。中村豊は、徳島平野の縄文遺跡立地の傾向を整理する中で、中期末・後期初頭以降、沖積低地上の氾濫原内の微高地が「平野部の生活適地」であったと評価しつつ、「洪水との共生」が必要であり、「小規模で短期移動型の集落経営戦略」をとったとしている（中村 2019, 217）。中村は、当該地の後・晩期遺跡では、東日本に比べて長期継続型集落が少ない点や、分業の可能性を示すような特定の資源利用を行った遺跡を欠いている点などを指摘し、「基本的には豊富とはいえない食料資源と不安定な地形環境に適応した集落経営戦略」と評価する。晩期末については、三谷遺跡の動植物資料から「既存の生業にイネ・アワ・アズキなどの畠作農耕を加えたもの」を想定する（中村 2019, 225）。中村が晩期末より前の後・晩期の低地遺跡での資源利用をどのように想定しているのかは明記されていないが、ここでは「低地採集モデル」に含めておく。

　これら「低地採集モデル」では、①遺跡の低地化、②沖積低地の形成、という現象を把握しつつ、堅果類や根茎類利用を重視し、打製石斧を根茎類採集具と捉える点が、低地農耕モデルとの違いである。打製石庖丁や横刃型石器については積極的に論じられていないが、低地採集モデルでは、野生資源の採集具と位置づけられることになるであろう。打製石斧を根茎類採集具として理解することの問題点は、本書第4章（pp.139-141）で整理した。また、低地採集モデルにおいては、野生食料として堅果類や根茎類のアク抜き利用に比重を置いているが、食料採捕はより広範囲の食物リストと各利用コストを想定する必要がある（第1章、p.16、図1-3）。

3　低地漁撈モデル

　乙益重隆は、「縄文農耕論」を批評する中で、「もし縄文中期の人びとが耕作によって食糧資源の確保を行っていたなら、集落はもっと海の入江や沖積地帯の大河川に近づき、漁撈資源と併用することこそのぞましく、より豊かな生活が保障されたであろう。しかるに当時の遺跡が、農耕にとって必ずしも適地といえない高地や山地に集中的な発展をとげたことは、やはり生業生活の単純さと、自然物だけに依存する採取経済の段階を出できれなかったことを物語っている」とする。また、「縄文後晩期になると全国的に厖大な貝塚が多いのも、単に人口の自然増加というだけでなく、貝や魚の貯蔵法に熟達していたればこそ、多くの人口を支ええたのではなかろうか」と述べる（乙益 1967, 11-12）。縄文時代の農耕には否定的であり、経済基盤としてより海産資源を重視する立場である。

　渡辺誠は、日本全国の漁網錘、釣針と自然遺物、遺跡立地を分析し、縄文時代における漁業の展開を次のとおり復元した。第Ⅰ期（草創期後半・夏島期〜中期初頭・下小野・五領ヶ台式期）は、網漁業が断片的で安定していないのに対し、第Ⅱ期（中期・阿玉台式期以降）に、東関東地方で内湾性漁業形態が確立し、第Ⅱb期（中期後半）には漁網錘が中部地方や近畿地方に及び、捕獲対象物が淡水魚に変化する。第Ⅱc期（後期以降）は漁網錘がさらに西日本一帯、東北地方に広がる。第Ⅲ期（後期中葉）には、東関東地方で刺突漁業や土器製塩などの技術が発達する。これらを「縄文時代内湾性漁業（河川漁業を含む）の3段階の発展段階」と位置づけ、「縄文時代人の旺盛な生態系への適応の努力が伺われる」とした（渡辺誠 1970, 49-51）。また、網漁の主となる捕獲対象物をA群（内湾性魚類）とB群（淡水魚類）に分類し、関東地方では後期前・中葉もA群

が卓越しているのに対し、後期後葉から晩期にかけてB群が著しく増加するとし、「関東地方においては本来A群が指向されながら、旧汀線の後退等による自然環境自体の変化によりB群の増加をみざるを得なかったものと解釈される」としている（渡辺誠1970，44）。後期中葉・加曾利B式期頃に刺突漁業や土器製塩が発達することについて、「この時期が海退現象に伴い網漁がやや衰退した時期」であり、刺突漁業の対象がスズキ・クロダイ等の内湾性魚類であることから、「この頃の海退現象は、かつて網漁業の好漁場であった入江を沼沢地と化した程度であったと推定される」とし、注で「漁場をめぐる占有関係には再編が行われたことが推定される」としている（渡辺誠1970，51-54）。さらに、茨城県福田貝塚（内湾性漁業）と福島県寺脇貝塚（外洋性漁業）を比較分析し、福田貝塚のような関東の大貝塚地帯が縄文時代晩期から弥生時代にかけて急速に衰退することを指摘し、その原因が「海退」という自然環境の変化だけでなく、外洋資源を利用するための網や舟を持たなかったという「技術的な要因」にも注意を払っている（渡辺誠1985b）。渡辺の漁撈論は、淡水魚類利用や外洋性漁業といった地域的な特性をふまえて、植物利用を含めた採集・漁撈経済として縄文社会を説明するものである。

　西田正規は縄文時代前期・鳥浜貝塚の自然遺物の分析から、「メジャーフッド（食生活の基盤となっている重要な資源）」として、植物ではクルミ、ヒシ、ドングリ類、クリなどのナッツ類、ユリ科などの球根類、哺乳類ではシカ、イノシシ、貝類ではヤマトシジミ、マツカサガイ、イシガイ、カワニナ、魚類では淡水小型魚類を挙げている。さらにこれらの栄養分析値、可食率、残渣率、可食部重量、カロリー比率などを推定し、「残渣としてもっとも多い貝類は、カロリー源としての重要性は必ずしも高くなく、反対に魚類は残渣量が少ないにもかかわらず、重要な食料資源であることが示された」とする（西田1980，21）。「鳥浜貝塚における生業活動全体の基本的特性は、春から秋の安定食料獲得活動（湖での貝の採集、網漁、山菜・根茎の採集：筆者注）によって得られた余裕を、ナッツ類の保存によって冬にまで延長し、そのうえで優良食料獲得活動（狩猟、刺突漁、岩礁性貝類の採集：筆者注）を行うものとして捉えることができる」（西田1980，29）。この「鳥浜貝塚モデル」（西田1980，1989）において、鳥浜貝塚人は「かつての鳥浜の周辺の湖と野山に豊富にあり、たやすく安定して、大量に入手できる資源」を利用する「ゼネラリストとしての縄文人」という評価が与えられた（西田1989，19）。西田は、カロリー比率などの指標から魚類利用を重視した上で、縄文人の多様な資源利用を想定している。さらに、極東、極北、北米、アイヌ、ピグミー、ネグリートなど非農耕定住民の網漁やヤナ漁など魚類資源の利用を概観し、定置漁具に対して「労働の簡便さ」と、「携帯性と使い捨ての性格を犠牲にして作られた最初の道具」と評価する（西田1984，16-17）。その上で、貯蔵穴の構築から食料の大量貯蔵を想定し、「定置漁具にかかる魚を消費しつつ、すべての労働力を食料貯蔵に投入するとすれば、このような戦略をとる人々は、漁場の近くに、年間を通じて定住しなければならないことになる」とする（西田1984，18）。また、狩猟と採集における、野外・集落内での手間と時間の違い、技術・設備の違いなどを指摘し、植物加工作業の手間の大きさが定住的生活の重要な背景であることを指摘する（西田1989，21-23）。一方で、栽培植物（リョクトウ）の利用率は低いと評価し、それは陸生哺乳類資源の豊かさに起因すると考えている（西田1980，28）。定住的で、魚類を含めた広範囲の食料を利用しており、栽培食料への依存は低いというモデルである。

　赤澤威は、縄文時代の季節的な各種資源利用を可能とする生態系を「複合生態系」と呼び、中でも「森林・汽水複合」が最も生産力が高いとした（第1章、p.31、図1-9（B））。そして、そのような生態系に適応した遺跡は、縄文海進によって形成された海岸低地の地域に濃密に分布すると想定した。海岸低地に接合して広く洪積台地が発達している地域は、動植物資源を供給する森林生態系と、海進期に多種多様な魚貝類を供給する汽水生態系を利用できる。この森林・汽水複合生態系の利用は、縄文時代後期の海退、内湾環境の縮小によって「縄文採集狩猟民にとっては魅力がなくなった」として、該期の遺跡減少を理解する。西日本では、縄文時代後期の海退後は、森林・淡水複合生態系に適応したが、この生態系は春から夏の生産力が低く、集中的収奪を行う対象に恵まれなかったため、稲作に伴う田植え・除草作業に再編成しやすかったとする（赤澤1988）。赤澤のモデルは、後期以降の沖積低地の生産性を低く見積もっている点では低地農耕モデルに類似している。

　濱田竜彦は、鳥取県東部の縄文時代中期以降の遺跡変遷を整理し、古地形復元や中期の冷涼湿潤化の影響を考慮しつつ、後期以降は沖積低地内の湿地が新たな活動の場になったと評価している。個々の遺跡情報を整理し、石錘や丸木舟を用いた漁撈活動、水場遺構、貯蔵穴群などにみる堅果類の集中的利用、木器の製作、島嶼での祭祀など、具体的な資源利用活動を復元した（濱田2019，246）。

　以上のような低地における魚貝類利用を重視した説明を低地漁撈モデルと呼ぶ。このモデルは、低地農耕モデルや低地採集モデルに比べて、沿岸低地部での「動物性タンパク質」の確保を検討しており、重要である。ただし、このモデルでは、打製石斧や大型刃器類（打製石庖丁、横刃型石器など）について、どのように位置づけるのかが明確でなく、それらの検討が必要である。

4　内陸農耕モデル

　上述のように、「晩期遺跡の低地化」は、農耕、採集、漁撈の側面から説明が試みられており、いずれも後の弥生時代水田の普及を考える上で重要な仮説と思われるが、九州ではやや異なる見解が提示されている。

　山崎純男は、九州の貝塚を整理する中で、縄文時代前期から後期にかけて、マガキ構成量の増加、ハイガイ構成量の減少、そしてそれぞれに殻高が小さくなることを指摘し、海進・海退など沖積作用の変化や捕獲圧の上昇を想定した（山崎1975，150）。そして、縄文時代後期末～晩期前半（三万田式、御領式、大石式、黒川式）に、単一種貝類が多量に捕獲された熊本県境崎貝塚や御領貝塚を挙げ、「専業化」「貝のむきみ生産」「単一社会を越えた交易品」を想定し、中部九州において、阿蘇外輪山西麓の植物質食料を主とした地域と、沿岸部の貝塚形成地域とが補完関係にあって、生産物を交易品としたとモデル化した（山崎1975，153-160）。坂本嘉弘も、大分県内の縄文時代遺跡後・晩期遺跡の動態を整理し、後期前半の「あらゆる自然環境に適応した生活形態」から、後期中葉における火山性台地への遺跡の偏在傾向および打製石斧・土偶・注口土器などの遺物の画期を見出し、栽培植物の比重増大と沿岸部遺跡との「補完関係」を想定する（坂本1982）。沿岸部と内陸部で異なる文化系統を想定する考え方としては、澄田正一が、縄文時代中

期以降に「海岸的な漁業生活」と「狩猟生活を補助的に行おこなった畑作生活」という2つの文化伝統を想定し、それぞれに弥生文化への推移発展をたどる中で、「弥生式文化の農業生活の発生が、むしろ山地的な縄文式農業の発展との関係において考えられるべき」と主張している（澄田 1955）。

　山崎純男は「九州後晩期農耕論で農耕的とされた文化的要素もまたその多くがアク抜き技術の展開と半栽培を主とする照葉樹林文化前期複合段階に属し、それが中部山岳地帯の落葉樹林帯に形成された、いわゆる中期農耕論の延長線上に位置している」としながらも、「九州は地理的にも大陸、半島とは近い関係にあり、時期的には後晩期農耕論の展開する直後に稲作を中心とした弥生文化の形成がある。可能性として焼畑農耕の存在が考えられ、後晩期農耕論が重要な仮説であることには異論はない」として、渡辺誠のアク抜き植物利用説を支持しながらも九州の特殊性として「焼畑農耕」の存在を考慮していた（山崎 1978b）。その後、縄文時代後期後半から晩期の福岡市早良平野遺跡群を総括し、田村、四箇、重留、清末、脇山などの自然堤防上の遺跡は大規模で継続的な拠点集落であり、山麓斜面の遺跡は小規模で、狩猟の衰退期であるから狩猟用キャンプ遺跡ではなく、焼畑に伴う小規模遺跡と評価した。鹿児島県上野原遺跡の縄文時代晩期から弥生時代の柵列と掘立柱建物、竪穴住居を、焼畑耕地における出作小屋と耕地と解釈する。また、福岡市大原D遺跡の約18アールの斜面（南面、傾斜14度）に多量の炭を含む暗灰黒色土層（厚さ20〜30m）は焼畑耕地と理解する。磨製石斧の増加は樹木伐採の増加を示し、焼畑に関連する。ただし、打製石斧については、「九州で打製石斧を多量に出土する遺跡が根茎類に適していると考えられる雲仙や阿蘇外輪の火山灰地帯に集中する傾向があることは、打製石斧と根茎類の結びつきを示す傍証となろう」と焼畑農耕とは別の観点で説明している（山崎 2003）。その後、山崎は、阿蘇外輪山西側に広がる託麻台地の縄文時代後期後半から晩期にかけての遺跡群について、常畑農耕の可能性を以下のように考察している（山崎 2005, 41-43）。

(1) ワクド石遺跡、太郎迫遺跡、石の本遺跡などでイネ、ハトムギ、ヒエ、シソ・エゴマ、ゴボウ、マメ類等の圧痕資料が確認され、上ノ原遺跡では炭化米、炭化オオムギが検出されている。

(2) 拠点集落間の距離は2.5〜4kmで、民族誌における焼畑民の領域半径5kmに比較して狭い。

(3) 集落規模が大きく、人口が多かったと思われ、堅果類・根茎類の採集と焼畑農耕では、その人口の維持は困難である。

(4) 半径2kmの領域では、数年ごとの焼畑耕地移動は成立し得ない。

(5) 土掘具である打製石斧の後期後半における増加は、耕起性が強いより生産性の高い常畑農耕への移行を想定できる。

(6) 打製石斧の増加に伴い、焼畑農耕における伐採具である磨製石斧の構成比率が下がる。

(7) 栽培植物には大きな変化はない。

(8) 常畑の遺構は発見されていない。

(9) 常畑における生産性の高さが障害となって中九州に水稲農耕の伝播が遅れた可能性もある。

　このような山崎の仮説を全面的に支持する高木正文は、阿蘇火山西麓遺跡群について、「耕作具の打製石斧の増加、収穫具の打製石庖丁・打製石鎌の存在から、縄文時代後期後半に常畑農耕

が開始されていたのは明らかで、しかも穀物が栽培されていたとみてよい。＜中略＞この縄文時代後期後半に開墾された常畑地域は、その後、改変・拡大されながら、現在にいたるまで継承されてきたものと考えられる」と結論づけている（高木 2007, 169）。山崎は、阿蘇外輪山西麓のような平坦な火山灰台地で常畑農耕が発達するため、平坦な火山灰台地に恵まれない北部九州では、低地集落と山地耕地という焼畑農耕が晩期まで継続すると考えている。北部九州において、後期後半（北久根山式）以降に打製石斧が増加する傾向については、集落の周辺において園耕的な畑作が行われた可能性も想定する。そして、刻目突帯文土器の段階に水稲農耕が伝播して遺跡の分布が急激に沖積地に移行したと説明している（山崎 2005, 43）。土器圧痕の体系的調査によって縄文時代のマメ類利用を実証した小畑弘己は、打製石斧を攪乱環境（畠・焼畑）の創設・維持、マメ類栽培の農具と理解し、「種子を土中に深く入れ、根を深く張らせるためには土を深く耕す必要がある」ことから、「石鍬による栽培法」を想定する。マメ類は、蛋白質・栄養価の高さ、保存性からメジャーフードになっており、石鍬による深耕と大型種子の選択が種子大型化をもたらしたとした（小畑 2011, 135）。

　山崎や小畑の議論では、低地農耕モデルが考慮していた、①遺跡の低地化、②沖積低地の形成、という現象は、あまり重視されていない。どちらかというと、扇状地や山麓、台地の森林域における畑作農耕をイメージしているようであり、ここでは低地農耕モデルに対する「内陸農耕モデル」と整理しておく。打製石斧の用途については、第 4 章第 1 節（pp.122-123）でも触れたとおり、打製石斧自体の分析というよりは、周辺情報との整合性からその用途が推定されている。低地農耕モデルでは、現象①・②から農耕に適した沖積低地の形成と利用という「環境要因」を考慮するのに対し、内陸農耕モデルはそのような環境要因からは独立して、森林域を伐採や火入れで改変する、あるいは打製石斧によって耕地を形成するという、より人為的・文化的な要因を想定する。山崎はモデル構築にあたって、東南アジア焼畑民の事例を参照している（山崎 2003, 2005）。これらの民族誌と縄文・弥生社会との間には、使用する道具が石器ではなく金属器であること、育てている作物が初期的な栽培種ではなく品種改良を経たものであること、近代的な施肥や除草技術があること、焼畑以外の生業様式の違い、生態環境の違い、資本主義的な貨幣経済と前国家段階の採集経済の違いというような多くの生態・社会・経済的背景の違いがある。焼畑などの食料生産技術の一義的要素は、植物の栽培・利用による地力低下などの環境劣化に対して、人為的活動を休止することで自然回復を促し、持続的に利用する、ということである（福井 1983）。第 1 章（pp.19-20）でも整理したとおり、火入れや耕起、除草といった労働投資は、付随的要素とも言えるため、それを縄文時代に想定することには注意が必要である。また、仮に台地上で畑作を行ったとすると、土壌の乾燥・保湿対策をどのように図ったのかという問題が生じてくる。台地上で確認される溝状遺構は、導水用水路の可能性も検討しなければならないが、現在のところ、それに伴うべき貯水施設等は確認できていない（板倉 2021b, 126）。山崎の農耕論は、関連文化要素の列挙と配合という縄文農耕論特有の論理構成をなしており、各要素についてより多角的な検討と分析が必要である（第 1 章、p.25）。

　先に低地漁撈モデルとして取り上げた西田正規は、縄文時代の各地域の生業形態は、「内水面での網漁、ヤナ漁を共通した活動として含んでおり、内水面での網漁、ヤナ漁をともなわない

縄文中期の中部山地や外洋の資源に強く依存した地域では、このような環境の地理的クラインに応じて理解される生業とは異なり、むしろその地域の特殊性に応じて発達した生業形態があったと考えなければならない」とする。「河川から離れた山の中腹に営まれた縄文中期の中部山地の集落」で議論されてきた農耕は、「網漁やヤナ漁にかわるほど、高い効率と規模を備えたものでなくてはならない」、「「縄文農耕」の意味するところは、中部山地における植物性食料獲得の高い効率と、網漁、ヤナ漁にかわる蛋白質食料の獲得という側面から、今後、追及される必要があるだろう」と述べている（西田 1980, 35-37）。西田の理解は、内陸台地部など、内水面漁撈の要素が想定しにくい場所での農耕の可能性を想定しており、第1章（p.11）で触れた農耕開始の「辺境域仮説」（常木 1999）の範疇としての内陸農耕モデルである。内陸台地部での内水面漁撈の評価については、遺跡が立地する生態環境をよりミクロに捉える視点や、環境が支持する居住集団の規模を検討するなど、議論を深化させる余地があると考える。

5　問題の所在：低地利用モデルにおける沖積低地の評価

　東京湾沿岸地域の縄文時代中期から晩期の遺跡立地と遺跡分布を検討した堀越正行は、後期末から晩期初頭の安行式土器期には遺跡密度の稀薄化が起こると指摘し、「海水面の後退と砂州の形成によって、当時の海浜、現在の沖積低地が沼沢地化し、泥炭層の形成が進行し、縄文人にとってもはや魅力のない地になってしまったからであろう」としている（堀越 1972, 23）。石器組成の変遷を整理した小林康男も、貝塚分析との比較において、関東東部太平洋岸でのラグーン形成期に、石鏃や植物食糧採集処理用具の比重が高まることから、「ラグーンの形成によって示される海産諸資源の不足によって、狩猟活動に目が向けられ、あるいは植物質食糧採集の強化がなされ、狩猟用具、植物質食糧に関する用具が増加・充実していったものと推定される」とする（小林康男1975c, 444）。このような「内湾の埋没、沖積低地の形成」に対して、先に挙げた低地農耕モデルの小都（1977）、橋口（1999）や低地漁撈モデルの赤澤（1988）なども資源環境としてマイナス・イメージの見解と言える。その点について具体的に論じている瀬口眞司の論考（2009）を以下に詳述しておきたい。瀬口は琵琶湖東岸地域の遺跡分布を分析する中で、①沿岸部、②内陸部上半（扇状地・山間部）、③内陸部下半（氾濫平野）と地形区分を行い、③については、水産資源の数・量は沿岸部に比べて少なく、捕獲もしにくく、森林の分布も自然堤防上に限られていて、沿岸部や扇状地・山間部よりも「森林資源にも水産資源にも相対的に恵まれない中間地」と位置づけている。その結果、沖積平野を挟まずに沿岸部と山間部が直結して水産資源と森林資源が複合して存在する「景観A」と、沖積平野を挟むために水産資源と森林資源が分離した「景観B」を設定する（瀬口2009, 96-97）。そして、景観Aよりも景観Bの立地が多くなる中期後葉以降（第3段階）は、貯蔵穴の数、容量の増大によって堅果類を1年中利用できるようにし、冬用・夏用住居の併設、土器保有量の増大、内陸部での網漁、丸木舟による沿岸部への日常的な往来など、内陸部での通年定住が一般化したと想定した（瀬口2009, 140-142）。それまでの「環境依存型システム」から、この第3段階の貯蔵穴や丸木舟、網漁の活用、さらに後期以降に痕跡が目立ちはじめる「農耕」を、資源環境を創出する「環境創出型システム」と評価す

る（瀬口2009, 144）。瀬口は、現在の琵琶湖東岸の沖積平野や扇状地の淡水魚分布をもとに沖積平野の資源を低く評価している（瀬口2009, 104）。しかし、現在の治水された沖積平野はもはや「氾濫原」と言えるものではなく、縄文時代の沖積平野環境とは異なっている。

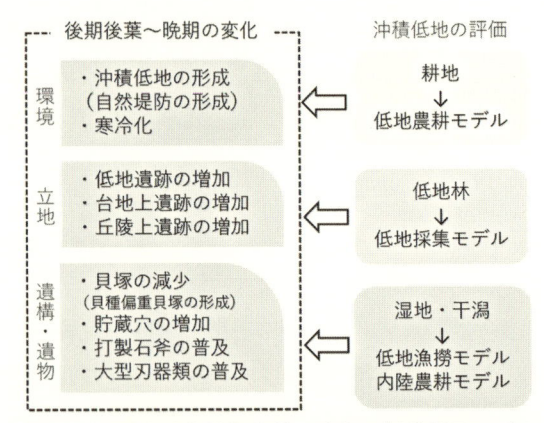

図7-1　縄文時代後期後葉～晩期の低地利用モデル

　このような氾濫原環境に対する評価に対して、その資源環境としての可能性を重視するのは内山純蔵である。内山は、早期から中期にかけての淡水性低湿地定住型の生業戦略について論じ、西日本の日本海沿岸にラグーン（潟湖）が発達し、アシなど湿地性草本に覆われた低湿地の淡水環境が、初夏の梅雨期に冠水してコイ科など淡水産魚類の産卵適地となり、汽水・淡水産生物の好適な生息地となる、という特性に着目している。西日本の地形は沈降傾向にあり、沖積作用によって低湿地湖畔の遺跡が沖積堆積物の下に隠れたり、流水によって遺跡が消滅したりするため、これが見かけ上の遺跡の少なさにつながっているとも指摘する（内山2007, 160-163）。内山のモデルは「低地漁撈モデル」の範疇には入るが、他の見解に比べても沖積低地の氾濫原環境を淡水魚生態との関係で重視していると言える。このモデルの氾濫原のイメージは、第6章（pp.207-209）で整理したような地形・地質学的な見解や、第5章（pp.177-178）で挙げた氾濫原漁撈の民俗・民族誌の情報とも整合的である。

　ここまで見てきた「縄文時代後・晩期遺跡の低地化」の議論は、当該期の様々な要素について、農耕、採集、漁撈といった各種の資源利用様式を想定した上で説明を行っているが、各モデルの違いは、沖積低地の評価の違いであると整理できる（図7-1）。本書は、遺跡出土資料の分析結果だけでなく、生態人類学や古環境復元研究の成果も積極的に取り上げて、縄文時代におけるより多様な資源利用様式の存在を想定してきた。その結果としては、縄文時代後期以降の沖積低地の形成を資源環境として積極的に評価するものであり、低地利用モデルとしては、低地漁撈モデルあるいは内山純蔵の淡水性低湿地利用モデルに近い説明となっている。本書で検討してきた九州縄文時代における資源利用技術としての石器モデルでは、沖積低地・氾濫原の利用について、下記のように説明する。

(1) 磨製石斧モデルでは、前期の沿岸部を中心とした居住と資源利用の様式が、中期に内陸部中心の居住と資源利用の様式に変化することを示した。これは、前期に形成された縄文海進最盛期の内湾環境が、中期にはじまる冷涼湿潤期の海退、沖積作用によって変質したことに起因する。氾濫原という観点で見ると、中期以降に海退後の低地において氾濫原が広く形成されはじめ、その比率が高くなっていくと言えるが、その初期には氾濫原利用は選択されずに、内陸部利用が進む。後期前葉になると、沿岸部での居住・資源利用も活発になり、後期中葉をピークに多様な磨製石斧セットを用いた森林・木材利用が沿岸部から内陸部にかけて広く行われる。沿岸部遺跡で行なわれた森林・木材利用

は、低地林を対象としたと考えられる。内陸部、低地部各所での森林・木材利用は、照葉樹林内のギャップ、二次林の形成を促し、各種陽地性植物利用の契機になったとも評価できる。

(2) 打製石斧モデルでは、後期中葉から後葉にかけての九州内での打製石斧の普及を示し、打製石斧の性能分析から、その作用対象として、その時期に形成が進む河川流域の自然堤防や後背湿地、河跡湖などの砂泥堆積物（湿地性動植物の生息域）が含まれると復元した。このモデルで言えば、打製石斧を用いた資源利用は、内陸部では谷間の狭い沖積低地で行われ、沿岸部では各河川下流域の比較的広い氾濫原域で行われたと想定される。打製石斧を用いた湿地性動植物の利用は、エネルギー収益率が必ずしも高いとは言えない食料を広く利用しなければならなくなっているという状況も示すが、合わせてイモ類やイネ科植物などの利用の契機にもなった可能性も想定される。

(3) 縦長剥片石器モデルでは、後期中・後葉をピークとする博多湾沿岸地域での縦長剥片石器利用を示し、その便宜的なガラス質石材小型削器としての性能から、沖積低地に季節的に集中する小型動物の利用（解体・加工）を復元した。このモデルは、(2) の打製石斧モデルとも連動して、当該期の湿地性動植物利用を積極的に評価するものである。

　この (1)〜(3) の石器モデルを受けて、以下では、前期から晩期にかけてのやや細かい遺跡立地と遺跡内容を把握し、遺跡立地から想定される居住集団の資源利用域が、河川上・下流の沖積低地・氾濫原域という観点からどのように説明できるのかを検討する。この分析は、水田稲作を経済基盤とする弥生文化への移行という歴史に対して、必ずしも農耕を前提としない沖積低地利用という観点からどのような説明ができるのかという課題にもつながる。本書で検討してきた九州地方では、各地域で沖積低地が形成され、縄文時代前期から晩期の遺跡が立地するため、それぞれの地域での検討が可能である。しかし、弥生時代早期への変遷を考えるという意味では、まずは、弥生時代早期遺跡が形成される代表的な地域である博多湾沿岸地域の様相を把握することが必要であろう。

第2節　分析の方法：遺跡立地変遷の把握

1　博多湾沿岸地域の地質と地形

　当該地域の地質・地形の概要を、下山正一（1994, 2013）に従って以下のとおり整理する。福岡地域は、三郡変成岩類の結晶片岩類と白亜紀深成岩類からなる山地が浸食されて、4つの山地、古第三紀層（砂岩・礫岩・頁岩）、新第三紀のアルカリ玄武岩の丘陵、9つの河成段丘からなる。中位段丘上位面は春日面、仲原礫層、中位段丘下位面は須玖面、阿蘇4火砕流堆積物および須崎層からなる。低地は、糸島、早良、鳥飼、福岡の4つの平野と、海の中道、箱崎の2つの砂丘からなる。低位段丘面は大坪砂礫層で構成される。標高3m以下の臨海低地は、各河川の三角州に当たり、各河川の中・上流域には谷底平野が広がる。この谷底平野は、各河川の河床や氾濫原を

主体とし、自然堤防や三日月湖を含む。福岡市曰佐付近では、沖積段丘面（曰佐面）がみられ、住吉層の礫層中には、縄文時代の土器片が河川堆積物とともに含まれている。沖積面を形成する完新世の地層は、博多湾シルト層（海成堆積物）、箱崎砂層、海の中道砂層（新砂丘砂層）、住吉層（非海成堆積物）と呼ばれる。住吉層は、各河川流域に広く分布し、須崎層・阿蘇4火砕流堆積物・大坪砂礫層を不整合で覆う。福岡市博多付近では、住吉層の間に博多湾シルト層が挟み込んでおり、住吉層は上下に分かれるが、粘土・シルト・腐植物混じり粗粒砂層で、層相上は区別できない。博多湾シルト層の分布限界線の陸側やその延長部分には、腐植物混じりのシルト層や黒色粘土層が発達する場合があり、その中にはしばしばアカホヤ火山灰が含まれている。本層中の炭化物の炭素14年代は、9,000～1,500年前とみられる。博多湾沿岸には、博多湾シルト層上に、海の中道砂層、箱崎砂層が形成される。那珂川や御笠川の河口部分では、箱崎砂層と住吉層が互層となっており、両者が一部指交関係にある。両砂層とも、海浜砂と風成砂からなり、しばしば双方向の斜交層理が発達する。

　博多湾沿岸地域は、博多湾へ注ぐ主要河川とそれが作り出す平野部によって、下記のとおり大きく4つのエリアに分類できる（図7-2）。自治体としては、東から久山町、粕屋町、福岡市、春日市、那珂川市、糸島市を含む。

（1）東エリア：多々良川流域、糟屋平野

　多々良川は、三郡山系の砥石山や篠栗飯盛山を水源として、北西西方向に博多湾に注ぐ二級河川である。現在では、上流に鳴淵ダムが築かれ、中流に駕与丁池などの灌漑設備がある。河口付近には干潟が発達していたが、明治期以降にほとんどが埋め立てられ、北端の和白干潟だけが残っている。

（2）博多エリア：那珂川・御笠川流域、福岡平野

　那珂川は、脊振山を水源とし、北・北西方向に博多湾に注ぐ二級河川である。現在、上流には五ヶ山ダムや南畑ダムが築かれ、中・下流域に裂田の溝、番托井堰などの歴史的な灌漑施設がある。数年に一度は洪水被害を受けており、近年では2009（平成21）年7月の中国・九州北部豪雨で、広く被災した。基盤となる花崗岩・礫層・阿蘇4火砕流堆積物を開析し、扇状地・段丘・氾濫原地形を作り出している。河口付近では東側を北流してきた御笠川と合流し、砂丘と後背湿地を作り出す。弥生時代の板付遺跡にはじまり、現代にいたるまで、福岡平野の中心となってきた地域である。

（3）早良エリア：室見川流域、早良平野

　室見川は、那珂川と同様に脊振山を水源として、西側を北流する二級河川である。現在、上流には曲渕ダムが建設されている。河口部は干潟を形成しており、福岡市の市鳥であるユリカモメが多く生息し、エリを用いたシロウオ漁が春の風物詩となっている。1953（昭和28）年の西日本水害の際には氾濫による被害をもたらしている。

（4）西エリア：瑞梅寺川流域、糸島平野東部

　瑞梅寺川は、脊振山の西側、井原山を水源として糸島市東側を北流する二級河川である。上流には瑞梅寺ダムが建設されている。河口付近は今津干潟となっており、冬季には朝鮮半島北西部からクロツラヘラサギの越冬飛来がある。

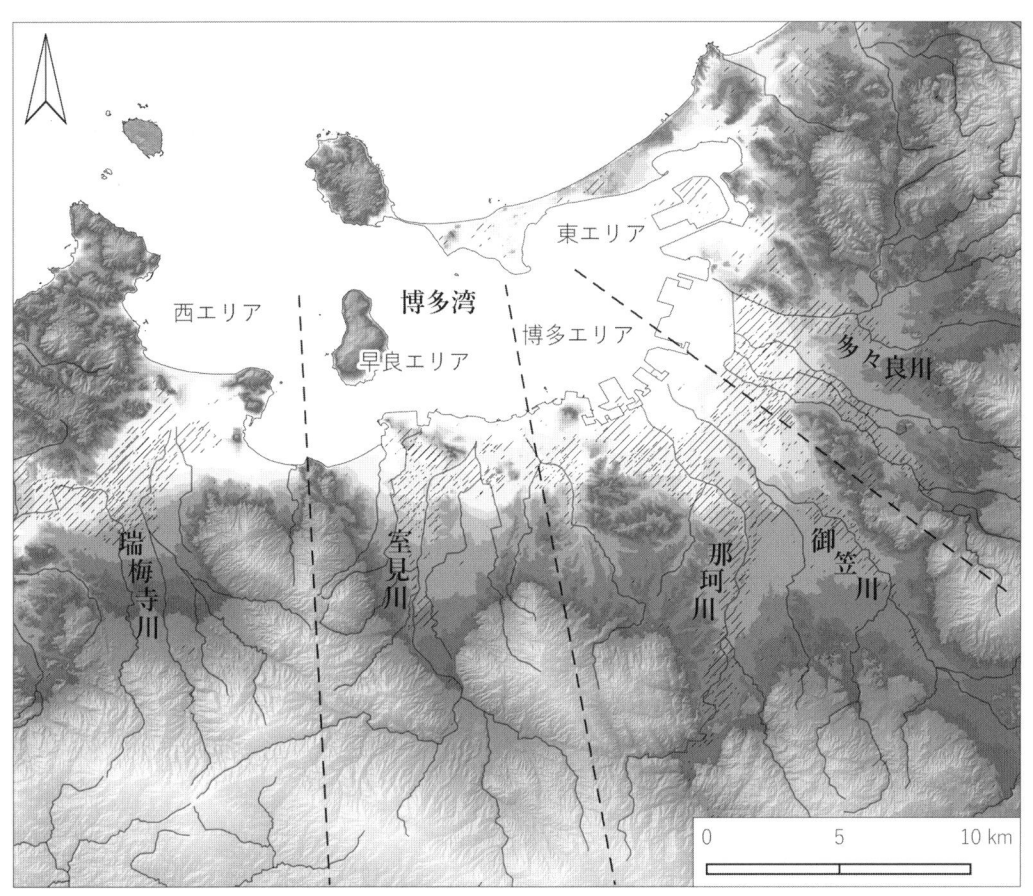

図7-2　博多湾沿岸地域 (S＝1/275,000)

　このような現況地形や自然環境は、そのままでは縄文時代の資源利用研究には使用できない。
例えば、本章で着目してきた「氾濫原」という自然環境は、治水事業が進められてきた現在の博
多湾沿岸ではほとんど観察することはできない。地形の開析や改変を過去に遡らせ、河川流路
や氾濫原の範囲、自然堤防、砂丘の位置などを復元しなければ、精度高く縄文時代の人々が利用
した地形や自然環境を分析することができない。本書では、そのような古環境復元（シミュレー
ション）は行えないため、現在の遺跡情報を用いて議論を進める。遺跡の発掘調査で得られる地
下の堆積情報は、現在では失われてしまった過去の堆積状況を示しており、部分的ではあるが、
古環境を復元できる。マクロな古環境復元については、第6章の整理にもとづく。

2　遺跡立地の分析項目

　本分析で用いる遺跡情報を抽出するために、発掘調査報告書に記載された情報から、下記項目
の情報を収集した。

　（1）**遺跡位置**：各時期の遺物・遺構が検出された調査区の中央付近の任意の1点を、国土座
標（緯度経度）による代表点として抽出した。そのため、抽出した代表点自体は、遺跡の広がり

の中央点を示すわけでもなく、その代表点自体を分析の対象とすることはできない。本分析ではこの遺跡位置点はあくまでも代表点であり、周辺地形および環境とのマクロな関係を把握するために用いる。国土座標は、発掘調査報告書の調査区位置図をもとに、地理院地図（電子国土web）（http://maps.gsi.go.jp/）から目視による対比で取得した。

　（2）立地：各時期の遺物・遺構が検出された調査区の標高値と基盤層（地山・包含層）の情報を抽出した。標高値は中央付近の任意の数値を発掘調査報告書の記載から抽出している。そのため、標高値についても、上記の遺跡位置座標点と同様に、その数値自体は厳密な再現性を持って抽出された数値でないため、あくまでも傾向把握のために用いる。基盤層については、発掘調査報告書の記述に従い、表記は統一していない。標高や周辺地形と合わせて、第三紀層上か、沖積層上かという区別を行うために用いる。

　（3）遺構：遺物が出土し、時期比定が可能なものを抽出した。遺構の数量については、母数の推計がなければ分析に用いることが難しいため、精査していない。本分析では、検出された遺構の種類や有無を問題とする。個々の遺構の評価については、形状や堆積物の報告書記載から個別に行う。

　（4）時期：報告書の記載から出土した各土器型式を抽出した。上記の遺構数量と同様に、各土器型式の数量把握は行っていないが、存否を重視するため、少量の出土でも抽出した。土器型式の認識は、報告書記述を参考としつつ、本書第3章第3節の編年観に従う。

　（5）石器：報告書記載から抽出した。数量把握は行わず、種類と存否を問題とした。個々の石器の評価については、報告書記載にもとづいて個別に行う。

　本分析の目的は、各時期の遺跡が、どのような立地にあり、どのような資源利用活動を行っていたかを復元し、その変遷を把握することにある。例えば、遺跡位置・立地や、検出された遺構・遺物の評価の統計学的な有意性を高めようとすれば、遺跡分布調査や確認調査（試掘）の成果を取り入れる必要がある。

　なお、遺跡位置を表示する地形図は、国土地理院基盤地図情報の数値標高モデル10mメッシュ（https://fgd.gsi.go.jp/download/menu.php）と国土交通省国土数値情報の河川、低位地帯、浸水想定区域（https://nlftp.mlit.go.jp/ksj/）を元に作成している。10mメッシュ標高値0〜2m台、3m台、4・5m台、6・7m台、8・9m台、10m台、20m台、30m台、40m台を濃淡で表示し、国土数値情報の低位地帯と浸水想定区域をまとめて斜線範囲で示すことで、低地地形を表現した。この表示地形は現代の地形データであり、縄文時代の地形を復元するものではないが、地盤の傾斜方向や相対的な標高差など大まかな地形傾向は共通するものとして使用する。

第3節　博多湾沿岸地域の遺跡立地変遷

　以下に、縄文時代前期以降の遺跡立地の分析結果を示す。本分析で対象とした遺跡とその基本情報の一覧は付表3に記載する。

1　前期

　遺跡は、早良、博多を中心に各エリアに分布する（図7-3・4）。時期細別では、轟A式土器期に免、内野熊山、大坪、野中など室見川流域に活動痕跡が見られ（図7-3）、その後轟B式、曽畑式土器期に各エリアでの遺跡形成が広がっていく（図7-4）。曽畑新式や轟C・D式など前期末の遺跡は、雀居、高畑、中村町、四箇、内野熊山、大坪南、今山など各エリアで確認される（図7-4）。本書第6章で整理したとおり、当該期は温暖化の時期であり、前期後半は縄文海進の最盛期にあたるため、現在の沿岸低地部は広く海域となっていた。そのような観点で遺跡分布を見ると、前期後半の雀居、中村町、西新町、今山などが沿岸部利用を志向した遺跡、東エリアの3遺跡、博多エリアの日佐以南の遺跡、早良エリアの松木田以南の遺跡群が内陸部利用を志向した遺跡、それ以外がその中間的な立地と考えられる（図7-4）。

　中村町、西新町、免、四箇、椎原Aなどの遺跡から、前期に属する石器がまとまって出土している。石器組成としては、石鏃、ガラス質石材刃器類（石匙含む）、磨製石斧、石皿・磨石類というセットが基本となる。構築遺構は、四箇遺跡J-10l地点の方形土坑（不整形竪穴）、栗尾B遺跡のSK037、椎原A遺跡のSK001は、堅果類は検出されていないが、埋土中に炭化物層や腐植

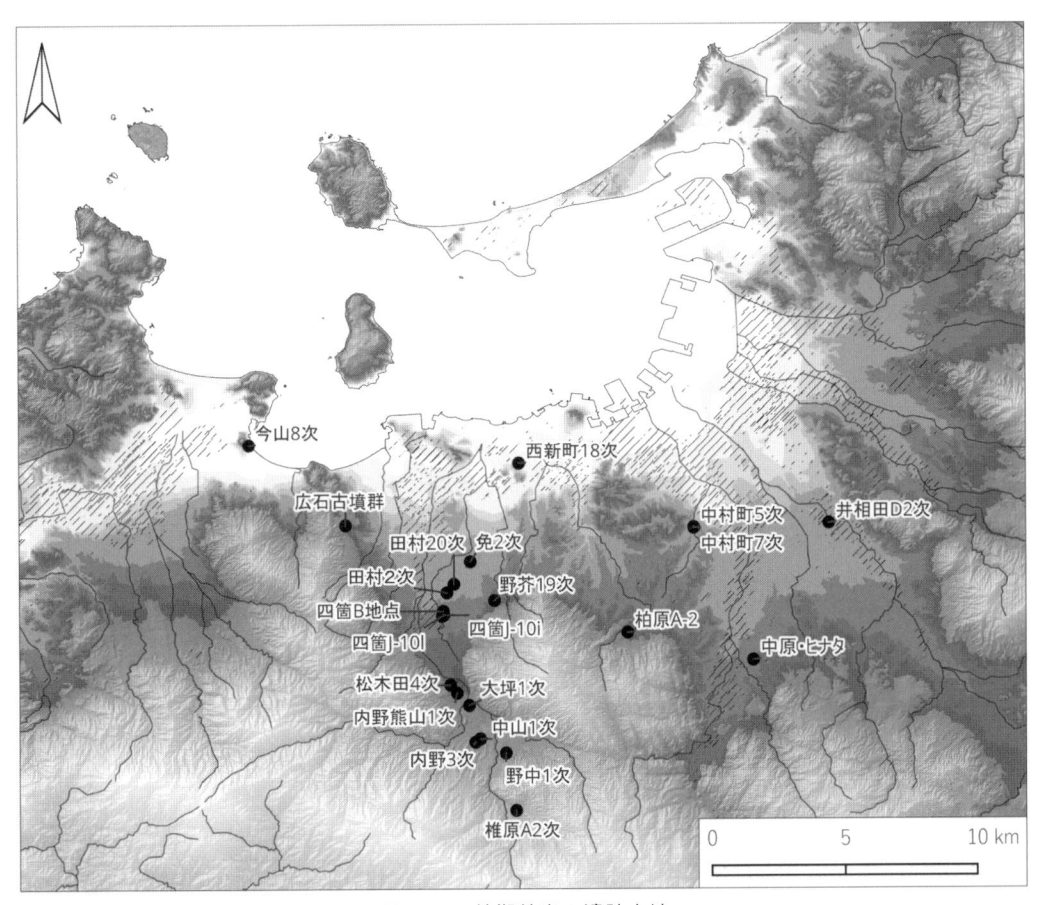

図 7-3　前期前半の遺跡立地

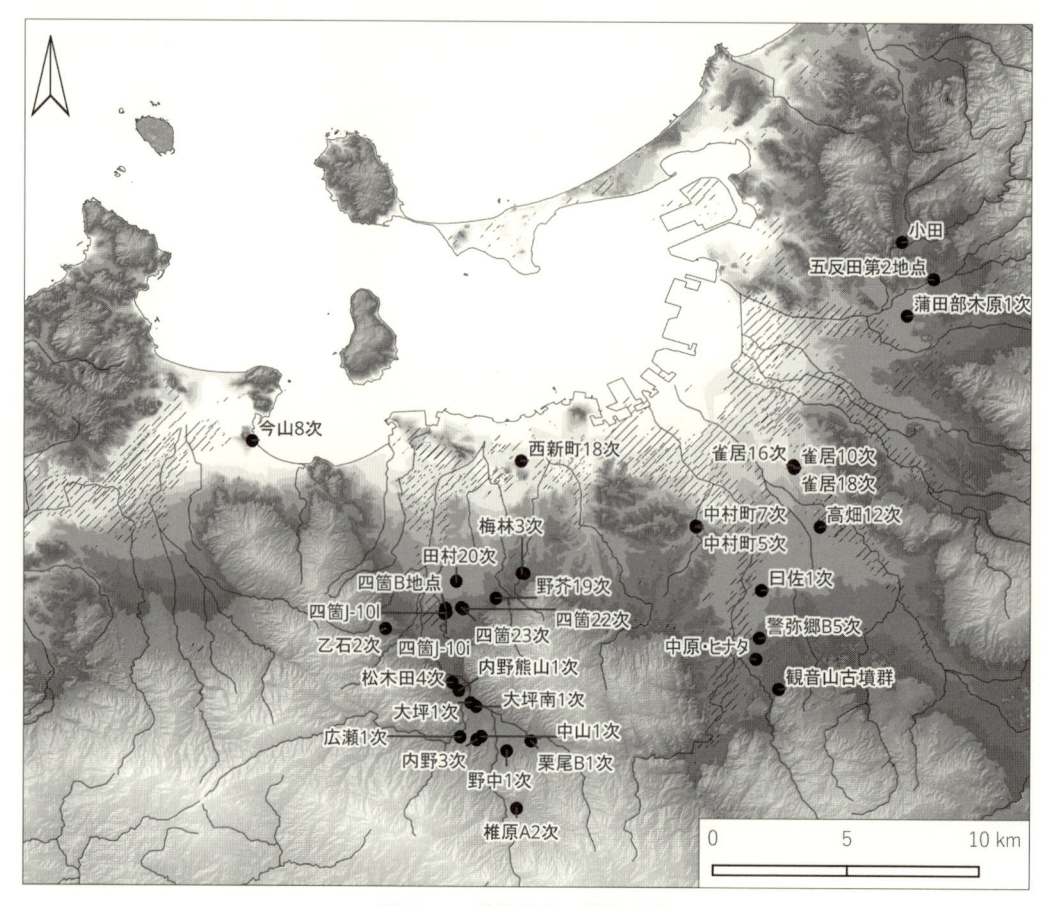

図7-4　前期後半の遺跡立地

土層が形成されており、貯蔵穴の可能性が高い。椎原A遺跡では集石 SX032 が検出されている。竪穴住居や貝塚、貯蔵穴群などは確認されておらず、小規模な遺跡が沿岸から内陸まで分布している。その中に比較的定住性・回帰性の高い遺跡（中村町、西新町、四箇、野中、栗尾B、椎原A、今山など）が見られる。今山遺跡で打欠石錘が、四箇遺跡B地点で切目石錘が出土しているが、同一層から後期土器も出土しており、現時点では後期に属する可能性が高い。中村町遺跡では、安山岩製石銛やアカガシ亜属の割り裂き材を用いた編組製品が出土しており、海進期の内湾環境を利用した漁撈活動を想定できる。しかし、西新町遺跡では漁撈具の出土は見られない。また、東・西エリアの北部には前期遺跡が見つかっていないことから、当時の外洋（玄界灘）への志向は強くないと言える。

2　中期

　遺跡は、早良、西を中心に各エリアに分布する（図7-5・6）。時期細別では、中期前半、船元式・春日式土器期から各エリアでの活動痕跡が認められ（図7-5）、中期後半、並木式・阿高式土器期は、博多エリアで遺跡が増加し、西・早良エリアでの沿岸立地化の傾向がある（図7-6）。

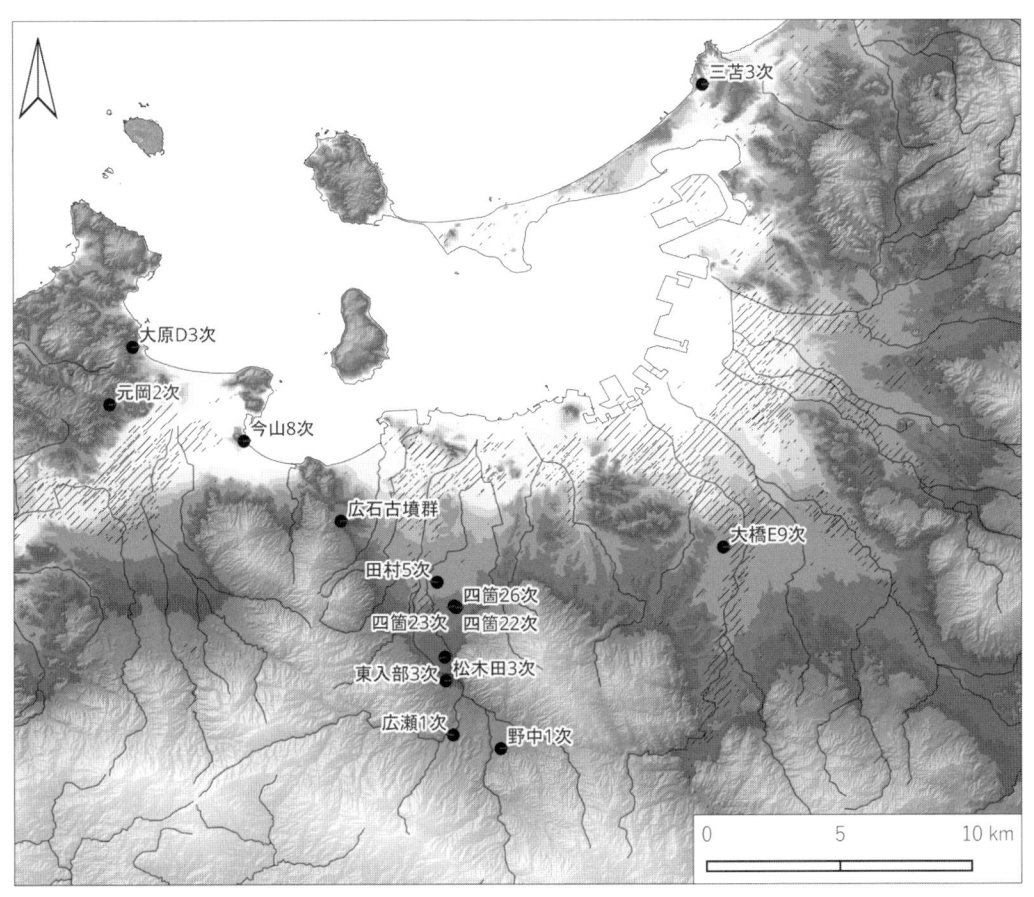

図7-5　中期前半の遺跡立地

本書第6章で整理したとおり、当該期はいわゆる中期海退期と呼ばれる最温暖期後の冷涼湿潤期で、前期までの内湾環境が不安的な気候のもとに埋没していく状況となっていた。そのような観点および前期からの連続という観点で、中期前半の遺跡分布を見ると、前期後半に遺跡が形成されていた東、博多、早良下流域のエリアで遺跡がほとんど見つからない状況となる（図7-5）。反対に、前期の遺跡があまり見つかっていない西エリアでは、中期の遺跡形成が認められる（図7-5・6）。中村町遺跡5次では弥生時代の遺構面である黄灰褐色シルト層の下で旧河川が検出され、まとまった量の轟B式、曽畑式、曽畑新式土器と石器が出土した。中村町遺跡の下層遺物は、土器も石器もほとんど摩滅しておらず、石皿や磨製石斧などの重量物も堆積していることから、上流の遺物が流されて再堆積したというよりは、中村町遺跡北端の低丘陵上に形成されていた前期文化層が河川堆積によって埋没した（削平され再堆積した）という状況を示している。この河川運搬物とともに堆積した編組製品の炭素14年代は、4,775±20、4,475±20年BP（前期末～中期前葉）を示した（福岡市教育委員会編2012c）。井相田D遺跡では、弥生時代後期の遺構面である暗褐色シルト・粘土、青灰色粘質土層の下に厚い粗砂～シルト層があり、その中から前期前半、轟B式土器小片を含む時期の埋没林が検出された。粗砂層出土木材の炭素14年代が2,480±900年BP（未補正）を示すことから、縄文時代前期以降、弥生時代前期ごろにかけて河畔林が

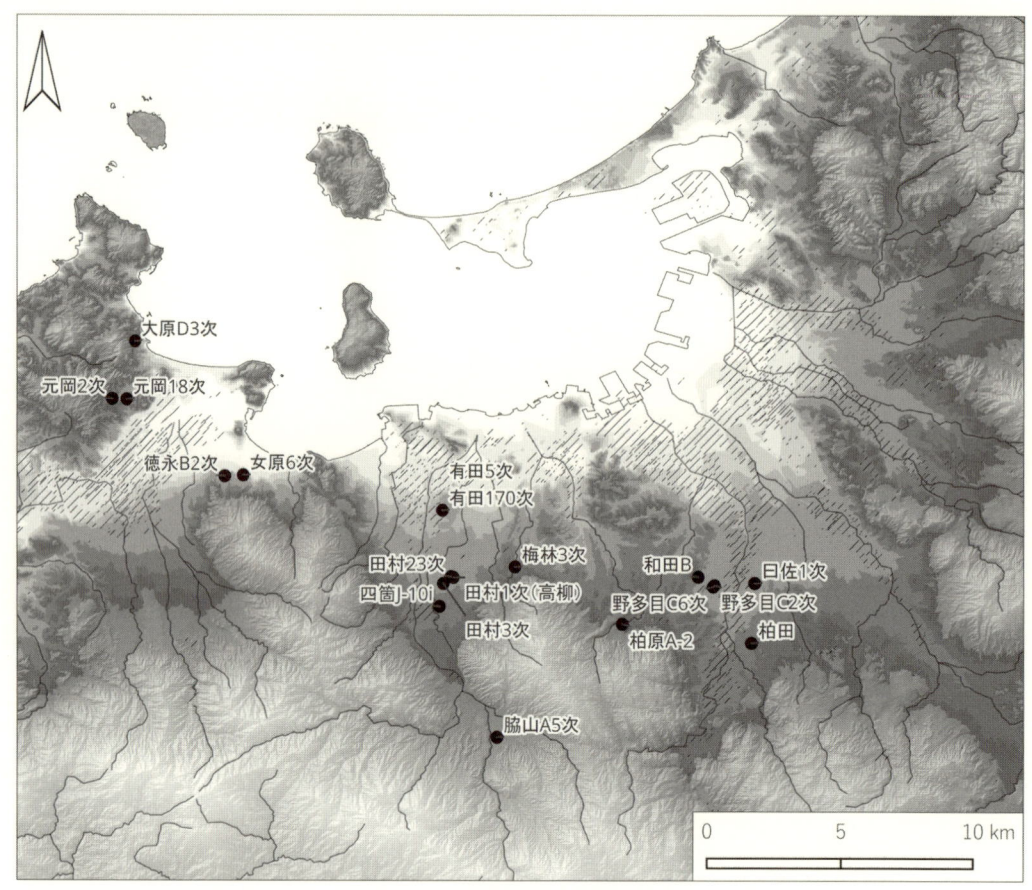

図7-6　中期後半の遺跡立地

洪水で埋没したと考えられる（福岡市教育委員会編1999a）。このことは、冷涼湿潤化に伴って促進された前・中期の沖積作用が、河川下流域の環境を変化させたため、東・博多・早良下流エリアでは中期遺跡が形成されなかったと理解できる。この間に、西エリアで遺跡形成が継続する点については、当該エリアが他のエリアと異なる状態にあったことを示唆する。西エリアは河川下流域が他のエリアと異なった地形的特徴を持っており、このことが中期の遺跡形成に関係している可能性が高い。この点については次項（2）で詳述する。

　田村遺跡と四箇遺跡から中期に属すると考えられる石器が出土している。しかし、田村遺跡は刻目突帯文土器の遺物も混在しており、中期石器を抽出しにくい。四箇遺跡の石器組成は、石鏃、ガラス質石材刃器類（石匙含む）、磨製石斧で、石皿・磨石類を欠いている。全般に中期の石器は、資料数が少なく、明確なことが分からない。構築遺構を見ると、田村遺跡の竪穴住居の可能性がある方形竪穴や四箇遺跡の不定形土坑などがあるが、埋土や出土遺物の情報が少なく、はっきりとしたことが分からない。貝塚、貯蔵穴群などは確認されておらず、小規模な遺跡が内陸を中心に分布している。その中で比較的定住性・回帰性の高い遺跡（田村、四箇、今山）が見られる。

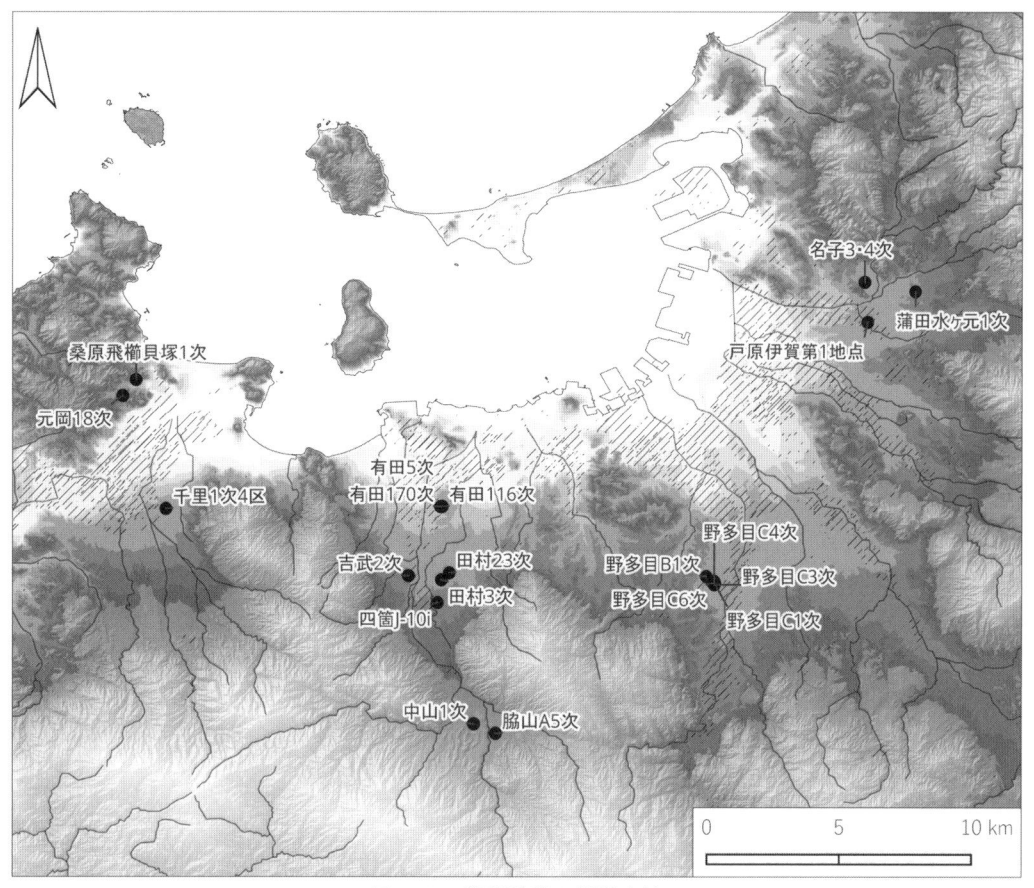

図7-7　後期前葉の遺跡立地

3　後期前葉

　遺跡は、東、博多、早良、西の各エリアに分布する（図7-7）。中期との比較では、東エリアで新たに遺跡形成が見られ、西、早良エリアは中期から遺跡が継続するのに対し、博多の那珂川中・下流域には遺跡形成が認められない。本書第6章で整理したとおり、この時期は中期海退の変動期を経て、沖積低地の陸化が進む時期と言える。東、早良、西での遺跡形成は、そのような沖積低地の安定化が要因と考えられる。その場合、博多エリアの那珂川中・下流域で遺跡が確認されない理由を考える必要があるだろう。以下、各遺跡の立地傾向と遺跡の内容について、詳しく見てみたい。

（1）段丘・扇状地の利用

　内陸の段丘や扇状地上では、四箇J-10i地点、中山、脇山A、野多目C、戸原伊賀、名子、蒲田水ヶ元などで後期前葉の活動痕跡が認められる。有田遺跡群5次と170次調査では、平面形が楕円形で、底に逆茂木を持つ陥穴遺構が確認されている。5次の第49号土坑からは阿高式・中津式土器が出土するが、170次では遺物が出土しなかった。野多目B遺跡から西側低地を挟ん

だ丘陵斜面に位置する和田Ｂ遺跡でも、逆茂木をもつ円筒形土坑（陥穴）が複数基確認された。土坑内からは遺物がほとんど出土しなかったが、周辺からは全面に凹線文が施される阿高式古相土器、鍬形鏃、石匙、磨製石斧などが出土した。調査担当者は局部磨製石鏃や鍬形鏃の存在から陥穴について早期を想定しているが（福岡市教育委員会編1995b，119）、押型文土器自体は出土しておらず、土器が出土している中期後半に使用された可能性も排除できない。陥穴遺構は遺物が出土しないことが多く、時期比定が難しい。ここでは、有田5次例などを重視して、丘陵部での陥穴猟の存在（動物資源の捕獲）を想定しておく。

（2）内湾利用とその変化：桑原飛櫛貝塚の評価

　桑原飛櫛貝塚は、標高約4mの黄灰色粘質土上に形成された坂の下式、中津式土器期の貝塚で、出土動物遺体として、内湾干潟に生息する二枚貝・巻貝、外海岩礁に生息する巻貝、サメ類・マダイ・クロダイ・ヘダイ・サバ・ヒガンフグ・フグ類・スズキ目など魚類、ウミガメ類、ミズナギドリ・アホウドリ・ヒメウ・カモ類など鳥類、ニホンザル・ネズミ類・イルカ類・タヌキ・アシカ・イノシシ・ニホンジカなど哺乳類の獣骨が報告されている（福岡市教育委員会編1996c，97・111）。外洋から内湾、山間部に生息する動物を広く利用していたことがわかる。また、突き漁・網漁の存在を示す、骨製刺突具、貝錘、石銛、石錘が出土している。貝層が60〜80cmと比較的厚く堆積し、間に旧表土・生活面が形成されていることからも、長期間利用されたと考えられるが、土器型式は坂の下式・中津式期に収まっており、福田KⅡ式期に継続しない。同貝塚の未調査範囲に他時期の貝層が存在する可能性もあるが、近隣の大原Ｄ遺跡、元岡・桑原遺跡群の調査でも福田KⅡ式期の資料は低調である。西方の糸島平野西部地域では矢風遺跡（阿高式、坂の下式）、天神山貝塚（坂の下式、福田KⅡ式）、新町遺跡（福田KⅡ式）、長野宮ノ前遺跡（福田KⅡ式）など阿高式から福田KⅡ式の段階を通して遺跡が形成されるため、居住の中心が糸島西部へ移動したと言える。貝類組成の垂直変化では、土層の上位に向かってハイガイ（砂泥性）比率が減り、アサリ（砂泥性）、マガキ（岩礁・砂泥性）の比率が増える。また、内湾干潟性のイボウミニナの比率が減少し、外海岩礁性のクボガイとクマノコガイの比率が増加している（図7-8。福岡市教育委員会編1996c，100-103）。調査区東壁土層によると、貝層は44層（黄褐色粘質土）の上に形成され、南側の貝層の切れた下層は19層（黄色帯びた灰青色粘質土）でグライ化しており、当時の汀線と考えられる。貝層の直上には、32層（黒褐色粘質土に黄色土混入）、36層（青灰色粘質土（黒に近くヘドロ状））、16層（褐色粘質土）、18層（黒茶色粘質土）が堆積し、その上に中世の整地層・遺構面となる28・29層（茶褐色粘質土）、4層（灰黒色粘質土）、15層（黒灰色粘質土に青色土混入）が堆積する（図7-8。福岡市教育委員会編1996c，11）。汀線際を墓地や貝類の廃棄場所として利用していたものが、ある段階で放棄され、急激に砂泥で埋まり、湿地化したと考えられる。

　この桑原飛櫛貝塚における利用貝類および堆積層の変化については、内湾岸の干潟域が山塊から雨水で流されてきた砂泥に埋もれ、干潟が持っている酸素供給やバクテリア・海藻・小動物の繁殖、有機物の分解などの機能が低下し、それまでの内湾環境の生産性が低下したことが居住の放棄につながったと推測される。これは、従来、指摘されている縄文時代中・後期の沖積作用に

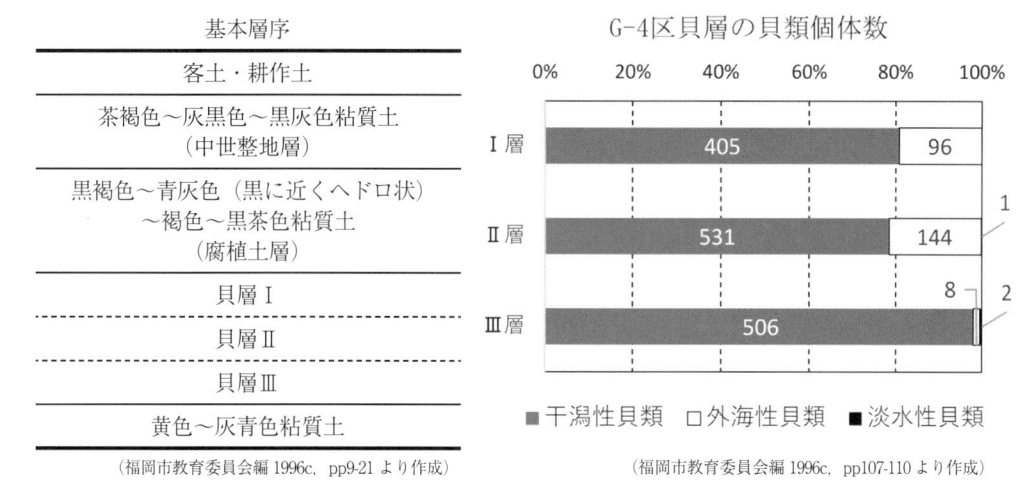

図 7-8　桑原飛櫛貝塚の基本層序と貝類個体数の層的変化

よる内湾環境の変化現象（松島・小池 1979）に関係するもので、後述する内陸域での旺盛な流路
形成から見ても、該期に降水量増加に伴う内湾環境の変化が生じていたと考えられる。糸島半島
西側の天神山貝塚は、桑原飛櫛貝塚とほぼ同時期の類似した内容を示す貝塚で、福田 KII 式土
器が出土するが、その後には継続しない。後期層の中では、外洋性のマフグ、内湾岩礁性のクボ
ガイ、タマキビが減少し、干潟性のウミニナ、オキシジミ、キュウシュウナミノコが増加する。
天神山貝塚南東の引津湾から北側一帯の低地が内湾・干潟であったと仮説的に考えられている
（志摩町教育委員会編 1974, 4）。天神山貝塚が北側の外洋と東側の干潟を利用していたとしたら、
後期の沖積作用によって、東側の干潟は埋没・後退した可能性が高く、それによって天神山貝塚
の有効性は減じてしまったと考えられる。

　博多湾沿岸地域では、桑原飛櫛貝塚のほかに該期の貝塚は確認されていない。現在の西公園か
ら警固の丘陵域、春日丘陵端部、名島・若宮の丘陵域などは、縄文時代には内湾に面した島状地
形として、貝塚が形成された可能性を想定できる。室見川と那珂川の間を北流する樋井川下流の
福岡城大濠の浚渫排土中からは阿高式古相の土器片が採集されており（中山 1926）、博多湾に面
した旧鳥飼潟における該期遺跡の存在が示唆される。しかし、現在のところ、この大濠公園遺跡
以外には縄文時代遺跡の存在は確認できていない。糸島平野を形成する瑞梅寺川や雷山川は、水
源山塊から下流へ直線的に伸びた後、糸島半島の山塊がバリヤーとなって河川下流域が停滞して
内湾を形成する。このような内湾に面した糸島半島沿岸は、小さな内湾や溺れ谷も発達し、淡
水・汽水・鹹水の多様な環境が狭い範囲で利用できた。そのため、他のエリアで沿岸部の遺跡形
成が衰退する中期にも遺跡形成が継続し、後期前葉には定着的・回帰的な貝塚形成（天神山、桑
原飛櫛、岐志本村、元岡瓜尾など）が認められると理解できる。これに対して、早良・福岡・糟屋
平野を形成する室見川・那珂川・多々良川は、水源山塊から下流へ直線的に伸びて博多湾に至っ
ており、下流域の水量が多く、水流も早いため、縄文時代の採集的な漁撈には向かなかったと考
えられる。このような地形の特性が、博多エリアの那珂川中・下流域で、後期前葉の遺跡が確認
されない理由の一つであろう。博多湾岸の砂丘列や自然堤防が発達してきて、下流域の排水性が

不良になってくると、糸島平野のような干潟・内湾というよりは、大きな湿地と氾濫原になっていった。このような広い氾濫原域や湿地がどのように利用されていたのかが問題となるが、少なくとも1地点でコンパクトに多様な環境が利用できるというような地形にないため、糸島半島のような定着的・回帰的な貝塚形成に向かなかったと理解できる。

（3）貯蔵穴群の形成と堅果類利用

　後期前葉の特徴的な遺構として、貯蔵穴群が知られる。当該期に確認されている円形土坑を整理したのが表7-1である。野多目C遺跡、吉武遺跡群については、イチイガシなどの出土があり、堅果類の貯蔵穴と判断できる。大原D遺跡、徳永B遺跡、蒲田水ヶ元遺跡は、遺存状況が悪く、判然としないが、同様の貯蔵穴と考えられる。問題となるのは、有田遺跡群、名子遺跡、戸原伊賀遺跡の円形土坑で、報告書では貯蔵穴のほかに「柱穴」の可能性が指摘されている。有田・名子・戸原伊賀と野多目C・吉武の違いは、前者が径1m以下と小型で、埋土に縦方向に不整合のある「柱状堆積」や「礫堆積」があるのに対し、後者は径1m以上と大型で、埋土がイチイガシを含む有機質土の自然堆積である点である。

　この「柱状堆積」に対する解釈は、報告書で指摘されるように「柱」が据えられた結果としての「柱痕跡」なのか、あるいは土坑埋没後の円柱あるいは逆円錐状の「掘り込み」なのか、という2つの可能性を考えなければならない。「柱」の可能性を考えると、土坑は「柱穴掘方」であり、その中央に柱を据えた状態で、掘方は埋め戻されなければ柱を立てられない。有田例は「柱状堆積」の周りの埋土も自然堆積となっており（図7-9（2）（5））、柱穴掘方の堆積としてやや不自然である。名子例は暗褐色粘質土の単層のようで、戸原伊賀例も名子例に類似する。有田・名子・戸原伊賀例にある「礫堆積」は、「柱」の「根固め石」という説明も可能である。一方、「掘り込み」の可能性を考えると、土坑内を径10〜30cmほど掘り抜く際に土坑埋土内の「礫堆積」を取り除いた、と説明できる（図7-9（3）（5）（9）〜（11））。「掘り込み」説は、有田例の「柱状堆積」が貯蔵穴の「標柱」にしては太すぎるという指摘（福岡市教育委員会編1992a，72）や、先すぼまりになっている点、「柱状堆積」自体が自然堆積を示す点（図7-9（5））なども説明できている。有田遺跡群第116次調査では、土坑内堆積の比較的詳しい観察がなされており、柱状痕跡について「別のピットの可能性」（SK07・09・13・14・24）、「掘り返し」、「古墳時代以降の柱穴」（SK11）、「別の遺構ないし動物や植物による攪乱」（SK22）と表現されている（福岡市教育委員会編1992a）。

　仮に、「柱状堆積」を「掘り込み」と解釈するならば、その行為の目的としては、埋没した土坑内の内容物（可能性が高いのは堅果類）の有無や状態の確認が想定できる。野多目Cや吉武の貯蔵穴は、土坑内湧水への堅果類の水漬けで、開放状態で機能させていれば、時間が経過しても土坑の内容物や状態が確認できる。これに対して、有田、名子、戸原伊賀の貯蔵穴は必ずしも水漬けを伴わない乾燥型で、腐敗や虫害、獣害を防ぐために埋め戻されたため、内容物や状態の確認のためには掘削して中身を確認する必要があった。名子遺跡第3次調査の1区では、後期中葉土器を含む径1.5〜2.3mの大型円形土坑も検出されているが、これらにも柱状堆積が認められる（図7-9（7）（8））。土坑内の「礫堆積」については、堅果類などの食料を土坑内に安置する際の設

表7-1　博多湾沿岸地域における縄文時代後期前葉の円形土坑

遺跡	土器型式	径	断面形	底面	数	埋土	内容物	備考	文献※
野多目C1~4次	阿高Ⅲ~福田KⅡ	1~2m	筒状、逆台形	小杭、小ピット	65	自然堆積	イチイガシほか種実、小丸木・分割材、焼けた獣骨		1983a, 1986, 1987b, 1993b
吉武2次	出水、福田KⅡ	1~4m	筒状、逆台形、二段掘り、擂鉢状	小杭、小ピット	46	自然堆積	イチイガシほか種実、分割材・加工材		2001
有田5・116・170次	阿高Ⅲ~福田KⅡ	50cm~1m	筒状、逆台形、二段掘	小ピット	96	自然堆積、柱状堆積。上・中層に礫堆積	最下層に炭化物集中、軟質土壌	礫堆積が柱状堆積に切られる	1985, 1992a, 1996b
名子3次	坂の下~福田KⅡ	30cm~1m	筒状、逆台形、二段掘り	小ピット	28＋	単層（暗褐色粘質土）、上・中・下層に礫堆積、自然堆積、柱状堆積	SK149は中層に炭化物集中	礫堆積に隙間がある。礫には被熱なし	2011c
戸原伊賀第1地点	南福寺、中津	70cm~1m	筒状、逆台形		13＋	自然堆積、柱状堆積。上・中・下層に礫堆積		礫堆積に隙間がある	粕屋町教育委員会編 2019
大原D3次	南福寺？	1.5~2m	筒状、逆台形		2	自然堆積、中層に礫堆積		東側試掘で貯蔵穴群確認	1996d
徳永B2次	阿高Ⅱ	1m程度？	不明		1	単層（灰黄褐色粘質土）	炭粒含む	土器に堅果類圧痕	2014
蒲田水ヶ元1次	坂の下	80cm~1.3m	逆台形	小ピット	2	不明			1996f

※刊行年のみは福岡市教育委員会編

備と考えられる。

　埋没した貯蔵穴に対するピット状の掘り込み痕跡は他にいくつかの例を挙げることができる。佐賀県東名遺跡の縄文時代早期末の貯蔵穴SK2021は、貯蔵穴下層の編組製品と堅果類を含む暗灰色粘質土に対して中央に柱状に掘り込みがあり（暗青灰色粘質土）、それを切る形で擂鉢状に土坑が掘られ、編組製品と暗青灰色粘質土が堆積する。SK2046は、貯蔵穴下層の堅果類を含む暗青灰色粘質土に対して、南壁際に柱状に掘り込みがあり、暗灰色粘質土で埋まった上に石皿、編組製品片が廃棄されている。SK2095は貯蔵穴下層の暗色粘質土に対し、西壁際に逆円錐形の掘り込みがあり、暗色粘質土が堆積し、堅果類、貝片、鹿角、石皿が廃棄されている。SK2135は貯蔵穴下層の堅果類を含む黒灰色粘質土に対し、北壁側に柱状の掘り込みがあり、黒灰色粘質土と暗青灰色粘質土が堆積する（佐賀市教育委員会編2009）。熊本県曽畑貝塚の縄文時代前期の貯蔵穴群を見ると、自然堆積を示す埋土のほかに、第12・13・25・33号などが自然堆積埋土を切る形で掘り込みが見られる。第12号は、貯蔵穴の埋土に対して漏斗状の掘り込みが掘られ、下顎・四肢などのイノシシ骨、17×14cm程の安山岩礫が廃棄されている。第13号は、埋没した貯蔵穴に対して逆円錐状に掘り込まれ、その掘り込みの埋土上位にドングリ殻、安山岩礫、石皿、磨石、下顎・四肢などのイノシシ骨、木片が廃棄されている。第25号は、貯蔵穴の埋土に対して、中層まで筒状に掘り込みがあり、その掘り込み埋土に対してさらに逆円錐状の掘り込みがある。第33号は、下層に多量のドングリを残した状態で、中層まで擂鉢状の掘り込みがある（熊本県教育委員会編1988）。大分県法垣遺跡の小型土坑でも、最下層に腐植土層が形成される自然堆積と、その上面で止まる柱状・逆円錐状堆積が確認できる。これらの土坑の埋土からは、カラスザンショウ15点、動物骨12点、堅果類1点、イネ1点、コムギ1点が出土した。種実類の炭素14年代は、カラスザンショウは縄文時代後期中葉を示したが、イネは古代、コムギは中・近世を示したため、コンタミネーションの可能性が想定される（中津市教育委員会編2018, 387）。こ

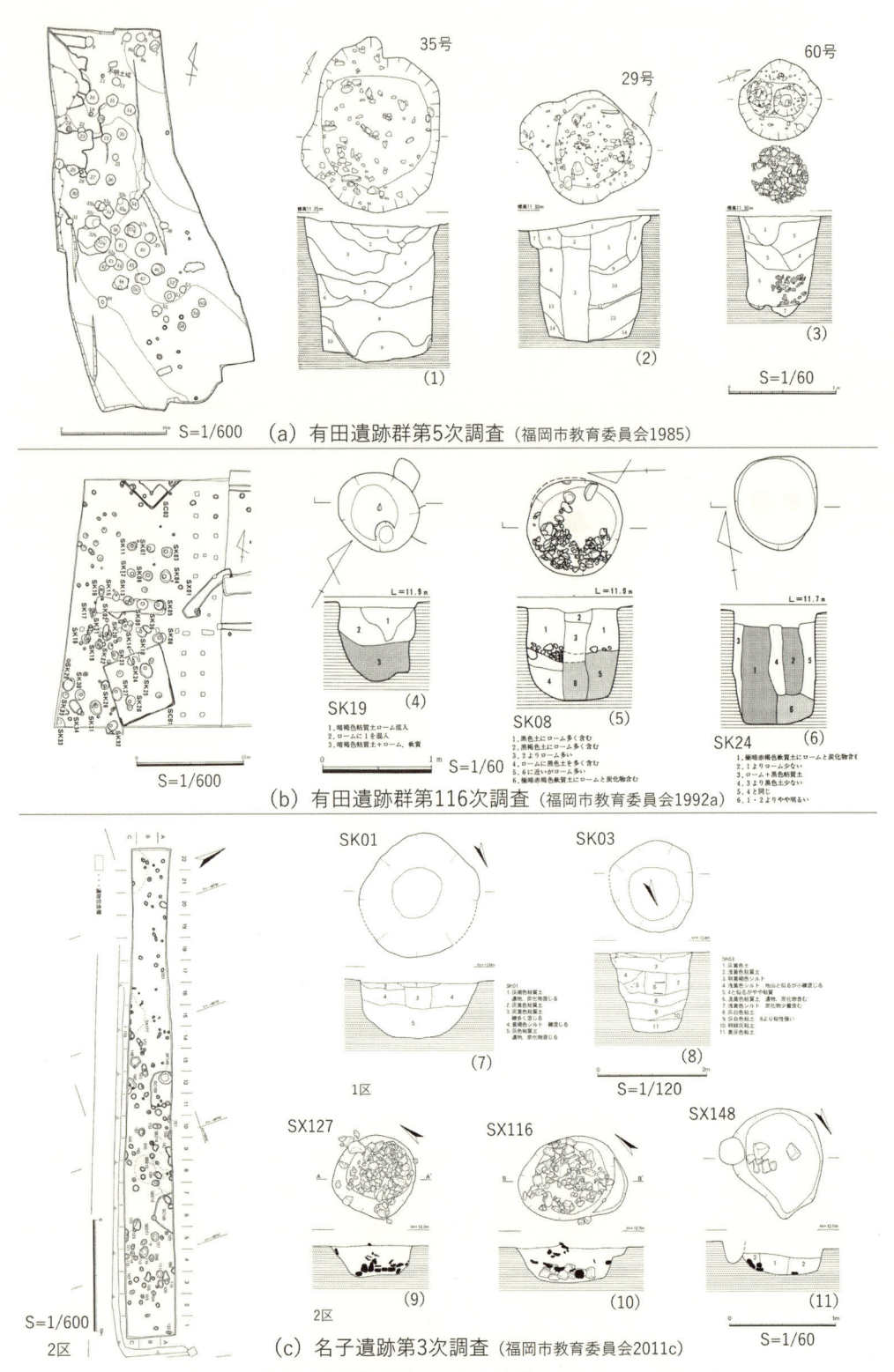

（a）有田遺跡群第5次調査（福岡市教育委員会1985）

（b）有田遺跡群第116次調査（福岡市教育委員会1992a）

（c）名子遺跡第3次調査（福岡市教育委員会2011c）

図7-9　縄文時代後期前葉の円形土坑群（各報告書より改変転載）

のことから土坑内容物の確認掘削行為は古代や中世まで下る可能性もある。土坑内からは土器の
ほかに、磨石・石皿類が出土している。鹿児島県上野原遺跡第2〜7地点の晩期中葉・黒川式土
器期の円筒形土坑11・13・23では、自然堆積層（c・d層）を切る逆円錐形の堆積（a・b層）が
認められる（鹿児島県立埋蔵文化財センター編2003，18-23）。福岡市持田ヶ浦古墳群2次調査の弥
生時代前期末から中期初頭の貯蔵穴は、下層から上層まで水平堆積あるいは自然堆積している
パターンと、下層に対して上層に逆円錐形の掘り込みとその後の自然堆積を示すパターンとに分
かれる（福岡市教育委員会編1996a）。下層土は黒色土・暗褐色土などの腐植土主体のものと、明
赤褐色の地山の崩落土主体のものがあり、腐植土の比率は貯蔵穴内に残存した有機物量を示すと
考えられる。上層の掘り込みは貯蔵穴底部まで達すると言うよりは、下層土上面で止まることが
多い。これも貯蔵穴内の内容物確認のための掘り込みと考える。以上の概観から、堅果類貯蔵穴
と思われる土坑の埋没後に、その上面から逆円錐あるいは柱状の掘り込みが認められる事例が、
縄文時代早期後葉から弥生時代まで広く確認できる。

　野多目C、吉武、有田、名子遺跡では、磨石・敲石・凹石・石皿など、堅果類の加工に関係す
る石器が出土している。有田遺跡群第116次調査のSK29からは石皿片5点がまとまって出土し
ている。名子遺跡第3次調査2区では、長楕円形礫の端部・側面に敲打痕を残す特徴的な敲石
が、磨石・石皿とともに出土している。野多目B遺跡では、自然流路SD61の東岸に「大きく抉
られた「淀み」状の落ち込み」があり、坂の下式土器とカシなど堅果類の殻の堆積が確認され、
「堅果類の加工場」と想定されている（福岡市教育委員会編1995b）。ただし、磨石や石皿、凹石、
敲石などは出土していない。

（4）自然流路の発達

　那珂川左岸については、上述の野多目B遺跡の自然流路SD61以外にも、野多目C遺跡第1次
調査の第2号自然流路、第2次調査の4号流路、第4次調査の1号流路跡、第6次調査のSR82な
ど、中期後半の阿高式土器期以降に形成された粗砂を主体とする北方向への自然流路が多数確認
されている。この時期には、西・南側の丘陵部から雨水が集水しつつ古那珂川に平行して流れる
環境にあったと考えられる。野多目C遺跡第1次調査の2号流路と第2次調査の4号流路は同一
の流路と考えられ、南西の丘陵塊から流れてきた流路が北向きに大きく蛇行する場所に位置して
いる。一方、那珂川右岸では、日佐遺跡の縄文土器堆積層の調査では、X・IX層群（粘土・粗砂・
砂礫の互層。摩耗した細石刃核・縄文土器）→VIII層群（細砂〜粗砂互層。縄文早〜晩期土器）→VII〜V層
群（流路状。粘土・シルト・砂の互層。夜臼式主体）という堆積変遷が報告されている（福岡市教育
委員会編2000b）。縄文時代晩期までは那珂川右岸の氾濫原内であり、安定したシルト・粘土層を
形成することなく水流に晒された状態であったのが、夜臼式土器期になって流路が小規模化し自
然堤防が安定しはじめる様相がうかがえる。那珂川右岸が本流の浸食面に当たり、強い水流の影
響を受け続けたのに対し、左岸は堆積面で、比較的安定した環境にあったこともうかがわれる。

　早良エリアの田村遺跡第3次調査では、北東から北へ流れる古河川の東岸に張り出したSXI
が検出され、阿高II・III式、坂の下I式土器が出土した。SXIの古河川につながる部分には杭
列Xが横断する。杭列の構築は弥生時代中・後期とみられ、流路が頻繁に変わっていたことを

考えると、阿高式の段階に SXⅠが形成されていたかは分からないが、野多目Ｂ遺跡の「淀み状落ち込み」の類例として挙げておきたい（福岡市教育委員会編 1987c）。梅林遺跡では自然流路 SX103 が検出され、出土木材の炭素 14 年代は、3,880±220 年 BP（未補正）で後期前葉の時期を示している（福岡市教育委員会編 2002a）。

　後期前葉は、内陸の段丘、扇状地、丘陵上から沿岸部まで、陥穴群、貯蔵穴群、貝塚などを残しており、複数の資源パッチを利用していることが分かる。九州縄文時代後期前葉のこのような様態は、「あらゆる自然環境に適応した生活形態」（坂本 1982, 44）と評価されている。各エリアで中心的遺跡（名子遺跡、野多目Ｃ遺跡、有田遺跡群、吉武遺跡群、桑原飛櫛貝塚）が形成されており、居住地の定住性や回帰性は、中期に比べて高くなっている。一方で、自然流路が発達しており、河川流域の陸域としての不安定さが想定される。この時期は、野多目Ｃ遺跡、有田遺跡群、桑原飛櫛貝塚などで石錘が出土するが、石器組成の主体は石鏃、刃器類、石皿・磨石類である。磨製石斧は樹木伐採に適した縦斧着柄の乳棒状石斧の普及が認められるが（第 3 章）、打製石斧や縦長剥片石器は未だ普及していない段階である（第 4・5 章）。

4　後期中葉

　遺跡は、東、博多、早良、西の各エリアに分布する（図 7-10）。後期前葉との比較では、東・博多・早良上流エリアで遺跡が増加する一方、後期前葉の拠点遺跡であった早良下流の有田遺跡群、西の桑原飛櫛貝塚は利用が継続していない。本書第 6 章で整理したとおり、この時期は後期前葉からさらに沖積地化が進む時期と言えるが、遺跡立地はむしろ内陸化する傾向もあり、単純な状況にはない。以下、各遺跡の立地傾向と遺跡の内容について、詳しく見ていく。

（1）各エリアでの遺跡立地変化

　室見川中流の扇状地上では、御手洗Ａ式、小池原下層Ⅰ式、鐘崎式、北久根山式土器などを主体とした時期の東入部遺跡（標高約 30〜40m）から、太郎迫式、後期後葉・三万田式土器の時期を主体とした四箇遺跡（標高約 20m）へと遺跡立地が移行している。東入部遺跡は、扇状地頂部に位置し、礫層上のシルト・粘質土の堆積が薄く、扇状地上は流水性の流路というよりは浅い埋没谷が形成される地形で、比較的早い段階で離水している。東入部遺跡第 10 次調査では、石組炉を持つ円形竪穴住居 SC250 が確認されており、安定した居住地となっている。これに対して、四箇遺跡は礫層上の堆積が複雑で、堆積層が薄く礫層が高い所もあれば、流水性の高い自然流路も発達しており、後述する河跡湖（三日月湖、特殊泥炭層）も形成される（図 7-11(b)）。太郎迫式土器期に至って、室見川・金屑川水系の流路が安定した場所に下ってきたと考えられる。しかし、今のところ当該期の竪穴住居等は確認されていない。さらに下流の田村遺跡（標高約 14m）は、礫層上の厚い砂・シルトを基本とし、流水性の高い自然流路も発達する地形である。竪穴住居等の遺構は今のところ確認されておらず、鐘崎式から太郎迫式土器期まで小規模な活動痕跡が認められる。下流域では、次郎丸高石遺跡、橋本一丁田遺跡で土器小片の出土がある。

　博多エリアでは、柏田遺跡、中原・ヒナタ遺跡、山田西遺跡など、那珂川の中位段丘上に北久

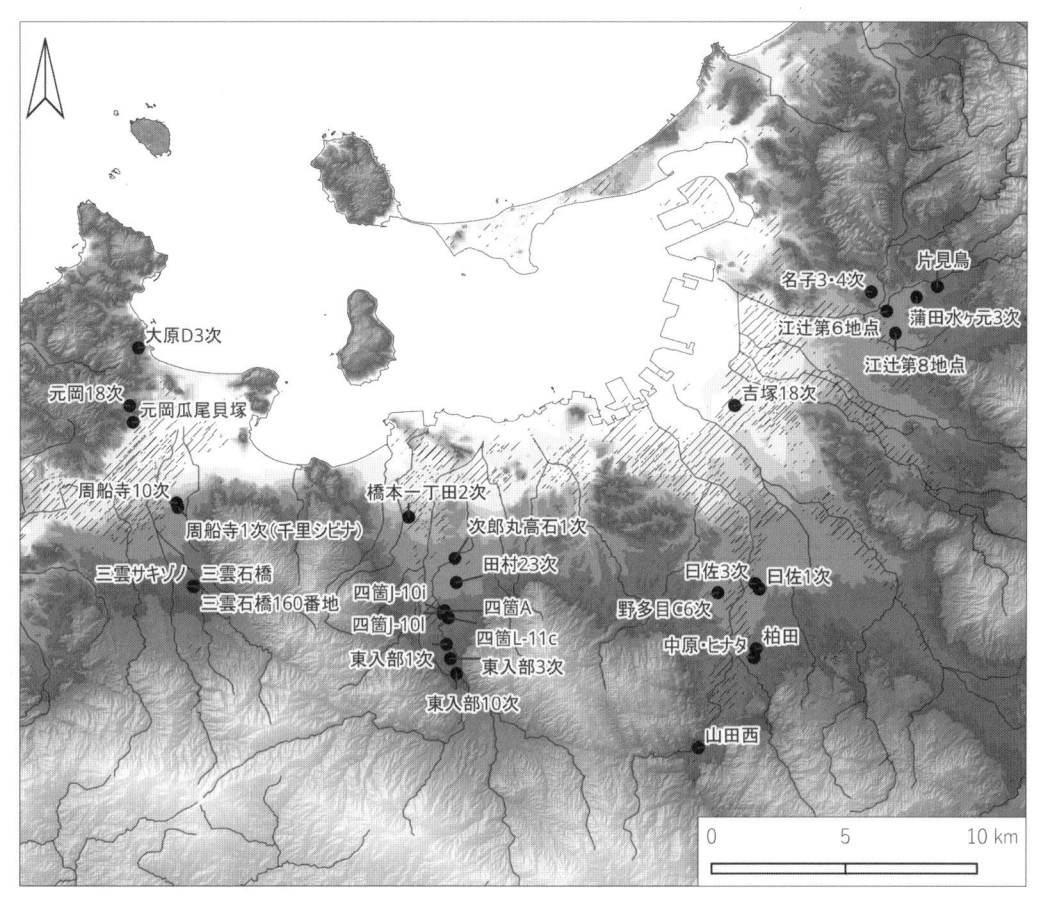

図7-10　後期中葉の遺跡立地

根山式、石町式期の安定した居住が認められるが、太郎迫式期に継続しない。下流の野多目C・
A遺跡、日佐遺跡などでは鐘崎式から太郎迫式期にかけて小規模な活動痕跡が認められる。吉塚
遺跡第18次調査では太郎迫式土器小片の出土があり（福岡市教育委員会編2021）、博多湾沿岸地
域の砂丘上遺跡としては最古級の活動痕跡となる。

　東エリアでは、後期前葉～御手洗A式期：名子遺跡（標高約12m）→鐘崎式期：蒲田水ヶ元遺
跡（標高約17m）→鐘崎式・北久根山式期：江辻遺跡第6地点（標高約10m）→太郎迫式・三万田
式期：片見鳥遺跡（標高約24m）となっており、太郎迫式期に「内陸化」している。

　西エリアでは、元岡瓜尾貝塚で、彦崎KⅠ式、鐘崎式、北久根山式、西平式、三万田式、黒
曜石の剥片石器、ハイガイの貝錘が採集されている。桑原飛櫛貝塚に比べて、ハイガイの比率が
低い、殻高が小さい、マガキの割合が高いなどの特徴があり、今津湾の陸化と汽水化を示すとさ
れる（山崎2016）。糸島半島西側の岐志元村遺跡第2次調査では、にぶい黄橙色もしくはにぶい
黄褐色の砂層の上に暗褐色砂質土もしくは褐色混貝土が堆積し、それを切る形の円形の落ち込
み（SB1）内に暗褐色・褐色・灰褐色・黒褐色混土貝層が形成され（6層）、その上に暗褐色混貝
土（5層）、暗褐色砂質土（4層）が水平堆積する。6・5層が北久根山Ⅰ式、5層上面が北久根山
Ⅱ式に対応する（宮本編2000, 118）。動物遺存体としては、内湾・沿岸岩礁性群集、内湾・沿岸

泥底群集、内湾砂底群集、感潮域群集の貝類、外洋性・回遊性・沿岸性・岩礁性、内湾性、砂泥底性の魚類、陸ガメ類、鳥類、中・小型哺乳類、海棲哺乳類などが同定されており、幅広い種が利用されていた（宮本編2000，81-101）。貝類の6層と5層の変化としては、岩礁性群集（スガイ・イシダタミ・レイシガイ・タマキビ・クボガイ・クマノコガイ・コシダガガンガラ・エガイ・ヒメイガイ・スソキレガイ・オトメガサガイ・サザエ・チリメンボラ）の比率が高くなっている。この傾向は、前述の桑原飛櫛貝塚の貝種変化（図7-8）に類似しており、沖積作用による内湾・干潟埋没の影響が考えられる。結果として、次段階の太郎迫式や三万田式土器期の利用の痕跡は見られない。大分県の遺跡動態の分析でも、北久根山式・西平式期の貝塚減少が指摘されている（坂本1982，42）。太郎迫式、三万田式期には三雲遺跡群（標高約33m）において居住地形成が認められ、「内陸化」している。

　後期中葉は、西エリアで貝塚形成も認められるが、基本的には鐘崎式期から太郎迫式期、後期後葉・三万田式期にかけて、遺跡立地が内陸化する（片見鳥遺跡、四箇遺跡、三雲遺跡群）。この後期前葉と異なる居住地選択においては、打製石斧と縦長剥片石器という沖積低地資源の利用に関わる新しい道具を伴っている（本書第4・5・6章）。沖積低地は資源利用の場として重要であったが、後期中葉段階では居住地を構えられるような安定した微高地は未だ発達しておらず、拠点としての居住地は内陸の扇状地上に形成されたと説明できる[1]。博多エリアで太郎迫式から後期後葉の居住が継続しない理由は、前項で述べた後期前葉に貝塚が形成されない理由と同じで、那珂川・御笠川下流域という大きすぎる平野部が縄文人たちの資源利用様式に適合していなかったからだと考える。

（2）流路状、落ち込み状堆積

　前項で着目したとおり、後期前葉には自然流路の発達が見られるが、後期中・後葉には、自然流路の砂層堆積というよりは腐食土層で構成される流路状堆積が特徴的に確認される（表7-2、図7-11・12）。また、流路状堆積に類似する小規模な落ち込み状堆積も目立つようになる（表7-3、図7-12）。これらは、蛇行した河川や自然流路の一部が、本流から切り離されて大小に沼沢地化した「河跡湖」の一種であり、前章で整理した縄文時代前期以降の旺盛な沖積作用の一環として理解できる。自然流路が河跡湖化するメカニズムは単純ではないと考えるが、大局的には地表水・地下水流下の主要河川への収斂とそれに伴う扇状地、段丘、三角州の陸地化の傾向を示す。河川流域の陸地化は、縄文人たちの居住地選択に直結していたと考えられ、流路状堆積や落ち込み状堆積に接する形で遺跡が形成されている。本論では、流路状堆積や落ち込み状堆積は、基本的には自然地形・自然堆積と捉えているが、人工的な掘り込みと区別する明確な基準があるわけではない。仮に小規模な落ち込み状堆積が人工的に掘削された大型土坑であった場合、その文化的・歴史的位置付けが問題となる。以下に個々の状況を整理する。

　柏田遺跡の「溝状遺構」（図7-11（a））堆積土中の植物珪酸体分析では、ヨシ・タケ・チガヤ・ススキ・ウシノシッペイ・ダンチク・アゼガヤ・ヒエ・マコモ・スズタケ・ツルヨシ・ジュズダマ・イネ・メガルガヤ・モロコシ・サヤヌカグサなど湿地性イネ科植物が検出された（藤原1977）。四箇遺跡A地点の「特殊泥炭層」（図7-11（b））の土壌サンプリングでは、ヤマグワ、

ニワトコ、クサイチゴ類、コアカソ、カジノキ、スゲ類、カラスザンショウ、イヌホホズキ、カタバミ、タデ類、カナムグラ、ノブドウ類、スズメウリ、カヤツリグサ、ヒメクグ、ミクリ類、ザクロソウ、マタタビ、サルナシ、アカメガシワ、サンショウなど、有用植物を含む人里植物、水湿生植物など76種類の種実が検出された。また、土壌サンプリングではなく、「特殊泥炭層」発掘中に水洗検出された種子は、ヤマモモ、イヌガヤ、キハダ、エノキ、センダン、エノコログサ、イシミカワ、ハダカムギ、ヒエ、センナリヒョウタン、アズキなど45種が同定された（笠原1987）。このことからも流路状堆積や落ち込み状堆積は、小規模な湿地環境として、多様な植物、昆虫、小型動物が生態系をなしていたと復元できる。そこに縄文人たちの利用や管理も加わっていくのであり、縄文時代後期中葉以降に形成されたこの新しい生態系と縄文人たちの生活・文化との密接な関りが想定される。流路状堆積中からは特殊遺物の出土なども見られる（表7-2。四箇遺跡、周船寺遺跡、大原D遺跡）。

　小池史哲は柏田遺跡とその周辺の縄文時代遺跡の遺跡立地変遷を整理する中で、柏田遺跡を含む低地遺跡（標高20m前後の低位段丘）には遺跡が利用されない空白期が存在することに着目し、自然条件による規制（洪水・水没等）を想定した。そして、柏田遺跡の集落域を分断するように形成された溝状遺構について、黒色有機質粘土・黒色シルト質粘土の堆積やプラント・オパール分析によるヨシ・ススキ・タケ・チガヤの検出などをもとに、自然堤防間の小規模な後背湿地と評価し、その形成が北久根山式期の居住地の廃絶の要因になったと指摘する（小池1977，218-220）。本章第1節5で行った整理に対比すれば、氾濫原や後背湿地での資源利用をネガティブに捉えている見解と言える。本書ではむしろ縄文人たちの湿地利用を積極的に想定するが、確かに

表7-2　博多湾沿岸地域における縄文時代中期後半〜晩期の流路状堆積

遺跡名	遺構名	土器型式	規模（m）	深さ(cm)	埋土	内容物	報告書記載	文献※
柏田	溝状遺構	並木、北久根山	5×50<	50	下部に黒色有機質粘土、上部に黒色シルト	若干の木炭細片	蛇行する低平なU字状の溝状遺構。よどみ	福岡県教育委員会編1977
四箇A地点	特殊泥炭層	太郎迫、三万田	12×60	85	泥炭層、黒色土	植物種実、十字形石器、全面磨製石器、漆塗木製品	三日月湖	1987d
四箇L-11c	凹地	太郎迫、三万田	9〜11	50	砂層と泥炭層、暗黒色土の互層。湧水あり。	土偶、十字形石器、全面磨製石器、玉類	共同の取水場と土器等の廃棄場	1983c
周船寺1次（千里シビナ）	2・3号溝	太郎迫、三万田	1〜3×15〜30	15〜24	下層に砂層、上層に粘質土	十字形石器、全面磨製石器		1982
大原D3次	SD01	太郎迫〜黒川	250<	50	淡褐色粗砂礫、暗灰色粘土、黄灰色粘土、淡青灰色粗砂シルト、黒灰色混砂粘土	十字形石器、全面磨製石器、異形石器、玉類	自然流路、旧河川	1996d
岩本3次	第4面	三万田	15×30<	50	砂質黒褐色土、腐植土		T字形、窪地状	1993c
田村3次	SX31	三万田	5〜7	10〜30	黒色粘質土		溝状の落ち込み	1987c
香椎A6・7次	SD10・11	古閑、黒川	8〜10×28	40	黒褐色粘土、黄灰色粘土	炭化物、木質	古河川	2012a
江辻第4地点	SX-1	黒川新相〜刻目突帯文I期	15<×4<	80	砂層、青みがかった灰色粘土、炭を多く含む灰色粘土、淡茶灰色土、暗茶褐色土	上層の腐植土中に遺物	第6号溝と連結する可能性あり	粕屋町教育委員会編1998

※刊行年のみは福岡市教育委員会編

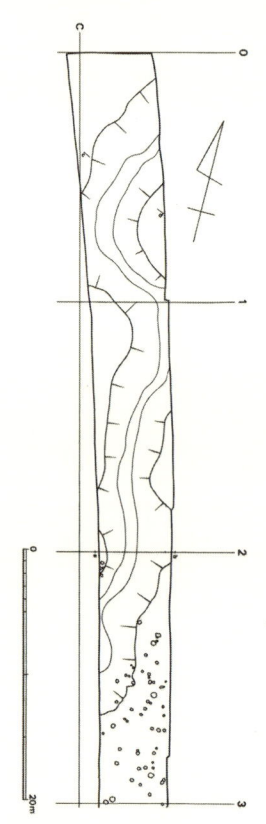

(b) 四箇遺跡A地点 （福岡市教育委員会編1987d）
　　特殊泥炭層 （S=1/600）

(a) 柏田遺跡 （福岡県教育委員会編1977）
　　溝状遺構 （S=1/600）

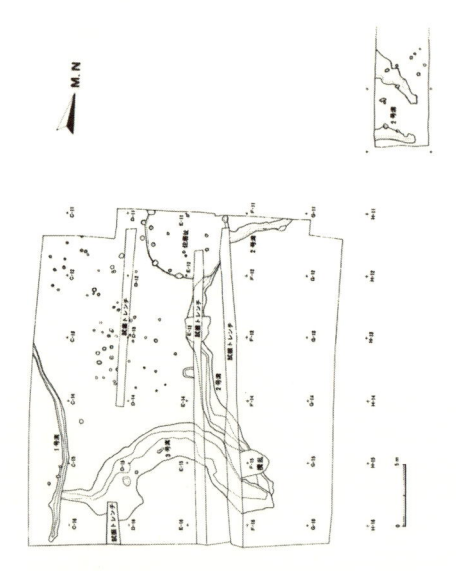

(d) 香椎A遺跡6・7次 （福岡市教育委員会編2012a）
　　SD10・11 （S=1/600）

(c) 周船寺遺跡1次 （福岡市教育委員会編1982）
　　2・3号溝 （S=1/600）

図7-11　縄文時代中期後半〜晩期の流路状堆積 （各報告書より改変転載）

表7-3 博多湾沿岸地域における縄文時代中期～後期の落ち込み状堆積

遺跡名	遺構名	土器型式	規模（m）	深さ(cm)	埋土	内容物	報告書記載	文献※
四箇22次	SK01・02・03	鷹島、船元	1～3.5<	20～25	淡黄褐色シルト	炭化物	不整土壙	1989a
名子3次2区	SX177	坂の下	2.5<	15	黄灰色粘土		窪みに溜まった包含層	2011c
周船寺10次	SX02	御手洗A	2.5<	75	灰褐色粘質シルト、オリーブ灰色シルト・粘質土。自然堆積	底面で湧水	水場	2000c
周船寺10次	SX03・04	御手洗A	4.2	20	暗褐灰色粘質土、褐灰色シルト、灰褐色粘質シルト、小礫・炭粒含む。自然堆積	底面に炭粒	竪穴住居	2000c
田村23次	SX63	鐘崎	2×3	30	自然流路SD61の下面、黒褐色粘土、灰オリーブ色砂	径30cm程のクスノキ。3,350±40年BP	不定形土坑。川底の窪み	2010
日佐3次	SX01	土器細片1点。周辺から鐘崎	2.2×1.7<	46	含炭化物淡褐～淡灰褐～淡黄褐色砂質土。最下層に黒褐～暗茶褐色砂質土。自然堆積	最下層に木質	炉跡	2003
江辻第6地点	SC-1	鐘崎、北久根山	10.92×7.92	90	灰褐色・灰オリーブ粘質土、黄色・橙褐色・暗褐色土。自然堆積	下層に炭多く含む	地床炉を持つ住居	粕屋町教育委員会編2002a
江辻第8地点	SC-1	北久根山	4<×5<	50	灰オリーブ色土、にぶい黄褐色土、黄褐色土	自然堆積で遺物含む	住居跡あるいは落ち込み	粕屋町教育委員会編2009
江辻第8地点	SC-3	北久根山	3.8×3.8	30	黄褐色土、黒褐色土		中央土坑を持つ住居	粕屋町教育委員会編2009
柏田	1号土壙	北久根山	2.1×3.6	50	黒色有機質土	木炭片、多量の土器・石器	「くぼみ」への遺物廃棄	福岡県教育委員会編1977
三雲石橋160番地	3号溝	太郎迫	3<	30	不明		L字状に曲がる溝	糸島市教育委員会編2019
四箇J-10i	Pit14	三万田	2.5×2.3	12	不明	底面に炭化物	竪穴状の遺構	1978
四箇J-10i	Pit19	三万田	1.8×1.25	30	不明	床面に炭、獣骨（詳細不明）。礫含む		1978
千里1次1区	SX1023	三万田	5.4～6.2	64	黄灰色シルト、明黄褐色粘土、鉄分含む。自然堆積	遺物集中範囲あり。下面は帯水層	自然の落ち込み	2011b
重留1次	SK04	広田	1.51×1.65	20	黒みがかった灰褐色土。炭・焼土なし。単層			2007a
飯氏3次	SX-3	広田	2.5×1.9	3	不明		自然の窪みの土器溜まり	1993d

※刊行年のみは福岡市教育委員会編

居住地にとっては雨水流入や河川氾濫の影響は好ましいものではない。河跡湖や後背湿地は、一度陸化したとしても、別の洪水時には河道に戻る要素を持っている。柏田遺跡の1号住居跡は旧河川状遺構に接しており、埋土に砂を含んでいることから、水流の影響で埋没した可能性がある。これに対して、東エリアの片見鳥遺跡では、調査中に5回もの台風に見舞われたが、住居跡周辺のみが水没を免れていたと言う（久山町教育委員会2006）。筆者は博多湾沿岸地域の後期後葉以降に構築が認められる溝状遺構について、河川氾濫原の汀線付近に切られる水防用水路の可能性を想定した（板倉2020，284）。また、九州南部の同様の溝状遺構については、雨量増加期の台地上や扇状地、段丘上での地表水の対応（集排水）という側面を指摘する（板倉2021b，123）。後期中葉から後葉にかけては、陸地化の進んだ内陸部に居住地を固定して沖積低地や河跡湖など

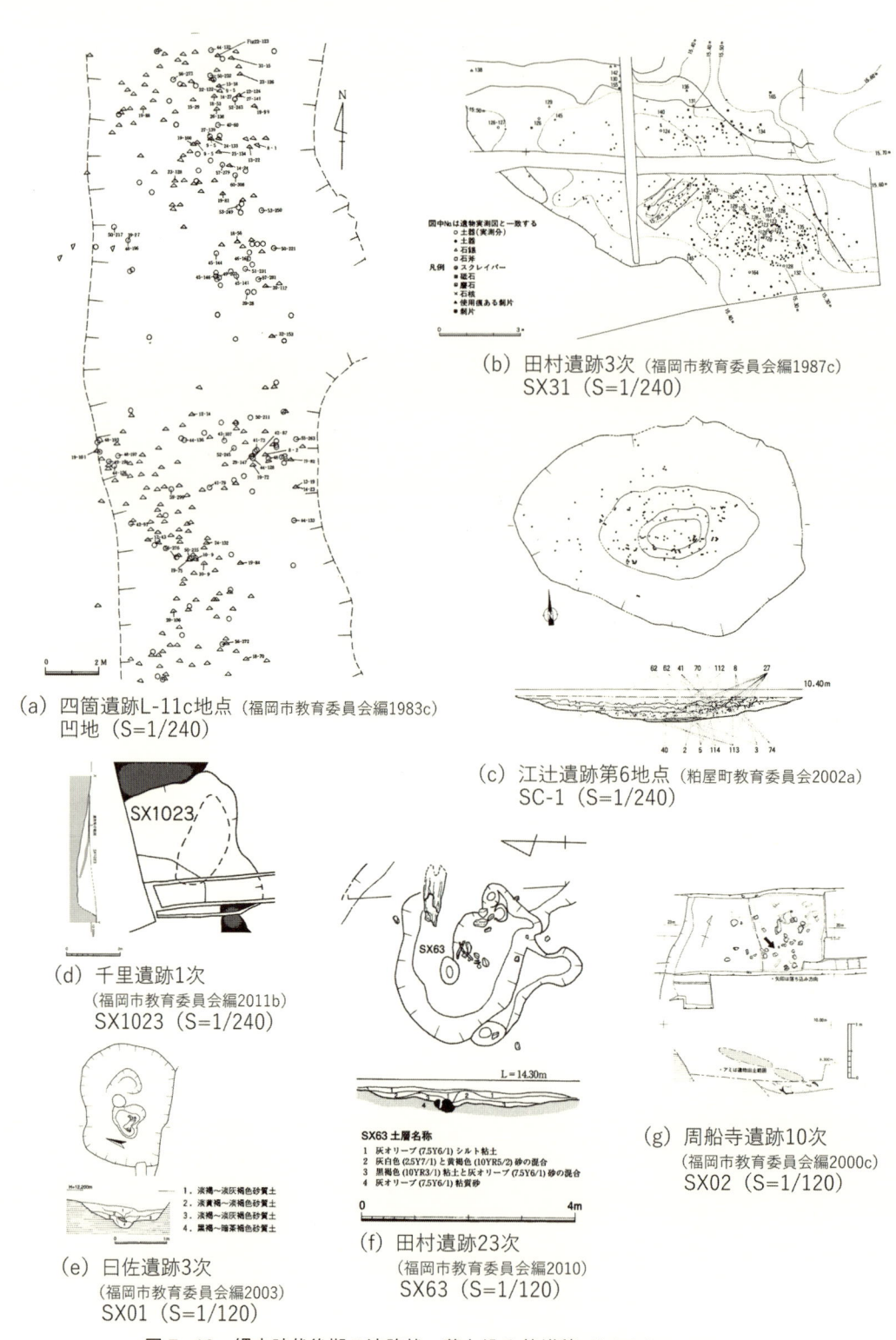

（a）四箇遺跡L-11c地点（福岡市教育委員会編1983c）
　　凹地（S=1/240）

（b）田村遺跡3次（福岡市教育委員会編1987c）
　　SX31（S=1/240）

（c）江辻遺跡第6地点（粕屋町教育委員会2002a）
　　SC-1（S=1/240）

（d）千里遺跡1次
　　（福岡市教育委員会編2011b）
　　SX1023（S=1/240）

（e）日佐遺跡3次
　　（福岡市教育委員会編2003）
　　SX01（S=1/120）

（f）田村遺跡23次
　　（福岡市教育委員会編2010）
　　SX63（S=1/120）

（g）周船寺遺跡10次
　　（福岡市教育委員会編2000c）
　　SX02（S=1/120）

図7-12　縄文時代後期の流路状・落ち込み状堆積（各報告書より改変転載）

の湿地環境をうまく利用しつつも、未だに降水および河川氾濫の影響も大きい状況が想定される。居住地の環境悪化に対しては、小規模な集団であれば、居住地の移動や集団の分散によって対応することが合理的だが、竪穴住居や溝状遺構の構築など、居住環境の整備にコストを掛けており、後期前葉に比べてさらに定住性が高まっていると評価できる。本書第1章で整理したとおり、定住的な居住様式の採用は、人口増加、動植物利用、社会複雑化などに影響を与えることが予想できる。この点については、次章で詳しく検討したい。

　流路状堆積に対して規模が小さい落ち込み状堆積は、径2〜11mの略楕円形プラン、深さ10〜90cmの断面擂鉢状を呈す（表7-3。図7-12（c）〜（g））。砂質土・シルト・粘質土の自然堆積が見られ、底面に炭化物や木質が堆積することが多い。報告書中では竪穴住居の可能性も指摘されるが、床面が平坦でなく、明確な柱穴が伴わないことから、竪穴住居とは考えにくい。周船寺遺跡第10次調査SX02のように湧水があるものもあり、報告書中では「水場」と表現されている（福岡市教育委員会編2000c, 19）。東日本を中心に調査事例が蓄積している水場遺構（佐々木2007）にも共通点がある。現在のところ、落ち込み状堆積に木枠や礫敷きといった構築物を伴う事例は確認されていない。河川氾濫の影響を受けやすい遺跡立地にあるため、付属設備を構築した場合、増水時に破壊されるリスクを負っている。落ち込み状堆積は、長期的に安定して利用するというよりは、季節的に冠水することを想定して利用されたと考えられる。秋道智彌は、水田・池・水路・河川などに1〜2m四方、深さ1.5〜2mの穴を掘り、乾季に水が引いた際に逃げ込んだ魚を捕獲する、ラオス・インドネシア・カンボジアの伝統漁や、水田の取水口や配水口に近いところに浅い穴を掘って「コイの溜り場」を作る、長野県の稲田養鯉の事例を紹介している（秋道2008, 29-30）。河跡湖や水溜まり、落ち込みといった湿地性環境が、河川水位の増減に伴って、魚類資源の往来や生育の場となるという説明は、それらが縄文人たちの資源利用の場として重要であったことを示す。そして、そのような湿地性環境は、本書第5章で分析・構築した縦長剥片石器を用いた季節的な魚類資源利用のモデルとも整合的である。後期中葉以降の流路状堆積、落ち込み堆積の形成、定住的居住地の構築、磨製石斧技術の盛行（本書第3章）、打製石斧の普及（本書第4章）はすべて、当該期の自然環境に応じた居住様式および資源利用様式として連動している。

5　後期後葉

　遺跡は、早良、西を中心に博多、東の各エリアに分布する（図7-13）。後期中葉との比較では、東、博多エリアでの遺跡数減少と、全体的な遺跡の内陸化が認められる。本書第6章で整理したとおり、この時期は降水量の増加も含めて、自然環境は不安定な状態にあった。各エリアの状況について詳しく検討する。

（1）居住地遺跡の断絶と沖積低地環境の変化

　東エリアでは、後期中葉までの江辻、名子、蒲田水ヶ元などの居住地遺跡が断絶し、より内陸の片見鳥遺跡が継続するが、後期後葉後半（御領式、天城式期）には継続しない。博多エリアで

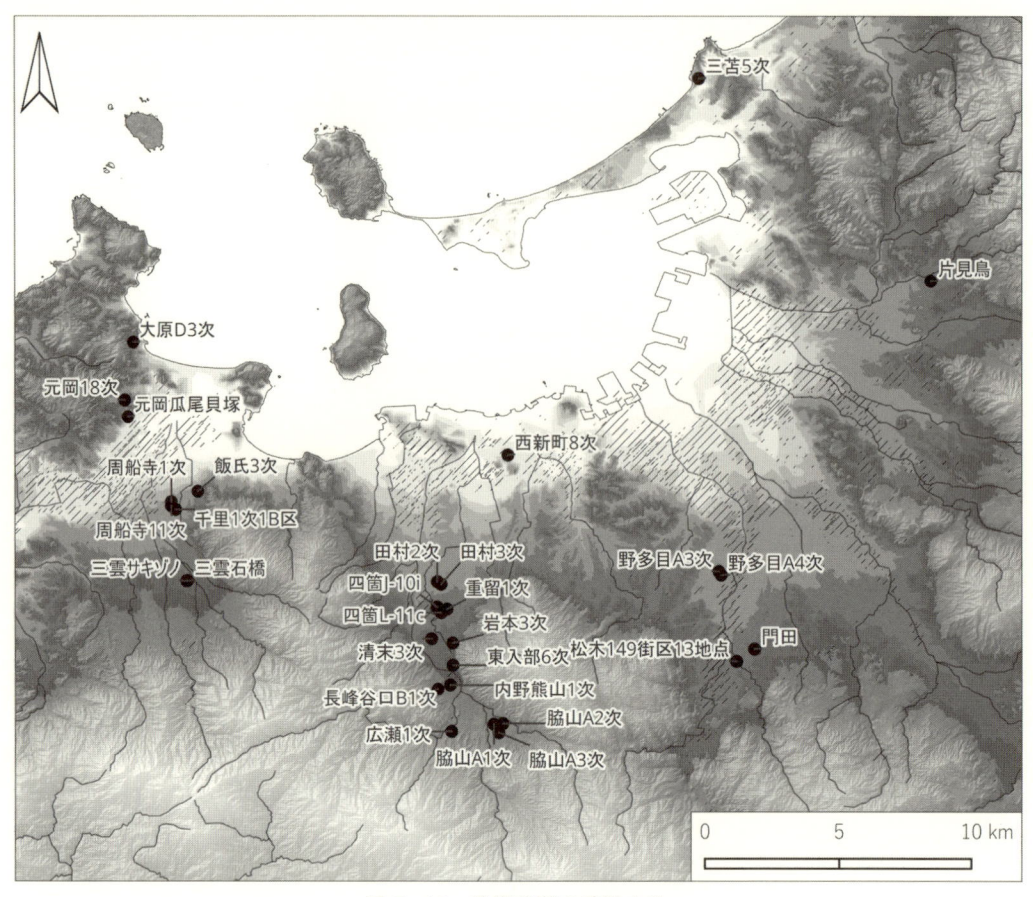

図7-13　後期後葉の遺跡立地

は、後期中葉までの柏田、中原・ヒナタ、山田西などの居住地遺跡が断絶し、野多目A、門田、松木などの遺跡で小規模な活動痕跡がうかがわれる。早良エリアにおいては、四箇遺跡L-11c地点において、太郎迫式、三万田式期のまとまった量の遺物が出土しており、後期中葉に引き続いて四箇遺跡が拠点的居住地であったことが分かる。その後、後期後葉後半から晩期前葉の天城式、古閑式期には東の重留遺跡に居住地が移動する。四箇遺跡の中でも、下流側のA地点やJ-101地点では後期後葉の活動痕跡が乏しくなり、さらに下流の田村遺跡では後期後葉前半までの活動痕跡となる。ただし、西新町遺跡第8次調査で天城式の浅鉢小片が出土しており（福岡市教育委員会編1996e）、下流域を全く利用していなかったわけではない。後期後葉は、より上流の扇状地上での小規模遺跡が増加する傾向で、晩期まで継続的に活動痕跡が認められる。

　この時期に、より内陸での活動が活発化する理由は何だろうか。元岡瓜尾貝塚の詳細は不明であるが、糸島半島西部の貝塚（天神山、新町、岐志元村）においても、太郎迫式期以降は形成が継続しない。このことは、後期前葉の項で分析した桑原飛櫛貝塚に見られたような干潟・内湾の埋没に伴う沿岸環境の変化に対応するものと考えられる。後述するように晩期前・中葉には沖積低地内での活動痕跡が活発化するが、その時期の形成層の下には厚いシルト層が堆積しており、後期の旺盛な沖積作用を物語っている（本書第6章、pp.207-214）。後期後葉には降水量増加を示す

データもあり（本書第6章、pp.200-202）、沖積低地での河川氾濫の規模や頻度が激しく、資源利用の場として利用しにくい状況にあったと考えられる。

　また、前段階の後期中葉は、比較的構造の安定した竪穴住居を構築し、打製石斧・縦長剥片石器という新たな石器器種を用いた多様な資源利用を行い、鐘崎式や北久根山式、太郎迫式、西平式といった立体的で装飾性の高い土器を使用するなど、居住の安定性や定着性が高まった段階と評価できる。そのため、後期中葉は人口の自然増加が比較的安定しており、世代を経るごとに人口が増加し、環境収容力の頭打ちが近づく状況にあったと推測される。そのような中で、資源利用の場としての沖積低地の環境変化（堆積の発達）は、地域の環境収容力上昇に必ずしも寄与しなかった。このような状況が、後期後葉の間の集団の分散化を促した可能性が考えられる。

（2）特殊遺物の出土

　後期中葉後半の太郎迫式期から後期後葉には、土偶、十字形石器、全面磨製石器、有孔円盤形土製品、埋設土器など、資源利用に直接関わらない特殊遺物の出土が目立つ。十字形石器は、縁辺に使用痕が観察されず、利器の可能性は低そうではあるが、機能・用途不明といわざるを得ない。技術的には片岩類を打裂・敲打で成形する点で打製石斧の製作技術と共通する。十字形土製品の存在からは、「十」字状の形態に意味があると考えられる。全面磨製石器も十字形石器と同様に機能・用途不明の道具である。技術的には堆積岩剥片を全面研磨で成形するというもので、在来技術の中では小型磨製石斧の製作技術に共通すると言えなくもないが、どちらかというと石庖丁や磨製石鏃・石剣などの大陸系磨製石器の技術に近い。博多湾沿岸地域では明確な土偶の出土は四箇遺跡L-11c地点の1例しかなく、土偶が400点以上出土している熊本県（阿蘇火山西麓地域）とは大きな違いがある（MIHO MUSEUM編 2012, 208-209）。これら特殊遺物の個々の位置付けを詳しく検討することはできないが、その出土状況については、後期中葉の項でまとめた流路状堆積から特徴的に出土する傾向があるため、その点について整理する。

　博多湾沿岸地域では、四箇遺跡A地点、L-11c地点、周船寺遺跡、大原D遺跡で流路状堆積中の特殊遺物出土を確認できる（表7-2）。三万田式期の岩本遺跡や田村遺跡、晩期の香椎A遺跡の流路状堆積、あるいは天城式、古閑式期の拠点居住地である重留遺跡から特殊遺物があまり出土していないことをふまえると、太郎迫式期に時期が限定される可能性もある。ただし、周船寺遺跡や脇山A遺跡など、必ずしも太郎迫式期が中心でない遺跡から十字形石器や全面磨製石器が出土しているため（九州縄文研究会編 2012, 84-85, 福岡市教育委員会編 1990c）、特殊遺物の製作・使用の時期は後期後葉まで想定しておきたい。流路状堆積から出土する特殊遺物の例は他地域でも散見される。福岡県広田遺跡では、「大溝」とされる流路状堆積から、三万田式、御領式、広田式土器とともに、土偶、十字形石器、全面磨製石器、石棒状石器、御物石器、石刀、石製円盤、玉などが出土した（福岡県教育委員会編 1980）。このうち石棒状石器については、宮本一夫がアワ・キビ農耕に関わる華北型石器の「磨棒」である可能性を指摘している（宮本 2005, 117-119）。福岡県上唐原了清遺跡では、並んで検出された落ち込み状遺構3基から、三万田式から広田式土器を主体とした時期の土偶、十字形石器、注口土器、台付土器、鰹節形石製品、異形石器、玉などが出土した（福岡県教育委員会編 2000）。宮崎県野首第2遺跡では、径6～7.5mを測る暗褐

色～黒褐色粘質土堆積の第1号凹地状遺構が検出され、後期中葉・丸尾式土器とともに、台付皿、扁平棒状石器、円盤形石器、有孔石製品、玉などが出土している（宮崎県埋蔵文化財センター編2008）。鹿児島県上加世田遺跡の再整理報告では、後期後葉・上加世田式～晩期前葉・入佐式土器期の「楕円形窪地」が詳細に検討され、黄茶褐色～茶褐色土を埋土とする自然地形の要素があるとともに、礫群、焼土域、灰土域、土器集中域、埋設土器、軽石製品、玉類などが集中して検出されることから、墓域・祭祀場の要素が見出されている（鹿児島県立埋蔵文化財センター編2022）。

　本論では、流路状堆積は後期中葉以降に形成される小規模な湿地性環境であり、資源利用の場として、縄文人たちにとって生態的・文化的に重要な意味を持ったことを示してきた。流路状堆積から特殊遺物が出土することには、「人間（文化）－流路状堆積－資源（自然環境）」といった祭祀システムあるいは縄文人たちの世界観の一端を垣間見ることができる。博多湾沿岸地域では、この祭祀システム成立の前後（後期中葉と後期後葉）で、居住様式が変化しているのであり、後期中葉後半の環境収容力頭打ちの状況に対する打開策として流路状堆積への祭祀が盛行したのかもしれない。祭祀の力をもってしても環境収容力を上げることができず、むしろ沖積低地環境の埋積が進み、地域産出の食料資源では居住集団の人口を維持できなくなって、居住集団は移動や分散を余儀なくされた。ただし、磨製石斧、打製石斧、縦長剥片石器の分析が示したとおり、後期中葉から後期後葉は、資源利用技術の面では、技術的な衰退などの大きな変化は認められない（本書第3～7章）。このような状態は、居住集団の規模や居住様式、食料資源量などの変化に対して、資源採捕や管理のシステムは従来どおりの様式で行われており、結果として当該地域の経済・社会システムは安定を保っている（大きく変化していない）と理解できる。本書では詳しく検討できないが、当該期の集団間ネットワークのあり方についても、土器情報や石材流通の観点から分析が必要である。この後期中葉から後葉にかけての経済・社会システムの変化と安定の状態に、九州縄文社会の一つの特性を見ることができる。

6　晩期前葉

　西・早良を中心に各エリアで遺跡形成が見られる（図7-14）。後期後葉との比較では、早良エリアで下流域まで遺跡形成が広がることが最大の変化である。東エリアでは、それまで遺跡利用が活発でなかった香椎A遺跡が形成される。西エリアでも、後期後葉に遺跡形成が衰退していた北部地域で遺跡形成が見られる。

（1）河川下流域居住の評価

　早良エリア下流域において野芥遺跡、野芥大藪遺跡、橋本一丁田遺跡で活動痕跡が認められる。これらの遺跡は、標高16～5mの低平な沖積低地内にあって、地山は砂礫・シルトと黒色・褐色腐植質土となる。弥生時代以降の遺跡形成と重複しているために当該期に属する遺構や石器の確実な認定は困難だが、遺構は溝状遺構や落ち込み状堆積が確認でき、石器は特定器種に偏って出土する傾向はなさそうである。また、後期後葉まで特徴的に出土していた特殊遺物はあまり出土していない。橋本一丁田遺跡第2次調査で検出されたくぼみ状遺構の重要性（ハタケ遺構

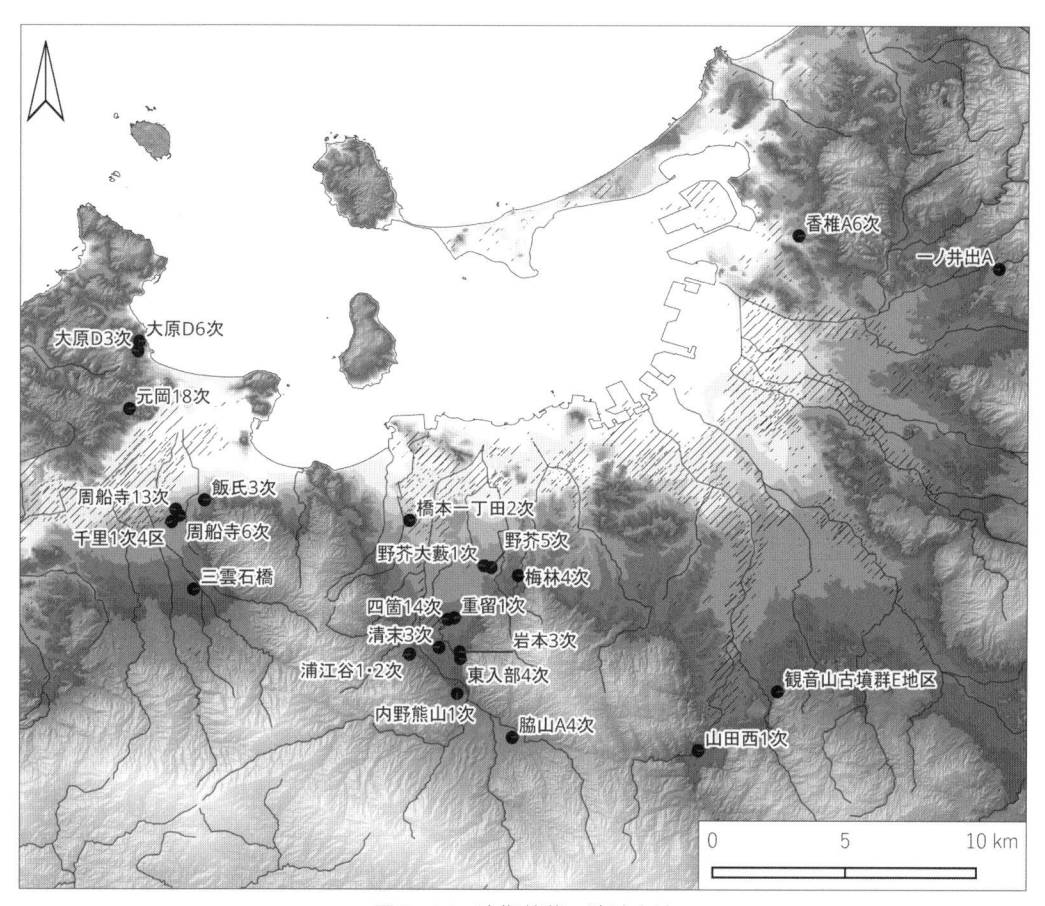

図7-14　晩期前葉の遺跡立地

の可能性）については先述したとおりである（第6章、p.218）。西エリアの周船寺遺跡（標高約10〜12m）や千里遺跡（標高約13m）でも活動痕跡が認められる。周船寺遺跡第13次調査では、埋設土器8基が確認され、継続的な居住の痕跡が認められる。本書が行ってきた分析では、縦長剥片石器については、この時期に技術的な衰退の傾向が認められるが（第5章、p.191）、磨製石斧、打製石斧には後期からの大きな変化はない。ただし、晩期前葉・古閑式土器期と晩期中葉・黒川式土器期は同一遺跡内で連続することが多いため、本書でも晩期前・中葉とまとめて把握した部分もあり、各時期の文化要素の抽出と分析は今後の課題である。

　この河川下流域内居住の評価においては、3つの観点がある。1つ目は、それまで居住地として安定していなかった河川下流域内微高地上に進出できるようになったという自然環境変化の側面である。この状況は、中期冷涼湿潤化の後の後期前葉の沿岸部遺跡増加の状況に類似する。今後、沖積低地内では、晩期前葉以降の居住地遺跡を発見できる可能性がある。2つ目は、河川下流域で行われた資源利用の側面で、本書では後期中葉以降に本格化した回遊性淡水魚などの季節漁を想定する。縦長剥片石器は、後期に比べて技術的な衰退は認められるが、腰岳産黒曜石製の縦長剥片削器の利用自体は継続しており、魚類の集中的な加工・解体利用は想定できる。3つ目は河川下流域で行われた植物利用の側面で、橋本一丁田遺跡第2次調査のくぼみ状遺構にその

可能性を見出せる沖積低地内微高地上でのハタケ利用である。縄文時代における本格的なハタ作を実証するためには、前章で「弥生時代石鏃モデル」（pp.217-220）として検討したように、大陸系穀物等、対象栽培種のまとまった量の出土と、沖積低地内微高地上でのハタケ利用を志向した居住地遺跡の発見が必要とされる。これらの証拠が発見されない限りは、晩期段階のハタ作があったとしても小規模なもので、主たる食料生産様式に至るような体系的なものではなかったという評価になる。

（2）屋外炉の利用

博多エリアの山田西遺跡第1次調査では古閑式古相期の「炉址」とされる特殊な遺構が報告されている（図7-15（a）～（c））。1～3号炉址は、4×3mの長方形土坑の下面を不整形、円形に掘り込み、さらにその下面に掘り込まれた小土坑内の壁面が被熱で赤変する。2・3号炉址は小土坑上辺に径20cmほどの礫を配置する。小土坑内からは灰状の炭化物が多量に検出される。長方形土坑の埋土は混灰色土茶黄色土で礫をあまり含まない。2号炉址は長方形土坑底面に被熱箇所や小ピットが見られる（那珂川町教育委員会編1992）。山田西遺跡の東に位置する小柳遺跡では、古閑式新相期の炭・焼土を含む1.3×0.85m、深さ13cmの第1号土坑が検出されている

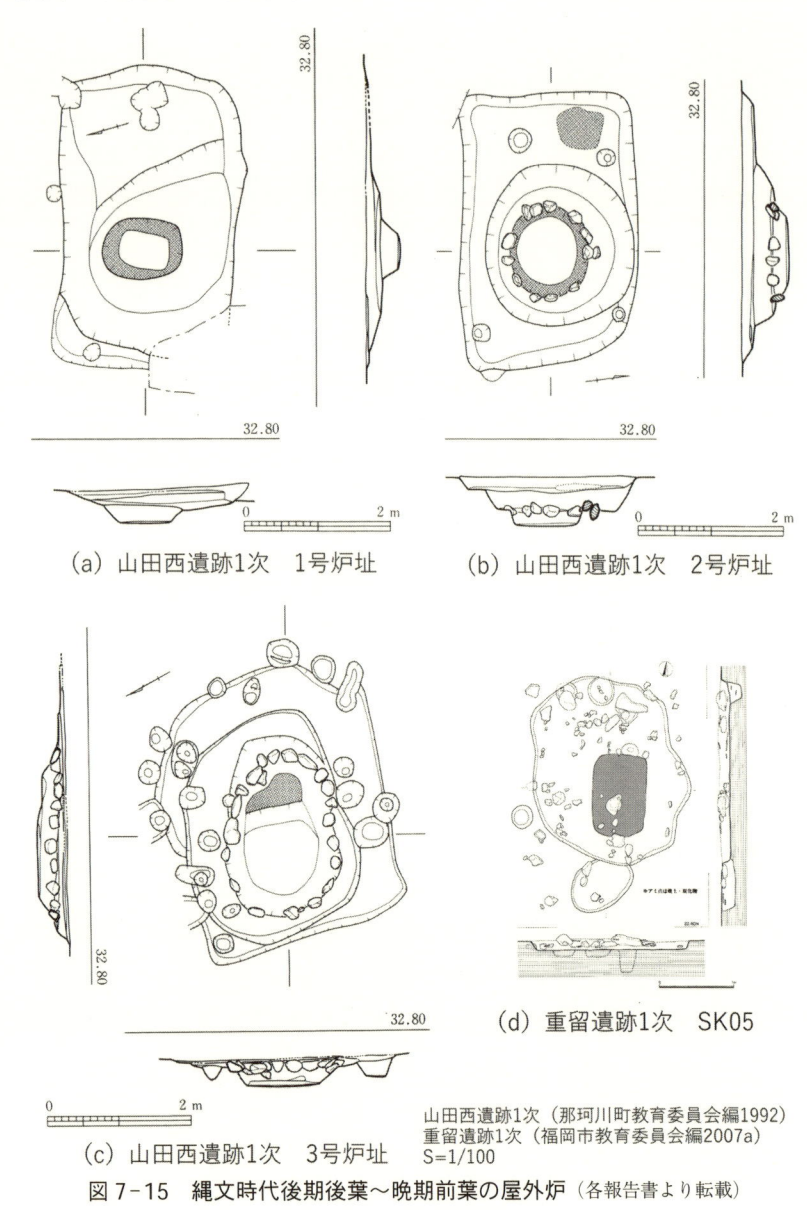

（a）山田西遺跡1次　1号炉址

（b）山田西遺跡1次　2号炉址

（c）山田西遺跡1次　3号炉址

（d）重留遺跡1次　SK05

山田西遺跡1次（那珂川町教育委員会編1992）
重留遺跡1次（福岡市教育委員会編2007a）
S=1/100

図7-15　縄文時代後期後葉～晩期前葉の屋外炉（各報告書より転載）

が、壁面は焼けていない（福岡県教育委員会編1993）。また、前段階の後期後葉・広田式期の重留遺跡第1次調査でも大型の炉址が確認されている（図7-15（d））。土坑SK05は、平面形2.46×2.12m、深さ15cmを測り、下面の72×108cmの長方形範囲に被熱硬化した焼土・炭化物の集中範囲がある。周辺には大小の自然礫が散乱していた（福岡市教育委員会編2007a）。これらは竪穴住居に伴う屋内炉ではなく、大型の屋外炉であったと考えられ、仮に食料の加熱の用途を考えた場合、各種動植物食料の煮沸や燻製など様々な用途が想定できる。晩期前葉の内陸部遺跡では、方形竪穴住居や埋設土器が確認されており、規模は小さいが、定住性の高い居住様式が採用されている。この居住地遺跡の小規模性は、前段階の後期後葉に生じた居住地の分散化が継続していると考えられる。大型屋外炉については類例調査等が不足しているが、後期後葉以降の小規模集団の定住的な居住において、主に保存食料の加工に使用された設備と想定しておきたい。屋外炉については、第6章（pp.226-227）でも触れたとおり、焼土土坑としても検出事例があり、本論では淡水性魚類の加工施設としての評価にやや重きを置いている。

7　晩期中葉

　各エリアで遺跡形成が認められる（図7-16）。晩期前葉との比較では、吉塚本町、博多、今宿などで土器小片の出土が見られ、砂丘形成に伴う沿岸利用の痕跡が確認される。早良エリアの晩期前葉に形成された橋本、野芥大藪、野芥の遺跡は継続しないが、有田、次郎丸、田村、クエゾノ、博多エリアの中村町、和田B、日佐など、沖積低地をのぞむ丘陵上や段丘上に遺跡が形成される。晩期前葉からの連続性と晩期中葉の新しい要素について整理する。

（1）沖積低地志向の遺跡立地

　博多遺跡群第62次調査では、黒川式古相の浅鉢小片が出土している（福岡市教育委員会編1995a）。吉塚本町遺跡第2次調査や今宿遺跡第5次調査でも、黒川式もしくは夜臼式古相の深鉢片が出土しており（福岡市教育委員会編1993a，2000c）、晩期中葉から後葉にかけて海岸砂丘上での活動痕跡が認められるようになる。また、博多エリアの中村町、和田B、日佐、早良エリアの有田、次郎丸、田村、クエゾノなどの遺跡は、河川下流域に隣接した丘陵や段丘上に立地している。西エリアでは、千里遺跡や周船寺遺跡などで沖積低地内の居住痕跡が認められ、当該期構築の可能性がある溝状遺構が確認されている（図7-17）。筆者は、この小型で直線的な溝状遺構を、居住地の安定的利用のために河川氾濫原の汀線付近に切られた「水防用水路」であったという仮説を提示している（板倉2020）。晩期前葉から中葉にかけては、縄文時代前期後半の海進最盛期以降、約2,000年にわたる山系からの礫・砂・シルト・泥の供給・蓄積と各主要河川の下刻作用（川底侵食）によって、河川の安定化と自然堤防・微高地の陸地化が進み、縄文人たちの沖積低地利用が積極化していると評価できる。これが、博多湾沿岸地域における「晩期の遺跡低地化」と言えよう。ここで注目すべきは、次段階の晩期後葉・弥生時代早期に遺跡が急増する下流域遺跡（博多エリアの高畑、板付、下月隈、雀居、那珂、比恵。早良エリアの免、原、福重稲木、拾六町ツイジ、下山門敷町など。図7-19）では、晩期前・中葉の遺物がほとんど確認されていない点であ

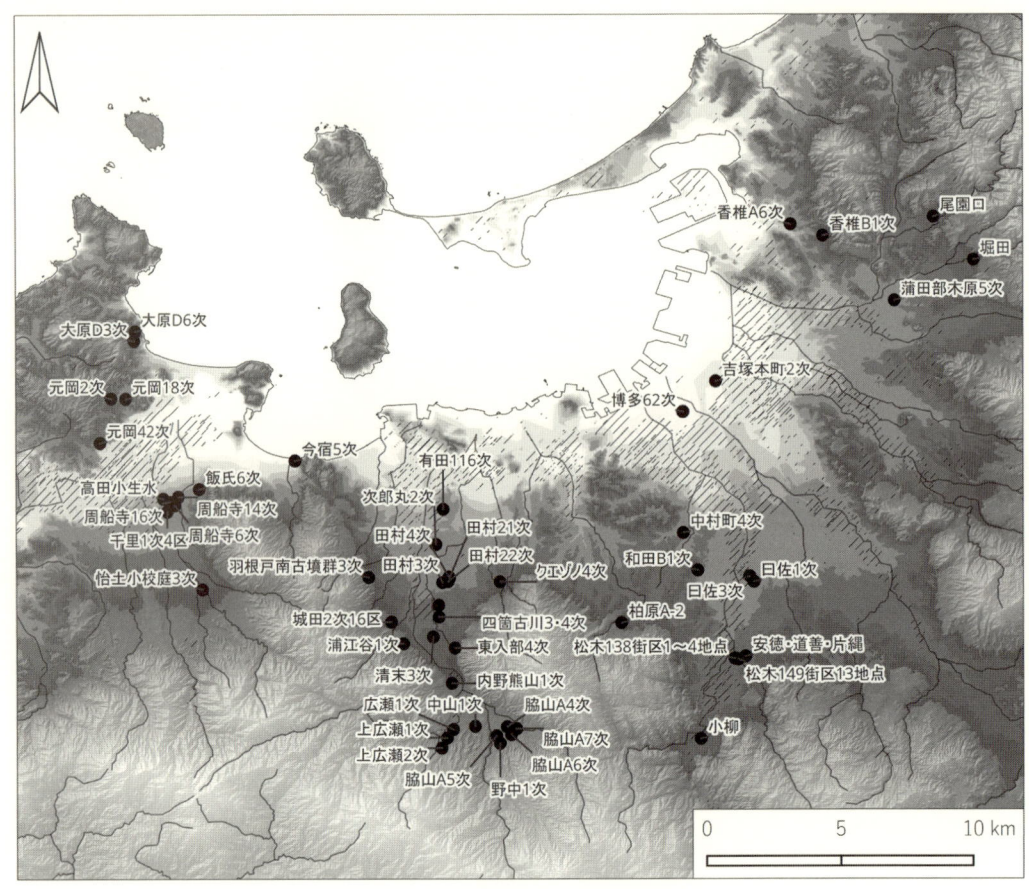

図7-16　晩期中葉の遺跡立地

る。このことは、晩期の沖積低地利用と、弥生時代早期の水田の構築・管理が、立地や地形として
は明確に異なることを示す。この差異の意味を分析することが、水田稲作技術導入の生態学的
な説明につながると考える。

（2）ピット群

　早良エリアの田村遺跡では、晩期前葉に比べて晩期中葉の遺跡形成が盛んになる。特に、第
4次・第21次調査では中世の遺構面の下で、黒川式土器期の土坑、ピットが多数検出された
（図7-18（2）（3）。福岡市教育委員会編1990a，2009）。不定形土坑とピット群というこれまでにない
遺構の組み合わせとなる。不定形土坑については、埋土の特徴から、a類：焼土・炭を含むもの、
b類：有機質土のもの、c類：有機質土でないもの、に分けられる。a類は、何らかの燃焼行為
と関係すると思われるが、土坑内が一定時間被熱したというよりは、焼土・炭を廃棄した状態で
ある。b類は有機物を含む状況下で自然堆積した結果である。c類は有機物をあまり含まない状
況で自然に堆積したものと考えられる。a類は前述した後期後葉～晩期前葉の「屋外炉」との関
係で、食料の加熱加工に関係する可能性が高い。b・c類は後期以降確認される「落ち込み状堆
積」の一種と捉えておきたい。

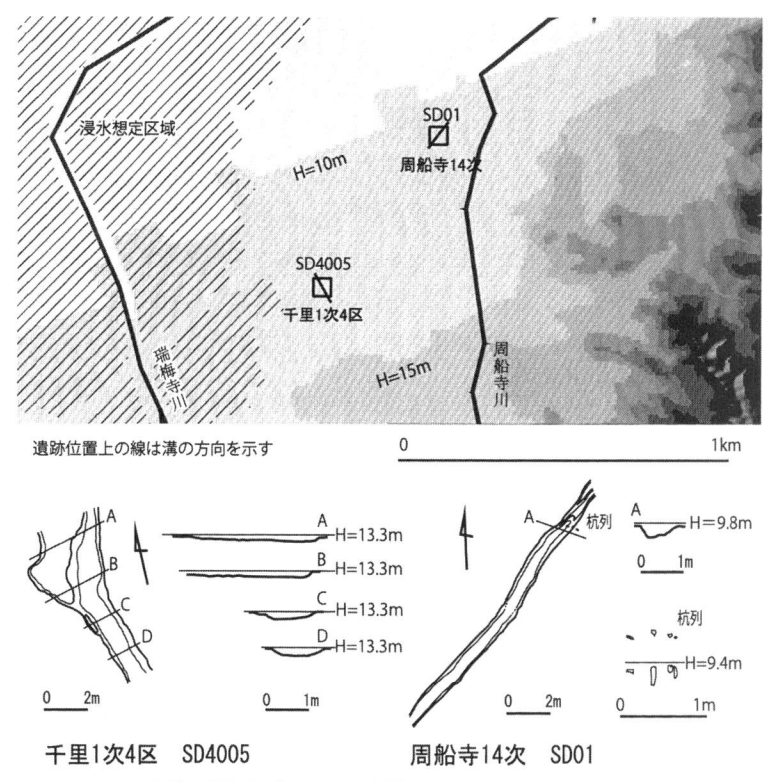

図 7-17　千里遺跡・周船寺遺跡の溝状遺構（板倉 2020 より転載）

　ピット群については、数が多すぎて建物柱穴としての平面的な単位抽出を困難にしている。田村遺跡より上流の東入部遺跡第 4 次調査でも、第 2 面において流路状遺構、ピット群、隅丸方形土坑が検出された（図 7-18（1）。福岡市教育委員会編 1994b）。遺構出土土器は図化されていないが、包含層出土土器は古閑式新相から黒川式古相のものである。田村遺跡のピット群については、下記の可能性を想定できる。

　　A．樹根などの生痕

　　B．柱・杭からなる構造物の痕跡

可能性Aについては、ピットの平面・断面形状が「柱状」にある程度定型化している点や、田村遺跡のその他調査で、このような生痕が見られない点から、可能性を棄却できる。可能性Bについては、平面分布を見ると、直線状に 3、4 個並ぶものが散見されるため、柱列・杭列として復元が可能である。方向は北東－南西、北西－南東に軸を取るものが多く、上層の中世遺構の南北東西軸とは異なっている。これらのピット列の上部構造としては、次のような可能性を想定できる。

　　B-1：杭列

　　B-2：木柵

　　B-3：壁状の構造物

　　B-4：壁状の構造物を組み合わせた建物

B-1については、ピットの構造を見る限り、打ち込み杭と言うよりは、柱穴と考えられ、可能性を棄却できる。B-2については、何らかの境界を明示するための機能が想定されるが、柱穴列の分布傾向は、柵状に長く連続したり、範囲を区切ったりするわけではない。B-3については、連続的な木柵というよりは短い単位の軸組み構築物を想定するが、このような構築物の機能としては民族事例を参照すると、次のようなものを想定できる。

　　　B-3-a：かすみ網など鳥捕獲用の張り網の柱
　　　B-3-b：干物の乾燥台などの柱

B-3-aについては、当該地が湿地や河畔林の植生を復元できるため、張り網の設置なども想定できるが、遺構のあり方から見て、柱列方向を変えながら重複して設置しており、どちらかと言うと開けた土地で、設置場所の自由度が高い状況で構築したと考えられる。この点からは、B-3-bの方が可能性は高い。乾燥台は、対象物を吊り下げて乾燥させるために設置し、乾燥が終われば撤去もしくは放置する便宜的な施設である。何度かの重複的な設置を繰り返せば、一定の長さの柱列が方向を変えながら重複することになり、遺構のあり方に合致する。このB-3-bの可能性を、ここでは「乾燥台説」としておく。B-4の建物説は、長期的・連続的な利用というよりは短期的・仮設的な利用を意図した簡便な軸組み建物の可能性であり、北米先住民社会に見られる「マットハウス」（武藤1995）のようなものが想定される。本書第6章（p.226）で触れた石井（1998）、松井ほか（2011）では、焼土と柱穴のセットを淡水魚類の加工・乾燥設備と解釈している。田村遺跡や東入部遺跡では動物遺存体は発見されていないが、室見川水系内で春から夏にかけての季節漁が行われた可能性は十分に想定できるのであり、本論ではそのような脈絡からピット群の機能・用途を乾燥台や居住小屋の季節的な構築とその重複の痕跡と想定しておきたい。本書での縦長剥片石器の分析では、晩期前・中葉は鈴桶型石刃技法の衰退期にあたる（第5章、p.191）。縦長剥片削器自体は使用されていると言えるが、後期までのように長大な刃器は使用されなくなっている。この変化が、資源利用様態の変化に呼応したものであるのか、黒曜石の供給や流通上の変化によるものなのかは検討が必要である。

（3）円形土坑

　黒川式期には、径1mほどの円形土坑の検出が特徴的である。埋土は腐植質のものもあれば、そうでないものもある。元岡・桑原遺跡群第2次調査のSK7002からはイチイガシが出土し（福岡市教育委員会編2002b）、脇山A遺跡第5次調査のSK390や浦江谷遺跡第1次調査3区のSK012からは石皿や磨石が出土することから（福岡市教育委員会編1992c，1999c）、堅果類貯蔵穴の可能性が想定される。縄文時代後期前葉の円形土坑群（表7-1）のように群集することはなく、居住地遺跡を構成する遺構の一つとして構築されている。九州南部の大隅中央地域においても黒川式期に小型円筒形土坑の増加傾向を把握できる（板倉2021b，123）。晩期の竪穴住居は後期に比較すると、規模が小さく、主柱穴や屋内炉が明確でないため、耐久性は低いと評価される（板倉2010a，27；水ノ江2012，52）。ただし、晩期遺跡では、竪穴住居、円形土坑、埋設土器、溝状遺構など複数種類の遺構の構築が認められることから、移動的というよりは定住的な居住地と評価できる。晩期前葉の項で見たように、小規模な居住地が分散しているということが特徴であり、

(1) 東入部遺跡4次　第2面全体図
（福岡市教育委員会編1994b より一部改変転載）

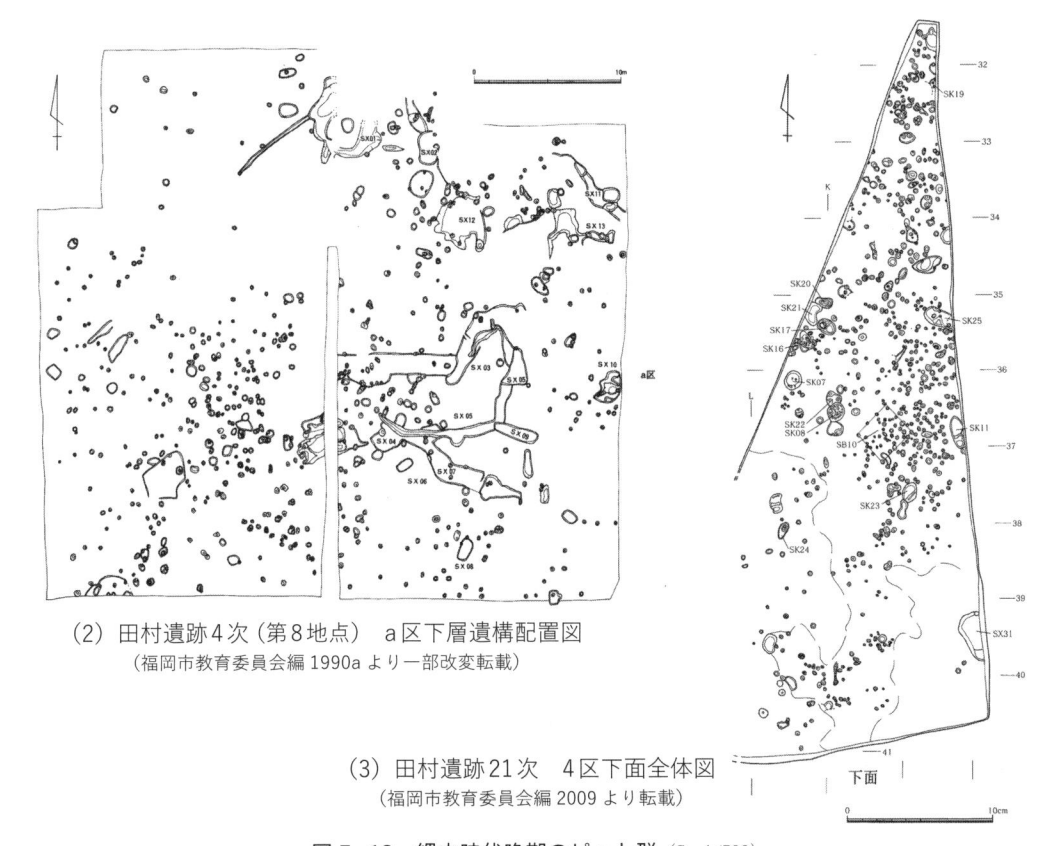

(2) 田村遺跡4次（第8地点）　a区下層遺構配置図
（福岡市教育委員会編1990a より一部改変転載）

(3) 田村遺跡21次　4区下面全体図
（福岡市教育委員会編2009 より転載）

図7-18　縄文時代晩期のピット群（S=1/500）

堅果類の貯蔵も居住集団単位で自立して行われていると説明できる。そのような観点からは、先のピット群（乾燥台）は、特定遺構の集中的な構築と捉えることができ、複数居住集団による季節的な共同利用も想定できる。

8　晩期後葉〜弥生時代早期

　各エリアで遺跡形成が認められる（図7-19）。晩期中葉との比較では、博多・早良の下流低地部に遺跡が急増する。各遺跡では、夜臼式・板付Ｉ式土器をはじめとした水田稲作関連の遺構・遺物（水路、水田（畦畔）、石庖丁、太型蛤刃石斧、抉入柱状片刃石斧、扁平片刃石斧、磨製石鏃、磨製石剣、木製農耕具など）が確認され、大陸農耕文化の定着＝弥生文化の成立を見ることができる。本書では当該期の詳細な分析は行わずに、以下に概要のみを述べる。

　沖積低地に位置する遺跡の遺構形成面は、シルトや粘土層であり、比較的安定した陸地と言える。周船寺遺跡第10次調査のＢ区SD01（板付Ｉ式期）土壌の珪藻分析からは、「水が存在したと考えられ、一時的には流れを伴ったり、淀んだりする沼沢地のような状態」が復元され、花粉分析からは、アカガシ亜属が多産し、マキ属、シイノキ属などを伴う暖温帯常緑広葉樹林に、ニレ属－ケヤキ属などの河道沿いに生育する種類を加えた木本類、イネ科、クワ科、ギシギシ属、アカザ科－ヒユ科、オオバコ属、ヨモギ属などの草本類、栽培種を含むキュウリ属が検出された（福岡市教育委員会編2000c, 37-40）。千里遺跡第1次調査3区のSK3026（夜臼式・板付Ｉ式期）内から検出された花粉分析では、アカガシ亜属を主体とし、多くの広葉樹やマキ属、マツ属、イチイ科－イヌガヤ科－ヒノキ科等の針葉樹を伴う、豊富な樹種構成からなる森林や、サワグルミ属、クルミ属、ニレ属－ケヤキ属、エノキ属－ムクノキ属等の生育する河畔や集水域、そしてイネ科、クワ科、キンポウゲ科、マメ科、カヤツリグサ科、アカザ科－ヒユ科、ヨモギ属等、人里植物が生育する開けた草地、などの周辺環境が復元された（福岡市教育委員会編2011b, 244-245）。弥生時代早期の下流域低地内遺跡は、標高10〜4ｍにまで広がっており、晩期中葉以降さらに沖積低地内微高地・自然堤防の陸地化が進んだことが分かる。この遺跡立地が可能とするのは、眼前に広がる後背湿地と自然堤防の水田利用であり、水田の日常的な管理のために、居住地が近接して設定されるという縄文時代晩期中葉までとは全く異なる居住と資源利用の様式である。

　後背湿地あるいは自然堤防上に水路・水田を構築することは、そこで育成するイネの収穫・貯蔵を行うための諸々の道具・設備の整備を意味し（大陸系磨製石器の製作、木製農耕具の製作、貯蔵穴や掘立柱建物の構築）、道具の材料としての資源（石材・木材）だけでなく人的資源も含めて、相当の供給と消費のシステムが必要となる。博多湾沿岸地域だけを見ても、観音山古墳群Ｅ地区（標高約47ｍ）や柏原遺跡（標高約48ｍ）では、夜臼式土器と蛤刃石斧、抉入柱状片刃石斧、扁平片刃石斧、ノミ形石斧が出土しており（那珂川町教育委員会編1988, 福岡市教育委員会編1988）、内陸丘陵部での大陸系磨製石斧類を用いた木材調達活動を想定できる。経済・社会システムとしては、縄文社会の採集経済システムから弥生社会の農耕経済システムへ急激に移行しており、システム稼働の初動から相当の社会関係のもとに個別の労働がはじめられたと考えられる。この説明に対する最適化理論上の大きな前提として、事に当たる人々にしても、集団の意思決定機構とし

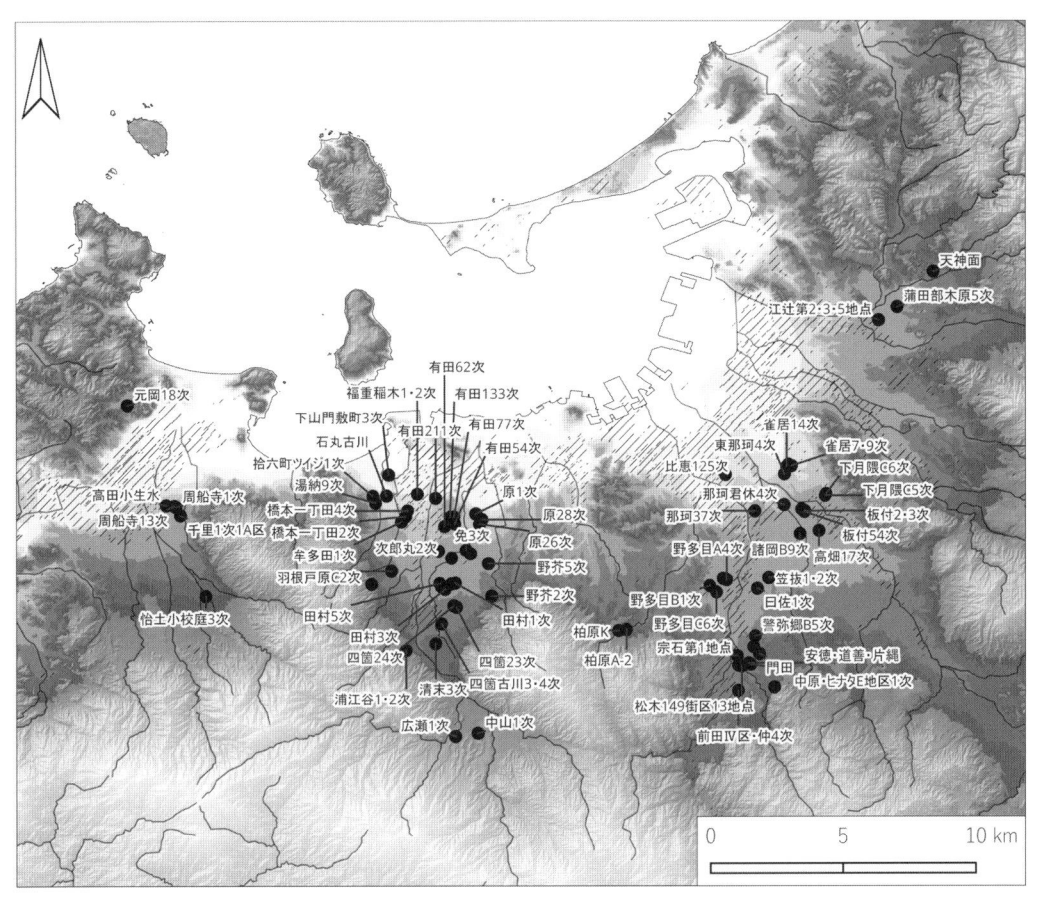

図7-19　晩期後葉〜弥生時代早期の遺跡立地

ての社会組織にしても、相当量の労働は、雨水や河川氾濫ですぐに破壊されるようなリスクのある事には費やすことができない（しない）ということである。水田稲作技術が社会的に導入されて農耕経済・社会システムへと移行した背景には、個人・社会双方のレベルにおいて、イネの生育と収穫を期待するに足る沖積低地の安定化が認識されていたことを示している。そのような認識と判断に至る経緯は、本分析が示してきたとおり、晩期前・中葉の沖積低地の発達と縄文人たちの居住および資源利用の結果と言える。

第4節　九州縄文時代資源利用モデル

1　前期から中期：内湾環境の変化

　磨製石斧モデルで予測された、前期の沿岸部を中心とした居住と資源利用の様式が、中期に内陸部中心の居住と資源利用の様式に変化することは、遺跡立地の傾向からも支持された。前期に形成された縄文海進最盛期の内湾環境が、中期にはじまる冷涼湿潤期の海退、沖積作用によって

変質したことを示している。中期以降の海退後の低地において氾濫原が広く形成されはじめた初期には氾濫原利用は選択されずに、内陸部利用が進む。この点は板倉（2006）の指摘を追認する結果となった。

　九州縄文時代の前期は、沿岸部での貝塚形成期（山崎1975）であり、石器組成には漁撈具が加わり、低地部に貯蔵穴群を構築するなど、主として沿岸低地部に居住していたことがうかがわれるが、竪穴住居の検出はほとんどない。内陸遺跡では、配石・集石群（大分県かわじ池遺跡）や陥穴群（大分県目久保第2遺跡）が散見されるとともに、断片的に数基の竪穴住居の検出（福岡県天園遺跡）がみられる（林潤也2007）。それら遺構や遺物の質・量は早期的様相が強く、季節的な内陸部の利用がなされた結果と考えられる（板倉2006, 14）。佐賀平野の遺跡動態を整理した山崎真治は、前期の轟B式土器期の遺跡が内陸部の小規模遺跡で構成されるのに対し、曽畑式土器期に巨瀬川中流域沿いに遺跡が増加するなど「低地へのアプローチが重視されていた」傾向が見られるも、遺跡の規模や数は低調であり、「前期後葉においてもいまだ早期的な様相を引きずっている」と指摘している（山崎真治2009, 29-33）。

　中期は、貝塚の減少期（山崎1975；坂本1982, 44）にあたり、前期までとは異なって内陸への積極的な適応がみられる。内陸部では、屋内炉と主柱穴構造をもった数基の竪穴住居群がみられ（佐賀県中尾二ツ枝遺跡、日焼遺跡B地点）、淡水漁撈用の小型石錘が石器組成に加わり、比較的定着的な居住痕跡がみられる。この中期における内陸適応は、その後の内陸資源利用を促進する契機となったと評価できる（板倉2006, 14）。一方で、集石群（佐賀県平原遺跡）や礫石器類の集積（鹿児島県重田遺跡、前谷遺跡、佐賀県菜畑遺跡）もみられ、早期的様相も残存している。

　前期・曽畑式土器文化については、海洋適応の脈絡で捉えられることが多く、中期・船元式土器文化については資料不足もあって、在地の阿高式土器文化に対する外来系文化という以外に詳しい検討がなされてこなかった。中期の内陸適応の実態が、後・晩期の生業・居住様式を考える上でも重要であるという指摘（板倉2006）は、現在でも有効と考える。

2　後期以降：沖積低地の利用

　磨製石斧モデルで予測された、中期後半から後期前葉の扁平系石斧から太型系石斧への変化に見る森林・木材利用の積極化は、当該期の居住の安定化として遺跡立地分析からも支持された。しかし、遺跡立地分析では、後期後葉の気候の不安定化や居住地の分散・小規模化なども把握できたが、磨製石斧動態では、このような変化との連動性は見出せていない。また、磨製石斧モデルでは、後期中葉の九州南部における方柱状ノミ形石斧の存在が特徴的だが、同時期の博多湾沿岸地域の遺跡群にはそれとの関連は見出せない。この点については、他地域からの影響（伝播モデル）も含めて、九州南部とその周辺地域での詳細な分析が必要である。また、本書で検討していない石斧石材の獲得・製作・流通という観点から分析を行うことで後期以降の磨製石斧の変化を見出せる可能性もある。今後の課題である。

　打製石斧モデルで予測された、後期中葉以降の沖積低地の利用頻度の増加は、遺跡立地の傾向からも支持された。特に、扇状地堆積（礫層）が発達した早良中・上流エリアで打製石斧利用が

盛行しない現象は、打製石斧の沖積低地での利用モデルと整合的である。遺跡立地分析では、後期以降、常に沖積低地利用が志向されている傾向を指摘できるが、あわせて沖積低地利用を志向する遺跡で打製石斧が集中的に出土するような状況は見られなかった。打製石斧は、沖積低地の形成にあわせて発達した利器であると評価できるが、その様相は、必ずしも沖積低地での利用に限定されたものではなく、沖積土への作用も含めた形で、様々な場面で軟質物全般の加工に使用する万能具的な要素も強いと評価できる。打製石斧モデルでは、有肩形打製石斧や両耳形（ヘラ形）打製石斧など九州南部の特殊性が見出せたが、同時期の博多湾沿岸地域では、それとの関連は特に見出せなかった。九州南部での分析では、シラス土壌やシラス台地の開析地形など、九州南部特有の土壌・地形の特徴が、打製石斧様式に影響していると考えられる（板倉 2021b, 125）。また、上述の磨製石斧と同様に、石材獲得・製作・流通の観点からの分析が今後は必要である。

　縦長剥片石器モデルで予測された、後期中葉以降の縦長剥片石器の出土と氾濫原資源の利用志向の相関は、遺跡立地分析からも支持された。特に、後期中葉以降に形成される流路状・落ち込み状堆積といった河跡湖地形の利用、晩期の食料資源の加工施設と考えられる屋外炉や乾燥台の可能性があるピット群の検出は、小型動物利用を示唆するものであり、縦長剥片石器モデルと整合的である。ただし、上述の打製石斧と同様に、沖積低地志向の遺跡で、縦長剥片石器が集中的に出土する傾向は見られない。縦長剥片石器が後期中・後葉の一時期に盛行し、その後に衰退の傾向を示す理由は、遠方石材である黒曜石の獲得・流通のコストと使用の効果との兼ね合いが計られた結果と考えられる。博多湾沿岸地域での黒曜石剥片石器の利用は、打製石鏃と石錐の製作に付随するものとして、弥生時代前期まで盛行し、中期まで続く（吉留 2002a・b；板倉 2008）。弥生時代以降は水田環境における小型動物利用において小型剥片石器が使用されたと想定できる。縦長剥片石器などガラス質石材の小型石器については、上述の磨製石斧、打製石斧と同様に、石材・石器の製作・流通論が必要である。

　以上より、前章までに検討した石器モデルの有効な部分とそうでない、今後の課題とすべき部分が、遺跡立地分析から明らかとなった。有効な部分としては、前・中期の「内湾環境の変化」と、後・晩期の「沖積低地利用」の痕跡が石器と遺跡立地の双方に見出せることであり、この点は、当該期から弥生文化への移行を議論する上で欠くべからず観点として提示できるであろう。一方、石器モデルと遺跡立地分析では、複数居住集団の重複的な行動パターンの抽出によって、マクロな資源利用行動の復元は可能であったが、個々の遺跡、個々の遺物にもとづく個別の資源利用行動の復元は困難であった。この点については、本書第 2 章で予測したとおりであり、今後の良好な動植物遺存体データの検出と分析に頼らざるを得ない。また、個々の資料、個々の遺跡の評価を行うという点では、石器・石材の製作・流通論は有効と考えられる。

注

1) 東京東部低地の遺跡立地を分析した可児弘明は、後期初頭にはじまる沖積低地利用が小規模である点について、限られた漁期の利用や、水上交通の中継点としての利用を想定している（可児 1961, 13）

第8章 議論：資源利用技術からみた

九州縄文時代社会

　ここまで、九州縄文時代前期以降の磨製石斧、打製石斧、縦長剥片石器の各動態と博多湾沿岸地域の遺跡立地変遷を、関係する古環境研究成果や自然遺物の概要なども合わせて整理してきた。本章では、これらの分析結果をふまえて、第1章で整理したこれまでの縄文時代における植物利用論と居住様式論の課題について検討を行う。

第1節　植物利用

1　野生食料の評価：採捕圧の問題

　本書で分析した磨製石斧、打製石斧、縦長剥片石器は、それぞれの資源利用の場でその効率や成果を左右する利器である。よって、その技術革新や技術改良は、対象資源の効率的な利用を促進して、資源量の圧迫を招く可能性がある。また、貝塚や貯蔵穴群は、貝類や堅果類の集中的な利用を示すものであり、これらの遺構が構築される要因と構築されない要因を考えることは、当時の資源量の問題を考えることにもつながる。以下では、そのような視点から野生食料の評価、採捕圧の問題について検討する。なお、九州縄文時代前・中期については、第7章で状況を整理し、次節でも検討するとおり、居住集団の規模が小さく、居住地の移動性は高かったと復元される。このような居住様式では、資源利用は野生資源の生産量に応じたものになっていたと考えられるため、ここでは、定住化や人口増大が想定される後期以降の社会について野生資源への採捕圧を問題としたい。

　九州縄文時代前期から晩期の間での磨製石斧の技術革新や技術改良は、後期前葉と後期中葉で起こっている（第3章、p.119、表3-2。板倉2006）。太型石斧の後期前葉における導入と後期中葉の盛行、また、後期中葉・九州南部における方柱状ノミ形石斧の普及は、立木伐採とそれをもとにした各種木質遺物生産の促進を意味する。特に後期中葉における太型石斧の大型化は、対象樹木の大型化を示す可能性があり、二次林の利用しやすい若い樹木が不足して、原生林の太い樹木が利用されたのかもしれない[1]。しかし、この太型石斧の盛行と方柱状ノミ形石斧の使用は、後期後葉以降に継続しない。縄文時代後期の磨製石斧の技術革新が、木材資源に対してどの程度の伐採圧をかけていたかは不明だが、少なくとも後期後葉から晩期中葉にかけての木材利用は安定したものだったと考えられる。このような木材資源利用の様態が大きく変化するのは、弥生時代早期の大陸系磨製石斧の導入以降である。水田稲作農耕文化においては、各種木製農耕具の製作が必須となり、水田設備や各種建築においても縄文時代に比べて多量の建築部材が必要とされた

ため、伐採斧の大型化、加工斧の多様化が認められ（第 3 章、p.117、図 3-22）、木材への伐採圧は急激に上昇したと予想される。

九州縄文時代後・晩期の打製石斧の技術革新や技術改良は、後期中葉と九州南部・晩期に認められる（第 4 章、p.166、表 4-2。板倉 2013, 2015, 2021b）。後期中葉の九州北部・中部を中心とした打製石斧の普及と、晩期・九州南部での、着柄機能が強化された大型有肩形・両耳形打製石斧の導入は、地下部資源利用の促進を意味する。後期中葉に普及した打製石斧は、様式としては晩期まで大きく変わらない。晩期中葉～弥生時代早期になって、九州北部では衰退に至り、九州南部では両耳形打製石斧が発達する（第 4 章、pp.163-166）。この弥生時代早期における九州北部での打製石斧の衰退は、地下部資源量の低下（採捕正増大）というよりは、水田稲作農耕への経済基盤の移行によるものと理解できる。後期中・後葉の九州中部や北東部での大量の打製石斧の出土を見ると、地下部資源の採捕圧はある程度まっていたと考えられるが打製石斧は不明である。打製石斧は食料獲得だけでなくその他の作業にも用いられており、その増減や性能差は、地下部資源利用の観点からだけでは説明できない。野生資源の評価においての打製石斧の普及自体をすべて技術改良や性能というよりは、後期中葉から晩期中葉にかけての打製石斧の普及自体が必ずしも効率の良くない食料資源（地下茎類、根茎類、昆虫類、甲殻類など）を利用せざるを得なくなっている状況から、後期中葉以降の継続的な地上部食料の不足を推測できる[2]。同時に、打製石斧の性能から考えれば、二次林における開地の維持や、沖積低地におけるハタケ構築なども可能であり、陽地性植物やイネ科植物といった地上部植物食料の管理（栽培）にも関わってくる。九州南部における晩期中・後葉の両耳形打製石斧は、基部両側の深い抉りが着柄強度を増加させ、尖らせた刃部先端が掘削機能を強化させているいる。このような打製石斧の技術改良が、九州南部の晩期中・後葉に認められる、後の弥生時代に継続する現象は、同時期の九州北部の水田稲作農耕伝来という脈絡ではないしかし。野生の地下部資源の中で最もエネルギー収益率が高いのはヤマノイモ・サトイモなどのイモ類と考えられる。1950・60 年代に盛んに推定されたサトイモ類利用説は、依然として魅力的であるが。しかし、イモ類については遺跡出土資料の裏付けがまったく得られていない現状では変わらない。

九州縄文時代後・晩期の縦長剥片石器は、博多湾沿岸地域においては後期中葉のその普及自体が技術革新であり、後期後葉に衰退したのち、晩期後葉に衰退する（第 5 章、p.192、表 5-2）。縦長剥片石器の盛行は、小型動物資源の解体・加工および食料化、特に保存食加工・生産の促進を示す。具体的には春から夏にかけて産卵のために利用してくる淡水魚類や、秋から冬にかけて北方から渡ってくる鳥類など集中的に利用されると考えられる。これらの資源は季節的に収奪されたとしても、後期中・後葉を通じて相当量が捕獲される衰退および小型剥片石器の移行可能性はある。晩期から弥生時代にかけての縦長剥片石器の衰退および小型剥片石器の移行は、加工対象の形成と後背湿地、沖積低地内自然堤防の発達が起こっており、当該期の博多湾沿岸地域では、砂丘の形成と後背湿地、沖積低地内自然堤防の発達が起こっており、汎濫原の性質の変化は、そこまで利用していた小型動物資源の質や量を変化させる。藤尾慎一郎は、「弥生稲作を早くはじめるのは、西田のナッツ型（北部九州～瀬戸内海沿岸）や赤沢の森林・淡水複合型に属する縄文人

である。彼らは、夏先の端境期にタンパク質を多く含む安定食料資源が不足する点や、多種少量の獲得法・労働組織をもつという点で共通している」と解釈し、春から夏にかけての魚などのタンパク質の獲得が安定している地域（三方湖沿岸、有明海沿岸、東北太平洋岸）では、弥生稲作の開始が遅れると指摘した。弥生稲作の開始が、従来指摘されるような堅果類などの不足よりも、夏先の魚類の不足に起因する可能性に着目している（藤尾 2003, 59 - 60）。藤尾のモデルを敷衍すれば、弥生稲作開始の早い博多湾沿岸地域では、「夏先の魚類捕獲」が不足していたということになる。博多湾沿岸の砂丘形成と後背湿地の形成が、それまでの河川下流域氾濫原資源の様相を変化させて、「夏先の魚類資源の不足」をもたらしたかどうかを評価するためには、両環境の生態学的な比較が必要であり、今後の課題である。また、縄文人と植物の結びつきという観点からは、後背湿地環境の利用頻度が増す中で、縄文人の目が動物資源から、イネ科植物へ向かっていったという可能性も検討すべきであろう。縦長剥片石器の衰退については、素材である腰岳産黒曜石の流通量が減少したという可能性も想定される（吉留 2002b；梶佐古 2018）。

　第 7 章（pp.248 - 253）では、貝塚と貯蔵穴群の動態についても整理した。博多湾沿岸地域では、貝塚は後期前葉から中葉に形成される。仮に後期前・中葉の継続的な貝塚の形成（桑原飛櫛貝塚と元岡瓜尾貝塚）に貝類に対する採集圧の増加を読み取るならば、貝塚が形成されない後期後葉を経て、資源量が回復したであろう晩期になっても貝塚が形成されないことをうまく説明できない。博多湾沿岸地域では第 6・7 章で検討したとおり、後期前葉以降の沖積作用の促進によって内湾・干潟環境が変化していた影響が大きい。博多湾沿岸地域で次に貝塚が形成されるのは、弥生時代前期の長浜貝塚や今津貝塚であり、今津の砂丘が発達した後の内湾・干潟環境が利用の場になったと考えられる。このことは、水田稲作経済になっても貝類が集中利用されることも示しており、縄文時代後期後葉から晩期の貝塚の不形成は、貝類を集中利用しなかったというよりは、適当な内湾・干潟環境が形成されておらず集中利用できなかったという説明を支持する。ただし、九州の縄文時代貝塚全体を見ると、後期中葉から晩期の貝塚も散見される（九州縄文研究会編 2001, 2016）。これらの貝塚については、利用された沿岸環境の特性をふまえた検討が必要である。

　貯蔵穴群の形成は、秋季の堅果類の集中的な採集と貯蔵の結果であり、博多湾沿岸地域では後期前葉と晩期中葉に特徴的に形成される。次節でも検討するとおり、縄文時代前・中期と後期前葉の違いは、後者の定住性の高まりと人口規模の増大である。中期から後期前葉への移行という脈絡では、貯蔵穴群の形成は、定住集落の食料確保のための貯蔵と評価できる。縄文人たちが熟して落下した堅果類をどれだけ大量に採集しても、樹木自体が伐採されたり、過度に根が踏み付けられたりしない限りは、人間利用が原因で堅果類の生産量は低下しない。上述の磨製石斧動態の説明では、後期前・中葉の木材伐採圧の一時的な増加を想定した。この際に、縄文人たちが利用可能な堅果類の樹木をあえて伐採していったとは考えにくいが、木材需要の高まりが我々の予想以上に高ければ、そのような利用圧も生じていたかもしれない。この脈絡では、後期中葉まで高かった木材伐採圧が、後期後葉から晩期前葉にかけて太型石斧の小型化も相まって低下に転じ、晩期中葉には樹木量が回復していたために貯蔵穴群の形成という形で集中的な堅果類利用が行われたと説明される。ただし、この説明は、後期から晩期の約 1,000 年にわたる樹木利用の経

緯をあまりにも単純化しすぎている。貯蔵穴群の形成・不形成の要因としては、竪穴住居や掘立柱建物内など屋内での堅果類貯蔵の有無や頻度、集落外の貯蔵穴群を管理・防御するコストの高低なども検討する必要がある。本書の分析では、縄文時代の堅果類や樹木の資源量を推定することはできないし、縄文人たちによって堅果類の樹木が保護管理されていたかどうかも明らかでない。

　以上より本書では、特に打製石斧と縦長剥片石器の分析から、縄文時代後期中葉以降の沖積低地・氾濫原を含めた多様な資源パッチでの野生資源利用の意義を重視している。効率的な土壌掘削が可能である打製石斧が広く普及したことは、それまで食料ランクとしては必ずしも高くなかった地下部食料が採集の選択に入るようになったことを意味する（第1章、p.16、図1-3）。このことは同時に、高ランクである地上部食料だけでは集団を維持できなくなっている（地上部食料の採捕圧が上昇している）ことを意味する。縦長剥片石器は、沖積低地・氾濫原内で捕獲できる小型動物の加工具という評価であり、打製石斧によって採集される地下部食料よりは高ランクの食料に関わる道具と言える。後述するように、縄文時代後期前葉以降は居住が定住化し、人口規模も増大したと想定されるが、大局的には地下部と氾濫原という資源パッチ利用を積極化させることで環境収容力を上昇させている。

　打製石斧は、後期中葉以降の九州地方の縄文人が常に携帯し、内陸山間部から新しく形成されつつあった沖積低地まで地上・地下部資源を広く探索する中で使用する道具であり、居住地周辺での活動においても、掘削から切削まで各種作業を行うことができる道具であったと整理できる。打製石斧の万能具的機能・用途は、それが焼畑などによる作物栽培（賀川1966a；山崎2003, 2005, 2007；小畑2010）に使用されたという仮説とも矛盾しないと理解されるかもしれない。ここで問題となるのは、そのようなハタケの構築と管理が、縄文人の限られた生活時間の中でどれぐらいの比率を占めていたのか（時間とコストを掛けられていたのか）、ということである（第1章、p.21、図1-4）。現時点では、植物のハタケ管理を示す遺構の検出は明確とは言えない。本書では、九州縄文時代における有用植物利用は、主たる食料としてその人為的な生産に依存するような形態ではなく、縄文人たちの多様な活動域における乾地・湿地各所での半栽培レベルあるいはごく小規模なハタケ利用であったと想定している。打製石斧は研究の当初より想定されていたとおりの「万能具」なのであり、農耕や根茎類採集など特定の資源利用と結び付けた機能・用途の説明では、その歴史学的意義を十分に評価できないというのが本書の主張である。

2　縄文人と植物の「結びつき」

　本書が構築してきた資源利用モデルの中には、理論的な想定が先んじていて、遺跡出土資料からの裏付けが足りないものも含まれる。そのうちの一つに、人と植物の「結びつき」に関する想定がある。磨製石斧の分析では、縄文時代中期の資源利用域の内陸化、後期前葉以降の内陸部居住の安定化を示した。特に後期前葉以降の大型石斧を用いた立木伐採は、森林域でのギャップ・二次林形成を促進し、陽地性植物の半栽培利用の契機になったと評価している（第6章、pp.205-207。板倉2006）。しかし、本書の分析で、マメ類やワラビなど具体的な陽地性植物種の存在を明

らかにしたわけではない。また、打製石斧と縦長剥片石器の分析では、後期中葉以降の沖積低地・氾濫原、流路状・落ち込み状堆積、河跡湖などでの湿地性資源の利用を想定した。縦長剥片石器には小型動物の利用を想定し、打製石斧には可能性としてのサトイモなど根茎類を含む湿地性植物利用を想定している（第4・5章）。そして、湿地利用という点では、イネ科植物との結びつきが生まれた可能性も想定する。しかし、打製石斧と縦長剥片石器の分析から、具体的にイモ類やイネ科植物の存在を明らかにしたわけではない。

　縄文時代の主たる食料になり得るイネ科植物としてはイネ・アワ・キビなどの大陸起源の栽培種が想定され、主に土器圧痕の調査によってその実証的研究が進められている。現在のところ、縄文時代晩期中葉・黒川式土器期以前の資料で明確な大陸系穀物は確認されておらず、晩期後葉の黒川式土器後葉あるいは刻目突帯文土器期のアワ・キビ・イネが確認されている（中沢 2019；小畑 2019, 58-67；宮本 2023）。宮本一夫の一連の研究成果にもとづく東北アジア農耕化モデルでは、朝鮮半島における雑穀農耕文化の拡散期が縄文時代中期、水田農耕文化の開始期が後期後半にそれぞれ並行しており、大陸系農耕文化が縄文文化に影響を与えている可能性が示唆される（宮本 2000, 2003, 2005）。高瀬克範は、人間文化と植物との共進化的関係としての植物利用の変異について、相互のフィードバックが大きい拡大型とそうでない維持型を想定する。朝鮮半島新石器時代のアワ・キビ栽培を「縄文文化の担い手」が長期間にわたって取り入れなかったという仮説に対しては、「縄文文化の人々が植物からより大きなフィードバックをえることではなく、従前からの経済との両立が可能で、なおかつ資源の種類を増やすことのほうに重きをおいていた」と理解している（高瀬 2019, 100）。

　イネ科植物利用に関係する石器として、横刃型石器・打製石庖丁・小型打製石鎌などの大型刃器（板倉 2015）が挙げられる。これらは打製石斧と共に縄文時代後期中葉以降にみられる器種であるが、打製石庖丁や小型打製石鎌は九州中部を分布の中心とする（高木 1980）。打製石庖丁は弥生時代の打製石庖丁と、小型打製石鎌は中国新石器時代裴李崗文化の磨製石鎌と形態が類似する。横刃型石器も含めて、刃部使用痕は明瞭でないが、黒曜石やサヌカイトのようなガラス質石材でないため動物質対象には不適であり、軟質な植物質対象に作用したと考えられる。横刃型石器・打製石庖丁は無柄、小型打製石鎌は着柄での使用が想定され、刃部は鋭利・鋸歯状・抉り入りなどの形状を呈し、使用痕は磨滅・光沢などである。植物を切る・ちぎる・こそぐなどの用途を想定でき、弥生時代の「摘む」石庖丁や「刈る」石鎌との違いがある。大型刃器の安定した出土および定型化は、植物（特に地上部）の集約的利用を示すと考えられるが、現段階では具体的な対象は不明である（板倉 2015）。想定としては各種山菜やマメ類、果実類など広範囲の植物を考えなければならず、対象をイネ科植物に限定することは現時点では難しい[3]。

　本書では、九州縄文時代における各種有用植物の利用形態としては、半栽培利用を想定しているが、半栽培や焼畑の痕跡を、遺跡の分析から明らかにすることは難しい。本間トシは、国内の里芋・山芋に関わる諸儀礼を検討する中で、芋作と稲作の違いを次のように述べている。「里芋を支柱とした祭事、行事は比較的明瞭に顕在するのに対し、山芋をめぐる積極的行事の欠如は、両種の芋の一括した扱いに躊躇を覚える点の一つである。正月にみられる多彩な予祝儀礼、播種、田植、収穫、それに先立つ穂掛け、あるいは虫送り、風祭りの類の成熟祈願儀礼等々の諸儀

礼を伴う稲作に対照すれば、里芋に関しても植付から収穫まで耕作途上の折目に付随する行事もほとんどない状態であり、積極的儀礼の随伴はきわめて少いと言わねばならない。＜中略＞儀礼発達の相異については、栽培化、渡来の時期とともに、その作物の栽培過程における周期性、労働力注入の必要度、集団労働の必要性、収穫の安定性等々の面からも考慮されるべきである。里芋をみても、植付や収穫などのさいに必要とされる作業の集中もゆるやかなものであるし、風雨鳥虫などの自然災害からの影響などの面でも安定性が強く、もっとも耕作平易な作物の一つであろう。芋栽培が日本に古くから存在していたとしても、様式化された複雑な儀礼の発達は伴なわない性質の植物ではなかったかと思われる。数段階の作業過程を経て行われる稲作に対して、これは畑作儀礼全般に通じる問題であろう」（本間 1967, 42-43）。イモ類自体が遺跡に残らず、それに付随する文化的要素も特徴的なものがないとなると、考古学的なイモ類利用の議論はますます困難になる。試みとして、第1章（p.18）で触れた、人と植物の半栽培関係における世界観形成（ハストーフ 2004）について、土器文様から考えてみたい。九州縄文時代の土器様式は、前期後半の曽畑式土器が直線的な幾何学文様であるのに対し、中期前半の船元式・深浦式土器から曲線文が取り入れられ、中期後半の並木式・阿高式土器では直線文と曲線文からなる入組文が主文様となる（p.88、図3-6）。入組文は、後期前葉の磨消縄文土器、後期中葉の縁帯文土器まで主文様を占めるが、後期後葉の凹線文土器からは欠落する（p.90、図3-7）。仮に入組文がその形状の類似からつる性植物などを表現しているとすれば、中期後半から後期中葉までの入組文（植物文）を施した土器は、縄文人たちの世界観の表れであると解釈できる。入組文を含めて土器施文自体が衰退する後期後葉は、土偶、十字形石器、石棒などの特殊遺物が使用される時期であり、世界観の表現媒体が移行したのかもしれない。中期後半から後期中葉は、沖積低地から内陸山間部まで植物を含めた多様な資源利用が進む時期であり、植物文を土器に施すような世界観が形成されても不思議ではない。ただし、このような分析も利用された植物自体の存在を明らかにするものではない。

　このように遺跡出土資料に痕跡が残らない植物利用については、理論的に想定することしか現時点ではできない。ここで重要なことは、遺跡出土資料で裏付けられないことを理由に、そのような想定をモデルや議論の構成要素から除外してしまわないことである。遺跡には縄文時代のすべては残らない。遺跡の情報だけで縄文時代を説明することはできない。遺跡出土資料をいかに分析するかという問題と同様に、遺跡から得ることのできない情報をいかに埋めるのかという問題が重要である。方法論として批判されるべきは欠落した情報を埋めることではなく、その埋め方である。

第2節　居住様式

1　資源利用技術からみた各時期の移動性と定住性

居住様式は、資源利用のあり方が勘案された上で居住集団が行う意思決定（選択）であり、資

源利用研究において欠くことのできない分析項目と言える。しかし、第1章（pp.27-32）で整理したとおり、複数居住集団の居住痕跡が重複・蓄積したものとしての遺跡の分析から、個々の居住集団が採用した具体的な居住様式を復元することは難しい。本項では本書で分析対象とした九州縄文時代前期以降の資源利用技術の動態と、博多湾沿岸地域の遺跡立地変遷をもとに、各時期の遺跡構成の特徴（セトルメント・パターン）を比較し、相対的な移動性と定住性の差異（変化）を整理する。

　前期の磨製石斧セットは横斧着柄の扁平型石斧で構成される（第3章、pp.95-101）。立木の伐採などは、大型の横斧着柄扁平石斧で行ったと推定され、縦斧着柄の太型石斧が普及する後期以降に比べると、積極的な伐採活動は行われなかったと考えられる。このことは、資料が比較的多く出土していて、居住期間が長いと考えられる本書の分析対象遺跡においても、竪穴住居が検出されていないこととも整合的である。九州縄文時代前期の竪穴住居は作りが簡便であり（図8-1：4）、使用される柱材なども径が小さいために、遺跡に残りにくいとも言える。この竪穴住居の作りの簡便さは、遺跡での居住期間の短さを意味しており（板倉2010a, 27）、生活空間を確保するための森林域開地などの作業もあまり行われなかったと考えられる。博多湾沿岸地域の前期遺跡では、小規模な遺跡と比較的定住性・回帰性が高い遺跡が沿岸から内陸まで偏りなく分布し、外洋（玄界灘）を志向する遺跡は少ない（第7章、pp.243-244）。九州縄文時代前期では、貝塚や貯蔵穴群、集石群、陥穴群など複数の遺構が群集して構築される遺跡もある。このような遺跡は、小規模で移動性の高い複数居住集団が、季節的な離合集散を繰り返す中で、回帰的・結節点的に利用された遺跡と理解される（板倉2010a, 31-32）。西田正規は、最終氷期以降の温暖化により中緯度地域では温帯森林が拡大して食料の季節的偏在性が高まり、食料が不足する季節に備えて集約的な食物の採取・保存をおこなう必要性から定住が余儀なくされたと説明している（西田1984）。九州では縄文時代早期から前期は温暖化がさらに進んで、照葉樹林が優勢となり、資源の季節的偏在性がどちらかというと低下するため、資源を定住的に利用するというよりは、小規模な集団で移動的に利用する戦略（選択）が進化すると説明される。この資源利用・移動戦略はBinfordが熱帯狩猟採集民を参照して設定したフォレジャー・モデルに類似する（Binford 1980）。九州縄文時代早期後葉から前期は、それまでに比べれば沿岸での資源利用が活発になっていると評価できるが、その様式は組織的で集約的であったというよりは断続的で季節的なものであったと考える。

　中期の磨製石斧セットは、前期とほぼ同質で横斧着柄の扁平型石斧で構成され、縦斧着柄の太型石斧を明確には使用されていない（第3章、pp.101-105）。そのため、前期と同様に積極的な立木伐採や開地形成は行われなかったと理解できる。しかし、前期と中期とでは遺跡立地や居住地遺跡の内容に変化も見られる。博多湾沿岸地域の中期遺跡は、前期までに形成された内湾環境が急速に埋没していく影響で、主要河川下流の沿岸域に遺跡が分布しなくなる（第7章、pp.244-246）。この中期の沿岸遺跡の不形成は、九州全体の中期貝塚の減少という傾向としても把握され（山崎1975；坂本1982, 44）、内陸部を中心とした遺跡分布が特徴となる（板倉2006, 14）。中期は前期に比べると竪穴住居の検出例が増加し、主柱穴と屋内炉を持つ耐久性の高い住居も構築されている（図8-1：5。板倉2010a；九州縄文研究会編2000）。石器組成には、内水面漁撈の定着を示

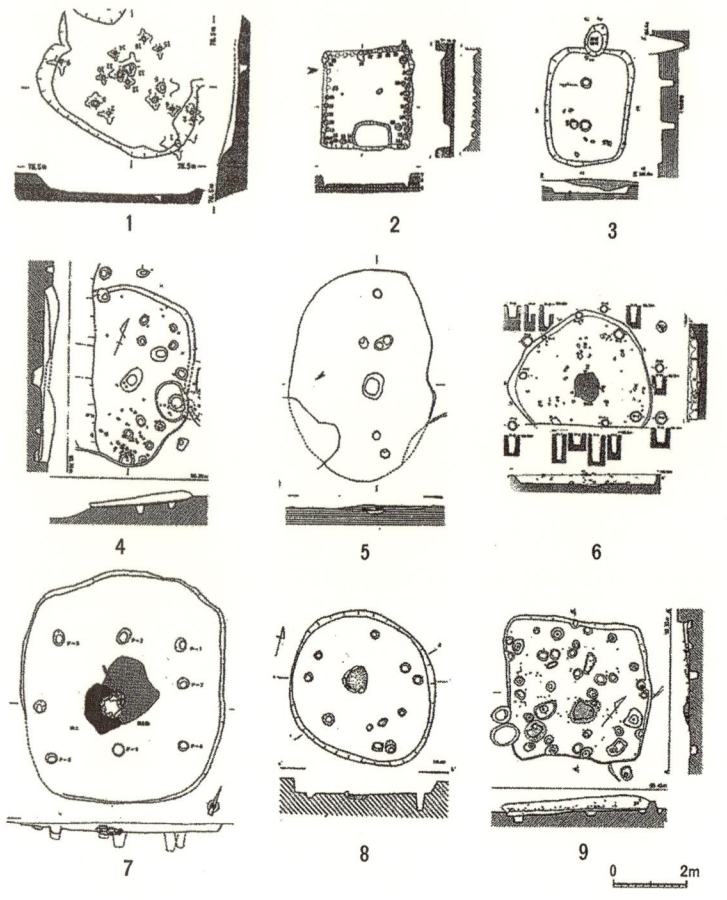

す小型石錘が加わる（第3章、pp.103-104。藤木2009,19-20）。その一方で、佐賀県平原遺跡のような集石群遺跡も認められ（佐賀県教育委員会編1993）、早期的な様相も残している（板倉2010a, 33）。中期前半の深浦式土器には、装飾をもたない条痕文土器がともなうことが知られており、鹿児島県重田遺跡では有文土器に対して少なくとも2倍以上の無文条痕文土器が出土している（垂水市教育委員会編2002）。前期後半の曽畑式土器には明確な粗製土器は存在しないことから、中期以降に土器の精粗差が明確となり、土器様式構造が複雑化すると言える。雨宮瑞生と松永幸男は土器様式構造の複雑化を定住化指標の一つとして挙げている

1　草創期（鹿児島県掃除山）　　2　早期前葉（鹿児島県加栗山）　　3　早期後半（熊本県瀬田裏）
4　前期（福岡県天園）　　5　中期（佐賀県中尾二ツ枝）　　6　中期末（鹿児島県九日田）
7　後期中葉（大分県飯田二反田）　　8　後期後葉（熊本県上南部）　　9　晩期前半（福岡県クリナラ）
図8-1　九州縄文時代各時期の竪穴住居（板倉2010aより転載）

（雨宮・松永1991）。中期の内陸部居住は、前期までの季節的居住から、後述する後期以降の定着的な居住への過渡期的様相と評価できる（板倉2006, 14）。

　後期前葉の磨製石斧セットは、前節でも整理したとおり、縦斧着柄太型石斧の導入という技術革新が認められ、中期までに比べて、沿岸部と内陸部、双方の立地での立木伐採、開地形成の頻度が増加している（第3章、pp.105-108）。後期前葉以降の竪穴住居は、前述の中期の様相を引き継いで、広めの竪穴に地床炉、主柱穴を持つ構造であり、耐久性のある安定した構造のものとなる（図8-1：6。板倉2010a, 29）。また、中期までに見られた集石群など、早期的な様相の遺跡も見られなくなる。このような指標から、本書では後期前葉の居住地遺跡には季節移動的な要素は少なく、通年以上の定住生活がはじまっていると評価する。そして、前節で検討したように、このような定住生活のはじまりが、森林内ギャップにおける陽地性植物の半栽培利用も促進した可能性がある（板倉2006, 14）。博多湾沿岸地域では、後期前葉に貝塚と貯蔵穴群が構築される一方で、自然流路の発達も特徴的である（第7章、pp.253-254）。中期の海退、沖積作用が落ち着いて、後期前葉に沖積低地の利用が認められる面もあるが、流域によっては依然として沖積作用の

影響が大きく、不安定な状態が継続している。打製石斧や縦長剥片石器は、その初現的な様相は認められるが、本格的な導入は行われていない（第 4 章、pp.145-148、第 5 章、pp.180-182）。

　後期中葉の磨製石斧セットは、後期前葉以上に大型の太型石斧が使用されたり、九州南部で方柱状ノミ形石斧が導入されたりと、細別器種の変異が最大となり、後期前葉に引き続き積極的な森林・木材利用が行われる（第 3 章、pp.108-110）。竪穴住居も、明確な主柱穴と石囲炉を持つ、より安定した構造になっている（図 8-1 : 7）。この時期から、地下部と氾濫原という新たな資源パッチを利用するための新しい道具として、打製石斧と縦長剥片石器が石器組成に加わる（第 4 章、pp.148-154、第 5 章、pp.182-184）。博多湾沿岸地域では、後期中葉の居住地遺跡は河川中流域の段丘上や扇状地上に集約され（推移帯への拠点型居住）、河川下流域・沿岸部には居住地遺跡が形成されず、資源が季節的に偏在する場として利用されたと考えられる（第 7 章、pp.254-261）。居住地遺跡の内部構造については、定住集団では継続反復的に住居を使用している者同士の住居を区別するために、住居配置には集団的計画性があるとされる（Rafferty 1985）。長期生活にかさばり邪魔なゴミ（鋭利なもの、悪臭物など）は、主要な居住空間から持ち出されると考えられる。縄文時代早期末から前期初頭の関東・中部地域で成立する環状集落は、広場を中心として墓域・掘立柱建物・竪穴住居・貯蔵穴・廃棄場などが同心円状に配置される計画的な空間構成をもっており、定住認定の基準の多くを満たしている。九州では、宮崎県の丸野第 2 遺跡（後期中葉）や平畑遺跡（後期末晩期初頭）において、住居空間、廃棄場、集石空間（斜面）の分離が指摘されている（長津 1991）。竪穴住居と廃棄場の分離は、後期前葉から確認され、後期中葉には安定して見られるようになる（板倉 2010a, 33-34）。

　後期後葉の磨製石斧は、後期中葉に比べると方柱状ノミ形石斧や大型太型石斧が使用されなくなるが、後期前葉以来のノミ形から太型石斧までのセットは維持されており、引き続き積極的な森林・木材利用が行われている（第 3 章、pp.111-113）。博多湾沿岸地域では、竪穴住居の構造や居住地遺跡の立地、打製石斧と縦長剥片石器の使用は、後期中葉と大きくは変化しない（第 4 章、pp.154-157、第 5 章、pp.184-187）。博多湾沿岸地域における当該期と後期中葉との違いは、埋設土器、土偶、十字形石器、石棒などの特殊遺物の出土が顕著になる点である（第 7 章、pp.261-264）。また、当該地では元岡瓜尾貝塚で、後期後葉・三万田式土器が採集されているが（山崎 2016）、貝塚の主たる時期は後期前・中葉に限られると考えられる。九州島内で確認される後期後葉の貝塚では、貝種が偏重するという特徴が指摘されている（山崎 1975；坂本 1982, 46）。

　晩期前・中葉の磨製石斧は、時期を限定できる資料が少なく、前葉と中葉の各時期の様相を明示できないが、後期後葉の様相から大きくは変化していない（第 3 章、pp.113-114）。打製石斧も福岡地域では、後期後葉の様相から晩期前・中葉にかけて大きくは変わらないが（第 4 章、pp.154-160）、縦長剥片石器は晩期には大型縦長剥片利用が衰退し、小型剥片利用の傾向になる（第 5 章、pp.187-188）。博多湾沿岸地域の遺跡立地では、晩期前葉に沖積低地内微高地上での遺跡増加が認められ、晩期中葉は河川下流域での沖積低地志向の丘陵上の遺跡と内陸部の遺跡分布が見られる。遺構としては屋外炉とピット群が特徴的に確認されており、淡水魚類など氾濫原資源の季節的な集中利用（保存加工）の可能性が想定される。晩期中葉の内陸部遺跡では、後期前葉以来の貯蔵穴群が構築されるなど、堅果類利用（貯蔵）にも変化が見られる。晩期中葉から晩期

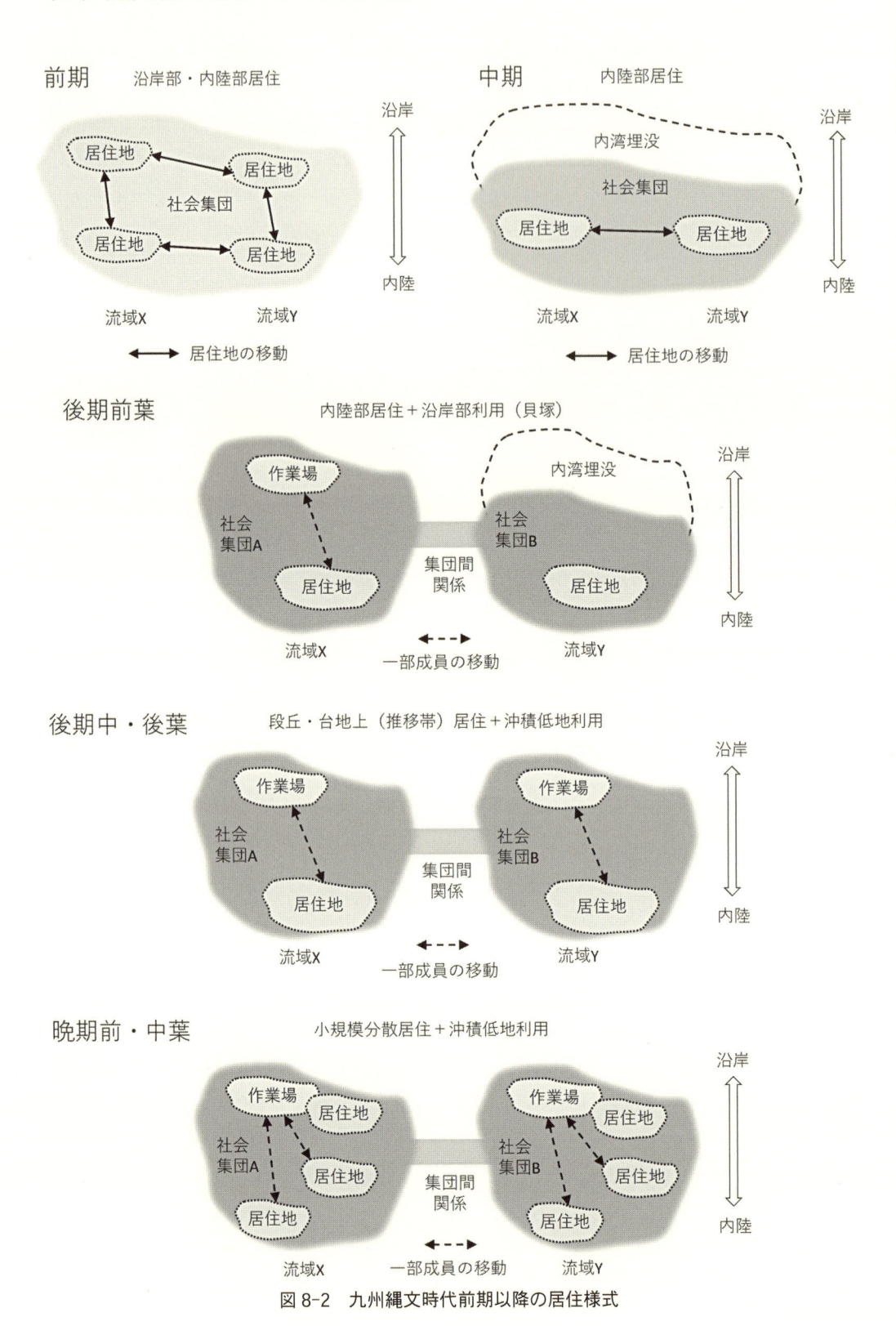

図 8-2　九州縄文時代前期以降の居住様式

後葉にかけては、沿岸砂丘上での遺物出土が確認されており、沿岸砂丘および自然堤防の発達と後背湿地の形成が、後期中葉以来の氾濫原資源の利用様式に影響を与えている。このような晩期前・中葉の変化は、後期中・後葉に河川中流域に集約化されていた拠点型居住が、沖積低地や内陸部に分散化した状況と整理できる（第 7 章、pp.264-272）。類似した傾向は、佐賀平野の分析でも指摘されている（山崎真治 2009，46-47）。

　以上のとおり、博多湾沿岸地域の事例では、前期から晩期まで、各時期の自然環境の特性に応じた資源利用を経済基盤として、居住様式のあり方も柔軟に変化していると復元できる。この様態をあえて類型的に捉えれば、前期から中期、後期前葉、後期中葉と段階的に定住性が高くなっていると言える（図 8-2）。居住地遺跡の季節的な移動が想定されるか否かという基準では、本論においては、過渡期としての中期を経て、後期前葉に通年的な定住生活が開始されると認識している。後期中・後葉には、河川中流域の段丘上や扇状地上に居住地遺跡が集約・拠点化し、晩期前・中葉になると、沖積低地や内陸部に居住地遺跡が分散する。前節で検討した植物利用との関係では、過渡期としての中期および後期前葉以降の定着的な居住は、縄文人たちと森林内ギャップにおける陽地性植物や沖積低地における湿地性植物との「結びつき」の契機になったと想定する。そして、後期以降の定住的な居住様式においては、各居住集団および社会集団の資源利用域が固定的となり、各集団間の関係（コミュニケーション・システム）が顕在化してくると予想される。

2　九州縄文時代の居住様式変化と社会

（1）人口変動

　第 1 章（pp.32-33）で整理したとおり、本書の分析では当時の人口を説得的に推定することができない。しかし、人口という変数は、野生食料への採捕圧や集団間の関係性に直接影響する要素として重要であるため、本項で予察的な検討を行っておきたい。検討にあたっては、前項で整理した各時期の居住様式の傾向をデータとして用いる。

　小池裕子は、動物個体群動態学における個体群と環境収容力（Carrying capacity または K レベル）の関係をもとに、人類集団の人口動態を「増加期型集落」「安定期型集落」としてモデル化した（図 8-3。小池 2017，158）。このモデルによると、増加期型集落は、食料事情は K レベルより低く、人口は増加の余地がある。食料対象は Favorite foods や Primary foods が主体で、捕獲圧は捕獲限界よりかなり低く、捕獲の季節は捕獲効率の良い時期に集中する。集落の安定性は、同じ集落を保持する状態で、集団内の社会的規制は弱く発展的、埋葬様式は緩く様式化し、儀礼用具などは萌芽的で未分化、とする。一方、安定期型集落は、食料事情は K レベルに到達し、人口が飽和またはやや過剰で、食料対象は Primary foods から Secondary foods へ移行する。捕獲圧は捕獲限界を若干超えながら調節して確保する状態で、捕獲の季節性は周年できるだけ捕獲しようとする。集落は主要集落外にも分散し、集落間の摩擦が生じる。集団内の社会的規制としては生業上の規制が強くなり、墓域や抜歯など身分の明確化、儀礼用具の複雑、多様化が起こる。

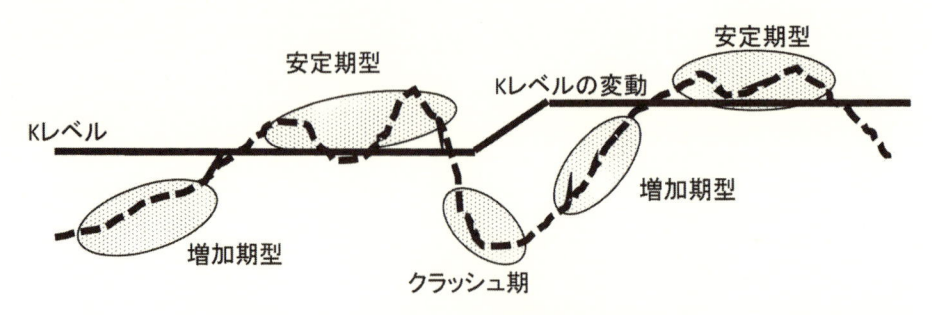

		増加期型集落	安定期型集落
定義	食糧事情	Ｋレベルより低い	Ｋレベルに到達
	人口の特徴	人口増加の余地あり	人口が飽和/やや過剰
指標	食料対象	Favourite Foods, Primary Foodsが主体	Primary FoodsからSecondary Foodsへの移行
	捕獲圧	捕獲限界よりかなり低い	捕獲限界を若干超えながら調節して確保する
	捕獲の季節性	捕獲効率の良い時期に集中	周年できるだけ捕獲しようとする
社会的特徴	集落の安定性	同じ集落を保持	主要集落外にも分散、集落間の摩擦が生ずる
	集団内の社会的規制	規制が弱く発展的	生業上の規制が強くなる
	埋葬様式	緩い様式化	墓域や抜歯など身分の明確化
	儀礼用具など	萌芽的で未分化	より複雑に多様化

図 8-3　増加期型集落と安定期型集落の特徴（小池 2017 より転載）

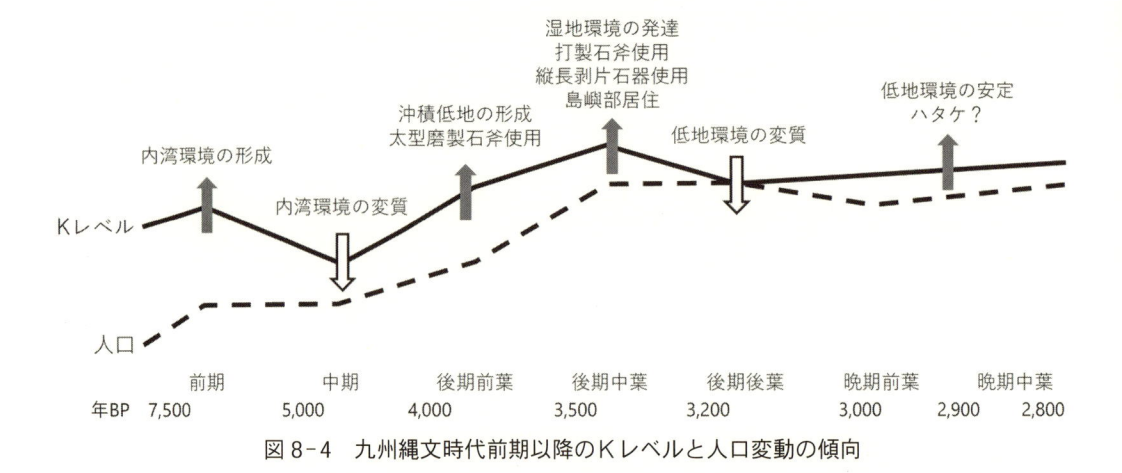

図 8-4　九州縄文時代前期以降のＫレベルと人口変動の傾向

　小池モデルでは、あるＫレベルの社会において、増加期型から安定期型へと移行し、クラッシュ期（極端な人口減少）が訪れ、その間にＫレベルが変動（上昇）すれば、そのＫレベルを基準に、増加期型から安定期型への移行がはじまる、というように描かれる（小池 2017，155-158）。
　このモデルをもとに、本書の分析対象におけるＫレベルと人口の変動を概念的に示したのが図8-4である。前期は、縄文海進に伴って内湾環境が広く形成され、海産資源量（≒Ｋレベル）が上昇した。これに対して集団の規模は小さく（移動性の高い小規模遺跡群）、Ｋレベルと人口規模の間には比較的余裕がある状態で、人口の自然増加が許容される。中期は、海退に伴う内湾の埋没によって海産資源量（≒Ｋレベル）が低下する。集団の居住および資源利用は内陸部中心とな

り、早・前期的な小規模性・移動性とともに後期につながるような定着性も認められる。この居住域の内陸化は、狭い地域で見れば遺跡数減少のようにも見えるが（例えば第7章、pp.244-246、図7-4・5の比較）、九州島内などより広域な地域で見た場合に人口が減少しているかどうかは不明である。後期前葉には、中期海退によって埋没した沿岸域が、小規模な内湾を伴う沖積低地として部分的に安定する。また、太型磨製石斧（乳棒状石斧）の使用に、森林・木材資源利用の活発化と居住の定住性増大が読み取れる。この自然環境と資源利用技術の変化は、Kレベルを上昇させたと考えられる。後期中葉は、流域の沖積低地形成がさらに進んで後背湿地や河跡湖などの湿地環境が発達し、新しい資源パッチの利用技術として打製石斧や縦長剥片石器の使用が本格化する。この時期のKレベルと人口の関係は不明だが、人口飽和状態を示す可能性のある現象として、島嶼部での遺跡数増加が挙げられる。九州北西部や南部の島嶼部の様相をみると、後期前葉から後期中葉にかけて遺跡数が大きく増加する傾向がみられ、後期後葉以降は再び遺跡数が減少する（板倉2006, 15；中尾2020）。後期中葉では、対馬の志多留貝塚、佐賀貝塚、五島列島の殿崎遺跡、宮下貝塚、大浜遺跡、中島遺跡、白浜貝塚、種子島の浅川牧遺跡、藤平小田遺跡、屋久島の横峯遺跡、一湊松山遺跡など規模の大きな遺跡が認められる。これらの遺跡は、九州本島の居住集団が島嶼部へ季節的に移動したというよりは、居住地が島嶼部へ移動・拡大したものである（板倉2006, 15）。この現象から敷衍すると、後期中葉は自然環境および資源利用技術の面でKレベルの上昇が想定されながらもそれを凌駕する勢いで人口が増加しているのかもしれない[4]。後期後葉は、古環境・古地形の分析結果（第6章第1・2節）から沖積低地環境の変質（Kレベルの低下）が想定される。このことは、後期中葉で既に飽和状態にあった人口規模が維持できなくなり、集団の分散化が促されたことを説明する[5]。博多湾沿岸地域では、後期中葉から晩期前葉にかけて、東エリアの遺跡数減少が顕著だが、その他エリアでは遺跡数は大きくは変化していない（第7章図7-10・13・14の比較）。晩期前・中葉は、沖積低地内および沖積低地に近接する遺跡の増加から沖積低地利用の安定化が読み取れる（Kレベル上昇）。本書の分析結果からは、博多湾沿岸地域における縦長剥片石器の衰退（第5章、pp.187-188）や屋内炉・ピット群の構築（第7章、pp.264-272）、九州中部以北の大型打製石斧使用（第4章、pp.157-161）、九州南部における大型有肩形打製や両耳形打製石斧の使用（第4章、pp160-163）など、晩期前・中葉の特殊性を指摘したが、その生成要因を十分には説明できてはない。同時期の朝鮮半島は既にアワ・キビ・イネの農耕経済・社会に移行しており（宮本2000, 2003, 2005）、そこからの文化的影響の可能性（黒川式土器期の孔列文土器や石庖丁の出土）は従来から注目されている（田中1991；武末1993）。博多湾沿岸地域では、晩期中葉は沿岸部から内陸部まで比較的多くの遺跡が確認されるが、それぞれの遺跡規模は大きくはなく、晩期前葉から継続する分散型の居住遺跡の範疇で理解できる（第7章、pp.267-272）。仮に、今後の調査によって、沖積低地内でのハタ作痕跡（例えば、イネ科植物痕跡やハタケ遺構（第6章、pp.215-220）など）が安定して認められるようになったとしても、本書で検討してきた諸理論およびデータからは、それらは大規模・管理的な様式ではなく、広範囲生業の一角としての小規模・便宜的な様式のものであったと予測される。博多湾沿岸地域では晩期後葉に沖積低地内居住および水田稲作技術が採用され（第7章、pp.272-273）、食料生産システムの安定化・規模拡大とKレベルの引き上げという不断のサイクルへと移行していく。

　小池モデルの増加期型集落は、本書対象における前・中期と後期前葉が含まれ、安定期型集落は後期中葉以降となる。博多湾沿岸地域では、後期中葉から晩期まで極端な遺跡数減少（クラッシュ期）は認められないが、晩期前・中葉の居住地分散化は環境収容力の飽和に起因する可能性がある。小池モデルでは、安定期型集落の社会的特徴として、集落間の摩擦が生じる、生業上の規制が強くなる、身分の明確化や儀礼用具の複雑化、多様化が起こる、などを挙げている（図8-3）。この点については本項（3）で、後期中葉以降の社会の複雑性の問題として取り上げる。

（2）植物・動物利用

　前項の検討から、九州縄文時代において定住化が進むのは後期前葉から中葉と言える。第1章（pp.33-34）で整理したとおり、定住化の影響として、植物利用、漁撈、動物の飼育などの発達が予測される。

　博多湾沿岸地域では、後期中葉以降の遺跡で確認される流路状・落ち込み状堆積（河跡湖）は、比較的多くの遺物が投棄された状態で検出される。本書では、この湿地性堆積の利用法として、淡水魚類やイネ科植物など湿地性動植物利用の他に、水場遺構としての利用も想定した（第7章、pp.256-261）。後期中葉以降は打製石斧の普及で、それまであまり利用していなかった地下部資源を利用するようになるが、その中にはアク抜きの必要な地下茎類の採集も含まれていた可能性はある。ただし、本書では植物のアク抜き利用は可食化のコストが高いため、食物リスト上のランクは下位で副次的なものであったと位置付けている。

　本書では、博多湾沿岸地域の後期中・後葉に盛行する縦長剥片石器の用途を、淡水魚類を含む小型動物を乾燥保存するための加工と評価した。これらの淡水魚類は春から夏にかけて産卵のために沿岸に移動してきた魚群を捕獲したと想定している。この季節漁以外の漁撈については、網漁や釣漁、銛漁などが想定できるが、博多湾沿岸地域の後期中葉以降の遺跡で、石錘、釣針、石銛などがまとまって出土するというような傾向はなく、遺跡立地も外洋はおろか内湾を志向した遺跡もほとんどない。定住化と漁撈という観点では、博多湾沿岸地域では河川下流域氾濫原での季節漁に特化した状況を想定している。氾濫原資源と想定される遺跡出土魚類資料については、今後も晩期遺跡を中心に屋外炉の検出が見込まれることから、埋土の焼土・炭化物の洗浄による微細自然遺物の回収を期待したい。定住化に伴うイノシシの一時飼育（キーピング）など動物利用の問題については、九州島では現在のところ、飼育化によるイノシシ骨の形態変異やイノシシ埋葬例などは報告されていない。ただし、イノシシ形土製品は長崎県福江島の宮下貝塚、同県対馬の吉田貝塚などの島嶼部の後期遺跡での例が知られる（宮内1980，24；川道・古澤2012，7）。イノシシ骨の島嶼部出土例は、長崎県対馬の志多留貝塚、同島佐賀貝塚、同県福江島の宮下貝塚、鹿児島県種子島の苦浜貝塚（早期末）、一陣長崎鼻、同県屋久島の一湊松山遺跡など後期中葉以降を中心とした時期である（高野ほか1999；高木ほか1999；九州縄文研究会編2001）。当時、島嶼部にどの程度のイノシシが自然分布し、人間による狩猟圧がどの程度であったかは不明であるが、前項で触れた後期中葉の島嶼部への居住拡大は、イノシシのキーピング技術を伴っていたかもしれない。今後は、弥生時代におけるブタ飼育の問題とも合わせて検討する必要がある。

　図8-5は、消費者としての人間を頂点に置いた生態系ピラミッドのバランス変動を示したも

のである。この生態系ピラミッドは、人間集団の自然増加に伴ってバランスが崩れはじめ、食物ランク上位の動物（シカ・イノシシなど）に捕獲圧が生じて個体数が減少する。動物の個体数が減少して、捕獲できなくなると、食物ランク下位の植物採集（イモ類・堅果類・マメ類など）が強化される。この際に、動物への捕獲圧が低下し、植物を消費しすぎなければ、動物の個体数が回復して生態系バ

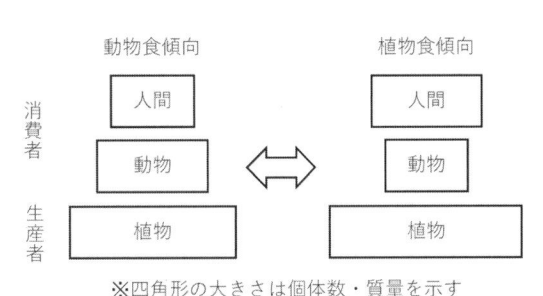

※四角形の大きさは個体数・質量を示す

図8-5　生態系ピラミッドの崩れと食料比傾向

ランスは回復する可能性があるが、実際には人間集団は自然増加を続けて動物・植物への採捕圧はますます増加する。食物の不足は、人間集団の分化・移動を促して集団規模が減少し、一時的に生態系バランスが回復するが、基本的には人間集団の自然増加は継続され、動植物への採捕圧は上昇し続ける。この不安定な生態系バランスの変動の先に、人間社会が採集経済を維持するのか、食料生産経済に移行するのか、という選択がある。その選択によって、当該生態系バランスが不安定ながらも維持されるのか、実質的に崩壊するのかという結果が待ち受けている。そして、このただでさえ不安定な生態系バランスには、自然環境変化や集団間関係という管理不能な変数も大きな影響を与える。博多湾沿岸地域では、前期から晩期までに大幅な人口減少は起こっていないようだが、九州中部では晩期中葉の遺跡数の激減も指摘されている（松本2002；宮地2019）[6]。縄文人たちが、資源量を持続的に維持するための知識や慣習を持っていたかどうかは議論の余地がある。西田正規は、定住後の縄文時代の居住集団は1、2家族から数家族という小規模なもので、社会的意図をもって小規模な平等社会が維持されたと述べている（西田1989, 59-61）。本書で検討してきた博多湾沿岸地域をはじめとした九州地域の縄文人たちの資源利用技術は、その後半期の約5,000年という長いスケールで見れば、様々な面で発達・増加傾向を示しており、結果的には生態系バランスを不安定化させる方向にあったと言える。しかし、数世代100年スケールで見れば、生態系バランスを安定化させていた時期もあったであろう。縄文人のどの側面を見るかで、縄文社会のイメージが変わるということには注意しなければならない。

（3）社会複雑化

定住化に伴う社会複雑化の議論は、かつての縄文農耕社会論を発展的に乗り越えていくための議論とも言える。すなわち、九州では縄文時代後期後葉から晩期前葉にかけての社会をどのように復元するかという問題になる。以下では、本書の分析結果（第6・7章、本章図8-2・4）をもとに、前期から晩期にかけての社会の特性について整理を行う。

九州縄文時代前期は、後氷期の最温暖期にあたり、落葉広葉樹に対して優勢する照葉樹林と海進による広域の内湾環境が生活の舞台となった。居住集団は、季節的な偏在性の少ない資源に依存する形で、居住地を移動させながら食料を採捕していたと復元される。前期の貝塚や貯蔵穴群、集石群などは、離合集散する複数居住集団の結節点としての性格を有しており、移動性の高い居住様式に集団間のコミュニケーション・システムが埋め込まれているとも言える。ここで言

う、コミュニケーション・システムとは、田中良之の縄文社会のイメージ（田中 1982a, 1985）を参考として、「血縁、婚姻、交易、協業、祭祀などを介して個人および集団間の情報伝達がなされる諸関係」と捉える。このような居住様式および社会制度においては、資源利用の場である内湾や森林はテリトリーとして防御すべきものではなく、むしろ人間集団も所与の自然環境の一部であり、自然と人間が表裏一体のものとして集合的に捉えられている世界観であったと考えられる（図8-6）。ここで言うテリトリーは、「個人あるいは集団が、公然の妨害行為や何らかのコミュニケーションを通じた「拒絶」によって、排他的に占有する地理的範囲のこと」とする（Dyson-Hudson and Smith 1978, 22）。

　中期になると、それまで主要な資源供給源であった内湾環境が、最温暖期後の冷涼湿潤化と海退に伴う沖積作用によって埋没・変容する。居住集団は、沿岸部の利用頻度を下げることになり、自ずと内陸域が活動の中心となる。中期の居住集団も基本的には小規模で移動的であったと考えられるが、前期に比べると活動域が限定されている。そのため、中期のコミュニケーション・システムは前期のように居住地移動に組み込まれたものではなく、個人間の血縁関係や交易関係をベースとしたネットワークとして外部に開かれたと考えられる。このようなコミュニケーション・システムのネットワークを介して、船元式土器様式や北白川C式土器様式の情報が広がっていると理解できる。このような資源利用・居住様式と社会制度においては、前期までの自然環境と居住集団が一体的・集合的であった世界観から、必ずしもそうではない、他の人間集団の存在も考慮された世界観への移行がはじまっていると考えられる（図8-6）。

　後期前葉には、内湾の沖積地化がやや安定し、内湾・干潟環境での海産資源利用が可能となった場所では、沿岸部の利用や居住が進む。一方で、中期に形成された内陸部での居住も継続される。これらの遺跡は、季節的に相互に移動して利用されたというよりは、それぞれが定着的な居住地として成立している（本章前項）。沿岸部と内陸部それぞれでの定住化に伴ってテリトリーが決められていたかどうかは不明である。Rada Dyson-Hudson と Eric A. Smith は、資源密度と資源予測性を変数として、人間集団によって選択されうるテリトリー戦略を予測している（Dyson-Hudson and Smith 1978, 26）。これにもとづくと、海産資源の資源予測性は低く、資源密度も必ずしも高くないと予想されるため、沿岸部遺跡では明確なテリトリー防御は採用されていないと考えられる。コミュニケーション・システムは、流域内の内陸部と沿岸部を取り込んだ形で流域間を横断して広がり、中津式土器様式の情報共有がなされるとともに、各種石材流通の土台になったと推測される。この状況は、社会の複雑化を予見させるものではあるが、次段階の後期中葉に比較すると、社会複雑化を構成する要素（テリトリー防御、交易、祭祀儀礼）が未発達とも言える。このような資源利用・居住様式と社会制

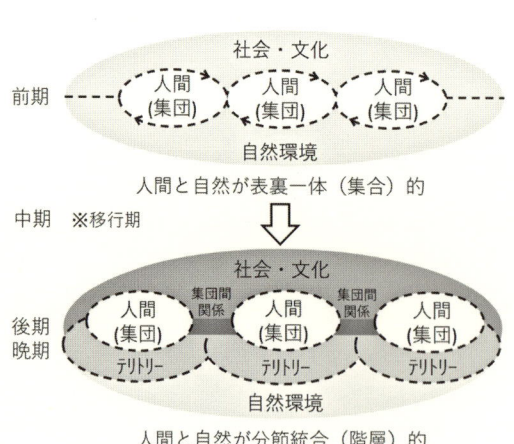

図8-6　九州縄文文化の世界観モデル

度においては、定住生活がはじまることによって、ますます自然環境と居住集団の差異が認識されて分節化が進むと想定される（図 8-6）。

　後期中・後葉になると、沿岸部での貝塚形成が衰退し、河川中流域段丘上や扇状地上、台地上に定住的な拠点型居住地が形成される。貝塚の衰退は沖積作用の発達による内湾・干潟環境の変容であり、新たに形成された河川流域の氾濫原環境や湿地環境が、季節的な資源利用の場になったと考えられる。氾濫原資源は季節的な偏在性が高いため、上述の Dyson-Hudson と Smith のモデルによれば、河川中流域を拠点とする居住集団のテリトリーとしてそれなりの強度で規制されたと予測される。また、氾濫原・湿地での季節的な資源利用は集約的な集団労働の形態をとる。コミュニケーション・システムは、流域間を横断して広がり、縁帯文土器様式と凹線文土器様式の情報伝達を促すとともに、各種石材流通の土台となる。石材流通については、本書では詳しく検討できないが、少なくとも縦長剥片石器素材である佐賀県伊万里市腰岳産黒曜石の流通は、博多湾沿岸地域の後期中・後葉社会にとって重要な交易資源であった（第 5 章）。後期後葉は、熊本県境崎貝塚や御領貝塚、大分県石原貝塚といった貝種偏重貝塚の存在が指摘され（山崎 1975：坂本 1982, 46）、山崎純男は貝むき身の交易品としての流通を想定している（山崎 1975）[7]。本論が着目する氾濫原資源（魚類・鳥類）の乾燥保存品も交易品としての流通を想定できる。

　この時期に顕著となる限られた資源や財については、それらを取り巻く個人、世帯、居住集団、血縁集団、社会集団の間で、競争（防御）と協力の関係性が複雑化してくる。特に後期後葉は、集団規模の自然増加に伴って、各流域での環境収容力は飽和状態を迎えており、資源や財の重要性もピークに達している。このような状況で、それを調整するリーダーの役割が重要になると考えられる（Rafferty 1985, 141）。後期中葉の特殊な埋葬人骨としては、福岡県山鹿貝塚のヒスイ大珠や鹿角製垂飾、貝輪、サメ歯製耳飾などの装身具を身につけた成年女性人骨が、「呪術に卓越した集団の指導者的存在」として知られる（前川 1969, 546）。また、西田正規は、祭祀・儀礼、非生産道具の発達、遠隔地石材の流入などに、社会的緊張の緩和という機能を想定する（西田 1984）。当該期の祭祀・儀礼に関わる遺構・遺物としては、配石遺構、土偶、十字形石器、石棒、埋設土器などが挙げられる。例えば、熊本県鶴羽田遺跡では、三万田式土器を主体とする時期の竪穴建物から、特殊な双刃石器や土偶、小型土器、石棒、十字形石器が出土している（熊本県教育委員会編 1998b）。前章（pp.256-264）で整理した後期中・後葉の流路状堆積も特殊遺物の出土を特徴とする[8]。中村大介による土器分析では、後期後葉・三万田式期に土器容量が増大し、天城式期には大型土器に吹きこぼれ痕や内底部の穀粒痕が確認された。中村は、大型土器を用いた非日常的な穀物調理（例えば饗宴）を想定し、人口増加にもとづく集団間関係の強化や大型土器の埋設土器への転用などとの関係も指摘している（中村 2005, 10）。ただし、煮沸用土器の大型化については、堅果類・根茎類のアク抜き処理の大規模化という解釈もあり得る。本書の視点では、堅果類・根茎類のアク抜き利用は、食料採捕選択において優先順位が低い利用法であり、それを集約的に行っているとすれば、相当に食料事情が困窮している状況と理解される。九州中部の後期社会が晩期に衰退することをふまえると、そのような説明も可能性があるだろう。

　このような資源利用・居住様式と社会制度においては、自然環境は居住集団にとって管理しうる対象として分節化し、居住集団にとっては他集団との関係性や祭祀・儀礼といった行為の重要

性が増す（図8-6）。本章前節（p.282）で試みた土器文様の解釈と引き合わせると、中期後半から後期中葉土器に施文された入組文（植物文）が、後期後葉土器から欠落し、土偶・十字形石器・石棒といった特殊遺物の使用が盛行する現象も、「植物（自然）－自分たち（人間）」という世界観から、「自然－拡張された自分たち／他者（社会）－自分たち」という世界観への移行を示すのかもしれない。

　晩期になると、後期後葉の河川中流域における拠点型居住は、分散型の居住様式に移行する。晩期前葉は沖積低地内での遺跡形成が特徴的に認められ、晩期中葉も沖積低地へのアクセスを意識した丘陵部への居住が行われる。本書では、この時期に認められる屋外炉やピット群を、氾濫原資源の季節的な集中利用の痕跡と解釈している。また、晩期中葉の内陸部居住地では後期前葉以来の貯蔵穴群が構築され、堅果類の集中利用も認められる。Dyson-HudsonとSmithのモデル（Dyson-Hudson and Smith 1978, 26）で考えると、晩期の分散した小規模居住集団は、氾濫原や森林部の季節的に偏在する資源を利用しており、資源防御戦略が発達する可能性を秘めている。後期中・後葉の社会は、居住集団の規模が比較的大きく、資源利用における居住集団内外の社会的な規制も強かったことが予想される。これに対して、晩期の居住集団は小規模・分散化しており、経済・社会行動における居住集団ごとの意思決定および選択の重要性が増していたことが予想される。ただし結果として、晩期社会は、多くの管理コストを担って環境収容力を引き上げるような食料生産技術は採用していないし、限られた資源や財を特定集団が占有するような手段も選んでいない。後期後葉から晩期にかけては、人間側・資源側双方の変数から多くの情報変化が経済・社会システムにインプットされた状態と言えるが（第1章、p.36、図1-10）、資源利用や居住様式、コミュニケーション・システムや祭祀システムなどのサブシステムの変化はあったとしても、全体としての採集経済・社会システムは維持されている。後期後葉から晩期への変化は、上述の小池のモデル（小池2017）で考えると、環境収容力の限界によって社会が「クラッシュ」（崩壊）した結果ではなく、あくまでも安定期型集落の状態変化（拠点型居住から分散型居住への変化）と捉えるべきであろう。

　このように様々な外的変数に対してシステムとしての安定を保っていた晩期中葉までの社会は、次の段階で劇的に変容して、全く異なる社会へと移行してしまう。博多湾沿岸地域の晩期後葉は、湿地化・陸地化が進んだ河川下流域で水田稲作が開始され、縄文文化の採集経済・社会システムは大陸由来の農耕経済社会システムに一気に移行する。居住地は、沖積低地内に形成され、水田や貯蔵施設、集落という固定化された土地が強いテリトリー制で防御される。水田経営に関わる木器、石器などの生産手段は分業生産され、各種の財が交易で流通する。そのような資源や財をめぐる集団間の競争と協力の関係は複雑化し、それを調整するリーダーの役割は、縄文時代のそれとは比べ物にならないほどに重く大きくなっている。

　晩期中葉社会と後葉社会（弥生時代早期社会）の最大の違いは、博多湾沿岸地域における主要河川下流域の地形の変化である。晩期中葉には沿岸砂丘の形成が認められ、後背湿地化も進んでいたとみられるが、未だ湿地化・陸地化が十分でなかった。それまでに朝鮮半島から渡来してきた人と事物は、縄文社会に対して新しい情報をインプットし、確実にその状態変化をもたらしていたが、縄文経済・社会システムを変容させるまでには至らなかった。時間の経過によって、沿

岸砂丘がさらに発達し、後背湿地化が進んだことで、水田稲作適地が広く形成されたことが、水田稲作農耕経済・社会システムへの移行のトリガーになったと考える。また、新しい資源利用様式を採用するか否かの選択において、意思決定の主体が強固なつながりを有した大規模な社会集団というよりは居住集団ごとであった状況も、システム移行を促進した要素と考えられる。

第3節　縄文時代経済・社会のシステムモデル

　本書は、第1章（p.36）で提示した縄文時代の経済・社会システムモデル（図1-10）を随時参照しながら、九州縄文時代の資源利用について分析と考察を重ねてきた。最後に、このシステムモデルの特性について、同じく第1章で紹介した江坂輝弥の縄文農耕社会論（p.26、図1-6）との対比を行うことで整理したい。

　江坂説と本書モデルの最も大きな違いは、社会を構成する要素の捉え方の違いである。江坂説は、集落の規模（居住様式）、動物利用（狩猟漁撈）、堅果類・根茎類利用（アク抜き技術）、打製石斧技術、石材流通、特産品交易、祭祀様式といった縄文時代の文化要素を抽出し、それらの因果関係から農耕経済社会の存在を想定している（江坂1959。図1-6）。社会を構成する要素間の因果関係を説明するという枠組みは江坂説と本書モデルは共通する。ただし、江坂説では、各要素を類型化し、それらの関係を一方向的に配列している（各要素の「農耕経済的側面」を表出させて結びつける）のに対し、本書は、各要素を自律したシステム（サブシステム）と捉え、外部からの情報入力（サブシステム間の影響関係）に対しては、サブシステムごとに恒常性を保とうとする論理が働いていると理解する。例えば、集団の規模や定住性は、自然環境、資源利用様式、人口などの要素によって流動的に変化する（図8-2）。動物利用は、動物の個体数（捕獲圧）の問題が常に横たわっており、山林に棲息する中型哺乳類や海産の魚貝類だけでなく、氾濫原や湿地に生息する小型動物（哺乳類・爬虫類・両生類・魚類・昆虫含む）の利用も重視する（p.16、図1-3）。植物利用では、各植物の有用な側面（ベネフィット）だけでなく、使いにくい側面（コスト）も考慮する必要があり、遺跡出土痕跡に乏しいイモ類やイネ科植物利用も現時点では要素として除外しない（p.21、図1-4、p.23、図1-5）。本書モデルでは、各システム（サブシステム）の自律した挙動を理論的な側面もふまえながら想定することで、類型化された要素間の一方向的な因果関係では説明できない全体の複雑な関係性を認識しようとしている。

　縄文農耕社会論としての江坂説に対して、本書モデルは縄文社会を採集経済の範疇で理解した。両者の説明の違いを生み出している最も大きな要因は、自然環境変化と打製石斧技術に対する評価の違いと言える。江坂説でも花粉分析結果による寒暖の推定などに触れられているが（江坂1959，141）、本論が想定したような縄文人たちが利用する資源パッチの変化（内湾環境の形成と変質、沖積低地の形成）という観点では検討されていなかった。特に本書モデルでは、縄文時代後期以降の沖積低地利用を積極的に想定することで、江坂説の想定以上に縄文人たちが利用できた生物資源量は大きかったと評価している。そして、江坂説が他の縄文農耕論と同様に打製石斧を「農具」と評価したのに対し、本書では打製石斧自体の性能分析からその機能・用途の多

様性を認めて、縄文時代の広範囲かつ複合的な資源利用に対応した大型利器として打製石斧を評価し直した。これによって、縄文時代後期以降の沖積低地を含んだ多様な資源利用を想定できるようになり、必ずしも農耕技術の進化を想定しなくても縄文社会の説明ができることを示した。この観点からは打製石斧を「〇〇具」と称すことは難しく、強いて言えば「万能具」であるが、この類型化も本論の分析結果を十分に表現できてはいない。本書の分析を通して確認できたことは、「データに対する類型化がデータの認識を規定してしまう」ということである。本書はあえて資料の類型化という方法論から距離を置き、資源利用技術の多様性や連続性に着目することで、縄文時代社会を動的なシステムとして理解しようとしている。

　本書で構築したモデルは、特に縄文時代前期（約7,500年前〜5,000年前）から中期（約5,000年前〜4,000年前）にかけての内湾環境の形成と変質、後期以降（約4,000年前〜）の沖積低地形成が、当該期の経済・社会システムに与えた影響を重視している。この自然環境の変化は、地球規模のものであり、海洋に面した地域には広く適用できる可能性がある。ただし、九州島に居住した縄文人たちは、温暖化・冷涼化といった気候変化の影響を受けつつも、中緯度地域の温暖湿潤な気候帯で沿岸域と内陸域の資源を複合的に利用できる環境に置かれているのであり、本書モデルは、そのような中緯度温帯海洋性の資源特性を前提とした経済・社会モデルと言える。本書モデルでは、前期並行の内湾環境形成期には各地で内湾資源利用をベースとした居住が行われ、中期並行の内湾環境変質期にはそれに対する対応（本書モデルでは内陸部居住への移行）が図られ、後期並行以降の沖積低地形成期には沿岸部・内陸部双方の資源利用（移行帯居住）が発達する、と説明するが、この際に、人口激減（文化消滅）のような極端な文化変動は起こっておらず、各地域で文化的な連続性は維持されていると想定している。このことは、本書モデルにおける人口（自然増加）、居住様式（定住化）、社会関係（外来情報増大）という人間側の変数に関して、その情報量が継続的に増大したことを予測させ、それが資源の採捕圧上昇（資源劣化）、生物進化（栽培種化）、そして上述の環境変化（資源変化）という資源側の変数における情報量増大とも連動して、縄文時代の経済・社会システムに影響を与え続けていたと考える（図1-10）。そのような予測からは、約7,500年前以降の自然環境変動期においても、沿岸・内陸の複合的な資源利用が可能な地域では、極端な人口減少が起こらずに相対的に人口が増加し続けて複雑な人間関係および集団間関係が形成され、それに伴う文化（コミュニケーション・システム、祭祀システム）が発達したと説明する。このような経済・社会システムは採集経済・社会システムの範疇で理解でき、農耕技術は必ずしも資源利用様式として選択されない（進化しない）。採集経済・社会システムにおいては、人間文化は大局的には自然環境および資源の多様性・複合性の中に取り込まれていると言えるが、上述のような人口増加のプロセスが進んでいた場合、その前半と後半では、人間と自然環境の関係性は概念的に変化する可能性がある（図8-6）。採集経済・社会システムの後半期に、世界観の変化（「人間」「社会関係」への意識増大）が起こっていることは、資源利用様式としての農耕技術の選択（農耕経済・社会システムへの移行）を説明する上でも重要と考えられる。本書モデルでは、縄文時代晩期後葉の沖積低地内微高地の発達（水田適地形成）が水田農耕技術選択の最終的な要因（トリガー）になったと推定したが、水田農耕文化に特有の分業制や階層制の受け入れとその後の運用においては集団的な意思決定が必要であり、それが縄文時代中期以

降、後・晩期にかけて形成されてきた人間の社会関係を重視する世界観と調和的であったと言えるかもしれない。この点については、縄文時代前期から晩期にかけてのコミュニケーション・システムや祭祀システムの分析を通じた検証が必要である。

注

1) 太型磨製石斧の大型化と対象樹木の大型化の関係性については、博士論文予備調査（2023年10月2日）で池谷和信先生と田尻義了先生からご指摘・ご助言を頂いた。この着眼は、縄文時代の人口増加や居住形態の変化が、それまでのクリの選択的利用・管理（クリは径10〜20cmの用材に適した太さに成長するのが15年程度と速い）のバランスを崩し、伐採適期を過ぎた太い樹木や、クリに比べて3〜4倍成長が遅いコナラ属の利用を促したという山田昌久の指摘（山田2002, 196）に共通する。

2) 上條信彦による石皿・磨石類の研究では、後期中葉以降の九州において、I凹b類台石（石皿）と摩耗系磨石の増加という変化が把握され、食料加工法の変化（朝鮮半島農耕文化と共通する摩擦粉砕加工の導入）が指摘されている（上條2015, 420-422）。当該期の食料資源の多様化に伴う可食化技術の変化として注目される。

3) 長江中流域の旧石器−新石器時代移行期に使用された川原石から両極打法で剥離される幅10cm程度の横長剥片石器は、製作実験、使用実験、民族誌（北米ショショニ族のteshoa）などもふまえて、魚類の加工（鱗、内臓、尾ひれ、頭部の除去）に用いることができると推定され、当該期の水産資源利用の重要性を示すものとして注目されている（Liu et al. 2020）。縄文時代の横刃型石器など、非ガラス質石材の大型刃器については、植物利用だけでなく魚類利用の可能性も含めて詳しい検討が必要である。

4) かつて地理学の藤岡謙二郎は、縄文時代は沖積低地の大部分が形成されておらず、当該期の居住の拡大が日本列島の付属島嶼に向かっていることを指摘し、「遺跡密度を考える場合、日本の場合は離島の研究が将来ともに大切である」と提言していた（藤岡1970, 41）。島嶼部においては石器組成における磨製石斧の比率が比較的高く、未成品も目立つ。また、五島列島の長崎県福江市宮下貝塚にみられる10本の磨製石斧の集積なども特徴的である（富江町教育委員会編1998）。石材の問題なども含めて磨製石斧の用途や石器組成に占める意味が九州本島とは異なると考えられ、今後検討する必要がある。

5) 鳥取県東郷池の湖沼年縞堆積物分析（第6章、p.198、図6-2、福沢1998；Kato et al. 2003）が示すような、縄文時代前期以降の数100年オーダーでの急激な自然環境変化（海水準変動）を想定する場合、Kレベルに余裕があったと考えられる前期から後期前葉社会と、Kレベルの限界を前後していた後期中葉以降の社会とでは、後者の経済が自然環境変化から受ける影響が大きかったと予想できる。

6) 金田一精による熊本平野の縄文時代後期・太郎迫式期から弥生時代前期にかけての遺跡消長の分析によれば、後期後葉の御領・天城式期から晩期前半の古閑・黒川式期にかけて、丘陵域の大規模集落が規模縮小する一方、小規模遺跡が丘陵から低地まで広く分布する傾向が示されている（金田2009）。本書が示した博多湾沿岸地域の居住様式変化に類似する可能性もある。

7) 樋泉岳二が行った千葉県八木原貝塚出土オキアサリの成長線分析（採集季節推定）では、後期中葉のうち、加曽利B2式土器期は春に緩やかなピークを持ちつつも流通量の季節変動が比較的小さかったのに対し、加曽利B3式土器期は冬をピークとする比較的強い季節変動を示すという結果が得られている（樋泉2012）。東京湾に特徴的に生息するオキアサリの内陸部への流通が、後期中葉から後葉にかけて季節的偏在性を増す、特に食料が不足する冬季の採集・流通を示すデータとして注目される。

8) 人間のテリトリーを議論する場合、人々が防御の対象とする資源には、食料、水、居住地といった
生存に必要な基本的・物質的な側面だけでなく、神殿、先祖を祀る場所、聖なる洞窟といった社会
的に必要な非物質的・文化的な側面も含まれる（Casimir 1992, 4-5）。特に後期中葉以降については、
そのような観点からも資源とテリトリーについて考える必要がある。

終章　結論と展望

結論：資源利用技術からみた九州縄文時代社会の特性

本書では、資源利用技術としての石器と資源利用選択としての遺跡立地の分析を軸として、九州縄文時代の資源利用様式および居住様式を復元し、主に生態学的側面から当該社会の説明（モデル化）を試みた。考古学的な資源利用研究においては、遺跡出土の「資源そのもの」が直接的証拠として重視されるが、分析資料としては偏りがあるため、資料数が豊富な石器と遺跡立地の分析によって自然遺物研究の成果を捕捉し、推測の妥当性を高めることを意図した。また、古環境復元、民族誌、実験、経済・社会・文化を説明する一般理論など関連情報を積極的に援用し、より多角的で総合的な資源利用論の展開を目指した（序章、p.4、図0-3）。

先行する資源利用研究、特に植物利用論と居住様式論の検討からは、野生資源の採捕圧の問題や、最適採食理論にもとづいた食料採捕・管理選択モデル（第1章、p.16・21、図1-3・4）、人間と植物の「結びつき」の契機、遺跡未出土資料としてのイネ科植物やイモ類利用の想定、農耕的文化要素と経済・社会類型の階層的関係、居住地遺跡の移動性と定住性の問題、移行帯居住モデル、定住化の影響（人口増加、植物・動物利用の変化、社会複雑化）などの課題（論点）を整理した。これらの論点をふまえて、人間側と資源側の様々な変数の影響を受ける経済・社会システムをモデル化し（第1章、p.36、図1-10）、このモデルを参照枠として九州縄文時代前期以降の資源利用技術の動態を説明するという方針を示した（第1章）。石器の分析方法は、明治期以来の石器研究を概観した上で今日の石器研究の目的・理論・方法を相対化し、本書が採用すべき方法として、石器性能分析を新たに定義した（第2章、p.75、図2-4）。各分析の結果、以下の点が明らかとなった。

九州縄文時代前期以降の磨製石斧の分析では、磨製石斧の性能を「森林・木材資源の獲得と加工」と評価し、各時期のサイズ変異や横断面形態（扁平型・太型）、刃部使用痕にもとづく着柄使用方法の推定、沿岸部と内陸部の器種構成の違いなどの動態を把握した。その結果、前期から中期の資源利用域の内陸化、後期前葉の太型（乳棒状）磨製石斧の導入と沿岸部・内陸部双方での安定した森林・木材資源利用、後期中葉の磨製石斧変異の最大化と後期後葉以降の安定化というパターンを把握した（第3章、p.119、表3-2）。この磨製石斧動態は、前期後半の海進最盛期（完新世最温暖期の海水準上昇）における内湾環境の形成、その後の冷涼湿潤化と海退（海水準低下および沖積作用促進）における内湾環境の変質や落葉広葉樹の進出、後期以降の沖積低地環境の形成といった気候・地形変化と連動している（第6章、p.205、表6-1）。

九州縄文時代後・晩期の打製石斧の分析では、打製石斧の性能を「土壌掘削を含む軟質物への多目的な作用」と評価し、各時期の形態的特徴やサイズ変異、九州中部以北と南部の地域性などの動態を把握した。その結果、後期中葉・九州中部以北を中心とした普及、後期後葉・九州南部での普及（九州中部以北とのタイムラグ）、晩期・九州南部の特異性（大型有肩形打製石斧と両耳形

打製石斧の使用）、晩期後葉・九州北部での衰退と九州南部での両耳形打製石斧使用の継続という
パターンを把握した（第4章、p.166、表4-2）。この打製石斧動態は、後期以降の沖積低地（軟質
土壌）形成と連動しており、九州中部以北と南部での打製石斧の定着時期や器種構成の違いは、
両地域の沖積低地環境（地形）の違いや水田稲作農耕の導入・普及のあり方の違いに起因すると
考えられる（第6章、p.221、表6-2）。

博多湾沿岸地域での縄文時代後期以降の縦長剥片石器の分析では、縦長剥片石器の性能を「小
型動物の切削・加工」と評価し、各時期の形態的特徴や関連石器とのセット関係などの動態を把
握した。その結果、後期中・後葉の普及と定着、晩期の衰退、弥生時代の小型剥片石器への継続
というパターンを把握した（第5章、p.192、表5-2）。この縦長剥片石器動態は、後期以降の沖積
低地利用（氾濫原資源の利用）と連動しており、特に淡水魚類の集中利用（季節漁）との関連を想
定できる（第6章、p.221、表6-2）。

博多湾沿岸地域における縄文時代前期から晩期にかけての遺跡立地の分析では、各時期の沿岸
部・内陸部といった遺跡立地傾向、遺構・遺物の内容や量から見た遺跡規模（移動性・定住性）、
堆積の特徴、特殊遺構の存在などの動態を整理した。その結果、前期：沿岸部中心（移動的）→
中期：内陸部中心（移動的）→後期前葉：沿岸部＋内陸部（定住的）→後期中・後葉：内陸部中心
（定住的）→晩期前・中葉：沖積低地部＋内陸部（分散的）→晩期後葉（弥生早期）：沖積低地中心
（定住的）というパターンを把握した。この遺跡立地動態は、内湾環境の形成と変質、沖積低地
環境の形成といった気候・地形変化と連動しており、各石器器種モデルで示された傾向と整合的
である（第7章）。

以上の分析結果をふまえて、第1章で整理した縄文時代資源利用研究の論点について説明する
と以下のようになる（第8章）。

野生資源の採捕圧の問題は、資源利用技術の発達（資源の効率的利用）という観点から検討し
た場合、特に後期中・後葉の打製石斧と縦長剥片石器の導入・普及の様相から、地上部資源の不
足に伴う地下部資源および沖積低地資源の積極的利用として捉えることができる。縄文人と植物
の「結びつき」の問題は、中期以降の内陸部利用（磨製石斧を用いた落葉広葉樹の選択的利用）と
後期以降の沖積低地利用（打製石斧を用いた地下部資源利用）が、それぞれ自然環境に対する人為
的攪乱の契機となり、陽地性植物や湿地性植物と縄文人たちとの「結びつき」をもたらしたと予
測される。居住地の移動性と定住性の問題については、前期の移動性の高い居住様式と後期の定
住的な居住様式を対置し、中期をその過渡期的様相、晩期を定住的居住様式の変容形（分散化）
と評価できる（p.286、図8-2）。人口変動の問題については、博多湾沿岸地域の場合、前期から
後期にかけて人口は流動的ながらも相対的に増加傾向にあり、沖積低地という新しい自然環境を
打製石斧や縦長剥片石器といった新しい技術をもって利用することでKレベル（環境収容力）が
引き上げられつつも、後期後葉の冷涼湿潤化および沖積低地環境の変質（Kレベル低下）によっ
て、拠点型の居住地が維持できなくなり、分散型の居住様式に変化したと説明できる（p.288、図
8-4）。定住化に伴う植物・動物利用の変化については、自然遺物研究の将来的な成果に期待す
る部分が大きいが、大局的には縄文時代における生態系ピラミッドの崩れ（p.291、図8-5）の問
題であり、縄文人の資源利用をどのように評価するのかという観点が重要になる。定住化と社会

複雑化の関係については、後期中・後葉の拠点型定住（移行帯居住）と沖積低地内での季節的な資源利用が、テリトリー防御、複数集団の共同利用、保存加工された食料の分配・流通など、集団間の社会関係が顕在化する場を増大させ、コミュニケーション・システムや祭祀システムの発達を促したと説明した。前期の小規模で流動的な生活様式からは、自然環境と人間集団（自己）が一体化した世界観が想定されるのに対し、後期以降の固定的で複雑化した生活様式においては、自然環境と人間集団（自己）の間に別の人間集団（他者）が入り込んだ、分節化した世界観の形成が想定される（p.292、図8-6）。

　本書は、縄文社会を取りまく諸要素を一方向的な因果関係に配列して捉えるのではなく、各要素が自律的なシステム（サブシステム）をなしており、それらの複合として縄文時代の経済・社会システムを捉えようとしている（p.36、図1-10）。この考え方では、九州縄文時代前期から晩期中葉の様々な要素（サブシステム）はそれぞれに変動しているが、それらから構成される採集経済・社会システムは農耕経済・社会システムに移行せずに安定を保っていると説明する。ただし、自然環境変化に伴う資源利用技術の変化と、人口増加に伴う集団間関係や縄文人たちの世界観の変化は、採集経済・社会システムの状態（サブシステムの状態）を確実に変化させており、縄文時代前・中期社会と後・晩期社会とは同じ採集経済社会といっても同質の社会ではない（p.292、図8-6）。水田稲作農耕経済・社会システム（弥生文化）への移行は、晩期中葉から後葉にかけての、海岸砂丘、後背湿地、沖積低地内微高地（自然堤防）の発達（水田適地の形成）が直接的かつ最終的な要因（トリガー）になったと推定される。それとほぼ同時に分業制や階層制といったサブシステムの移行も一気に起こっており、このことは晩期中葉社会の性質がすでに農耕社会的な集団間関係や世界観と親和的であったためと考えられる。

本書の特徴：技術分析とシステム論

　本書は、縄文時代の資源利用を復元するにあたって、自然遺物分析の不足を補うものとしての「資源利用技術」分析の可能性を追究した。「資源」側の変数としての自然遺物や古環境の研究成果から、「人間」側の変数としての資源利用や居住様式を説明することも可能ではあるが、その間に介在する人間の行為・行動としての技術や選択（意思決定）のデータがなければより実証的な資源利用研究にはならないと考える（p.4、図0-3）。戦後の高度経済成長以降、縄文時代の土器・石器と遺跡立地のデータは大量に取得されているのであり、これらの分析によって新しい研究への貢献ができるか否かという課題が、筆者の関心であり、本書が目指した方向性である。そして、遺跡出土資料から観察不能な過去の資源利用を推定するためには、人文社会科学・地球科学諸分野の成果援用が必須である（図0-3）。個々の学問分野や研究分野が、その資料批判や分析手法の精度向上に集中することは科学分野としての一義的な責務であるが、時にそれらを横断することで、それぞれの連携の可能性や方向性を見出すことができる。今後、人間の資源利用研究に関わる諸分野はさらにそれぞれの成果を深化させると期待でき、それは同時にその連携による成果がさらに深められることを意味する。この際に、考古学は過去の人間行動に関係する痕跡を分析資料として大量に提供できる。そして、考古学にとっては、過去の人間行動を観察でき

ないという制約を乗り越えるために、人間行動を研究する他分野と研究成果を共有し、多角的な検証に耐えうる推論をいかに提示できるかということが重要になってくる。過去社会に対する仮説検証のプロセスは、考古学の枠組みではなく、人文社会科学の枠組みの中で回すことが必要である。

　本書のもう一つの特徴は、九州縄文時代の経済・社会類型を採集経済・社会と想定した上で、その通時的な変化や弥生社会への移行をシステム論の枠組みで説明した点である。システム論では、システムを構成する要素にもサブシステムとしての自律性や説明原理があることを認め、各サブシステムに変化や変容がありながらも、Regulatar（レギュレータ）の働きによって全体システムの安定性は保たれているとモデル化する（Clarke 1968, 45-51）。この考え方であれば、各サブシステム（本書で言えば、磨製石斧システム、打製石斧システム、縦長剥片石器システム、遺跡立地システム、自然環境システム、社会環境システムなど）にいかに多様性や変化が認められても、全体としての採集経済・社会システムは安定していると説明できる。本書が問題としているのは、縄文時代の採集経済・社会システムが弥生時代の農耕経済・社会システムへと移行する際のシステムの挙動（前期から晩期中葉までの様々なシステムの状態変化と弥生時代システムへの急激な移行）である。本書では特に、縄文時代前期以降の沿岸環境の変化と沖積低地の利用というサブシステムの変化を重視しているため、この点について引き続き資料と分析を追加していくことが重要となる。

　システム論の利点は、要素（資料）の変化とシステム（社会・文化）の変化を異なる論理で説明できる点にある。例えば、序章（p.2）で挙げた近藤義郎の指摘のとおり、縄文時代にイネ（システム構成要素）が存在したとしても、それがそのまま農耕経済（システム）の存在を示すことにはならない（近藤1956）。そのイネの存在が、イネ利用というサブシステムを形成し、かつそれが全体システムにおいて「Essential attributes（本質的属性）」（Clarke 1968, 70）となっていることが示されなければ、イネ利用（栽培）を経済基盤となす農耕経済（システム）の存在は想定できない。また、文化・社会の変化プロセスを説明する際にも、システム論は有効である。イネ（システム構成要素）が存在しただけでは、植物利用サブシステムも、採集経済・社会システムも変化しないが、システムの構成要素が変化した時点でサブシステム、全体システムともに「システムの状態」は変化しているのであり、まったくの不変というわけではない。縄文人の一人が、イネの諸特性（植物としての特性、食物としての利用方法、他文化での利用方法、文化的価値など）に関心を持ち、知識を集めはじめた時点で、変化ははじまっていると言える。しかし、その他の社会構成員の大半が、イネを重視していなければ社会・文化が変わることはない（レギュレータ機能とフィードバック制御）。時の経過とともに、様々な情報がサブシステムの状態を変化させていく中で、イネの経済的・文化的価値が集団内に共有され、イネの管理利用（水田稲作）が経済基盤として選択された時点で、「Key attributes（鍵となる属性：共変動する本質的属性のセット）」（Clarke 1968, 70）も変化して、文化・社会（システム）が変化（移行）すると説明される。

　縄文−弥生システムの移行を、David L. Clarke の文化システムの変容モデル（Clarke 1968, 72-77）にもとづいて説明したのは田中良之である（田中1991, 2002）。田中は、縄文−弥生システム移行における本質的属性・サブシステムの変化を「双系原理にもとづく縄文人と渡来人の

混血（共生）」と考えた（田中 2002；田中・小澤 2001）。本書序章で述べたとおり、考古学で「個人の行動痕跡」を把握することは難しい。システム論は、遺跡に残された「複数個人の行動の集合・蓄積」から、それを構成した個人を理論的にではあるが描き出すことができる。このようにして復元された縄文人の姿は、人文社会科学が対象としてきた個人と比較可能になる。本書は、縄文−弥生システム移行のトリガー（最終的な変化要因）となった本質的属性・サブシステムの変化を、「晩期後葉の沖積低地内微高地（水田稲作適地）の形成」とした。そして、縄文時代中期以降に形成されてきた集団間関係を重視する縄文社会の世界観も、農耕社会の諸サブシステム（分業制や階層制）への移行に適合していた可能性を想定した。田中と本書のモデルはいずれも、縄文時代晩期までの変化（システムの状態変化）を認めつつ、晩期後葉（弥生早期）の劇的変化（システム移行）を説明している。

課題と展望

　本書で対象とした資料の制約の問題として、沖積低地の情報が不足している現状がある。本書で分析対象とした資料の大半は、地方公共団体による緊急発掘調査の成果であり、調査対象となる「遺構・遺物が（まとまって）発見される場所」でかつ「開発工事で影響を受ける場所」は、おのずと台地上、段丘上、微高地上、砂丘上などに偏る。本書では沖積低地の形成とその利用が議論の鍵となっていることから、今後も、当該地の情報収集が必須と認識している。特に、比較的詳細な検討を行っている地域が博多湾沿岸地域に限られており、本書で構築した資源利用モデルの汎用性を検証するためには他地域での同様の検討が必要である[1]。また、本書は大量に存在する発掘調査報告書の情報を積極的に使用したが、発掘調査報告書の情報だけでは精度の高い分析は行えない。発掘調査報告書は、あくまでも発掘収集資料の抜粋であり、未報告・未掲載情報が存在する。そして、資料の報告（図化・記述）においても、報告者の観察・解釈によって、遺物の破損面、使用面、天地上下の解釈が異なっている。計測値も計測者や計測方法、計測器具による誤差は必ず生じるし、計測値記載時の入力間違いも生じうる。本書では、報告書の情報精度のばらつきを認めた上で、サンプル数を増やすことで、統計学的妥当性を高めることを意識した。今後も、新しいデータを追加していくとともに、報告資料の再調査を行い、個々のデータの精度を向上させる必要がある。

　本書で分析対象とした磨製石斧、打製石斧はともにその形態やサイズ、耐久性や鋭利さは使用石材の性質によるところが大きい。縦長剥片石器は、器種自体が腰岳産黒曜石という石材の限定を受けている。本書では、石器使用石材の性質や産出状況、遺跡出土資料からみた生産と流通、消費のあり方について検討していない。本書で示した各石器器種の動態や九州島内での地域差については、今後は石器石材論としても検討できる。特に、本書で示唆した縄文時代前期から後・晩期にかけての集団間ネットワーク（コミュニケーション・システム）の状態変化は、石材流通論からの検証も可能と考えている。また、本書で分析した各石器器種の普及や構成には、大きく九州中部以北と南部とで地域差がある。この資源利用技術の違いは、両地域の自然環境（地形・土壌・鉱物環境や動植物相）の違いに起因する部分が大きい。ただし、後期中葉の方柱状ノミ形石

斧や晩期の有肩形打製石斧・両耳形打製石斧の使用といった九州南部の特性は、自然環境の特性だけで必ずしも説明できるわけではない。九州島は北東に中四国以東日本列島、北西に朝鮮半島、南に南西諸島が連なっており、九州北部と南部では直接に関係する集団間ネットワークのエリアが異なっている。本書で示した資源利用技術の動態は、その文化的な系譜も問題であり、その点については周辺地域とのコミュニケーション・システム論、文化交流論、伝播論、文化系統論として議論できる。特に、九州本島と直接関係する四国西部、中国地方西部、五島列島、壱岐、対馬、種子島、屋久島の様相は重要である。

その他の分析対象においても不足している部分がある。まず、集落遺跡に関する議論が行えなかった。集落とは遺構と遺物の複合として捉えられるが、その構成要素どうしの同時性の問題や、集落遺構と集落運営をつなぐ論理の整備など、今後の課題である。また、漁撈関係資料の分析も詳しくは行えなかった。これについても、資料と行動をつなぐ理論整備がまずは必要と考えている。そして、本書では前期から晩期にかけての資源利用様式の変化を復元したが、これは獲得される食料資源の構成変化なども想定しているのであり（特に後期中葉の変化）、食料加工具としての土器の使用法や用途も変化している可能性が考えられる。土器については、各時期の土器の性能変化など、基本的な分析が必要と考えている（板倉2021a, 36）。

本書で分析対象にできなかった後期旧石器時代から縄文時代早期についても、当時の資源利用の様態を示すデータが蓄積されている。本書で採用した理論と方法論を用いて、当該期の資源利用に関して新しい見解が出せるか否かは筆者の関心のあるところである。後期旧石器時代から縄文時代前期にかけては、最終氷期最寒冷期から完新世最温暖期への変化期であり、本書で取り扱った縄文時代後半期の人間と自然の関係史とは異なる特徴を示すと予想される。約13,000年BPのヤンガードリアス期の「寒の戻り」と、その後の気候温暖化が、人々の資源利用に与えた影響などはとても興味深い。現代とは大きく異なる自然環境において、本書でも検討した居住地の移動性や資源採捕圧の問題を考えることは、人間の資源利用に関するより普遍的な視座からの議論に寄与できる。同様に、本書対象時期より後の弥生時代以降についても、環濠集落や高地性集落の形成、沖積低地の開発、墓域の明確化、首長制社会の成立など、資源利用という観点からも説明ができそうな現象が認められる。後期旧石器時代、縄文時代と、日本列島特有の自然環境に適応してきた人間社会が、現代に近い自然環境下で、どのような農耕社会を形成し、古代国家形成に向けて経済体制をいかに構築していくのか。人と情報を含めた「資源」をいかに利用していたのか。弥生・古墳時代の経済・社会システムに対して生態学的側面からの検討を加えた研究はあまり多くはない。本書で試みたような豊富な考古資料の分析をベースとした統合的な資源利用モデルの構築は、既存の弥生・古墳時代研究に対して、新しい観点や発想を提供できる可能性がある。

本書では、ヒト個体（個人）の集合に対して、居住集団や社会集団、社会システム、経済システムというメソあるいはマクロスケールの枠組みを仮に当ててきた。資源利用技術という人間文化側の変数と、気候や地形の変化といった自然環境側の変数との関係性を整理し、システム論として説明したと言える。この際、集団やシステムの挙動に影響を与える個人レベルでの情報処理のメカニズムなど、ミクロスケールのデータについては詳しく検討していない。個人の情報処理

においては、その人の個性のほかに経験、知識、世界観、イデオロギーなどが関係している。このうち世界観やイデオロギーについては、集団やシステムにおける文化・伝統・規制にも関わり、遺跡出土資料に現前している可能性もある。今後、個人、集団、システムにおける情報処理のメカニズムが分析できれば、縄文社会の文化的特性についてもより詳しく言及できる。縄文社会に関するデータは、世界的にも有数の量・質を誇っている。今後は、本書で示したようなマクロ・メソスケールモデルの妥当性を各方面から厳しく検証しつつ、縄文人個人に直接つながるような遺跡出土資料の情報にも配慮していきたい。

注

1）他地域事例（例えば、唐津地域、阿蘇火山西麓地域、島原地域、西日本各地、東日本地域など）に対する本書モデルの適用可能性については、博士論文公開審査（2024年1月17日）で九州大学の田尻義了先生、舟橋京子先生、福永将大先生からご指摘・ご助言を頂いた。他地域においても本書が着目した「沖積低地利用」や「生態モデル」という観点は重要と考えるが、地域によって、沖積低地の形状（種類・広さ）や動植物相、あるいは石材環境の違いに起因する使用石器の違いなどがあり、資源利用および社会システムの特徴も異なることが予測される。今後、対象地域を拡大して検討する機会を得たい。

参考文献

（五十音順）

赤澤　威　1984「西田正規「定住革命」へのコメント2」『季刊人類学』15，29-35

赤澤　威　1988「縄文人の生業」佐々木高明・松山利夫編『畑作文化の誕生』日本放送出版協会，239-267

赤堀英三　1929「石器研究の一方法：石鏃に関する二三の試み」『人類学雑誌』44-3，87-105

赤堀英三　1931「打製石鏃の地域的差異」『人類学雑誌』46-5，166-180

赤松啓介　1964「原始農耕についての断想」考古学研究会十周年記念論文集刊行会編『日本考古学の諸問題』河出書房新社，29-41

秋道智彌　1992「水産資源のバイオマスとその変動」小山修三編『狩猟と漁撈』雄山閣出版．57-79

秋道智彌　2008「水田とため池」佐藤洋一郎編『米と魚』ドメス出版，20-40

阿子島　香　1981「マイクロフレイキングの実験的研究」『考古学雑誌』66-4，357-383

阿子島　香　1983「ミドルレンジセオリー」芹沢長介先生還暦記念論文集刊行会編『考古学論叢』東出版寧楽社，171-197

阿子島　香　1992「実験使用痕分析と技術的組織：パレオインディアン文化の一事例を通して」加藤稔先生還暦記念会編『東北文化論のための先史学歴史学論集』今野印刷，27-53

麻生　優　1960「縄文時代後期の集落」『考古学研究』7-2，9-16

東　清二・金城政勝　1981「西表島の焼畑農地における昆虫類の群集構造」『琉球大学農学部学術報告』28，31-39

東　清二・金城政勝　1984「西表島の焼畑農地における昆虫群集構造の年次的変化」『琉球大学農学部学術報告』31，9-20

姉崎智子　2002「鳥浜貝塚から出土した特異な形態のイノシシ下顎骨：飼育の可能性の検討」『鳥浜貝塚研究』3，1-10

阿部芳郎　1987「縄文中期における石鏃の集中保有化と集団狩猟編成について」『貝塚博物館紀要』14，29-52

阿部芳郎　1991「石器と生業：狩猟具としての石器」『季刊考古学』35，64-67

阿部芳郎　1995「縄文時代の生業：生産組織と社会構造」『展望考古学』考古学研究会，47-55

阿部芳郎　1996「縄文時代のなりわいと社会」『季刊考古学』55，14-20

阿部芳郎　2014「水産資源の利用形態と生業活動」今村啓爾・泉拓良編『講座日本の考古学4：縄文時代（下）』青木書店，87-108

雨宮瑞生　1993「温帯森林の初期定住：縄文時代初頭の南九州を取り上げて」『古文化談叢』30下，987-1028

雨宮瑞生・松永幸男　1991「縄文早期前半・南九州貝殻文円筒形土器期の定住的様相」『古文化談叢』26，135-150

安　在晧（アン　ジェホ）　2004「韓国農耕社会の成立」『国立歴史民俗博物館研究報告』119，97-116

安渓遊地　1986「西表島のヤマノイモ類：その伝統的栽培法と利用法」『南島史学』28，22-43

安蒜政雄　1985「先土器時代における遺跡の群集的な成り立ちと遺跡群の構造」論集日本原史刊行会編『論集日本原史』吉川弘文館，193-216

池口明子　2014「世帯ライフサイクルと漁場利用：ラオス・メコン川流域の天水田集落を事例に」池口明子・佐藤廉也編『ネイチャー・アンド・ソサエティ研究3：身体と生存の文化生態』海青社，281-310

池谷勝典　2000「打製石斧研究序論：氷遺跡出土の打製石斧について」『東京考古』18，105-110

池谷勝典・馬場伸一郎　2003「弥生時代飯田盆地における打製石鍬の用途について」『中部弥生時代研究会第6回例会要旨集』，11-18

伊佐治康成　2003「古代における雑穀栽培とその加工」木村茂光編『雑穀：畑作農耕論の地平』青木書店，57-80

石井　淳　1998「後北式期における生業の転換」『考古学ジャーナル』439，15-20

石毛直道　2008「世界の豆食文化」『ビオストーリー：生き物文化誌』9，32-40

石毛直道・ラドル，ケネス　1990『魚醤とナレズシの研究：モンスーン・アジアの食事文化』岩波書店

石毛直道・渡部忠世・宮本常一ほか　1983「討論：伝統的食事文化の系譜をめぐって」佐々木高明編『日本農耕文化の源流』日本放送出版協会，415-429

石田英一郎・泉　靖一編　1968『シンポジウム日本農耕文化の起源』角川書店

石田由紀子　2008「中津式・福田KⅡ式土器」小林達雄編『総覧縄文土器』アム・プロモーション，634-641

石丸恵利子　2010「淡水魚：日本列島における淡水魚の利用」小杉康ほか編『縄文時代の考古学4　人と動物の関わりあい：食料資源と生業圏』同成社，118-129

泉　拓良　1985「縄文集落の地域的特質：近畿地方の事例研究」藤岡謙二郎ほか編『講座考古地理学4：村落と開発』学生社，45-64

泉　拓良　1988「船元・里木式土器様式」小林達雄編『縄文土器大観3』小学館，307-310

泉　拓良　2008「鷹島式・船元式・里木Ⅱ式土器」小林達雄編『総覧縄文土器』アム・プロモーション，502-509

井関弘太郎　1983『沖積平野』東京大学出版会

板垣優河　2017「石器使用痕からみた打製石斧の機能：縄文時代生業の復元に向けて」『古代文化』69-2，23-42

板倉有大　2006「磨製石斧からみた九州縄文時代前期以降の生業・居住動態」『日本考古学』21，1-19

板倉有大　2007「打製石斧と横刃型石器の器種認定：桑飼下遺跡出土資料の再検討」『考古学研究』53-4，37-55

板倉有大　2008「五十川遺跡10次調査B調査区出土の剥片石器群について」福岡市教育委員会編『五十川遺跡5』同委員会，45-49

板倉有大　2009「九州南部縄文時代後・晩期打製石斧類の器種分類」南九州縄文研究会・新東晃一代表還暦記念論文集刊行会編『南の縄文・地域文化論考（南九州縄文通信No.20）上巻』同刊行会，195-204

板倉有大　2010a「九州地方の縄文集落」考古学研究会例会委員会編『西日本の縄文集落（シンポジウム記録集7）』考古学研究会，25-40

板倉有大　2010b「縄文農耕論と景観研究」Keisuke Makibayashi and Megumi Uchikado eds. Studies of Landscape History on East Asian Inland Seas，Research Institute for Humanity and Nature，78-90

板倉有大　2011「総括」福岡市教育委員会編『千里』同委員会，251-252

板倉有大　2012「中村町5次調査の黒曜石石器群について」福岡市教育委員会編『中村町遺跡4』同委員会，33-37

板倉有大　2013「扁平片刃石斧と打製石斧」『季刊考古学』125，59-61

板倉有大　2015「石器から見た九州晩期農耕論の課題」第25回九州縄文研究会福岡大会事務局編『九州縄文晩期の農耕問題を考える』九州縄文研究会，24-33

板倉有大　2020「縄文時代後・晩期の溝状遺構」吉留秀敏氏追悼論文集刊行会編『遺跡学研究の地平』同刊行会，277-286

板倉有大　2021a「土器片は何を語るか：土器社会論に対する試論」岩永省三先生退職記念論文集事業会編『持続する志・上巻』中国書店，21-40

板倉有大　2021b「九州南部縄文時代後・晩期の遺跡立地と遺構・石器組成」南九州縄文研究会・前迫亮一代表還暦記念論集刊行会編『原点回帰・南の考古学（南九州縄文通信 No.23）』同刊行会，117-128

板倉有大　2024「縄文農耕論の可能性」宮本一夫先生退職記念事業会編『東アジア考古学の新たなる地平・上巻』中国書店，79-98

市原寿文　1959「縄文時代の共同体について」『考古学研究』6-1，8-12

稲田孝司　1993「西日本の縄文時代落し穴猟」坪井清足さんの古稀を祝う会編『論苑考古学』天山舎，5-45

伊藤寿和　2003「古代・中世の「野畠」と雑穀栽培」木村茂光編『雑穀：畑作農耕論の地平』青木書店，81-98

伊能　生　1907「台湾土蕃に伝ふる石器に就きての口碑」『東京人類学雑誌』22-252，240-245

伊庭　功　2001「縄文時代に栽培はあったか：粟津湖底遺跡の分析結果から」西田弘先生米寿記念論集刊行会編『近江の考古と歴史』真陽社，51-59

今村啓爾　1989「群集貯蔵穴と打製石斧」渡辺仁教授古稀記念論文集刊行会編『考古学と民俗誌』六興出版，62-94

今村啓爾　1997「縄文時代の住居址数と人口の変動」藤本強編『住の考古学』同成社，45-60

林　尚澤（イム　サンテク）　2007「韓国新石器時代集落運用方式の一端」第7回日韓新石器時代研究会事務局編『日韓新石器時代の住居と集落』九州縄文研究会，122-145

岩井住男・佐原和久・嶋崎弘之・藪原和男　1970「膳棚」『鳳翔』7

岩瀬　彰・工藤雄一郎　2002「川渡農場伐採実験」山田昌久ほか編『人類誌集報 2002』東京都立大学人類誌調査グループ，147-170

植木　武　1976「人口推定方法の紹介と問題点」『考古学研究』22-4，117-138

植田文雄　2001「ハレとケの縄文石器：礫石器の祭祀性についての素描」西田弘先生米寿記念論集刊行会編『近江の考古と歴史』真陽社，60-65

上野平優紀　2005「九州における蛇紋岩製石斧の消長について」『石器原産地研究会第6回研究集会発表要旨集』，3-10

上峯篤史　2012「縄文時代の石材移動をめぐって：石器製作の遺跡間連鎖と石器の「運搬痕跡」」関西縄文文化研究会編『関西縄文時代研究の新展開（関西縄文論集3：松尾洋次郎さん追悼論集）』関西縄文研究会，147-160

上山春平編　1969『照葉樹林文化：日本文化の深層』中央公論社

ヴェルト，エミール（Werth, E.）（藪内芳彦・飯沼二郎訳）　1968「第六章　農具とその技術的発展」『農業文化の起源：掘棒と鍬と犂』岩波書店，177-285

氏家　宏　1998「陸橋と黒潮変動：沖縄トラフからの発信」『第四紀研究』37-3，243-249

卯田宗平　2021「いま、野性性を問うことの意義：成果と展望」卯田宗平編『野性性と人類の論理：ポスト・ドメスティケーションを捉える4つの思考』東京大学出版会，347-365

内山純蔵　1997「縄文時代後期の関東地方における漁労活動：先史生業活動復元へのＧＩＳの応用」『国立民族学博物館研究報告』22，375-424

内山純蔵　2001「フナ・コイの縄文文化」『月刊地球』23-6，405-412

内山純蔵　2002「鳥浜貝塚における縄文時代前期狩猟採集社会の生業構造に関する展望：ニホンジカ・イノシシ遺存体を中心として」佐々木史郎編『先史狩猟採集文化研究の新しい視野』国立民族学博物館，185-238

内山純蔵　2007『縄文の動物考古学：西日本の低湿地遺跡からみえてきた生活像』昭和堂

移川子之蔵　1934「「パツ」を繞る太平洋文化交渉問題と台湾発見の類似石器に就て」『台北帝国大学文政学部史学科研究年報』1，431-449

海津正倫　1994『沖積低地の古環境学』古今書院

江坂輝弥　1959「縄文文化の時代における植物栽培起源の問題に対する一考察」『考古学雑誌』44-3，138-144

江坂輝弥　1967「稲作文化伝来に関する諸問題」『考古学雑誌』52-4，238-244

江坂輝弥　1977「縄文の栽培植物と利用植物」『季刊どるめん』13，15-31

江坂輝弥　1985「縄文時代における渡来有用植物とその伝来経路」『考古学ジャーナル』256，10-18

江藤千萬樹　1937「弥生式末期に於ける原始漁撈集落」『上代文化』15，56-75

大木公彦　2002「鹿児島湾と琉球列島北部海域における後氷期の環境変遷」『第四紀研究』41-4，237-251

大野雲外　1906「石斧の形式に就て」『東京人類学会雑誌』21-240，213-217

大野雲外　1907a「打製石斧の形式に就て」『東京人類学会雑誌』22-250，132-134

大野雲外　1907b「銅鏃に就て」『東京人類学会雑誌』22-253，272-273

大場磐雄　1933「縄文式土器論の過去及び現在」『考古学雑誌』23-1，27-35

大庭重信　2005「無文土器時代の畠作農耕」大阪大学考古学研究室編『待兼山考古学論集：都出比呂志先生退任記念』大阪大学考古学友の会，87-98

大林太良　1961「フィリピンにおけるタロ芋栽培」『東洋文化研究所紀要』23，215-276

大山　柏　1926「北欧の石斧編年」『人類学雑誌』41-10，476-488

大山　柏　1927『神奈川県下新磯村字勝坂遺物包含地調査報告』史前研究会

大山　柏　1934a「史前生業研究序説」『史前学雑誌』6-2，63-90

大山　柏　1934b「史前食料概説其一」『史前学雑誌』6-5，249-270

岡　正雄・八幡一郎・江上波夫　1948「日本民族文化の源流と日本国家の形成（座談会）」『民族学研究』13-2，207-277

岡本　勇　1966「弥生文化の成立」和島誠一編『日本の考古学Ⅲ：弥生時代』，河出書房新社，424-441

岡本　勇　1975「原始社会の生産と呪術」朝尾直弘ほか編『岩波講座日本歴史 1：原始および古代』岩波書店，75-112

岡本　勇・戸沢充則　1965「関東」鎌木義昌編『日本の考古学Ⅱ：縄文時代』河出書房新社，97-132

オズワルト，W.H.（Oswalt, W.H）（加藤晋平・禿　仁志訳）1983『食料獲得の技術誌』法政大学出版局

小田静夫　1976「縄文中期の打製石斧」『季刊どるめん』10，44-57

小都　隆　1977「芦田川水系における縄文時代遺跡の分布について」広島大学文学部考古学研究室編『考古論集』松崎寿和先生退官記念事業会，107-120

乙益重隆　1937「南九州に於ける特殊石器：覚書」『上代文化』15，91-93

乙益重隆　1967「弥生時代開始の諸問題」『考古学研究』14-3，10-20

乙益重隆　1985「有肩打製石器小考」八幡一郎先生頌寿記念考古学論集編集委員会編『日本史の黎明』六興出版，367-381

小野　昭　1976「先土器時代の集団構成」『考古学研究』22-4，56-67

小野武夫　1942『日本農業起源論』日本評論社

小野忠熈　1976「熊本県黒橋貝塚の考古地理」熊本県教育委員会編『黒橋』同委員会，85-91

小野映介・海津正倫・鬼頭　剛　2004「遺跡分布からみた完新世後期の濃尾平野における土砂堆積域の変遷」『第四紀研究』43-4，287-295

小畑弘己　2002「縄文時代の石刃：鈴桶型石刃技法について」『青丘学術論集』20，59-82

小畑弘己　2010「縄文時代におけるアズキ・ダイズの栽培について」龍田考古会編『先史学・考古学論

究V（甲元眞之先生退任記念）』龍田考古会，239-272

小畑弘己　2011『東北アジアの古民族植物学と縄文農耕』同成社

小畑弘己　2016a『タネをまく縄文人』吉川弘文館

小畑弘己　2016b「縄文時代の環境変動と植物利用戦略」『考古学研究』63-3，24-37

小畑弘己　2019『縄文時代の植物利用と家屋害虫：圧痕法のイノベーション』吉川弘文館

小畑弘己・大坪志子　2004「九州出土蛇紋岩産地と蛇紋岩製石斧・玉出土遺跡の概況」『石器原産地研究会第5回研究集会発表要旨集』，49-54

賀川光夫　1966a「縄文時代の農耕」『考古学ジャーナル』2，2-5

賀川光夫　1966b「縄文晩期農耕の一問題」『考古学研究』13-4，10-17

賀川光夫　1967「縄文晩期農耕文化に関する一問題：石刀技法」『考古学雑誌』52-4，229-237

賀川光夫　1968「日本石器時代の農耕問題」『歴史教育』16-4，1-14

賀川光夫　1980「縄文農耕論一・二の問題」鏡山猛先生古稀記念論集刊行会編『古文化論攷』同刊行会，109-116

賀川光夫　1999「縄文中期農耕論（昭和初期）」『史学論叢』29，1-29

賀川光夫・橘　昌信編　1966『縄文式晩期農耕文化の研究に関する合同調査』別府大学，1-15

笠原安夫　1987「福岡市四箇遺跡の種子分析について」福岡市教育委員会編『四箇遺跡』同委員会，189-201

梶佐古幸謙　2018「北部九州の縄文・弥生時代移行期における剥片石器石材の獲得・消費戦略」『九州考古学』93，1-21

梶原　洋・阿子島　香　1981「頁岩製石器の実験使用痕研究：ポリッシュを中心とした機能推定の試み」『考古学雑誌』67-1，1-36

片岡　肇　1970「いわゆる「つまみ形石器」について：剥片鏃の製作工程に関する覚書」『古代文化』22-10，223-230

加藤晋平　1970「先土器時代の歴史性と地域性」古島敏雄・和歌森太郎・木村礎編『郷土史研究と考古学』朝倉書店，58-92

加藤晋平　1985「総論：人間と環境」近藤義郎・横山浩一ほか編『岩波講座日本考古学2：人間と環境』岩波書店，1-18

金田一精　2009「熊本平野における弥生文化受容期の様相」『古代文化』61-2，116-126

金原正明　2001「環境考古学の実践：人間社会を解明する方法」第50回埋蔵文化財研究集会実行委員会編『環境と人間社会：適応、開発から共生へ』埋蔵文化財研究会，3-8

可児弘明　1961「東京東部における低地帯と集落の発達（上）」『考古学雑誌』47-1，1-18

鹿野忠雄　1942a「紅頭嶼の石器とヤミ族」『人類学雑誌』57-2，85-98

鹿野忠雄　1942b「台湾原住民族の生皮掻取具と片刃石斧の用途」『人類学雑誌』57-3，123-131

鹿野忠雄　1946a「南支那福州発見の有稜匙形石斧と其の台湾への類縁」『東南亜細亜民族学先史学研究・第一巻』矢島書房，247-253

鹿野忠雄　1946b「先史学より見たる東南亜細亜に於ける台湾の位置」『東南亜細亜民族学先史学研究・第二巻』矢島書房，89-186

神川めぐみ　2008「九州の縄文時代後晩期における石刃流通：鈴桶型石刃技法について」『熊本大学社会文化研究』6，151-167

上敷領　久　1989「縄文時代の剥片石器製作技術：特に中・西北九州地方について」『物質文化』52，22-38

上條信彦　2010「石器の使用痕分析と磨石・石皿類の残存デンプン分析」財団法人京都市埋蔵文化財研究所編『上里遺跡I』同研究所，119-132

上條信彦　2015『縄文時代における脱殻・粉砕技術の研究』六一書房

神村　透　1985「石製耕作具」金関恕・佐原眞編『弥生文化の研究5：道具と技術Ⅰ』雄山閣出版，85-89

川上勇輝　1958「米の圧痕をもつ縄文末期の土器：菊池ワクド石出土の土器報告」『熊本史学』14，36-37

川口武彦　2000「打製石斧の実験考古学的研究」『古代文化』52-1，16-28

川口雅之　2005「石製土掘具」鹿児島県立埋蔵文化財センター編『大坪遺跡』同センター，276-280

川西宏幸　2015『脱進化の考古学』同成社

川道　寛・古澤義久　2012「長崎県における縄文時代精神文化遺物の様相」『長崎県埋蔵文化財センター研究紀要』2，1-23

川本素行　1986「打製石斧：属性分析の一方法」『古代』81，25-50

神田孝平　1886『日本大古石器考』叢書閣（斎藤忠監修1983『復刻日本考古学文献集成』第一書房）

喜田貞吉　1933a「我が国発見石鏃の脚に就いて（一）」『考古学雑誌』23-1，1-16

喜田貞吉　1933b「我が国発見石鏃の脚に就いて（続）」『考古学雑誌』23-2，69-84

木下　忠　1976「弥生時代の農耕具と民俗資料」『季刊どるめん』10，83-96

木村宇太郎　1915「石器の磨製と裂製に就て」『考古学雑誌』6-3，163-164

木村幾多郎　1981「九州地方における縄文時代集落研究の現状」『異貌』9，2-19

木村幾多郎・島津義昭　1972「九州考古学の諸問題　Ⅱ縄文時代後・晩期」『考古学研究』19-1，19-31

木村靖二　1934「縄紋式期（石器時代）に於ける農耕の存否」『経済史研究』12，614-631

木村剛朗　1970「縄文時代石器における機能上の実験（1）」『考古学ジャーナル』43，23-26

九州縄文研究会（福岡大会事務局）編　2000『九州の縄文住居』九州縄文研究会

九州縄文研究会（熊本大会事務局）編　2001『九州の貝塚』九州縄文研究会

九州縄文研究会（鹿児島大会事務局）編　2012『縄文時代における九州の精神文化』九州縄文研究会・南九州縄文研究会

九州縄文研究会（熊本大会事務局）編　2016『九州縄文貝塚の現状と課題2』九州縄文研究会

九州縄文研究会（鹿児島大会事務局）編　2020『島々の考古学：人はなぜ島を目指すのか』九州縄文研究会

工藤竹久　1993「東北北部における縄文時代早期の石斧」吉崎昌一先生還暦記念論集刊行会編『先史学と関連科学』同刊行会，37-49

加　三千宣・吉川周作・井内美郎　2003「琵琶湖湖底堆積物の年間珪藻殻堆積量記録からみた過去14万年間の降水量変動」『第四紀研究』42-5，305-319

口蔵幸雄　2000「最適採食戦略：食物獲得の行動生態学」『国立民族学博物館研究報告』24-4，767-872

黒尾和久・高瀬克範　2003「縄文・弥生時代の雑穀栽培」木村茂光編『雑穀：畑作農耕論の地平』青木書店，29-56

黒崎　直　1985「くわとすき」金関恕・佐原眞編『弥生文化の研究5：道具と技術Ⅰ』雄山閣出版，77-84

桒畑光博　2008「轟式土器」小林達雄編『総覧縄文土器』アム・プロモーション，328-335

桒畑光博　2013「鬼界アカホヤテフラ（K-Ah）の年代と九州縄文土器編年との対応関係」『第四紀研究』52-4，111-125

桒畑光博・東　和幸　1997「南九州の火山灰と考古遺物」『月刊地球』19-4，208-214

小池史哲　1977「おわりに」福岡県教育委員会編『山陽新幹線関係埋蔵文化財調査報告第4集上巻』同委員会，217-227

小池裕子　1992「生業動態からみた先史時代のニホンジカ狩猟について」『国立歴史民俗博物館研究報告』42，15-45

小池裕子　2017「生業動態からみた縄文時代人の食糧戦略：sustainable use の先駆者としての縄文文化」『第四紀研究』56-4，149-168

小泉　格　1994「海底から蘇る過去 1 万年の気候」『科学朝日』54，27-29

幸泉満夫　2008a「西日本における打製石鍬の出現」愛媛大学法文学部考古学研究室編『地域・文化の考古学』下條信行先生退任記念事業会，23-46

幸泉満夫　2008b「西からの視点：中国・四国地方の様相」関西縄文文化研究会編『関西の縄文中期末土器：北白川 C 式とその周辺』同研究会，79-94

幸泉満夫　2021『縄文農耕論と関連考古学史』愛媛大学法文学部

幸泉満夫　2022a「한반도 남부 신석기시대 전기 이전의 농경 관련 도구 출현기에 관한 연구（韓半島南部新石器時代前期以前の農耕関連道具出現期に関する研究）」『愛媛大学法文学部論集（人文学篇）』52，89-130

幸泉満夫　2022b「대륙에서 유래한 석도 모양 석기―쓰시마 난류 벨트지대주변 미지의 자르개류에 대한 예비적 고찰（大陸に由来する石刀形石器―対馬暖流ベルト地帯周辺の未知の石器類対する予備的考察―）」『愛媛大学法文学部論集（人文学篇）』53，89-111

甲野　勇　1934「日本石器時代の骨角器に就て：特に漁業要具を中心とする一二の問題」『人類学雑誌』49-6，225-226

甲元眞之　2005「砂丘の形成と考古学資料」『熊本大学文学部論叢』86，55-71

甲元眞之　2007「環境変化の考古学的検証」甲元眞之編『砂丘形成と寒冷化現象』熊本大学文学部，7-31

小金井良精　1889「北海道石器時代の遺跡に就て」『東京人類学会雑誌』5-44，2-7

国分直一　1955「粟と芋」『薩南民俗』7，3-5

国分直一　1968「インシピエント・アグリカルチュア」『考古学ジャーナル』21，1

国分直一　1972『日本民族文化の研究』慶友社

国分直一　1975「海上の道：海流・季節風・動物をめぐって」『えとのす』2，21-33

国分直一　1988「栽培植物の登場：特にイネ・イモ導入のルートをめぐる問題」斎藤忠先生頌寿記念論文集刊行会編『考古学叢考・下巻』吉川弘文館，693-711

国分直一・伊藤照雄・望月久美子　1976「綾羅木郷弥生社会と生産技術」『季刊どるめん』10，71-82

小杉正人・金山喜昭・張替いづみ・樋泉岳二・小池裕子　1989「古奥東京湾周辺における縄文時代黒浜期の貝塚形成と古環境」『考古学と自然科学』21，1-22

後藤　明　1983「釣針」加藤晋平・小林達雄・藤本強編『縄文文化の研究 7：道具と技術』雄山閣出版，210-221

後藤　明　1997「ハワイ諸島における先史時代のセツルメント・システム：空間的分析のための基礎作業」藤本強編『住の考古学』同成社，314-330

後藤　明　2002「技術における選択と意志決定：ソロモン諸島における貝ビーズ工芸の事例から」『国立民族学博物館研究報告』27-2，315-359

後藤宗俊　1983「大野川上流域の畑作農耕について」大分県教育委員会編『楠野』同委員会，81-88

小林謙一　1989「縄文時代中期前葉段階の土器片錘にみる生業活動」『古代文化』41-4，206-219

小林公明　1977「縄文中期八ヶ岳南麓における農具としての打製石器」『信濃』29-4

小林公明　1981「後期縄文文化における沿北太平洋的要素とメソアメリカ要素」『季刊どるめん』29，27-52

小林達雄　1977「縄文土器の世界」小林達雄編『日本原始美術大系 1：縄文土器』講談社，155-181

小林達雄　1979『日本の原始美術 1：縄文土器 I』講談社

小林達雄　1996「縄文姿勢方針：多種多様な食利用」『縄文人の世界』朝日新聞社，71-118

小林久雄　1939「九州の縄文土器」『人類學先史學講座 10』雄山閣出版，1-48

小林正史　2006「土器文様はなぜ変わるか」小杉康編『心と形の考古学』同成社，161-190

小林康男　1973「縄文時代の石器研究史（二）」『信濃』25-10，859-868

小林康男　1974「縄文時代生産活動の在り方（1）」『信濃』26-12，1015-1025

小林康男　1975a「縄文時代生産活動の在り方（2）」『信濃』27-2，184-199

小林康男　1975b「縄文時代生産活動の在り方（3）」『信濃』27-4，311-328

小林康男　1975c「縄文時代生産活動の在り方（4）」『信濃』27-5，441-453

小林行雄　1935「弥生式遺跡出土の有肩石斧」『考古学』6-3，118

小林行雄　1940「新京発見の鉞形石器」『考古学』11-9，499-502

小南裕一　2008「北部九州地域縄文時代後期末～晩期前葉土器の研究」『古文化談叢』59，1-22

小南裕一　2017「縄文後期中葉・石町式土器の細分編年について」『山口考古』37，1-20

小宮山隆　1994「縄文時代中期後半の遺跡分布と集落変遷」『筑波大学先史学・考古学研究』5，1-31

小山修三　1992「日本文化における狩猟と漁撈」小山修三編『狩猟と漁撈』雄山閣出版，3－24

小山修三　2011「縄文農耕焼畑論」『吹田市立博物館館報』12，58-71

コールズ，ジョン（Coles, J.）（鈴木公雄訳）　1977『実験考古学』学生社

近藤義郎　1956「縄文式時代に米があったか」『私たちの考古学』3-3，13-14

近藤義郎　1957「初期水稲農業の技術的達成について」『私たちの考古学』4-3，2-12

斎藤　忠　1983「解説」『復刻日本考古学文献集成：日本大古石器考』第一書房，3-25

齋藤暖生　2005「山菜の採取地としてのエコトーン」『国立歴史民俗博物館研究報告』123，325-353

斎藤文紀　1998「東シナ海陸棚における最終氷期の海水準」『第四紀研究』37-3，235-242

齋藤基生　1983「打製石斧研究の現状」『信濃』35-4，225-244

斎野裕彦　1998「片刃磨製石斧の実験使用痕分析」『仙台市富沢遺跡保存館研究報告』1，3-22

酒詰仲男　1942「南関東石器時代貝塚の貝類相と土器形式との関係に就いて」『人類学雑誌』57-6，245-250

酒詰仲男　1951「地形上より見たる貝塚：殊に関東地方の貝塚について」『考古学雑誌』37-1，1-14

酒詰仲男　1957「日本原始農業試論」『考古学雑誌』42-2，87-98

酒詰仲男　1961「古代日本における＜定住＞をめぐる諸問題」『古代学』9-3，105-116

相美伊久雄　2000「深浦式系土器の再検討」『人類史研究』12，179-203

相美伊久雄　2008「深浦式土器」小林達雄編『総覧縄文土器』アム・プロモーション，516-521

坂本経堯　1952「縄文式文化の耕作性について」『熊本史学』1，12-15

阪本寧男　1995「半栽培をめぐる植物と人間の共生関係」福井勝義編『講座地球に生きる4　自然と人間の共生：遺伝と文化の共進化』雄山閣出版，17-36

坂本嘉弘　1982「東九州における縄文後・晩期遺跡の動態」賀川光夫先生還暦記念論集編集委員会編『賀川光夫先生還暦記念論集』賀川光夫先生還暦記念会，31-53

佐川正敏　1996「王と鉞：中国新石器時代の戦争」『考古学研究』43-2，49-62

佐々木高明　1971『稲作以前』日本放送出版協会

佐々木高明　1983「稲作以前の生業と生活」森浩一編『日本民俗文化大系3：稲と鉄』小学館，59-130

佐々木高明　1991「縄文文化の誕生」『日本史誕生』集英社，72-107

佐々木由香　2007「水場遺構」小杉康ほか編『縄文時代の考古学5　なりわい：食料生産の技術』同成社，51-63

佐藤次郎　1979「鍬の科学」『鍬と農鍛冶』産業技術センター，91-142

佐藤伝蔵　1901「台北付近の石器時代遺跡」『東京人類学会雑誌』16-179，169-177

佐藤宏之　1992『日本旧石器文化の構造と進化』柏書房

佐藤宏之　1995「技術的組織・変形論・石材受給：後期旧石器時代下総台地の社会生態学的研究」『考古学研究』42-1，27-53

佐藤宏之　2007「縄文時代の狩猟・漁撈技術」小杉康ほか編『縄文時代の考古学5　なりわい：食料生

産の技術』同成社，3-16

佐藤宏之　2014「狩猟具と施設」今村啓爾・泉拓良編『講座日本の考古学4：縄文時代（下）』青木書店，36-53

佐藤裕司　2008「瀬戸内海東部，播磨灘沿岸域における完新世海水準変動の復元」『第四紀研究』47-4，247-259

佐藤廉也　2016「高校地理教科書における焼畑記述：誤解の拡散とその背景」『待兼山論叢：日本学篇』50，1-20

佐藤廉也　2021「英語圏における焼畑研究の動向に関するノート：2014-2021年の論文を中心に」『待兼山論叢：日本学篇』55，1-18

佐原　真　1968「日本農耕起源論批判：『日本農耕文化の起源』をめぐって」『考古学ジャーナル』23，2-11

佐原　眞　1977「石斧論」松崎寿和先生退官記念事業会編『考古論集（慶祝松崎寿和先生六十三歳論文集）』同事業会，45-86

佐原　眞　1982「石斧再論」森貞次郎博士古稀記念論文集刊行会編『古文化論集・上』同刊行会，161-186

佐原　眞　1994『斧の文化史』東京大学出版会

山上木石　1903「石鏃形状考」『考古界』3-7，350-357

山上木石　1904「石器時代研究資料」『東京人類学会雑誌』19-214，141-144

潮見　浩　1964「中・四国の縄文晩期文化をめぐる二，三の問題」考古学研究会十周年記念論文集編集委員会編『日本考古学の諸問題』河出書房新社，17-27

志賀智史　2002「大分県における縄文時代の石材利用と西北九州産黒曜石製石器について」『Stone Sources』1，47-58

島田貞彦　1925「肥前国嬉野石器時代遺跡」『人類学雑誌』40-11，405-408

島津義昭　1976「西北九州の縄文後期社会」『季刊どるめん』10，58-70

下山正一　1994「第四系」唐木田芳文・富田宰臣・下山正一・千々和一豊『福岡地域の地質（地域地質研究報告）』通商産業省工業技術院地質調査所，113-151

下山正一　2013「福岡市の地質環境の変遷」福岡市史編集委員会編『新修福岡市史－特別編：自然と遺跡からみた福岡の歴史』福岡市，32-39

下山正一・磯　望　1993「拾六町平田遺跡周辺の地質と地形」福岡市教育委員会編『拾六町平田遺跡2』同委員会，43-50

末木　健　1988「縄文集落の継続性」『考古学ジャーナル』293，16-19

杉原荘介・戸沢充則・横田義章　1966「九州における特殊な刃器技法：佐賀県伊万里市鈴桶遺跡の石器群」『考古学雑誌』51-3，147-170

鈴木　茂・遠藤邦彦　2015「"ハンノキ属の多産⇒急減事変"と弥生海退」遠藤邦彦『日本の沖積層：未来と過去を結ぶ最新の地層』冨山房インターナショナル，220-224

鈴木忠司　1975「打製石斧」渡辺誠編『桑飼下遺跡発掘調査報告書』平安博物館，149-190

鈴木三男・能城修一　1997「縄文時代の森林植生の復元と木材資源の利用」『第四紀研究』36-5，329-342

鈴木保彦　1991「第二の道具としての石皿」『縄文時代』2，17-39

澄田正一　1955「日本原始農業発生の問題」『名古屋大学文学部研究論集』11，87-110

瀬口眞司　2009『縄文集落の考古学：西日本における定住集落の成立と展開』昭和堂

セミョーノフ，S.A.（田中琢訳）　1968「石器の用途と使用痕」『考古学研究』14-4，44-68

大工原　豊　1996「日本考古学における型式学（1）2. 縄文時代（2）石器」『考古学雑誌』82-2，212-

222

大工原　豊　2012「縄文石器の概念と時空間範囲」『季刊考古学』119，14-18

大工原　豊　2020「縄文石器研究小史」大工原豊・長田友也・建石　徹編『縄文石器提要』ニューサイエンス社，471-485

高木正文　1980「九州縄文時代の収穫用石器」鏡山猛先生古稀記念論文集刊行会編『古文化論攷』同刊行会，69-108

高木正文　2007「縄文時代」菊水町史編纂委員会編『菊水町史　通史編』和水町，134-180

高木正文・谷口武範・東　和幸・盛本　勲　1999「九州出土先史時代動物遺存体集成」甲元眞之編『環東中国海沿岸地域の先史文化・第2編（補遺）』熊本大学文学部考古学研究室，3-154

高倉　純　1998「北海道における石刃鏃石器群の研究：移動・居住形態の検討を中心に」『考古学研究』44-4，55-78

高倉　純　1999「遺跡間変異と移動・居住形態復元の諸問題：北西ヨーロッパと日本における研究動向」『日本考古学』7，75-93

高倉　純　2007「石器製作技術」佐藤宏之編『ゼミナール旧石器考古学』同成社，50-64

高瀬克範　2019「北海道島におけるイネ科有用植物利用の諸相」設楽博己編『農耕文化複合形成の考古学・上』雄山閣，91-110

高瀬克範　2023「狩猟採集民から農耕民へ：テクノコンプレックスの視点から」根岸洋・設楽博己編『縄文時代の終焉（季刊考古学別冊40）』雄山閣，131-134

高野晋司・市川浩文・山崎純男・高橋信武　1999「九州出土先史時代動物遺存体集成」甲元眞之編『環東中国海沿岸地域の先史文化・第2編』熊本大学文学部考古学研究室，70-151

高野晋司・市川浩文・美浦雄二・山崎純男・遠部　慎・高木正文・谷口武範・東　和幸・盛本　勲　2001「九州出土先史時代漁撈具集成」甲元眞之編『環東中国海沿岸地域の先史文化・第5編』熊本大学文学部考古学研究室，84-155

高橋信武　1988「轟式土器再考」『考古学雑誌』75-1，1-39

高橋　学　2003『平野の環境考古学』古今書院

高原　光　1998「スギ林の変遷」安田喜憲・三好教夫編『図説日本列島植生史』朝倉書店，151-161

高山　純　1976「縄文時代の「祭祀」に関する研究批判：長崎元広氏の論文を中心に」『考古学ジャーナル』121，6-14

多紀保彦　2008「淡水魚の生態と漁撈：ラオスメコンでの体験から」佐藤洋一郎編『米と魚』ドメス出版，41-57

田口洋美　2002「マタギ集落に見られる自然の社会化：新潟県三面集落の民俗誌」安斎正人編『縄文社会論・下』同成社，193-235

竹岡俊樹　1992「石器研究の目的と方法：丹生遺跡群1-B地点の斧状石器の分析を例として」鈴木忠司編『大分県丹生遺跡群の研究』財団法人古代学協会，525-555

竹岡俊樹　2003『旧石器時代の型式学』学生社

武末純一　1993「縄文後晩期農耕論への断想」『古文化談叢』30下，1173-1177

田崎博之　2019「北部九州～瀬戸内沿岸における縄文時代後期～弥生時代前期の堆積環境と遺跡の展開」日本考古学協会2019年度岡山大会実行委員会編『研究発表資料集：環境変化と生業からみた社会変動』同委員会，47-60

田島靖久・林信太郎・安田　敦・伊藤英之　2013「テフラ層序による霧島火山，新燃岳の噴火活動史」『第四紀研究』52-4，151-171

田代定安　1890「薩南諸島の風俗余事に就て（続）」『東京人類学会雑誌』6-57，78-89

橘　昌信　1969「使用痕に関する一考察」『古代文化』21-9・10，213-219

橘　昌信　1978「縦長剥片：西北九州における縄文時代の石器研究」『史学論叢』9，75-93

橘　昌信　1981「縦長剥片の折断技術とサイドブレイド：西北九州における縄文時代の石器研究四』『史学論叢』12，1-24

橘　昌信　1982a「彫器：西北九州における縄文時代の石器研究　五」『史学論叢』13，43-69

橘　昌信　1982b「石器」吉岡完祐編『十郎川』住宅・都市整備公団九州支社，87-132

田中正太郎　1890「石鏃の先端を磨きたるもの」『東京人類学会雑誌』5-54，381-383

田中正太郎　1891「石鏃の刃部を磨きたるものに就きて」『東京人類学会雑誌』7-67，32-34

田中良之　1979「中期・阿高式系土器の研究」『古文化談叢』6，1-52

田中良之　1982a「磨消縄文土器伝播のプロセス」森貞次郎博士古稀記念論文集刊行会編『古文化論集・上巻』同刊行会，59-96

田中良之　1982b「曽畑式土器の展開」唐津湾周辺遺跡調査委員会編『末盧国』六興出版，76-86

田中良之　1985「縄文時代」北九州市史編纂委員会編『北九州史総論（先史・原史）』北九州市，195-333

田中良之　1991「いわゆる渡来説の再検討」横山浩一先生退官記念事業会編『日本における初期弥生文化の成立』同事業会，482-505

田中良之　1999「土器が語る縄文社会」『研究紀要（北九州市立考古博物館）』6，1-22

田中良之　2001「九州縄文時代研究の現状と課題」『七隈史学』2，115-120

田中良之　2002「弥生人」佐原真編『古代を考える　稲・金属・戦争：弥生』吉川弘文館，47-76

田中良之・松永幸男　1984「広域土器分布圏の諸相」『古文化談叢』14，81-117

田中良之・小澤佳憲　2001「渡来人をめぐる諸問題」田中良之編『弥生時代における九州・韓半島交流史の研究』九州大学大学院比較社会文化研究院基層構造講座，3-27

谷川盤雄　1925「有角石斧に就て」『人類学雑誌』40-2，67-72

谷口康浩　1998「環状集落形成論：縄文時代中期集落の分析を中心として」『古代文化』50，181-198

田部剛志　2000「有肩石斧に関する一試論：軍原遺跡の資料から」高山町教育委員会・財団法人元興寺文化財研究所編『軍原遺跡』高山町教育委員会，48-53

田村　隆　1994「型式学・様式論・記号学」『古代文化』46-9，1-18

田村　隆　2011『旧石器社会と日本民俗の基層』（ものが語る歴史24）同成社

チャイルド，ゴードン（Childe, V.G.）（ねずまさし訳）　1951『文明の起源（上）』岩波書店

鎮西清高・岡田尚武・尾田太良・大場忠道・北里　洋・小泉　格・酒井豊三郎・谷村好洋・藤岡換太郎・松島義章　1984「本州太平洋岸における最終氷期以降の海況変遷」古文化財編集委員会編『古文化財の自然科学的研究』同朋舎，441-457

辻　誠一郎　1994「木工文化と植生」『季刊考古学』47，76-78

辻　誠一郎　2009「縄文時代の植生史」小杉康ほか編『縄文時代の考古学3　大地と森の中で：縄文時代の古生態系』同成社，67-77

土谷崇夫　2015「西日本縄文後半期における磨製石斧の再組成と大型化」『古文化談叢』73，101-120

都出比呂志　1966「農具鉄器化の二つの画期」『考古学研究』13-3，36-51

常木　晃　1999「農耕誕生」常木晃編『食糧生産社会の考古学』朝倉書店，1-21

坪井清足　1962「縄文文化論」石母田正編『岩波講座　日本歴史1』岩波書店，109-138

坪井正五郎　1890a「パリー通信」『東京人類学会雑誌』5-47，100-116

坪井正五郎　1890b「ロンドン通信」『東京人類学会雑誌』5-51，244-256，5-52，281-294

坪井正五郎　1893「西ヶ原貝塚探究報告其一」『東京人類学会雑誌』8-85，258-269

敦賀啓一郎　2005「福岡県における縄文時代の石斧」『石器原産地研究会会誌 Stone Sources』5，7-20

勅使河原　彰　1987「考古史料による時代区分：その前提的作業」『考古学研究』33-4，91-120

寺畑滋夫　1996「東京都世田谷区及び狛江市出土の土錘と石錘について（上）」『東京考古』14，1-41

寺畑滋夫　1998「東京都世田谷区及び狛江市出土の土錘と石錘について（中）」『東京考古』16，35-51

寺畑滋夫　2000「東京都世田谷区及び狛江市出土の土錘と石錘について（下）」『東京考古』18，71-92

寺前直人　2001「弥生時代開始期における磨製石斧の変遷」『古文化談叢』46，27-52

樋泉岳二　1999「加曽利貝塚における貝層の研究」加曽利貝塚博物館編『貝層の研究Ⅰ（貝塚博物館研究資料第5集）』加曽利貝塚博物館友の会，1-99

樋泉岳二　2009「縄文文化的漁撈活動と弥生文化的漁撈活動」設楽博己・藤尾慎一郎・松木武彦編『弥生時代の考古学5：食糧の獲得と生産』同成社

樋泉岳二　2012「貝類の流通からみた縄文時代の社会関係：オキアサリの成長線分析の試み」阿部芳郎編『人類史と時間情報：「過去」の形成過程と先史考古学』雄山閣，99-115

樋泉岳二　2019「貝塚形成と狩猟活動」阿部芳郎編『縄文文化の繁栄と衰退』雄山閣，15-26

ドゥ・カンドル（Candolle, Alphonse de）（加茂儀一訳）　1953・1958『栽培植物の起源（上・中・下）』岩波書店

東木龍七　1926「貝塚分布の地形学的考察」『人類学雑誌』41-11，524-552

堂込秀人　1997「南九州縄文晩期土器の再検討：入佐式と黒川式の細分」『鹿児島考古』31，59-79

堂込秀人　2008「曽畑式土器」小林達雄編『総覧縄文土器』アム・プロモーション，336-343

富樫一次　1994「焼畑の昆虫相」石川県白山自然保護センター編『白山地域焼畑調査報告書』同センター，59-75

徳永貞紹　1994「並木式土器の成立とその前夜」城戸康利・前田達男・吉留秀敏編『牟田裕二君追悼論集』牟田裕二君追悼論集刊行会，13-33

戸沢充則　1965「先土器時代における石器群研究の方法」『信濃』17-4，205-218

戸沢充則　1978「日本考古学史とその背景」大塚初重・戸沢充則・佐原真編『日本考古学を学ぶ（1）』有斐閣，50-62

冨井　眞　2008a「北白川C式土器」小林達雄編『総覧縄文土器』アム・プロモーション，510-515

冨井　眞　2008b「並木式・阿高式土器」小林達雄編『総覧縄文土器』アム・プロモーション，658-665

富岡直人　2010「古海況・魚貝類相の変遷」小杉康ほか編『縄文時代の考古学4　人と動物の関わりあい：食料資源と生業圏』同成社，23-37

富田紘一　1981「三万田式土器」加藤晋平・小林達雄・藤本強編『縄文文化の研究4：縄文土器Ⅱ』雄山閣出版，176-185

富山考古学会縄文時代研究グループ　1989「縄文時代の木製品一覧」富山考古学会縄文時代研究グループ編『縄文時代の木の文化』同グループ，111-138

外山秀一　1985「縄文農耕論と古植物研究」『人文地理』37-5，19-33

鳥居龍蔵　1896「発火用紐錐に就ての二事実」『東京人類学会雑誌』11-126，506-514

鳥居龍蔵　1900「新高山地方に於ける過去及び現在の住民」『東京人類学会雑誌』15-170，303-308

鳥居龍蔵　1901「日光華厳瀑布の石斧に就て」『東京人類学雑誌』16-178，155-156

鳥居龍蔵　1917「日向に於ける有史以前の遺跡に就て」『人類学雑誌』32-5，125-134

鳥居龍蔵　1924a「日本有史以前の山岳住民及び其生活に就て」『人類学雑誌』39-1，9-22

鳥居龍蔵　1924b『諏訪史・第一巻』信濃教育会諏訪部会

直良信夫　1963『古代人の生活』至文堂

中尾篤志　2009「西北九州地域における漁撈具の動向」九州縄文研究会長崎大会事務局編『九州における縄文時代の漁撈具』九州縄文研究会，6-16

中尾篤志　2020「長崎県の概要」九州縄文研究会鹿児島大会事務局編『島々の考古学：人はなぜ島を目指すのか』九州縄文研究会，91-167

中尾佐助　1966『栽培植物と農耕の起源』岩波書店

中尾佐助　1967「農業起源論」森下正明・吉良竜夫編『自然：生態学的研究（今西錦司博士還暦記念論文集）』中央公論社，329-494

中尾佐助　1977「半栽培という段階について」『季刊どるめん』13，6-14

中川真人　2001「打製石斧：「使い捨て型」の利器？」『石器のライフ・ヒストリー』東海大学校地内遺跡調査団，14-15

中沢道彦　2019「レプリカ法による土器圧痕分析からみた弥生開始期の大陸系穀物」『考古学ジャーナル』729，14-19

中沢道彦・丑野　毅　2003「レプリカ法による山陰地方縄文時代晩期土器の籾状圧痕の観察」『縄文時代』14，139-153

中島経夫　2008「縄文・弥生遺跡にみる「魚米之郷」」佐藤洋一郎編『米と魚』ドメス出版，58-70

長津宗重　1991「まとめ」南郷町教育委員会編『崩野遺跡Ⅱ』同委員会，108-115

中村　愿　1982「曾畑式土器」小林達雄編『縄文文化の研究3（縄文土器Ⅰ）』雄山閣出版，224-236

中村　純・山中三男　1992「南四国における第四紀の植生変遷」『第四紀研究』31-5，389-397

中村慎一　1986「長江下流域新石器文化の研究」『東京大学文学部考古学研究室研究紀要』5，125-194

中村大介　2005「縄文時代から弥生時代開始期における調理方法」『土器研究の新視点』大手前大学史学研究所，1-21

中村大介　2012『弥生文化形成と東アジア社会』塙書房

中村　豊　2019「四国地方の集落と遺跡群」阿部芳郎編『縄文文化の繁栄と衰退』雄山閣，213-228

中谷治宇二郎　1925「石匙に対する二三の考察」『人類学雑誌』40-4，144-153

中山平次郎　1926「福岡城西大堀発見のアイヌ式土器片」『考古学雑誌』16-12，765-769

中山平次郎　1932「両系統弥生式民族の石斧製作法に現はれたる民族性の相違」『考古学雑誌』22-4，203-213

那須浩郎　2014「イネと出会った縄文人：縄文時代から弥生時代へ」工藤雄一郎・国立歴史民俗博物館編『ここまでわかった！縄文人の植物利用』新泉社，186-203

那須浩郎　2019「ヒエはなぜ農耕社会を生み出さなかったのか？」設楽博己編『農耕文化複合形成の考古学・下』雄山閣，161-176

新美倫子　2010「鳥獣類相の変遷」小杉康ほか編『縄文時代の考古学4　人と動物の関わりあい：食料資源と生業圏』同成社，131-148

西　健一郎　1987「「縄文後・晩期農耕論」と扁平打製石斧」『文明のクロスロード　Museum Kyushu』24，19-23

西秋良宏　1994「旧石器時代における遺棄・廃棄行動と民族誌モデル」『先史考古学論集』3，83-97

西谷　大　2003「野生と栽培を結ぶ開かれた扉」『国立歴史民俗博物館研究報告』105，15-55

西田正規　1980「縄文時代の食料資源と生業活動：鳥浜貝塚の自然遺物を中心として」『季刊人類学』11-3，3-41

西田正規　1981「縄文時代の人間－植物関係」『国立民族学博物館研究報告』6-2，234-255

西田正規　1984「定住革命：新石器時代の人類史的意味」『季刊人類学』15-1，3-27

西田正規　1985「縄文時代の環境」近藤義郎・横山浩一ほか編『岩波講座日本考古学2：人間と環境』岩波書店，111-164

西田正規　1989『縄文の生態史観』東京大学出版会

西田泰民　2000「土器用途論基礎考」『新潟県立歴史博物館研究紀要』1，13-25

根木　修・湯浅卓雄・土肥直樹　1992「水稲農耕の伝来と共に開始された淡水漁撈」『考古学研究』39-1，87-100

根岸武香　1886「石器彙報」『東京人類学会報告』2-10，47

野井英明　1999「福岡市野芥大藪遺跡における古環境変遷」福岡市教育委員会編『福岡外環状道路関係埋蔵文化財調査報告4』同委員会，49-54

能登　健　1987「縄文農耕論」桜井清彦・坂詰秀一編『論争・学説日本の考古学3』雄山閣出版，1-29

野林厚志　1996「台湾ヤミ族の出小屋における放棄行動に関する民俗考古学的研究」『考古学研究』43-2，71-88

野林厚志　2008『イノシシ狩猟の民族考古学：台湾原住民の生業文化』御茶の水書房

野本寛一　1996「始原生業複合論ノート」『信濃』48-1，33-61

萩原博文・久原巻二　1975「九州西北部の石鋸、サイド・ブレイドについて」『古代文化』4-2，244-254

橋口達也　1999「日本における稲作の開始と発展」『弥生文化論：稲作の開始と首長権の展開』雄山閣出版，17-109

橋口尚武　1990「種子島の考古学的研究：その基礎資料（1）」乙益重隆先生古希記念論文集刊行会編『九州上代文化論集』同刊行会，139-168

橋口尚武　2000「石鍬と焼畑：奥秩父から伊豆諸島へ」高宮廣衞先生古稀記念論集刊行会編『琉球・東アジアの人と文化・下巻』同刊行会，49-76

羽柴雄輔　1887「石鏃中に他の石器を混同せる説」『東京人類学会報告』2-13，141-144

羽柴雄輔　1889「石鎌と名付たき石器」『東京人類学会雑誌』5-46，75-78

橋本征治　1987「南西諸島の田芋灌漑耕作」横田健一先生古稀記念会編『文化史論叢』創元社，845-864

ハストーフ，クリスティン　2004「植物の栽培化：食物による社会と領域の形成」考古学研究会編『文化の多様性と21世紀の考古学』考古学研究会，24-39

長谷川和久　1994「焼畑土壌の理化学性」石川県白山自然保護センター編『白山地域焼畑調査報告書』同センター，23-33

畑中健一・野井英明・岩内明子　1998「九州地方の植生史」安田喜憲・三好教夫編『図説日本列島植生史』朝倉書店，151-161

羽生文彦　2006「まとめ」垂水市教育委員会編『柊原貝塚Ⅱ』同委員会，153-166

羽生淳子　2000「縄文人の定住度」『古代文化』52-2・4，95-103，214-225

濱田耕作・小牧實繁・島田貞彦　1926「肥前国有喜貝塚発掘報告（上）」『人類学雑誌』41-1，1-14

濱田竜彦　2019「山陰地方の縄文時代遺跡群と集落像」阿部芳郎編『縄文文化の繁栄と衰退』雄山閣，229-252

早川正一　1983「磨製石斧」加藤晋平・小林達雄・藤本強編『縄文文化の研究7：道具と技術』雄山閣出版，60-74

林　謙作　1995「階層とは何だろうか？」考古学研究会編『展望考古学』考古学研究会，56-66

林　謙作　1997「縄紋社会の資源利用・土地利用：「縄文都市論」批判」『考古学研究』44-3，35-51

林　謙作　2004「縄紋人の生業」『縄紋時代史Ⅰ』雄山閣出版，125-197

林　潤也　2002「北久根山式土器をめぐる諸問題」犬飼徹夫先生古稀記念論文集刊行会編『四国とその周辺の考古学』同刊行会，181-204

林　潤也　2007「九州における縄文時代竪穴住居の変遷」第7回日韓新石器時代研究会事務局編『日韓新石器時代の住居と集落』九州縄文研究会，100-121

原田正彦　1900「台湾円山貝塚石斧」『東京人類学会雑誌』15-169，270-276

パリノ・サーヴェイ株式会社　1999「井相田D遺跡の古環境復元」福岡市教育委員会編『井相田D遺跡第2次調査』同委員会，117-160

春成秀爾　1969a「縄文晩期文化：中国・四国」八幡一郎・大場磐雄・内藤政恒監修『新版考古学講座3：先史文化』雄山閣出版，367-384

春成秀爾　1969b「中・四国地方縄文時代晩期の歴史的位置」『考古学研究』15-3，19-34

繁昌正幸・三垣恵一　2006「発掘調査のまとめ」鹿児島県立埋蔵文化財センター編『市ノ原遺跡第5地点』同センター，268-274

東　和幸　1989「春日式土器の型式組列」『鹿児島考古』23，38-45

東　和幸　1991「鹿児島県における縄文中期の様相」『南九州縄文通信』5，35-46

東　和幸　1993「石製土掘具について」『鹿児島民具』11，13-20

東　和幸　1999「九州地方中期（春日式）」『縄文時代』10（第2分冊），265-274

東　和幸　2009「春日式土器」南九州縄文研究会編『鹿児島の縄文時代中期土器』南九州縄文研究会，13-24

樋口清之　1928「奈良県吉野郡大淀町下淵発見の打製石器について」『考古学雑誌』18-2，76-90

樋口清之　1937「日本先史経済の概観」『上代文化』15，13-19

樋畑雪湖　1917「石斧に就て」『考古学雑誌』8-1，46-47

平井　勝　1985「瀬戸内地域における縄文時代研究の課題：晩期農耕について」『考古学研究』32-1，107-117

平田朋子　2003「縄文遺跡の動向：遺跡立地からみた兵庫県の縄文遺跡」関西縄文文化研究会編『関西縄文時代の集落・墓地と生業』六一書房，89-105

平出一治　1978「縄文時代の石皿について：こわれた石皿をめぐって」『信濃』30-4，284-292

平林頌子・横山祐典　2020「完新統／完新世の細分と気候変動」『第四紀研究』59-6，129-157

廣　栄次　2007「打製石斧の形態と使用方法に関する一考察」鹿児島県立埋蔵文化財センター編『上水流遺跡1』同センター，300-304

福井勝義　1983「焼畑農耕の普遍性と進化：民俗生態学的視点から」大林太良編『日本民俗文化大系5：山民と海人』小学館，235-274

福沢仁之　1998「氷河期以降の気候の年々変動を読む」『科学』68-4，353-360

福永健二・河瀬眞琴　2005「モチアワの起源：分子遺伝学と民族植物学」『遺伝』59-5，70-75

福本　侑・箕田友和・鹿島　薫・原口　強・山田和芳　2020「熊本県天草諸島下島・池田池における過去7500年間の珪藻化石群集変動」『環太平洋文明研究』4，60-75

藤井暁彦・関根雅彦　2009「博多湾和白干潟におけるアサリ資源の季節変動とその要因」『土木学会第64回年次学術講演会』，283-284

藤井理行　1998「最終氷期における気温変動：Dansgaard-Oeschger サイクルとハインリッヒ・イベント」『第四紀研究』37-3，181-188

藤尾慎一郎　2002『縄文論争』講談社

藤尾慎一郎　2003『弥生変革期の考古学』同成社

藤岡謙二郎　1970「原始時代の地理的環境と景観」古島敏雄・和歌森太郎・木村礎編『郷土史研究と考古学』朝倉書店，34-57

藤木　聡　2005「宮崎県域における縄文時代の石斧製作と石材」『Stone Sources』5，47-56

藤木　聡　2009「打欠石錘の用途と切目石錘の来歴」九州縄文研究会長崎大会事務局編『九州における縄文時代の漁撈具』九州縄文研究会，17-24

藤田　等　1956「農業の開始と発展：特に石器の生産をめぐる問題」『私たちの考古学』9，4-11

藤森栄一　1933a「南信濃発見の一種の抉入を有する石器類」『考古学』4-2，32-37

藤森栄一　1933b「諏訪湖附近の磨石鏃と第Ⅲ型石斧」『考古学』4-10，275-281

藤森栄一　1936「信濃の弥生式土器と弥生式石器」『考古学』7-7，289-302

藤森栄一　1940「周防の弥生式石器に就いて」『考古学』11-11，630-643

藤森栄一　1950「日本原始陸耕の諸問題」『歴史評論』4，41-46

藤森栄一　1963a「縄文中期文化の構成」『考古学研究』9-4，149-160

藤森栄一　1963b「縄文時代農耕論とその展開：日本石器時代研究の諸問題」『考古学研究』10-2，254-265

藤森栄一　1965「生産用具としての石器」『井戸尻』中央公論美術出版，145-156

藤森栄一　1970「縄文中期植物栽培の起源」『縄文農耕』学生社，194-206

藤原宏志　1977「柏田遺跡土壌のプラント・オパール分析」福岡県教育委員会編『山陽新幹線関係埋蔵文化財調査報告第4集上巻』同委員会，211-216

古田正隆　1968「縄文晩期初頭の籾殻圧痕土器」『考古学ジャーナル』24，20-21

ボズラップ，エスター（Boserup, E.）（安澤秀一・安澤みね訳）　1975『農業成長の諸条件：人口圧による農業変化の経済学』ミネルヴァ書房

堀田　満　2008「ヒトとダイズの歴史と未来」『ビオストーリー：生き物文化誌』9，42-49

堀越正行　1972「縄文時代の集落と共同組織」『駿台史学』31，1-29

本間トシ　1967「儀礼食物としての芋」『史論』18，28-50

前川威洋　1969「九州縄文後期の装身具について：山鹿貝塚人骨着装品を中心に」『九州考古学』36・37，531-547

前迫亮一　2008「市来式土器」小林達雄編『総覧縄文土器』アム・プロモーション，674-681

前畑政善　2003「ナマズはなぜ田んぼをめざすのか？」滋賀県立琵琶湖博物館編『鯰：魚と文化の多様性』サンライズ出版，107-121

前山精明　2004「石器から見た生業」新潟県立歴史博物館編『火炎土器の研究』同成社，251-261

増田富士雄・宮原伐折羅・広津淳司・入月俊明・岩淵　洋・吉川周作　2000「神戸沖海底コアから推定した完新世の大阪湾の海況変動」『地質学雑誌』106-7，482-488

町田　洋・太田陽子・河名俊男・森脇　広・長岡信治編　2001『日本の地形7（九州・南西諸島）』東京大学出版会

松井　章・水沢教子・金原美奈子・金原裕美子　2011「遺構土壌の水洗選別法による屋代遺跡群の縄文中期集落における生業活動の再検討」『長野県立歴史館研究紀要』17，61-79

松井一明　1995「弥生時代の石鏃について（上）」『弥生文化博物館研究報告』4，55-92

松井一明　2002「弥生時代の石鏃について：中・四国地域を中心として」古代吉備研究会委員会編『環瀬戸内海の考古学（平井勝氏追悼論文集）』古代吉備研究会，475-494

松岡數充・三好教夫　1998「最終氷期最盛期以降の照葉樹林の変遷」安田喜憲・三好教夫編『図説日本列島植生史』朝倉書店，224-236

松岡達郎・中田清彦・横山英介　1977「礫石錘考：礫石錘から網漁具を再現するひとつの試みとして」『考古学研究』24-1，73-82

松川康夫・張　成年・片山知史・神尾光一郎　2008「我が国のアサリ漁獲量激減の要因について」『日本水産学会誌』74-2，137-143

松崎哲也・菊池大樹　2021「宇木汲田貝塚から出土した動物遺存体」宮本一夫編『宇木汲田貝塚』九州大学大学院人文科学研究院考古学研究室，93-97

松島　透　1964「飯田地方における弥生時代打製石器：硬い耕土と石製農具」考古学研究会十周年記念論文集編集委員会編『日本考古学の諸問題』河出書房新社，59-68

松島義章　1984「日本列島における後氷期の浅海性貝類群集：特に環境変遷に伴うその時間・空間的変遷」『神奈川県立博物館研究報告（自然科学）』15，37-109

松島義章・小池裕子　1979「自然貝層による内湾の海況復原と縄文時代の遺跡」『貝塚』22，1-9

松田　凡　2005「青いモロコシの秘密」福井勝義『社会化される生態資源：エチオピア絶え間なき再生』京都大学学術出版会，71-97

松田正彦　2003「日本のサトイモ：系譜と現在」吉田集而・堀田満・印東道子編『イモとヒト：人類の生存を支えた根栽農耕』平凡社，141-150

松原正毅　1970「焼畑農耕民のウキとなれずし」『季刊人類学』1-3，129-154

松本　茂　1998「岐阜県飛騨みやがわ考古民俗館所蔵の道具：マサカリ・オノ・ヨキ」山田昌久ほか編『人類誌集報1998』漆利用の人類誌調査・飛騨山峡の人類誌調査グループ，76-80

松本直子　2002「伝統と変革に揺れる社会」安斎正人編『縄文社会論・下』同成社，103-138

松本直子　2003「農耕の始まりと認知」松本直子・中園聡・時津裕子編『認知考古学とは何か』青木書店，20-32

松本信廣　1939「有肩石斧の諸問題」『史学』18-2・3，483-514

松本雅明・富樫卯三郎　1961「轟式土器の編年：熊本県宇土市轟貝塚調査報告」『考古学雑誌』47-3，164-189

丸山竜平　1997「伊吹山麓の縄文社会とその解体」堅田直先生古希記念論文集刊行会編『堅田直先生古希記念論文集』真陽社，23-36

水野清一　1933「有肩石斧：南満州の石器」『人類学雑誌』48-10，595-598

水ノ江和同　1988「縄文前期の「西北九州型片刃石斧」について」森浩一編『考古学と技術』同志社大学考古学シリーズ刊行会，41-52

水ノ江和同　1992「西平式土器に関する諸問題」『九州考古学』67，1-20

水ノ江和同　1993a「北部九州の曽畑式土器」『考古学ジャーナル』365，5-8

水ノ江和同　1993b「九州の縁帯文土器」『古文化談叢』30上，323-366

水ノ江和同　1997「北部九州の縄紋後・晩期土器：三万田式から刻目突帯文土器の直前まで」『縄文時代』8，73-110

水ノ江和同　2005「縄文時代の石斧研究」『Stone Sources』5，1-6

水ノ江和同　2008「九州磨消縄文系土器」小林達雄編『総覧縄文土器』アム・プロモーション，666-673

水ノ江和同　2012『九州縄文文化の研究』雄山閣

水ノ江和同　2017「西北九州型片刃石斧の再検討」『考古学研究』64-1，82-91

水ノ江和同　2019「近畿の縄文磨製石斧」『文化史学』75，239-251

御堂島　正　2004「石器使用痕研究の現状と課題」『考古学ジャーナル』520，6-10

三友国五郎・河口貞徳・国分直一　1953「薩南諸島の考古学的調査」『考古学雑誌』39-1，25-44

MIHO MUSEUM編　2012『土偶・コスモス』羽鳥書店

宮内克己　1980「九州縄文時代土偶の研究」『九州考古学』55，23-35

宮内克己　1987「磨製石斧小考」岡崎敬先生退官記念事業会編『東アジアの考古と歴史・中』同朋社，146-164

宮尾　亨　1997「縄文人のしぐさ」『國學院大學考古学資料館紀要』13，15-30

宮尾　亨　1998「縄文人のしぐさ（承前）」『國學院大學考古学資料館紀要』14，19-42

宮下健司　1985「日本における研磨技術の系譜」論集日本原史刊行会編『論集日本原史』吉川弘文館，253-301

宮路淳子　2002「縄紋時代の貯蔵穴：社会組織との関わりから」『古代文化』54，137-157

宮地聡一郎　2008a「黒色磨研土器」小林達雄編『総覧縄文土器』アム・プロモーション，790-797

宮地聡一郎　2008b「凸帯文系土器（九州地方）」小林達雄編『総覧縄文土器』アム・プロモーション，806-813

宮地聡一郎　2012「縄文時代後・晩期の遺跡群動態」『古代文化』64-1，21-41

宮地聡一郎　2019「九州地方の集落と遺跡群」阿部芳郎編『縄文文化の繁栄と衰退』雄山閣，253-272

宮本一夫　1990「轟Ｂ式土器の再検討：京都大学文学部博物館所蔵資料を中心に」『肥後考古』7，1-26

宮本一夫　2000「縄文農耕と縄文社会」佐原真・都出比呂志編『古代史の論点1』小学館，116-138

宮本一夫　2003「朝鮮半島新石器時代の農耕化と縄文農耕」『古代文化』55-7，357-372

宮本一夫　2005「園耕と縄文農耕」慶南文化財研究院編『韓・日新石器時代の農耕問題』韓国新石器学会・慶南文化財研究院，111-130

宮本一夫　2023「縄文晩期農耕論をめぐって：レプリカ調査の結果を受けて」根岸洋・設楽博己編『縄文時代の終焉（季刊考古学別冊40）』雄山閣，107-110

宮脇幸生　2005「氾濫原をめぐる文化抵抗：国家支配下におけるクシ系農牧民ホールの栽培戦略」福井勝義編『社会化される生態資源：エチオピア絶え間なき再生』京都大学学術出版会，35-70

武藤康弘　1995「民族誌からみた縄文時代の竪穴住居」『帝京大学山梨文化財研究所研究報告』6，267-301

武藤康弘　2007「堅果類のアクヌキ法」小杉康ほか編『縄文時代の考古学5　なりわい：食料生産の技術』同成社，41-50

百瀬邦泰　2010「焼畑を行うための条件」『農耕の技術と文化』27，1-20

森貞次郎・岡崎　敬　1962「縄文晩期遺跡および板付・弥生式初期遺跡出土の土器上の籾および炭化籾の計測表」『九州考古学』15，4-6

森本六爾　1924「大和に於ける史前の遺跡（1）」『考古学雑誌』14-10，587-600

森本六爾　1930「関東有角石器の考古学的位置」『考古学』1-1，1-17

森本六爾　1933a「日本に於ける農業起源」『ドルメン』2-9

森本六爾　1933b「弥生式文化と原始農業問題」東京考古学会編『日本原始農業』同会，1-18

八木奘三郎　1893「本邦発見石鏃形状の分類」『東京人類学会雑誌』9-93，119-121

八木奘三郎　1894a「本邦発見石鏃形状の分類其二」『東京人類学会雑誌』9-94，141-143

八木奘三郎　1894b「本邦諸地方より発見せる石器の種類」『東京人類学会雑誌』9-95，184-194

八木奘三郎　1894c「本邦発見石鏃形状の分類其三」『東京人類学会雑誌』9-96，227-229

八木奘三郎　1899「東北地方に於ける人類学的旅行」『東京人類学会雑誌』15-163，1-21

柳浦俊一　2004「西日本縄文時代貯蔵穴の基礎的研究」『島根県考古学会誌』20・21，131-156

安岡宏和　2004「コンゴ盆地北西部に暮らすバカ・ピグミーの生活と長期狩猟採集行（モロンゴ）」『アジア・アフリカ地域研究』4-1，36-85

安岡宏和　2021「アンチ・ドメスティケーションとしての「野生」：双主体モデルで読み解くバカ・ピグミーとヤマノイモの関係」卯田宗平編『野性性と人類の論理：ポスト・ドメスティケーションを捉える4つの思考』東京大学出版会，83-106

安田喜憲　1977「大阪府河内平野における弥生時代の地形変化と人類の居住」『地理科学』27，1-14

安田喜憲　1980『環境考古学事始』日本放送出版会

八幡一郎　1928「遺物遺跡地に基く相（フェイズ）概念の提唱」『南佐久郡の考古学的調査』（1978，歴史図書社再刊），119-133

八幡一郎　1930「弥生式土器に伴う石器研究に関する注意」『考古学』1-2，131-133

八幡一郎　1931a「磨製石斧の石質に就いて」『人類学雑誌』46-5，198-200

八幡一郎　1931b「先史考古学に於ける分類」『人類学雑誌』46-9，330-332

八幡一郎　1937「日本に於ける中石器文化的様相に就いて」『考古学雑誌』27-6，355-368

八幡一郎　1938「日本の乳棒状石斧」『人類学雑誌』53-5，215-229

八幡一郎　1941「石鍬」『考古学雑誌』31-3，143-161

山浦　清　1982「オホーツク文化の骨斧・骨箆・骨鍬」『東京大学文学部考古学研究室研究紀要』1，

151-156

山口浩司・高原　光・竹岡政治　1988「比良山地における森林変遷（2）：小女郎ヶ池湿原の花粉分析」『京都府立大学農学部演習林報告』32, 1-10

山崎真治　2009「佐賀平野の縄文遺跡：縄文時代における地域集団の諸相2」『古文化談叢』62, 19-59

山崎純男　1975「九州地方における貝塚研究の諸問題」福岡県考古学研究会編『九州考古学の諸問題』東出版, 131-165

山崎純男　1978a「自然遺物」城南町教育委員会編『阿高貝塚』同委員会, 14-19

山崎純男　1978b「縄文農耕論の現状」『歴史公論』4, 106-112

山崎純男　1980「弥生文化成立期における土器の編年的研究：板付遺跡を中心としてみた福岡・早良平野の場合」鏡山猛先生古稀記念論文集刊行会編『古文化論攷』同刊行会, 117-192

山崎純男　1999「東アジア新石器時代の擦切技法」九州縄文研究会編『第3回日韓新石器時代交流研究会資料集』同研究会, 33-54

山崎純男　2003「西日本の縄文後・晩期の農耕再論」『「朝鮮半島と日本の相互交流に関する総合学術調査」平成14年度成果報告』大阪市学芸員等共同研究実行委員会, 48-69

山崎純男　2005「西日本縄文農耕論」慶南文化財研究院編『韓・日新石器時代の農耕問題』韓国新石器学会・慶南文化財研究院, 33-55

山崎純男　2007「福岡県重留遺跡における土器圧痕の検討」福岡市教育委員会編『入部Ⅻ』同委員会, 259-298

山崎純男　2012「西日本における蛇の装飾」茅野市尖石縄文考古館編『尖石縄文考古館開館10周年記念論文集』同館, 54-77

山崎純男・島津義昭　1981「晩期の土器：九州の土器」『縄文文化の研究4』雄山閣出版, 249-261

山田　哲　2006『北海道における細石刃石器群の研究』六一書房

山田昌久　1983「木製品」加藤晋平・小林達雄・藤本強編『縄文文化の研究7』雄山閣出版, 275-295

山田昌久　1989「木製遺物から見た縄文時代の集落と暮らし」富山考古学会縄文時代研究グループ編『縄文時代の木の文化』同グループ, 81-107

山田昌久　1993「日本列島における木質遺物出土遺跡文献集成」『植生史研究』特別1号

山田昌久　1999「縄文時代の鍬鋤類について」山田昌久ほか編『人類誌集報1999』東京都立大学人類誌調査グループ, 222-230

山田昌久　2002「材成長から見る縄文・弥生時代の人類＝森林関係」山田昌久ほか編『人類誌集報2002』東京都立大学人類誌調査グループ, 193-199

山田昌久　2003『考古資料大観8　弥生・古墳時代（木・繊維製品）』小学館

山田昌久　2005「縄文・弥生幻想からの覚醒」佐藤宏之編『食糧獲得社会の考古学』朝倉書店, 99-123

山田昌久・金姓旭　2008「初期農耕開始期の打製石斧に関する日韓共同研究」『アジア歴史研究報告書』公益財団法人JFE21世紀財団, 47-59

山田康弘　1993「縄文時代のイヌの役割と飼育形態」『動物考古学』1, 1-18

山中慎介・岡田康博・佐藤洋一郎　2000「植物遺体のDNA解析手法の確立による縄文時代前期三内丸山遺跡のクリ栽培の可能性」『考古学と自然科学』38, 13-28

山内清男　1932「磨製片刃石斧の意義」『人類学雑誌』47-7, 244-251

山内清男　1937「日本に於ける農耕の起源」『歴史公論』6-1, 266-278

山内清男　1964「縄文式文化」山内清男・甲野勇・江坂輝弥編『日本原始美術1』講談社, 140-144

山本直人　1996「縄文時代における野生根茎類食糧化の民俗考古学的研究」『石川考古学研究会会誌』39, 1-20

山本直人　1997「野生地下茎食糧化に関する事例研究」『名古屋大学文学部研究論集（史学）』128, 19-42

山本紀夫　2004『ジャガイモとインカ帝国：文明を生んだ植物』東京大学出版会

横倉雅幸　1992「東南アジアの初期農耕」『東南アジア研究』30-3，272-314

横田義章　1976「西北九州における縄文時代の一剝片石器群」『九州歴史資料館研究論集』2，73-77

横山　順・田中良之　1979「壱岐・鎌崎海岸遺跡について」『九州考古学』54，1-21

吉崎昌一　1997「縄文時代の栽培植物」『第四紀研究』36-5，343-346

吉田　格　1965「日常生活用具」鎌木義昌編『日本の考古学Ⅱ：縄文時代』河出書房新社，303-321

吉留秀敏　1993「縄文時代後期から晩期の石器技術総体の変化とその評価」『古文化談叢』30（上），137-164

吉留秀敏　2002a「北部九州弥生時代中期の剝片石器」25周年記念論文集編集委員会編『究班Ⅱ』埋蔵文化財研究会，117-124

吉留秀敏　2002b「北部九州の剝片石器石材の流通」『Stone Sources』1，63-65

吉留秀敏　2004「水稲農耕導入期の灌漑技術」小田富士雄先生退職記念事業会編『福岡大学考古学論集』同事業会，157-174

吉留秀敏　2008a「北部九州における水稲農耕受容期の様相」宮崎考古学会県南例会実行委員会編『南部九州における水稲農耕受容期の様相』同会，57-78

吉留秀敏　2008b「北部九州縄文時代後期から晩期社会の特質」『月刊文化財』11，25-30

米倉秀紀　1984「縄文時代早期の生業と集団行動：九州を例として」『文学部論叢（熊本大学文学会）』13，1-28

米倉秀紀　2007「小結（縄文時代のまとめ）」福岡市教育委員会編『入部Ⅻ』同委員会，255-258

米澤安立　1912「刃の欠損せる石斧を槌に用いたる一例」『人類学雑誌』28-3，166-167

米田　穣　2019「関東平野における縄文時代中期・後期の食生活と社会の変化」阿部芳郎編『縄文文化の繁栄と衰退』雄山閣，91-110

米田　穣・吉田邦夫・吉永　淳・森田昌敏・赤澤　威　1996「長野県出土人骨試料における炭素・窒素安定同位体比および微量元素量に基づく古食性の復元」『第四紀研究』35-4，293-303

和島誠一　1966「弥生時代社会の構造」和島誠一編『日本の考古学Ⅲ：弥生時代』河出書房新社，2-30

和田稜三　2003「アメリカ堅果食文化の特色とその地域差」『立命館文学』579，996-1025

渡瀬荘三郎　1886「札幌近傍ピット其他古跡の事」『人類学会報告』1-1，8-10

渡邉　晶　2004『日本建築技術史の研究：大工道具の発達史』中央公論美術出版

渡辺和子　1982a「出土石器」福岡市教育委員会編『千里シビナ遺跡』同委員会，10-23

渡辺和子　1982b「縄文時代後期の剝片石器」森貞次郎博士古稀記念論文集刊行会編『古文化論集』同刊行会，97-111

渡邊　仁　1948「北海道の黒耀石鏃」『人類学雑誌』60-1，24-31

渡辺　仁　1966「縄文時代人の生態：住居の安定性とその生物学的民族史的意義」『人類学雑誌』74，73-84

渡辺　仁　1969「所謂石錘について：先史学に於ける用途の問題」『考古学雑誌』55-2，114-122

渡辺　仁　2000『縄文式階層化社会』（新装版）六一書房

渡辺　誠　1968「九州地方における抜歯風習」『帝塚山考古学』1，1-7

渡辺　誠　1970「縄文時代における網漁業の研究」『平安博物館紀要』1，1-61

渡辺　誠　1973『縄文時代の漁業』雄山閣出版

渡辺　誠　1974a「ドングリのアク抜き：野生堅果類利用技術伝承に関する事例研究1」『平安博物館研究紀要』5，29-79

渡辺　誠　1974b「日本考古学100年史　縄文時代：食料資源」『考古学ジャーナル』100，31-34

渡辺　誠　1975a「総括」渡辺誠編『京都府舞鶴市桑飼下遺跡発掘調査報告書』平安博物館，309-320

渡辺　誠　1975b『縄文時代の植物食』雄山閣出版

渡辺　誠　1983『縄文時代の知識』東京美術

渡辺　誠　1985a「西北九州の縄文時代漁撈文化」網野善彦・塚本学・坪井洋文・宮田登編『列島の文化史2』日本エディタースクール出版部, 45-96

渡辺　誠　1985b「漁業の考古学」永原慶二・山口啓二編『講座日本技術の社会史2：塩業・漁業』日本評論社, 159-195

渡辺　誠　1995『日韓交流の民族考古学』名古屋大学出版会

渡辺　誠　2003「縄文時代の食文化：植物食を中心として」『秋田県埋蔵文化財センター研究紀要』17, 1-22

渡辺　誠編　1975『京都府舞鶴市桑飼下遺跡発掘調査報告書』平安博物館

（英文, アルファベット順）

Akazawa, T. 1986, 'Hunter-gatherer adaptations and the transition to food production in Japan' in *Hunters in Transition: Mesolithic societies of temperate Eurasia and their transition to farming*, ed. M. Zvelebil, Cambridge University Press, 151-163.

Barrau, J. 1965, 'Lhumide et le sec: An Essay on Ethnobiological Adaptation to Contrastive Environments in the Indo-Pacific Area', *The Journal of the Polynesian Society* 74-3, 329-346.

Basgall, M.E. 1987, 'Resource intensification among hunter-gatherers: acorn economies in prehistoric California', *Research in Economic Anthropology* 9, 21-52.

Binford, L.R. 1968, 'Post-Pleistocene adaptations' in *New Perspectives in Archaeology,* eds. S.R. Binford and L.R. Binford, Aldine Publishing Company, 313-341.

Binford, L.R. 1980, 'Willow Smoke and Dogs Tails: Hunter-Gatherer settlement systems and archaeological site formation', *American Antiquity* 45, 4-20.

Binford, L.R. 1982, 'The archaeology of place' *Journal of Anthropological Archaeology* 1, 5-31.

Binford, L.R. 1990, 'Mobility, Housing and Environment: a comparative study' *Journal of Anthropological Research* 46 (2), 119-152.

Broughton, J.M. 1997, 'Widening diet breadth, declining foraging efficiency, and prehistoric harvest pressure: ichthyofaunal evidence from the Emeryville Shellmound, California', *Antiquity* 71, 845-862.

Casimir, M.J. 1992, 'The dimensions of territoriality: an introduction' in *Mobility and Territoriality: Social and Spatial Boundaries among Foragers, Fishers, Pastoralists and Peripatetics*, eds. M.J. Casimir and A. Rao, Berg Publishers Limited, 1-26.

Clarke, D.L. 1968, *Analytical Archaeology*, Methuen & Co Ltd.

Dyson-Hudson, R. and Smith, E.A. 1978, 'Human terrioriality: an ecological reassessment', *American Anthoropologist* 80, 21-41.

Itakura, Y. 2011, 'Contact between Indigenous People and Immigrants in the Broad-Leafed Evergreen Forests: Plant Utilization during the Final Jomon Period in Southwestern Japan', in *Coexistence and Cultural Transmission in East Asia*, eds. N. Matsumoto, H. Bessho and M. Tomii, Left Coast Press, 181-201.

Kato, M., Fukusawa, H. and Yasuda, Y. 2003, 'Varved lacustrine sediments of Lake Tougou-ike, Western Japan, with reference to Holocene sea-level changes in Japan', *Quaternary International* 105, 33-37.

Kelly, R.L. 1983, 'Hunter-gatherer mobility strategies', *Journal of Anthropological Research* 39, 277-306.

Laland, N.R. and Brown, G.R. 2006, 'Niche construction, human behavior, and the adaptive-lag hypothesis', *Evolutionary Anthropology* 15, 95-104.

Liu, R., Liu, H. and Chen, S. 2020, 'Alternative adaptation strategy during the Paleolithic-Neolithic transition: potential use of aquatic resources in the Western Middle Yangtze Valley, China', *Quaternary* 3-3 (28), 1-17.

Rafferty, J.E. 1985, 'The archaeological record on sedentariness' in *Advances in Archaeological Method and Theory: Volume 8*, ed. M.B. Shiffer, Academic Press, 113-156.

Soffer, O. 1989, 'Storage, sedentism and the Eurasian Palaeolithic record', *Antiquity* 63, 718-732.

Steensberg, A. 1980, *New Guinea Gardens,* Academic Press.

Strathern, M. 1969, 'Stone axes and flake tools: evaluations from two New Guinea highlands societies', *Proceedings of the Prehistoric Society* 35, 311-329.

Torrence, R. 2001, 'Hunter-gatherer technology: macro-and microscale aproaches' in *Hunter-gatherers: an interdisciplinary perspective*, eds. C. Panter-Brick, R.H. Layton and P. Rowley-Conwy, Cambridge University Press, 73-98.

Watanabe, H. 1986, 'Community habitation and food gathering in prehistoric Japan: An ethnographic interpretation of the archaeological evidence', in *Windows on the Japanese Past: Studies in archaeology and prehistory*, eds. R. Pearson, G.L. Barnes and K.L. Hutterer, The University of Michigan Center for Japanese Studies, 229-254.

Winterhalder, B. 2001, 'The behavioural ecology of hunter-gatherers' in *Hunter-Gatherers: an Interdisciplinary Perspective*, eds. C. Panter-Brick, R.H. Layton and P. Rowley-Conwy, Cambridge University Press, 73-98.

Yesner, D.R. 1980, 'Maritime hunter-gatherers: ecology and prehistory', *Current Anthropology* 21-6, 727-750.

Zeder, M.A. 2006, 'Central questions in the domestication of plants and animals' *Evolutionary Anthropology* 15, 105-117.

（発掘調査報告書，県・市町村（五十音）順）

［福岡県］

福岡県教育委員会（小池史哲）編　1977『山陽新幹線関係埋蔵文化財調査報告第4集上巻（柏田遺跡）』

福岡県教育委員会（小池史哲）編　1980『二丈・浜玉道路関係埋蔵文化財調査報告（広田遺跡）』

福岡県教育委員会（小池史哲）編　1992『椎田バイパス関係埋蔵文化財調査報告7（山崎遺跡・石町遺跡）』

福岡県教育委員会（中間研志）編　1993『小柳遺跡』（文化財調査報告104）

福岡県教育委員会（小池史哲）編　1996a『上唐原遺跡Ⅱ』（一般国道10号豊前バイパス関係埋蔵文化財調査報告書5）

福岡県教育委員会（水ノ江和同）編　1996b『中村石丸遺跡』（一般国道10号豊前バイパス関係埋蔵文化財調査報告書8）

福岡県教育委員会（井上裕弘・中間研志）編　1996c『九州横断自動車道関係埋蔵文化財調査報告42（天園遺跡）』

福岡県教育委員会（中間研志）編　1997『九州横断自動車道関係埋蔵文化財調査報告43（クリナラ遺跡）』

福岡県教育委員会（吉村靖徳）編　2000『上唐原了清遺跡Ⅱ』（一級河川山国川築堤関係埋蔵文化財調査報告）

糸島市教育委員会（平尾和久）編　2019『三雲・井原遺跡Ⅺ』（文化財調査報告書21）

粕屋町教育委員会（新宅信久）編　1998『江辻遺跡第 4 地点』（文化財調査報告書 14）

粕屋町教育委員会（西垣彰博）編　2002a『江辻遺跡第 6 地点』（文化財調査報告書 18）

粕屋町教育委員会（新宅信久）編　2002b『江辻遺跡第 5 地点』（文化財調査報告書 19）

粕屋町教育委員会（新宅信久・西垣彰博）編　2009『江辻遺跡第 8 地点』（文化財調査報告書 28）

粕屋町教育委員会（福島日出海・朝原泰介）編　2019『戸原伊賀遺跡第 1 地点』（文化財調査報告書 46）

財団法人北九州市教育文化事業団埋蔵文化財調査室（佐藤浩司ほか）編　1985a『下吉田遺跡』（埋蔵文化
　　財調査報告書 39）

財団法人北九州市教育文化事業団埋蔵文化財調査室（宇野慎敏）編　1985b『勝円遺跡（C 地点）』（埋蔵
　　文化財調査報告書 41）

久留米市教育委員会（富永直樹）編　1981『久留米市東バイパス関係埋蔵文化財調査報告』（文化財調査
　　報告書第 28 集）

久留米市教育委員会（富永直樹ほか）編　1987『東部土地区画整理事業関係埋蔵文化財調査報告書第 6
　　集』（文化財調査報告書第 50 集）

久留米市教育委員会（立石雅文・園井正隆）編　1988『東部土地区画整理事業関係埋蔵文化財調査報告
　　書第 7 集』（文化財調査報告書第 53 集）

久留米市教育委員会（園井正隆）編　1992『野口遺跡第 6 次発掘調査』（文化財調査報告書第 75 集）

久留米市教育委員会（神保公久ほか）編　1997『平成 8 年度久留米市内遺跡群』（文化財調査報告書第 127
　　集）

久留米市教育委員会（神保公久）編　2018『野口遺跡第 2 次調査：石器編』（文化財調査報告書第 398 集）

志摩町教育委員会（前川威洋）編　1974『天神山貝塚』（文化財調査報告書 1）

那珂川町教育委員会（澤田康夫）編　1984『松木遺跡Ⅰ（上巻）』（文化財調査報告書 11）

那珂川町教育委員会（佐藤昭則・茂　和敏）編　1988『観音山古墳群Ⅲ』（文化財調査報告書 17）

那珂川町教育委員会（茂　和敏）編　1992『山田西遺跡』（文化財調査報告書 28）

那珂川町教育委員会（佐藤昭則）編　1995『山田西遺跡Ⅱ』（文化財調査報告書 36）

那珂川町教育委員会（吉岡賢生）編　2002『山田西遺跡群Ⅲ』（文化財調査報告書 59）

那珂川町教育委員会（茂　和敏・岩満　聡）編　2005『山田西遺跡群Ⅳ』（文化財調査報告書 66）

那珂川町教育委員会（佐藤昭則）編　2014『山田西遺跡群』（文化財調査報告書 84）

久山町教育委員会（中間研志）編　1994『久原遺跡群Ⅱ』（文化財調査報告 2）

久山町教育委員会（中間研志）編　1995『久原遺跡群Ⅲ』（文化財調査報告 3）

久山町教育委員会（沖田智恵）編　2006『片見鳥遺跡』（文化財調査報告 11）

福岡市教育委員会（柳田純孝）編　1978『四箇周辺遺跡調査報告書 2：J-10i 地点』（埋蔵文化財調査報告
　　書 47）

福岡市教育委員会（二宮忠司）編　1981『四箇周辺遺跡調査報告書 4：J-10l 地点』（埋蔵文化財調査報告
　　書 63）

福岡市教育委員会（塩屋勝利・田中寿夫・渡辺和子）編　1982『千里シビナ遺跡』（埋蔵文化財調査報告
　　書 88）

福岡市教育委員会（山口譲治）編　1983a『野多目拈渡遺跡』（埋蔵文化財調査報告書 93）

福岡市教育委員会（松村道博）編　1983b『有田七田前遺跡』（埋蔵文化財調査報告書 95）

福岡市教育委員会（二宮忠司・渡辺和子）編　1983c『四箇周辺遺跡調査報告書 5：L-11c 地点』（埋蔵
　　文化財調査報告書 100）

福岡市教育委員会（浜石哲也）編　1984『田村遺跡Ⅱ：第 2 次調査』（埋蔵文化財調査報告書 104）

福岡市教育委員会（山崎純男・山口譲治）1985「第 5 次調査」福岡市教育委員会（井澤洋一）編『有
　　田・小田部第 6 集』（埋蔵文化財調査報告書 113），7-58

福岡市教育委員会（力武卓治・大庭康時）編　1986『野多目拈渡遺跡Ⅱ』（埋蔵文化財調査報告書 136）

福岡市教育委員会（山崎純男）　1987a『野多目遺跡群』（埋蔵文化財調査報告書 159）

福岡市教育委員会（小林義彦・山村信栄・岩本陽児）　1987b『野多目拈渡遺跡Ⅲ』（埋蔵文化財調査報告書 160）

福岡市教育委員会（浜石哲也）編　1987c『田村遺跡Ⅲ：第 3 次調査』（埋蔵文化財調査報告書 167）

福岡市教育委員会（二宮忠司）編　1987d『四箇遺跡：A 地点』（埋蔵文化財調査報告書 172）

福岡市教育委員会（山崎純男）編　1988『柏原遺跡群Ⅴ』（埋蔵文化財調査報告書 190）

福岡市教育委員会（横山邦継）編　1989a『四箇遺跡：第 22 次調査』（埋蔵文化財調査報告書 199）

福岡市教育委員会（二宮忠司ほか）編　1989b『田村遺跡Ⅵ：第 5 次調査』（埋蔵文化財調査報告書 200）

福岡市教育委員会（濱石哲也）編　1990a『田村遺跡Ⅶ：第 4 次調査』（埋蔵文化財調査報告書 216）

福岡市教育委員会（井澤洋一）　1990b『入部Ⅰ』（埋蔵文化財調査報告書 235）

福岡市教育委員会（常松幹雄ほか）編　1990c『脇山Ⅰ』（埋蔵文化財調査報告書 236）

福岡市教育委員会（井澤洋一）編　1991『入部Ⅱ』（埋蔵文化財調査報告書 268）

福岡市教育委員会（山崎龍雄）編　1992a『有田・小田部 16』（埋蔵文化財調査報告書 308）

福岡市教育委員会（長家　伸）編　1992b『入部Ⅲ』（埋蔵文化財調査報告書 310）

福岡市教育委員会（池田祐司）編　1992c『脇山Ⅳ』（埋蔵文化財調査報告書 312）

福岡市教育委員会（常松幹雄）編　1993a『吉塚本町遺跡』（埋蔵文化財調査報告書 320）

福岡市教育委員会（大庭康時）編　1993b『野多目拈渡遺跡 4』（埋蔵文化財調査報告書 333）

福岡市教育委員会（吉留秀敏）編　1993c『岩本遺跡』（埋蔵文化財調査報告書 342）

福岡市教育委員会（松村道博）編　1993d『飯氏遺跡群 1』（埋蔵文化財調査報告書 352）

福岡市教育委員会（吉留秀敏）編　1994a『那珂 11：二重環濠集落の調査』（埋蔵文化財調査報告書 366）

福岡市教育委員会（池田祐司）編　1994b『東入部遺跡群 1：第 4 次調査』（埋蔵文化財調査報告書 381）

福岡市教育委員会（池田祐司）編　1994c『東入部遺跡群 3：第 6 次調査』（埋蔵文化財調査報告書 383）

福岡市教育委員会（大庭康時）編　1995a『博多 48』（埋蔵文化財調査報告書 397）

福岡市教育委員会（吉留秀敏）編　1995b『野多目台』（埋蔵文化財調査報告書 413）

福岡市教育委員会（宮井善朗）編　1996a『持田ヶ浦古墳群 2』（埋蔵文化財調査報告書 445）

福岡市教育委員会（吉武　学）編　1996b『有田・小田部 26』（埋蔵文化財調査報告書 473）

福岡市教育委員会（井澤洋一）編　1996c『桑原遺跡群 2』（埋蔵文化財調査報告書 480）

福岡市教育委員会（加藤良彦・常松幹雄・屋山　洋）編　1996d『大原 D 遺跡群 1』（埋蔵文化財調査報告書 481）

福岡市教育委員会（加藤良彦）編　1996e『西新町遺跡 5』（埋蔵文化財調査報告書 484）

福岡市教育委員会（折尾　學）編　1996f『蒲田・水ヶ元遺跡』（埋蔵文化財調査報告書 491）

福岡市教育委員会（屋山　洋）編　1997『清末Ⅲ』（埋蔵文化財調査報告書 508）

福岡市教育委員会（本田浩二郎・長家　伸）編　1998a『箱崎遺跡 5・蒲田部木原遺跡 5』（埋蔵文化財調査報告書 550）

福岡市教育委員会（山崎龍雄）編　1998b『福岡外環状道路関係埋蔵文化財調査報告 4：野芥大藪遺跡第 1 次調査』（埋蔵文化財調査報告書 581）

福岡市教育委員会（池田祐司）編　1998c『福岡外環状道路関係埋蔵文化財調査報告 5：橋本一丁田遺跡第 2 次調査』（埋蔵文化財調査報告書 582）

福岡市教育委員会（井澤洋一・吉田扶希子）編　1999a『井相田 D 遺跡：第 2 次調査』（埋蔵文化財調査報告書 610）

福岡市教育委員会（榎本義嗣）編　1999b『入部Ⅸ：東入部遺跡第 1 次調査』（埋蔵文化財調査報告書 613）

福岡市教育委員会（加藤良彦ほか）編　1999c『室見が丘』（埋蔵文化財調査報告書 614）

福岡市教育委員会（大庭康時）編　2000a『東那珂4・烏田1』（埋蔵文化財調査報告書637）

福岡市教育委員会（山口譲治）編　2000b『曰佐遺跡』（埋蔵文化財調査報告書646）

福岡市教育委員会（池田祐司・久住猛雄）編　2000c『JR筑肥線複線化地内遺跡埋蔵文化財調査報告書』（埋蔵文化財調査報告書654）

福岡市教育委員会（大塚紀宜）編　2000d『周船寺遺跡群3』（埋蔵文化財調査報告書655）

福岡市教育委員会（二宮忠司・大庭友子）　2001『吉武遺跡群XIII』（埋蔵文化財調査報告書675）

福岡市教育委員会（井澤洋一・藤崎真歩）　2002a『梅林遺跡第3次調査』（埋蔵文化財調査報告書698）

福岡市教育委員会（久住猛雄）編　2002b『元岡・桑原遺跡群1』（埋蔵文化財調査報告書722）

福岡市教育委員会（荒牧宏行）編　2002c『大原D遺跡3』（埋蔵文化財調査報告書732）

福岡市教育委員会（横山邦継・阿部泰之）編　2003『福岡外環状道路関係埋蔵文化財報告17：曰佐遺跡第3次調査』（埋蔵文化財調査報告書751）

福岡市教育委員会（池田祐司）編　2004a『椎原A遺跡』（埋蔵文化財調査報告書794）

福岡市教育委員会（瀧本正志）編　2004b『下月隈C遺跡IV（第5次調査）』（埋蔵文化財調査報告書795）

福岡市教育委員会（阿部泰之）編　2004c『周船寺遺跡5』（埋蔵文化財調査報告書798）

福岡市教育委員会（池田祐司・阿部泰之）編　2004d『橋本一丁田遺跡4』（埋蔵文化財調査報告書816）

福岡市教育委員会（米倉秀紀）編　2005『今山遺跡第8次調査』（埋蔵文化財調査報告書835）

福岡市教育委員会（山崎龍雄）編　2006a『下月隈C遺跡VI：第7次調査』（埋蔵文化財調査報告書881）

福岡市教育委員会（加藤良彦）編　2006b『広瀬遺跡2・上広瀬遺跡1』（埋蔵文化財調査報告書901）

福岡市教育委員会（力武卓治）編　2007a『入部XII：重留遺跡第1次調査』（埋蔵文化財調査報告書925）

福岡市教育委員会（藏冨士寛）編　2007b『警弥郷B遺跡3』（埋蔵文化財調査報告書929）

福岡市教育委員会（山崎龍雄・荒牧宏行）編　2007c『下月隈C遺跡VII：第8・9次調査』（埋蔵文化財調査報告書932）

福岡市教育委員会（池田祐司）編　2008『福重稲木遺跡2』（埋蔵文化財調査報告書1006）

福岡市教育委員会（加藤良彦）編　2009『田村15』（埋蔵文化財調査報告書1031）

福岡市教育委員会（山崎龍雄）編　2010『田村16』（埋蔵文化財調査報告書1080）

福岡市教育委員会（山崎純男）編　2011a『板付11』（埋蔵文化財調査報告書1107）

福岡市教育委員会（板倉有大）編　2011b『千里』（埋蔵文化財調査報告書1117）

福岡市教育委員会（今井隆博）編　2011c『名子遺跡1』（埋蔵文化財調査報告書1123）

福岡市教育委員会（佐藤一郎）編　2012a『香椎A遺跡4』（埋蔵文化財調査報告書1145）

福岡市教育委員会（加藤良彦）編　2012b『蒲田水ヶ元3』（埋蔵文化財調査報告書1147）

福岡市教育委員会（屋山洋）編　2012c『中村町遺跡4』（埋蔵文化財調査報告書1159）

福岡市教育委員会（板倉有大）編　2013a『今宿五郎江15』（埋蔵文化財調査報告書1183）

福岡市教育委員会（池田祐司）編　2013b『脇山VII：野中遺跡第1次調査報告』（埋蔵文化財調査報告書1196）

福岡市教育委員会（加藤隆也）編　2013c『内野熊山1』（埋蔵文化財調査報告書1205）

福岡市教育委員会（木下博文・山崎純男）編　2014『徳永B遺跡2』（埋蔵文化財調査報告書1228）

福岡市教育委員会（板倉有大）編　2020『雀居14』（埋蔵文化財調査報告書1388）

福岡市教育委員会（三浦悠葵）編　2021『吉塚12』（埋蔵文化財調査報告書1436）

豊前市教育委員会（坂梨祐子）編　2000『挾間宮ノ下遺跡（遺構編）』（文化財調査報告書13）

豊前市教育委員会（坂梨祐子）編　2001『挾間宮ノ下遺跡（遺物編）』（文化財調査報告書14）

宮本一夫編　2000『福岡県岐志元村遺跡』九州大学大学院人文科学研究院考古学研究室

山崎純男　2016「元岡瓜尾貝塚：福岡市で最初に発見された縄文時代の貝塚」福岡市史編集委員会編『新修福岡市史：資料編考古1』福岡市，150-153

吉岡完祐編　1982『十郎川：福岡市早良平野石丸・古川遺跡』住宅・都市整備公団九州支社

　　［佐賀県］

佐賀県教育委員会（蒲原宏行）編　1984『金立開拓遺跡』（文化財調査報告書77）

佐賀県教育委員会（徳永貞紹）編　1993『平原遺跡Ⅱ』（文化財調査報告書120）

佐賀県教育委員会（徳永貞紹）編　2007『東畑瀬遺跡1・大野遺跡1』（文化財調査報告書170）

佐賀県教育委員会（渋谷　格）編　2011『小ヶ倉遺跡・入道遺跡・九郎遺跡』（文化財調査報告書186）

佐賀県教育委員会（渋谷　格ほか）編　2012『垣ノ内遺跡・西畑瀬遺跡3・東畑瀬遺跡4』（文化財調査報告書197）

唐津市教育委員会（中島直幸・田島龍太）編　1982『菜畑遺跡』（文化財調査報告5）

唐津市教育委員会（田島龍太）編　1991『中尾二ツ枝遺跡　（1）』（文化財調査報告47）

唐津市教育委員会（田島龍太）編　1994『徳蔵谷遺跡1』（文化財調査報告57）

唐津市教育委員会（田島龍太）編　1995『徳蔵谷遺跡2』（文化財調査報告63）

唐津市教育委員会（田島龍太）編　1996『徳蔵谷遺跡3』（文化財調査報告68）

唐津市教育委員会（岩尾峯希）編　2003『徳蔵谷遺跡4』（文化財調査報告110）

唐津市教育委員会（岩尾峯希）編　2004『徳蔵谷遺跡5』（文化財調査報告117）

佐賀市教育委員会（西田　巌）編　2009『東名遺跡群Ⅱ』佐賀市教育委員会

鎮西町教育委員会（明瀬慎吾）編　1989『赤松海岸遺跡』（文化財調査報告書7）

鳥栖市教育委員会（久山高史）編　2000『蔵上遺跡』（文化財調査報告書61）

宮本一夫編　2021『宇木汲田貝塚』九州大学大学院人文科学研究院考古学研究室

　　［長崎県］

長崎県教育委員会（福田一志）編　1986『殿崎遺跡』（文化財調査報告書83）

長崎県教育委員会（村川逸朗・井立　尚）編　2003『供養川遺跡』（文化財調査報告書174）

島原市教育委員会（宇土靖之・大坪芳典）編　2011『小原下遺跡』（文化財調査報告書12）

富江町教育委員会（川道　寛）編　1998『宮下貝塚』（文化財調査報告書1）

別府大学考古学研究室（坂田邦洋）編　1978『対馬ヌカシにおける縄文時代中期文化』（別府大学考古学研究室報告1）昭和堂印刷

　　［大分県］

大分県教育委員会（玉永光洋）編　1983『楠野』（文化財調査報告書63）

大分県教育委員会（坂本嘉弘）編　1989『佐知遺跡』（文化財調査報告書81）

大分県教育委員会（綿貫俊一）編　1991『川南原遺跡群』（文化財調査報告書84）

大分県教育委員会（松本康弘ほか）編　1993『飯田二反田遺跡』（宇佐別府道路建設に伴う埋蔵文化財発掘調査報告書Ⅰ）

大分県教育委員会（佐脇義敏）編　1998『かわじ池遺跡』（九州横断自動車道関係埋蔵文化財発掘調査報告書8）

大分県教育委員会（吉田　寛）編　1999『龍頭遺跡』（文化財調査報告書102）

大田村教育委員会（小柳和弘）編　1996『古城得遺跡・小川原遺跡』（文化財調査報告書4）

国東町教育委員会（宮内克己・牧尾義則）編　1990『羽田遺跡（Ⅰ地区）』（文化財調査報告書6）

中津市教育委員会（浦井直幸）編　2013『加来東遺跡』（文化財調査報告62）

中津市教育委員会（浦井直幸）編　2018『法垣遺跡3次・4次調査』（文化財調査報告84）

　　［熊本県］

熊本県教育委員会（隈　昭志ほか）編　1976『黒橋』熊本県教育委員会

熊本県教育委員会（松本健郎）編　1978『菊池川流域文化財調査報告書』熊本県文化財保護協会

熊本県教育委員会（松本健郎）編　1986『七ツ江カキワラ貝塚・竹の下貝塚』熊本県教育委員会

熊本県教育委員会（緒方　勉）編　1987『八窪遺跡』（文化財調査報告書94）

熊本県教育委員会（江本　直）編　1988『曽畑』（文化財調査報告書100）

熊本県教育委員会（江本　直）編　1993a『岡田遺跡』（文化財調査報告書135）

熊本県教育委員会（丸山伸治・濱田彰久）編　1993b『大原天子遺跡』（文化財調査報告書138）

熊本県教育委員会（坂田和弘）編　1994a『深水谷川遺跡』（文化財調査報告書141）

熊本県教育委員会（吉田正一）編　1994b『大久保遺跡』（文化財調査報告書143）

熊本県教育委員会（古森政次）編　1994c『ワクド石遺跡』（文化財調査報告書144）

熊本県教育委員会（古城史雄）編　1996『沖松遺跡』（文化財調査報告書154）

熊本県教育委員会（髙木正文・村﨑孝宏）編　1998a『黒橋貝塚』（文化財調査報告書166）

熊本県教育委員会（坂田和弘）編　1998b『鶴羽田遺跡』（文化財調査報告書168）

熊本県教育委員会（山下義満）編　2000『灰塚遺跡Ⅰ』（文化財調査報告書187）

熊本県教育委員会（後藤貴美子）編　2005『玉名平野条里跡』（文化財調査報告書226）

天草市教育委員会（山崎純男）編　2007『大矢遺跡』（文化財調査報告書1）

五木村教育委員会（福原博信）編　2003『逆瀬川遺跡』（文化財調査報告5）

五和町史編纂委員会（山崎純男）編　2000『一尾貝塚』（五和町史資料編その11）

医療法人社団健成会（松舟博満・和田好史）編　1999『原畑遺跡』医療法人社団健成会

植木町教育委員会（中原幹彦）編　2002『笹尾遺跡Ⅱ』（文化財調査報告書13）

宇土市教育委員会（芥川博士・藤本貴仁）編　2021『轟貝塚Ⅲ』（埋蔵文化財調査報告書37）

菊池市教育委員会（阿南　亨）編　2002『木柑子遺跡群』（文化財調査報告）

熊本開発研究センター（富田紘一・松舟博満）編　1989『椎ノ木崎遺跡試掘調査報告書』牛深市教育委員会

熊本大学埋蔵文化財調査室（小畑弘己）編　1995『熊本大学埋蔵文化財調査室年報』2

城南町教育委員会（西田道世）編　1978『阿高貝塚』（城南町文化財調査報告書）

パスコ編　2001『鍋の口遺跡』人吉球磨広域行政組合

人吉市教育委員会（椎葉文雄ほか）編　1985『アンモン山遺跡』（埋蔵文化財調査報告書）

人吉市教育委員会（和田好史）編　1993『中堂遺跡』（文化財調査報告書）

　［宮崎県］

宮崎県埋蔵文化財センター（吉本正典）編　2000a『上の原第2遺跡・上の原第1遺跡』（発掘調査報告書25）

宮崎県埋蔵文化財センター（高山富雄・山田洋一郎）編　2000b『竹ノ内遺跡』（発掘調査報告書27）

宮崎県埋蔵文化財センター（日淺雅道）編　2001『倉岡第2遺跡』（発掘調査報告書48）

宮崎県埋蔵文化財センター（菅付和樹・福田泰典）編　2003『布平遺跡・古城遺跡』（発掘調査報告書74）

宮崎県埋蔵文化財センター（松本茂・重留康宏）編　2008『野首第2遺跡』（発掘調査報告書172）

えびの市教育委員会（中野和浩）編　1997『田代地区遺跡群：上田代遺跡ほか』（埋蔵文化財調査報告書20）

　［鹿児島県］

鹿児島県教育委員会（弥栄久志・前迫亮一）編　1987『榎木原遺跡』（埋蔵文化財発掘調査報告書44）

鹿児島県教育委員会（新東晃一）編　1989『中ノ原遺跡（Ⅰ）』（埋蔵文化財発掘調査報告書48）

鹿児島県教育委員会（堂込秀人・児玉健一郎）編　1990『榎木原遺跡Ⅲ』（埋蔵文化財発掘調査報告書53）

鹿児島県立埋蔵文化財センター（中村耕治ほか）編　1993a『飯盛ヶ岡遺跡』（発掘調査報告書3）

鹿児島県立埋蔵文化財センター（井ノ上秀文）編　1993b『榎崎B遺跡』（発掘調査報告書4）

鹿児島県立埋蔵文化財センター（立神次郎・大久保浩二）編　1993c『東田遺跡』（発掘調査報告書6）

鹿児島県立埋蔵文化財センター（青﨑和憲）編　1996『東田遺跡』（発掘調査報告書 16）

鹿児島県立埋蔵文化財センター（倉元良文・中原一成）編　1997a『神野牧遺跡』（発掘調査報告書 20）

鹿児島県立埋蔵文化財センター（池畑耕一・前迫亮一）編　1997b『干迫遺跡』（発掘調査報告書 22）

鹿児島県立埋蔵文化財センター（中村和美・池畑耕一）編　2003『上野原遺跡（第 2〜7 地点：縄文時代前期〜晩期編）』（発掘調査報告書 52）

鹿児島県立埋蔵文化財センター（八木澤一郎）編　2004『上ノ平遺跡』（発掘調査報告書 70）

鹿児島県立埋蔵文化財センター（東　和幸・野間口勇ほか）編　2005a『大坪遺跡』（発掘調査報告書 79）

鹿児島県立埋蔵文化財センター（池畑耕一・西園勝彦）編　2005b『二子塚 A 遺跡』（発掘調査報告書 84）

鹿児島県立埋蔵文化財センター（長野眞一ほか）編　2005c『桐木耳取遺跡』（発掘調査報告書 91）

鹿児島県立埋蔵文化財センター（黒川忠広）編　2007『上水流遺跡 1』（発掘調査報告書 113）

鹿児島県立埋蔵文化財センター（横手浩二郎）編　2008『西原遺跡ほか』（発掘調査報告書 124）

鹿児島県立埋蔵文化財センター（黒川忠広）編　2009『上水流遺跡 3』（発掘調査報告書 136）

鹿児島県立埋蔵文化財センター（上床　真）編　2010『上水流遺跡 4』（発掘調査報告書 150）

鹿児島県立埋蔵文化財センター（山崎克之・池田裕一郎）編　2017『山ノ口遺跡』（発掘調査報告書 188）

鹿児島県立埋蔵文化財センター（池田裕一郎・山崎克之）編　2019『下原遺跡』（発掘調査報告書 198）

鹿児島県立埋蔵文化財センター（池田裕一郎・山崎克之）編　2021『見帰遺跡』（発掘調査報告書 206）

鹿児島県立埋蔵文化財センター（前迫亮一）編　2022『上加世田遺跡 2』（発掘調査報告書 216）

公益財団法人鹿児島県文化振興財団埋蔵文化財調査センター（西園勝彦・大坪啓子）編　2019『見帰遺跡』（発掘調査報告書 23）

大隅町教育委員会（清水周作）編　1993『鳴神遺跡』（埋蔵文化財調査概報 1）

大根占町教育委員会（戸崎勝洋・東　和幸）編　1988『轟木ヶ迫遺跡』（埋蔵文化財発掘調査報告書 1）

鹿児島市教育委員会（出口　浩・中村直子）編　1988『草野貝塚』（埋蔵文化財発掘調査報告書 9）

金峰町教育委員会（宮下貴浩）編　1998『上水流遺跡』（埋蔵文化財発掘調査報告書 9）

高山町教育委員会・（財）元興寺文化財研究所（狭川真一）編　2000『軍原遺跡』（埋蔵文化財発掘調査報告書 8）

末吉町教育委員会（長野真一・堂込秀人）編　1990『土合原遺跡』（埋蔵文化財発掘調査報告書 9）

末吉町教育委員会（勝目興郎）編　1998『塚ヶ段遺跡』（埋蔵文化財発掘調査報告書 17）

末吉町教育委員会（勝目興郎）編　2004『中尾段遺跡』（埋蔵文化財発掘調査報告書 23）

高尾野町教育委員会（長野真一）編　1992『江内貝塚』（埋蔵文化財発掘調査報告書 2）

垂水市教育委員会（羽生文彦）編　2001『宮下遺跡ほか』（埋蔵文化財発掘調査報告書 5）

垂水市教育委員会（羽生文彦）編　2002『宮ノ前遺跡・重田遺跡』（埋蔵文化財発掘調査報告書 6）

垂水市教育委員会（羽生文彦）編　2005『柊原貝塚』（埋蔵文化財発掘調査報告書 8）

垂水市教育委員会（羽生文彦）編　2006『柊原貝塚Ⅱ』（埋蔵文化財発掘調査報告書 9）

松山町教育委員会（吉永正史・中村耕治）編　1986『前谷遺跡』（埋蔵文化財調査報告書 1）

付　表

付表 1　磨製石斧データ

No.	資料名	遺構	土器型式	磁性	石質	最大長	最大幅	最大厚	重量	計測値	刃部	使用痕	備考
1	供養川 84	包含層	曽畑	未	頁岩	8.5	2.5	1.6	51.2	報告書	両刃	未	
2	供養川 85	包含層	曽畑	未	安山岩	10.5	2.2	1.7	63.5	報告書	片刃、丸ノミ	未	
3	供養川 86	包含層	曽畑	未	安山岩	[8.9]	3.7	1.2	[60.9]	報告書	片刃	未	
4	供養川 87	包含層	曽畑	未	頁岩	[7.9]	4.2	2.7	[137.6]	報告書	両刃	未	
5	供養川 88	包含層	曽畑	未	蛇紋岩質	[11.9]	6.9	2.4	[302.8]	報告書	片刃	未	
6	供養川 89	包含層	曽畑	未	安山岩	9.7	4.6	3	193.6	報告書	両刃	未	
7	供養川 90	包含層	曽畑	未	安山岩	[11.8]	5.7	3.3	[327.4]	報告書	両刃	未	
8	供養川 93	包含層	曽畑	未	安山岩	[7.7]	4.3	2.8	[122.4]	報告書	-	未	
9	供養川 94	包含層	曽畑	未	花崗岩	[8.3]	5.5	3.2	[218.9]	報告書	-	未	
10	供養川 95	包含層	曽畑	未	蛇紋岩質	[10.5]	6.2	2.9	[228.5]	報告書	-	未	
11	供養川 96	包含層	曽畑	未	玄武岩	[6.9]	4.7	2.3	[121.5]	報告書	-	未	
12	供養川 97	包含層	曽畑	未	安山岩	[11.3]	4.9	2.8	[200.1]	報告書	両刃	未	
13	供養川 98	包含層	曽畑	未	安山岩	[11.5]	6.5	2.5	[264.2]	報告書	両刃	未	
14	供養川 99	包含層	曽畑	未	安山岩	[5.8]	6.4	2.3	[119.4]	報告書	片刃	未	
15	供養川 100	包含層	曽畑	未	玄武岩	[7.6]	8.5	1.8	[188.1]	報告書	両刃	未	
16	供養川 101	包含層	曽畑	未	蛇紋岩質	14.8	6.8	3.3	410	報告書	未成品	未	
17	供養川 102	包含層	曽畑	未	安山岩	[11.3]	6.4	3.2	[350.1]	報告書	未成品	未	
18	供養川 103	包含層	曽畑	未	安山岩	7.5	4.8	2	82.1	報告書	未成品	未	
19	供養川 104	包含層	曽畑	未	頁岩	[8.6]	5.7	1.3	[74]	報告書	両刃	未	
20	供養川 91	包含層	曽畑	未	安山岩	[3.7]	[4.8]	[1]	[19.4]	報告書	-	未	刃片
21	供養川 92	包含層	曽畑	未	安山岩	[4.6]	[4.4]	[0.8]	[22.4]	報告書	-	未	刃片
22	椎原 A565	包含層	轟B、曽畑	-	砂岩（含偽礫か）	11.25	6.05	1.85	171.3	計測	両刃		風化・中
23	椎原 A566	包含層	轟B、曽畑	強	蛇紋岩	11.14	5.63	1.9	160.5	計測	片刃	刃部表のみ垂直線状痕	
24	椎原 A567	包含層	轟B、曽畑	強	蛇紋岩	11.37	5.8	2.07	182.1	計測	片刃か		大型品再加工未成品
25	椎原 A568	包含層	轟B、曽畑	強	蛇紋岩	9.86	5.65	1.29	109.6	計測	片刃	刃こぼれ、剥離	
26	椎原 A569	包含層	轟B、曽畑	弱	蛇紋岩	6.27	3.98	1.15	36.6	計測	片刃	刃部表のみ垂直線状痕	
27	椎原 A570	包含層	轟B、曽畑	-	シルト質砂岩	[4.77]	[4.67]	[1.56]	[49.3]	計測			
28	四箇 J10l 23	包含層	轟B、曽畑	-	蛇紋岩質	13.03	6.13	1.94	[146.4]	計測	広刃、片刃		風化強
29	四箇 J10l 25	包含層	轟B、曽畑	弱	蛇紋岩質	8.98	5.16	2.27	175.6	計測	再加工	潰れ、摩滅	敲石転用
30	四箇 J10l 26	包含層	轟B、曽畑	-	粘板岩	10.4	4.4	0.77	58.8	計測			風化強
31	四箇 J10l 27	包含層	轟B、曽畑	-	粘板岩	8.53	5.9	1.23	106.6	計測	斜刃、片刃		風化強
32	四箇 J10l 24	包含層	轟B、曽畑	中	蛇紋岩質	[10.66]	[2.5]	1.35	[49.1]	計測			風化強
33	四箇 J10l 28	包含層	轟B、曽畑	-	粘板岩	[8.92]	[3.3]	[2.52]	[83.7]	計測	-	-	破片。定角状
34	四箇 J10l 29	包含層	轟B、曽畑	-	粘板岩					計測	-	-	胴片。石斧か不明
35	四箇 J10l 30	包含層	轟B、曽畑	中	蛇紋岩質	[4.54]	[3.9]	[2.12]	[23.9]	計測	-	-	胴片
36	中村町 5 次 252	河川	轟B〜曽畑新	未		16.6	5.7	2.3		図面		未	
37	中村町 5 次 253	河川	轟B〜曽畑新	未	蛇紋岩	16.4	6	2.3		図面		未	
38	中村町 5 次 254	河川	轟B〜曽畑新	未		13.6	5	3.1		図面		未	
39	中村町 5 次 255	河川	轟B〜曽畑新	未	玄武岩	[11.8]	5.5	2.9		図面		未	
40	中村町 5 次 257	河川	轟B〜曽畑新	未	安山岩	13.2	5.8	2.9		図面		未	
41	中村町 5 次 258	河川	轟B〜曽畑新	未	安山岩	13.7	5.7	2.8		図面		未	
42	中村町 5 次 259	河川	轟B〜曽畑新	未	安山岩	11	5.4	1.8		図面		未	
43	中村町 5 次 260	河川	轟B〜曽畑新	未	安山岩	[9.2]	5.6	2.5		図面		未	
44	中村町 5 次 261	河川	轟B〜曽畑新	未	蛇紋岩	12.1	5.1	1.8		図面		未	
45	中村町 5 次 262	河川	轟B〜曽畑新	未	蛇紋岩	[8]	2	2.1		図面		未	
46	中村町 5 次 263	河川	轟B〜曽畑新	未	蛇紋岩	[9]	7.6	1.4		図面		未	
47	中村町 5 次 264	河川	轟B〜曽畑新	未	蛇紋岩	[13.3]	9.6	3		図面		未	
48	中村町 5 次 265	河川	轟B〜曽畑新	未	安山岩	16.7	7.6	3.2		図面		未	
49	中村町 5 次 256	河川	轟B〜曽畑新	未		[6.5]	[5.2]	[2.3]		図面		未	
50	野口 2 次 96-2	集積60、s-3	轟B、曽畑	未	砂岩	10.43	5.55	1.55	137.8	計測	両刃	刃こぼれ、主面直線状痕	
51	野口 2 次 98-6	集積60、s-4	轟B、曽畑	未	蛇紋岩質	12	5.6	1.45	149.8	計測	両刃		黒色斑晶・刃再生直後
52	野口 2 次 96-3	集積60、s-5	轟B、曽畑	未	砂岩	10.08	5.42	1.8	141.3	計測	両刃	刃こぼれ、摩滅、主面直線状痕	
53	野口 2 次 96-6	集積64、s-イ	轟B、曽畑	未	砂岩	13.28	7.4	2.3	326.8	計測	両刃丸ノミ	刃こぼれ、摩滅、主面直線状痕	
54	野口 2 次 96-8	集積64、s-ロ	轟B、曽畑	未	砂岩	20.9	8.65	3.13	852.7	計測	両刃	刃こぼれ、主面直線状痕	
55	野口 2 次 96-4	集積133、s-28	轟B、曽畑	未	砂岩	11.55	6.45	2.7	278.1	計測	両刃丸ノミ	潰れ	
56	野口 2 次 96-5	集積133、s-31	轟B、曽畑	未	砂岩	11.7	6.55	2	219	計測	両刃	摩滅、主面直線状痕	
57	野口 2 次 96-7	集積133、s-36	轟B、曽畑	未	シルト質頁岩	12.5	5.8	1.8	212.2	計測	両刃	刃こぼれ	
58	野口 2 次 97-4	集積230、s-1	轟B、曽畑	未	蛇紋岩質	25.13	8.95	2.47	830.3	計測	両刃	刃こぼれ、主面直線状痕	
59	野口 2 次 97-3	集積230、s-2	轟B、曽畑	未	蛇紋岩質	18.3	6.17	2.5	394.7	計測	両刃	刃こぼれ、摩滅、両面直線状痕	
60	野口 2 次 96-1	41	轟B、曽畑	未	砂岩	10.05	5.3	1.75	144	計測	両刃丸ノミ	刃こぼれ、主面直線状痕	
61	野口 2 次 97-1	土坑95	轟B、曽畑	未	蛇紋岩質	12.6	6.28	1.8	218.4	計測	両刃	刃こぼれ	
62	野口 2 次 97-2	包含層	轟B、曽畑	未	蛇紋岩質	15.9	7.92	2.5	453.5	計測	両刃	摩滅	
63	野口 2 次 98-2	包含層	轟B、曽畑	未	蛇紋岩質	[7.2]	6	1.68	[80.5]	計測	両刃丸ノミ	刃こぼれ	
64	野口 2 次 98-4	包含層	轟B、曽畑	未	蛇紋岩質	10.05	6.67	2.13	184.2	計測	両刃	刃こぼれ、摩滅	大形→中形再加工
65	野口 2 次 98-5	包含層	轟B、曽畑	未	蛇紋岩質	10.6	5.92	1.8	170	計測	両刃丸ノミ	刃こぼれ	黒色・風化・タール状付着物
66	野口 2 次 98-7	包含層	轟B、曽畑	未	蛇紋岩質	18.4	6.17	2.5	456	計測		側面研磨。破損後刃再生。後期か	

付　表

No.	資料名	遺構	土器型式	磁性	石質	最大長	最大幅	最大厚	重量	計測値	刃部	使用痕	備考
67	野口2次98-8	包含層	轟B、曽畑	未	蛇紋岩質	17.4	8.2	2.25	396.3	計測	両刃	風化	紐痕あり
68	野口2次99-5	包含層	轟B、曽畑	未	蛇紋岩質		5.1	2	[73]	計測			胴片
69	野口2次99-9	包含層	轟B、曽畑	未	蛇紋岩質	8.95	3.5	1.5	63.2	計測	未成品		
70	野口2次99-12	包含層	轟B、曽畑	未	蛇紋岩質	18.85	5.8	2.9	385.4	計測	両刃	刃こぼれ、両面線状痕	大型品再生未成品
71	野口2次99-10	包含層	轟B、曽畑	未	砂岩		5.6	2.6	[198]	計測			胴片
72	野口2次129	包含層	轟B、曽畑	未	片岩	13.38	6.18	2.03	251.3	計測	未成品		
73	野口2次T3	包含層	轟B、曽畑	未	頁岩	[9.9]	5.55	2.4	[163.5]	計測	両刃		
74	野口5次・3	包含層	轟B、曽畑	未	蛇紋岩質	[8]	7.55	1.9	[178.4]	計測	両刃丸ノミ		刃部SC利用
75	野口6次19	包含層	轟B、曽畑	未	蛇紋岩質		8.32	2.48	[227.2]	計測		刃こぼれ	
76	野口7次23	包含層	轟B、曽畑	未	安山岩	14.9	7.8	3.4		報告書	未成品か		
77	野口7次24	包含層	轟B、曽畑	未	砂岩	15.3	7.3	2.1	327.9	計測		刃こぼれ	
78	野口7次・25	包含層	轟B、曽畑	未	蛇紋岩質	12.33	7.25	2.1	261.4	計測	両刃丸ノミ	刃こぼれ、摩滅、主面直線状痕	
79	野口7次・26	包含層	轟B、曽畑	未	蛇紋岩質	10.78	7.7	1.67	193.2	計測	片刃	剥離摩滅	弱黒色
80	野口7次Ⅷ56J326	包含層	轟B、曽畑	未	安山岩	18.1	6.2	3	497.9	計測	未成品		
81	野口2次T4B・48	包含層	轟B、曽畑	未	蛇紋岩質	15.23	6.75	2.67	427.4	計測	片刃丸ノミ	摩滅、主面直線状痕	
82	野口2次T4B・108	包含層	轟B、曽畑	未	蛇紋岩質	18.7	7.8	3.1	551	計測	両刃	刃こぼれ、剥離	
83	野口2次T4B・117	包含層	轟B、曽畑	未	蛇紋岩質	14.48	6.2	2.5	304.2	計測	両刃	刃こぼれ、剥離、線状痕	側面研磨。後期か
84	野口2次T4A・130	包含層	轟B、曽畑	未	蛇紋岩質				[14.3]	計測	両刃	刃こぼれ、摩滅	刃片
85	野口2次T4B・59	包含層	轟B、曽畑	未	砂岩		[5.25]	[1.58]	[29.3]	計測	両刃丸ノミ	両刃、主面直線状痕	刃片
86	野口2次T4D・39	包含層	轟B、曽畑	未	砂岩		[6.7]	[2.8]	[90.3]	計測	両刃丸ノミ	両刃、主面直線状痕	刃片
87	野口2次98-1	包含層	轟B、曽畑	未	蛇紋岩質	[6.8]	[4.1]	[1.6]	[46.4]	計測	両刃	刃こぼれ	刃片
88	野口2次99-1	包含層	轟B、曽畑	未	砂岩		[3.9]	[1.28]	[18.9]	計測	両刃	剥離	刃片
89	野口2次99-2	包含層	轟B、曽畑	未	砂岩					計測			破片
90	野口2次99-3	包含層	轟B、曽畑	未	砂岩				[49.3]	計測			破片
91	野口2次99-4	包含層	轟B、曽畑	未	砂岩		[5.3]	1.85	[99.4]	計測			基片
92	野口2次99-6	包含層	轟B、曽畑	未	砂岩		[5]	1.9	[78.6]	計測			胴片
93	野口2次99-7	包含層	轟B、曽畑	未	砂岩		4.9	[1.5]	[80.4]	計測	両刃丸ノミ	刃こぼれ、摩滅	
94	野口2次99-8	包含層	轟B、曽畑	未	砂岩		[5.7]	2	[94]	計測			基片
95	野口2次130	包含層	轟B、曽畑	未	砂岩			[2.85]	[96.8]	計測			
96	野口2次133	包含層	轟B、曽畑	未	砂岩					計測			破片
97	野口2次136	包含層	轟B、曽畑	未	砂岩					計測			破片
98	野口2次137	包含層	轟B、曽畑	未	砂岩					計測			破片
99	野口2次138	包含層	轟B、曽畑	未	蛇紋岩質					計測	両刃	刃こぼれ	刃片
100	野口2次141	包含層	轟B、曽畑	未	砂岩					計測	両刃	刃こぼれ、主面直線状痕	刃片
101	野口2次142	包含層	轟B、曽畑	未	蛇紋岩質					計測			破片
102	野口2次144	包含層	轟B、曽畑	未	砂岩					計測			破片
103	野口2次98-3	Ⅵ層	前〜後期	未	蛇紋岩質	[6.6]	5.05	1.42	[69.9]	計測	両刃	刃こぼれ	
104	野口2次99-11	第3面	前〜後期	未	蛇紋岩質	[16.3]	[3.75]	2.5	[154.3]	計測	両刃	刃こぼれ	後期か
105	野口2次132	表採	前〜後期	未	砂岩				[8.5]	計測			破片
106	野口2次134	表採	前〜後期	未	蛇紋岩質					計測			破片
107	野口2次145	第2面	前〜後期	未	砂岩					計測			破片
108	野口2次T3・4層	4層	前〜後期	未	蛇紋岩質	[12.7]	8.7	3.7	[554.5]	計測	両刃	刃こぼれ、摩滅	後期か
109	野口3次198604		前〜後期	未	蛇紋岩質				[20.9]	計測			刃片
110	野口3・4次4		前〜後期	未	砂岩	13.8	6.4	2.4		報告書			
111	野口3・4次5		前〜後期	未	砂岩	14.8	6.2	2.7		報告書			
112	野口6次37	SP9	前〜後期	未	蛇紋岩質	[12.3]	6.9	3.2	[404.2]	計測			
113	野口7次表採		前〜後期	未	安山岩	[12.45]	6.15	2.4	[245.1]	計測			後期か
114	野口7次表採		前〜後期	未	安山岩	[18.3]	5.85	3.2	[506.1]	計測			後期か
115	轟貝塚12・13次1375	3TⅠ〜Ⅱ層	轟A、B	未	蛇紋岩	8	3.5	1.3	55	報告書	片刃	未	
116	轟貝塚12・13次1377	3Tカクラン	轟A、B	未	安山岩	7.5	4.1	1.1	46	報告書	片刃	未	
117	轟貝塚12・13次1378	3T2層	轟A、B	未	蛇紋岩	8.2	4.1	1.4	59	報告書	片刃	未	
118	轟貝塚12・13次1379	3T3層	轟A、B	未	蛇紋岩	10.6	4.8	1.6	120	報告書	片刃	未	
119	轟貝塚12・13次1380	3T2〜3層	轟A、B	未	蛇紋岩	13.7	6.8	1.9	190	報告書	両刃	未	
120	轟貝塚12・13次1400	3TⅣa層	轟A、B	未	蛇紋岩	7.5	3.6	1.1	47	報告書	-	未	
121	轟貝塚12・13次1376	3T表土	轟A、B	未	安山岩	7.8	6	2.4	160	報告書		未	敲石
122	神野牧103	Ⅴ層	轟B、曽畑	未	ホルンフェルス	9	2.8	1.3	43.2	報告書	未成品		
123	神野牧104	Ⅴ層	轟B、曽畑	未	ホルンフェルス	11.1	5.4	2.3	236.8	計測	両刃	潰れ	
124	神野牧105	Ⅴ層	轟B、曽畑	未	ホルンフェルス	13	5.9	2.5	281.2	計測	両刃	潰れ	
125	神野牧106	Ⅴ層	轟B、曽畑	未	ホルンフェルス	12.7	5.3	3.3	319.8	計測	両刃、丸ノミ	潰れ	
126	神野牧107	Ⅴ層	轟B、曽畑	未	ホルンフェルス		8.7	2.8	[452]	計測	両刃	潰れ	
127	神野牧108	Ⅴ層	轟B、曽畑	未	蛇紋岩質	13.3	5.65	3.6	337.5	報告書	両刃、斜刃	潰れ	
128	神野牧109	Ⅴ層	轟B、曽畑	未	ホルンフェルス		4.1	2.5		計測	両刃	潰れ	
129	神野牧110	Ⅴ層	轟B、曽畑	未	ホルンフェルス		5.4	3	[233.3]	計測	両刃	潰れ	大型から転用後側辺敲打成形
130	神野牧111	Ⅴ層	轟B、曽畑	未	砂岩	11	5	2.2	173.3	計測	両刃	潰れ	
131	神野牧112	Ⅴ層	轟B、曽畑	未	砂岩		4.4	1.2		計測	両刃	潰れ	
132	神野牧113	Ⅴ層	轟B、曽畑	未	ホルンフェルス		4.8	2		計測	両刃	潰れ	
133	神野牧114	Ⅴ層	轟B、曽畑	未	ホルンフェルス	8.1	3.9	1.3	69.9	計測	両刃	潰れ	
134	神野牧115	Ⅴ層	轟B、曽畑	未	ホルンフェルス		5.9	3	[422.8]	計測	未成品		
135	菜畑34	15層	轟B〜並木	未	蛇紋岩	8.35	4.9	1.55	[91.3]	計測	片刃		
136	菜畑35	14下層、集積B	轟B〜並木	未	蛇紋岩	16.55	7.15	2.4	386.2	計測	両刃		
137	菜畑36	14下層、集積B	轟B〜並木	未	ホルンフェルス	14.1	7.45	1.85	305.1	計測	両刃		
138	菜畑37	14下層、集積B	轟B〜並木	未	蛇紋岩	15.1	6.85	1.5	254.6	計測	両刃	微細剥離	
139	菜畑38	14下層、集積B	轟B〜並木	未	蛇紋岩	16.8	9	2.75	642.8	計測	片刃		
140	菜畑39	褐色砂質土層、集積A	轟B〜並木	未	蛇紋岩	13.55	6.7	3.3	394	計測	偏刃、片刃		

No.	資料名	遺構	土器型式	磁性	石質	最大長	最大幅	最大厚	重量	計測値	刃部	使用痕	備考
141	菜畑 40	褐色砂質土層、集積 A	轟B～並木	未	安山岩	17.05	7.65	3.85	820	計測	両刃		
142	菜畑 41	14 下層	轟B～並木	未	安山岩	14.3	6.9	3.05	424.1	計測	未成品		
143	菜畑 43	灰褐色粘質土層	轟B～並木	未	蛇紋岩	[9.45]	6.65	2.65	[250.5]	計測	両刃	潰れ・摩滅	
144	菜畑 46	14 中層	轟B～並木	未	安山岩	4.15	2.9	0.65	10.8	計測	片刃		
145	菜畑 103	14～15 層	轟B～並木	未	安山岩		3.75	1		計測	片刃		
146	菜畑 44	14 中層	轟B～並木	未	蛇紋岩	[6.8]	[4.6]	[2.35]	[102]	報告書			基片
147	菜畑 42	2 号土壙	轟B～三万田	未	蛇紋岩	14.3	6.9	3.05	424.1	計測	未成品		
148	菜畑 49	3 号土壙	轟B～三万田	未	安山岩	5.4	3.65	0.7	14.9	計測			
149	菜畑 45	13 層	轟B～三万田	未	蛇紋岩	4.3	3.5	0.8	21.3	計測	片刃	使用痕なし	
150	菜畑 47	14 層	轟B～三万田	未	安山岩	5.9	3.55	0.95	27.3	計測	両刃		
151	菜畑 48	13 下層	轟B～三万田	未	安山岩	5.45	3.6	[0.7]	20.7	計測	両刃	微細剥離	
152	菜畑 50	13 下層	轟B～三万田	未	安山岩	[4.3]	[2.65]	[0.6]	[8.2]	計測			
153	菜畑 51	灰褐色砂質土層	轟B～三万田	未	蛇紋岩	[6.65]	2.6	0.8	[15.6]	計測			
154	菜畑 52	灰褐色砂質土層	轟B～三万田	未	蛇紋岩	[7.25]	3.82	1.15	[48.9]	計測		微細剥離	
155	菜畑 53	14 上層	轟B～三万田	未	蛇紋岩	8.9	2.2	1.3	35.6	計測	両刃		
156	菜畑 54	灰褐色砂質土層	轟B～三万田	未	安山岩	[4.7]	2.95	1.2	[24]	計測			破損面研磨
157	菜畑 55	14 層	轟B～三万田	未	蛇紋岩	[5.2]	2.65	1.12	[21.7]	計測	片刃		
158	かわじ池 1	包含層	早期後葉～中期	中	安山岩	14.58	5.01	1.86	224.9	計測	両刃	片侧線状痕	
159	かわじ池 2	包含層	早期後葉～中期	－	砂岩	8.1	4.71	1.49	87.3	計測	両刃		
160	かわじ池 3	包含層	早期後葉～中期	－	頁岩	10.37	4.44	1.83	129.9	計測	両刃	小剥離	
161	かわじ池 4	包含層	早期後葉～中期	－	砂岩	11.31	5.96	2.53	224.4	計測	両刃	片面線状痕	基片破損後再研磨
162	岡田 1	D6-1	鷹島、船元	未	砂岩	11.4	4.53	1.9	145.6	計測	片刃	刃こぼれ、片面線状痕	
163	岡田 2	D6-2	鷹島、船元	未	蛇紋岩質	15.6	6.2	1.8	237	計測	両刃	研ぎ直し痕あり	
164	岡田 3	D6-3	鷹島、船元	未	砂岩	10.9	4.88	2.5	192.1	計測	両刃		
165	岡田 4	D6-4	鷹島、船元	未	頁岩	8.53	4.75	1.7	100.4	計測	片刃	刃こぼれ	
166	岡田 5	D6-5	鷹島、船元	未	頁岩		9.45	3.37		計測	両刃	刃こぼれ、斜線状痕	
167	岡田 6	D6-6	鷹島、船元	未	泥岩	8.53	3.74	1.42	74.3	計測	両刃	刃こぼれ	
168	岡田 7	D6 一括	鷹島、船元	未	頁岩	9.38	4.62	1.7	93.8	計測	片刃	剥離、刃こぼれ	
169	岡田 8	B7 一括	鷹島、船元	未	泥岩	10.4	5.35	2.38	205.6	計測	両刃		
170	岡田 9	C6-179	鷹島、船元	未	粘板岩	9	6.4	1.74	117.1	計測	片刃	刃こぼれ、片面線状痕	有肩形
171	岡田 10	B6 一括	鷹島、船元	未	蛇紋岩質	8.61	3.75	1.49	74	計測	片刃	刃こぼれ、片面線状痕	
172	岡田 11	D4-1	鷹島、船元	未	蛇紋岩質	7.6	4.13	1.33	51.5	計測	片刃	刃こぼれ、片面線状痕	
173	岡田 12	D4-2	鷹島、船元	未	泥岩	8.03	3.7	1.3	59.3	計測	片刃		
174	上水流 327	Ⅴa 層	春日	未	安山岩	16.6	6.6	2.3	403.6	報告書		未	
175	上水流 328	Ⅴa 層	春日	未	頁岩	16.15	5.5	1.8	256	報告書		未	
176	上水流 329	Ⅴa 層	春日	未	頁岩	18.25	4.7	1.9	242	報告書		未	
177	上水流 330	Ⅴa 層	春日	未	頁岩	13.4	6.1	3.1	285	報告書		未	
178	上水流 332	Ⅴa 層	春日	未	頁岩	9.57	5.07	1.8	102.7	報告書		未	
179	上水流 333	Ⅴa 層	春日	未	頁岩	11.3	6.3	2.5	200	報告書		未	
180	上水流 335	Ⅴa 層	春日	未	安山岩	11.05	5.5	1.85	100	報告書		未	
181	上水流 336	Ⅴa 層	春日	未	頁岩	11.1	4.8	1.9	146.25	報告書		未	
182	上水流 338	Ⅴa 層	春日	未	頁岩	10.45	5.3	2	181.3	報告書		未	
183	上水流 339	Ⅴa 層	春日	未	頁岩	8.6	4.8	2.25	113	報告書		未	
184	上水流 341	Ⅴa 層	春日	未	頁岩	10.8	4.3	1.3	130.5	報告書		未	
185	上水流 343	Ⅴa 層	春日	未	頁岩	9.45	4.2	1.2	66.3	報告書		未	
186	上水流 345	Ⅴa 層	春日	未	頁岩	7.7	4.5	0.9	58.2	報告書		未	
187	上水流 346	Ⅴa 層	春日	未	頁岩	8.65	4.25	1.65	76.5	報告書		未	
188	上水流 347	Ⅴa 層	春日	未	頁岩	7.3	4.85	1.65	69	報告書		未	
189	上水流 348	Ⅴa 層	春日	未	頁岩	7.35	4.05	1.5	67	報告書		未	
190	上水流 349	Ⅴa 層	春日	未	頁岩	6.95	4.2	1.4	53.65	報告書		未	
191	上水流 350	Ⅴa 層	春日	未	頁岩	7.3	4.5	0.9	43.28	報告書		未	
192	上水流 351	Ⅴa 層	春日	未	蛇紋岩系	8.8	4.1	1.3	60.2	報告書		未	
193	上水流 352	Ⅴa 層	春日	未	頁岩	7.05	3.45	1.45	43.5	報告書		未	
194	上水流 354	Ⅴa 層	春日	未	頁岩	5.85	3.6	1.45	39.5	報告書		未	
195	上水流 356	Ⅴa 層	春日	未	頁岩	10.1	2.75	1.65	61.6	報告書		未	
196	上水流 357	Ⅴa 層	春日	未	頁岩	7	2.3	1	20.6	報告書		未	
197	上水流 358	Ⅴa 層	春日	未	頁岩	5.9	2.8	0.9	19.7	報告書		未	
198	上水流 359	Ⅴa 層	春日	未	頁岩	7.8	2.8	0.8	25.4	報告書		未	
199	上水流 360	Ⅴa 層	春日	未	頁岩	6.1	3.9	1.4	30	報告書		未	
200	上水流 361	Ⅴa 層	春日	未	頁岩	5.45	2.7	1	[20.81]	報告書		未	
201	上水流 363	Ⅴa 層	春日	未	頁岩	3.2	1.8	0.6	3.87	報告書		未	
202	上水流 364	Ⅴa 層	春日	未	頁岩	[7.4]	6.1	1.7	[107.1]	報告書		未	
203	上水流 365	Ⅴa 層	春日	未	頁岩	[8]	5.25	1.55	[97.9]	報告書		未	
204	上水流 366	Ⅴa 層	春日	未	頁岩	[7.9]	5.15	1.9	[102.6]	報告書		未	
205	上水流 367	Ⅴa 層	春日	未	頁岩	[6.2]	5.35	1.5	[79.4]	報告書		未	
206	上水流 368	Ⅴa 層	春日	未	頁岩	[6.6]	4.45	1.3	[53.9]	報告書		未	
207	上水流 369	Ⅴa 層	春日	未	頁岩	[6.3]	3.7	1	[36.4]	報告書		未	
208	上水流 370	Ⅴa 層	春日	未	頁岩	[5.15]	3.75	0.9	[22.9]	報告書		未	
209	上水流 371	Ⅴa 層	春日	未	安山岩	[5.8]	4.8	1.5	[49.8]	報告書		未	
210	上水流 372	Ⅴa 層	春日	未	頁岩	[5.7]	4.6	1.9	[70.6]	報告書		未	
211	上水流 373	Ⅴa 層	春日	未	頁岩	[6.9]	4	1.3	[39.7]	報告書		未	
212	上水流 377	Ⅴa 層	春日	未	頁岩	[6]	2.9	0.8	[19.96]	報告書		未	
213	上水流 380	Ⅴa 層	春日	未	頁岩	[7.85]	5.4	1.8	[116.7]	報告書		未	
214	上水流 381	Ⅴa 層	春日	未	頁岩	[7]	4.6	2.3	[114.6]	報告書		未	
215	上水流 384	Ⅴa 層	春日	未	頁岩	[6.4]	4.9	2.4	[105.3]	報告書		未	
216	上水流 390	Ⅴa 層	春日	未	頁岩	[5.65]	2.6	1.05	[25.1]	報告書		未	
217	上水流 392	Ⅴa 層	春日	未	頁岩	[5]	3.75	1	[26.15]	報告書		未	
218	上水流 374	Ⅴa 層	春日	未	安山岩	[5.1]	[4.2]	[1.95]	[43.76]	報告書		未	

付表

No.	資料名	遺構	土器型式	磨性	石質	最大長	最大幅	最大厚	重量	計測値	刃部	使用痕	備考
219	上木流376	Va層	春日	未	頁岩	[4.5]	[3.25]	[0.8]	[9.56]	報告書		未	
220	上木流378	Va層	春日	未	頁岩	[9.4]	[3.36]	[1]	[40.8]	報告書		未	
221	上木流385	Va層	春日	未	頁岩	[10.2]	[5.25]	[1.85]	[105]	報告書		未	
222	上木流386	Va層	春日	未	頁岩	[6.2]	[4.9]	[1.4]	48.55	報告書		未	
223	上木流391	Va層	春日	未	頁岩	[5.8]	[4.6]	1.7	[62]	報告書		未	
224	上木流388		春日	未	頁岩	2.1	3.2	0.6	2.6	計測値不整合		未	
225	上木流331	Va層	春日	未	頁岩	14.1	5.25	2.4	258	報告書	未成品	未	
226	上木流334	Va層	春日	未	頁岩	10.8	4.85	1.9	120.8	報告書	未成品	未	
227	上木流337	Va層	春日	未	頁岩	11.1	5.7	1.7	125.5	報告書	未成品	未	
228	上木流340	Va層	春日	未	頁岩	11	4.6	1.6	98.3	報告書	未成品	未	
229	上木流342	Va層	春日	未	頁岩	8.65	4.45	1.1	50.48	報告書	未成品	未	
230	上木流344	Va層	春日	未	頁岩	9.9	4.05	1.2	64.5	報告書	未成品	未	
231	上木流353	Va層	春日	未	頁岩	7.95	3.2	1.6	44.82	報告書	未成品	未	
232	上木流355	Va層	春日	未	頁岩	7.85	3.1	1.35	35.73	報告書	未成品	未	
233	上木流362	Va層	春日	未	頁岩	4.8	3	1	13.2	報告書	未成品	未	
234	上木流379	Va層	春日	未	シルト頁岩	7.8	4.7	1.5	86.3	報告書	未成品	未	
235	上木流382	Va層	春日	未	頁岩	[9.8]	5	2.5	[138.1]	報告書	未成品	未	
236	上木流383	Va層	春日	未	頁岩	[9]	6.85	2.8	[260]	報告書	未成品	未	楔器
237	上木流387	Va層	春日	未	頁岩	9.65	4.8	2.65	162.9	報告書	未成品	未	
238	上木流389	Va層	春日	未	頁岩	[11.2]	2.95	1.5	[632]	報告書	未成品	未	
239	上木流408	Va層	春日	未	頁岩	12.2	5.95	2.75	184.7	報告書	未成品	未	
240	上木流409	Va層	春日	未	頁岩	10.8	6.1	2.5	161.5	報告書	未成品	未	
241	上木流410	Va層	春日	未	頁岩	5.6	2.4	1	14.8	報告書	未成品	未	
242	上木流411	Va層	春日	未	頁岩	10.7	6.8	3	333.8	報告書	未成品	未	
243	上木流412	Va層	春日	未	頁岩	8.75	3.95	1.25	42.95	報告書	破片再加工	未	
244	上木流413	Va層	春日	未	頁岩	5.2	2.9	0.8	11.7	報告書	破片再加工	未	
245	上木流414	Va層	春日	未	頁岩	14.8	5.1	2.7	294	報告書	未成品	未	
246	上木流415	Va層	春日	未	頁岩	13.6	4.9	2.1	217	報告書	未成品	未	
247	上木流416	Va層	春日	未	頁岩	12.2	5.8	1.6	211	報告書	未成品	未	
248	上木流417	Va層	春日	未	頁岩	10.4	4.6	1.9	97.6	報告書	未成品	未	
249	上木流418	Va層	春日	未	頁岩	10.35	5.15	2.6	145.4	報告書	未成品	未	
250	上木流375	Va層	春日	未	頁岩	[5.3]	[6.1]	[1.3]	[51.4]	報告書		未	
251	前谷393	2号住居跡	春日	未	砂岩	2.64	1.6	0.6	1.94	報告書		未	
252	前谷105	5号住居跡	春日	未	砂岩及ワ7.4尺	2.8	1.4	0.5	1.82	報告書		未	
253	前谷805	攪拌	春日	未	頁岩	1.8	1.2	0.4	0.66	報告書		未	
254	前谷807	包含層	春日	未	安山岩	3.3	2.1	0.7	4.98	報告書		未	
255	前谷806	包含層	春日	未	砂岩	3.2	2.4	0.5	3.35	報告書		未	
256	前谷807	包含層	春日	未	頁岩	4.2	1.4	0.9	3.93	報告書		未	
257	前谷810	攪拌	春日	未	頁岩	2.1	1.8	0.4	1.43	報告書		未	
258	前谷813	包含層	春日	未	安山岩	2.4	1.9	0.9	1.88	報告書		未	
259	前谷814	集積遺構	春日	未	頁岩	3.4	3.2	0.3	4.29	報告書		未	
260	前谷815	集積遺構	春日	未	頁岩	1.7	2.1	0.6	1.05	報告書		未	
261	前谷816		春日	未	頁岩	1.8	2.4	0.5	1.32	報告書		未	
262	前谷817		春日	未	頁岩	2.1	2.4	0.55	2.79	報告書		未	
263	前谷818		春日	未	頁岩	2.3	1.5	0.3	1.26	報告書		未	
264	前谷819		春日	未	頁岩	2	2.4	0.5	2.09	報告書		未	
265	前谷812		春日	未	頁岩	1.4	2.5	0.4	1.98	報告書		未	
266	前谷58		春日	未	安山岩	6.8	3.3	1.4	31.7	報告書		未	
267	前谷105		春日	未	花崗岩	[8.3]	5.2	2.5	114.6	報告書		未	破片
268	前谷805		春日	未	安山岩	6.6	2.2	1.1	23.1	報告書		未	破片
269	前谷821	包含層	春日	未	安山岩	6.1	2.7	1	24.1	報告書		未	破片
270	前谷809	包含層	春日	未	砂岩	4.2	2	1	10	報告書		未	破片
271	前谷808	包含層	春日	未	結晶片岩	4.3	2.4	0.8	9.8	報告書		未	破片
272	前谷810	包含層	春日	未	安山岩	[7.4]	4.4	2	[84]	報告書		未	破片
273	前谷813	包含層	春日	未	安山岩	2.1	1.8	1.6	[93.3]	報告書		未	破片
274	前谷814	包含層	春日	未	安山岩	[7.1]	4.8	2.3	190.8	報告書		未	破片
275	前谷815	包含層	春日	未	安山岩	10.6	5.1	1.5	84	報告書		未	破片
276	前谷816	包含層	春日	未	シルト頁岩	9.7	4.3	2.1	98.5	報告書		未	破片
277	前谷817	包含層	春日	未	安山岩	8.4	4.1	1.6	68.8	報告書		未	破片
278	前谷818	包含層	春日	未	頁岩	9.7	3.4	1.1	41.3	報告書		未	
279	前谷819	包含層	春日	未	頁岩	8.5	3.3	1	37	報告書		未	
280	前谷820	包含層	春日	未	頁岩	7.9	2.6	2.1	84	報告書	未成品	未	
281	前谷821	包含層	春日	未	頁岩	7.6	4.5	2.1	105.7	報告書	両刃	未	刃片
282	前谷809	包含層	春日	未	頁岩	8.7	4.8	2.2	[76.3]	報告書	両刃	未	刃片
283	前谷811	包含層	春日	未	頁岩	[5.6]	5.9	[1.8]	[51.5]	報告書	片刃	未	
284	前谷812	包含層	春日	未	頁岩	[8]	4.8	[1.3]	[44.4]	報告書	片刃	未	掻片
285	德蔵谷1-1	阿高		未	安山岩	[6.3]	[4.1]	1.6	477.9	計測	両刃	潰れ	
286	德蔵谷1-2	阿高～福田K2		未	花崗岩	12.3	6.1	4.15		計測			
287	德蔵谷1-3	阿高～福田K2		未	安山岩	6.1	6.4	4.5	262.1	計測	両刃	斜縁状痕	斜刃
288	德蔵谷1-5	阿高～福田K2		未	安山岩	12.3	5	3.1		計測	両刃		
289	德蔵谷1-6	阿高～福田K2		未	安山岩	7.15	5.15	1.95	169.2	計測	両刃		
290	德蔵谷1-7	阿高～福田K2		未	結晶片岩	12.9	2.1	1.15	30.3	計測	両刃		
291	德蔵谷1-8	阿高～福田K2		未	安山岩	8.2	4.45	2.2	128.6	計測	未成品	凸	
292	德蔵谷1-9	阿高～福田K2		未	安山岩	9.15	5.45	2.9	216.6	計測	両刃	刃こぼれ	
293	德蔵谷1-10	阿高～福田K2		未	安山岩	10.05	5.6	2.5		計測	両刃	斜縁状痕	
294	德蔵谷1-11	阿高～福田K2		未	シルト頁岩		2.5	1.05		計測			
295	德蔵谷1-12	阿高～福田K2		未	安山岩	7.15	4.5	2		計測	両刃		
296	德蔵谷1-14	阿高～福田K2		未	蛇紋岩質	7.6	4.45	1.1		計測	片刃		
297	南福寺2-76	南福寺～福田K2	SK02	未	安山岩	7.6	4.1	1.15	49.7	計測	片刃	刃再生	
298	德蔵谷2-77	南福寺～福田K2	P65	未	安山岩	10.3	5.6	3.9	86.3	計測	片刃		北古賀型
299	德蔵谷2-78	南福寺～福田K2		未	安山岩	10.3	3.9	1.8	86.3	計測	片刃	刃再生	
300	德蔵谷2-79	南福寺～福田K2	包含層	未	シルト質頁岩	7.8	3.7	1.1	46.2	計測	片刃		

No.	資料名	遺構	土器型式	磁性	石質	最大長	最大幅	最大厚	重量	計測値	刃部	使用痕	備考
301	徳蔵谷 2-80	包含層	南福寺～福田 K2	未	安山岩	10.4	5.25	2.1	164.7	計測	未成品		
302	徳蔵谷 2-81	包含層	南福寺～福田 K2	未	安山岩	8.57	3.05	2.05	82.6	計測	両刃		
303	徳蔵谷 2-82	包含層	南福寺～福田 K2	未	安山岩		7.75	4.5		計測	両刃		
304	徳蔵谷 3-101	SX607	坂の下～福田 K2	未	安山岩		6.5	1.2		計測	片刃	刃こぼれ	
305	徳蔵谷 3-102	包含層	坂の下～福田 K2	未	安山岩		6.15	0.9		計測	片刃		
306	徳蔵谷 3-103	包含層	坂の下～福田 K2	未	頁岩	7.4	3.9	1.2	46.8	計測	片刃	刃こぼれ	有肩形
307	徳蔵谷 3-104	SK647	坂の下～福田 K2	未	蛇紋岩質	7.8	4.6	1.4	72.2	計測	片刃	刃こぼれ	
308	徳蔵谷 3-105	包含層	坂の下～福田 K2	未	安山岩	14.9	6	1.7	221.2	計測	両刃		
309	徳蔵谷 3-106	包含層	坂の下～福田 K2	未	安山岩	10.6	5.65	1.8	138.4	計測	未成品		
310	徳蔵谷 3-107	包含層	坂の下～福田 K2	未			5.5	3.2		報告書	未成品		
311	徳蔵谷 3-108	包含層	坂の下～福田 K2	未	安山岩		5.5	3.6		計測	未成品		
312	徳蔵谷 3-109	包含層	坂の下～福田 K2	未	安山岩		5.7	3		計測	未成品		
313	徳蔵谷 3-110	包含層	坂の下～福田 K2	未	安山岩		5.5	3.1		計測	両刃		
314	徳蔵谷 3-111	包含層	坂の下～福田 K2	未	安山岩		5.25	3.15		計測	両刃	刃こぼれ	
315	徳蔵谷 3-112	SX611	坂の下～福田 K2	未	安山岩		5.7	3.4		計測	両刃	剥離、潰れ	楔転用
316	徳蔵谷 3-113	包含層	坂の下～福田 K2	未	結晶片岩		3.5	1.6		計測	両刃		
317	徳蔵谷 3-114	包含層	坂の下～福田 K2	未	安山岩	9.5	4.85	3.1	188.2	計測	両刃		
318	徳蔵谷 3-115	包含層	坂の下～福田 K2	未	安山岩		4.95	2.8		計測	両刃		
319	徳蔵谷 3-116	包含層	坂の下～福田 K2	未	安山岩		6.3	2.7		計測	両刃		
320	徳蔵谷 3-118	包含層	坂の下～福田 K2	未	安山岩		6.4	3.7		計測	両刃		
321	徳蔵谷 4-46	包含層	坂の下～福田 K2	未	安山岩	16.8	5.17	3.3	390.4	計測		刃再生	
322	徳蔵谷 4-47	包含層	坂の下～福田 K2	未	安山岩	11.25	3.1	1.2	62	計測			狭刃
323	徳蔵谷 4-48	包含層	坂の下～福田 K2	未	安山岩	12.7	4.1	3.3	242.5	計測			
324	徳蔵谷 1-4	包含層	阿高～福田 K2	未	安山岩					計測			基片
325	徳蔵谷 1-13	包含層	阿高～福田 K2	未	安山岩					計測			
326	徳蔵谷 3-117	包含層	坂の下～福田 K2	未	安山岩					計測			基部片
327	徳蔵谷 3-119	包含層	坂の下～福田 K2	未	蛇紋岩質		6.6			計測	両刃	刃再生	
328	徳蔵谷 3-120	包含層	坂の下～福田 K2	未	花崗岩		7.2			計測	両刃	潰れ	
329	黒橋 98-153	包含層	阿高～福田 K2	未	蛇紋岩質	14.7	5.6	3.7	404.6	計測	片刃	刃こぼれ、線状痕	
330	黒橋 98-155	包含層	阿高～福田 K2	未	砂岩	6.42	2.72	1.1	29.4	計測	両刃		
331	黒橋 98-157	包含層	阿高～福田 K2	未	安山岩		5.3	2.57		計測			
332	黒橋 98-159	包含層	阿高～福田 K2	未	蛇紋岩質	9.1	3.4	1.25	69.1	計測	片刃		
333	黒橋 98-161	包含層	阿高～福田 K2	未	安山岩	7.31	4.6	1.73	82.2	計測	両刃	研磨	非実用？
334	黒橋 98-163	包含層	阿高～福田 K2	未	蛇紋岩質	9.5	2.92	1.77	73.9	計測	両刃	剥離	狭刃
335	黒橋 98-164	包含層	阿高～福田 K2	未	蛇紋岩質	11.25	3.2	1.8	107.6	計測	両刃	剥離	狭刃
336	黒橋 98-165	包含層	阿高～福田 K2	未	安山岩	9.25	2.26	1.55	59.2	計測	片刃	特になし	
337	黒橋 98-166	包含層	阿高～福田 K2	未	蛇紋岩質	8.6	2.6	1.32	48.8	計測	両刃	剥離	
338	黒橋 98-167	包含層	阿高～福田 K2	未	安山岩	9.95	6.3	3.6	302.8	計測	両刃	刃こぼれ、摩滅	
339	黒橋 98-168	包含層	阿高～福田 K2	未	蛇紋岩質	8.95	4.4	1.8	101.5	計測	両刃	刃こぼれ、線状痕	有肩形
340	黒橋 98-169	包含層	阿高～福田 K2	未	蛇紋岩質	11.1	5.75	1.7	155.6	計測	片刃	刃こぼれ、線状痕	
341	黒橋 98-170	包含層	阿高～福田 K2	未	蛇紋岩質	8.25	5.33	2.4	148.4	計測	両刃	線状痕	
342	黒橋 98-171	包含層	阿高～福田 K2	未	蛇紋岩質	10.15	5.25	1.8	135.6	計測	両刃	線状痕	広刃、有肩形
343	黒橋 98-172	包含層	阿高～福田 K2	未	頁岩	9.7	6.15	3	259.3	計測	両刃	刃こぼれ、線状痕	
344	黒橋 98-173	包含層	阿高～福田 K2	未	安山岩	9.75	5.67	2.18	183.5	計測	両刃	刃こぼれ	表裏面赤色化
345	黒橋 98-174	G-10 土坑 1	阿高～福田 K2	未	蛇紋岩質	9.8	4.75	1.95	126	計測	片刃	刃こぼれ	広刃、有肩形
346	黒橋 98-175	包含層	阿高～福田 K2	未	蛇紋岩質	10.25	5.55	3.16	250.6	計測	両刃	線状痕	
347	黒橋 98-176	包含層	阿高～福田 K2	未	安山岩	11.7	4.2	2.35	201.3	計測	片刃	刃こぼれ	
348	黒橋 98-177	包含層	阿高～福田 K2	未	安山岩	11.4	4.9	2.8	214.2	計測	片刃	刃こぼれ、線状痕	狭刃
349	黒橋 98-178	包含層	阿高～福田 K2	未	安山岩	12.55	6.08	4.48	539	計測	両刃	刃こぼれ、斜線痕	
350	黒橋 98-180	包含層	阿高～福田 K2	未	砂岩		3.7	3.1		計測	両刃	刃こぼれ	狭刃
351	黒橋 98-181	包含層	阿高～福田 K2	未	蛇紋岩質		3.75	1.45		計測	両刃	刃こぼれ、線状痕	損後側辺再生
352	黒橋 98-182	包含層	阿高～福田 K2	未	蛇紋岩質	10.55	6.5	3.5	356.9	計測	両刃	特になし	
353	黒橋 98-183	包含層	阿高～福田 K2	未	泥岩		9.45	2.3		計測	両刃		赤変
354	黒橋 98-185	包含層	阿高～福田 K2	未	安山岩	13.8	6.4	4.5	618.4	計測	両刃	特になし	
355	黒橋 98-186	包含層	阿高～福田 K2	未	蛇紋岩質		6.7	3.8		計測	片刃	刃こぼれ	
356	黒橋 98-187	包含層	阿高～福田 K2	未	片岩	11.65	6.7	3.9	552.5	計測	両刃	特になし	精製品
357	黒橋 98-190	包含層	阿高～福田 K2	未	蛇紋岩質	10.95	5.3	2.8	252.3	計測	両刃	剥離	
358	黒橋 98-191	包含層	阿高～福田 K2	未	砂岩	10.55	5.9	3.85	301.8	計測	両刃	剥離、刃こぼれ	
359	黒橋 98-192	包含層	阿高～福田 K2	未	安山岩	8.46	4.4	3.2	174	計測	両刃	剥離、潰れ	
360	黒橋 98-193	包含層	阿高～福田 K2	未	蛇紋岩質	8.68	4.67	2.7	164.7	計測	両刃	刃こぼれ	
361	黒橋 98-194	包含層	阿高～福田 K2	未	泥岩	9.6	6.3	4	328.8	計測	両刃	剥離	
362	黒橋 98-195	包含層	阿高～福田 K2	未	蛇紋岩質	11.6	7.5	2.57	330.9	計測	両刃	剥離、刃こぼれ	
363	黒橋 98-196	包含層	阿高～福田 K2	未	安山岩		5.38	3.7		計測	両刃		
364	黒橋 98-197	包含層	阿高～福田 K2	未	安山岩		6.38	2.92		計測	両刃	敲打	敲石転用
365	黒橋 98-198	包含層	阿高～福田 K2	未	安山岩	9.6	5.45	2.9	194	計測	両刃	剥離、刃こぼれ、潰れ	
366	黒橋 98-202	包含層	阿高～福田 K2	未	蛇紋岩質	11.4	5.45	3.45	299	計測	両刃	特になし	
367	黒橋 1549	包含層	阿高～福田 K2	未	安山岩	9.2	4.52	2.5	174.8	計測	両刃	剥離、刃こぼれ	
368	黒橋 1550	包含層	阿高～福田 K2	未	蛇紋岩質	6.95	4.18	1.41	65.1	計測	片刃	刃こぼれ、線状痕	
369	黒橋 1552	包含層	阿高～福田 K2	未	蛇紋岩質		3.65	1.02		計測			
370	黒橋 1556	包含層	阿高～福田 K2	未	蛇紋岩質		4.25	3.15		計測			基片
371	黒橋 1558	包含層	阿高～福田 K2	未	蛇紋岩質		2	1.57		計測			
372	黒橋 1561	包含層	阿高～福田 K2	未	蛇紋岩質	8.9	2.85	1.75	70.3	計測	両刃	刃こぼれ	狭刃
373	黒橋 1562	包含層	阿高～福田 K2	未	蛇紋岩質	7.3	3.1	1.72	68.9	計測	両刃	刃こぼれ	
374	黒橋 1565	包含層	阿高～福田 K2	未	安山岩	8.35	4.75	2.4	181.5	計測	両刃	刃こぼれ、線状痕	

No.	資料名	遺構	土器型式	磁性	石質	最大長	最大幅	最大厚	重量	計測値	刃部	使用痕	備考
375	黒橋1568	包含層	阿高～福田K2	未	蛇紋岩質	6.2	3.55	1.1	33.1	計測	片刃	刃こぼれ、線状痕	
376	黒橋1570	包含層	阿高～福田K2	未	安山岩	7.77	3.05	1.2	39.8	計測	片刃	剥離、刃こぼれ、線状痕	
377	黒橋1572	包含層	阿高～福田K2	未	安山岩		6.9	2.9		計測		刃こぼれ、摩滅	
378	黒橋1574	包含層	阿高～福田K2	未	安山岩		6.02	2.32		計測			
379	黒橋1575	包含層	阿高～福田K2	未	蛇紋岩質	11.6	7.52	3.8	488.2	計測	両刃	刃こぼれ	
380	黒橋1576	包含層	阿高～福田K2	未	安山岩		6.02	2.42		計測			
381	黒橋1578	包含層	阿高～福田K2	未	蛇紋岩質	8.6	6.35	3.5	282.8	計測	両刃	特になし	
382	黒橋1579	包含層	阿高～福田K2	未	安山岩	10.67	5.55	3.25	330.1	計測	両刃	特になし	
383	黒橋1582	包含層	阿高～福田K2	未	片岩	9.6	7.07	3.5	368.2	計測	両刃	剥離、潰れ	
384	黒橋1585	包含層	阿高～福田K2	未	蛇紋岩質		5.4	1.33		計測	片刃	刃こぼれ、線状痕	
385	黒橋1586	包含層	阿高～福田K2	未	蛇紋岩質	9.5	5.45	2.92	213.6	計測	両刃	刃こぼれ、研磨	
386	黒橋98-162	G-11土坑1	阿高～福田K2	未	砂岩			2.2		計測	両刃	剥離、刃こぼれ	狭刃
387	黒橋1551	包含層	阿高～福田K2	未	安山岩					計測			基片
388	黒橋1560	包含層	阿高～福田K2	未	蛇紋岩質			1.65		計測			基片
389	黒橋1564	包含層	阿高～福田K2	未	安山岩					計測			刃片
390	黒橋1566	包含層	阿高～福田K2	未	片岩			0.95		計測			双刃
391	黒橋1567	包含層	阿高～福田K2	未	安山岩					計測	両刃	刃こぼれ	刃片
392	黒橋1569	包含層	阿高～福田K2	未	泥岩					計測			胴片
393	黒橋1584	包含層	阿高～福田K2	未	蛇紋岩質			2.6	60.9	計測			
394	黒橋1587	包含層	阿高～福田K2	未	安山岩	14.5	7	3.15	396.5	計測	未成品		
395	黒橋98-154	包含層	阿高～福田K2	未	安山岩	13	5.47	3.1	291.7	計測	未成品		礫面残
396	黒橋98-156	包含層	阿高～福田K2	未	頁岩	13.8	5.67	2.1	273.9	計測	未成品		礫面残
397	黒橋98-158	包含層	阿高～福田K2	未	蛇紋岩質	9.4	3.36	1.5	83.1	計測	未成品		
398	黒橋98-160	包含層	阿高～福田K2	未	蛇紋岩質	11.3	5.85	2.95	266.8	計測	未成品		
399	黒橋98-179	包含層	阿高～福田K2	未	安山岩	10.35	5.9	2.7	225.1	計測	未成品	特になし	刃作出後破損
400	黒橋98-184	包含層	阿高～福田K2	未	粘板岩	11.1	7.8	2.6	312.5	計測	未成品		表裏面赤色化
401	黒橋98-188	流路3	阿高～福田K2	未	蛇紋岩質			2.2		計測	未成品		
402	黒橋98-189	包含層	阿高～福田K2	未	蛇紋岩質		4.7	1.6		計測	未成品		
403	黒橋98-199	包含層	阿高～福田K2	未	蛇紋岩質	11	5.4	2.2	173.2	計測	未成品		
404	黒橋98-200	包含層	阿高～福田K2	未	蛇紋岩質	10.32	4.95	2.6	157.4	計測	未成品	風化	刃のみ作出
405	黒橋98-201	包含層	阿高～福田K2	未	泥岩	10.5	4.8	2.85	194.3	計測	未成品		
406	黒橋98-203	包含層	阿高～福田K2	未	蛇紋岩質	17.28	6.4	4.3	616.5	計測	未成品		
407	黒橋98-204	包含層	阿高～福田K2	未	蛇紋岩質	10.2	6.8	3.25	333.3	計測	未成品		
408	黒橋98-205	包含層	阿高～福田K2	未	泥岩	10.2	5.25	2.05	159.4	計測	未成品		
409	黒橋98-206	包含層	阿高～福田K2	未	玄武岩	12.5	6.9	5.08	596.2	計測	未成品		
410	黒橋98-207	包含層	阿高～福田K2	未	片岩	12.05	5.75	2.7	221.2	計測	未成品		
411	黒橋98-208	包含層	阿高～福田K2	未	泥岩	16.08	6.8	3.4	432.4	計測	未成品		
412	黒橋98-210	包含層	阿高～福田K2	未	安山岩	11.6	5.86	2.65	242.9	計測	未成品		
413	黒橋1554	包含層	阿高～福田K2	未	安山岩	8.95	5.28	1.95	128.3	計測	未成品		
414	黒橋1555	包含層	阿高～福田K2	未	蛇紋岩質					計測	未成品		破損未成品
415	黒橋1557	包含層	阿高～福田K2	未	泥岩	10.55	5.3	2.78	219.7	計測	未成品		
416	黒橋1559	包含層	阿高～福田K2	未	蛇紋岩質		3	2.12		計測	未成品		
417	黒橋1563	包含層	阿高～福田K2	未	安山岩	8.28	6	2.27	135.5	計測	未成品	特になし	刃部のみ作出（両刃）
418	黒橋1571	包含層	阿高～福田K2	未	蛇紋岩質	7.22	2.75	1.82	48.3	計測	未成品		中形からノミ形への転用（片刃）
419	黒橋1573	包含層	阿高～福田K2	未	泥岩	10.6	5.5	2.85	273.1	計測	未成品		北古賀型
420	黒橋1577	包含層	阿高～福田K2	未	蛇紋岩質	14.77	6.5	4.6	612.3	計測	未成品		
421	黒橋1580	包含層	阿高～福田K2	未	安山岩	18.5	6.73	2.4	464.1	計測	未成品		
422	黒橋1581	包含層	阿高～福田K2	未	安山岩		4.72	2.78		計測	未成品		
423	黒橋1583	包含層	阿高～福田K2	未	片岩	14.8	6.7	3.35	537	計測	未成品		
424	黒橋76-1	包含層	阿高～福田K2	未			7.5	5.1		図面	両刃		
425	黒橋76-12	包含層	阿高～福田K2	未			5.4	3.39		図面			
426	黒橋76-2	包含層	阿高～福田K2	未			7.5	3.9		図面	両刃		
427	黒橋76-3	包含層	阿高～福田K2	未			6.54	3.45		図面	両刃		
428	黒橋76-4	包含層	阿高～福田K2	未		15.9	5.7	3.84		図面	両刃		
429	黒橋76-5	包含層	阿高～福田K2	未			6	3.6		図面	両刃		
430	黒橋76-6	包含層	阿高～福田K2	未			5.64	3.6		図面			敲石転用
431	黒橋76-7	包含層	阿高～福田K2	未			5.85	3.09		図面			敲石転用
432	黒橋76-8	包含層	阿高～福田K2	未			5.85	3.45		図面	両刃		基部再加工
433	上田代1054	25号住居	岩崎下層、出水	未	頁岩		3.75	1.54		計測			
434	上田代2869	包含層	岩崎下層、出水	未	蛇紋岩質	7.7	3.88	1.47	65.9	計測	両刃	剥離	有肩形
435	上田代2872	包含層	岩崎下層、出水	未	蛇紋岩質		3.77	1.78		計測			
436	上田代2873	包含層	岩崎下層、出水	未	蛇紋岩質	8.48	3.12	1.64	66	計測	両刃	摩滅、片線状痕	有肩形
437	上田代2874	包含層	岩崎下層、出水	未	蛇紋岩質	6.76	4.22	1.38	55	計測	未成品		粗研痕あり。有段形
438	上田代2875	包含層	岩崎下層、出水	未	蛇紋岩質	7.27	4.12	1.63	65.6	計測	未成品		
439	上田代2876	包含層	岩崎下層、出水	未	蛇紋岩質	8.59	2.62	1.11	40.2	計測	片刃	刃こぼれ	
440	上田代2877	包含層	岩崎下層、出水	未	蛇紋岩質	9.2	4.65	2.47	177.1	計測	未成品		側縁敲打・刃基剥離段階
441	上田代2878	包含層	岩崎下層、出水	未	蛇紋岩質（茶斑晶）	9.84	4.08	2.25	132.6	計測	両刃	剥離	
442	上田代2879	包含層	岩崎下層、出水	未	蛇紋岩質	9.93	5.6	3.8	291.8	計測	両刃	摩滅	未使用？
443	上田代2880	包含層	岩崎下層、出水	未	蛇紋岩質	10.32	4.06	2.4	140.3	計測	両刃	刃こぼれ	側縁再生。丸刃
444	上田代2881	包含層	岩崎下層、出水	未	蛇紋岩質	12.1	5.75	2.9	298.3	計測	未成品		両刃
445	上田代2882	包含層	岩崎下層、出水	未	シルト質砂岩	6.91	4.2	1.44	70.3	計測	両刃	刃こぼれ、片線状痕	有肩形
446	上田代2883	包含層	岩崎下層、出水	未	蛇紋岩質	9.15	3.73	1.86	105.7	計測	両刃	刃こぼれ、片線状痕	丸刃、有肩形
447	上田代2884	包含層	岩崎下層、出水	未	頁岩	6.24	2.68	1.07	28.6	計測	両刃	刃こぼれ	丸刃、有段形
448	上田代2885	包含層	岩崎下層、出水	未	細粒砂岩	6.86	3.72	1.14	44.8	計測	両刃	刃こぼれ	肩部敲打成形、有肩形

No.	資料名	遺構	土器型式	磁性	石質	最大長	最大幅	最大厚	重量	計測値	刃部	使用痕	備考
449	上田代 2887	包含層	岩崎下層、出水	未	頁岩	7.7	3.62	1.47	62	計測		未成品	
450	上田代 2888	包含層	岩崎下層、出水	未	頁岩	6.07	3.65	1.74	51.5	計測	両刃	刃こぼれ、研磨	未使用。ミニチュア？
451	上田代 2889	包含層	岩崎下層、出水	未	砂岩	7.23	2.93	1.93	57.3	計測	両刃	刃こぼれ	狭刃
452	上田代 2890	包含層	岩崎下層、出水	未	頁岩	8.3	2.88	1.6	57.6	計測	両刃	刃こぼれ、剥離	
453	上田代 2891	包含層	岩崎下層、出水	未	頁岩	10.55	4.74	1.85	122.5	計測	両刃	両斜線状痕	大形品の転用、有肩形
454	上田代 2893	包含層	岩崎下層、出水	未	頁岩	6.85	4.22	3.14	116.3	計測		未成品	大形品の転用（両刃）
455	上田代 2894	包含層	岩崎下層、出水	未	頁岩	9.96	3.93	1.47	84.1	計測	両刃	刃こぼれ、片線状痕	有段面に片線状痕あり
456	上田代 2895	包含層	岩崎下層、出水	未	頁岩	8.67	4.75	1.78	80.2	計測		未成品	
457	上田代 2896	包含層	岩崎下層、出水	未	頁岩	9.95	4.6	1.55	96	計測	両刃		刃再生後再生なし
458	上田代 2897	包含層	岩崎下層、出水	未	頁岩	9.6	3.71	1.8	119.6	計測	両刃	刃こぼれ、片線状痕	丸刃、有肩形
459	上田代 2898	包含層	岩崎下層、出水	未	細粒砂岩	8.52	5.06	2.35	141.8	計測	両刃	刃こぼれ、剥離	丸刃、刃片
460	上田代 2899	包含層	岩崎下層、出水	未	頁岩	9.85	5	2.45	176.9	計測	両刃	剥離、潰れ	楔転用未使用？
461	上田代 2900	包含層	岩崎下層、出水	未	頁岩	9.67	3.54	2.54	146.3	計測	両刃	刃こぼれ	丸刃
462	上田代 2902	包含層	岩崎下層、出水	未	細粒砂岩	8.65	4.48	1.43	96.6	計測	両刃	剥離、摩滅	有肩形
463	上田代 2904	包含層	岩崎下層、出水	未	頁岩		5.98	3.03		計測		剥離、潰れ	楔転用
464	上田代 2905	包含層	岩崎下層、出水	未	細粒砂岩	7.62	5.28	2.33	139.9	計測	両刃	刃こぼれ、剥離	
465	上田代 2907	包含層	岩崎下層、出水	未	砂岩		5.7	3.3		計測			刃片
466	上田代 2909	包含層	岩崎下層、出水	未	頁岩		5.38	2.3		計測	両刃		楔転用未使用、胴片
467	上田代 2910	包含層	岩崎下層、出水	未	頁岩	12.2	5.07	3.8	343.6	計測	両刃	刃こぼれ、摩滅	
468	上田代 2911	包含層	岩崎下層、出水	未	細粒砂岩	11.54	5.25	2	188.2	計測	両刃	刃こぼれ	
469	上田代 2912	包含層	岩崎下層、出水	未	砂岩	11.6	5.58	3.34	305.6	計測	両刃	刃こぼれ、摩滅	風化
470	上田代 2913	包含層	岩崎下層、出水	未	頁岩	9.27	5.43	3.31	256.1	計測	両刃	刃こぼれ、摩滅	刃線磨滅
471	上田代 2914	包含層	岩崎下層、出水	未	頁岩	10.29	7.09	3.22	249.1	計測		未成品	中形品素材
472	上田代 2915	包含層	岩崎下層、出水	未	細粒砂岩	12.54	5.63	2.8	286.1	計測	両刃	刃こぼれ、剥離	有肩形
473	上田代 2870	包含層	岩崎下層、出水	未	蛇紋岩質					計測		未成品	破片
474	上田代 2871	包含層	岩崎下層、出水	未	蛇紋岩質（白斑晶）					計測	両刃	剥離、摩滅	刃片
475	上田代 2886	包含層	岩崎下層、出水	未	泥岩					計測		刃こぼれ、両線状痕	側辺刃использ 利用？刃片
476	上田代 2892	包含層	岩崎下層、出水	未	頁岩					計測	両刃	刃こぼれ	刃片
477	上田代 2903	包含層	岩崎下層、出水	未	頁岩		5.67			計測	両刃		胴片
478	上田代 2906	包含層	岩崎下層、出水	未	細粒砂岩					計測	両刃	刃こぼれ、両線状痕	刃片
479	上田代 2908	包含層	岩崎下層、出水	未	細粒砂岩					計測			破片
480	上ノ平 595	包含層	阿高〜指宿	未	安山岩		5.3	3.4		計測			風化顕著
481	上ノ平 596	包含層	阿高〜指宿	未	安山岩	15.15	7.1	2.47	359.8	計測	両刃	刃こぼれ	
482	上ノ平 602	包含層	阿高〜指宿	未	頁岩		5.6	3.68		計測			基片
483	上ノ平 605	包含層	阿高〜指宿	未	頁岩		5	1.37		計測	両刃	刃こぼれ、剥離	
484	上ノ平 606	包含層	阿高〜指宿	未	粘板岩		2.25	1.37		計測	両刃	剥離、摩滅	
485	上ノ平 607	包含層	阿高〜指宿	未	粘板岩	8.85	3.12	1	34.2	計測	片刃	刃こぼれ、線状痕	片刃
486	上ノ平 608	包含層	阿高〜指宿	未	粘板岩	6.55	3.17	0.65	24.5	計測	片刃	刃こぼれ、線状痕	片刃
487	上ノ平 609	包含層	阿高〜指宿	未	粘板岩	10.35	1.4	2.6	52.5	計測	両刃	摩滅	ノミ状
488	上ノ平 611	包含層	阿高〜指宿	未	安山岩	12.25	4.28	3.05	225	計測	両刃	刃こぼれ、線状痕	
489	上ノ平 613	包含層	阿高〜指宿	未	頁岩	11.38	5.5	3.6	283.1	計測	両刃	刃こぼれ	刃再生後蔕石転用
490	上ノ平 616	包含層	阿高〜指宿	未	頁岩	9.32	6.47	3.1	277.5	計測	両刃	剥離	楔転用
491	上ノ平 617	包含層	阿高〜指宿	未	頁岩	8.6	5.9	3.35	240.6	計測	両刃	刃こぼれ、線状痕	
492	上ノ平 619	包含層	阿高〜指宿	未	頁岩		2.08	1		計測	両刃	刃こぼれ	刃片
493	上ノ平 604	包含層	阿高〜指宿	未	蛇紋岩質	7.9	4	1.15	57.1	計測	未成品	潰れ	胴部のみ研磨
494	上ノ平 610	包含層	阿高〜指宿	未	頁岩	8.78	4.7	1.2	67.6	計測	未成品		
495	上ノ平 597	包含層	阿高〜指宿	未	凝灰岩					計測			基片
496	上ノ平 598	包含層	阿高〜指宿	未	砂岩					計測			胴片
497	上ノ平 599	包含層	阿高〜指宿	未	安山岩					計測			胴片
498	上ノ平 600	包含層	阿高〜指宿	未	砂岩					計測			胴片
499	上ノ平 601	包含層	阿高〜指宿	未	安山岩					計測			胴片
500	上ノ平 603	包含層	阿高〜指宿	未	頁岩					計測			基片
501	上ノ平 612	包含層	阿高〜指宿	未	砂岩					計測			基片
502	上ノ平 614	包含層	阿高〜指宿	未	凝灰岩					計測			胴片
503	上ノ平 615	包含層	阿高〜指宿	未	頁岩					計測			胴片
504	上ノ平 620	包含層	阿高〜指宿	未	蛇紋岩質					計測	片刃	刃こぼれ	刃片
505	下吉田 29 図 3	1号住居	鐘崎	未	片岩	[10.2]	4.25	2.35	[139.1]	計測			
506	下吉田 29 図 4	1号住居	鐘崎	未	蛇紋岩質	11.1	4.4	2	170.7	計測	両刃	刃こぼれ、線状痕	類定角
507	下吉田 93 図 9	2号住居	鐘崎	未	蛇紋岩質	[12.6]	5.1	2.75	[257.8]	計測		摩滅	
508	下吉田 93 図 10	2号住居	鐘崎	未	蛇紋岩質	11.52	5.2	2.5	230.5	計測	両刃	剥離、摩滅	類定角
509	下吉田 198 図 1	包含層	鐘崎	未	泥岩・砂岩	11.7	6.5	2.6	315.2	計測	両刃		泥質細粒砂岩
510	下吉田 198 図 3	包含層	鐘崎	未	凝灰岩・粘板岩	13.15	5.8	3.4	444.6	計測	両刃	剥離	
511	下吉田 198 図 5	包含層	鐘崎	未	砂岩	12.6	7.3	3.8	545.5	報告書	両刃		
512	下吉田 198 図 7	包含層	鐘崎	未	凝灰岩		8.1	4.9	[641.8]	計測	両刃	剥離、摩滅	
513	下吉田 198 図 8	包含層	鐘崎	未	緑泥片岩		7.4	4.8		報告書	両刃		楔転用
514	下吉田 199 図 1	包含層	鐘崎	未	片岩	8	2.2	0.8	27.5	報告書	両刃		双刃
515	下吉田 199 図 2	包含層	鐘崎	未	蛇紋岩質	9.8	2.47	1.23	57	計測	両刃	刃こぼれ、線状痕	
516	下吉田 199 図 5	包含層	鐘崎	未	緑泥片岩	9.45	3.75	1.2	65.1	計測	両刃	刃こぼれ、線状痕	
517	下吉田 199 図 6	包含層	鐘崎	未	砂岩	[6.7]	6.4	0.8	[65]	報告書	両刃		
518	下吉田 199 図 7	包含層	鐘崎	未	蛇紋岩質	9.1	3.57	1.25	68.8	計測	両刃	刃こぼれ、線状痕	

No.	資料名	遺構	土器型式	磁性	石質	最大長	最大幅	最大厚	重量	計測値	刃部	使用痕	備考
519	下吉田 199 図 8	包含層	鐘崎	未	角閃片岩	7.8	5	1.1	72.5	計測	両刃	刃こぼれ	
520	下吉田 199 図 9	包含層	鐘崎	未	砂岩	10.5	4.5	1.45	95.6	計測		刃こぼれ	
521	下吉田 199 図 10	包含層	鐘崎	未	泥岩	8	5.43	1.95	97.3	計測	両刃	剥離、摩滅	赤紫色泥質砂岩
522	下吉田 199 図 11	包含層	鐘崎	未	緑泥片岩	9.55	4.28	1.65	101.5	計測	両刃	剥離、摩滅	
523	下吉田 199 図 12	包含層	鐘崎	未	蛇紋岩質	[9.45]	4.5	1.75	[108.5]	計測	両刃	線状痕	
524	下吉田 199 図 13	包含層	鐘崎	未	緑泥岩片	10.8	3.6	2	112.7	報告書	両刃		
525	下吉田 199 図 14	包含層	鐘崎	未	緑泥片岩	12.5	4.4	1.8	135.5	報告書	両刃		
526	下吉田 199 図 15	SAK32 茶褐	鐘崎	未	蛇紋岩質	11.4	4.9	1.4	121.9	計測	両刃	剥離、刃こぼれ	
527	下吉田 199 図 17	包含層	鐘崎	未	緑泥片岩	11.85	5.82	2.23	191.4	計測	両刃	刃こぼれ、線状痕	
528	下吉田 199 図 18	包含層	鐘崎	未	蛇紋岩質	9.7	5.5	2.23	196.3	計測	両刃	刃こぼれ、線状痕	
529	下吉田 199 図 19	包含層	鐘崎	未	蛇紋岩質	9.1	4.4	2.9	196.5	報告書	両刃		
530	下吉田 199 図 20	包含層	鐘崎	未	緑泥片岩	14	4.05	2.85	239	計測		刃再生	
531	下吉田 199 図 21	包含層	鐘崎	未	泥岩	12.1	5.7	3	239.5	報告書			敲打成形
532	下吉田 199 図 22	包含層	鐘崎	未	蛇紋岩質	11.2	5.06	2.55	243.2	計測	両刃	剥離、刃こぼれ	
533	下吉田 199 図 23	包含層	鐘崎	未	蛇紋岩質	12.4	5.4	2.9	262.1	計測	両刃	潰れ、摩滅	敲石転用
534	下吉田 11 トレ黒粘	SBII トレ黒粘		未	緑泥片岩	[6.65]	2.3	1	[27.6]	計測			
535	下吉田 11 表 16	SAK32		未	緑泥片岩	8.95	4.48	1.6	85.2	計測	両刃	刃こぼれ、線状痕	
536	下吉田 11 表 17	注記ナシ。SX	鐘崎	未	緑泥片岩	[8.95]	4.45	1.4	[92]	計測			
537	下吉田 11 表 18	SAG10/5・6 層	鐘崎	未	緑泥片岩	[10.23]	3.7	1.6	[95.4]	計測			
538	下吉田 11 表 22	SAK32 下茶褐包	鐘崎	未	蛇紋岩質	[11.3]	3.95	1.6	[105.7]	計測		刃再生	
539	下吉田 11 表 26	SBC7・2 層	鐘崎	未	凝灰岩-砂岩	[8.85]	4.15	2.7	[117.4]	計測			
540	下吉田 11 表 31	SAG11 黒粘	鐘崎	未	緑泥片岩	[9.07]	5.2	2.25	[126]	計測	両刃	刃こぼれ、線状痕	刃片
541	下吉田 11 表 32	SBII トレ X	鐘崎	未	片状蛇紋岩質	[11.3]	5	1.63	[129.2]	計測			
542	下吉田 11 表 36	SBC7・2 層地山	鐘崎	未	凝灰岩-泥岩	[8.95]	5.35	2.5	[150.9]	計測	両刃	剥離	SC 転用
543	下吉田 11 表 37	SBC21L 黒粘	鐘崎	未	緑泥片岩	[8.45]	4.65	2.63	[158.2]	計測	両刃	刃こぼれ	
544	下吉田 11 表 38	SBC7X	鐘崎	未	蛇紋岩質	[10.8]	4.72	2.53	[164.2]	計測			
545	下吉田 11 表 40	SBD7・2 層	鐘崎	未	蛇紋岩質	12.83	3.65	2.68	173.2	計測		刃こぼれ	刃再生
546	下吉田 11 表 41	SAG11・5 層	鐘崎	未	片状蛇紋岩質	[11.43]	4.15	1.55	[117.5]	計測		剥離、摩滅	
547	下吉田 11 表 43	SAF10 茶褐粘	鐘崎	未	閃緑玢岩	[8.2]	5.45	2.3	[181]	計測			
548	下吉田 12 表 46	SB2 住居上	鐘崎	未	緑泥片岩	9.6	5.03	2.73	193.8	計測	両刃	刃こぼれ	
549	下吉田 12 表 50	SAG10-1・6 層	鐘崎	未	玢岩	9.25	4.95	3.13	206.4	計測	両刃	剥離、刃こぼれ	敲打成形
550	下吉田 12 表 51	SBC7X	鐘崎	未	結晶片岩	12.1	5.1	2.2	208.9	計測		摩滅	
551	下吉田 12 表 52	SAK32 墳黒	鐘崎	未	陽起石片岩	[12.83]	5.9	1.95	[213.1]	計測			風化顕著
552	下吉田 12 表 55	SB3 トレ X	鐘崎	未	流紋岩-凝灰岩	[11.1]	6	2.7	[222]	計測			敲打成形
553	下吉田 12 表 57	SB1 トレ X	鐘崎	未	蛇紋岩質	[8.4]	5.4	3	[226.4]	計測	両刃	刃こぼれ、線状痕	
554	下吉田 12 表 60	SAG11・6 層	鐘崎	未	陽起石片岩	[14.2]	4.5	2.5	[238.2]	計測			
555	下吉田 12 表 62	SAG11 黒色、SBII トレ X	鐘崎	未	石英片岩	[14.3]	5.4	3.15	[343.7]	計測			胴片
556	下吉田 12 表 64	SAK32	鐘崎	未	蛇紋岩質	[9.85]	4.8	3.2	[244]	計測		損	敲打成形
557	下吉田 12 表 65	SAG11 黒包	鐘崎	未	蛇紋岩質	[9.3]	5.9	2.95	[249.7]	計測	両刃	剥離、刃こぼれ、線状痕	
558	下吉田 12 表 68	SBC7II トレ茶#	鐘崎	未	黒色片岩	10.5	5.18	2.87	288.3	計測	両刃	剥離、刃こぼれ、線状痕	
559	下吉田 12 表 70	SX	鐘崎	未	千枚岩	[13.1]	6.48	2.65	[299]	計測		刃再生	
560	下吉田 12 表 73	SBD8 十字トレ 2 層	鐘崎	未	凝灰岩-頁岩	[9.8]	6.7	2.85	[317.1]	計測	両刃	刃こぼれ、線状痕	凝灰質頁岩
561	下吉田 12 表 75	SA32 墳包	鐘崎	未	蛇紋岩質	14.75	6.68	2.8	356.7	計測		刃再生	
562	下吉田 12 表 76	SX	鐘崎	未	片状角閃石	[12.65]	5.8	3.4	[391.9]	計測		摩滅	刃再生
563	下吉田 12 表 77	SAG10・5 層	鐘崎	未	砂岩	[12.6]	7.1	3.62	[393.2]	計測	両刃	剥離、潰れ	
564	下吉田 12 表 79	SB	鐘崎	未	緑泥片岩	[13.5]	6	3.2	[413.6]	計測		摩滅	楔 or 敲石転用
565	下吉田 12 表 82	SAG11-15 黒粘	鐘崎	未	結晶片岩	[17.75]	6.55	3.6	[580.1]	計測			
566	下吉田 12 表 85	下吉田 AG10X	鐘崎	未	角閃片岩	[17.5]	7.5	3.45	[672.2]	計測		摩滅	
567	SAK32・543		鐘崎	未	蛇紋岩質	[7.8]	4.2	2.6	[116.2]	計測	両刃	剥離、潰れ	
568	SBD7X1012		鐘崎	未	泥岩	[9.8]	6.9	2.45	[219.9]	計測	両刃	剥離	
569	SBX1800		鐘崎	未	結晶片岩	[11.35]	3.1	1.4	[59.4]	計測			
570	下吉田 29 図 2	1 号住居		未	蛇紋岩質			2		計測			定角
571	下吉田 199 図 4	包含層	鐘崎	未	凝灰岩	[8]	4.3	[1.5]	[64.8]	計測	片刃	刃こぼれ	
572	下吉田 11 表 1	SBC9X	鐘崎	未	結晶片岩	[5.2]	[1.75]	[1.2]	[12]	計測			双刃刃か
573	下吉田 11 表 4	SBIトレ X	鐘崎	未	凝灰岩-砂岩	[7.97]	4.35	[1.1]	[54.9]	計測			凝灰質細粒砂岩
574	下吉田 11 表 7	SAG10-7 茶粘黒色	鐘崎	未	泥岩-砂岩	[6]	6.85	[1.13]	[62.9]	計測			赤紫色泥質砂岩
575	下吉田 11 表 9	SX	鐘崎	未	黒色片岩	[9.07]	[3.1]	[1.85]	[63.9]	計測			基片
576	下吉田 11 表 28	SAG11 黒	鐘崎	未	陽起石片岩	[12.43]	[3.55]	[1.85]	[119.7]	計測			
577	下吉田 12 表 53	SAG10 - 20	鐘崎	未	泥岩	[9.9]	[5.15]	2.45	[218]	計測			敲石転用
578	下吉田 12 表 54	SAG10-14	鐘崎	未	片状蛇紋岩質	[13]	[7.2]	1.85	[221.4]	計測		刃再生	
579	下吉田 12 表 56	SAG10-13 黒粘	鐘崎	未	緑泥片岩	[9.2]	[5.45]	2.7	[224.4]	計測			胴片
580	SAG10-14 黒包 198			未	蛇紋岩質	[4.3]	4.57	[1.4]	[40.1]	計測		刃こぼれ、線状痕	刃片
581	SAG10-7・225			未	片状蛇紋岩質	[12.6]	[5.5]	2.1	[187.7]	計測			
582	SAK32 下茶褐砂 1595		鐘崎	未	片岩	[7.9]	[6.68]	[1.9]	[148.9]	計測	両刃	刃こぼれ、線状痕	刃片
583	SBD8X1215		鐘崎	未	砂岩	[6.6]	5.95	[2.45]	[133.9]	計測	両刃	刃こぼれ	
584	SBO-8 十字トレ 2 層 1354		鐘崎	未	蛇紋岩質	[7.7]	5.25	[2.55]	[142.9]	計測	両刃	刃こぼれ	
585	下吉田 198 図 2	包含層	鐘崎	未	砂岩	[13.6]	5.15	2.95	[317]	計測	未成品		
586	下吉田 198 図 4	包含層	鐘崎	未	緑泥片岩	[18.8]	7.3	3.3	[500]	報告書	未成品		
587	下吉田 199 図 3	包含層	鐘崎	未	緑泥片岩	8.2	3.95	1.1	62.5	計測	未成品		
588	下吉田 199 図 16	包含層	鐘崎	未	細粒砂岩	13.2	5.4	1.8	178.8	報告書	未成品		
589	下吉田 11 表 44	SBC8	鐘崎	未	砂岩	[10.8]	4.95	2.55	[182.9]	計測	未成品		
590	下吉田 12 表 69	SBC6・2 層	鐘崎	未	凝灰岩質	14	5.55	2.45	292.3	計測	未成品		

No.	資料名	遺構	土器型式	磁性	石質	最大長	最大幅	最大厚	重量	計測値	刃部	使用痕	備考
591	下吉田 12 表 74	SBC9X	鐘崎	未	緑泥片岩	14.15	6.7	2.8	325.9	計測		未成品	
592	下吉田 12 表 84	SBC9	鐘崎	未	砂岩ホルンフェルス	13.55	7.9	3.7	581.1	計測		未成品	
593	SAX686		鐘崎	未	アプライト	10.65	4.83	1.52	118.2	計測		未成品	
594	SBC7・1661		鐘崎	未	緑泥片岩	10.07	5	1	71.1	計測		未成品	
595	SBC7・2 層 977		鐘崎	未	緑泥片岩	9.8	4.92	1.5	106.9	計測		未成品	
596	SBD7・2 層 1052		鐘崎	未	砂岩	[8]	[5.25]	[4.1]	[198.2]	計測		未成品	剥離	基片
597	SX1736		鐘崎	未	泥岩ホルンフェルス	8.53	3.12	1.22	47.2	計測		未成品	
598	挟間宮ノ下 14	1 号住居跡	鐘崎	未	安山岩	9.1	3.85	1.7	76.3	計測	両刃	剥離、刃こぼれ、摩滅	
599	SH01 南半下層南辺中央付近	1 号住居跡	鐘崎	未	蛇紋岩質	[10.9]	4.7	2.6	[211.2]	計測	両刃	剥離、刃こぼれ	
600	SH01 南半南壁近く中層下	1 号住居跡	鐘崎	未	片岩	[5.75]	4.35	1.3	[54.1]	計測	両刃	剥離、線状痕	
601	SH01 床面	1 号住居跡	鐘崎	未	蛇紋岩質	[13]	6.43	2.93	[380.3]	計測			
602	SH01 北半西端上層土器群	1 号住居跡	鐘崎	未	片岩	[17.1]	7.4	3.58	[693.4]	計測			
603	挟間宮ノ下 22	2 号住居跡	鐘崎	未	蛇紋岩質	9.95	4.53	1.45	117	計測	両刃	刃こぼれ	
604	挟間宮ノ下 27	3 号住居跡	鐘崎	未	結晶片岩	10.95	4.85	1.5	130.6	計測		未成品	
605	挟間宮ノ下 37	4 号住居跡	鐘崎	未	蛇紋岩質	8.05	3.57	0.93	50.8	計測		未成品	
606	SH4 南半下層落ち上層	4 号住居跡	鐘崎、石町	未	片岩	[8.7]	3.9	1.5	[79.2]	計測		未成品	
607	挟間宮ノ下 49	5 号住居跡	石町	未	蛇紋岩質	9.9	2.45	1.1	42.3	計測	両刃	刃こぼれ、線状痕	狭刃幅 1.8cm
608	SH05 東拡張区	5 号住居跡	石町	未	蛇紋岩質	[14.1]	5	3.05	[303.6]	計測	両刃	摩滅	刃再生
609	SH05・1 区下層落ち上層	5 号住居跡	石町	未	蛇紋岩質	12.85	4.88	2.2	229.9	計測		未成品	
610	SH05・3〜4 区間ベルト上層	5 号住居跡	石町	未	片岩	[9.3]	4.45	1.2	[95.4]	計測		未成品	
611	挟間宮ノ下 65	7 号住居跡	鐘崎	未	蛇紋岩質	[13.6]	4.88	3.05	[290.3]	計測			
612	SH07 中層	7 号住居跡	鐘崎	未	蛇紋岩質	[13.18]	5.65	3.3	[351.8]	計測			刃再生
613	挟間宮ノ下 73	8 号住居跡	鐘崎	未	片岩	10.38	4.2	1.4	89.6	計測	両刃	刃こぼれ	
614	SH08	8 号住居跡	鐘崎	未	蛇紋岩質	10.4	5.25	2.3	254	計測	両刃	摩滅	刃再生
615	挟間宮ノ下 82	9 号住居跡	鐘崎	未	蛇紋岩質	10.98	4.95	1.65	151.6	計測		未成品	
616	SH09	9 号住居跡	鐘崎	未	蛇紋岩質	[9.63]	5.15	2.8	[212.9]	計測			
617	挟間宮ノ下 91	11 号住居跡	鐘崎、石町	未	蛇紋岩質	7.7	4.65	1.3	73.9	計測	両刃	剥離、刃こぼれ	
618	挟間宮ノ下 92	11 号住居跡	鐘崎、石町	未	蛇紋岩質	13.9	6.85	3.8	662.6	計測	両刃	刃こぼれ	
619	SH11（12）	11 号住居跡	鐘崎、石町	未	蛇紋岩質	11.35	5.35	3	301.8	計測			
620	SH11（12）	11 号住居跡	鐘崎、石町	未	蛇紋岩質	9.85	5.58	2.33	240.7	計測	両刃	刃こぼれ、線状痕	
621	SH11（12）	11 号住居跡	鐘崎、石町	未	安山岩	14.5	7.1	4.6	814.6	計測			刃再生
622	挟間宮ノ下 99	13 号住居跡	鐘崎、石町	未	蛇紋岩質	13.55	5.48	2.7	367.3	計測	両刃	剥離、刃こぼれ	
623	挟間宮ノ下 105	14 号住居跡	鐘崎、石町	未	蛇紋岩質	[10.15]	5.3	1.9	[168.6]	計測			
624	SK03 南半下層	3 号土坑	鐘崎	未	蛇紋岩質	[9.18]	4.9	2.05	[128.4]	計測	両刃	摩滅	
625	SH01 付近拡張区		鐘崎	未	片岩	12.18	6.35	2.85	432.2	計測	両刃	刃こぼれ、線状痕	
626	挟間宮ノ下 48	5 号住居跡	石町	未	蛇紋岩質	[12.85]		[2.95]	[231.2]	計測		未成品	
627	SH06	6 号住居跡	鐘崎	未	砂岩		[4.7]	[2.55]		計測			胴片
628	SH09	9 号住居跡	鐘崎	未	蛇紋岩質	[9.35]	[5.2]	2.03	[156.3]	計測	両刃	剥離、潰れ	刃片
629	SH11（12）	11 号住居跡	鐘崎、石町	未	蛇紋岩質	[14.3]	[5.7]	2.7	[286.6]	計測			
630	SH01 南半西半下層の下	1 号住居跡	鐘崎	未	泥岩・頁岩					計測			SC 転用、刃片
631	SH04 南半上層	4 号住居跡	鐘崎、石町	未	蛇紋岩質					計測		胴片	
632	SH07・1 区最下層	7 号住居跡	鐘崎	未	片岩					計測			基片
633	SH08	8 号住居跡	鐘崎	未	緑泥片岩			1.9		計測			基片
634	SH08	8 号住居跡	鐘崎	未	片岩					計測			胴片
635	SH08	8 号住居跡	鐘崎	未	蛇紋岩質					計測			
636	上の原第 2・161	中近世集礫	岩崎、市来	未	砂岩	[14.37]	5.92	4.14	[461.5]	計測		損後、潰れ、摩滅	乳棒状。敲石転用
637	上の原第 2・162	中近世集礫	岩崎、市来	未	砂岩	[15.3]	6.57	3.44	[474.5]	計測		損後、潰れ、摩滅	乳棒状。敲石転用
638	上の原第 2・163	中近世集礫	岩崎、市来	未	砂岩	[15]	6.26	3.24	[395.5]	計測			
639	上の原第 2・164	中近世集礫	岩崎、市来	未	砂岩	[14.1]	6.51	3.35	[467.9]	計測			
640	上の原第 2・165	中近世集礫	岩崎、市来	未	砂岩	[13.86]	6.43	3.92	[495.9]	計測		損後、潰れ、摩滅	乳棒状。
641	上の原第 2・167	中近世集礫	岩崎、市来	未	砂岩	[13.8]	6.62	3.68	[462.7]	計測		損後、潰れ、摩滅	乳棒状。楔転用
642	上の原第 2・168	中近世集礫	岩崎、市来	未	砂岩	[12.45]	6.46	2.73	[310.7]	計測			楔転用
643	上の原第 2・173	中近世集礫	岩崎、市来	未	砂岩		6.12	4.2	[492.3]	計測		損後、上下端潰れ・摩滅	胴片
644	上の原第 2・174	中近世集礫	岩崎、市来	未	砂岩		6.12	3.64	[348.6]	計測		損後、潰れ、摩滅	楔転用。全面敲打痕
645	上の原第 2・175	中近世集礫	岩崎、市来	未	砂岩		5.95	3.9	[386.5]	計測			後面凹石転用
646	上の原第 2・176	中近世集礫	岩崎、市来	未	砂岩		4.36	1.32	[45.7]	計測	凹刃	片面直線状痕	
647	上の原第 2・177	中近世集礫	岩崎、市来	未	頁岩	[7.96]	5.33	2.7	[182.8]	計測		−	楔転用
648	上の原第 2・356	6 号住居	市来	未	頁岩ホルンフェルス	[15.2]	8.24	4.25	[801.7]	計測	両刃	潰れ	
649	上の原第 2・415	9 号住居	市来	未	頁岩	[9.8]	7.21	2.78	[369.5]	計測	両刃	潰れ、摩滅	定角式
650	上の原第 2・659	44 号土坑	市来	未	砂岩	[13.95]	6.86	3.86	[475.2]	計測		潰れ、摩滅	敲石転用
651	上の原第 2・739	包含層	岩崎、市来	未	泥質砂岩	14.62	5.46	2.82	326.9	計測	両刃	斜緑状痕	敲打痕
652	上の原第 2・742	包含層	岩崎、市来	未	砂岩	[8.53]	4.5	2.55	[129.3]	計測		刃再生、摩滅	石匙転用
653	上の原第 2・745	包含層	岩崎、市来	未	蛇紋岩質	[7.7]	5.25	2.87	[177]	計測		潰れ、摩滅	敲石転用。胴片
654	上の原第 2・746	包含層	岩崎、市来	未	砂岩	[7.75]	5.58	2	[130]	計測	凹刃	風化	
655	上の原第 2・747	包含層	岩崎、市来	未	砂岩	[8.96]	7.06	3.68	[353.4]	計測		潰れ、摩滅	楔転用。胴片
656	上の原第 2・748	包含層	岩崎、市来	未	砂岩	[6.8]	6.92	3.09	[222.9]	計測		潰れ、摩滅	楔転用。胴片
657	上の原第 2・749	包含層	岩崎、市来	未	砂岩	[9.42]	6.18	2.12	[176.3]	計測			胴片
658	上の原第 2・750	包含層	岩崎、市来	未	泥質砂岩	10.07	4.57	2.6	186.4	計測	両刃	剥離、摩滅	両側辺潰れ・摩滅。石匙転用

付　表

No.	資料名	遺構	土器型式	磁性	石質	最大長	最大幅	最大厚	重量	計測値	刃部	使用痕	備考
659	上の原第2・751	包含層	岩崎、市来	未	砂岩	[9.25]	3.73	2.49	[122]	計測		−	
660	上の原第2・752	包含層	岩崎、市来	未	頁岩質砂岩	[7.7]	3.92	2.9	[140.5]	計測		−	楔転用
661	上の原第2・753	包含層	岩崎、市来	未	砂岩	[12.72]	6.42	5	[568.2]	計測		潰れ、摩滅	敲石転用
662	上の原第2・755	包含層	岩崎、市来	未	砂岩	8.19	4.52	1.76	90	計測	弱片刃	片面直線状痕	
663	上の原第2・756	包含層	岩崎、市来	未	頁岩質砂岩	9.3	4.8	1.57	75.2	計測	未成品		
664	上の原第2・757	包含層	岩崎、市来	未	砂岩	8.6	5.4	1.8	103.1	計測	凹刃		ヘラ利用
665	上の原第2・758	包含層	岩崎、市来	未	砂岩	[9.25]	3.69	1.69	[86.2]	計測		摩滅	ヘラ利用
666	上の原第2・759	包含層	岩崎、市来	未	砂岩	8.62	4.28	1.88	90.9	計測		風化	小型楕円礫
667	上の原第2・760	包含層	岩崎、市来	未	頁岩質砂岩	8.33	4.27	1.72	96.1	計測	両刃	剥離、刃こぼれ、潰れ、摩滅	
668	上の原第2・761	包含層	岩崎、市来	未	粘板岩	6.78	3.75	0.89	42.7	計測	片刃	刃こぼれ、摩滅	扁平片刃
669	上の原第2・762	包含層	岩崎、市来	未	泥質岩	[5.25]	2.91	0.87	[23.5]	計測		−	胴片
670	上の原第2・763	包含層	岩崎、市来	未	頁岩質砂岩	8.83	1.5	1.92	42.8	計測	両刃	研磨	ノミ状
671	上の原第2・166	中近世集礫	岩崎、市来	未	砂岩		[5.91]	[2.95]		計測		−	乳棒状。
672	上の原第2・169	中近世集礫	岩崎、市来	未	砂岩					計測		−	乳棒状。基片
673	上の原第2・170	中近世集礫	岩崎、市来	未	砂岩					計測		−	乳棒状。基片
674	上の原第2・171	中近世集礫	岩崎、市来	未	砂岩					計測		−	基片
675	上の原第2・172	中近世集礫	岩崎、市来	未	泥岩			[2.4]		計測		−	基片
676	上の原第2・593	35号住居	岩崎	未	頁岩		[5.59]	[3.15]	[193.6]	計測			敲石、スクレイパー転用
677	上の原第2・740	包含層	岩崎、市来	未	砂岩	[10.85]	[6.8]	3.53	[355.8]	計測		−	敲打痕
678	上の原第2・741	包含層	岩崎、市来	未	砂岩			3.75		計測		−	基片
679	上の原第2・743	包含層	岩崎、市来	未	砂岩ホルンフェルス			2.9		計測		−	胴片
680	上の原第2・744	包含層	岩崎、市来	未	頁岩質砂岩			2.48		計測		−	基片
681	上の原第2・754	包含層	岩崎、市来	未	砂岩			3.8		計測		−	自然面あり
682	干迫944	包含層	鐘崎～太郎迫	未	安山岩	7.4	1.25	0.95	16.28	計測	両刃	剥離	
683	干迫945	包含層	鐘崎～太郎迫	未	粘板岩	6.7	0.9	1.5	14.6	報告書	片刃		
684	干迫946	包含層	鐘崎～太郎迫	未	安山岩	7.3	1.6	1.4	29.65	計測	片刃		
685	干迫947	包含層	鐘崎～太郎迫	未	蛇紋岩質	6.25	1.47	1.25	19.9	計測	片刃	刃こぼれ	刃再生
686	干迫948	包含層	鐘崎～太郎迫	未		7.9	2	0.8	18.18	報告書	両刃		
687	干迫950	包含層	鐘崎～太郎迫	未	粘板岩	6.9	2.8	0.9	28.2	計測	片刃	剥離	
688	干迫951	包含層	鐘崎～太郎迫	未	頁岩	8.7	3.55	1.9	101	計測	両刃		刃再生。狭刃2.25
689	干迫952	包含層	鐘崎～太郎迫	未	粘板岩	8.4	1.5	2.1	44.2	計測	両刃		
690	干迫953	包含層	鐘崎～太郎迫	未		4.6	2.5	0.6		報告書	片刃		
691	干迫954	包含層	鐘崎～太郎迫	未	安山岩	5.18	1.53	1.7	23.7	計測	片刃		受熱痕
692	干迫955	包含層	鐘崎～太郎迫	未	頁岩	6.2	2.3	1.95	33.9	計測	両刃	刃こぼれ	
693	干迫956	包含層	鐘崎～太郎迫	未	粘板岩	6	2.5	0.8	21.77	報告書	片刃		
694	干迫957	包含層	鐘崎～太郎迫	未	砂岩	8.3	1.7	1.27	29.7	計測	両刃	刃こぼれ	
695	干迫958	包含層	鐘崎～太郎迫	未	泥岩	5.45	3.4	1.65	33.9	計測	両刃	刃こぼれ、摩滅、線状痕	側辺磨滅
696	干迫959	包含層	鐘崎～太郎迫	未	砂岩	6.2	2.57	1.65	42.9	計測	両刃		刃再生
697	干迫960	包含層	鐘崎～太郎迫	未	ホルンフェルス	7	4.2	1.5	66.1	報告書	両刃		
698	干迫961	包含層	鐘崎～太郎迫	未	安山岩	8.75	2	1.4	38.9	計測	両刃		
699	干迫962	包含層	鐘崎～太郎迫	未	頁岩-ホルンフェルス	7.9	4.65	1.6	84.4	計測	両刃	刃こぼれ、線状痕	有肩形
700	干迫963	包含層	鐘崎～太郎迫	未	ホルンフェルス	7.8	4.2	1.4	78.17	報告書	両刃		
701	干迫964	包含層	鐘崎～太郎迫	未	粘板岩	9	3.5	1.2	54.53	報告書	両刃		
702	干迫965	包含層	鐘崎～太郎迫	未	安山岩		2.7	2.9		計測	両刃	潰れ	
703	干迫966	包含層	鐘崎～太郎迫	未	頁岩	9.2	5.8	2.4	169.48	報告書	両刃		
704	干迫967	包含層	鐘崎～太郎迫	未	頁岩	10.1	5.1	2.3	154.11	計測	両刃	刃こぼれ、線状痕	
705	干迫968	包含層	鐘崎～太郎迫	未	頁岩	8.55	6.07	2.75	250	計測	両刃	s	
706	干迫969	包含層	鐘崎～太郎迫	未	砂岩	10.4	5	3.2	250.9	計測	両刃	刃こぼれ	
707	干迫970	包含層	鐘崎～太郎迫	未	頁岩	8.1	4.3	1.8	93.91	報告書	両刃		
708	干迫971	包含層	鐘崎～太郎迫	未	頁岩	9.1	4.2	2.6	157.66	報告書	両刃		
709	干迫972	包含層	鐘崎～太郎迫	未	安山岩	7.8	4.5	2.1	111.69	報告書	両刃		
710	干迫973	包含層	鐘崎～太郎迫	未	砂岩	10.95	5.3	3.1	282	計測	両刃	潰れ	敲石転用
711	干迫974	包含層	鐘崎～太郎迫	未	粘板岩	11.2	4.5	1.8	125.7	計測	両刃	潰れ	
712	干迫975	包含層	鐘崎～太郎迫	未	頁岩		3.95	1.8		計測	両刃	刃こぼれ	
713	干迫977	包含層	鐘崎～太郎迫	未	砂岩	12.1	4.9	2.9	236.75	報告書	両刃		
714	干迫979	包含層	鐘崎～太郎迫	未	安山岩	11.35	5.1	2.8	205.1	計測	両刃	刃こぼれ、線状痕	
715	干迫980	包含層	鐘崎～太郎迫	未	頁岩	12.5	5.3	3.25	303.8	計測	両刃	剥離	
716	干迫981	包含層	鐘崎～太郎迫	未	頁岩	10.1	3.3	2.8	148.66	報告書	両刃		
717	干迫982	包含層	鐘崎～太郎迫	未	安山岩	13.6	6.42	3.4	422.3	計測	両刃	刃こぼれ	
718	干迫983	包含層	鐘崎～太郎迫	未	砂岩		5.5	3.4		計測	弱刃	剥離、潰れ	敲石転用
719	干迫984	包含層	鐘崎～太郎迫	未	安山岩		5.8	4.15		計測	両刃	潰れ	楔
720	干迫986	包含層	鐘崎～太郎迫	未		8.3	5.1	3	199.89	報告書	両刃		
721	干迫988	包含層	鐘崎～太郎迫	未		16	5.9	4.1	598	報告書	両刃		
722	干迫989	包含層	鐘崎～太郎迫	未	安山岩	20.7	6	3.9	668	報告書	片刃		
723	干迫990	包含層	鐘崎～太郎迫	未	ホルンフェルス	[15.8]	6.45	4.5	[659.5]	計測		潰れ	刃再生
724	干迫991	包含層	鐘崎～太郎迫	未			5.9	4.2		報告書			
725	干迫992	包含層	鐘崎～太郎迫	未	安山岩	[17.5]	6.8	4.2	[685.8]	計測		潰れ	刃再生
726	干迫993	包含層	鐘崎～太郎迫	未	ホルンフェルス	19.3	5.9	3.57	567.1	計測		剥離、潰れ	中央折れ
727	干迫11DⅡ	包含層	鐘崎～太郎迫	未	安山岩	10.4	5.5	3.5	290.5	計測	両刃	剥離、潰れ	敲石転用
728	干迫11G87R1	包含層	鐘崎～太郎迫	未	安山岩	7.6	5.6	2.75	165.4	計測	両刃	刃こぼれ、線状痕	
729	干迫11HR1	包含層	鐘崎～太郎迫	未	安山岩	9.5	5.95	2.4	180.6	計測	両刃	刃こぼれ	胴部再生
730	干迫11HR1	包含層	鐘崎～太郎迫	未	安山岩		7.35	4.2		計測	両刃	剥離、潰れ	
731	干迫12DⅥ	包含層	鐘崎～太郎迫	未	ホルンフェルス	13.4	6.93	4.23	668.2	計測	両刃	刃こぼれ	
732	干迫12FⅤ	包含層	鐘崎～太郎迫	未	片岩		6.45	3.65		計測		剥離、潰れ	
733	干迫12FⅤ	包含層	鐘崎～太郎迫	未	玄武岩	11.43	6.35	4.13	471.2	計測	両刃	潰れ	
734	干迫12G15Ⅴ	包含層	鐘崎～太郎迫	未	ホルンフェルス		4.5	3.15		計測	両刃	摩滅	刃部溝状凹み

No.	資料名	遺構	土器型式	磁性	石質	最大長	最大幅	最大厚	重量	計測値	刃部	使用痕	備考
735	干迫12G84R1	包含層	鐘崎～太郎迫	未	安山岩		5.87	3.6		計測	両刃	剥離、刃こぼれ、潰れ	
736	干迫12H32R1	包含層	鐘崎～太郎迫	未	安山岩		5.2	2.8		計測	両刃	刃こぼれ、摩滅	
737	干迫12HR1	包含層	鐘崎～太郎迫	未	玄武岩		5.85	4.3		計測	両刃	剥離、潰れ	
738	干迫12Hミゾ	包含層	鐘崎～太郎迫	未	安山岩		5.87	4		計測	両刃		刃再生
739	干迫13FⅣⅤ60	包含層	鐘崎～太郎迫	未	頁岩	9.85	5.68	1.45	118.1	計測	両刃	剥離、刃こぼれ、線状痕	扁平斧
740	干迫13FⅤ	包含層	鐘崎～太郎迫	未	粘板岩	8.5	5.33	1.43	108.8	計測	片刃	刃こぼれ	扁平斧
741	干迫13H21R1	包含層	鐘崎～太郎迫	未	安山岩	13	5.4	3.1	334.6	計測	両刃		狭刃3.85
742	干迫13H39R1	包含層	鐘崎～太郎迫	未	玄武岩		6.67	4.25		計測		摩滅	敲石転用
743	干迫13H61R1	包含層	鐘崎～太郎迫	未	安山岩	12.03	6.35	3.9	484.2	計測	両刃	刃こぼれ	
744	干迫13HR1	包含層	鐘崎～太郎迫	未	玄武岩	12.75	6.3	3.4	451.3	計測	両刃	刃こぼれ	
745	干迫13HR1	包含層	鐘崎～太郎迫	未	安山岩	8.4	5.03	2.82	181.1	計測	両刃	剥離、潰れ	
746	干迫13HR1	包含層	鐘崎～太郎迫	未	安山岩	18.1	6.45	4.1	614.5	計測	未成品		刃剥離再生
747	干迫14DⅤ	包含層	鐘崎～太郎迫	未	頁岩	7.77	4.7	2.45	97.3	計測	未成品	剥離、刃こぼれ	身部剥離再生
748	干迫14GⅤ	包含層	鐘崎～太郎迫	未	泥岩	8.05	5.8	3	221.9	計測	両刃	刃こぼれ	
749	干迫15FⅤ	包含層	鐘崎～太郎迫	未	頁岩-ホルンフェルス	12.6	4.7	2.87	223.2	計測	未成品	剥離、摩滅	刃再生
750	干迫15GⅤ	包含層	鐘崎～太郎迫	未	ホルンフェルス		7	4.5		計測	両刃	剥離、潰れ	
751	干迫15GR1	包含層	鐘崎～太郎迫	未	安山岩	10.5	5.3	2.85	224.8	計測	片刃	潰れ、摩滅	大型品転用
752	干迫15GR1	包含層	鐘崎～太郎迫	未	玄武岩		6.97	4.12		計測			刃再生
753	干迫16Ⅴ	包含層	鐘崎～太郎迫	未	安山岩	11.83	5.83	3.2	329.6	計測	両刃		
754	干迫16FⅤ	包含層	鐘崎～太郎迫	未	安山岩-ホルンフェルス		5.3	3.25		計測	両刃	摩滅	
755	干迫16FⅤ	包含層	鐘崎～太郎迫	未	ホルンフェルス		7.2	3.77		計測	両刃		
756	干迫16FR1	包含層	鐘崎～太郎迫	未	頁岩		6.4	2.8		計測	両刃	刃こぼれ	
757	干迫16G21R1	包含層	鐘崎～太郎迫	未	安山岩	9.6	6.7	3.8	389.4	計測	両刃	摩滅	
758	干迫16G24R1	包含層	鐘崎～太郎迫	未	安山岩-ホルンフェルス		6.95	3.4		計測	両刃	潰れ	
759	干迫16G55R1	包含層	鐘崎～太郎迫	未	玄武岩		6.9	3.6		計測	両刃	刃こぼれ	
760	干迫16G91R1	包含層	鐘崎～太郎迫	未	片岩	6.27	4.26	1.47	42.6	計測	両刃		ミニ石斧
761	干迫16HⅥ	包含層	鐘崎～太郎迫	未	安山岩	11.2	5.52	3.17	284.4	計測	未成品	剥離	楔転用？
762	干迫17JⅢ	包含層	鐘崎～太郎迫	未	安山岩	14.15	5.13	3.35	361.9	計測	未成品		刃剥離再生
763	干迫17LⅢ	包含層	鐘崎～太郎迫	未	安山岩		6.5	2.75		計測	両刃	剥離、刃こぼれ	
764	干迫17N谷	包含層	鐘崎～太郎迫	未	泥岩	9.05	5.05	1.85	109.3	計測	両刃	摩滅、線状痕	
765	干迫18EⅠ	包含層	鐘崎～太郎迫	未	安山岩		4.7	1.63		計測	両刃	刃こぼれ、線状痕	
766	干迫18EⅤ	包含層	鐘崎～太郎迫	未	泥岩		4.6	2.45		計測	両刃	摩滅	
767	干迫18E新ミゾ	包含層	鐘崎～太郎迫	未	粘板岩		5	1.58		計測	両刃		扁平斧
768	干迫18FR1	包含層	鐘崎～太郎迫	未	頁岩	8.98	5.5	1.7	116.2	計測	両刃	摩滅、線状痕	大型品転用
769	干迫18NⅣ	包含層	鐘崎～太郎迫	未			5.95	3		計測	両刃	刃こぼれ	
770	干迫19DⅤ	包含層	鐘崎～太郎迫	未	安山岩		7	3.75		計測	両刃	剥離、線状痕	
771	干迫19EⅦ	包含層	鐘崎～太郎迫	未	ホルンフェルス	11.65	6.95	3.35	431.2	計測	両刃	剥離、潰れ、線状痕	
772	干迫19EⅦ	包含層	鐘崎～太郎迫	未	安山岩	8.6	5.75	2.9	221.3	計測	両刃	潰れ	
773	干迫19EⅦ	包含層	鐘崎～太郎迫	未	頁岩		5.2	1.57		計測	片刃		扁平斧
774	干迫20EⅥ	包含層	鐘崎～太郎迫	未	安山岩	8.25	5.35	3.2	217.2	計測	両刃	剥離、刃こぼれ、線状痕	狭刃3.6
775	干迫20F43R1	包含層	鐘崎～太郎迫	未	ホルンフェルス	8.85	5.6	3.1	233	計測	両刃	摩滅	刃部溝状凹み
776	干迫20F45K1	包含層	鐘崎～太郎迫	未	片岩	10.18	6.18	3	306.6	計測	両刃	剥離、刃こぼれ、摩滅	草野型
777	干迫20F56R1	包含層	鐘崎～太郎迫	未	片岩	16.8	6.2	3.87	535.1	計測	両刃		
778	干迫20FR1	包含層	鐘崎～太郎迫	未	頁岩-ホルンフェルス	7.75	5.17	2.4	155.5	計測	両刃	刃こぼれ	
779	干迫20KⅤ	包含層	鐘崎～太郎迫	未	安山岩	8.45	5.45	2.45	158.9	計測	両刃	摩滅、線状痕	
780	干迫21EⅥ	包含層	鐘崎～太郎迫	未	安山岩	8.7	6.07	3	250.4	計測	両刃	剥離	円礫斧
781	干迫21F12R1	包含層	鐘崎～太郎迫	未	安山岩	13.1	5.53	2.7	281.4	計測	未成品	剥離、潰れ	刃再生
782	干迫21F23R1	包含層	鐘崎～太郎迫	未	泥岩-ホルンフェルス		6.95	2.9		計測	両刃		
783	干迫21F72R1	包含層	鐘崎～太郎迫	未	粘板岩	8.28	4.9	1.07	69.6	計測	両刃	刃こぼれ、線状痕	扁平斧
784	干迫21FR1	包含層	鐘崎～太郎迫	未	粘板岩	7.1	1.17	2.1	31.5	計測	両刃	刃こぼれ、線状痕	交差双刃斧
785	干迫22KⅡ	包含層	鐘崎～太郎迫	未	蛇紋岩質		5.3	1.9		計測	両刃	刃こぼれ、線状痕	
786	干迫22KⅤ	包含層	鐘崎～太郎迫	未	頁岩-ホルンフェルス		6.4	3.9		計測	両刃	剥離、刃こぼれ	
787	干迫22N81R2	包含層	鐘崎～太郎迫	未	安山岩		5.97	3.97		計測	両刃	潰れ	
788	干迫22O20R2	包含層	鐘崎～太郎迫	未	安山岩		5.32	3.2		計測	両刃	潰れ	敲石転用
789	干迫23K	包含層	鐘崎～太郎迫	未	安山岩		6.4	3.2		計測	両刃	剥離、潰れ	草野型
790	干迫23KⅣ	包含層	鐘崎～太郎迫	未	頁岩-ホルンフェルス	12.5	6.4	3.75	491.9	計測	両刃	剥離、刃こぼれ、線状痕	身部縦長剥離
791	干迫23LⅢ	包含層	鐘崎～太郎迫	未	安山岩		6.97			計測	両刃	剥離、刃こぼれ	
792	干迫4D7～10ミゾ	包含層	鐘崎～太郎迫	未	ホルンフェルス		8	4.25		計測	両刃		刃剥離再生
793	干迫8BⅢ	包含層	鐘崎～太郎迫	未	頁岩	13	6.3	3.1	398.1	計測	両刃	潰れ	
794	干迫E15Ⅴ	包含層	鐘崎～太郎迫	未	？	8.76	4.62	2.26	123.6	計測	未成品		刃剥離再生
795	干迫F15GⅤ	包含層	鐘崎～太郎迫	未	玄武岩	9.4	5.2	2.6	197.4	計測	両刃	摩滅	
796	干迫F15GR1	包含層	鐘崎～太郎迫	未	片岩		6.3	4.2		計測	両刃	潰れ	草野型
797	干迫F160	包含層	鐘崎～太郎迫	未	安山岩	8.8	5.5	1.6		報告書	両刃		
798	干迫	包含層	鐘崎～太郎迫	未	玄武岩		5.97	2.7		計測	両刃		
799	干迫注記ナシ	包含層	鐘崎～太郎迫	未	安山岩	11.15	4.7	2.9	189.6	計測	両刃	剥離、刃こぼれ	刃再生
800	干迫・表	表採	鐘崎～太郎迫	未	玄武岩	10.15	5.25	3.35	290.2	計測	両刃	潰れ	
801	干迫・表	表採	鐘崎～太郎迫	未	砂岩-ホルンフェルス		6.3	4.65		計測	両刃	刃こぼれ	
802	干迫・表	表採	鐘崎～太郎迫	未			5.36	3.55		計測			刃再生
803	干迫976	包含層	鐘崎～太郎迫	未						報告書			基片
804	干迫978	包含層	鐘崎～太郎迫	未						報告書			基片
805	干迫985	包含層	鐘崎～太郎迫	未	安山岩					報告書			基片
806	干迫987	包含層	鐘崎～太郎迫	未	砂岩					報告書			基片
807	干迫14GⅤ	包含層	鐘崎～太郎迫	未	砂岩			2.43		計測	両刃	刃こぼれ、線状痕	側辺SC転用、刃片

付　表

No.	資料名	遺構	土器型式	磁性	石質	最大長	最大幅	最大厚	重量	計測値	刃部	使用痕	備考
808	干迫16G56ミゾ	包含層	鐘崎～太郎迫	未	安山岩・ﾎﾙﾝﾌｪﾙｽ					計測	両刃	刃こぼれ	刃片
809	干迫16IV	包含層	鐘崎～太郎迫	未	蛇紋岩質			1.6		計測	片刃		
810	広田53-27	包含層	三万田～天城	未	蛇紋岩質	12.9	6.01	1.87	225.7	計測	未成品	なし	
811	広田60-1	包含層	三万田～天城	未	玄武岩	13	6	3.5	363	報告書	片刃		楔？
812	広田60-2	包含層	三万田～天城	未	玄武岩	9.65	3.35	1.24	49.3	計測	丸刃	刃こぼれ、線状	
813	広田60-3	包含層	三万田～天城	未	蛇紋岩質	[11.29]	5.75	3	[270.9]	計測	両刃	潰れ、面取	楔？打痕
814	広田60-4	包含層	三万田～天城	未	片岩	12.88	5.39	1.1	114.8	計測	両刃	片直線状痕	横斧
815	広田60-5	包含層	三万田～天城	未	玄武岩	[11.2]	6.1	3	[214.2]	計測			敲打痕
816	広田60-7	包含層	三万田～天城	未	玄武岩	[6.1]	2.97	1.84	[46.8]	計測	両刃丸刃		狭刃2.6cm。敲打痕
817	広田60-8	包含層	三万田～天城	未	蛇紋岩質	8.37	3.76	1.5	65.2	計測	片刃	刃こぼれ	
818	広田60-9	包含層	三万田～天城	未	蛇紋岩質	11.8	4.9	3	262	報告書	両刃		
819	広田60-10	包含層	三万田～天城	未	玄武岩	[8.1]	5.71	2.54	[180.6]	計測	両刃	剥離潰れ	楔転用？敲打痕
820	広田60-11	包含層	三万田～天城	未	頁岩	7.9	2.66	1.2	33.6	計測	未成品		
821	広田60-12	包含層	三万田～天城	未	玄武岩	14.14	5.8	3.12	369.6	計測	未成品		
822	広田60-13	包含層	三万田～天城	未	蛇紋岩質	7.65	5.04	1.67	104.4	計測	未成品	剥離	
823	広田60-14	包含層	三万田～天城	未	玄武岩	19.4	6.6	4.1	655	報告書	刃再生？		
824	広田61-15	包含層	三万田～天城	未	砂岩	10.27	6.42	2.58	220.7	計測	刃再生		敲打痕
825	広田61-16	包含層	三万田～天城	未	玄武岩	11	6.73	2.67	317.7	計測	両刃	斜線状痕	敲打痕
826	広田61-17	表採	三万田～天城	未	花崗岩	10.8	6.25	3.5	374.9	計測	両刃	剥離潰れ	敲打痕
827	広田61-18	表採	三万田～天城	未	玄武岩	[11.9]	5.4	2.63	[215]	計測	未成品		敲打成形後縦大剥離
828	広田61-19	表採	三万田～天城	未	砂岩		5.58	1.97	[102.7]	計測	両刃	刃こぼれ	刃片
829	広田1	包含層	三万田～天城	未	玄武岩	[11.2]	6.28	3.05	[313]	計測			敲打痕
830	広田36	包含層	三万田～天城	未	玄武岩		5.3	3.6		報告書			
831	広田39	包含層	三万田～天城	未	蛇紋岩質	11.8	3.5	1.3	289	計測	未成品		
832	広田60-6	包含層	三万田～天城	未	砂岩			3.4	[114.1]	計測	両刃		刃片。敲打痕
833	広田61-20	表採	三万田～天城	未	頁岩					計測	片刃	刃こぼれ、線状痕	柱状片刃片
834	広田40	包含層	三万田～天城	未	玄武岩	[12.3]	6.87	[2.7]	[341]	計測			胴片。敲打痕
835	広田62	包含層	三万田～天城	未	蛇紋岩質					計測			刃片
836	広田63	包含層	三万田～天城	未	蛇紋岩質					計測			破片
837	広田65	包含層	三万田～天城	未	蛇紋岩質					計測	両刃	刃こぼれ	刃片
838	広田66	包含層	三万田～天城	未	蛇紋岩質					計測			破片
839	広田73	包含層	三万田～天城	未	玄武岩					計測			基片。敲打痕
840	広田84	包含層	三万田～天城	未	玄武岩		5.4			計測			胴片。敲打痕
841	広田101	包含層	三万田～天城	未	玄武岩					計測		線状痕	刃片
842	広田104	包含層	三万田～天城	未	蛇紋岩質					計測			破片
843	広田106	表採	三万田～天城	未	玄武岩					計測	未成品		
844	広田115	表採	三万田～天城	未	玄武岩					計測		両面線状痕	刃片
845	広田117	包含層	三万田～天城	未	玄武岩					計測			刃片
846	広田138	包含層	三万田～天城	未	蛇紋岩質					計測			基片。敲打痕
847	広田146	包含層	三万田～天城	未	蛇紋岩質					報告書			刃片
848	広田147	包含層	三万田～天城	未	玄武岩					報告書			刃片
849	広田148	包含層	三万田～天城	未	片岩					計測			破片
850	広田201	包含層	三万田～天城	未	蛇紋岩質			3.2		計測			基片。敲打痕
851	広田202	包含層	三万田～天城	未	蛇紋岩質					報告書			胴片
852	広田204	包含層	三万田～天城	未	玄武岩					報告書			刃片
853	広田206	包含層	三万田～天城	未	玢岩					計測			胴片。敲打痕
854	広田215	包含層	三万田～天城	未	砂岩					報告書			破片
855	四箇L11c278	包含層	太郎迫、三万田	未	安山岩	8.6	4.95	1.4	76.1	計測	両刃	片面線状痕	
856	四箇L11c279	包含層	太郎迫、三万田	未	安山岩	[6.2]	5.05	1.25	[63.9]	計測	両刃	刃こぼれ	
857	四箇L11c280	包含層	太郎迫、三万田	未	蛇紋岩質	9.75	4.7	1.5	122.7	計測	両刃		3面取
858	四箇L11c281	包含層	太郎迫、三万田	未	安山岩	[7]	5.5	1.5	[82.4]	計測	両刃		
859	四箇L11c282	包含層	太郎迫、三万田	未	粘板岩	12.1	5.1	2.4	225.8	計測	両刃		
860	四箇L11c283	包含層	太郎迫、三万田	未	蛇紋岩質	11.4	5	1.8	165.9	計測	両刃		双刃
861	四箇L11c284	包含層	太郎迫、三万田	未	安山岩	12.4	4.2	2.55	169.1	計測	両刃		
862	四箇L11c285	包含層	太郎迫、三万田	未	蛇紋岩質	10.65	5	2		計測	両刃		
863	四箇L11c287	包含層	太郎迫、三万田	未	安山岩	14.2	5.5	3.3	342.8	計測		刃再生	
864	四箇L11c288	包含層	太郎迫、三万田	未	蛇紋岩質		3.8	2.8		計測			
865	四箇L11c291	包含層	太郎迫、三万田	未	安山岩	10.85	5.15	1.95	114	計測	両刃		
866	四箇L11c291	包含層	太郎迫、三万田	未	安山岩	18.2	5.6	3		報告書			
867	四箇L11c292	包含層	太郎迫、三万田	未	蛇紋岩質		6.2	3.3		計測			
868	四箇L11c293	包含層	太郎迫、三万田	未	蛇紋岩質		5.85	2.4		計測			
869	四箇L11c294	包含層	太郎迫、三万田	未	蛇紋岩質	15.05	5.8	2.8	322.8	計測			縦割れ後再生
870	四箇L11c295	包含層	太郎迫、三万田	未	蛇紋岩質	15.15	6.6	3	495.5	計測	両刃	刃再生	
871	四箇L11c399	包含層	太郎迫、三万田	未	安山岩		5.9	3.15		計測	両刃	つぶれ	
872	四箇L11c1025	包含層	太郎迫、三万田	未	蛇紋岩質		4.3	2.1		計測			胴片
873	四箇L11c286	包含層	太郎迫、三万田	未	蛇紋岩質	[11.5]	[5.2]	2.5		計測			
874	四箇L11c290	包含層	太郎迫、三万田	未	蛇紋岩質	[10]	[7]	2.6		計測			
875	四箇L11c296	包含層	太郎迫、三万田	未	蛇紋岩質	[13]	[5.5]	3		計測			
876	四箇L11c1022	包含層	太郎迫、三万田	未	安山岩					計測	両刃		
877	四箇L11c1032	包含層	太郎迫、三万田	未	蛇紋岩質					計測			
878	四箇L11c1033	包含層	太郎迫、三万田	未	安山岩					計測			
879	四箇L11c1049	包含層	太郎迫、三万田	未	凝灰岩			2.95		計測			
880	四箇L11c1066	包含層	太郎迫、三万田	未	安山岩			3.2		計測			
881	蔵上2361	包含層	三万田～広田	未	未	21.9	5.6	4.4	727	報告書		未	
882	蔵上2362	包含層	三万田～広田	未	未		5.7	3.8		報告書		未	
883	蔵上2363	包含層	三万田～広田	未	未		4.8	3.5		報告書		未	
884	蔵上2364	包含層	三万田～広田	未	未		5.7	3		報告書		未	
885	蔵上2365	包含層	三万田～広田	未	未		5.5	2.9		報告書		未	
886	蔵上2366	包含層	三万田～広田	未	未		6.6	3.3		報告書		未	

No.	資料名	遺構	土器型式	磁性	石質	最大長	最大幅	最大厚	重量	計測値	刃部	使用痕	備考
887	蔵上 2370	包含層	三万田〜広田	未	未		6.7	2.9		報告書		未	
888	蔵上 2371	包含層	三万田〜広田	未	未	13.1	5.7	2.7	296.9	報告書		未	刃再生
889	蔵上 2372	包含層	三万田〜広田	未	未		6.7	3.2		報告書		未	
890	蔵上 2376	包含層	三万田〜広田	未	未		5.4	3		報告書		未	
891	蔵上 2377	包含層	三万田〜広田	未	未		5.6	3.6		報告書		未	
892	蔵上 2381	包含層	三万田〜広田	未	未	11.4	5.3	2.1	201.4	報告書		未	
893	蔵上 2382	包含層	三万田〜広田	未	未	11.3	6	2.9	236.8	報告書		未	
894	蔵上 2383	包含層	三万田〜広田	未	未		5.2	3		報告書		未	
895	蔵上 2384	包含層	三万田〜広田	未	未	11.3	5.4	2	194.3	報告書		未	
896	蔵上 2388	包含層	三万田〜広田	未	未	9.9	5	2.9	191.3	報告書		未	
897	蔵上 2389	包含層	三万田〜広田	未	未	9.4	4.1	1.5	88.2	報告書		未	
898	蔵上 2390	包含層	三万田〜広田	未	未		4.4	1.8		報告書		未	
899	蔵上 2391	包含層	三万田〜広田	未	未		4.7			報告書		未	
900	蔵上 2392	包含層	三万田〜広田	未	未		3.1	1.5		報告書		未	
901	蔵上 2393	包含層	三万田〜広田	未	未	6.1	3.6	1.6	56.2	報告書		未	
902	蔵上 2394	包含層	三万田〜広田	未	未		3.3	1.2		報告書		未	
903	蔵上 2395	包含層	三万田〜広田	未	未		3.5	1.7		報告書		未	
904	蔵上 2367	包含層	三万田〜広田	未	未		6.1			報告書		未	
905	蔵上 2368	包含層	三万田〜広田	未	未		5.8			報告書		未	刃片
906	蔵上 2373	包含層	三万田〜広田	未	未					報告書		未	
907	蔵上 2374	包含層	三万田〜広田	未	未					報告書		未	基片
908	蔵上 2375	包含層	三万田〜広田	未	未			2.4		報告書		未	
909	蔵上 2369	包含層	三万田〜広田	未	未					報告書		未	刃片
910	蔵上 2360	包含層	三万田〜広田	未	未					報告書		未	
911	蔵上 2378	包含層	三万田〜広田	未	未					報告書		未	
912	蔵上 2379	包含層	三万田〜広田	未	未					報告書		未	基片
913	蔵上 2380	包含層	三万田〜広田	未	未					報告書		未	基片
914	蔵上 2385	包含層	三万田〜広田	未	未					報告書		未	
915	蔵上 2386	包含層	三万田〜広田	未	未					報告書		未	
916	蔵上 2387	包含層	三万田〜広田	未	未					報告書		未	
917	大久保 116-1	XII区	三万田	未	角閃石石英片岩	[14.9]	6.5	3.1	[501.1]	報告書	−	未	乳棒状
918	大久保 116-2	IX区	三万田	未	蛇紋岩	[11.4]	4.9	2.4	[190.1]	報告書	−	未	
919	大久保 116-3		三万田	未	玄武岩	[8.9]	5.1	2.8	[160.3]	報告書	−	未	乳棒状
920	大久保 116-4	XII区		未	蛇紋岩	[9.2]	5.2	2.2	[156]	報告書	−	未	
921	大久保 116-6		三万田	未	粘板岩	11.5	5	1.4	120.8	報告書	両刃、刃再生	未	
922	大久保 117-4	XII区		未	蛇紋岩	9.6	5.3	1.1	93.7	報告書	両刃	未	
923	大久保 118-7		三万田	未	蛇紋岩	[6.3]	4.7	1.3	[54.7]	報告書		未	
924	大久保 119-4		三万田	未	蛇紋岩	8.5	3	1.6	68.7	報告書	弱片刃	未	
925	大久保 119-5	XIII区	三万田	未	蛇紋岩	8.3	2.6	1.8	64.7	報告書		未	
926	大久保 119-6		三万田	未	蛇紋岩	10	4.9	2.1	135.6	報告書	両刃	未	
927	大久保 119-7	1303 住	三万田	未	粘板岩	10.6	4.6	1.2	71.3	報告書	両刃	未	
928	大久保 119-8	XIII区	三万田	未	蛇紋岩	[5.4]	4.6	1.9	[64.7]	報告書	両刃	未	
929	大久保 119-9	VIII区	三万田	未	雲母片岩	[7]	3.6	2.1	[40]	報告書	−	未	
930	大久保 116-5	1301 号溝	三万田	未	石墨石英片岩	[11.7]	5.2	[2.8]	[234.1]	報告書	−	未	乳棒状
931	大久保 119-1	1001 号溝	三万田	未	輝石安山岩	[8.2]	[5.4]	[0.9]	[64.2]	報告書	−	未	円筒状、破片
932	布平 98	包含層	三万田〜古閑	未	凝灰岩	[10.8]	5.4	2.9	[228.3]	報告書		剥離、片面線状痕	黒褐色付着物
933	布平 101	包含層	三万田〜古閑	未	凝灰岩	[10.1]	5.1	3	[186.9]	報告書			基部黒化
934	布平 102	包含層	三万田〜古閑	未	凝灰岩	[7.4]	5.7	2.8	[157.1]	報告書			基部黒化
935	布平 103	包含層	三万田〜古閑	未	凝灰岩	[11.6]	5.5	3.3	[311.5]	報告書			
936	布平 104	包含層	三万田〜古閑	未	凝灰岩	[13.5]	5.1	3.8	[330.1]	報告書			
937	布平 105	包含層	三万田〜古閑	未	凝灰岩	10.2	1.25	1.4	59	計測		刃こぼれ	ノミ形
938	布平 107	包含層	三万田〜古閑	未	蛇紋岩質	11.35	5.5	1.7	158.8	計測		直線状痕	
939	布平 108	包含層	三万田〜古閑	未	凝灰岩	[4.4]	5.4	1	[37.8]	報告書		研磨	扁平
940	布平 110	包含層	三万田〜古閑	未	凝灰岩	[9.3]	4.7	2	[147.8]	報告書		剥離	クサビ
941	布平 554	包含層	三万田〜古閑	未	細粒砂岩	[5.1]	5	2.6	[99.7]	報告書			刃片
942	布平 558	包含層	三万田〜古閑	未	凝灰岩	[11.1]	4.8	2.6	[214.6]	報告書			
943	布平 559	包含層	三万田〜古閑	未	蛇紋岩質	9.5	5.2	2.7	148.7	報告書		剥離、摩滅	
944	布平 564	包含層	三万田〜古閑	未	片岩	[6.3]	2.3	1.95	[44]	計測			
945	布平 565	包含層	三万田〜古閑	未	凝灰岩	[7.4]	5.8	3.7	[295.8]	報告書			胴片
946	布平 566	包含層	三万田〜古閑	未	凝灰岩	[6.5]	3.7	2.1	[73.9]	報告書			胴片
947	布平 567	包含層	三万田〜古閑	未	片岩	9.7	5	3.07	181.7	計測	凹刃	剥離、刃こぼれ、線状痕、摩滅	
948	布平 568	包含層	三万田〜古閑	未	片岩	12.2	5.2	2.7	249.3	計測		剥離	基部黒色化
949	布平 570	包含層	三万田〜古閑	未	片岩	9.04	3.12	0.93	49	計測		刃こぼれ	双刃
950	布平 574	包含層	三万田〜古閑	未	凝灰岩	8.74	2.05	1.22	44	計測		刃こぼれ	
951	布平 97	包含層	三万田〜古閑	未	凝灰岩	14.4	5.6	2.7	306.1	報告書	未成品	研磨	
952	布平 99	SH609	三万田〜古閑	未	凝灰岩	[7.5]	5.1	3	[196.2]	報告書	未成品		
953	布平 100	包含層	三万田〜古閑	未	細粒砂岩	[11.1]	4.8	2.6	[138.6]	報告書	未成品		
954	布平 106	包含層	三万田〜古閑	未	緑色岩質	10.5	5.2	1.3	93	報告書	未成品	研磨	扁平
955	布平 555	包含層	三万田〜古閑	未	凝灰岩	[9]	4.7	3.4	[210.5]	報告書	未成品		
956	布平 556	包含層	三万田〜古閑	未	凝灰岩	12.2	3.9	2.5	189.8	報告書	未成品	剥離、摩滅	
957	布平 562	包含層	三万田〜古閑	未	凝灰岩	[13.7]	6.3	3.7	[438.6]	報告書	未成品		
958	布平 563	包含層	三万田〜古閑	未	凝灰岩	[8.4]	6	2.4	[141.5]	報告書	未成品		円礫片
959	布平 571	包含層	三万田〜古閑	未	片岩	7.7	3.4	0.6	20.9	報告書	未成品		
960	布平 572	包含層	三万田〜古閑	未	緑泥岩	7.4	2.4	0.7	13.6	報告書	未成品		
961	布平 573	包含層	三万田〜古閑	未	緑泥片岩	7	2.2	0.4	9.9	報告書	未成品		
962	布平 109	包含層	三万田〜古閑	未	凝灰岩	[7]	[2.8]	1.5	[39]	報告書		研磨	
963	布平 557	包含層	三万田〜古閑	未	凝灰岩	[4.5]	[2.5]	[1.5]	[19.3]	報告書			刃片
964	布平 560	包含層	三万田〜古閑	未	泥質頁岩	[3.2]	[3.7]	[1.7]	[22.2]	報告書			刃片
965	布平 561	包含層	三万田〜古閑	未	蛇紋岩質	[10]	[1.7]	[2.4]	[50.3]	報告書			刃片
966	布平 569	包含層	三万田〜古閑	未	凝灰岩	[5.6]	[4.8]	[1.5]	[49.3]	報告書			刃片
967	香椎 A6 次 10-8	SD01	古閑、黒川	微弱	滑石質	7.86	3.33	1.24		計測	両刃	刃こぼれ	

No.	資料名	遺構	土器型式	磁性	石質	最大長	最大幅	最大厚	重量	計測値	刃部	使用痕	備考
968	香椎 A6 次 10-9	SD01	古閑、黒川	微弱	滑石質	7	3.36	0.87		計測		未成品	摩滅品
969	香椎 A6 次 10-11	SD01	古閑、黒川	−	粘板岩	7.44	4.47	0.93		計測		未成品	全体に摩滅
970	香椎 A7 次 26-1	SD05	古閑、黒川	−	風化強	12.9	3.69	1.85	118.4	計測	凹刃		神子柴系か
971	香椎 A6 次 26-2	SD05	古閑、黒川	強	玄武岩	[10.8]	6	4		計測	両刃	潰れ	敲石転用。今山系か
972	香椎 A6 次 40-9	SD10・11	古閑、黒川	弱		[8.9]	5.38	1.9		計測	片刃		
973	香椎 A6 次 40-10	SD10・11	古閑、黒川	弱	蛇紋岩質	[9.39]	5.81	2.27		計測	両刃	刃こぼれ、線状痕	
974	香椎 A6 次 42-8	SD10・11	古閑、黒川	−		[12.64]	5.79	3.2		計測			乳棒状
975	香椎 A6 次 42-9	SD10・11	古閑、黒川	−	片岩質	[16.1]	7.12	3.48		計測		摩滅	掻器転用か
976	香椎 A7 次 49-4	SD10・11	古閑、黒川		頁岩	10.39	4.73	2.27	136.8	計測	両刃	全体に風化	
977	香椎 A7 次 49-5	SD10・11	古閑、黒川		層灰岩	16.9	6.03	2.12	[287.8]	計測	片刃	全体に風化	
978	香椎 A6 次 10548	Ⅰ区 RS03	古閑、黒川	微弱		[9.88]	6.8	3.92		計測	両刃		敲打後一部研磨
979	香椎 A6 次 10549	Ⅰ区 RS05	古閑、黒川	微弱	ホルンフェルス	[14.06]	5.77	3.71		計測			敲打後研磨
980	香椎 A6 次 10550	Ⅰ区 RS06	古閑、黒川	微弱		[7]	4.71	1.35		計測	両刃	線状痕か	
981	香椎 A6 次 10551	Ⅰ区 RS07	古閑、黒川		ホルンフェルス	6.5	3.62	1		計測	両刃		風化強い
982	香椎 A6 次 10563	Ⅲ区 SD10 下層 3・4トレ間	古閑、黒川	微弱	輝緑凝灰岩	[9.9]	3.6	2.1		計測			
983	香椎 A6 次 10564	Ⅲ区 SD01 下層 3・4トレ間	古閑、黒川	−	頁岩	[7.1]	4.92	1.74		計測			破片
984	香椎 A6 次 10565	Ⅲ区 SD11 西側	古閑、黒川	−	片岩質	[5.2]	5.5	1.59		計測	未成品		
985	香椎 A6 次 10566	Ⅲ区 SD11 下層 1トレ	古閑、黒川	−	蛇紋岩質	[3.87]	5.44	1.7		計測	両刃		
986	香椎 A7 次 10549	Ⅴ区 SD10 3層	古閑、黒川	−	片岩質	[9.74]	4.36	2.26	[129.2]	計測			
987	香椎 A7 次 10557	Ⅴ区 SD10 3層 南端	古閑、黒川	微弱	緑色岩	[9.69]	4.69	2.15	[170.6]	計測			
988	香椎 A6 次 40-8	SD10・11	古閑、黒川	微弱	滑石質	[7.34]	[4.83]	3.12		計測			乳棒状
989	香椎 A6 次 10567	Ⅲ区 SD11 下層 2トレ	古閑、黒川	微弱	層灰岩	[5.04]	[4.3]	1.38		計測	未成品		
990	香椎 A7 次 10572	Ⅶ区 SP37	古閑、黒川	中	蛇紋岩	[5.05]	[5.8]	[1.92]	[76.4]	計測		刃こぼれなし	
991	クリナラ M1	Ⅴ区 1層	古閑、黒川	未	蛇紋岩質	5.57	1.53	0.71	9.6	計測	両刃	使用痕なし	ノミ
992	クリナラ M2	Ⅳ区 1層		未	蛇紋岩質	7.3	2.17	1.2	31	計測	両刃		風化著しい。双刃
993	クリナラ M3	2層	古閑、黒川	未	片岩	7.53	2.32	1.14	31.7	計測	未成品		
994	クリナラ M5	Ⅴ区 1層	古閑、黒川	未	結晶片岩	9.07	3.97	1.43	81.3	計測	未成品		
995	クリナラ M6	2層	古閑、黒川	未	蛇紋岩質	12.8	5.87	2.4	[261.9]	計測	両刃	剥離	類定角式
996	クリナラ M8	2層	古閑、黒川	未	蛇紋岩質	[11.65]	5.79	1.6	[168.3]	計測			類定角式
997	クリナラ M9	2層	古閑、黒川	未	蛇紋岩質	[11.6]	5.37	2.3	[201.8]	計測		刃再生	類定角式
998	クリナラ M10	Ⅳ区 2層	古閑、黒川	未	結晶片岩	[11.93]	5.82	2.8	[257.2]	計測			
999	クリナラ M11	Ⅲ区 1層	古閑、黒川	未	結晶片岩	[12.88]	4.45	2.15	[201.2]	計測		未成品	
1000	クリナラ M13	2層	古閑、黒川	未	結晶片岩	[11.5]	6.87	2.3	[290]	計測	両刃	剥離、摩滅	研ぎ直し
1001	クリナラ D32	Ⅱ区 2層	古閑、黒川	未	片岩		5.1	1.8		計測	未成品		
1002	クリナラ D35	2層	古閑、黒川	未	片岩		5.57	1.68		計測	未成品		
1003	クリナラ D67	Ⅱ区 2層	古閑、黒川	未	片岩		3.08	0.85	[18.2]	計測		刃こぼれ、線状痕	横斧
1004	クリナラ M4	P220	古閑、黒川	未	蛇紋岩質			1.05		計測			
1005	クリナラ M7	5号住居跡	古閑、黒川	未	蛇紋岩質					計測		刃こぼれ	刃片
1006	クリナラ M12	Ⅲ区 2層	古閑、黒川	未	結晶片岩	[9.6]	[4.7]	2.27	[122.9]	計測			
1007	クリナラ M14	Ⅱ区 1層西側	古閑、黒川	未	蛇紋岩質		[5.75]			計測	両刃	刃こぼれ	刃片
1008	クリナラ M15	P295	古閑、黒川	未	片岩			1.8		計測			基片
1009	クリナラ M16	Ⅱ区 2層	古閑、黒川	未	結晶片岩					計測			乳棒状。基片
1010	クリナラ M17	Ⅵ区 1号集石	古閑、黒川	未	頁岩					計測			刃片
1011	クリナラ M18	Ⅳ区 2層	古閑、黒川	未	片岩					計測	両刃	刃こぼれ	刃片
1012	クリナラ M19	Ⅱ区 1層	古閑、黒川	未	緑色岩		[4.7]	2.87		計測			敲石転用
1013	大坪 1416	包含層	入佐、黒川	未	砂岩	17.12	5.96	3.61	538	報告書	両刃	未	
1014	大坪 1417	包含層	入佐、黒川	未	安山岩	15.3	5.22	3.33	415	報告書	両刃	未	
1015	大坪 1418	包含層	入佐、黒川	未	蛇紋岩質	12.94	6.02	2.27	264	報告書	両刃	未	
1016	大坪 1419	包含層	入佐、黒川	未	砂岩	[10.34]	4.99	3.09	[240]	報告書	両刃	未	
1017	大坪 1420	包含層	入佐、黒川	未	砂岩	10.77	5.04	2.66	224	報告書	両刃	未	
1018	大坪 1421	包含層	入佐、黒川	未	砂岩	10.43	4.68	2.94	210	報告書	両刃	未	
1019	大坪 1422	包含層	入佐、黒川	未	砂岩	[7.7]	7.17	2.81	[235]	報告書	両刃	未	
1020	大坪 1423	包含層	入佐、黒川	未	砂岩	[8.22]	6.16	2.66	[218]	報告書	両刃	未	
1021	大坪 1424	包含層	入佐、黒川	未	砂岩	[10.34]	6.34	3.77	[410]	報告書	両刃	未	
1022	大坪 1425	包含層	入佐、黒川	未	砂岩	[7.79]	6.33	3.22	[261]	報告書	両刃	未	
1023	大坪 1427	包含層	入佐、黒川	未	砂岩	[6.2]	4.98	3.1	[150]	報告書	両刃	未	
1024	大坪 1428	包含層	入佐、黒川	未	頁岩	[7.07]	4.77	2.41	[122]	報告書	両刃	未	
1025	大坪 1436	包含層	入佐、黒川	未	砂岩	[8.01]	4.91	3.5	[195]	報告書		未	敲石転用
1026	大坪 1441	包含層	入佐、黒川	未	蛇紋岩質	[12.97]	6.05	3.26	[385]	報告書		未	
1027	大坪 1442	包含層	入佐、黒川	未	砂岩	[10.5]	5.2	2.7	[220]	報告書		未	
1028	大坪 1443	包含層	入佐、黒川	未	砂岩	[8.46]	5.17	3.16	[176]	報告書		未	
1029	大坪 1444	包含層	入佐、黒川	未	砂岩	[12.31]	4.84	3.59	[298]	報告書		未	
1030	大坪 1445	包含層	入佐、黒川	未	砂岩	[11.24]	5.88	2.98	[330]	報告書		未	
1031	大坪 1451	包含層	入佐、黒川	未	砂岩	[7.14]	5.5	3.14	[221]	報告書		未	胴片
1032	大坪 1459	包含層	入佐、黒川	未	頁岩	10.3	4.18	1.27	96	報告書		未	
1033	大坪 1462	包含層	入佐、黒川	未	蛇紋岩質	17.57	4.2	1.52	65	報告書	両刃	未	
1034	大坪 1463	包含層	入佐、黒川	未	蛇紋岩質	8.2	4.6	0.72	48	報告書	両刃	未	
1035	大坪 1465	包含層	入佐、黒川	未	ホルンフェルス	[4.9]	6.17	1.63	[65]	報告書	両刃	未	
1036	大坪 1469	包含層	入佐、黒川	未	砂岩	6.08	2.93	1.2	36	報告書	片刃	未	
1037	大坪 1472	包含層	入佐、黒川	未	蛇紋岩質	[5.22]	2.2	1	[19]	報告書	片刃	未	
1038	大坪 1473	包含層	入佐、黒川	未	蛇紋岩質	11.55	2.14	1.6	45	報告書	両刃	未	
1039	大坪 1474	包含層	入佐、黒川	未	頁岩	10.03	1.97	1.16	40	報告書	両刃	未	
1040	大坪 1475	SX60	入佐、黒川	未	ホルンフェルス	8.19	2.59	1.11	34	報告書	片刃	未	
1041	大坪 1426	包含層	入佐、黒川	未	砂岩	[5.7]	5.84	[2.11]	[110]	報告書		未	
1042	大坪 1429	包含層	入佐、黒川	未	砂岩	[5.5]	[3.85]	[2.91]	[48]	報告書	両刃	未	刃片
1043	大坪 1430	包含層	入佐、黒川	未	砂岩	[6.9]	[3.19]	[2.72]	[80]	報告書		未	刃片

No.	資料名	遺構	土器型式	磁性	石質	最大長	最大幅	最大厚	重量	計測値	刃部	使用痕	備考
1044	大坪 1431	包含層	入佐、黒川	未	頁岩	[3.81]	[1.7]	[1.12]	[10]	報告書	両刃	未	刃片
1045	大坪 1452	包含層	入佐、黒川	未	砂岩	[6.45]	[2.5]	[1.6]	[25]	報告書		未	胴片
1046	大坪 1453	包含層	入佐、黒川	未	砂岩	[6.96]	[5.78]	[2.3]	[130]	報告書		未	胴片
1047	大坪 1454	包含層	入佐、黒川	未	砂岩	[5.86]	[5.4]	1.77	[111]	報告書		未	胴片
1048	大坪 1457	包含層	入佐、黒川	未	砂岩	[5.6]	[5.25]	[3.7]	[40]	報告書		未	胴片
1049	大坪 1458	包含層	入佐、黒川	未	ホルンフェルス	[7.79]	[5.2]	[2.3]	[92]	報告書		未	胴片
1050	大坪 1466	包含層	入佐、黒川	未	砂岩	[3.95]	[3.21]	[1]	[20]	報告書		未	
1051	大坪 1468	包含層	入佐、黒川	未	ホルンフェルス	[6.25]	3.11	[1.8]	[45]	報告書		未	
1052	大坪 1470	包含層	入佐、黒川	未	ホルンフェルス	[5.7]	[2.57]	1.45	[25]	報告書	両刃	未	
1053	大坪 1476	SX60	入佐、黒川	未	ホルンフェルス	9.21	2.98	1.41	50.7	報告書	未成品	未	
1054	大坪 1432	包含層	入佐、黒川	未	砂岩	13.88	5.61	3.02	332	報告書	未成品	未	
1055	大坪 1433	包含層	入佐、黒川	未	蛇紋岩質	15.7	6.1	4.05	545	報告書	未成品	未	
1056	大坪 1434	包含層	入佐、黒川	未	砂岩	17.38	7	4	775	報告書	未成品	未	
1057	大坪 1435	包含層	入佐、黒川	未	砂岩	11.66	5.86	3.51	328	報告書	未成品	未	
1058	大坪 1437	SD43	入佐、黒川	未	砂岩	10.08	4.81	2.92	200	報告書	未成品	未	
1059	大坪 1438	包含層	入佐、黒川	未	砂岩	13.17	4.07	2.17	166	報告書	未成品	未	
1060	大坪 1439	包含層	入佐、黒川	未	砂岩	12.39	6.79	2.78	334	報告書	未成品	未	
1061	大坪 1440	包含層	入佐、黒川	未	ホルンフェルス	[4.86]	5.05	2.44	[85]	報告書	未成品	未	
1062	大坪 1446	包含層	入佐、黒川	未	砂岩	[12]	6.1	3	[265]	報告書	未成品	未	
1063	大坪 1447	包含層	入佐、黒川	未	ホルンフェルス	[10.44]	5	2.99	[174]	報告書	未成品	未	
1064	大坪 1448	包含層	入佐、黒川	未	砂岩	[9.7]	5.42	2.75	[220]	報告書	未成品	未	
1065	大坪 1449	包含層	入佐、黒川	未	砂岩	12.49	5.13	3.02	336	報告書	未成品	未	
1066	大坪 1450	包含層	入佐、黒川	未	砂岩	[6.2]	5.16	2.8	[140]	報告書	未成品	未	
1067	大坪 1455	SR26 南	入佐、黒川	未	砂岩	[6.2]	4.15	2.8	[120]	報告書	未成品	未	
1068	大坪 1456	包含層	入佐、黒川	未	頁岩	[8.28]	[2.85]	3.4	[199]	報告書	未成品	未	
1069	大坪 1460	包含層	入佐、黒川	未	蛇紋岩質	8.25	5.2	1.21	68	報告書	未成品	未	
1070	大坪 1461	包含層	入佐、黒川	未	ホルンフェルス	7.9	3.29	1.12	41	報告書	未成品	未	
1071	大坪 1464	包含層	入佐、黒川	未	蛇紋岩質	8.1	3.78	1.46	70	報告書	未成品	未	
1072	大坪 1467	包含層	入佐、黒川	未	砂岩	[4.21]	[4.5]	[0.97]	[30]	報告書	未成品	未	
1073	大坪 1471	SD43	入佐、黒川	未	頁岩	[5.1]	2.71	1.03	[21]	報告書	未成品	未	

付表2　打製石斧データ

No.	資料名	遺構	土器型式	磁性	石質	最大長	最大幅	最大厚	重量	計測値	刃部	使用痕	備考
1	四箇 J10i_8	包含層	太郎迫	中	緑色片岩	12.52	7.13	1.5	158.4	計測		丸み、潰れ、摩滅	
2	四箇 J10i_9	包含層	太郎迫	未	安山岩	12	7.8	2.1		報告書			
3	四箇 J10i_1006		太郎迫	未	結晶片岩	[4.5]	5.25	0.87	[23.6]	計測			未図化。基部破片
4	四箇 J10l_34	包含層	太郎迫	未	玄武岩	18.4	7.4	2.3	312.1	計測			
5	四箇 J10l_35	包含層	太郎迫	未	安山岩	11.9	6.6	2.2		報告書		刃部擦痕	
6	四箇 J10l_36	包含層	太郎迫	未	玄武岩	[9.25]	5.55	1.9	[155.4]	計測			
7	四箇 A_219	包含層	太郎迫	未	凝灰岩	[7.4]	5.1	1.2		報告書			
8	四箇 A_220	包含層	太郎迫	未	安山岩	9	5.1	1.2		報告書			
9	四箇 A_221	包含層	太郎迫	未	安山岩	[7.7]	6.6	2.4		報告書			
10	四箇 A_222	包含層	太郎迫	未	安山岩	11.7	4.8	2.4		報告書			
11	四箇 A_223	包含層	太郎迫	未	凝灰岩	9.6	4.8	1.2		報告書			
12	四箇 A_224	包含層	太郎迫	未	安山岩	10.2	6	1.5		報告書			
13	四箇 A_225	包含層	太郎迫	未	安山岩	12	4.5	2.25		報告書			
14	四箇 A_226	包含層	太郎迫	未	安山岩	11.1	5.7	1.95		報告書			
15	四箇 A_227	包含層	太郎迫	未	安山岩	15.6	4.8	2.1		報告書			
16	四箇 J10i_7	包含層	太郎迫	未	玄武岩	8.76	4.97	1.32	81.2	計測			横刃型石器
17	四箇 J10i		太郎迫	未	安山岩？	[7.85]	[7.9]	1.57	[88.4]	計測			未図化。基部破片
18	下吉田 29-5	1号住居	鐘崎	未	凝灰岩質砂岩	[11]	7.4	1.8	[205]	報告書		未	
19	下吉田 93-11	2号住居	鐘崎	未	粘板岩	10.4	7.2	1.8	187.8	報告書		未	
20	下吉田 93-12	2号住居	鐘崎	未	緑泥片岩	14.4	6.5	2.2	292.5	報告書		未	
21	下吉田 191-1	包含層	鐘崎	未	緑泥片岩	8.9	3.7	1.2	55	報告書		未	
22	下吉田 191-2	包含層	鐘崎	未	絹雲母片岩	9.8	5.2	0.8	75.1	報告書		未	
23	下吉田 191-3	包含層	鐘崎	未	緑泥片岩	10.4	4.6	1	77.1	報告書		未	
24	下吉田 191-4	包含層	鐘崎	未	粘板岩	10.3	8.2	1.1	104.8	報告書		未	
25	下吉田 191-5	包含層	鐘崎	未	緑泥片岩	10.5	5.4	1.4	115	報告書		未	
26	下吉田 191-6	包含層	鐘崎	未	緑泥片岩	10.3	5.2	1.3	122	報告書		未	
27	下吉田 191-7	包含層	鐘崎	未	細粒砂岩	11.4	7.5	1.2	128.8	報告書		未	
28	下吉田 191-8	包含層	鐘崎	未	緑泥片岩	13.4	6	1.2	130	報告書		未	
29	下吉田 191-9	包含層	鐘崎	未	緑泥片岩	12.8	7	1.2	140.5	報告書		未	
30	下吉田 191-10	包含層	鐘崎	未	泥質砂岩	14	6.8	1.2	175	報告書		未	
31	下吉田 191-11	包含層	鐘崎	未	緑泥片岩	11.9	7.2	1.3	180	報告書		未	
32	下吉田 191-12	包含層	鐘崎	未	緑泥片岩	15.1	5.3	1.4	206	報告書		未	
33	下吉田 191-13	包含層	鐘崎	未	緑泥片岩	19	7.2	1.4	223	報告書		未	
34	下吉田 191-14	包含層	鐘崎	未	細粒砂岩	12.5	7.6	2.5	230	報告書		未	
35	下吉田 191-15	包含層	鐘崎	未	緑泥片岩	17.6	7.4	2.6	396.4	報告書		未	
36	下吉田 191-16	包含層	鐘崎	未	斑レイ岩	15.1	6.5	3.1	463	報告書		未	
37	下吉田 191-17	包含層	鐘崎	未	泥質砂岩	11.3	5.2	1.8	166.7	報告書		未	
38	佐知 19-2	4号竪穴住居	北久根山	未	結晶片岩	[9.3]	6.5	0.9	[98]	報告書		未	
39	佐知 19-3	4号竪穴住居	北久根山	未	安山岩	[12.5]	6.7	2.7	[258]	報告書		未	
40	佐知 19-4	4号竪穴住居	北久根山	未	安山岩	[8.8]	7.1	2.4	[258]	報告書		未	
41	佐知 19-5	4号竪穴住居	北久根山	未	結晶片岩	[8.5]	8.2	2	[204]	報告書		未	
42	佐知 19-6	4号竪穴住居	北久根山	未	結晶片岩	[8.5]	6.8	2.5	[238]	報告書		未	
43	佐知 19-7	4号竪穴住居	北久根山	未	安山岩	[10.7]	6.8	1.5	[154]	報告書		未	
44	佐知 19-8	4号竪穴住居	北久根山	未	安山岩	11.2	5.6	1.6	132	報告書		未	
45	佐知 48-1	J8ピット周辺	小池原上層～太郎迫	未	結晶片岩	15	5.4	1.4	290	報告書		未	
46	佐知 48-2	J8ピット周辺	小池原上層～太郎迫	未	安山岩	15.6	5.7	2.5	310	報告書		未	
47	佐知 66-1	表採	小池原上層～太郎迫	未	安山岩	8.1	4.9	1	88	報告書		未	小型
48	佐知 66-2	19号	小池原上層～太郎迫	未	結晶片岩	7.5	5	1.4	61	報告書		未	分銅形
49	佐知 66-3	19号	小池原上層～太郎迫	未	結晶片岩	8.8	4.2	1.3	70	報告書		未	
50	佐知 66-4	37号	小池原上層～太郎迫	未	結晶片岩	[7.7]	3.6	1.3	[65]	報告書		未	小型
51	佐知 66-5	37号	小池原上層～太郎迫	未	結晶片岩	8.5	6	1.2	89	報告書		未	
52	佐知 66-6	48号	小池原上層～太郎迫	未	結晶片岩	[10.3]	6.2	1.2	[93]	報告書		未	
53	佐知 66-7	包含層	小池原上層～太郎迫	未	サヌカイト	[9.3]	5.2	1	[51]	報告書		未	
54	佐知 66-8	50号	小池原上層～太郎迫	未	結晶片岩	[5.8]	6.7	1	[62]	報告書		未	
55	佐知 66-9	51号	小池原上層～太郎迫	未	安山岩	12.5	8.5	1.5	131	報告書		未	大型
56	佐知 66-10	29号	小池原上層～太郎迫	未	結晶片岩	[10.5]	6	1.5	[11]	報告書		未	
57	佐知 66-11	試掘	小池原上層～太郎迫	未	安山岩	[7.2]	6.2	1.7	[90]	報告書		未	
58	佐知 67-1	13号	小池原上層～太郎迫	未	安山岩	[5]	7.5	1.4	[80]	報告書		未	
59	佐知 67-2	包含層	小池原上層～太郎迫	未	安山岩	[8]	7.5	1.7	[123]	報告書		未	
60	佐知 67-3	表採	小池原上層～太郎迫	未	安山岩	[8]	8.5	1.6	[168]	報告書		未	
61	佐知 67-4	39号	小池原上層～太郎迫	未	安山岩	12.4	6.4	1.4	171	報告書		未	
62	佐知 67-5	包含層	小池原上層～太郎迫	未	結晶片岩	14.5	6.13	1.5	204	報告書		未	
63	佐知 67-6	3号	小池原上層～太郎迫	未	安山岩	13.5	7	1.1	213	報告書		未	
64	佐知 67-7	39号	小池原上層～太郎迫	未	安山岩	15.5	7	2.6	271	報告書		未	
65	佐知 67-8	39号	小池原上層～太郎迫	未	安山岩	15.8	7.3	2.8	250	報告書		未	
66	佐知 68-1	28号	小池原上層～太郎迫	未	結晶片岩	13	4.6	1.4	114	報告書		未	小型
67	佐知 68-2	20号	小池原上層～太郎迫	未	安山岩	[9.4]	7	1.4	[132]	報告書		未	
68	佐知 68-3	包含層	小池原上層～太郎迫	未	安山岩	14	7.8	1.5	204	報告書		未	
69	佐知 68-4	包含層	小池原上層～太郎迫	未	安山岩	[10.5]	8	1.1	[148]	報告書		未	大型
70	佐知 68-5	27号	小池原上層～太郎迫	未	安山岩	18.2	7	2.6	347	報告書		未	
71	佐知 68-6	3号	小池原上層～太郎迫	未	安山岩	12	6	1.9	120	報告書		未	
72	佐知 68-7	49号	小池原上層～太郎迫	未	安山岩	16	6.5	1.9	254	報告書		未	
73	佐知 69-1	39号	小池原上層～太郎迫	未	安山岩	[11]	6	1.2	[110]	報告書		未	
74	佐知 69-2	包含層	小池原上層～太郎迫	未	安山岩	[9.5]	10	1	[135]	報告書		未	大型
75	佐知 69-3	表採	小池原上層～太郎迫	未	安山岩	12.5	7.7	1.3	120	報告書		未	
76	佐知 69-4	13号	小池原上層～太郎迫	未	安山岩	12.5	7.5	1.3	128	報告書		未	
77	佐知 69-5	包含層	小池原上層～太郎迫	未	安山岩	18.8	8	2	393	報告書		未	
78	佐知 69-6	包含層	小池原上層～太郎迫	未	砂岩	18.5	7	4.5	225	報告書		未	未成品か
79	佐知 40-2	40号竪穴住居	小池原上層～三万田	未	安山岩	8.4	5.5	0.7	88	報告書		未	
80	佐知 40-3	40号竪穴住居	小池原上層～三万田	未	安山岩	9.3	7.3	1.5	110	報告書		未	

No.	資料名	遺構	土器型式	磁性	石質	最大長	最大幅	最大厚	重量	計測値	刃部	使用痕	備考
1	佐知 40-4	40 号竪穴住居	小池原上層〜三万田	未	安山岩	[10.6]	7.4	2.7	[240]	報告書		未	
2	佐知 19-1	4 号竪穴住居	北久根山	未	安山岩	[8.2]	[7.8]	2.2	[154]	報告書		未	
3	笹尾 4 区 32-15	4 号土坑	太郎迫	未	緑色片岩	10.6	4.2	0.7	42	報告書		未	刃器の可能性
4	笹尾 136	表採	太郎迫	未	安山岩	[10.3]	6.9	1.8	[153.2]	報告書		未	
5	笹尾 137	包含層	太郎迫	未	玄武岩質安山岩	10.8	5.3	1.6	114.7	報告書		未	
6	笹尾 138	包含層	太郎迫	未	玄武岩質安山岩	[8.3]	5.5	1.7	[96.3]	報告書		未	
7	笹尾 139	包含層	太郎迫	未	玄武岩質安山岩	[9.7]	5.3	2	[122.2]	報告書		未	
8	笹尾 140	包含層	太郎迫	未	玄武岩質安山岩	9.3	5.5	1.5	92.8	報告書		未	
9	笹尾 142	包含層	太郎迫	未	角閃石安山岩	[9.6]	6.7	2.05	[165.7]	報告書		未	
10	笹尾 143	表採	太郎迫	未	玄武岩質安山岩	9.9	5.7	2	[151.8]	報告書		未	
11	笹尾 144	包含層	太郎迫	未	角閃石安山岩	[7.8]	5.05	2.3	[115.2]	報告書		未	
12	笹尾 145	不明	太郎迫	未	玄武岩質安山岩	8.1	4.3	1.15	48	報告書		未	
13	笹尾 146	包含層	太郎迫	未	玄武岩質安山岩	10.6	5.4	1.5	109.9	報告書		未	
14	笹尾 147	包含層	太郎迫	未	玄武岩質安山岩	[7.8]	4.4	1.7	[80.4]	報告書		未	
15	笹尾 148	包含層	太郎迫	未	玄武岩質安山岩	11.9	5.1	1.1	77.9	報告書		未	
16	笹尾 149	表採	太郎迫	未	玄武岩質安山岩	10.7	6.5	1.8	134.9	報告書		未	
17	笹尾 150	表採	太郎迫	未	玄武岩質安山岩	10.5	6.3	1.4	102.3	報告書		未	
18	笹尾 151	包含層	太郎迫	未	角閃石安山岩	15.05	7.6	2	246.7	報告書		未	
19	笹尾 152	包含層	太郎迫	未	角閃石安山岩	[12.9]	7.5	2.5	[324.5]	報告書		未	
20	笹尾 153	包含層	太郎迫	未	角閃石安山岩	[9.45]	6.45	2.3	[203.8]	報告書		未	
21	笹尾 156	包含層	太郎迫	未	玄武岩質安山岩	[7.2]	5.8	1.8	[71.6]	報告書		未	
22	笹尾 158	包含層	太郎迫	未	玄武岩質安山岩	[8.45]	5.5	1.95	[124.4]	報告書		未	
23	笹尾 160	包含層	太郎迫	未	玄武岩質安山岩	[9.4]	8.5	2.2	[209.1]	報告書		未	
24	笹尾 161	不明	太郎迫	未	玄武岩質安山岩	[7.3]	9.2	2.2	[180.1]	報告書		未	
25	笹尾 162	包含層	太郎迫	未	角閃石安山岩	[8.9]	10.1	1.95	[193.6]	報告書		未	
26	笹尾 163	包含層	太郎迫	未	角閃石安山岩	13.1	7.85	1.6	169.9	報告書		未	
27	笹尾 164	包含層	太郎迫	未	角閃石安山岩	[18.2]	9.6	2.7	[547.6]	報告書		未	
28	笹尾 165	包含層	太郎迫	未	緑色片岩	12.7	7.1	0.9	105	報告書		未	
29	笹尾 166	包含層	太郎迫	未	緑色片岩	11.1	5.3	1.1	87.5	報告書		未	
30	笹尾 167	包含層	太郎迫	未	緑色片岩	13.8	5.9	1.2	137.7	報告書		未	
31	笹尾 168	攪乱	太郎迫	未	緑色片岩	8.3	4.3	1.2	60.4	報告書		未	
32	笹尾 169	包含層	太郎迫	未	緑色片岩	[9.9]	6.2	0.7	[81]	報告書		未	
33	笹尾 170	包含層	太郎迫	未	緑色片岩	12.2	4.8	1.15	86.1	報告書		未	
34	笹尾 171	包含層	太郎迫	未	緑色片岩	12.25	7	1.3	113.1	報告書		未	
35	笹尾 172	攪乱	太郎迫	未	緑色片岩	13.1	6.5	1.8	183.3	報告書		未	
36	笹尾 173	不明	太郎迫	未	角閃片岩	11.6	6.75	1.3	148	報告書		未	
37	笹尾 174	包含層	太郎迫	未	緑色片岩	11.1	4.4	1.5	98.9	報告書		未	磨製石斧未成品の可能性
38	笹尾 176	包含層	太郎迫	未	玄武岩質安山岩	[10.5]	6.1	0.9	[97.6]	報告書		未	
39	笹尾 177	不明	太郎迫	未	玄武岩質安山岩	[9.8]	7.5	1.7	[97.6]	報告書		未	
40	笹尾 180	不明	太郎迫	未	玄武岩質安山岩	[11.5]	7.9	1.25	[90.2]	報告書		未	
41	笹尾 181	包含層	太郎迫	未	玄武岩質安山岩	[9.7]	6	1.3	[92.3]	報告書		未	
42	笹尾 183	包含層	太郎迫	未	安山岩	[7]	4.2	1	[30]	報告書		未	
43	笹尾 184	表採	太郎迫	未	安山岩	[4.7]	3.8	1.5	[31.7]	報告書		未	
44	笹尾 185	包含層	太郎迫	未	安山岩	[8.3]	6.5	1.7	[98.2]	報告書		未	
45	笹尾 159	包含層	太郎迫	未	玄武岩質安山岩	[7.3]	[8.8]	1.2	[90.7]	報告書		未	
46	笹尾 175	包含層	太郎迫	未	緑色片岩	[9.7]	[7.4]	0.8	[97.3]	報告書		未	
47	笹尾 178	不明	太郎迫	未	玄武岩質安山岩	[8.6]	[7.4]	2	[129.8]	報告書		未	
48	笹尾 179	包含層	太郎迫	未	玄武岩質安山岩	[6.4]	[6.2]	[0.7]	[34]	報告書		未	
49	笹尾 182	包含層	太郎迫	未	玄武岩質安山岩	[10.6]	[3.9]	[0.4]	[19.9]	報告書		未	刃器か
50	笹尾 141	包含層	太郎迫	未	玄武岩質安山岩	[8.6]	[5.4]	1.3	[70]	報告書		未	
51	笹尾 154	包含層	太郎迫	未	玄武岩質安山岩	[8.6]	[7.3]	1.7	[127.4]	報告書		未	
52	笹尾 155	攪乱	太郎迫	未	玄武岩質安山岩	[6.2]	[5.2]	1.5	[51.1]	報告書		未	
53	笹尾 157	包含層	太郎迫	未	玄武岩質安山岩	[7.4]	[6.3]	1.8	[97.2]	報告書		未	
54	笹尾 186	包含層	太郎迫	未	緑色片岩	[11.3]	[4.4]	[0.7]	[47.1]	報告書		未	小型打製石鎌
55	笹尾 187	堀 A	太郎迫	未	緑色片岩	[7.95]	[4.8]	[0.9]	[46]	報告書		未	小型打製石鎌
56	笹尾 188	包含層	太郎迫	未	緑色片岩	[9.05]	[3.25]	[0.75]	[30]	報告書		未	刃器か
57	笹尾 189	表採	太郎迫	未	緑色片岩	[9.25]	[2.4]	[0.6]	[18.1]	報告書		未	刃器か
58	笹尾 190	包含層	太郎迫	未	玄武岩質安山岩	[5.9]	[7.8]	[0.55]	[28.2]	報告書		未	擦り切り具
139	干迫 913	包含層	鐘崎〜西平	未	粘板岩	11.2	7.3	1.6	140.28	計測	円刃	面摩滅、線状痕	鉄分付着
140	干迫 914	包含層	鐘崎〜西平	未	砂岩 - ホルンフェルス		6.5	2.9		報告書			未成品
141	干迫 915	包含層	鐘崎〜西平	未	砂岩 - ホルンフェルス	9.4	5.5	2.7	182.97	報告書			未成品
142	干迫 916	包含層	鐘崎〜西平	未	粘板岩	12.37	7.68	1.5	160.6	計測	円刃	摩滅	
143	干迫 917	包含層	鐘崎〜西平	未	安山岩 - ホルンフェルス	12.3	7.68	1.26	139.1	計測	円刃	面摩滅、斜線状痕	
144	干迫 918	包含層	鐘崎〜西平	未	安山岩 - ホルンフェルス	13.44	7.4	1.65	211.1	計測	円刃	面摩滅、片面線状痕	
145	干迫 920	包含層	鐘崎〜西平	未	粘板岩 - ホルンフェルス					報告書			
146	干迫 921	包含層	鐘崎〜西平	未	安山岩					報告書			
147	干迫 922	包含層	鐘崎〜西平	未	砂岩 - ホルンフェルス					報告書			
148	干迫 923	包含層	鐘崎〜西平	未	安山岩			2.6		報告書			未成品
149	干迫 925	包含層	鐘崎〜西平	未	安山岩					報告書			
150	干迫 926	包含層	鐘崎〜西平	未		13.1	8.5	1.8		報告書	円刃		
151	干迫 927	包含層	鐘崎〜西平	未	安山岩	12.53	8.04	1.6	206.8	計測	円刃	面摩滅	
152	干迫 928	包含層	鐘崎〜西平	未	安山岩	15.2	8.07	1.4	220.7	計測	円刃	面摩滅	
153	干迫 929	包含層	鐘崎〜西平	未	安山岩					計測			
154	干迫 930	包含層	鐘崎〜西平	未	安山岩	17.2	11.97	1.65	537.4	計測	断面丸み	なし	大型品
155	干迫 932	包含層	鐘崎〜西平	未	安山岩		7.6	2.15		計測	円刃	面摩滅、斜線状痕	
156	干迫 933	包含層	鐘崎〜西平	未	安山岩	14.6	11.5	1.3	346	計測	断面丸み	面摩滅斜線状痕	
157	干迫 934	包含層	鐘崎〜西平	未	頁岩 - ホルンフェルス					計測			石材が他と異なる。大隅方面からの搬入？
158	干迫 935	包含層	鐘崎〜西平	未	安山岩		6.3	2.6		報告書			未成品
159	干迫 936	包含層	鐘崎〜西平	未	安山岩	14.8	8.9	1.2	218.4	計測	円刃	面摩滅、斜線状痕	
160	干迫 937	包含層	鐘崎〜西平	未	安山岩	12.3	9.75	1.4	272.1	計測	広刃	面摩滅直線状痕	
161	干迫 938	包含層	鐘崎〜西平	未	安山岩	15.9	10	1.6	334.2	計測	広刃	面摩滅斜線状痕	

No.	資料名	遺構	土器型式	磁性	石質	最大長	最大幅	最大厚	重量	計測値	刃部	使用痕	備考
162	干迫 942	包含層	鐘崎～西平	未	安山岩	13.15	8.08	2.12	217.3	計測	広刃	面摩滅、斜線状痕	
163	干迫 943	包含層	鐘崎～西平	未	安山岩		7.6	1.5		計測	円刃	面摩滅、線状痕	
164	干迫 919	包含層	鐘崎～西平		粘板岩			1.6		報告書			鉄分付着
165	干迫 924	包含層	鐘崎～西平	未	頁岩		5.7	1.4		報告書			
166	干迫 931	包含層	鐘崎～西平	未			6.7	1.4		報告書			
167	干迫 940	包含層	鐘崎～西平	未						報告書			
168	干迫 941	包含層	鐘崎～西平	未	安山岩	16.6	10.9	3.4	701.3	計測			未成品
169	干迫 912	包含層	鐘崎～西平	未	粘板岩	9.8	5.4	2.1	105.44	報告書	L刃	鋭利	鉄分付着。横刃
170	干迫 939	包含層	鐘崎～西平	未	チャート					報告書	平刃		石篦
171	四箇 L11 c 270	包含層	三万田	強	安山岩	[12.09]	6.16	2.46	[224.5]	計測	直刃	摩滅	S-4
172	四箇 L11 c 271	包含層	三万田	強	玄武岩	11.53	6.47	1.85	192.9	計測	円刃	摩滅	S-234、報図天地逆
173	四箇 L11 c 272	包含層	三万田	強	玄武岩	14.9	6.03	1.43	170.3	計測	直刃	摩滅	S-748
174	四箇 L11 c 273	包含層	三万田	強	玄武岩	[11.84]	7.74	2.56	[328.5]	計測	−	−	S-541
175	四箇 L11 c 274	包含層	三万田	中	緑色片岩	11.69	6.63	1.18	145.6	計測	円刃	摩滅	S-751
176	四箇 L11 c 275	包含層	三万田	強	玄武岩	14.12	7.56	2.42	333.8	計測	偏刃	摩滅	S-453、報図天地逆
177	四箇 L11 c 276	包含層	三万田	強	玄武岩	11.43	4.93	1.56	129.1	計測	円刃	摩滅	S-712
178	四箇 L11 c 277	包含層	三万田	−	緑色片岩	[10.83]	5.84	1.7	[152]	計測	−	−	S-961、報告では打製庖丁
179	四箇 L11c 未図 1023	包含層	三万田	強	玄武岩	[10.01]	7.56	2.06	[218]	計測	偏刃	摩滅	
180	四箇 L11c 未図 1037	包含層	三万田	強	玄武岩	[7.83]	5.98	2.13	[140]	計測	−	−	基部片
181	四箇 L11c 未図 1060	包含層	三万田	強	玄武岩	11.16	6.22	1.85	140.8	計測	直刃	摩滅	
182	四箇 L11c 未図 1063	包含層	三万田	強	安山岩質玄武岩	[11.68]	5.41	2.32	[200.7]	計測	−	−	基部片
183	四箇 L11c 未図 1455	包含層	三万田	強	玄武岩	10.08	6.28	2.41	185.8	計測	偏刃	摩滅	
184	四箇 L11c 未図 1529	包含層	三万田	強	玄武岩	9.94	5.58	2.03	131.9	計測	円刃	摩滅	
185	四箇 L11c 未図 1537	包含層	三万田	強	玄武岩	[14.93]	7.72	3.1	[518]	計測	−	−	
186	四箇 L11c 未図 1457	包含層	三万田	強	玄武岩	[7.64]	[5.7]	2.03	[118.5]	計測	−	−	基部片
187	四箇 L11c 未図 1154	包含層	三万田	強	玄武岩	10.32	7.69	2.56	301.8	計測			円盤形石器に近い
188	四箇 L11c 未図 1456	包含層	三万田	強	玄武岩	[9.29]	5.44	2.03	[152.1]	計測			横刃型石器の可能性あり
189	四箇 L11c 未図 1513	包含層	三万田	中	玄武岩	[4.78]	[7.03]	1.43	[66.5]	計測			円盤形石器の可能性あり
190	重留 1 次 49_218	SC01	広田	強	玄武岩	[8.15]	7.1	3.5	[265.4]	計測			頭部片。磨斧未成品と報告
191	重留 1 次 58_297	SC01	広田	強	玄武岩	10.24	6.14	1.51	116.8	計測			
192	重留 1 次 65_317	SC05	広田	強	玄武岩	[8.7]	6.15	2.3	[198.3]	計測			磨斧未成品の可能性ありと報告
193	重留 1 次 69_329	SK02	広田	強	玄武岩	[8.25]	6.2	2.7	[181.6]	計測			磨斧未成品の可能性ありと報告
194	重留 1 次 69_330	SK02	広田	強	玄武岩	13.6	7	2.7		報告書			磨斧未成品の可能性ありと報告。
195	重留 1 次 105_780	A-1 区包含層	三万田～広田	強	玄武岩	10.3	6	2.2	167.8	計測			
196	重留 1 次 105_781	A-1 区包含層	三万田～広田	強	玄武岩	11.85	5.85	2.2	198.2	計測			
197	重留 1 次 105_782	A-1 区包含層	三万田～広田		片岩	11.6	6.19	1.88	166.4	計測			分割礫を最小限調整
198	重留 1 次 105_783	A-1 区包含層	三万田～広田		結晶片岩	11.7	5.4	1.6	152.3	計測			半月状に成形のみ
199	重留 1 次 106_784	A-1 区包含層	三万田～広田	強	玄武岩	12.1	7.7	2.4		報告書			
200	重留 1 次 106_785	A-1 区包含層	三万田～広田	強	玄武岩	11.8	7.9	2.4		報告書			
201	重留 1 次 106_786	A-1 区包含層	三万田～広田	強	玄武岩	[9.37]	7.44	2.33	[241.1]	計測			頭部片
202	重留 1 次 107_788	A-1 区包含層	三万田～広田	強	玄武岩	10.23	7.85	1.69	149.1	計測			
203	重留 1 次 107_789	A-1 区包含層	三万田～広田	強	玄武岩	13.64	6.28	1.79	181.3	計測			表皮側横長剥片を最小限調整
204	重留 1 次 107_791	A-1 区包含層	三万田～広田	強	玄武岩	[9.4]	8.31	1.5	[145.9]	計測			斜刃
205	重留 1 次 107_792	A-1 区包含層	三万田～広田	強	玄武岩	11.7	6.65	1.55	151.5	計測		摩耗強い	斜刃
206	重留 1 次 108_793	A-1 区包含層	三万田～広田	強	玄武岩	14.5	6.6	2.2		報告書			
207	重留 1 次 108_794	A-1 区包含層	三万田～広田	未	安山岩	9.72	5.96	1.4	116.5	計測		摩耗	
208	重留 1 次 108_796	A-1 区包含層	三万田～広田	強	安山岩	14.53	6.85	1.76	[198.2]	計測		摩耗	
209	重留 1 次 108_797	A-1 区包含層	三万田～広田	中	安山岩	[7.58]	6	2.25	[127.4]	計測			
210	重留 1 次 111_836	7 号トレンチ	三万田～広田	強	玄武岩	12.73	6	1.74	165.9	計測			円刃
211	重留 1 次 112_843	9 号トレンチ	三万田～広田	強	玄武岩	[5.35]	5.6	1.92	[76.8]	計測			頭部片
212	重留 1 次 114_859	11 号トレンチ	三万田～広田	強	玄武岩	[8.84]	4.45	2	[113.9]	計測			
213	重留 1 次 124_963	2・3 区	三万田～広田	強	玄武岩	10.66	4.9	2.15	[127.4]	計測			
214	重留 1 次 124_964	2・3 区	三万田～広田	強	玄武岩	11.47	5.5	2.04	165.4	計測		縦位線状痕？	
215	重留 1 次 124_965	2・3 区	三万田～広田	強	玄武岩	8.08	5.55	1.7	[99.1]	計測			スクレイパーの可能性ありとも報告
216	重留 1 次 124_966	2・3 区	三万田～広田	強	玄武岩	[8.05]	4.02	1.4	[72.3]	計測			打製石鎌の可能性ありとも報告
217	重留 1 次 124_967	2・3 区	三万田～広田	中	火成岩	[7.2]	4.22	1.65	[65]	計測			
218	重留 1 次 02136	1 区　T5		強	玄武岩	[13.43]	5.03	2.09	[175.8]	計測			未報
219	重留 1 次 49_217	SC01	広田	強	玄武岩	[5.9]	[5.07]	1.95	[56.2]	計測			頭部片
220	重留 1 次 71_344	SK03	広田	強	玄武岩	[6.18]	[3.9]	2.02	[56.4]	計測			頭部片。磨斧未成品の可能性ありと報告
221	重留 1 次 71_345	SK03	広田	強	玄武岩	[6.1]	[5.6]	1.6	[58.9]	計測			頭部片
222	重留 1 次 108_795	A-1 区包含層	三万田～広田	強	玄武岩	[7.05]	[5.9]	[2.05]	[97.7]	計測			頭部片
223	重留 1 次 124_968	2・3 区	三万田～広田	強	玄武岩	[9.85]	[7.45]	1.6	[122.8]	計測			頭部片
224	重留 1 次 02133	1A 区　6A311		強	玄武岩	13	6.35	3.15	395.9	計測			未報。素材
225	重留 1 次 02134	1 区　T5		強	玄武岩	[7.35]	5	0.9	47.1	計測			未報。調整剥片
226	周船寺 11 次 27_148	包含層	御領、天城	未	安山岩	9.45	6.6	1.4		報告書	未成品		スクレイパーと報告
227	周船寺 11 次 27_149	包含層	御領、天城	未	安山岩		4.35	1.3		報告書	未成品？		スクレイパーと報告
228	周船寺 11 次 28_153	包含層	御領、天城	未	安山岩	12.6	5	2		報告書	未成品		石鎌と報告
229	周船寺 11 次 28_154	包含層	御領、天城	未	安山岩	10.4	7.2	1.4		報告書			
230	周船寺 11 次 28_155	包含層	御領、天城	未			7.2	2.2		報告書	未成品？		
231	広田 1	包含層	三万田～天城	未	安山岩	17.9	7.1	2.9	301	報告書			
232	広田 2	包含層	三万田～天城	未	安山岩	[10.65]	6.54	2.19	[176.2]	計測			
233	広田 3	包含層	三万田～天城	未	安山岩	17.6	8.6	2.6	375	報告書			
234	広田 4	包含層	三万田～天城	未	安山岩	10.52	6.11	1.63	125.8	計測		摩滅、直線状痕	
235	広田 6	包含層	三万田～天城	未	安山岩	14.43	6.17	3.2	275	計測		なし	

No.	資料名	遺構	土器型式	磁性	石質	最大長	最大幅	最大厚	重量	計測値	刃部	使用痕	備考
236	広田7	包含層	三万田～天城	未		14.8	7.7	2.5	262	報告書			
237	広田8	包含層	三万田～天城	未	安山岩	13.94	7.33	2.26	251	計測		片面摩滅、直線状痕	
238	広田9	包含層	三万田～天城	未	安山岩	13.35	6.77	2.5	214.7	計測		片面摩滅、直線状痕	
239	広田10	包含層	三万田～天城	未			6.49	2.65	[188.8]	計測			
240	広田11	包含層	三万田～天城	未	安山岩	18.8	6.66	2.53	414.3	計測		両面摩滅、直線状痕	
241	広田13	包含層	三万田～天城	未			6.95	2.18	[94.8]	計測		両面摩滅、直線状痕	
242	広田14	包含層	三万田～天城	未	安山岩	14.7	6.16	2.4	296.9	計測		片面摩滅、直線状痕	
243	広田15	包含層	三万田～天城	未	安山岩		6.76	2.35	224.7	計測			
244	広田16	包含層	三万田～天城	未		15	8.74	2.17	336	計測		片面摩滅、直線状痕	
245	広田17	包含層	三万田～天城	未	安山岩	15.45	8.78	1.97	228.1	計測		片面摩滅、直線状痕	
246	広田18	包含層	三万田～天城	未	安山岩	11.97	6.3	1.64	143.9	計測		両面摩滅	
247	広田20	包含層	三万田～天城	未			6.84	2.55	[247.4]	計測		片面摩滅、線状痕	
248	広田21	包含層	三万田～天城	未	安山岩	14.3	7.32	2.57	268.6	計測		片面摩滅、線状痕	
249	広田22	包含層	三万田～天城	未	安山岩	12.3	7.6	2.1	200	報告書			
250	広田23	包含層	三万田～天城	未			6.9	1.3		報告書			
251	広田24	包含層	三万田～天城	未			7.5	1.87	[238.3]	計測		両面摩滅、線状痕	
252	広田25	包含層	三万田～天城	未	安山岩		8.17	2.41	[295.2]	計測		両面摩滅、線状痕	
253	広田26	包含層	三万田～天城	未			6.41	1.6		計測			
254	広田28	包含層	三万田～天城	未	閃雲片岩	14	7.26	2.03	307.4	計測		両面線状痕	
255	広田29	表採	三万田～天城	未		13.3	8	2	201	報告書			
256	広田30	表採	三万田～天城	未	安山岩		9.2	1.86	[224.4]	計測		両面摩滅、片面線状痕	
257	広田31	表採	三万田～天城	未	安山岩	20.65	10.07	3.23	735.7	計測			
258	広田32	包含層	三万田～天城	未	砂岩質頁岩	21.4	10.3	3.4	796	報告書			
259	広田33	表採	三万田～天城	未	安山岩	14.6	8.93	1.33	179.2	計測		摩滅線状痕	
260	広田35	表採	三万田～天城	未	安山岩	13.4	9.73	1.69	263.5	計測		両面摩滅、線状痕	
261	広田36	包含層	三万田～天城	未	安山岩	24.85	11.44	1.65	498.2	計測			
262	広田H90	包含層	三万田～天城	未	玄武岩		6.63	1.3		計測		片面摩滅、線状痕	
263	広田H136	包含層	三万田～天城	未	安山岩		6.35	2.7		計測			
264	広田5	包含層	三万田～天城	未	安山岩		[6.9]	1.7	[154.2]	計測			
265	広田19	包含層	三万田～天城	未						報告書			
266	広田H198	包含層	三万田～天城	未						計測			
267	広田H203	包含層	三万田～天城	未				1.4		計測			
268	広田12	包含層	三万田～天城	未	安山岩	10.28	4.33	1.48	57.6	計測		なし	横刃か
269	広田34	表採	三万田～天城	未	蛇紋岩質	12.16	5.86	0.85	92.1	計測		なし	横刃か
270	大原 D6 次 576	16区 SD01	古閑	未	玄武岩	[6.94]	6.62	1.24	[82.9]	計測		片面線状痕・摩滅	
271	大原 D6 次 577	16区 SD01	古閑	未	玄武岩	[7.08]	6.2	0.8	[52.4]	計測	基部		
272	大原 D6 次 578	16区 SD01	古閑	未	玄武岩	[7.7]	5.74	1.58	[87.2]	計測	基部		
273	大原 D6 次 579	16区 SD01	古閑	未	玄武岩	[9.09]	4.9	2.36	[124.3]	計測	基部		
274	大原 D6 次 580	16区 SD01	古閑	未	玄武岩	[8.6]	5.42	1.1	[70]	計測		片面線状痕	
275	大原 D6 次 581	16区 SD01	古閑	未	玄武岩	[7.24]	5.35	1.38	[59.5]	計測		摩滅	
276	大原 D6 次 582	16区 SD01	古閑	未	玄武岩	[6.6]	6.03	1.19	[60.6]	計測		片面摩滅	
277	大原 D6 次 605	16区包含層	古閑	未	玄武岩	[9.7]	6.22	2.4	[168.7]	計測		片面摩滅	
278	大原 D6 次 606	16区包含層	古閑	未	玄武岩	8.8	6.85	1.5	107.3	計測		摩滅	
279	大原 D6 次 608	16区包含層	古閑	未	玄武岩	12.57	5.86	1.15	138.9	計測		両面強い摩滅	
280	大原 D6 次 609	16区包含層	古閑	未	玄武岩	13.24	5.69	1.68	172.6	計測			
281	大原 D6 次 610	16区包含層	古閑	未	玄武岩	[10.23]	6.27	2	[189.4]	計測		摩滅弱	
282	大原 D6 次 611	16区包含層	古閑	未	玄武岩	[8.91]	5.51	2	[125.8]	計測		摩滅弱	
283	大原 D6 次 612	16区包含層	古閑	未	玄武岩	[10.61]	8.15	1.65	[201.8]	計測	基部		
284	大原 D6 次 617	16区包含層	古閑	未	玄武岩	[9.2]	5.72	2.1	[147.7]	計測	基部		
285	大原 D6 次 618	16区包含層	古閑	未	玄武岩	[8.84]	6.26	1.67	[149.7]	計測	基部		
286	大原 D6 次 614	16区包含層	古閑	未	玄武岩	[5]	[5.13]	[1.42]	[47.5]	計測	基部		
287	大原 D6 次 615	16区包含層	古閑	未	玄武岩	[10.9]	[5.26]	[1.65]	[80.3]	計測	基部		
288	大原 D6 次 616	16区包含層	古閑	未	玄武岩	[9.7]	[5.64]	2.09	[86.3]	計測	基部		
289	大原 D6 次 619	16区包含層	古閑	未	玄武岩	[6.13]	[5.27]	1.62	[54.8]	計測	基部		
290	大原 D6 次 575	16区 SD01	古閑	未	玄武岩	[5.98]	5.18	1.14	[46.4]	計測	基部		横刃の可能性あり
291	大原 D6 次 607	16区包含層	古閑	未	玄武岩	8.03	5.25	0.95	57.9	計測		全体に摩滅	横刃の可能性あり
292	大原 D6 次 613	16区包含層	古閑	未	玄武岩	[5.71]	[4.62]	0.72	[27.9]	計測			横刃の可能性あり
293	千里1次 5-6_13	包含層	古閑、黒川	未	玄武岩	13.4	5.8	1.5		報告書			
294	千里1次 5-45_427	包含層	古閑、黒川	未	玄武岩	11	7.1	2.2		報告書			
295	千里1次 5-45_428	包含層	古閑、黒川	未	玄武岩	14	8.3	2.1		報告書			
296	千里1次 5-55_34	包含層	古閑、黒川	未	玄武岩	15	5.9	1.9		報告書			
297	千里1次 5-59_9	包含層	古閑、黒川	未	安山岩	14.8	7.3	1.8		報告書			
298	千里1次 5-59_10	包含層	古閑、黒川	未	玄武岩	[8.7]	5.4	1.65		報告書			
299	千里1次 5-59_12	包含層	古閑、黒川	未	玄武岩	[9.8]	5.5	1.35		報告書			
300	千里1次 5-59_13	包含層	古閑、黒川	未	玄武岩	[10.3]	6.15	1.8		報告書			
301	千里1次図版 5-24_60	SK3018（弥生）	古閑、黒川	未	玄武岩	12.3	6	2.4		報告書			
302	千里1次 7-10_59	SD2031（弥生）	古閑、黒川	未	玄武岩	13.4	5.2	1	143.2	計測		刃部は摩滅して丸みを帯びる	横長剥片を素材とする
303	千里1次 7-10_60	SD2031（弥生）	古閑、黒川	未	玄武岩	[5.2]	5.1	1.8	[73.6]	計測	胴片		
304	千里1次 7-10_62	SD2093（弥生）	古閑、黒川	未	玄武岩	[8.6]	7.7	1.5	[114.8]	計測			
305	千里1次 7-10_63	包含層	古閑、黒川	未	玄武岩	12.8	6.8	1.15	147.4	計測			横長剥片を素材とする
306	千里1次 7-10_64	包含層	古閑、黒川	未	玄武岩	9.8	5.9	1.56	139.4	計測			
307	千里1次 7-11_68	包含層	古閑、黒川	未	玄武岩	[14.6]	7.4	2.22	[272.6]	計測			
308	千里1次 7-11_73	包含層	古閑、黒川	未	玄武岩	13.8	5.3	2.4	238.2	計測			
309	千里1次 7-11_74	包含層	古閑、黒川	未	玄武岩	19.7	7.4	2.67	495.7	計測			横長剥片を素材とする
310	千里1次 7-12_82	SD2089（中世）	古閑、黒川	未	玄武岩	[5.8]	7.8	1.66	[94.8]	計測			
311	千里1次 7-12_84	包含層	古閑、黒川	未	輝石安山岩	[8.6]	8.2	1.92	[149.1]	計測		摩滅・丸みを帯びる	
312	千里1次 8-12_54	SK3026（弥生）	古閑、黒川	未	玄武岩	[12.9]	5.6	2.25		報告書			
313	千里1次 8-12_55	SK3026（弥生）	古閑、黒川	未	玄武岩	11.5	5.3	2.25		報告書		擦れている	
314	千里1次 8-12_56	SK3026（弥生）	古閑、黒川	未	玄武岩	[8.4]	6.3	1.95		報告書			
315	千里1次 8-12_57	SK3026（弥生）	古閑、黒川	未	玄武岩		6.6	1.2		報告書			
316	千里1次 9-11_28	包含層	古閑、黒川	未	玄武岩	18.4	7.54	1.53	248.5	計測			

No.	資料名	遺構	土器型式	磁性	石質	最大長	最大幅	最大厚	重量	計測値	刃部	使用痕	備考
317	千里1次9-11_29	包含層	古閑、黒川	未	玄武岩	16.3	6.32	1.68	275.3	計測			
318	千里1次9-29_240	SX4051（弥生～古墳）	古閑、黒川	未	玄武岩	10.8	4.5	1.97	134.4	計測			
319	千里1次9-29_241	SX4051（弥生～古墳）	古閑、黒川	未	玄武岩	14.15	8.2	1.82	251.6	計測			
320	千里1次10-2_4	SK5013	古閑、黒川	未	玄武岩	[9.5]	5.7	2.5		報告書			
321	千里1次5-59_11	包含層	古閑、黒川	未	玄武岩	[5.5]		1.5		報告書			
322	千里1次7-12_83	包含層	古閑、黒川	未	玄武岩	[7.15]	8.3	[2.6]	[166]	計測		刃部は剥離・摩滅が顕著	
323	千里1次9-29_239	SX4051（弥生～古墳）	古閑、黒川	未	玄武岩	[6.4]	[4.95]	1.83	[75.8]	計測			
324	千里1次7-11_69	包含層	古閑、黒川	未	玄武岩	[6.6]	6.1	1.2	[67.5]	計測			剥片素材
325	千里1次9-11_32	包含層	古閑、黒川	未	玄武岩	24.6	8.4	2	315.7	計測			剥片素材
326	千里1次9-29_242	SD4066（弥生～古墳）	古閑、黒川	未	玄武岩	18.6	11.3	2.73	462.1	計測			剥片素材
327	千里1次7-11_67	包含層	古閑、黒川	未	玄武岩	[6.2]	[5.5]	1.13	[48.8]	計測			横刃の可能性あり
328	千里1次7-11_72	包含層	古閑、黒川	未	玄武岩	[7.5]	4.8	1	[55.6]	計測			横刃の可能性あり
329	大原D3次104_220	8-4区B2層	古閑、黒川	未	安山岩	11.9	7.2	1.7	150.9	報告書			
330	大原D3次104_221	8-4区A2層	古閑、黒川	未	安山岩	10.8	7.3	1.6	139	報告書			
331	大原D3次104_222	8-4区B2層	古閑、黒川	未	安山岩	12.3	5.6	2.4	198.8	報告書			
332	大原D3次104_223	8-4区A2層	古閑、黒川	未	安山岩	11.6	5	1.8	142.4	報告書		鈍角	
333	大原D3次104_224	8-4区A2層	古閑、黒川	未	安山岩	11.6	4.3	1.6	109	報告書			
334	大原D3次104_226	8-4区A2層	古閑、黒川	未	安山岩	20.25	7.2	1.8	347.4	報告書			
335	大原D3次105_238	8-4区A2層	古閑、黒川	未	安山岩	12.2	4.8	1.4	41.2	報告書			石槍と報告
336	大原D3次112_49	8-3区河川	古閑	未		9.8	4.6	1	66	報告書			
337	大原D3次112_50	8-3区河川	古閑	未		10.6	5.2	1.6	128	報告書			
338	大原D3次112_51	8-3区河川	古閑	未		13.2	5.3	2	197	報告書			
339	大原D3次112_52	8-3区河川	古閑	未		13.2	6.1	2.1	228	報告書			
340	大原D3次112_53	8-3区河川	古閑	未		11.7	5.6	2.2	192	報告書		摩滅	
341	大原D3次115_011	10区	古閑	未		11.3	5.1	2.1	106.16	報告書			
342	大原D3次115_012	10区	古閑	未	安山岩	10.9	5.3	2.7	184.12	報告書			
343	大原D3次115_013	10区	古閑	未	安山岩	10.8	8.2	2	225.02	報告書			
344	大原D3次115_014	10区	古閑	未	安山岩	17.2	7.5	2.9	459.98	報告書			
345	大原D3次926500537	SD01(N)上層	古閑、黒川	未	玄武岩	14.23	6.5	1.93	229.5	計測			完形
346	大原D3次926500539	SD01(O)上層	古閑、黒川	未	玄武岩	[10.94]	6.36	2.78	[255.7]	計測			基部片
347	大原D3次926500540	SD01(O)中層	古閑、黒川	未	玄武岩	12.33	5.19	2.43	233	計測			完形
348	大原D3次926500541	SD01(O)中層	古閑、黒川	未	玄武岩	12.12	6.81	2.43	256.6	計測			完形
349	大原D3次926500542	SD01(O)中層	古閑、黒川	未	玄武岩	8.95	7.5	2.02	136.1	計測		片面短斜線状痕	完形
350	大原D3次926500544	SD01(N)上層	古閑、黒川	未	玄武岩	14.2	5.71	1.97	188.8	計測		両面短直凹状線状痕	完形
351	大原D3次926500545	SD01(N)上層	古閑、黒川	未	玄武岩	8.77	5.74	1.12	91.5	計測			完形
352	大原D3次926500546	SD01(N)中層	古閑、黒川	未	玄武岩	9.8	5.29	1.17	100.6	計測			完形
353	大原D3次926500549	SD01(N)河床	古閑、黒川	未	玄武岩	11.68	5.46	1.39	120.5	計測			完形
354	大原D3次926500550	SD01(O)中層	古閑、黒川	未	玄武岩	10.53	5.36	1.4	96.7	計測		摩耗，線状痕	完形
355	大原D3次926500551	SD01(O)中層	古閑、黒川	未	玄武岩	10.86	5.62	1.45	140.4	計測			完形
356	大原D3次926500552	SD01(O)中層	古閑、黒川	未	玄武岩	14.86	6.03	1.8	204.6	計測		片面直線状痕	完形
357	大原D3次926500555	SD01(O)中層	古閑、黒川	未	玄武岩	12.94	4.84	1.22	111.5	計測		片面磨滅線状痕	完形
358	大原D3次926500570	SD01　No33	古閑、黒川	未	玄武岩	11.56	5.2	1.35	125.4	計測		片面直線状痕	完形
359	大原D3次926500571	SD01　No40	古閑、黒川	未	玄武岩	[10.29]	6.54	1.74	160.2	計測		片面磨滅	基部欠損
360	大原D3次926500572	SD01　No27	古閑、黒川	未	玄武岩	[10.7]	9.27	1.53	[206.2]	計測		短斜線状痕	基部欠損
361	大原D3次926500573	SD01　No26	古閑、黒川	未	玄武岩	12.25	5.15	2.07	182.2	計測		直線状痕	完形
362	大原D3次926500574	SD01　No39	古閑、黒川	未	玄武岩	11.48	6.35	2.73	280.7	計測			完形
363	大原D3次105_233	8-4区A2層	古閑、黒川	未	安山岩	[9.1]	[6.8]	1.2	[103.5]	報告書			掻器と報告
364	大原D3次926500521	SD01(N)河床	古閑、黒川	未	玄武岩	[5.9]	[4.45]	1.39	[56.7]	計測			基部片
365	大原D3次926500538	SD01(N)河床	古閑、黒川	未	玄武岩	[6.97]	[4.42]	[2.17]	[96.4]	計測			基部片
366	大原D3次926500543	SD01(O)	古閑、黒川	未	玄武岩	[7.62]	[4.89]	[2.88]	[140.5]	計測			基部片
367	大原D3次104_227	8-4区B2層	古閑、黒川	未	滑石質片岩	13.5	9.6	1.6	132.3	報告書			石質から実用に耐えないと報告
368	大原D3次105_237	8-4区A2層	古閑、黒川	未		3.3	5.1	1.5	115	報告書			打製収穫具と報告
369	大原D3次926500518	SD01(N)河床	古閑、黒川	未	玄武岩	[8.53]	6.3	0.94	79	計測			欠損
370	大原D3次926500547	SD01(N)下層	古閑、黒川	未	玄武岩	10.95	4.08	1.24	67.9	計測		縁辺調整浅い。半月形	完形
371	大原D3次926500548	SD01(N)下層	古閑、黒川	未	玄武岩	9.1	8.8	1.12	112.8	計測		両面調整。抉り入り	完形
372	大原D3次926500553	SD01(O)中層	古閑、黒川	未	玄武岩	11.04	8.5	1.59	205	計測		短辺刃部	完形
373	大原D3次926500554	SD01(O)中層	古閑、黒川	未	玄武岩	12.4	4.1	1.24	80.3	計測		横刃磨滅	完形
374	大原D3次926500556	SD01(O)	古閑、黒川	未	安山岩	12.19	9.8	1.65	161.3	計測			完形
375	田村2次18_39	第2地点	夜臼	未	安山岩		7	1.8		報告書		未	
376	田村2次19_40	第2地点	夜臼	未	安山岩		8	2		報告書		未	
377	田村3次47_293	第3地点	北久根山、夜臼	未	変成岩	10	5	1.9	128	報告書		未	
378	田村3次47_294	第3地点	北久根山、夜臼	未	玄武岩	10.1	5.4	1.4	113	報告書		未	
379	田村3次47_295	第3地点	北久根山、夜臼	未	片岩類	12.2	5.4	1.6	133.1	報告書		未	
380	田村3次47_296	第3地点	北久根山、夜臼	未	玄武岩	10.4	5.1	1.6	84.5	報告書		未	
381	田村3次47_297	第3地点	北久根山、夜臼	未	片麻岩	10.3	4.8	3	80.8	報告書		未	
382	田村3次47_298	第3地点	北久根山、夜臼	未	不明	10.7	3.7	1.8	107	報告書		未	
383	田村3次47_299	第3地点	北久根山、夜臼	未	不明		6	2		報告書		未	
384	田村3次47_301	第3地点	北久根山、夜臼	未	玄武岩		6	2.4		報告書		未	
385	田村3次47_302	第3地点	北久根山、夜臼	未			7.2	1.9		報告書		未	
386	田村3次47_303	第3地点	北久根山、夜臼	未	不明		5.2	1.7		報告書		未	
387	田村3次47_305	第3地点	北久根山、夜臼	未	変成岩		6	1.6		報告書		未	
388	田村3次47_306	第3地点	北久根山、夜臼	未			5.8	2.2		報告書		未	
389	田村3次71_479	第4地点	夜臼	未	玄武岩	19	7.8	2		報告書		未	
390	田村3次71_480	第4地点	夜臼	未	玄武岩	15.8	6.6	1.6		報告書		未	
391	田村3次87_625	第5地点	夜臼、板付Ⅰ	未	砂岩	14.35	7.1	1.8	367	報告書		未	
392	田村3次87_627	第5地点	夜臼、板付Ⅰ	未	砂岩		6	1.4		報告書		未	
393	田村4次9_129	第8地点	黒川、夜臼	未	安山岩	17.4	6.3	1.8		報告書		未	

	資料名	遺構	土器型式	磁性	石質	最大長	最大幅	最大厚	重量	計測値	刃部	使用痕	備考
	田村 4 次 9_131	第 8 地点	黒川、夜臼	未	安山岩		6	1.4		報告書		未	
5	田村 5 次 22_30116	SD100	夜臼	未	安山岩	12.85	8.45	1.72	182	報告書		摩滅痕	
6	田村 5 次 22_30117	SD100	夜臼	未	凝灰岩		6.72	1.2		報告書		未	
7	田村 5 次 22_30133	SD001	夜臼	未	安山岩	14.89	7.07	2.13	220	報告書		摩滅痕	
8	田村 5 次 22_30158	SD011	夜臼	未	安山岩	14.25	4.84	1.6	128.15	報告書		摩滅痕	
9	田村 5 次 22_30245	SK001	夜臼	未	凝灰岩		7.87	1.38		報告書			局部磨製石斧と報告
0	田村 5 次 22_30286	包含層	夜臼	未	安山岩	13.9	7.5	2.83	360	報告書		細かい調整あり	他の 4 点と用途が異なると記載
1	田村 2 次 19_41	第 2 地点	夜臼	未						報告書		未	
2	田村 3 次 47_300	第 3 地点	北久根山、夜臼	未	不明					報告書		未	
3	田村 3 次 47_304	第 3 地点	北久根山、夜臼	未	不明					報告書		未	
4	田村 3 次 47_307	第 3 地点	北久根山、夜臼	未	片岩類					報告書		未	
5	田村 3 次 71_481	第 4 地点	夜臼	未	片岩類					報告書		未	
6	田村 3 次 87_626	第 5 地点	夜臼、板付Ⅰ	未	安山岩			2.8		報告書		未	
7	田村 4 次 9_128	第 8 地点	黒川、夜臼	未	安山岩					報告書		未	
8	田村 4 次 9_130	第 8 地点	黒川、夜臼	未	玄武岩					報告書		未	
9	田村 5 次 22_30118	SD100	夜臼	未	安山岩					報告書		未	剥片
0	田村 5 次 22_30152	SD004	夜臼	未	安山岩					報告書		未	剥片
1	下月隈 C5 次 78-70037	SD104	夜臼、板付Ⅰ	-	緑泥片岩	16.63	6.59	2.86	365.5	計測	斜刃	刃部片面摩滅強	
2	下月隈 C5 次 78-70038	SD104	夜臼、板付Ⅰ	微弱	緑泥片岩	14.03	7.93	0.96	171	計測	平刃	両面に磨滅痕	扁平
3	下月隈 C7 次 135_S29	SX855	夜臼、板付Ⅰ	強	玄武岩	12.66	8.37	1.64	236.6	計測			全体に風化強い
4	下月隈 C8 次 105_S26	SX1130	夜臼、板付Ⅰ	未	滑石片岩	11.55	8			報告書			

付表3　遺跡立地データ

※集数のみは福岡市報告

時期	No.	遺跡名	エリア	経度X	緯度Y	立地	遺構	土器様式	報告書(集数)
前期前半	1	井相田D2次	博多	130.460526	33.562387	標高10m、青灰色粘質土、灰黄色粘質土	埋没林	轟B	610
前期前半	2	中村町5次	博多	130.414914	33.560939	標高6m、粗砂～砂礫	河川	轟B、曽畑、曽畑新	1159
前期前半	3	中村町7次	博多	130.414882	33.561168	標高6m、粗砂～シルト	河川	轟B、曽畑、曽畑新	1365
前期前半	4	柏原A-2	博多	130.392464	33.526665	標高46～49m、黄褐色花崗岩バイラン土、砂礫層、河岸段丘上	凹部多数、集石	押型文、轟B、阿高、黒川、夜臼	190
前期前半	5	中原・ヒナタA地区6次・B地区3次・C地区5次	博多	130.435045	33.517611	標高24m、低位段丘	円形住居、土坑	前期、松丸、北久根山	那珂川町39・
前期前半	6	西新町18次	早良	130.355844	33.582144	標高4m、暗褐色粘土、赤褐色砂、黄色砂	包含層	轟B、曽畑	939
前期前半	7	野芥19次	早良	130.347444	33.537184	標高29m、黄白・灰白色砂質土、暗褐色粘質土	土器小片のみ	轟B、曽畑	1447
前期前半	8	免2次	早良	130.339462	33.549986	標高9m、青灰色粘土、黄橙色土（アカホヤ）		轟A	536
前期前半	9	田村2次	早良	130.331529	33.539757	第1地点。標高16m、礫、青灰色シルト、黄色粘質土	土器小片のみ	轟B	104
前期前半	10	田村20次	早良	130.333929	33.542608	標高20m、黄灰～淡灰褐色粗砂礫、淡黄緑～淡灰褐色シルト	土器小片のみ	轟、曽畑	611
前期前半	11	四箇J-10i	早良	130.330509	33.532449	標高20m、礫層上泥炭層、砂層、粘質土、暗褐色土	土器小片のみ	轟B、曽畑	47
前期前半	12	四箇J-10l	早良	130.329984	33.532197	標高20m、礫層、暗黄褐色シルト、黄褐色シルト、青白色シルト	方形土坑	轟B、曽畑	63
前期前半	13	四箇B地点	早良	130.33033	33.533702	標高20m、青白色シルト	包含層	轟B、曽畑	172
前期前半	14	広石古墳群	早良	130.297787	33.561951	標高45m、丘陵	土器小片のみ	轟B	41
前期前半	15	松木田4次	早良	130.332611	33.509583	標高47m、浅黄色砂質土	土器小片のみ	轟B、曽畑	1241
前期前半	16	内野熊山1次	早良	130.334885	33.506929	標高47m、砂礫、黄褐色シルト、暗茶褐色粘質土	土器小片のみ	轟A、曽畑新	1205
前期前半	17	大坪1次	早良	130.33895	33.502903	標高53m、黒褐色砂～褐色砂	土器小片のみ	轟A、曽畑	619
前期前半	18	内野3次	早良	130.341039	33.490769	標高80m、明褐～明赤褐色粘質土	土器小片のみ	轟B、曽畑	653
前期前半	19	中山1次	早良	130.342648	33.491847	6・7区。標高75m、含礫明褐色粘質シルト、灰色砂質シルト	土器小片のみ	轟B、曽畑	687
前期前半	20	野中1次	早良	130.351242	33.487192	標高88m、黄褐色砂質シルト	包含層	轟A、轟B、曽畑	1196
前期前半	21	椎原A2次	早良	130.354658	33.468438	標高194m、茶褐～黄茶褐色土	集石、土坑	轟B、曽畑	794
前期前半	22	今山8次	西	130.264907	33.588307	標高20m、含礫赤褐色粘質土、明黄褐色粗砂	包含層	轟、曽畑、轟C・D	835
前期後半	1	蒲田本木原1次	東	130.485531	33.630307	標高20m、黄褐色粘質土	土器小片のみ	曽畑	33
前期後半	2	五反田第2地点	東	130.494677	33.642355	標高23m、灰黄色シルト	土器小片のみ	曽畑	久山町14
前期後半	3	小田	東	130.483675	33.654486	標高22m、黄褐色シルト	土器小片のみ	曽畑	久山町18
前期後半	4	雀居10次	博多	130.447497	33.580258	標高4m、青灰色砂質土、暗褐色粘質土	土器小片のみ	曽畑	746
前期後半	5	雀居16次	博多	130.447311	33.581116	標高4m、黒色砂、灰色～青灰色粘質土	土器小片のみ	曽畑新	1387
前期後半	6	雀居18次	博多	130.447526	33.580652	標高4m、黒色粘質土、緑灰色シルト・粘土	土器小片のみ	曽畑新	1388
前期後半	7	高畑12次	博多	130.456293	33.56108	標高9m、青灰色粘質土（八女粘土）、灰色砂層	土器小片のみ	曽畑新	210
前期後半	8	中村町5次	博多	130.414914	33.560939	標高6m、粗砂～砂礫	河川	轟B、曽畑、曽畑新	1159
前期後半	9	中村町7次	博多	130.414882	33.561168	標高6m、粗砂～シルト	河川	轟B、曽畑、曽畑新	1365
前期後半	10	日佐1次	博多	130.436827	33.540101	標高13m、粘土混じり黄褐色シルト	自然流路	曽畑	646
前期後半	11	警弥郷B5次	博多	130.436168	33.524483	標高19m、黄褐色粘質土	土器小片のみ	曽畑	928
前期後半	12	門田	博多	130.437522	33.518731	標高23m、谷地形、青灰色・黄灰色砂、暗灰色砂質土	包含層	曽畑、天城～古閑古、夜臼	福岡県1979
前期後半	13	観音山古墳群E地区	博多	130.442559	33.507835	標高47m、黄褐色土	土器小片のみ	曽畑	那珂川町17
前期後半	14	中原・ヒナタA地区6次・B地区3次・C地区5次	博多	130.435045	33.517611	標高24m、低位段丘	円形住居、土坑	前期、松丸、北久根山	那珂川町39・48
前期後半	15	西新町18次	早良	130.355844	33.582144	標高4m、暗赤褐色粘土、赤褐色砂、黄色砂	包含層	轟B、曽畑	939
前期後半	16	梅林1次	早良	130.356925	33.545231	標高21m、花崗岩バイラン土、褐色粘質土、粗砂、黄褐色粘質土	土器小片のみ	曽畑	648
前期後半	17	梅林3次	早良	130.356195	33.545362	標高20m、粘質土と粗砂の互層	土器小片のみ	曽畑	698
前期後半	18	野芥19次	早良	130.347444	33.537184	標高29m、黄白・灰白色砂質土、暗褐色粘質土	土器小片のみ	轟B、曽畑	1447
前期後半	19	田村20次	早良	130.333929	33.542608	標高14m、黄灰～淡灰褐色粗砂礫、淡黄緑～淡灰褐色シルト	土器小片のみ	轟、曽畑	611
前期後半	20	四箇J-10i	早良	130.330509	33.532449	標高20m、礫層上泥炭層、砂層、粘質土、暗褐色土	土器小片のみ	轟B、曽畑	47
前期後半	21	四箇J-10l	早良	130.329984	33.532197	標高20m、礫層、暗黄褐色シルト、黄褐色シルト、青白色シルト	方形土坑	轟B、曽畑	63
前期後半	22	四箇B地点	早良	130.33033	33.533702	標高20m、青白色シルト	包含層	轟B、曽畑	172
前期後半	23	四箇22次	早良	130.33632	33.53361	標高21m、淡黄褐色シルト	土器小片のみ	曽畑、曽畑新	199
前期後半	24	四箇23次	早良	130.335663	33.534016	標高21m、河川	土器小片のみ	曽畑	196
前期後半	25	乙石2次	早良	130.310411	33.527035	標高57m、茶褐色粘質土	土器小片のみ	曽畑	874
前期後半	26	松木田4次	早良	130.332611	33.509583	標高47m、浅黄色砂質土	土器小片のみ	轟B、曽畑	1241
前期後半	27	内野熊山1次	早良	130.334885	33.506929	標高47m、砂礫、黄褐色シルト、暗茶褐色粘質土	土器小片のみ	轟A、曽畑新	1205
前期後半	28	大坪1次	早良	130.33895	33.502903	標高53m、黒褐色砂～褐色砂	土器小片のみ	轟A、曽畑	619
前期後半	29	大坪南1次	早良	130.340831	33.501632	標高54m、褐色土	土器小片のみ	曽畑新	619
前期後半	30	広瀬1次	早良	130.335364	33.491704	3区。標高78m、黄褐色・黒灰色シルト	土器小片のみ	曽畑	901
前期後半	31	内野3次	早良	130.341039	33.490769	標高80m、明褐～明赤褐色粘質土	土器小片のみ	轟B、曽畑	653
前期後半	32	中山1次	早良	130.342648	33.491847	6・7区。標高75m、含礫明褐色粘質シルト、灰色砂質シルト	土器小片のみ	轟B、曽畑	687
前期後半	33	野中1次	早良	130.351242	33.487192	標高88m、黄褐色砂質シルト	包含層	轟A、轟B、曽畑	1196
前期後半	34	栗尾B1次	早良	130.359372	33.490458	標高80m、黄褐色粘質土	円形土坑	曽畑	386
前期後半	35	椎原A2次	早良	130.354658	33.468438	標高194m、茶褐～黄茶褐色土	集石、土坑	轟B、曽畑	794
前期後半	36	今山8次	西	130.264907	33.588307	標高20m、含礫赤褐色粘質土、明黄褐色粗砂	包含層	轟、曽畑、轟C・D	835
中期前半	1	三苫3次	東	130.419797	33.704969	標高5m、黄白色粘質土、赤褐色粘質土	土器小片のみ	春日古	477
中期前半	2	大橋E9次	博多	130.426726	33.553259	標高10m、赤褐色粘土、黄色シルト	土器小片のみ	船元系	791
中期前半	3	田村5次	早良	130.33	33.541801	標高15m	方形竪穴、土坑	里木、春日、刻目突帯文	200
中期前半	4	四箇22次	早良	130.33632	33.53361	標高21m、淡黄褐色シルト	不定型土坑	鷹島	199
中期前半	5	四箇23次	早良	130.335663	33.534016	標高21m、河川		船元系	196
中期前半	6	四箇26次	早良	130.336398	33.533474	砂礫、青灰色粘質土、黄色粘土、暗黄褐色土、暗褐色土	土器小片のみ	鷹島	510
中期前半	7	東入部3次	早良	130.332518	33.517274	標高33m、黄褐色砂質土	土器片のみ	船元新	485
中期前半	8	広石古墳群	早良	130.297787	33.561951	標高45m、丘陵	土器片のみ	春日古	41
中期前半	9	松木田3次	早良	130.332831	33.509551	標高44m、黄白色砂、黒褐色シルト	土器小片のみ	船元新	578

時期	No.	遺跡名	エリア	経度X	緯度Y	立地	遺構	土器様式	報告書（集数）※
期前半	10	広瀬1次	早良	130.335364	33.491704	6区。標高78m、黄褐色・黒灰色シルト	土器小片のみ	船元系	901
期前半	11	野中1次	早良	130.351242	33.487192	標高88m、黄褐色砂質シルト、茶褐色土	土器小片のみ	船元系	1196
期前半	12	今山8次	西	130.264907	33.588307	標高2m、含礫赤褐色粘質土、明黄褐色粗砂	包含層	轟C・D、鷹島、春日古	835
期前半	13	元岡2次	西	130.219288	33.600381	標高16m、明灰色細砂〜砂質シルト	土器小片のみ	春日新、並木	722
期前半	14	大原D3次	西	130.227125	33.619227	標高6m、混礫粘質土、砂質土、粗砂	土器小片のみ	船元古?新?、並木	481
期後半	1	日佐1次	博多	130.436827	33.540101	標高13m、粘土混じり黄褐色シルト	自然流路	並木、阿高	646
期後半	2	和田B　A地区	博多	130.417921	33.542085	標高、花崗岩バイラン土	落とし穴	早期、阿高	413
期後半	3	野多目C2次	博多	130.423395	33.539345	標高16.5m、鳥栖ローム	自然流路、土坑	阿高	136
期後半	4	野多目C6次	博多	130.422973	33.538907	標高15m、淡黄灰色粘質シルト〜黄白色粘質土	自然流路 SR82	阿高、坂の下、太郎迫、夜臼、板付II	1314
期後半	5	柏田	博多	130.435731	33.520533	標高21m、黒色砂質土		並木、阿高、北久根山	福岡県1977
期後半	6	柏原A-2	博多	130.392464	33.526665	標高46〜49m、黄褐色花崗岩バイラン土、砂礫層、河岸段丘上	四部多数、集石	押型文、轟B、阿高、黒川、夜臼	190
期後半	7	梅林3次	早良	130.356195	33.545362	標高20m、粘質土と粗砂の互層	土器小片のみ	並木	698
期後半	8	有田5次　有田170次	早良	130.331528	33.563958	標高12m、ローム台地	土坑群	阿高、坂の下、中津	113・473
期後半	9	四箇J-10i	早良	130.330509	33.532449	標高20m、礫層上泥質層、砂層、粘質土、暗褐色土		阿高、太郎迫、黒川	47
期後半	10	田村1次（高柳）	早良	130.33529	33.541917	標高13m、砂質層上	溝2条	阿高、夜臼	70
期後半	11	田村3次	早良	130.331832	33.53989	第3地点、標高15m、シルト・礫層上	幅5〜7m、深さ10〜30cmのSX31（黒色粘質土）	阿高、三万田、黒川、夜臼	167
期後半	12	田村23次	早良	130.334527	33.542163	標高14m、暗褐色シルト、灰オリーブ7.5Y6/1粘質砂		阿高、鐘崎	1080
期後半	13	脇山A5次	早良	130.35008	33.489613	標高85m、黄褐色土、淡黄色土、砂礫	土坑13、遺物集中1	黒川、押型文、轟B、船元、阿高少量	312
期後半	14	徳永B2次	西	130.258064	33.575043	標高6m、黄褐色粘質土	円形土坑1	阿高	1228
期後半	15	女原6次	西	130.264324	33.575403	標高4m、黄褐色粘質土、黒茶褐色土	土器小片のみ	阿高	1010
期後半	16	元岡2次	西	130.219288	33.600381	標高16m、明灰色細砂〜砂質シルト	土器小片のみ	春日新、並木	722
期後半	17	元岡18次	西	130.224175	33.600281	標高12〜46m、黒色粘質土、砂礫、黄褐色レス	包含層	阿高〜晩期	1246
期後半	18	大原D3次	西	130.227125	33.619227	標高6m、混礫粘質土、砂質土、粗砂	土器小片のみ	船元古?新?、並木	481
後期前葉	1	蒲田水ヶ元1次	東	130.491611	33.634421	標高22m、低丘陵先端	円形土坑2	南福寺	491
後期前葉	2	名子3・4次	東	130.474328	33.637497	標高12m、黄褐色粘質土・シルト	土坑、竪穴住居、落ち込み	坂の下〜北久根山	1123
後期前葉	3	戸原伊賀第1地点	東	130.475349	33.624407	標高10m	礫入り土坑	南福寺、中津、福田KII	粕屋町46
後期前葉	4	野多目C1次	博多	130.423552	33.538734	標高15m、鳥栖ローム	土坑50、	坂の下、中津、福田K2	93
後期前葉	5	野多目C4次	博多	130.423402	33.539408	標高14m、黄灰色シルト、粗砂	土坑8、旧河川	南福寺、出水、中津、福田K2	333
後期前葉	6	野多目C3次	博多	130.42339	33.538332	標高14.5m、鳥栖ローム	土坑	中津系・阿高系、晩期?	160
後期前葉	7	野多目B1次	博多	130.420653	33.541008	標高15m、夜臼（中位段丘）	流路SD61	坂の下、夜臼?	413
後期前葉	8	野多目C6次	博多	130.422973	33.538907	標高15m、淡黄灰色粘質シルト〜黄白色粘質土	自然流路SR82	阿高、坂の下、太郎迫、夜臼、板付II	1314
後期前葉	9	有田5次　有田170次	早良	130.331528	33.563958	標高12m、ローム台地	土坑群	阿高、坂の下、中津	113・473
後期前葉	10	有田116次	早良	130.332096	33.563984	標高12m、台地落ち際	柱穴群	阿高?黒川	308
後期前葉	11	吉武2次	早良	130.320696	33.541225	標高17m、含小礫褐色土	貯蔵穴46基	出水、福田KII	675
後期前葉	12	四箇J-10i	早良	130.330509	33.532449	標高20m、礫層上泥質層、砂層、粘質土、暗褐色土	円形竪穴住居、土坑2	阿高、太郎迫、黒川	47
後期前葉	13	田村3次	早良	130.331832	33.53989	第3地点、標高15m、シルト・礫層上	幅5〜7m、深さ10〜30cmのSX31（黒色粘質土）	阿高、三万田、黒川	167
後期前葉	14	田村23次	早良	130.334527	33.542163	標高14m、暗褐色シルト、灰オリーブ7.5Y6/1粘質砂		阿高、鐘崎	1080
後期前葉	15	脇山A5次	早良	130.35008	33.489613	標高85m、黄褐色土、淡黄色土、砂礫	土坑13、遺物集中1	黒川、押型文、轟B、船元、阿高少量	312
後期前葉	16	中山1次	早良	130.342834	33.492728	標高76m、含礫明褐色粘土	包含層	中津、黒川、夜臼	687
後期前葉	17	桑原飛櫛貝塚1次	西	130.22866	33.605491	標高4m、黄灰色粘質土	土坑、貝層	中津、南福寺	480
後期前葉	18	元岡18次	西	130.224175	33.600281	標高12〜46m、黒色粘質土、砂礫、黄褐色レス	包含層	阿高〜晩期	1246
後期前葉	19	千里1次4区	西	130.238694	33.563226	標高13m、黒褐色土、シルト質土、砂礫、黄褐色・黄灰色粘質シルト	土器小片のみ	坂の下	1117
後期中葉	1	吉塚18次	博多	130.428507	33.600393	標高2.5m、砂丘。淡い褐色砂質土	土器小片のみ	太郎迫	1436
後期中葉	2	中原・ヒナタ	博多	130.435045	33.517611	標高24m、低位段丘。A地区6次・B地区3次・C地区5次	円形住居、土坑	松丸、北久根山	那珂川町39・48
後期中葉	3	山田西	博多	130.416364	33.488074	標高33m、黄色砂土混茶色砂質土。2・3・4次	竪穴住居、土坑	北久根山	那珂川町36・59・66
後期中葉	4	柏田	博多	130.435731	33.520533	標高21m、黒色砂質土	円形住居	並木、阿高、北久根山	福岡県1977
後期中葉	5	野多目C6次	博多	130.422973	33.538907	標高15m、淡黄灰色粘質シルト〜黄白色粘質土	自然流路SR82	阿高、坂の下、太郎迫、夜臼、板付II	1314
後期中葉	6	日佐3次	博多	130.435445	33.541843	標高12m、黄褐色シルト	落ち込み	鐘崎、黒川	751
後期中葉	7	日佐1次	博多	130.436827	33.540101	標高13m、粘土混じり黄褐色シルト	包含層（自然流路?）	阿高、西平、黒川、夜臼	646
後期中葉	8	東入部1次	早良	130.331274	33.521937	標高30.5m、黄褐色・暗褐色砂質土	石組炉、浅い落ち込み	鐘崎	613
後期中葉	9	東入部10次	早良	130.334648	33.51245	標高40m	包含層	鐘崎	485
後期中葉	10	東入部3次	早良	130.332518	33.517274	標高33m、黄褐色砂質土	包含層	船元、北久根山、太郎迫	485
後期中葉	11	四箇J-10l	早良	130.329984	33.532197	標高20m、礫層上、砂層、砂礫層、暗黄褐色シルト層	ピット	太郎迫	63
後期中葉	12	四箇A	早良	130.33062	33.532873	標高19m、砂質層上	長さ60m、幅12mの特殊泥炭層	太郎迫	172
後期中葉	13	四箇J-10i	早良	130.330509	33.532449	標高20m、礫層上泥質層、砂層、粘質土、暗褐色土	土坑1、落ち込み	阿高、太郎迫、三万田、黒川	47
後期中葉	14	四箇L-11c	早良	130.331857	33.530622	標高23m、砂礫層	流路	太郎迫、三万田	100
後期中葉	15	田村23次	早良	130.334527	33.542163	標高14m、暗褐色シルト、灰オリーブ7.5Y6/1粘質砂	自然流路SD61、落ち込みSX63	阿高、鐘崎	1080
後期中葉	16	次郎丸高石1次	早良	130.334032	33.550141	標高14m	落ち込み	太郎迫、夜臼	69
後期中葉	17	橋本一丁田2次	早良	130.318533	33.563772	標高5.3m、黄褐色シルト	土器片のみ	北久根山	582
後期中葉	18	周船寺1次（千里シビナ）	西	130.240631	33.566907	標高11m、黄褐色粘質土、青灰色粘質土、暗灰褐色砂質土上		太郎迫、三万田、夜臼	88

時期	No.	遺跡名	エリア	経度X	緯度Y	立地	遺構	土器様式	報告書（集数）
後期中葉	19	周船寺10次	西	130.240129	33.568359	標高9.5m、灰色シルト・砂質土・砂礫	浅い落ち込み	御手洗A	654
後期中葉	20	元岡瓜尾貝塚	西	130.225268	33.594786		貝層	鐘崎、北久根山、西平、三万田	山崎2016
後期中葉	21	元岡18次	西	130.224175	33.600281	標高12～46m、黒色粘質土、砂礫、黄褐色レス	包含層	阿高～晩期	1246
後期中葉	22	大原D3次	西	130.227125	33.619227	標高6m、混礫粘質土、砂質土、粗砂	自然流路、埋設土器	西平、太郎迫、三万田、古閑、黒川？	481
後期中葉	23	三雲石橋	西	130.246181	33.541028	標高33m、黄褐色系粘土	埋設土器	太郎迫、三万田、御領、広田、古閑	福岡県60
後期中葉	24	三雲サキゾノ	西	130.245838	33.540939	標高33m、黄褐色系粘土	方形住居、埋設土器	太郎迫、三万田、御領、広田	福岡県60
後期中葉	25	三雲石橋160番地	西	130.5408	33.5408	標高33m	落ち込み状遺構	太郎迫	糸島市21
後期中葉	26	蒲田水ヶ元3次	東	130.489918	33.635831	標高17m、黄褐色シルト	円形住居2基	鐘崎	1147
後期中葉	27	名子3・4次	東	130.474328	33.637497	標高12m、黄褐色粘質土・シルト	土坑、堅穴建物、落ち込み	坂の下～北久根山	1123
後期中葉	28	江辻第6地点	東	130.479536	33.631222	標高10m、河川沿い微高地	落ち込み状遺構	鐘崎・北久根山	粕屋町18
後期中葉	29	江辻第8地点	東	130.48251	33.624044	標高13m、にぶい黄褐色土・灰オリーブ土	住居6、土坑1、溝6、ピット	北久根山	粕屋町28
後期中葉	30	片見鳥	東	130.496975	33.639366	標高24m、黄褐色粘土質シルト	長方形土坑、円形住居	太郎迫・三万田	久山町11
後期後葉	1	野多目A3次	博多	130.4257	33.54407	標高13m、黄褐色粘土～砂礫	堆積層	天城新相	263
後期後葉	2	松木149街区13地点	博多	130.431604	33.51472	標高24m、段丘上	土坑1、溝1	御領、黒川、夜臼、板付I	那珂川町21
後期後葉	3	門田	博多	130.437522	33.518731	標高23m、谷地形、青灰色・黄灰色砂、暗灰色砂質土	包含層	曽畑、天城～古閑古、夜臼	福岡県1979
後期後葉	4	野多目A4次	博多	130.426474	33.542917	標高13m、段丘、微高地（砂・シルト）	包含層	三万田～天城、夜臼、板付I	527
後期後葉	5	西新町8次	早良	130.354552	33.582252	標高3.5m、砂丘	土器小片の出土	天城	484
後期後葉	6	四箇J-10i	早良	130.330509	33.532449	標高20m、礫層上泥炭層、砂層、粘質土、暗褐色土	土坑1、落ち込み	阿高、太郎迫、三万田、黒川	47
後期後葉	7	四箇L-11c	早良	130.331857	33.530622	標高23m、砂礫層上	流路	太郎迫、三万田	100
後期後葉	8	田村2次	早良	130.330555	33.540713	第2地点、標高15m、黄褐色土		三万田、夜臼、板付I	89・104
後期後葉	9	田村3次	早良	130.331832	33.53989	第3地点、標高15m、シルト・礫層上	幅5～7m、深さ10～30cmのSX31（黒色粘質土）	阿高、三万田、黒川、夜臼	167
後期後葉	10	脇山A1次	早良	130.349725	33.494085	標高68～80m、暗褐色粘質土、砂礫層	8～10区	三万田～広田	236
後期後葉	11	脇山A2次	早良	130.352761	33.494294	標高68～80m、暗褐色粘質土、砂礫層	4・5区	三万田～広田	236
後期後葉	12	脇山A3次	早良	130.351428	33.491319	標高68～80m、暗褐色粘質土、砂礫層		御領	236
後期後葉	13	長峰谷口B1次	早良	130.330758	33.505568	標高60m、黄白、黄褐色砂礫	流路、樹痕	御領・天城	1206
後期後葉	14	東入部6次	早良	130.335814	33.513429	標高36m、黄褐色砂質土	包含層	天城	383
後期後葉	15	内野熊山1次	早良	130.334885	33.506929	標高47m、黄褐色シルト	風倒木痕？63基	早期、三万田、古閑・黒川、口唇部刻目文	1205
後期後葉	16	清末3次	早良	130.328634	33.5221	標高28m	埋設土器2	三万田～夜臼	424
後期後葉	17	広瀬1次	早良	130.335364	33.491704	標高78m、黄褐色・黒灰色シルト	SK81、SK02・04	御領、黒川、夜臼	901
後期後葉	18	岩本3次	早良	130.335729	33.520701	標高31m、細砂、砂礫層（水田面、包含層）、黄白色シルト質土微砂主体、砂礫層	河成堆積（晩期）	三万田、古閑	342
後期後葉	19	重留1次	早良	130.333832	33.531776	標高22m、暗黄灰色シルト・粗砂混土	方形住居、埋設土器、円形土坑	天城、古閑	925
後期後葉	20	周船寺1次（千里シビナ）	西	130.240631	33.566907	標高11m、黄灰色粘質土、青灰色粘質土、暗灰褐色砂質土上		太郎迫、三万田、夜臼	88
後期後葉	21	周船寺11次	西	130.240599	33.565596	標高11.5m、黄褐色シルト（鉄分、マンガン多い）	自然堆積	御領、天城	655
後期後葉	22	飯氏3次	西	130.249705	33.57032	標高13m、粘質砂土	円形土坑、埋設土器	天城、古閑	352
後期後葉	23	元岡18次	西	130.224175	33.600281	標高12～46m、黒色粘質土、砂礫、黄褐色レス	包含層	阿高～晩期	1246
後期後葉	24	元岡瓜尾貝塚	西	130.225268	33.594786		貝層	鐘崎、北久根山、西平、三万田	山崎2016
後期後葉	25	大原D3次	西	130.227125	33.619227	標高6m、混礫粘質土、砂質土、粗砂	自然流路、埋設土器	西平、太郎迫、三万田、古閑、黒川？	481
後期後葉	26	千里1次1B区	西	130.242102	33.564378	標高13m、黒褐色土、シルト質土、砂礫、黄褐色・黄灰色粘質土、黄灰色粘質シルト、にぶい黄色砂質シルト、暗灰黄色粘土・シルト、黄褐色シルト質粘土	円形住居、埋設土器、落ち込み	三万田、御領	1117
後期後葉	27	三雲石橋	西	130.246181	33.541028	標高33m、黄褐色系粘土	埋設土器	太郎迫、三万田、御領、広田、古閑	福岡県60
後期後葉	28	三雲サキゾノ	西	130.245838	33.540939	標高33m、黄褐色系粘土	方形住居、埋設土器	太郎迫、三万田、御領、広田、古閑	福岡県60
後期後葉	29	片見鳥	東	130.496975	33.639366	標高24m、黄褐色粘土質シルト	長方形土坑、円形住居	太郎迫、三万田	久山町11
後期中葉	30	三苫5次	東	130.418841	33.705819	標高11m、黄褐色粘質土・淡黄褐色シルト質粘土	円形土坑、石材デポ	三万田	773
晩期前葉	1	門田	博多	130.437522	33.518731	標高23m、谷地形、青灰色・黄灰色砂、暗灰色砂質土	包含層	曽畑、天城～古閑古、夜臼	福岡県1979
晩期前葉	2	山田西1次	博多	130.416008	33.488359	標高32.5m、暗灰色土、含礫暗茶色土	方形住居、土坑	古閑	那珂川町28
晩期前葉	3	観音山古墳群E地区	博多	130.442559	33.507835	標高47m、黄褐色土。	方形住居2、ピット、溝	古閑、夜臼	那珂川町17
晩期前葉	4	岩本3次	早良	130.335729	33.520701	標高31m、細砂、砂礫層（水田面、包含層）、黄白色シルト質土微砂主体、砂礫層	河成堆積（晩期）	三万田、古閑	342
晩期前葉	5	重留1次	早良	130.333832	33.531776	標高22m、暗黄灰色シルト・粗砂混土	14号トレンチ	古閑	925
晩期前葉	6	四箇14次	早良	130.331603	33.531275	標高21m、砂混じりの明褐色粘質土	微高地際	古閑	482
晩期前葉	7	梅林4次	早良	130.355416	33.545672	標高21.5m、八女粘土	埋設土器	古閑	781
晩期前葉	8	野芥大藪1次	早良	130.343914	33.548877	標高20m、暗褐色、灰黄褐色粘質砂質土、シルト粘土	自然流路複数	古閑	581
晩期前葉	9	橋本一丁田2次	早良	130.318533	33.563772	標高5m、暗茶色粘土	流路、円形土坑、くぼみ状遺構	古閑	582
晩期前葉	10	内野熊山1次	早良	130.334885	33.506929	標高47m、黄褐色シルト	風倒木痕？63基	早期、轟A、三万田、古閑・黒川	1205
晩期前葉	11	東入部4次	早良	130.335932	33.518444	標高36m、黄褐色砂質土	隅丸方形土坑、ピット	古閑、黒川	381
晩期前葉	12	脇山A4次	早良	130.353588	33.492581	標高70m、		古閑、黒川	311
晩期前葉	13	清末3次	早良	130.328634	33.5221	標高28m	埋設土器2	三万田～夜臼	424

時期	No.	遺跡名	エリア	経度X	緯度Y	立地	遺構	土器様式	報告書（集数）※
期前葉	14	野芥5次	早良	130.346254	33.54831	標高16m、黒褐色粗砂混じり土、黒色粘質土・シルト	SD9001、不定形土坑、流路	古閑、夜臼	609
期前葉	15	浦江谷1・2次	早良	130.318678	33.519883	標高44m、明黄褐色～淡緑灰色含亜礫粘質土	土坑、貯蔵穴、自然流路	古閑、黒川、夜臼	614
期前葉	16	飯氏3次	西	130.249705	33.57032	標高13m、粘質砂土	円形土坑、埋設土器	天城、古閑	352
期前葉	17	元岡18次	西	130.224175	33.600281	標高12～46m、黒色粘質土、砂礫、黄褐色レス	包含層	阿高～晩期	1246
期前葉	18	大原D3次	西	130.227125	33.619227	標高6m、混議粘質土、砂質土、粗砂	自然流路、埋設土器	西平、太郎迫、古閑、黒川？	481
期前葉	19	千里1次4区	西	130.238694	33.563226	標高13m、黒褐色土、シルト質土、砂礫、黄褐色・黄灰褐色粘質シルト	溝	古閑、黒川	1117
期前葉	20	周船寺6次	西	130.24135	33.565315	標高11.5m、黄褐色土	包含層	古閑、黒川	429
期前葉	21	周船寺13次	西	130.240065	33.567239	標高9.5m、黄褐色土	埋設土器8基、土坑3基	古閑、夜臼	692
期前葉	22	大原D6次	西	130.227543	33.622378	標高36m、暗灰黄褐色土（炭化物含む）	包含層、凹凸	古閑、黒川	732
期前葉	23	三雲石橋	西	130.246181	33.541028	標高33m、黄褐色系粘土	埋設土器	太郎迫、三万田、御領、広田、古閑	福岡県60
期前葉	24	香椎A6次	東	130.449174	33.657361	標高6.5m、谷	河川SD10・11	古閑、黒川	1145
期前葉	25	一ノ井出A	東	130.517881	33.646562	標高52m、暗褐色粘質土・礫層	土器炉、竪穴状遺構	古閑	久山町2
期前葉	26	新大間池	東			標高27m、三紀層	埋設土器1	古閑？	粕屋町32
期中葉	1	日佐3次	博多	130.435445	33.541843	標高12m、黄褐色シルト	落ち込み	鐘崎、黒川	751
期中葉	2	和田B　B地区	博多	130.418043	33.54387	標高21m、花崗岩砂礫	竪穴遺構	黒川	413
期中葉	3	小柳	博多	130.418948	33.488626	標高32.5m、黄褐色砂質粘質土、白灰・淡褐色、淡灰色砂、礫層	土坑	黒川	福岡県104
期中葉	4	松木149街区13地点	博多	130.431604	33.514726	標高24m、段丘上	土坑1、溝1	黒川、御領、夜臼、板付I	那珂川町21
期中葉	5	中村町4次	博多	130.413249	33.556219	標高19m、ローム	埋設土器、円形土坑	黒川末	1122
期中葉	6	博多62次	博多	130.41322	33.59594	標高2.7m、砂丘・灰色砂（流路）		黒川	397
期中葉	7	柏原A-2	博多	130.392464	33.526665	標高46～49m、黄褐色花崗岩バイラン土、砂礫層、河岸段丘上	凹部多数、集石	押型文、轟B、阿高、黒川、夜臼	190
期中葉	8	日佐1次	博多	130.436827	33.540101	標高13m、粘土混じり黄褐色シルト	包含層（自然流路？）	阿高、西平、黒川、夜臼	646
期中葉	9	安徳・道善・片縄	博多	130.433984	33.51571	標高24m、低位段丘、砂質土、砂層	方形土坑	黒川、夜臼	那珂川町39
期中葉	10	松木138街区1～4地点	博多	130.43047	33.515001	標高24m、段丘上、暗灰黄褐・暗黄褐・黄灰褐色粘質砂、砂・粘土河成堆積	溝3	前期、黒川、夜臼	那珂川町11
期中葉	11	吉塚本町2次	博多	130.424205	33.605957	標高3.5m、砂丘		黒川or夜臼I土器片2	320
期中葉	12	有田116次	早良	130.332096	33.563984	標高12m、台地落ち際	柱穴群	阿高、黒川？、黒川	308
期中葉	13	四箇J-10i	早良	130.330509	33.532449	標高20m、礫層上泥炭層、砂層、粘質土、暗色土	円形竪穴住居2、土坑2	阿高、太郎迫、黒川	47
期中葉	14	田村3次	早良	130.331832	33.53989	第3地点、標高15m、シルト・礫層上	幅5～7m、深さ10～30cmのSX31（黒色質土）	阿高、三万田、黒川、夜臼	167
期中葉	15	脇山A7次	早良	130.356833	33.491981	標高71m、黄色砂質土・礫	後世遺構	押型文、黒川	386
期中葉	16	内野熊山1次	早良	130.334885	33.506929	標高47m、黄褐色シルト	風倒木痕？63基	早期、三万田、古閑、黒川、口唇部刻目文	1205
期中葉	17	田村22次	早良	130.333706	33.540233	標高14m、暗黄色シルト、灰オリーブ7.5Y6/1粘質砂	自然流路	黒川	1080
期中葉	18	脇山A5次	早良	130.35008	33.489613	標高85m、黄褐色土、淡黄色土、砂礫	土坑13、遺物集中1	黒川、押型文、轟B、船元、阿高少量	312
晩期中葉	19	東入部4次	早良	130.335932	33.518444	標高36m、黄褐色砂質土	包含層	古閑、黒川	381
晩期中葉	20	脇山A4次	早良	130.353588	33.492581	標高70m、		古閑、黒川	311
晩期中葉	21	上広瀬1次	早良	130.333291	33.488966	標高109m、黄灰色シルト、赤橙色粘土		黒川	901
晩期中葉	22	上広瀬2次	早良	130.331447	33.485645	標高115m、赤橙色粘土	土坑2、陥穴6	黒川	928
晩期中葉	23	野中1次	早良	130.351242	33.487192	標高88m、黄褐色砂質シルト	円形土坑	黒川	1196
晩期中葉	24	脇山A6次	早良	130.355015	33.490105	標高20m、黄色土、砂礫	堆積層	黒川	344
晩期中葉	25	城田2次16区	早良	130.314688	33.526953	標高37m、淡黄褐色砂質シルト	風倒木痕？	黒川	866
晩期中葉	26	クエゾノ4次	早良	130.351321	33.540117	標高29m、にぶい褐色～にぶい黄褐色砂質混入砂質土	包含層	黒川	1308
晩期中葉	27	田村21次	早良	130.334179	33.541313	標高16.5m、灰黄色～淡黄褐色シルト～砂礫	円形、不定形土坑、掘立柱建物	黒川	1031
晩期中葉	28	中山1次	早良	130.342834	33.492728	標高76m、含礫明黄褐色粘土	包含層	中津、黒川、夜臼	687
晩期中葉	29	清末3次	早良	130.328634	33.5221	標高28m	埋設土器2	三万田～夜臼	424
晩期中葉	30	広瀬1次	早良	130.335364	33.491704	標高78m、黄灰色・黒灰色シルト	SK81、SK02・04	御領、黒川、夜臼	901
晩期中葉	31	浦江谷1次	早良	130.318678	33.519883	標高44m、明黄褐色～淡緑灰色含亜礫粘質土	土坑、貯蔵穴、自然流路	古閑、黒川、夜臼	614
晩期中葉	32	次郎丸2次	早良	130.329594	33.552465	標高9m、砂礫・シルト	落ち込み2か所	黒川、夜臼	535
晩期中葉	33	田村4次	早良	130.33398	33.541671	標高35m、黄褐色砂土	不整形土坑、埋甕、ピット	黒川、夜臼	216
晩期中葉	34	羽根戸南古墳群3次	早良	130.307138	33.541561	標高49m、含小礫明赤褐色土、花崗岩バイラン土、花崗岩岩盤		黒川、夜臼	661
晩期中葉	35	四箇古川3・4次	早良	130.330602	33.5286	標高24m、含礫シルト・砂礫	円形土坑、埋設土器	黒川、夜臼	1077
晩期中葉	36	元岡18次	西	130.224175	33.600281	標高12～46m、黒色粘質土、砂礫、黄褐色レス	包含層	阿高～晩期	1246
晩期中葉	37	大原D3次	西	130.227125	33.619227	標高6m、混議粘質土、砂質土、粗砂	自然流路、埋設土器	西平、太郎迫、古閑、黒川？	481
晩期中葉	38	千里1次4区	西	130.238694	33.563226	標高13m、黒褐色土、シルト質土、砂礫、黄灰褐色粘質シルト	溝	古閑、黒川	1117
晩期中葉	39	周船寺6次	西	130.24135	33.565315	標高11.5m、黄褐色土	包含層	古閑、黒川	429
晩期中葉	40	大原D6次	西	130.227543	33.622378	標高36m、暗黄黒褐色土（炭化物含む）	包含層、凹凸	古閑、黒川	732
晩期中葉	41	飯氏6次	西	130.249611	33.570582	標高12m、粗砂・粘土	埋設土器3、土坑1、小溝1	黒川	583
晩期中葉	42	今宿5次	西	130.282317	33.579883	標高3.5m、灰褐～灰白色砂（砂丘）	包含層	黒川	654
晩期中葉	43	周船寺14次	西	130.242449	33.568055	標高10m、暗黄褐色シルト質土	溝、自然流路、杭列	黒川	798
晩期中葉	44	周船寺16次	西	130.239584	33.566353	標高11m、暗褐色シルト質土、青灰色シルト質土	甕棺墓、	条痕無文土器（黒川末）	882

時期	No.	遺跡名	エリア	経度X	緯度Y	立地	遺構	土器様式	報告書（集数）
晩期中葉	45	元岡2次	西	130.219288	33.600381	標高16m、明灰色細砂～砂質シルト	SX3041、ドングリ貯蔵穴	黒川、並木、阿高、鐘崎	722
晩期中葉	46	元岡42次	西	130.215489	33.585802	標高8m、粗砂・砂質粘質土	包含層	天城、黒川、夜臼	1328
晩期中葉	47	高田小生水	西	130.237319	33.567442	標高10m、砂礫	自然流路	黒川、夜臼	前原市76
晩期中葉	48	怡土小校庭3次	西	130.250673	33.537631	標高38m、灰黄褐色礫混じり中・粗砂（扇状地）	自然流路	黒川、夜臼	前原市75
晩期中葉	49	香椎A6次	東	130.449174	33.657361	標高6.5m、谷	河川	古閑、黒川	1145
晩期中葉	50	香椎B1次	東	130.460112	33.653644	標高19m、第三紀層	SX608 浅い落ち込み	黒川	621
晩期中葉	51	蒲田部木原5次	東	130.484187	33.632309	標高12m、黄褐色シルト	溝	夜臼	550
晩期中葉	52	尾園口	東	130.497553	33.659851	標高35m、黄褐色シルト	埋設土器2、楕円形土坑	黒川	久山町20
晩期中葉	53	堀田	東	130.511094	33.645759	標高42m、黄褐色粘質土	埋設土器2、土坑、溝	黒川	久山町3
晩期後葉	1	野多目C6次	博多	130.422973	33.538907	標高15m、淡黄灰色粘質シルト～黄白色粘質土	自然流路SR82	阿高、坂の下、太郎迫、夜臼、板付II	1314
晩期後葉	2	野多目B1次	博多	130.420653	33.541008	標高14m、八女粘土（中位段丘）	流路SD61	坂の下、夜臼？	413
晩期後葉	3	観音山古墳群E地区	博多	130.442559	33.507835	標高47m、黄褐色土。	方形住居2、ピット、溝	古閑、夜臼	那珂川町17
晩期後葉	4	松木149街区13地点	博多	130.431604	33.514726	標高24m、段丘	土坑1、溝1	黒川、御領、夜臼、板付I	那珂川町21
晩期後葉	5	柏原A-2	博多	130.392464	33.526665	標高48m、黄褐色砂質土、河岸段丘上	凹部多数	押型文、夜臼	190
晩期後葉	6	柏原K	博多	130.389762	33.526394	標高48m、黄褐色花崗岩バイラン土、河岸段丘上	凹部多数、集石	柏原、押型文、轟B、坂の下、黒川、夜臼	190
晩期後葉	7	門田	博多	130.437522	33.518731	標高23m、谷地形、青灰色・黄褐色砂、暗灰色砂質土	包含層	曽畑、天城～古閑古、夜臼	福岡県1979
晩期後葉	8	日佐1次	博多	130.436827	33.540101	標高13m、粘土混じり黄褐色シルト	包含層（自然流路？）	阿高、西平、黒川、夜臼	646
晩期後葉	9	野多目A4次	博多	130.426474	33.542917	標高13m、段丘、微高地（砂・シルト）	包含層	三万田～天城、夜臼、板付I	527
晩期後葉	10	安徳・道善・片縄	博多	130.433984	33.51571	標高24m、低位段丘、砂質土、砂層	方形土坑	黒川、夜臼	那珂川町39
晩期後葉	11	松木138街区1～4地点	博多	130.43047	33.515001	標高24m、暗灰色黄褐・暗黄褐・黄灰色粘質砂、砂・粘土河成堆積	溝3	前期、黒川、夜臼	那珂川町11
晩期後葉	12	前田IV区・仲4次	博多	130.430444	33.506708	標高24m、段丘	溝	夜臼、板付I	那珂川町72
晩期後葉	13	中原・ヒナタE地区1次	博多	130.434569	33.515269	標高24m。	溝	夜臼、板付I	那珂川町14
晩期後葉	14	宗石第1地点	博多	130.430058	33.518069	標高22m、段丘	土坑6、溝3	夜臼	那珂川町58
晩期後葉	15	柏田	博多	130.435614	33.521044	標高21m、黒色砂層、灰褐色粘土	V字溝	夜臼	福岡県1977
晩期後葉	16	警弥郷B5次	博多	130.43613	33.524532	標高18.5、暗褐色～黄褐色砂質土	SD11・13	夜臼	929
晩期後葉	17	笠抜1・2次	博多	130.44063	33.543586	標高14m、ローム	SD05	夜臼、板付I	752
晩期後葉	18	野多目A2次	博多	130.425262	33.543344	標高13m、明茶褐色粘質土上	水路SD01	夜臼、板付I	159
晩期後葉	19	諸岡B9次	博多	130.451143	33.558083	標高11m（諸岡G区）	方形竪穴住居、中央地床炉	夜臼、板付	57
晩期後葉	20	高畑17次	博多	130.45766	33.559083	標高10m、八女粘土	土坑	夜臼	676
晩期後葉	21	板付2・3次	博多	130.452849	33.565473	環状溝II	幅3.5m、深さ1.6m	第2層は夜臼、板付I・II、第3層は夜臼、板付I	8
晩期後葉	22	板付13・14次	博多	130.451692	33.566158	標高8.5m。G-5a	土坑群	夜臼、板付I	36
晩期後葉	23	板付54次	博多	130.452665	33.565258	標高10m、鳥栖ローム上	環濠、弦状溝	夜臼、板付I・II	1069
晩期後葉	24	那河37次	博多	130.435992	33.565505	標高9m、ローム	環濠	夜臼	366
晩期後葉	25	比恵125次	博多	130.426082	33.57737	標高6.5m、鳥栖ローム	V字溝、袋状土坑	夜臼、板付I・II	1237
晩期後葉	26	那珂君休4次	博多	130.445752	33.567522	標高7m、青灰色粘土層上	暗黒色粘土層	夜臼、板付I	208
晩期後葉	27	東那珂4次	博多	130.445854	33.57758	標高4.5m、青灰色シルト質粘土	楕円形土坑、柱穴	夜臼、板付II、中期	637
晩期後葉	28	下月隈C5次	博多	130.459766	33.570533	標高7m	SD114	夜臼	795
晩期後葉	29	下月隈C6次	博多	130.460132	33.571116	標高7.5m、青黒色粘土、緑灰色粘土、浅黄色砂	SD507、SK460、SK488、SK500	夜臼	839
晩期後葉	30	雀居10次	博多	130.447189	33.580686	標高4.4m、青灰色粘質土	SK001・002・007、円形溝	夜臼、板付I	746
晩期後葉	31	雀居14次	博多	130.446609	33.579978	淡青灰色シルト・粘土	掘立柱建物	夜臼、板付I・II、中期	1281
晩期後葉	32	雀居7・9次	博多	130.448206	33.580243	標高4m、青灰色粘土、粗砂	円形土坑、方形土坑、溝状遺構	夜臼、板付I・II、中期	635
晩期後葉	33	中山1次	早良	130.342834	33.492728	標高76m、含礫明褐色土	包含層	中津、黒川、夜臼	687
晩期後葉	34	広瀬1次	早良	130.335364	33.491704	標高78m、黄褐色・黒灰色シルト	SK81、SK02・04	御領、黒川、夜臼	901
晩期後葉	35	清末3次	早良	130.328634	33.5221	標高28m	埋設土器2	三万田～夜臼	424
晩期後葉	36	四箇古川3・4次	早良	130.330602	33.5286	標高24m、含礫シルト・砂礫	円形土坑、埋設土器	黒川、夜臼	1077
晩期後葉	37	四箇23次	早良	130.335663	33.534016	標高21m	水路SD21	夜臼、板付I・II	196
晩期後葉	38	四箇24次	早良	130.33475	33.53448	標高21m、青灰色粘土層	5号河川・幅4mの河川	夜臼、板付I・II	261
晩期後葉	39	田村1次	早良	130.33529	33.541917	標高13m、砂礫層上（高柳）	溝2条	古閑、夜臼	70
晩期後葉	40	田村2次	早良	130.330555	33.540713	第2地点、標高15m、黄褐色土上	埋設土器、包含層	夜臼、板付I	89・104
晩期後葉	41	田村3次	早良	130.331832	33.53989	第3・4・5地点、標高14～15m、シルト・砂層上	包含層SX35、SK90	阿高、三万田、黒川、夜臼、板付I・II	167
晩期後葉	42	田村4次	早良	130.33398	33.541671	標高15m、黄褐色砂質土上	不整形土坑、埋甕、ピット	黒川、夜臼	216
晩期後葉	43	田村5次	早良	130.33	33.541801	標高15m	流路？	春日、夜臼	200
晩期後葉	44	野芥2次	早良	130.347289	33.537625	標高30m、黄褐色粘質土	後世遺構から土器片	夜臼	297
晩期後葉	45	野芥5次	早良	130.346254	33.54831	標高16m、黒褐色粗砂混じり土、黒色粘質土・シルト	SD9001、不定形土坑、流路	古閑、夜臼	609
晩期後葉	46	次郎丸2次	早良	130.329594	33.552465	標高9m、砂礫・シルト	落ち込み2か所	黒川、夜臼	535
晩期後葉	47	次郎丸高石1次	早良	130.334032	33.550141	標高14m	落ち込み	太郎迫、夜臼	69
晩期後葉	48	免1次	早良	130.340355	33.551574	標高9m（鶴町）	第I溝幅8m、深さ1.7m、西から東へ流れる自然流路。護岸用の杭。	夜臼、板付I・II	37
晩期後葉	49	免3次	早良	130.338887	33.552734	標高8m、黒褐色砂・砂礫	埋設土器、自然流路	夜臼、板付I	1059
晩期後葉	50	橋本一丁田2次	早良	130.318533	33.563772	標高5.3m、黄褐色シルト	水路、矢板列、杭列、井堰、大型土坑	夜臼、板付I	582

時期	No.	遺跡名	エリア	経度X	緯度Y	立地	遺構	土器様式	報告書（集数）※
期後葉	51	橋本一丁田4次	早良	130.31916	33.565649	標高4.8m、淡黄灰色砂～砂質シルト	溝、土坑、くぼみ状遺構、矢板列	夜臼、板付I	816
期後葉	52	原1次	早良	130.342075	33.564621	標高10m、黒色土		夜臼	492
期後葉	53	原26次	早良	130.343349	33.561286	標高6m、青灰色シルト	長方形建物、方形土坑、方形住居、貯木土坑	夜臼、板付I	1167
期後葉	54	原28次	早良	130.34406	33.562765	標高5.5m、黄褐色シルト	円形土坑	夜臼、板付I	1199
期後葉	55	有田54次	早良	130.335065	33.561391	標高12m、ローム台地	V字溝SD03・04	夜臼、板付I	427
期後葉	56	有田77次	早良	130.334818	33.563629	標高13m、ローム台地	V字溝SD12	夜臼、板付I	471
期後葉	57	有田62次	早良	130.331633	33.560543	標高7m、河川（七田前）		夜臼、板付I	95
期後葉	58	有田133次	早良	130.333494	33.56355	標高13m	幅3.9m、深さ1.8mのV字溝	夜臼、板付I	234
晩期後葉	59	有田211次	早良	130.328586	33.569744	標高3m、鳥栖ローム	自然流路	中期～夜臼、板付I	871
晩期後葉	60	福重稲木1・2次	早良	130.322456	33.571083	標高3m、暗茶褐色粘質土、淡灰茶褐色土、灰色砂質土	堆積層	夜臼、板付I、II	1006
晩期後葉	61	浦江谷1・2次	早良	130.318678	33.519883	標高44m、明黄褐色～淡緑灰色含亜角礫粘質土	土坑、貯蔵穴、自然流路	古閑、黒川、夜臼	614
晩期後葉	62	羽根戸南古墳群3次	早良	130.307138	33.541561	標高49m、含小礫明赤褐色土、花崗岩バイラン土、花崗岩岩盤		黒川、夜臼	661
晩期後葉	63	羽根戸原C2次	早良	130.313772	33.545849	標高24m、扇状地上、暗黄褐色粘質土	隅丸長方形土坑	夜臼？組織痕土器	134
晩期後葉	64	拾六町ツイジ1次	早良	130.307501	33.570429	標高3m、青灰色粘土層上	貯木土坑	夜臼、板付I、II	92
晩期後葉	65	湯納9次	早良	130.308419	33.568175	標高5m、	ドングリ貯蔵穴、溝	夜臼	225
晩期後葉	66	牟多田1次	早良	130.317117	33.562032	標高約7m。古墳時代前期の水路。4層：褐色砂質土（小角礫含む）、5層：砂層、6層：黒色土、7層：青灰色砂層		夜臼、板付I	27
晩期後葉	67	下山門敷町3次	早良	130.312819	33.577375	標高2.5m、シルト・砂・粘土	下層包含層	夜臼、板付I、II、中期	727
晩期後葉	68	石丸古川	西	130.31216	33.570522	標高3m、砂混黒灰色粘土層、褐色粘土層	方形土坑	夜臼、板付I	住宅・都市整備公団1982
晩期後葉	69	周船寺1次	西	130.240631	33.566907	標高11m、黄灰色粘質土、青灰色粘質土、暗灰褐色砂質土上		太郎迫、三万田、夜臼	88
晩期後葉	70	周船寺13次	西	130.240065	33.567239	標高9.5m、黄褐色土	埋設土器8基、土坑3基	古閑、夜臼	692
晩期後葉	71	元岡18次	西	130.224175	33.600281	標高12～46m、黒色粘質土、砂礫、黄褐色レス	包含層	阿高～晩期	1246
晩期後葉	72	高田小生水	西	130.237319	33.567442	標高10m、砂礫	自然流路	黒川、夜臼	前原市76
晩期後葉	73	怡土小校庭3次	西	130.250673	33.537631	標高38m、灰黄褐色礫混じり中・粗砂（扇状地）	自然流路	黒川、夜臼	前原市75
晩期後葉	74	千里1次1A区	西	130.242145	33.564167	標高13.2m、灰黄褐色砂礫	円形住居	夜臼？	1117
晩期後葉	75	蒲田部木原5次	東	130.484187	33.632309	標高12m、黄褐色シルト	溝、	黒川、夜臼	550
晩期後葉	76	天神面	東	130.496453	33.644006	標高26m、黄茶色シルト、小礫赤褐色シルト	包含層	夜臼	久山町4
晩期後葉	77	江辻第2・3・5地点	東	130.477996	33.628002	標高10m	集落	夜臼	粕屋町19

あとがき

　本書は、2023年12月に九州大学大学院地球社会統合科学府に提出した博士論文（2024年3月25日博士（学術）授与）をもとに作成した。本博士論文は、筆者が九州大学大学院に在籍した2002〜2007年度から、福岡市就職後の2023年度まで継続してきた研究をまとめたものである。博士論文の提出にあたっては、学部・大学院の指導教員である九州大学の宮本一夫先生にご相談し、主査を務めていただいたが、先生のご指導と励ましがなければ本論は完成しなかったと思う。まずもって宮本先生に御礼申し上げる。また、博士論文の副査を務めていただいた九州大学の溝口孝司先生、田尻義了先生、藤岡悠一郎先生、国立民族学博物館の池谷和信先生に感謝申し上げる。溝口先生は大学院在籍時の指導教員として、田尻先生は学部時代からの先輩として、大学院修了後も筆者の博士論文提出についていつも気にかけていただいていた。池谷先生と藤岡先生には、分野外にも関わらず、筆者の博士論文の審査に時間を割いていただいた。同様に大阪大学の佐藤廉也先生にも御礼申し上げたい。佐藤先生には、大学院時代の指導教員であったというよしみから、本論について個別に相談させていただいた。そして、福岡市での業務の傍ら、博士論文という形で自分の研究をまとめることを理解してくれた家族と同僚に感謝したい。

　また、本書は、九州内でこれまで数多く実施されてきた発掘調査の成果と、考古学をはじめとした関連分野の多数の研究成果をデータとして使用することで成り立っている。各分野の調査と研究の成果をまとめられた調査担当者・研究者の方々に改めて敬意を表すとともに、それらの調査・研究もまた多くの方々の協力のもとに成し得ていることを肝銘し感謝する次第である。筆者の力不足のために、本書が各所の意に沿えないことを恐れるが、この試みもまた膨大な研究の一部として涵養されれば幸いである。

　本書の問題意識や方法論などの基本的な部分は、九州大学考古学研究室および大学院比較社会文化学府基層構造講座での学習と研究によるものである。学部での西谷正先生、西健一郎先生、大学院での中橋孝博先生、岩永省三先生、石川健先生、辻田淳一郎先生のご指導、そして研究室の先輩・後輩諸氏からいただいた支援にも御礼申し上げたい。また、福岡市に文化財専門職として採用され、遺跡そのものに対峙する日々は何物にも代えがたい経験となっている。これまで上司として面倒を見ていただいた田中壽夫氏、山口讓治氏、濱石哲也氏、力武卓治氏、杉山富雄氏、菅波正人氏、長家伸氏、池崎讓二氏、山崎龍雄氏、榎本義嗣氏、米倉秀紀氏、佐藤一郎氏、池田祐司氏、常松幹雄氏、大庭康時氏、吉武学氏、宮井善朗氏、比佐陽一郎氏（現奈良大学）、上角智希氏、山崎純男氏をはじめとして、市職員各位からの日頃のご指導に感謝申し上げる。そして、筆者にとっては、九州縄文研究会での活動が貴重な研究の機会となってきた。福岡県関係者として、小池史哲氏、水ノ江和同氏（現同志社大学）、宮地聡一郎氏、林潤也氏、敦賀啓一郎氏、小南裕一氏、倉元慎平氏、西拓巳氏、福永将大氏（現九州大学総合研究博物館）、原梓氏、梶佐古幸謙氏からは様々なご教示を得てきた。また、佐賀県の西田巖氏、堤英明氏、長崎県の中尾篤志氏、柳田裕三氏、古澤義久氏（現福岡大学）、熊本県の池田朋生氏、荒木隆宏氏、大分

県の綿貫俊一氏、横澤慈氏、宮崎県の岩永哲夫氏、桒畑光博氏、藤木聡氏、鹿児島県の新東晃一氏、前迫亮一氏、東和幸氏、黒川忠広氏、横手浩二郎氏、川口雅之氏、相美伊久雄氏、岩永勇亮氏、眞邉彩氏、沖縄県の山崎真治氏をはじめとした、九州各県の担当者の方々には日頃からお世話になっている。この場をお借りして御礼申し上げる。

　下記の機関には、本書に関わる資料調査等でご協力をいただいた。対応の労を取っていただいた関係者に改めて感謝申し上げたい（資料調査順）。

　鹿児島県立埋蔵文化財センター　唐津市教育委員会　福岡市埋蔵文化財センター　熊本県教育委員会　北九州市芸術文化振興財団埋蔵文化財調査室　豊前市教育委員会　福岡県教育委員会　久留米市教育委員会　えびの市教育委員会　舞鶴市教育委員会　垂水市教育委員会　肝付町教育委員会　曽於市教育委員会　宮崎県埋蔵文化財センター　宮崎県立西都原考古博物館　佐賀市教育委員会　国立民族学博物館　鞍手町教育委員会　中間市教育委員会　大分県立埋蔵文化財センター

　なお、本書の研究成果の一部は下記の研究資金を用いて実施された。代表の先生方をはじめとして、関係諸氏に感謝申し上げる。

2002～2006年度	九州大学21世紀COEプログラム（人文科学）『東アジアと日本：交流と変容』（拠点リーダー：今西裕一郎）
2005・2006年度	日本学術振興会特別研究員奨励費『縄文時代における資源利用の実態と生業・居住システムの変容過程』（研究代表：板倉有大）
2007～2011年度	総合地球環境学研究所共同研究『東アジア内海の新石器化と現代化：景観の形成史』（研究代表：内山純蔵）
2021～2023年度	文部科学省科学研究費補助金研究基盤研究（C）『縄文磨製石斧の基礎的研究』（研究代表：水ノ江和同）

　本書の出版・編集の労を取っていただいた株式会社雄山閣の桑門智亜紀氏、児玉有平氏にも御礼申し上げたい。

　本論の主要な部分は、九州大学の田中良之先生（2015年ご逝去）の指導を受けながら進めてきた。筆者が2002年1月に提出した卒業論文で九州南部の縄文時代草創期・早期土器編年と若干の文化論を試み、修士課程でその研究を継続しようとしていた時、縄文時代早期だけでなく、晩期まで含めた広い視野で相対的に生業や居住を考える視点や、ヨーロッパの中石器文化との対比などを方向性として示していただいた。国立民族学博物館所蔵のHRAF（Human Relations Area Files）の利用を勧めていただいたことは、筆者の研究にとって大きな転機となった。

　また、学生時代から就職後も、福岡市の吉留秀敏氏（2013年ご逝去）から様々なことを教えていただいた。旧石器時代から中世に至るまでの遺跡と遺物に関する実践的で幅広いご教示にとどまらず、人として、研究者としての在り方も含めて、面と向かって真摯に指導していただいた。記録保存という名のもとに目の前で失われていく遺跡の情報をいかに学術的な研究につなげて活用していくのかが今後も筆者にとって重要なテーマである。

　お二人から頂いたご指導に深く感謝し、本書をご霊前に捧げる。

■著者紹介

板倉 有大（いたくら　ゆうだい）

福岡市経済観光文化局文化財専門職（埋蔵文化財・考古学）
2002年3月　九州大学文学部史学科　卒業
2007年10月　九州大学大学院比較社会文化学府博士課程　単位取得退学
同大学院特任助教を経て、2008年4月から現職。
博士（学術）。鹿児島市出身。

<主要論文>

「縄文農耕論の可能性」『東アジア考古学の新たなる地平（上巻）』宮本一夫先生退職記念事業会編（中国書店）　2024年

「土器片は何を語るか：土器社会論に対する試論」『持続する志（上巻）』岩永省三先生退職記念論文集事業会編（中国書店）　2021年

「埋蔵文化財行政の科学性」『考古学は科学か（上巻）』田中良之先生追悼論文集編集委員会編（中国書店）　2016年

「打製石斧と横刃型石器の器種認定：桑飼下遺跡出土資料の再検討」『考古学研究』第53巻第4号　2007年

「磨製石斧からみた九州縄文時代前期以降の生業・居住動態」『日本考古学』第21号　2006年

2024年9月30日　初版発行　　　　　　　　　　　　　　　　《検印省略》

九州縄文時代における資源利用技術の研究

著　者　板倉有大
発行者　宮田哲男
発行所　株式会社 雄山閣
　　　　〒102-0071　東京都千代田区富士見2-6-9
　　　　TEL　03-3262-3231代／FAX 03-3262-6938
　　　　URL　https://www.yuzankaku.co.jp
　　　　e-mail　contact@yuzankaku.co.jp
　　　　振替：00130-5-1685

印刷・製本　株式会社ティーケー出版印刷

宮本一夫 著

2020 年 9 月 10 日 刊行

東アジア青銅器時代の研究

B5 判／上製・函／ 470 頁　ISBN 978-4-639-02723-2　定価（本体 22,000 ＋税 10 ％）

農耕社会の中国中原地域のみならず、牧畜社会の長城地帯を含むユーラシア草原地帯東部、さらに東北アジア、中国西南部やチベット高原を含む東アジア全体を対象にし、人類史における東アジア青銅器時代の普遍性と特殊性を明らかにする。著者の長年にわたる研究の集大成。

■主な内容

第Ⅰ部　北方青銅器文化

第 1 章　北方青銅器文化の変遷と展開
第 2 章　ミヌシンスク地域のカラスク青銅器文化
第 3 章　モンゴル高原の青銅器時代墓葬
第 4 章　隴山地域青銅器文化
第 5 章　北方系帯飾板の変遷
第 6 章　有銎銅鏃の変遷と北方青銅器文化

第Ⅱ部　中原青銅器文化

第 7 章　中原青銅器文化の始まり
第 8 章　二里頭青銅器と商代前期の青銅器
第 9 章　初期国家概念からみた商代の青銅器
第 10 章　周代青銅器文化の展開
第 11 章　周式銅剣と巴蜀青銅器の始まり

第Ⅲ部　中国西南青銅器文化

第 12 章　川西高原の石棺墓の展開
第 13 章　川西高原石棺墓文化と北方青銅器
第 14 章　川西青銅器・洱海系青銅器の変遷

第Ⅳ部　東北アジア青銅器文化

第 15 章　遼東の遼寧式銅剣
第 16 章　朝鮮半島の遼寧式銅剣
第 17 章　朝鮮半島の細形銅剣
第 18 章　朝鮮半島の細形銅剣と細形銅矛の成立年代
第 19 章　朝鮮半島の細形銅戈の始まり
第 20 章　東北アジアの触角式銅剣
第 21 章　遼寧式銅剣文化と細形銅剣文化
第 22 章　鋳型からみた北部九州の青銅器の始まり
結　語　東アジア青銅器時代の始原と展開

2023 年 3 月 25 日 刊行

東アジア初期鉄器時代の研究

B5 判／上製・函／ 356 頁　ISBN 978-4-639-02896-3　定価（本体 18,000 ＋税 10 ％）

新石器時代から青銅器時代への発展過程の上に、鉄器の普及による生産力の拡大からより社会発展が加速化する初期鉄器時代のあり方を広く東アジア全体で捉え、その統一性と特殊性を明らかにする。『東北アジアの初期農耕と弥生の起源』『東アジア青銅器時代の研究』に続く東アジア考古学研究の集大成。

■主な内容

第 1 章　ユーラシア草原地帯の初期鉄器文化
第 2 章　中国大陸における初期鉄器文化
第 3 章　戦国式鏡の変遷と漢式鏡の成立
第 4 章　東周代燕の東方進出
第 5 章　伝小郡出土東周式銅戈からみた東北アジアの国際関係
第 6 章　中国東北・朝鮮半島の甕棺墓
第 7 章　彩画鏡の変遷
第 8 章　夫余と沃沮の初期鉄器文化
第 9 章　楽浪系土器の変遷
第 10 章　遼東・山東系土器と楽浪系土器と北部九州
第 11 章　ベトナム漢墓からみた士燮政権
第 12 章　朝鮮半島における初期鉄器時代の始まりと展開
第 13 章　北部九州の弥生時代の鍛冶遺構
第 14 章　弥生時代の鍛冶と交易
終　章　東アジアの初期鉄器時代の始原と展開

雄山閣出版案内

福永将大 著

2020 年 4 月 25 日刊行

東と西の縄文社会
縄文後期社会構造の研究

B5 判／上製・函／336 頁　　ISBN 978-4-639-02695-2　**定価（本体 14,000＋税 10％）**

日本列島における人類史の画期的なイベントである縄文時代から弥生時代への変化の鍵を握る、縄文時代後晩期の社会構造と、東日本と西日本の「縄文文化の東西差」発現メカニズムの実態を、縄文土器の広域分布の変動や集団構成・生業活動の詳細な検討から論考する。

■主な内容

序　章

第 1 章　研究の現状と課題

第 1 節　縄文時代後期社会に関する研究

第 2 節　縄文土器に関する研究：類似土器分布現象の分析と解釈

第 3 節　問題の所在：研究の到達点と課題

第 4 節　資料と方法

第 2 章　土器属性分析からみた縄文時代後期中葉における土器分布現象の実態

第 1 節　時間軸の構築：縄文時代後期中葉における土器の広域編年

第 2 節　抽出した土器分布単位の空間的検討

第 3 節　セリエーショングラフを用いた土器諸属性の空間的検討

第 3 章　縄文時代後期中葉における土器様式構造の時空間的動態

第 1 節　器種構成の時空間的動態の把握

第 2 節　土器様式構造の時空間的動態の把握：小地域ごとの検討

第 4 章　縄文時代後期における集団構成と居住生業活動の様相

第 1 節　東日本縄文後期社会の検討：関東地方

第 2 節　西日本縄文後期社会の検討：九州地方

第 5 章　胎土分析からみた縄文時代後期における土器伝播の実態

第 1 節　栃木県中根八幡遺跡出土縄文土器の分析

第 2 節　大分県中津市法垣遺跡出土縄文土器の分析

第 6 章　考察：縄文時代後期の社会構造と列島「東西差」発現メカニズム

第 1 節　土器からみた縄文時代後期中葉における集団関係の変動

第 2 節　「縄文文化の東西差」発現メカニズムの実態：東西縄文後期社会のモデル化

第 3 節　縄文時代後期の列島史的位置づけ

終　章